U0790771

沂沭泗水利年鉴 · 2022

淮河水利委员会沂沭泗水利管理局　编

黄 河 水 利 出 版 社
· 郑 州 ·

图书在版编目(CIP)数据

沂沭泗水利年鉴. 2022/ 淮河水利委员会沂沭泗水利管理局编. —郑州:黄河水利出版社,2022. 12

ISBN 978-7-5509-3489-4

Ⅰ. ①沂…　Ⅱ. ①淮…　Ⅲ. ①淮河-水利建设-2022-年鉴　Ⅳ. ①F426. 9-54

中国版本图书馆 CIP 数据核字(2022)第 243663 号

策划编辑:杨雯惠　电话:0371-66020903　E-mail:yangwenhui923@163.com

责任编辑	乔韵青	责任校对	杨秀英
封面设计	张心怡	责任监制	常红昕
出版发行	黄河水利出版社 地址:河南省郑州市顺河路 49 号　邮政编码:450003 网址:www. yrcp. com　E-mail:hhslcbs@126. com 发行部电话:0371-66020550		
承印单位	河南瑞之光印刷股份有限公司		
审 图 号	GS(2024)1338 号		
开　　本	787 mm×1092 mm　1/16		
印　　张	26. 5	插　　页	6
字　　数	620 千字	折　　页	1
版次印次	2022 年 12 月第 1 版		2022 年 12 月第 1 次印刷
定　　价	200. 00 元		

《沂沭泗水利年鉴》编纂委员会

主　任：刘玉年　沂沭泗水利管理局

副主任：阚善光　沂沭泗水利管理局

郑胡根　沂沭泗水利管理局

王念彪　沂沭泗水利管理局

翟伟锋　沂沭泗水利管理局

张俊芳　沂沭泗水利管理局

陈光临　沂沭泗水利管理局

委　员（按姓氏笔画排序）：

于保华　枣庄市城乡水务局

马永恒　沂沭泗水利管理局办公室

王建新　淮河工程集团有限公司

王清安　沂沭泗水利管理局机关后勤服务中心

王新律　沂沭泗水利管理局纪检组

史安祥　日照市水利局

边苏雷　沂沭泗水利管理局工会

刘西苓　沂沭泗水利管理局综合事业发展中心

刘远军　沂沭泗水利管理局审计处

汤玖玲　徐州市水务局

李　森　济宁市城乡水务局

李万荣　沂沭泗水利管理局水资源处

李相庆　沂沭泗水利管理局沂沭河水利管理局
杨殿亮　沂沭泗水利管理局水文局(信息中心)
吴正松　沂沭泗水利管理局防汛机动抢险队
宋宗伟　沂沭泗水利管理局骆马湖水利管理局
张志振　沂沭泗水利管理局南四湖水利管理局
张其余　临沂市水利局
陈复信　沂沭泗水利管理局财务处
郑思广　宿迁市水利局
徐　旭　沂沭泗水利管理局水利管理处(防办)
高庆茹　沂沭泗水利管理局人事处
黄学超　沂沭泗水利管理局水政与安全监督处
曹革苗　沂沭泗水利管理局直属机关党委
蒋春祥　连云港市水利局
魏　蓬　沂沭泗水利管理局基建处

《沂沭泗水利年鉴·2022》编纂人员

主　　编：马永恒

执行主编：李炳文

副 主 编：胡　影　葛　蕴

编　　辑：宋京鸿　徐子娟

特约编辑（按姓氏笔画排序）：

王文君　枣庄市城乡水务局

孙志勇　连云港市水利局

李　磊　宿迁市水利局

张　建　徐州市水务局

张晓冬　临沂市水利局

高玉伟　济宁市城乡水务局

魏　冰　日照市水利局

校　　稿：李飞宇　李子穆

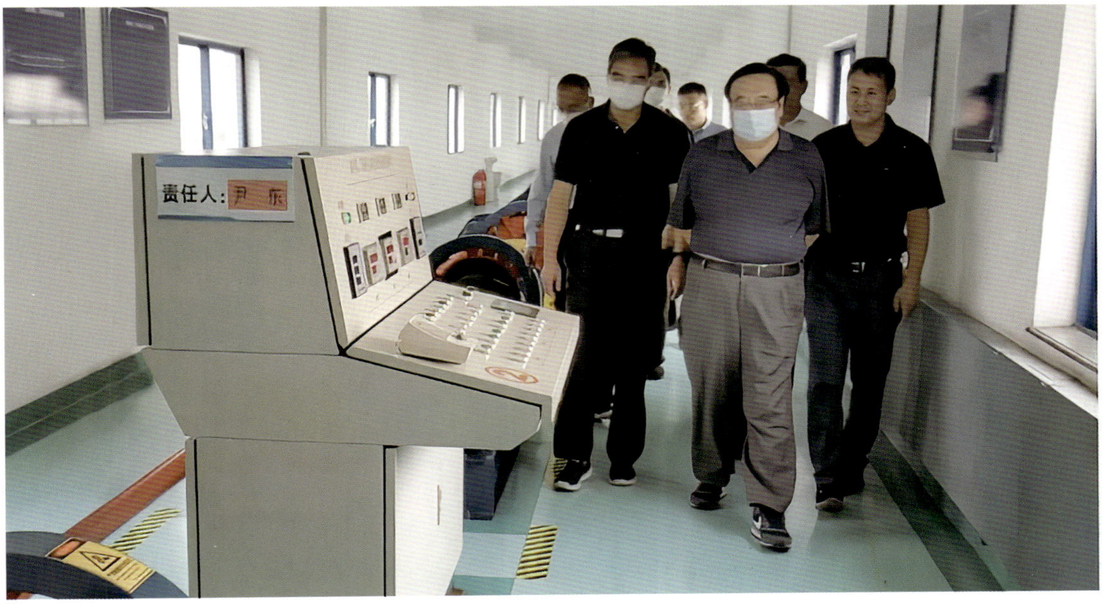

1

2

1　2021 年 5 月 2 日，水利部党组书记、部长李国英（前排中）调研南四湖二级坝水利枢组工程管理及南四湖生态保护工作

（李炳文　供图）

2　2021 年 9 月 3 日，中央第二生态环境保护督察组组长朱之鑫（前排中）带队赴二级坝水利枢组调研南四湖生态环境保护等工作

（南四湖水利管理局　供图）

集控运行故障应急处理制度

1	3
2	4

1　2021 年 3 月 23 日，生态环境部副部长翟青（中）率领调研组深入二级坝水利枢纽等地实地调研南四湖保护治理工作　（南四湖水利管理局　供图）

2　2021 年 7 月 28 日，江苏省副省长潘贤掌（前排左三）带队检查督导嶂山闸防台防汛工作　（骆马湖水利管理局　供图）

3　2021 年 8 月 24 日，山东省副省长、省副总河长李猛（右二），临沂市委书记王安德（右三）巡河巡湖并督导防汛工作　（临沂市水利局　供图）

4　2021 年 9 月 15—16 日，淮委党组书记、主任刘冬顺（前排中），山东省水利厅党组书记、厅长刘中会（前排左一），日照市委副书记、市长李在武（前排右一）调研河（湖）长制工作　（日照市水利局　供图）

1
2

1　2021 年 10 月 12 日，沂沭泗水系统一管理 40 周年座谈会在江苏徐州召开　（俞伟力　摄）
2　2021 年 2 月 1 日，沂沭泗局 2021 年工作会议在江苏徐州召开　（赵颜颜　摄）

影留念

沂沭泗局2021年工作会议
沂 沭 泗 流 域 图
发言席
沂沭泗

1　2021 年 4 月 9 日，淮委党组书记、主任刘冬顺（前排右二）调研沂沭河上游堤防加固工程

（赵颜颜　摄）

2　2021 年 4 月 19 日，徐州市委书记周铁根（中）调研运料河水质相关情况　（徐州市水务局　供图）

3　2021 年 6 月 25 日，徐州市市长庄兆林（前排右二）专题调度市区防汛备汛工作情况

（徐州市水务局　供图）

4　2021 年 4 月 23 日，连云港市委书记项雪龙（前排右二）深入海州区、东海县开展巡河工作

（连云港市水利局　供图）

1	3
2	4

1	3
2	4

1 2021 年 5 月 7 日，连云港市委副书记、市长、市级总河长方伟（右二）专题督查河长制湾长制推进工作 （连云港市水利局 供图）

2 2021 年 7 月 26 日，宿迁市委副书记、市长陈忠伟（前排右二）调研防汛工作 （宿迁市水利局 供图）

3 2021 年 10 月 20 日，枣庄市委书记陈平（前排中）调研西城区水系水环境治理工程 （孙累果 摄）

4 2021 年 6 月 28 日，枣庄市委副书记、市长张宏伟（前排中）现场调研何庄、黑峪、袁寨山水库及宏图河、凤鸣湖东支等工程 （枣庄市城乡水务局 供图）

1 3
2 4

1　2021年7月19日，济宁市委书记林红玉（前排左三）调研曲阜防山镇污水处理站设施情况（济宁市城乡水务局　供图）

2　2021年6月26日，济宁市委副书记、市长、市总河长于永生（中）到南四湖巡湖（陈长华　摄）

3　2021年7月10日，临沂市委副书记、市长、市总河（湖）长任刚（前排中）带队开展巡河巡湖工作（临沂市水利局　供图）

4　二级坝除险加固后的溢流坝（辛京伟　供图）

1

1　竣工验收后的枣庄市庄里水库　　　　　　　　　　　　　　（王鹏　摄）

序

在淮河流域的东北部,沂河、沭河从沂蒙山区奔流南下,与自西而来的泗(运)河汇聚,形成沂沭泗水系,润泽着苏鲁豫皖四省近8万km^2土地。沂、沭、泗诸水原本水流通畅,沂、沭入泗,泗水入淮。1194年,黄河决口,侵泗夺淮达661年,淤废了淮河下游及沂沭泗的干流河道,致使沂、沭、泗流域水系紊乱、水无归宿,肆虐的洪水给沂沭泗人民带来了无尽的苦难。为求生存、保安全,流域人民与洪涝灾害进行了不屈不挠的斗争,实施"筑堤束水""蓄清刷黄""治黄保运"等治河策略,通过"以河治河""束水攻沙",对黄河及沂、沭、泗诸河进行了多次治理,取得了一定成效,但流域人民河湖安澜、岁稔年丰的企盼一直未能实现,大雨大灾、小雨小灾、无雨旱灾的局面始终未能得到根本扭转。

民之所望,政之所向。中国共产党与人民风雨同舟,早已把根治水患、造福人民的初心写在了沂沭泗大地上。1948年,解放战争硝烟未尽,中共中央华东局即开展"导沭经沙(河)入海"工作,着手治理沭河和沂河。1949年4月和11月,山东、江苏两省分别实施"导沭整沂"和"导沂整沭"工程,开展了重整山河的水利建设。在毛泽东"一定要把淮河修好"的伟大号召下,两省人民掀起了沂沭泗河道治理热潮,上游兴修水库,中下游修建蓄滞洪控制性工程,打通沂沭河洪水东流、南四湖洪水南下入海的主要通道,形成了以"东调南下"为核心的规划治理原则和基本工程体系。

由于地理、历史的原因,沂沭泗地区一直是全国省际边界水事纠纷最为复杂的地区之一。为促进沂沭泗地区的安定团结和生产发展,1981年10月,国务院向苏鲁豫皖四省人民政府批转《水利部关于对南四湖和沂沭河水利工程进行统一管理的请示》,批准成立水利部淮河水利委员会领导下的沂沭泗水利工程管理局(1992年更名为沂沭泗水利管理局),负责流域内主要河道、湖泊、控制性工程及水资源的统一管理和调度运用,由此翻开了沂沭泗水利发展史上崭新的一页。

统一管理以来,沂沭泗水利管理局遵循"统一管理、团结治水"的工作方针,同流域人民励精图治、艰苦奋斗,谱写了气壮山河的治水篇章。在波澜壮阔的沂沭泗治水事业中,一代代水利人肩负历史的责任接续奋斗、砥砺前行,他们的身影定格在高山峻岭、河流湖泊,奔波于闸坝堤防、防洪一线。从主要工程防洪标准不足十年一遇提高到防洪标准五十年一遇,河湖互联互通、可调可控;从水利工程老化失修到全面实行管养分离,逐步实现标准化管理;从探索建立"五联工作机制"到全面落实河(湖)长制,涤荡河湖沉疴痼疾,流域生态保护和高质量发展加速推进;从省际边界矛盾纠纷频发到全面强化流域治理管理,"百年恩怨化和谐",幸福河湖画卷徐徐展开……一朵朵治水浪花,汇聚成壮阔的波澜,不断推动沂沭泗水利事业蓬勃发展,为流域经济社会建设筑牢水安全保障。

大河奔涌,长风浩荡。当前,我国开启了全面建设社会主义现代化国家的新征程,沂沭泗水利事业也踏上充满光荣和梦想的远征。面对水利工作面临的新形势、肩负的新使命、承担的新任务，既要昂首阔步勇毅前行，也要回望来路汲取力量。为充分发挥存史、资治、教化作用，为后人治水留下珍贵的文化记忆，自2022年起，我们组织编纂《沂沭泗水利年鉴》。《沂沭泗水利年鉴》力争全面客观反映沂沭泗水利事业发展历程，记录沂沭泗山川河湖的岁月变迁和这片土地上治水兴水的脉络印记，留下沂沭泗水利人在历史纵深处和新时代治水征程上的坚定足迹，不仅是沂沭泗水利管理实践的真实写照，也是沂沭泗流域水利工作者团结治水、与时俱进精神的赓续延传，必将启迪我们在这片希望升腾的土地上续写新的治水华章，为中国式现代化伟大实践贡献新的水利力量。

《沂沭泗水利年鉴》编纂工作得到了淮河水利委员会的关心指导、流域各级水行政主管部门的大力支持以及有关部门、单位的积极配合，在此谨致谢忱。全体编纂人员本着实事求是、客观严谨、述而不论、大事不漏的原则，辛勤耕耘、字斟句酌，将这份成果呈现给读者，希望能为强化流域治理管理提供借鉴和参考。

是为序。

刘玉年

2022年12月

编辑说明

一、《沂沭泗水利年鉴》(简称《年鉴》)是在水利部淮河水利委员会的指导下,按照规范要求,由沂沭泗水利管理局(简称沂沭泗局)主办,流域内徐州市、连云港市、宿迁市、枣庄市、济宁市、日照市、临沂市水利(务)局等单位参编的流域性水利专业年刊。

二、《年鉴》是真实记载沂沭泗水利事业发展进程,全面系统反映沂沭泗河保护治理主要成就,集权威性、史料性、综合性和实用性于一体的信息资料工具书。自 2022 年开始,每年编印一卷。2022 卷为创刊卷,主要记述 2021 年的内容。

三、《年鉴》主要采用"栏目""分目""条目"三级结构。"栏目"主要按照行政或业务工作综合归类;"分目"为"栏目"的主要构成部分;"条目"为"分目"的主要内容,是年鉴的基本单元,标题加【】。

四、本卷设置 18 个栏目:流域概况、综述、特载、水政监察、水资源管理、基本建设、水旱灾害防御、河湖管理保护、水利工程管理、安全生产、科技与信息化、综合管理、直属单位、地方水利、统计资料、大事记、附录、索引。

五、《年鉴》采用中国法定计量单位,少量表示面积的单位仍用亩。技术术语、专业名词、符号等力求符合规范要求或约定俗成。

六、沂沭泗水系目前使用多种高程系统,《年鉴》沿用以前习惯,南四湖、韩庄运河、中运河、骆马湖和新沂河等南下工程水文数据采用废黄河高程系统,沂河、沭河、新沭河和邳苍分洪道等东调工程水文数据采用 1956 年黄海高程系统,其他水利工程数据采用 1985 国家高程基准。

七、《年鉴》的内容主要由沂沭泗局及流域 7 个地市水利(务)局负责提供。文稿内容、文字、数据、保密等均经撰稿人所在单位把关审定,文责自负。

八、《年鉴》2022 卷的编辑出版得到各有关单位领导的高度重视和特约编辑、撰稿人的大力支持,在此谨表衷心感谢。限于编者水平和经验,《年鉴》难免有疏漏和错误,热忱地希望各级领导和广大读者提出宝贵意见,以便更好改进。

编 者

2022 年 12 月

目 录

基本建设

水旱灾害防御

河湖管理保护

水利工程管理

安全生产

科技与信息化

综合管理

直属单位

地方水利

统计资料

大事记

附　录

索　引

流 域 概 况

【流域范围】

沂沭泗流域位于淮河流域东北部,流域内主要水系为沂河、沭河、泗(运)河3条水系。流域北起沂蒙山,东临黄海,西至黄河右堤,南以废黄河(又称黄河故道、故黄河)与淮河水系为界,介于东经114°45′~120°20′、北纬33°30′~36°20′,东西方向平均长约400 km,南北方向平均宽不足200 km。流域面积7.96万km^2,占淮河流域面积的29%,地跨江苏、山东、安徽、河南4省15地(市)77县(市、区),其中90%的面积在江苏、山东境内。

(葛蕴)

【地形地貌】

沂沭泗流域地形大致由西北向东南逐渐降低,由低山丘陵逐渐过渡为倾斜冲积平原、滨海平原。流域内地貌可分为中高山区、低山丘陵、岗地和平原四大类,其中平原区面积占67%,低山丘陵区面积占31%,湖泊面积占2%。

北中部的中高山区(沂蒙山),是沂沭泗河的发源地,有海拔800余m的高山(沂河上游最高峰龟蒙顶海拔达1156 m),也有低山丘陵。长期以来,地壳较为稳定或略有上升,地面以剥蚀作用为主,形成广阔、平坦和向东南微微倾斜的山麓面,加之流水侵蚀破坏而支离破碎,形成波状起伏高差不大的丘岗和洼地。

岗地分布在赣榆中部、东海西部、新沂东部、灌云西部陡沟一带和宿迁的东北部及沭阳西部等地。岗地多在低山丘陵的外围,是古夷平面经长期侵蚀、剥蚀,再经流水切割形成的岗、谷相间排列的地貌形态,其平面呈波浪起伏状。

平原区主要由黄泛平原、沂沭河冲积平原、滨海沉积平原组成。黄泛平原分布于流域西南部,地势高仰,延伸于黄河故道两侧,由于历史上黄河多次决口、改道,微地貌发育,地势起伏、高低相间。沂沭河冲积平原分布于黄泛平原和低山丘陵、岗地之间,由黄河泥沙和沂沭河冲积物填积原来的湖荡形成,地势低平。滨海沉积平原分布在东部沿海一带,由黄河和淮河及其支流挟带的泥沙受海水波浪作用沉积而成,地势低平。平原区近代沉积物甚厚,南四湖湖西平原的第四纪沉积物在100 m以上。

低山丘陵区主要是地壳垂直升降运动造成的。根据其断裂褶皱构造在平面上排列形式及延伸方向,沂河以东为新华夏构造区,其河流、山脉及海岸地形曲折与延伸方向均受这一构造体影响;沂河以西为鲁西旋转构造与新华夏构造复合构造区。沂沭河大断裂带是一条延展长、规模大、切割深、时间长的复杂断裂带,为郯庐断裂带的一段,由昌邑—大店、安丘—莒县、沂水—汤头、鄌郚—葛沟4条平行断裂组成,纵贯鲁东。鲁西南断陷区以近南北和东西向的两组断裂为主,形成近似网格的构造。山区除马陵山为中生代红色砂砾岩和页岩外，其余主要为古老的寒武纪深度变质岩和花岗岩。

沂沭泗流域部分地区为强震区，根据《中国地震动参数区划图》（GB 18306—2015），南四湖两侧的任城、嘉祥、金乡、丰县一带及东南部的灌云、灌南、涟水、响水等县（市、区）地震动峰值加速度为 0.05g，相应地震基本烈度为Ⅵ度；鄄城、东明、宿城、宿豫、邳州、新沂、郯城、临沭、兰山、罗庄、河东、莒南、沂水、莒县等县（市、区）地震动峰值加速度为 0.2g ~ 0.3g，相应地震基本烈度为Ⅷ度；其余地区地震动峰值加速度为 0.10g ~ 0.15g，相应地震基本烈度为Ⅶ度。

（葛蕴）

【河流水系】

沂沭泗流域内主要有沂河、沭河、泗（运）河 3 条水系，其干流均发源于沂蒙山区，京杭运河与南水北调东线工程南北穿过。流域内有干支流河道 510 余条，其中流域面积超过 500 km^2 的河流有 47 条，流域面积超过 1000 km^2 的河流有 26 条，河网密布，主要河道相通互连，水系复杂。沂沭泗水系通过中运河、徐洪河和淮沭河与淮河水系沟通。

一、水系变迁

沂、沭、泗诸水原属淮河水系。泗水是淮河下游最大的支流，沂水和沭水入泗、入淮。《禹贡》记载："导淮自桐柏，东会于泗、沂，东入于海"。南宋以前，沂、沭、泗水排泄较为通畅，泗水是沟通黄、淮的重要运道。1194 年，黄河决阳武，洪水主流沿汴入泗、入淮。1495 年（明孝宗弘治八年），刘大夏堵塞黄陵岗等北流河口，并筑太行堤，迫使黄河全流入泗。到明万历年间，河道总督潘季驯推行"筑堤束水""蓄清刷黄"的治河方针，加固、修筑开封至海口的黄河堤防，黄河河槽被固定下来。由于黄河泥沙淤积，河床不断抬高，形成地上河，使沂、沭、泗水入黄受阻。泗水在徐州与济宁间逐渐潴壅成南四湖；沂水滞蓄在马陵山西侧，加之黄河决口漫溢逐渐潴壅成骆马湖。为避黄保运，明、清两代虽开挖泇（运）河和中运河，但泄水能力不大。在骆马湖以下，泗、沂洪水主要由六塘河经灌河入海；沭河原经涟水入淮河道淤塞阻断，加之受沂河洪水干扰，最后被迫在沭阳县西折向东北，借蔷薇河经海州入海。直至 1855 年（清咸丰五年），黄河在铜瓦厢决口，夺大清河入海，才结束黄河长期夺泗、夺淮的历史。但是沂沭泗河下游的原有水系全被破坏，排水不畅。今日的废黄河成为沂沭泗水系与淮河水系的分水岭。

二、沂沭泗水系

（一）泗（运）河水系

泗（运）河水系由泗河、南四湖、韩庄运河、伊家河、中运河及入河入湖支流组成。流域面积约 40000 km^2。

泗河古称泗水，是淮河下游的最大支流，受黄河夺泗、夺淮的影响，中下游河道已成为废黄河。如今泗河发源于山东省新泰市太平顶山西麓，流经泰安市的新泰和济宁市的泗水、曲阜、兖州、任城、邹城、微山等县（市、区），于济宁市微山县鲁桥镇辛闸、仲浅两村之间入南四湖，全长 159 km，其中较大支流有小沂河、济河、黄沟河、石漏河、崄河等，流域面积 2338 km^2。

南四湖由南阳湖、独山湖、昭阳湖、微山湖 4 个相连的湖泊组成，建设二级坝水利枢纽工程后将其分为上、下两级湖。流域面积约 31180 km^2，湖面面积 1280 km^2，总容积 60.12 亿 m^3，是我国第六大淡水湖。南四湖汇集沂蒙山区西部及湖西平原各支流洪水，经韩庄运河、伊家河及不牢河入中运河。入湖支流共53条，其中湖东主要有洸府河、白马河、北沙河、城漷河、新薛河等；湖西主要有梁济运河、洙赵新河、（新）万福河、东鱼河、复新河、大沙河、郑集河等。经多年治理，南四湖已成为调节洪水、蓄水灌溉、发展水产、航运交通、南水北调、改善生态环境等多功能综合利用的大型湖泊，主要水利工程有二级坝水利枢纽、韩庄水利枢纽、蔺家坝水利枢纽、复新河闸、湖西大堤、湖东堤等。

韩庄运河自微山湖湖口至苏鲁边界的陶沟河口，长42.5 km，右岸有伊家河、左岸有峄城大沙河等汇入。

中运河上接韩庄运河，下至淮阴杨庄接里运河，并与废黄河、二河、淮沭河等交汇，长179.1 km，左岸有陶沟河、邳苍分洪道、城河等汇入，右岸有不牢河、房亭河、民便河及邳洪河等汇入。中运河在二湾至皂河闸段与骆马湖间断相通。

京杭运河自北至南纵贯沂沭泗流域，由梁济运河、南四湖湖内航道、韩庄运河（包括不牢河）和中运河等四段组成，兼具航运、防洪、排涝和灌溉多种功能，也是南水北调东线的输水通道。

房亭河与徐洪河在刘集立交，由刘集地涵沟通，骆马湖洪水可经中运河、房亭河和徐洪河相机泄入洪泽湖。

泗（运）河水系干支流上游建有尼山、西苇、岩马、马河、会宝岭、贺庄、庄里等7座大型水库和8座中型水库。

（二）沂河水系

沂河水系由沂河、骆马湖、新沂河以及入河、入湖支流组成，流域面积约14800 km^2。

沂河是沂沭泗水系中最大的山洪河道，为国家一级河流。其发源于沂蒙山区的鲁山南麓，南流经沂源、沂水、沂南、兰山、河东、罗庄、兰陵、郯城、邳州、新沂等县（市、区），在江苏省新沂苗圩入骆马湖。较大支流有东汶河、蒙河、祊河、白马河等，大部分由右岸汇入。沂河源头至骆马湖，河道全长333 km，流域面积11820 km^2，其中山东境内河道长287.5 km，流域面积10772 km^2，江苏境内河道长45.5 km，流域面积1048 km^2。沂河在彭家道口向东辟有分沂入沭水道，分沂河洪水入沭河；在江风口辟有邳苍分洪道，分沂河洪水入中运河。

骆马湖位于沂河末端，中运河东侧，跨新沂、宿豫（湖滨新区）两县（市、区），上承沂河并接纳泗运水系和邳苍地区来水，集水面积约51200 km^2，骆马湖来水由嶂山闸控制东泄经新沂河入海，由皂河闸及宿迁闸泄部分洪水入中运河。骆马湖在湖水位24.83 m时，湖面面积318 km^2，容积14.8亿m^3，是防洪、灌溉、航运、水产养殖和改善生态环境等综合利用的平原湖泊，也是南水北调东线的调节水库。

新沂河自嶂山闸流经江苏省宿豫、新沂、沭阳、灌南、灌云等县（市、区），由灌河口入海，全长146 km，是沂沭泗流域主要排洪入海通道。新沂河两岸汇入支流较少，除老沭河、淮沭河外，还有北岸的新开河、南岸的柴沂河汇入，区间流域面积约2500 km^2。

淮沭河在淮阴杨庄上接二河，可相机分泄洪泽湖洪水经新沂河入海。

沂河干支流上游山丘区建有田庄、跋山、岸堤、唐村、许家崖等5座大型水库和22座中型水库，总库容约22.5亿m^3，控制流域面积约5180 km^2，约占沂河流域总流域面积的35%。

(三)沭河水系

沭河水系由沭河、新沭河以及入河支流组成,流域面积约 9250 km^2。

沭河发源于沂蒙山区的沂山南麓,与沂河平行南下,流经沂水、莒县、莒南、河东、临沭、东海、郯城、新沂等县(市、区),河道全长 300 km,流域面积约 6400 km^2。沭河自源头至临沭大官庄水利枢纽河道长 196.3 km,区间流域面积 4519 km^2。较大支流有左岸的袁公河、浔河、高榆河和右岸的汤河、分沂入沭水道等。沭河在大官庄分两支,一支南下为老沭河(江苏境内称总沭河),流经临沭、东海、郯城和新沂,在新沂市口头入新沂河,河道长 103.7 km(其中江苏境内 47 km),区间流域面积 1881 km^2(其中江苏境内 1048 km^2);另一支东行称新沭河,分沭河及沂河东调洪水经石梁河水库于临洪口入海,河道长 80 km,其中山东境内为 20 km,江苏境内为 60 km(含石梁河水库库区段 15 km),区间流域面积 2850 km^2,主要支流有蔷薇河、夏庄河(苍源河)、朱范河。

沭河干支流上游修建沙沟、青峰岭、小仕阳、陡山等 4 座大型水库和 4 座中型水库,总库容 10.63 亿 m^3,控制流域面积 1651 km^2,占沭河流域面积的 26%。新沭河干支流建有安峰山和石梁河等 2 座大型水库和 6 座中型水库,总库容 7.63 亿 m^3,控制流域面积 1280 km^2,占新沭河流域面积的 45%。

(四)废黄河及滨海诸河

废黄河位于沂沭泗流域南缘,是历史上黄河长期夺泗、夺淮后逐渐演变遗留下来的黄河故道,是淮河水系和沂沭泗水系的分水岭。上起河南省兰考东坝头,经河南省兰考、民权、宁陵、梁园、虞城等县(市、区),又沿山东省东明、曹县、单县进入安徽省砀山县,再沿江苏省丰县和安徽省萧县边界入江苏省铜山区,经徐州市鼓楼、泉山、云龙、睢宁,宿迁市宿豫、宿城、泗阳,淮安市淮阴、淮安、涟水,盐城市阜宁、响水、滨海等县(市、区),于江苏省滨海县套子口入黄海。废黄河全长 728.3 km,全河已不贯通,河内集水总面积 4291 km^2。二坝头以上河段 213 km,集水面积 2571 km^2,河内集水分别经东鱼河、大沙河入南四湖;二坝头至淮阴杨庄段 329.3 km,集水面积 1189 km^2,河内集水分泄入中运河和洪泽湖;杨庄以下河段 186 km 仍直通入海,集水面积 531 km^2。

沂沭泗流域滨海独流入海的主要河流有 14 条,分布北起山东省日照市,南至江苏省滨海县(废黄河入海口),总流域面积 13573 km^2。新沭河以北地区主要有范河、朱稽河、青口河、兴庄河、龙王河、绣针河、巨峰河、傅疃河等。新沭河和新沂河之间主要有五图河、牛墩界圩河、车轴河、古泊善后河、烧香河。新沂河以南地区为灌河水系,包括灌河干流、南六塘河、北六塘河、柴米河、沂南河、盐河等。

废黄河及滨海诸河建有小塔山和日照 2 座大型水库和 16 座中型水库。

(葛蕴)

【气象水文】

一、气候特征

沂沭泗流域属暖温带半湿润气候区,具有过渡带气候特征。春旱多风,夏热多雨,秋旱少雨,冬寒晴燥,四季分明。气候特征介于黄淮之间,而较接近于黄河流域。

(一)气温

年平均气温 13~16 ℃,由北向南,由沿海向内陆递增,年内最高气温达 43.3 ℃(1955 年 7 月 15 日发生在徐州),最低气温为-23.3 ℃(1969 年 2 月 6 日发生在徐州)。

（二）霜冻、霜期

流域南部在11月上旬至次年3月中旬为霜期，平均一年无霜期为230 d。流域北部在10月下旬至次年4月上旬为霜期，平均一年无霜期为200 d，山区一般为180~190 d。

（三）蒸发量

流域的水面蒸发量南部小、北部大，自南向北，多年平均水面蒸发量为1180~1320 mm。蒸发量历年最高为1755 mm（韩庄闸站），历年最低为903 mm（响水口站）。

（四）日照

流域年平均日照时间为2100~2400 h，由南向北递增。

（五）风

流域为季风区，随季节而转移，冬季盛行东北风与西北风，夏季盛行东南风与西南风。年平均风速2.5~3.0 m/s，最大风速为23.4 m/s（发生在徐州，6月）。

二、水文特征

（一）年降水

沂沭泗流域多年（1953—2018年）平均降水量为790 mm。降水量年际变化较大，最大年降水量为1174 mm（2003年），最小年降水量为492 mm（1988年）。降水年内分布不均，70%降水量集中在汛期（6—9月）。

（二）暴雨特性

沂沭泗流域暴雨成因主要是黄淮气旋、台风及南北切变。长历时降雨多数由切变线和低涡接连出现造成。台风主要影响沂沭河及南四湖湖东区。暴雨移动方向由西向东较多。降雨一般自南向北递减，沿海多于内陆，山地多于平原。

（三）时段暴雨

根据中华人民共和国成立后历年统计，流域内最大1 d降雨量为563.1 mm（2000年8月30日，江苏响水口站），其次为478.8 mm（2012年8月10日，江苏响坎河小尖站）；最大3 d暴雨877.4 mm（2000年8月28—30日，江苏响水口站），其次为575.8 mm（1971年8月8—10日，山东微山站）；最大7 d暴雨1046.3 mm（2000年8月24—30日，江苏响水口站），其次为676.8 mm（1963年7月18—24日，山东前城子站）。2000年8月30日，响水口站24 h降雨量825 mm。

（四）径流

全流域多年（1956—2016年）平均径流深180 mm，年径流系数0.23。年径流分布与降水分布相似，南大北小，沿海大于内陆，同纬度山区大于平原。沂沭河上中游年径流深250~300 mm，年径流系数0.3~0.4。南四湖湖东年径流深75~250 mm，年径流系数0.2~0.3；湖西年径流深50~100 mm，年径流系数0.1~0.2。中运河及新沂河南北年径流深200~250 mm，年径流系数0.2~0.3。

（五）泥沙

沂沭泗流域上游沂蒙山区植被覆盖差，水土流失严重。据统计，沂河临沂站多年平均含沙量0.615 kg/m³，多年平均输沙率58.1 kg/s，多年平均输沙量183万t。沭河莒县站多年平均含沙量0.984 kg/m³，多年平均输沙率14.5 kg/s，多年平均输沙量45.8万t（沭河莒县站1992年之后含沙量及输沙率已停测）。沭河大官庄（新）站多年平均含沙量0.572 kg/m³，多年平均输沙率15.4 kg/s，多年平均输沙量48.5万t。中运河运河站多年平均含沙量0.126 kg/m³，多年平均输沙率10.6 kg/s，多年平均输沙量33.6万t。沂沭泗流域部分控制站泥沙特征见表1。

表1 沂沭泗流域部分控制站泥沙特征

河名	站名	输沙率/(kg/s)		多年平均输沙量/万t	含沙量/(kg/m³)		统计年数/年
		多年平均	年平均最大		多年平均	年平均最大	
沂河	葛沟	24.3	265	76.8	0.489	2.74	57
	临沂	58.1	689	183	0.615	3.55	59
	港上	20.6	126	64.9	0.428	1.46	48
沭河	莒县	14.5	119	45.8	0.984	4.36	35
	大官庄(新)	15.4	153	48.5	0.572	2.76	57
	新安镇	5.05	65.2	15.9	0.289	1.47	43
泗河	东风	5.29	34.6	17.3	0.453	1.8	58
新沭河	大兴镇	12.7	111	40.0	0.658	2.92	52
东鱼河	鱼城	13.0	101	41.0	1.15	6.52	47
新沂河	嶂山闸下	6.41	60.3	20.2	0.062	0.208	36
中运河	运河	10.6	57.6	33.6	0.126	0.750	47

(六)洪水

沂沭泗流域地处我国南北气候过渡地带,天气形势复杂多变,降雨时空分布不均;流域北中部的沂蒙山区是淮河流域三大暴雨中心之一;流域内河流多为扇形网状水系结构,洪水集流迅速,洪涝灾害多发易发。

沂沭泗水系的洪水一般多发生在7月、8月。沂沭河上中游均为山丘区,洪水陡涨陡落,往往暴雨过后几小时,主要控制站便可出现洪峰。南四湖湖东与沂沭河相似,涨落也很快;湖西河道则洪水过程平缓。邳苍地区河道坡陡、源短,洪水也较迅猛。洪水汇集至中下游后,河道比降减小,行洪不畅,洪水过程缓慢。

三、水资源

沂沭泗水系多年(1956—2016年)平均年地表水资源量142亿 m^3,多年(2001—2016年)平均年地下水资源量103.05亿 m^3,地表水与地下水不重复量62.5亿 m^3,多年(1956—2016年)平均年水资源总量204.5亿 m^3。

(王秀庆 李素)

【水旱灾害】

一、水灾

据《淮系年表》和其他片段资料记载,秦、汉、魏晋南北朝、隋唐及五代,水灾时常发生。黄河夺淮以后水灾更加严重,仅元、明两代的364年(1280—1643年)间,沂沭泗流域发生较大水灾97次。清代、中华民国的305年(1644—1948年)间,发生水灾267次。中华人民共和国成立后,据苏、鲁两省有关市、县36年(1949—1984年)统计,多年平均成灾面积774万亩,占两省流域耕地面积的14.2%,成灾面积超过1000万亩的年份有1949年、1950年、1951年、1953年、1956年、1957年、1960年、1962年、1963年、1964年等10年,其中以1963年、1957年最大,成灾面积分别达到2985万亩、2726万亩,占两省流域耕地面积的

54.9%和50.1%。在灾情分布上,20世纪50年代大多分布在沂沭河下游区,以1949—1951年3年受灾最重;60年代大多分布在南四湖湖西及邳苍地区;1957年重灾在邳苍及南四湖地区;1974年仅沭河地区受灾较重。

根据历史调查,沂沭泗水系自1470年以后曾在1593年、1703年、1730年和1848年等年份发生过大洪水,以1730年8月(清雍正八年六月)洪水为最大,是近500年来最大的一次。当时暴雨强度大、时间长、范围广,暴雨前期阴雨数十日,后期又发生5~7 d的大暴雨,遍及沂沭泗水系。经推算,沂河临沂站洪峰流量30000~33000 m^3/s,重现期248~500年;沭河大官庄洪峰流量14000~17900 m^3/s,重现期248~500年;南四湖洪水重现期272年,均为历史最大值。

沂河临沂站洪水居第二、第三位的分别为1912年的18900 m^3/s和1914年的17800 m^3/s。沭河大官庄站洪水居第二、第三位的分别为1974年大官庄的11100 m^3/s(还原后洪峰流量)和1881年的6850~8000 m^3/s。南四湖地区1953年后才有较完整的水位资料,调查的1703年洪水重现期为136年,居第二位。

中华人民共和国成立后,流域性大洪水年有1957年、1963年、1974年和2020年。其中,1957年南四湖洪水7 d、15 d和30 d洪量分别为66.8亿m^3、106.3亿m^3、114亿m^3,30 d洪量重现期为91年;1957年沂河临沂站洪峰流量15400 m^3/s,重现期近20年;1974年沭河大官庄还原后洪峰流量11100 m^3/s,重现期约为100年;2020年沂河临沂站洪峰流量10900 m^3/s,洪水重现期约15年;2020年沭河重沟站洪峰流量5940 m^3/s,列沭河1950年有连续实测资料以来第一位,洪水重现期约22年。

二、旱灾

沂沭泗流域旱灾损失不亚于水灾,但有关旱灾的历史资料较少。

据1957年沂沭泗流域规划统计,公元前1122—前249年的874年间共发生旱灾7次。秦、汉、魏、晋、南北朝,资料全缺。隋、唐时期的318年(589—906年)间发生旱灾6次。宋、元两代的408年(960—1367年)间,发生旱灾17次。明、清至中华民国的581年(1368—1948年)间,发生旱灾86次,其中特大干旱2次,分别为1640年、1785年。中华人民共和国成立后,江苏、山东两省各市、县的36年(1949—1984年)旱灾统计,多年平均成灾面积577万亩,占江苏、山东两省耕地面积的10.6%。成灾面积超过1000万亩的有1959年、1962年、1966年、1977年、1978年、1983年6个大旱年,平均6年一次,其中1966年、1977年分别达到1485万亩、1502万亩,各占耕地面积的27.3%、27.6%。1959年、1960年、1961年连续3年皆春旱少雨,其中1959年旱灾最重,1961年次之。1966年、1967年、1968年又3年春旱,其中1966年旱灾最重,1968年次之。1976年、1977年、1978年又3年春旱成灾,其中1977年最重,受灾面积达1502万亩,1978年次之,达1067万亩。1981年、1983年的2次干旱,灾情均较重,但是灌溉工程发挥作用,灾情有所减小。

2002年南四湖流域大旱,流域降水较常年偏少一半,旱情达100年一遇,南四湖干涸,济宁、菏泽、徐州受旱面积1600余万亩,工农业生产损失严重。2002年12月8日开始实施南四湖应急生态补水,至2003年3月4日结束,引调江水1.1亿m^3,其中入上级湖0.5亿m^3,湖内水面面积增加110 km^2,避免生态系统遭受毁灭性破坏,对保全湖区物种、恢复湖区生态系统发挥作用。

（周静）

【社会经济】

沂沭泗流域总面积占我国国土面积的0.83%,土地辽阔,资源丰富,是我国工农业重点发展地区之一。根据2021年江苏、山东、河南、安徽4省有关市、县(区)统计年鉴和政府公开信息等资料汇总统计,沂沭泗流域人口5396.89万,平均人口密度为656人/km^2。流域内常住人口大于500万的城市有江苏省徐州市、山东省济宁市、山东省临沂市、山东省菏泽市。沂沭泗流域是我国重要的粮、棉、油生产基地,2021年粮食种植面积497.24万hm^2,占全国的4.23%,人均0.09 hm^2,低于全国平均水平;主要农作物有小麦、水稻、玉米、薯类、大豆、棉花等,粮食产量3321.51万t,占全国粮食产量的4.86%。地区生产总值34323亿元,人均63597元,低于全国平均值。流域内交通发达,京沪铁路、京沪高速铁路、京九铁路纵贯南北,陇海铁路横贯东西;内河水运有年货运量仅次于长江的京杭运河,平原各支流及下游水网区水运也很发达;流域内高速公路四通八达;大型出海港口有连云港、日照港;国内航空港有徐州、连云港、济宁、日照、临沂、菏泽等。

（葛蕴）

【土地资源】

流域内土壤主要有棕壤、褐土、潮土、盐碱土、砂姜黑土等类型。棕壤主要分布在徐淮地区的东部、连云港市一带及鲁东南丘陵地区;褐土主要分布在徐州、鲁中南低山丘陵及津浦铁路两线的山麓平原地带;潮土主要分布在宿迁市一带、鲁西南黄泛平原;盐碱土主要分布在江苏、山东两省沿海地带。按照经济用途分类,流域土地可分为耕地、种植园用地、林地、草地、湿地、城镇村及工矿用地、交通运输用地、水利及水利设施用地。全流域土地除石骨裸露山地和城市、交通、工矿用地之外,其他各类土地均可农用或改造后农用。

（葛蕴）

【矿产资源】

沂沭泗流域矿产资源丰富,其中能源矿产有煤炭、石油、天然气、地热等,金属矿产有铁、砂金、钛铁、铜、镁、铝、银、铅、锌、钾等,非金属矿产有蛭石、云母、蛇纹石、石榴子石、红宝石、蓝晶石、金刚石、水泥用灰岩、制灰用灰岩、建筑石料用灰岩、砖瓦用黏土、水泥配料用黏土、水泥配料用页岩、白云岩、方解石等,水气矿产有地下水、矿泉水等。其中,煤炭资源丰富,主要产于徐州市、济宁市、枣庄市、菏泽市,徐州市、济宁市储量分别占江苏省的95%、山东省的50%。铁矿石主要产于徐州市、枣庄市、沂源县、汶上县、泗水县。石膏主要产于临沂市、徐州市、枣庄市、济宁市,临沂市石膏储量居全国第二位,徐州市石膏年开采量为华东地区之首。稀土矿主要产于山东省微山县,其矿储量居全国第二位。金刚石储量约占全国的四成,主要产于山东省蒙阴县、郯城县。水晶是江苏省东海县的特色矿产,其储量及品位居全国之首,收购量占全国一半以上。白云岩主要产于临沂市、菏泽市,其中临沂市储量居全国第一位。

（葛蕴）

【人文历史】

沂沭泗地区是中华民族古代文明发祥地之一,文物古迹众多,旅游资源丰富。如徐州的汉墓及汉兵马俑,连云港孔望山的东汉佛教摩崖石刻及夏商时期的将军崖岩画,宿迁的项王故里，枣庄的台儿庄古城，济宁的孔府、孔庙、孔林，日照的定林寺、齐长城遗址，临沂汉墓出土的《孙子兵法》及《孙膑兵法》竹简，菏泽的尧陵、历山古遗迹等。

（葛蕴）

【规划治理】

沂沭泗地区是我国开发水利最早的地区之一，自春秋战国以来，兴建过不少著名的水利工程。在南宋以前，主要是灌溉和航运，隋、唐至北宋达到兴盛时期。元、明、清三代，视南北漕运为根本，治水重点为治河保运。

春秋战国时期，吴王夫差为运兵北上争霸，在定陶至鱼台间开菏水，沟通济、泗间水运。

北魏徐州刺史薛虎称：徐州良田十万顷，水陆肥沃，清汴通流，足以灌溉。东晋桓温，开桓公沟300余里，沟通济、黄间水运。

隋、唐、北宋时期，隋兖州刺史薛胄，在泗水上筑金口坝，并开丰兖渠，引泗水向西与桓公沟相接，以收灌溉和水运之利。唐在徐州的泗水上开凿吕梁洪，便于行运；在丞县（故城在今峄城东北）“筑十三陂，蓄丞、泇二水灌田”；开宿迁、涟水两县新漕渠，北通沭水，南通于淮；创筑东海至盐城的捍海堤，以遮护民田，屏蔽盐灶，屯田瘠卤。宋开广济河（原名五丈河），以通河南、山东间水运；又于王安石推行新法而兴起的水利高潮中，修复济州（设在今巨野县）的南李堰、濮州（今鄄城北）的马陵泊等工程，得良田4200余顷（1顷=100亩，全书同）。

宋室南渡后，形成以淮河为界的金、宋政权南北对峙局面，连年战乱，水利失修，河患不治。

元代先后开济州河、会通河，京杭运河全线开通。

明代宋礼重浚会通河；刘大夏堵黄陵岗等处决口，修筑太行堤，逼使黄河全流入泗、入淮；朱衡开南阳新河；潘季驯先后筑开封至淮安以下的黄河缕、遥堤，束黄水归槽；杨一魁开桃源黄坝新河，分泄黄河水由灌河口入海；李化龙开泇（运）河；朱国盛、李从新及朱光祚等先后开新河，以修治泇（运）河入黄河，渐形成泇（运）河（今日的韩庄运河及皂河以上的中运河）。

清代康熙年间，靳辅先后开皂河、中（运）河，使运、黄完全分开；王新修建沭河禹王台竹络坝，迫使沭河东行经蔷薇河至临洪口入海。乾隆年间，兴修六塘河子堰（六坝），筑六塘河南北股两河四堰，创筑前后沭河堰工，并挑南北六塘河、前后沭河及蔷薇河，提高沂沭泗下游排水能力。

元、明、清三代为济运保漕，还修建不少引水、导水、减水及闸坝工程。

民国期间，战火连年，生产凋敝，除低标准地整治少数河道外，水利建设无大作为。但采用一些近代水利技术，进行水文观测、地形测量和一些规划设计，留下一些宝贵的资料。

从1948年开始，江苏、山东两省分别进行“导沂整沭”和“导沭整沂”工程，为沂沭泗水系排洪入海打开出路。在此基础上，又进行多次大规模规划治理。多年来，沂沭泗流域建设各类水库2000余座，总库容约77亿m^3，其中大型水库20座，控制面积10337 km^2，总库容50.99亿m^3，防洪库容27.87亿m^3；在中下游，开辟新沂河、新沭河入海通道，开挖邳苍分洪道、分沂入沭水道，调整水系，兴建南四湖及骆马湖控制工程、黄墩湖滞洪区和南四湖湖东滞洪区，整治河道，培修堤防，兴建控制性水闸，基本建成由水库、河湖堤防、控制性水闸、分洪河道及蓄滞洪工程等组成的拦、泄、分、蓄、滞功能完善的防洪工程体系。

目前,沂沭泗骨干河湖中下游防洪标准达到50年一遇,主要支流防洪标准基本达到20年一遇。沂沭泗河洪水规划治理原则是“上蓄、下排,统筹兼顾,合理调度”,核心是沂沭泗河洪水“东调南下”,总体部署是扩大沂沭河洪水东调和南四湖洪水南下的出路,将沂沭河洪水尽量就近东调入海,腾出骆马湖部分蓄洪和新沂河部分泄洪能力接纳南四湖及邳苍地区南下洪水,以提高沂沭泗河中下游地区防洪标准。与此项部署相关的工程简称沂沭泗洪水东调南下工程。从1948年开始,沂沭泗河规划治理经过以下几个时期。

一、“导沂整沭”和“导沭整沂”规划

(一)规划情况

治淮初期(1947年始至1953年),华东水利部领导沂沭汶泗规划和治理,按照“苏、鲁两省兼顾,治泗必先治沂,治沂必先治沭”和“沂沭分治”的原则,苏鲁两省分别制定并实施“导沂整沭”和“导沭整沂”规划,着重整治河道,开辟入海通道,扩大排洪能力,以减轻水患。山东省“导沭整沂”规划包括切开马陵山,开辟新沭河,导沭经沙于临洪口入海,兴建大官庄沭河大坝、人民胜利堰控制导沭分流;整修加固山东境内沂沭河堤防,开挖分沂入沭水道,疏浚沂河淤浅段等。江苏省“导沂整沭”包括嶂山切岭,开辟新沂河,导沂沭泗洪水于灌河口入海,修建骆马湖初期控制工程,培修加固江苏境内沂沭河堤防等。

(二)实施情况

山东省“导沭整沂”工程主要包括:导沭经沙入海开辟新沭河,兴建沭河大坝、人民胜利堰等建筑物,开挖分沂入沭水道,整修加固沂沭河堤防。导沭工程主要包括开挖新沭河,从大官庄向东开挖一条长14.2 km的引河,分沭河洪水入沙河,经临洪口入海,全长80 km,大官庄分洪流量2800 m^3/s,加沙河区间洪水流量共3800 m^3/s;经人民胜利堰下泄老沭河流量1700 m^3/s,加分沂入沭水道来水流量1000 m^3/s、老沭河区间洪水300 m^3/s,共3000 m^3/s。整沂工程主要包括:开挖分沂入沭水道、疏浚沂河浅滩及培修加固堤防,治理标准是沂河临沂站设计洪水流量6000 m^3/s,分沂入沭分洪流量1000 m^3/s,江风口分洪道分洪流量1500 m^3/s,余下3500 m^3/s由李庄以下沂河下泄。

江苏省“导沂整沭”工程主要包括:自华沂开始开辟新沂河,全长183 km,华沂至骆马湖段设计流量3000 m^3/s,嶂山至灌河口3500 m^3/s;修建华沂束水坝,控制老沂河下泄500 m^3/s,修建骆马湖初期控制工程,修筑加固沂沭河堤防。

二、1954年沂沭汶泗洪水处理意见

(一)规划情况

1953年底,沂沭汶泗规划及治理开始由治淮委员会(1990年更名为水利部淮河水利委员会,简称淮委)统一领导,1954年淮委编制《沂沭汶泗流域洪水处理初步意见》。规划提出南四湖和沂沭运地区洪水处理方案;修建南四湖洪水控制工程(一级湖方案),建设滨湖排涝工程;修建龙门、傅旺庄、东里店及石岗等水库;修建江风口分洪闸和老沂河华沂分洪闸,扩大分沂入沭和新沂河,加固江风口以下沂河堤防和新沭河。

(二)实施情况

1954—1957年,沂沭泗治理完成的工程主要包括:整治南四湖的万福河、复新河、大沙河、杨屯河及惠河等,疏浚伊家河;

按分洪 1500 m^3/s 扩挖分沂入沭水道；兴建江风口分洪闸、李庄拦河坝、华沂节制闸和黄墩湖小闸，整治沭河的一些排水河道；疏浚新沂河南偏泓，培修加固沂河、新沂河、中运河和骆马湖堤防。

三、1957 年沂沭泗流域规划

（一）规划情况

1957 年 3 月，淮委同江苏、山东两省编制《沂沭泗流域规划报告（初稿）》。7 月，沂沭泗地区发生特大洪水，灾情严重，水利部技术委员会针对规划中的问题，组织淮委及江苏、山东两省对规划进行修订，于 1957 年 12 月提出《沂沭泗流域规划初步修正成果及 1962 年以前工程安排意见（草案）》。规划以防治水灾、发展灌溉为主，规划标准为：南四湖和中运河为 100 年一遇防洪标准，沂沭河为 50 年一遇防洪标准，骆马湖、新沂河为 300 年一遇防洪标准，次要河流达到 50 年一遇防洪标准。主要内容为：在沂蒙山区开展水土保持，在山区修建水库；修建南四湖（二级湖方案）、骆马湖平原综合利用水库；扩大和巩固韩庄运河、中运河、新沂河、新沭河行洪能力；治理平原区河道，调整水系；发展农业灌溉。

（二）实施情况

1958 年淮委被撤销，规划所列工程由各省分别负责。

山东省修建的工程包括：在沂沭泗上游山丘区修建会宝岭、日照、唐村、许家崖、田庄、小仕阳、陡山、尼山、岩马、跋山、沙沟、岸堤、马河、西苇、青峰岭等 15 座大型水库和 32 座中型水库，并增修塘坝，灌溉面积 200 万亩。南四湖按堤顶高程 38.79 m 修建湖西大堤，修筑二级坝水利枢纽把南四湖分成上、下级湖，兴建韩庄闸、伊家河闸，疏浚惠河、万福河、洙水河、赵王河，开挖洙赵新河和东鱼河调整水系；修筑邳苍分洪道堤防，修筑加固沂河李庄以下、沭河堤防。还修建了引黄灌溉工程。

江苏省修建的工程包括：在山丘区修建安峰山、石梁河、小塔山等 3 座大型水库及 10 座中型水库，水库塘坝增灌面积约 100 万亩，完成邳苍分洪道工程；建成宿迁闸、六塘河闸、嶂山闸和骆马湖宿迁控制线，骆马湖建成常年蓄水水库，黄墩湖辟为临时滞洪区；中运河西堤退建，设计运河镇水位 26.33 m，行洪能力扩大到 5000 m^3/s；新沂河按行洪能力 6000 m^3/s 加高培厚堤防，新沭河堤防按行洪能力 3800 m^3/s 加固；实施跨流域调水工程，开辟淮沭新河。航运规划大运河庙山子以下至淮安段已实施，其余未实施。水土保持规划未实施。

四、1971 年治淮战略性骨干工程规划

（一）规划情况

1969 年国务院成立治淮规划小组，领导和组织流域规划工作。治淮规划小组于 1971 年提出《关于贯彻执行毛主席“一定要把淮河修好”指示的情况报告》及其附件《治淮战略性骨干工程说明》。规划的标准是南四湖可防御 1957 年洪水，沂沭河可防御 50~100 年一遇洪水，骆马湖、新沂河可防御 100 年一遇洪水。规划的总体部署是“沂沭泗洪水东调南下工程”，主要内容包括增建山区水库，扩大南四湖、沂沭河洪水出路，治理南四湖和骆马湖，提高韩庄运河、中运河和新沂河的行洪能力。

（二）实施情况

山东省完成的主要工程包括防洪工程、排涝工程和灌溉工程。

（1）防洪工程。建成大官庄新沭河泄洪闸，按 6000 m^3/s 设计、7000 m^3/s 校核标准扩挖新沭河闸下游 6.4 km 新沭河的石方段；建成分沂入沭入口的彭道口分洪闸，按 4000 m^3/s 标准完成分沂入沭上段 8.5 km 的加深拓宽；增建二级坝三、四闸，开挖三闸下游西股引河中段 9.4 km 和二闸下游东股引河 23.3 km；按微山湖水位 33.29 m 时设计泄量 2050 m^3/s 扩建韩庄闸；扩挖韩庄闸下 9 km 河槽的大部分；同时实施了病险水库的加固工程。

（2）排涝工程。治理南四湖地区 11 条排水河道，并在滨湖洼地实行机电排灌；在分沂入沭和新沭河以北，治理黄白排水沟、牛腿沟等排水沟渠。

（3）灌溉工程。设计水库灌区 374 万亩，至 1980 年有效灌溉面积达 165 万亩。南四湖机电排灌面积达 300 万亩，其中水稻 100 万亩；湖西的东鱼河、新老万福河、洙赵新河上均建闸分级拦蓄，灌溉 55 万亩；湖东诸河发展灌溉 18 万亩。

江苏省完成的主要工程包括防洪工程、除涝工程和灌溉航运工程。

（1）防洪工程。按 6000 m^3/s 设计、7000 m^3/s 校核，开挖石梁河水库至太平庄段新沭河中泓，并加固两岸堤防及建太平庄闸等，1980 年堤防加固停缓建；完成新沂河两岸堤防加固，沭阳以下可行洪 6000 m^3/s，强迫行洪 7000 m^3/s；完成淮沭新河土方工程；另外，还加固石梁河、小塔山水库。

（2）除涝工程。在南四湖，与山东省共同全面治理复新河，疏浚河道 54 km、筑堤 108 km。开挖顺堤河和苏北堤河，顺堤河从姚楼河（山东境内称东边河）开始，下至蔺家坝下入不牢河，长 72 km；苏北堤河自大沙河至郑集河，先后与杨屯河、沿河、鹿口河、郑集河平交，各河之间自成排、引系统。在新沭河以北治理朱稽河和范河，采用上截、中改、下调尾的治理方式，将上游山水引入小塔山水库、青口河及新沭河，中游将朱稽河和范河改入朱稽副河，下游疏浚调尾和建挡潮闸；在新沭河南建成临洪西站，抽排乌龙河流域的涝水，并把鲁兰河截入新沭河，临洪东站开工后停缓建。在新沂河以北的直接入海水道上均建设挡潮闸等工程。

（3）灌溉航运工程。续建京杭运河，以利航运和江水北调。先后建设泗阳、刘老涧、皂河、刘山、解台及郑集 6 个扬水站，可抽江水 300 m^3/s 入骆马湖，经中运河、不牢河送水 100 m^3/s 入微山湖。在中运河、不牢河上修建 6 处船闸。在老沭河上修建塔山闸，蓄水灌溉，设计过闸流量 3000 m^3/s。

1981—1990 年，除南四湖部分工程和新沂河加固工程外，东调南下工程停缓建，多数工程处于“半拉子”状况，中运河扩大工程尚未动工。

五、1991 年沂沭泗河洪水东调南下工程近期规划

（一）规划情况

1990 年淮委完成《淮河流域修订规划纲要（送审稿）》。1991 年江淮发生大洪水，国务院治淮治太会议出台《国务院关于进一步治理淮河和太湖的决定》，确定治淮 19 项骨干工程建设任务，明确“续建沂沭泗河洪水东调南下工程，‘八五’期间达到 20 年一遇的防洪标准，‘九五’期间达到 50 年一遇的防洪标准”。根据治淮治太会议精神，1992 年淮委完成《淮河流域综合规划纲要（1991 年修订）》，确定沂沭泗河防洪标准为沂沭河防御 50 年一遇洪水；南四湖湖西大堤及湖东特大矿区段防御 1957 年洪水，其他堤防防御 50 年一遇洪水；骆马湖和新沂河防御 100 年一遇洪水。沂沭泗河近期防洪工程先按 20 年一遇洪水标准实施。

东调工程包括沂沭河中下游、邳苍分洪道、分沂入沭水道堤防加固,分沂入沭调尾,新建人民胜利堰闸,石梁河水库泄洪闸扩建等。

南下工程包括南四湖湖内清障、湖腰扩大,开挖西股引河上段,续建湖内庄台,加固湖西大堤,修建加固湖东堤,扩大韩庄运河、中运河,建设中运河临时控制工程,新沂河除险等。

(二)实施情况

1991年东调南下工程复工。

东调工程:按设计流量2500 m^3/s建设人民胜利堰闸;按分洪2500 m^3/s扩建分沂入沭水道,并将尾部改由人民胜利堰闸上入沭河(亦称调尾工程);新沭河按新沭河闸泄洪5000 m^3/s规模扩大和除险;加固和扩建石梁河水库泄洪闸;沂河祊河口—刘家道口—江风口—骆马湖按12000 m^3/s、10000 m^3/s、7000 m^3/s标准对堤防进行培修加固;沭河汤河口—大官庄—塔山闸—口头段按行洪5750 m^3/s、2500 m^3/s、3000 m^3/s除险加固;邳苍分洪道按东泇河以上行洪3000 m^3/s、以下4500 m^3/s加固堤防;加固江风口闸。

南下工程:加固南四湖湖西堤和修建湖东堤,开挖湖内浅槽。湖西大堤大沙河至蔺家坝段按防御1957年洪水标准加固(上级湖洪水位36.99 m,下级湖洪水位36.49 m),大沙河以上段除老运河—梁济运河段约3 km按1957年洪水标准加固外,其余均按20年一遇防洪标准加固;山东境内按微山湖水位为33.29 m时韩庄出口泄量1900 m^3/s(含伊家河200 m^3/s、老运河250 m^3/s)、微山湖水位为35.79 m时韩庄出口排洪4000 m^3/s(含伊家河400 m^3/s、老运河500 m^3/s)规模扩大韩庄运河,修建老运河闸,开挖韩庄闸上喇叭口。按运河镇水位为26.33 m时行洪5500 m^3/s规模扩大中运河,修建中运河临时水资源控制设施。新沂河按行洪7000 m^3/s除险加固,并建设海口控制工程。南四湖湖东堤、部分湖西堤、西股引河上段开挖和湖腰扩大未实施。

1991年以来,沂沭泗流域还进行病险水库和病险水闸除险加固、湖西平原河道疏浚、农田灌溉、拓宽航道等一系列治理工程,使沂沭泗流域的防洪、除涝、灌溉、航运标准有较大提高。

六、2003年沂沭泗河洪水东调南下续建工程实施规划

(一)规划情况

2002年国务院办公厅转发水利部《关于加强淮河流域2001—2010年防洪建设的若干意见》(国办发〔2002〕6号),2003年水利部和相关省召开省部联席会议,对沂沭泗河洪水东调南下续建工程和南水北调东线一期工程前期工作进行统筹安排。根据省部联席会议纪要和水利部前期工作安排,淮委编制《沂沭泗河洪水东调南下续建工程实施规划》。

规划主要包括:沂河东汶河口至祊河口河段、沭河浔河口至汤河口河段按20年一遇防洪标准治理,沂河祊河口以下河段、沭河汤河口以下河段、分沂入沭、新沭河、邳苍分洪道、韩庄运河、中运河、新沂河按50年一遇防洪标准治理。南四湖总体防洪标准为50年一遇,治理范围为湖内及环湖堤防,湖西堤按防御1957年洪水加固,湖东堤大型矿区和城镇段堤防防御1957年洪水,其他堤段按防御50年一遇洪水修建加固,在湖东部分洼地设置滞洪区。骆马湖防洪标准为50年一遇。主要支流除涝标准为3~5年一遇,防洪标准为20年一遇,包括刘家道口水利枢纽、南四湖湖东堤、韩中骆堤防、新沂河整治、新沭河治理、沂沭邳治理、分沂入沭扩大、南四湖湖内及南四湖湖西大堤加固等9个单项。

东调工程:沂河东汶河口—蒙河口—祊河口—刘家道口—江风口及江风口—苗圩分别按行洪9000 m^3/s、10000 m^3/s、16000 m^3/s、12000 m^3/s、8000 m^3/s 对堤防进行加高加固,局部疏通河槽;扩大分沂入沭水道,使其排洪能力达到4000 m^3/s;扩大新沭河,使太平庄闸上下河道的行洪能力分别达到6000 m^3/s 和6400 m^3/s,建设三洋港挡潮闸,设计流量6400 m^3/s;沭河浔河口—高榆河口—汤河口—大官庄及大官庄—口头分别按5000 m^3/s、5800 m^3/s、8150 m^3/s 及2500~3000 m^3/s 对堤防进行加高加固;修建刘家道口闸,设计流量12000 m^3/s;扩建江风口分洪闸,设计流量4000 m^3/s。

南下工程:在南阳镇附近和二级坝上、下扩挖4条浅槽,湖西堤按防御1957年洪水加固;修建湖东堤,大型矿区和城镇段堤防防御1957年洪水,其他堤段按防御50年一遇洪水修建加固;设置湖东滞洪区;按行洪4600~5400 m^3/s 扩大韩庄运河,续建韩庄闸上喇叭口工程,按行洪5600~6700 m^3/s 扩大中运河;按行洪7500~7800 m^3/s 扩大新沂河。

(二)实施情况

自2005年开始,沂沭泗河洪水东调南下续建工程陆续开工建设,至2016年各单项工程相继通过竣工验收,基本完成设计任务、实现规划目标。同期,流域还进行病险水库和病险水闸除险加固、涝洼地及支流治理、城市防洪及航道等一系列工程,使沂沭泗流域的防洪、除涝、灌溉、航运标准有较大提高。

七、2013年淮河流域综合规划(2012—2030年)

根据《国务院办公厅转发水利部关于开展流域综合规划修编工作意见的通知》(国办发〔2007〕44号)和水利部的总体部署,淮委组织流域各省开展新一轮流域综合规划修编工作,2013年国务院批复《淮河流域综合规划(2012—2030年)》。

规划安排沂沭泗河水系在既有东调南下工程格局的基础上,进一步巩固完善防洪湖泊和骨干河道防洪工程体系,扩大南下工程的行洪规模。近期按20年一遇加固沂沭泗河上游堤防,完善南四湖防洪体系,进一步巩固和完善其他防洪湖泊和骨干河道防洪工程体系。远期安排南四湖、韩庄运河、中运河、骆马湖、新沂河的防洪标准逐步提高到100年一遇,其他骨干河道防洪标准为50年一遇,重要支流防洪标准达到20~50年一遇。100年一遇设计水位南四湖上级湖(南阳)36.99 m、下级湖(微山)36.49 m、骆马湖24.83 m,相应扩大韩庄运河、中运河和新沂河的排洪能力,中运河江苏、山东省界行洪规模5600 m^3/s、运河镇行洪规模7200 m^3/s,新沂河沭阳行洪规模8600 m^3/s。

(葛蕴)

【水利工程】

一、沂沭泗直管工程

为加强工程管理,科学调度洪水,合理利用水资源,妥善解决边界水事纠纷,国务院以《国务院批转水利部关于对南四湖和沂沭河水利工程进行统一管理的请示的通知》(国发〔1981〕148号)批准成立沂沭泗水利工程管理局,1992年经水利部批准更名为沂沭泗水利管理局(简称沂沭泗局),对沂沭泗河流域的主要河道、湖泊、控制性枢纽工程及水资源实行统一管理和调度运用。主要涉及江苏、山东两省7个地级市。1983年4月及1985年5月沂沭泗局分别接管山东、江苏境内的沂沭泗主要水利工程。直管河道长度为961 km;堤防长度为1729 km,其中一级堤防长度为394 km,二级堤防长度为895 km;水闸26座,其中大型水闸12座,中型水闸6座;中型泵站1座。主要包括:

沂河水系中的跋山水库以下的沂河和姜庄湖拦河坝(老)以下的祊河、骆马湖、新沂河等河湖及刘家道口节制闸、嶂山闸。

沭河水系中的青峰岭水库以下的沭河、老沭河、石梁河水库以上的新沭河、分沂入沭水道、汤河回水段等河道,彭家道口分洪闸、黄庄倒虹吸、大官庄水利枢纽等控制性闸涵。

泗(运)河水系中的南四湖、韩庄运河、伊家河、宿迁闸以上的中运河及邳苍分洪道等河湖,复新河节制闸、二级坝水利枢纽、韩庄水利枢纽、蔺家坝闸、宿迁闸、刘桥提水站、中运河临时水资源控制工程及江风口闸等控制性闸涵。

(一)主要直管河湖工程

1. 沂河、祊河

沂河自跋山水库坝下至骆马湖,向南流经沂水、沂南、兰山、河东、罗庄、兰陵、郯城、邳州、新沂等县(市、区),在江苏省新沂市苗圩入骆马湖。河道长度233.5 km,其中山东境内188.0 km,江苏境内45.5 km。堤防总长度350.24 km(不含未完成或未交接堤防64.0 km),其中山东境内263.30 km(左堤134.16 km、右堤129.14 km),江苏境内86.94 km(左堤43.94 km、右堤43.0 km)。

祊河为沂河的最大支流,自源头至入沂河口全长158.0 km,流域面积3376.3 km^2,在临沂城东北角入沂河。

2. 沭河、新沭河、汤河

沭河自青峰岭水库坝下至新沂市口头入新沂河,流经莒县、莒南、河东、临沭、东海、郯城、新沂等县(市、区),河道长度为234.9 km,其中山东境内187.9 km,江苏境内47.0 km。堤防全长337.45 km,其中山东境内244.57 km(左堤113.55 km、右堤131.02 km),江苏境内92.88 km(左堤45.56 km、右堤47.32 km)。

新沭河自新沭河泄洪闸至江苏、山东省界,河道长度20.0 km,堤防全长36.07 km,其中左堤20.33 km、右堤15.74 km。

汤河,又称温水河,为沭河一级支流,发源于沂南县大庄镇左泉村,流经沂南、莒南、河东3县(区),在临沂市河东区汤河镇禹屋村东汇入沭河,河道全长56.0 km,流域面积486 km^2。

3. 分沂入沭水道

分沂入沭水道是为减轻沂河下游洪水压力,分泄沂河洪水东调入沭河而开挖的人工河道。上起彭家道口闸,流经临沂市河东区、郯城县、临沭县至大官庄水利枢纽入沭河,河道全长20.0 km,区间流域面积256.1 km^2(其中黄白沟汇水面积170 km^2)。堤防长度38.58 km,其中左堤18.58 km、右堤20.0 km。

4. 邳苍分洪道

邳苍分洪道是1958年开辟的一条人工分洪河道,用于分泄沂河洪水入中运河,上起江风口分洪闸,西南流经临沂罗庄、郯城、兰陵、邳州等县(市、区),于江苏省邳州市大谢湖入中运河,全长74.0 km,其中山东境内40.0 km、江苏境内34.0 km。堤防总长度148.62 km,其中山东境内80.20 km、江苏境内68.42 km。邳苍分洪道除分泄沂河洪水外,还承泄邳苍北部山区诸河来水,区间流域面积2357 km^2,主要支流有陷泥河、南涑河、燕子河、吴坦河、东泇河、汶河、西泇河,均由右岸汇入。

5. 韩庄运河、伊家河、老运河

韩庄运河为中华人民共和国成立后利用原泇(运)河一段扩挖而成,为京杭运河的一部分,是南四湖的主要泄洪河道,也是南水北调东线工程的主要输水干线。韩庄运河上起微山湖湖口,向东流经微山、峄城和台儿庄等3个县(区),在江苏、山东省界处陶沟河口下接中运河,河道长度42.5 km,堤防长度82.5 km,其中左堤42.9 km、右堤39.6 km。主要支流有老运河、伊家河、峄城大沙河等,区间流域面积1828 km^2。

伊家河为南四湖的泄洪河道之一,在韩庄运河南侧,两河相距400~2500 m,并行东流,在台儿庄闸上2.2 km处汇入韩庄运河,河道全长34 km。

老运河在泇河旧道基础上扩挖而成,与韩庄运河并行东南流,于八里沟村入韩庄运河,全长3.8 km,是南四湖的泄洪河道之一,也是南水北调输水干线,兼有航运、引水灌溉功能。

6. 中运河

中运河在泇河和中河的基础上扩挖而成,为京杭大运河的一段,具有防洪、排涝、航运等综合性功能,也是南水北调东线的骨干通道。中运河上接韩庄运河(江苏、山东省界陶沟河口),下至宿迁闸,自西北向东南流经邳州、新沂、宿豫、宿城等地,河道长度89.6 km,堤防长度114.4 km(不含骆马湖二线堤防),其中左堤61.0 km、右堤53.4 km。主要支流有陶沟河、不牢河、邳苍分洪道、老西泇河、城河、房亭河、民便河。区间流域面积6800 km^2。

7. 新沂河

新沂河西起骆马湖嶂山闸,向东流经新沂、宿豫、沭阳、灌云、灌南等5个县(市、区),至燕尾港灌河口入海,河道全长146.0 km,堤防长283.8 km,沂沭泗直管207.54 km,其中左堤78.3 km、右堤129.24 km。两岸汇入支流较少,除老沭河、淮沭河外,流域面积超过100 km^{2}的支流有新开河、柴沂河,区间流域面积2543 km^2。

8. 南四湖、湖西大堤、湖东堤

南四湖由南阳、昭阳、独山、微山等4个水波相连的湖泊组成,大部分在山东省济宁市微山县境内。南四湖为浅水型湖泊,湖形狭长,南北长125 km(其中上级湖长67 km、下级湖长58 km),东西宽6~25 km,周长311 km,湖面面积1280 km^2,总库容60.12亿m^3。流域面积31180 km^2,其中湖西21400 km^2、湖东8500 km^2,是我国第六大淡水湖,具有调节洪水、蓄水灌溉、发展水产、航运交通、改善生态环境等多重功能,亦是南水北调东线的调蓄湖泊。1958年始建的二级坝水利枢纽将南四湖分为上、下级湖。

湖西大堤北起山东省济宁市任城区老运河口,南至江苏省徐州市淮海国际港务区蔺家坝,全长131.5 km,其中山东境内54.45 km、江苏境内77.05 km。湖西大堤桩号54+450~113+030段共有江苏、山东两省插花地段16处,长58.58 km。

湖东堤北起济宁市任城区老运河口,南至微山县郗山村解放沟,全长108.467 km。老运河口至青山段(桩号0+000~29+457)长29.457 km,由沂沭泗局管理,其余堤段由地方管理。

9. 骆马湖

骆马湖位于沂河末端,中运河东侧,是以防洪、蓄水为主,结合航运、发电、水产养殖等综合利用的多功能湖泊,亦是南水北调东线的调蓄湖泊。骆马湖承接沂河干流、南四湖、邳苍地区5.1万km^2面积的来水,调蓄后主要由新沂河排入黄海。入湖主要河道有沂河、中运河,出湖主要河道有新沂河、中运河和六塘河。骆马湖南北长20 km,东西宽16 km,周长70 km。一般湖底高程19.83 m,最低18.83 m左右。正常蓄水位22.83 m时,湖面面积257 km^2,容积8.33亿m^3;退守宿迁大控制后,当达到设计洪水位24.83 m时,包括骆马湖与中运河之间三角地带(面积18 km^2),湖面面积为318 km^2,容积14.8亿m^3;校核洪水位25.83 m时,总库容18.0亿m^3,防洪库容10.73亿m^3。

骆马湖东堤、西堤、北堤,总长33.8 km。

(二)主要直管涵闸工程

1. 刘家道口水利枢纽

刘家道口水利枢纽位于山东省临沂市郯城县李庄镇刘家道口村北沂河干流上,分沂入沭水道入口处,是沂沭泗河洪水东调南下的关键工程,主要任务为调控沂河上游来水,使沂河部分洪水就近东调入海,腾出骆马湖部分防洪库容接纳南四湖洪水。枢纽工程主要包括刘家道口节制闸、彭家道口分洪闸、刘家道口灌溉放水洞等。

刘家道口节制闸位于沂河干流上,于2005年12月开工,2010年4月竣工。该闸设计洪水标准50年一遇,设计流量12000 m^3/s,相应闸上水位61.07 m、闸下水位60.89 m;校核洪水标准100年一遇,校核流量14000 m^3/s,相应闸上水位61.69 m、闸下水位61.48 m。该闸工程等别为Ⅰ等,主要建筑物级别为1级,抗震设防烈度Ⅸ度。该闸共36孔,全长200.5 m,总宽646 m,单孔净宽16 m,净高9.95 m。闸室内设工作闸门和检修闸门各一道。工作闸门采用16 m×8.5 m-8.2 m(宽×高-水头)弧形钢闸门,配QHLY2×1000-6.2 m-Ⅱ液压启闭机。

彭家道口分洪闸位于山东省临沂市河东区梅埠街道(原彭家道口村南),分沂入沭水道进口处,相应沂河中泓桩号54+800,是分泄沂河洪水经分沂入沭水道入沭河的控制工程。该闸于1971年11月开工,1974年4月建成。2000年淮委批准加固改造,同年12月开工,2002年4月竣工。该闸设计洪水标准50年一遇,设计流量4000 m^3/s,相应闸上水位60.76 m、闸下水位60.41 m;校核洪水标准100年一遇,校核流量5000 m^3/s,相应闸上水位61.73 m、闸下水位61.25 m。该闸工程等别为Ⅱ等,主要建筑物级别为2级,抗震设防烈度Ⅸ度。该闸共19孔,全长128.0 m,总宽213.4 m,单孔净高9.3 m,单孔净宽10.0 m。工作闸门为10.0 m×7.5 m(宽×高)平面直升钢闸门,采用QPQ-2×25T固定卷扬式启闭机。

2. 江风口分洪闸

江风口分洪闸位于山东省临沂市郯城县李庄镇王沙沟村西北沂河右岸,邳苍分洪道进口处,相应沂河右堤桩号51+636,是分泄沂河洪水入邳苍分洪道的控制工程。

1955年建成7孔老闸,2008年在老闸左侧扩建4孔新闸。老闸由治淮委员会设计,山东治淮指挥部施工,1954年11月开工,1955年6月建成,为山东治淮第一闸。1999年淮委批准除险加固,当年12月开工,2001年1月竣工,由淮委规划设计研究院设计,水利水电第一工程局施工。扩建前,该闸设计防洪标准20年一遇,设计分洪流量2000 m^3/s,相应闸上水位57.02 m、闸下水位55.74 m;校核分洪流量2400 m^3/s,相应闸上水位57.6 m、闸下水位

56. 24 m(以上均为废黄河高程系)。扩建后,该闸设计防洪标准 50 年一遇,设计分洪流量 4000 m^3/s,相应闸上水位 58. 39 m、闸下水位 57. 93 m,设计防洪水位闸上 58. 98 m、闸下 51. 00 m,闸上正常蓄水位 53. 50 m。

该闸工程等别为Ⅱ等,主要建筑物级别为 2 级,抗震设防烈度Ⅷ度。该闸共 11 孔,全长 109. 0 m,总宽 154. 4 m,单孔净宽 12. 0 m。7 孔老闸为胸墙式结构,胸墙底高程 57. 30 m,单孔净高 6. 5 m;工作闸门采用 12. 0 m×8. 38 m(宽×高)露顶式弧形钢闸门,QHLY2×500 kN 液压启闭机启闭(2 套,1 控 3,1 控 4)。4 孔新闸为开敞式结构,单孔净高 8. 0 m,门顶高程 59. 25 m;工作闸门采用 12 m×8. 5 m-8. 18 m(宽×高-水头)露顶式斜支臂弧形钢闸门,QH2×225 kN 卷扬启闭机启闭。新老闸共用 1 扇检修闸门,14. 35 m×4 m-3. 7 m(宽×高-水头)平面浮箱式钢闸门。

3. 大官庄水利枢纽

大官庄水利枢纽位于山东省临沂市临沭县石门镇大官庄村北,由新沭河泄洪闸、人民胜利堰节制闸、南北灌溉洞等组成,是沂沭河洪水东调入海的控制工程。

新沭河泄洪闸位于新沭河入口处。该闸于 1974 年 3 月开工,1977 年 5 月竣工。2003 年水利部批准进行加固改造,当年 12 月开工,2007 年 11 月竣工。该闸设计洪水标准 50 年一遇,设计流量 6000 m^3/s,相应闸上水位 55. 60 m、闸下水位 55. 35 m;校核洪水标准 100 年一遇,校核流量 7000 m^3/s,相应闸上水位 56. 74 m、闸下水位 56. 44 m。该闸工程等别为Ⅰ等,主要建筑物级别为 1 级,抗震设防烈度为Ⅸ度。该闸共 18 孔,全长 127. 0 m,总宽 241. 5 m,单孔净宽 12. 0 m。工作闸门采用 12. 0 m×9. 5 m(宽×高)露顶式弧形钢闸门,闸门下部为不锈钢面板,配 XSHQ2×250-10. 5 固定卷扬式启闭机。

人民胜利堰节制闸位于老沭河入口处。该闸于 1993 年 11 月开工,1995 年 10 月竣工。2014 年水利部批准进行除险加固,当年 10 月开工,2016 年 7 月竣工。该闸设计洪水标准 50 年一遇,设计流量 2500 m^3/s,相应闸上水位 55. 79 m、闸下水位 52. 70 m;校核洪水标准 100 年一遇,校核流量 3000 m^3/s,相应闸上水位 56. 95 m、闸下水位 53. 27 m。该闸工程等别为Ⅱ等,主要建筑物级别为 2 级,抗震设防烈度为Ⅸ度。该闸共 8 孔,全长 181. 5 m,总宽 93. 6 m,单孔净宽 10 m。工作闸门采用 10 m×9. 5 m(宽×高)露顶式弧形钢闸门,启闭机型号为 QP2×400 kN。

4. 复新河节制闸

复新河节制闸(又称张堰闸)位于山东省鱼台县张堰村东,距湖口约 5. 5 km 处,是复新河入南四湖的控制工程,由节制闸和船闸组成,具有防洪、排涝、灌溉、航运的作用。该闸于 1980 年 11 月开工,1981 年 12 月竣工,由济宁市水利局设计、施工。1998—1999 年对节制闸的电气设施、启闭机防护设施、避雷设施和船闸引航道进行了更新、改造。2004 年 9 月,水利部批准进行除险加固,2005 年 6 月开工,2007 年 5 月竣工,由山东省水利勘测设计院设计,淮委沂沭泗水利工程有限公司、安徽水利开发股份有限公司共同承担施工任务。

该闸工程等别为Ⅱ等,主要建筑物级别为 2 级,抗震设防烈度为Ⅶ度。设计 5 年一遇排涝流量 586 m^3/s,相应背湖水位 35. 30 m、临湖水位 35. 27 m;20 年一遇排洪流量 1157 m^3/s,相应背湖水位 36. 78 m、临湖水位 36. 72 m;设计正常挡水位,背湖 32.55 m、临湖 34.29 m；最大灌溉供水量 25.5 m^3/s。该闸共 23 孔(其中 1~5 孔为灌溉孔)，全长 73.0 m，总宽 162.4 m，单孔净宽 6.0 m。工作闸门采用 6.0 m×3.2 m(宽×高)平面定轮钢闸门，配“一启一”PQH2×80 kN-8.0 m 卷扬式启闭机；检修闸门采用 6.0 m×1.1 m×3-3.2 m 叠梁式平面滑动钢闸门，EH-GL-2×50 kN 启吊设备 2 套。

5. 二级坝水利枢纽

二级坝水利枢纽横跨昭阳湖湖腰最窄处，将南四湖分为上、下两级湖，东起常口老运河西堤，西至顺堤河东堤，是蓄水灌溉、防洪排涝、南水北调、工业供水、水陆交通、水产养殖和改善生态环境等综合利用的枢纽工程。该工程始建于 1958 年，至 1975 年基本完成，全长 7360 m，自东向西建有溢流坝，南水北调二级坝泵站，微山二线船闸，第一、二、三节制闸，微山一线船闸和第四节制闸等工程，其间以拦湖土坝相连。第四节制闸未投入运行，仅作交通桥使用。

二级坝水利枢纽属 Ⅰ 等工程，主要建筑物拦湖土坝、溢流坝等均为 1 级建筑物。拦湖土坝为均质土坝，坝长 4310 m，坝顶 38.45 m，坝址湖底平均高程 32.30 m 左右，平均坝高 6.15 m，坝顶宽 12 m，上游坡比为 1∶9，下游坡比为 1∶8。溢流坝位于二级坝水利枢纽东段，宽 384 m，长 89.52 m，堰顶高程 34.80 m，堰顶长 10 m，设计泄量为 2100 m^3/s。溢流坝交通桥总长 400 m，桥面高程为 38.50 m，桥面净宽 9 m，两侧人行道各宽 1.5 m。2019 年 3 月开工对拦湖土坝按 1 级堤防进行除险加固，加固改建溢流坝，2021 年 6 月，溢流坝工程通过单位工程验收并投入使用。

第一节制闸位于山东省济宁市微山县欢城镇张白庄西侧，于 1958 年 10 月开工，1960 年 5 月竣工。1997 年淮委批复该闸进行除险加固，1998 年 1 月开工，当年 11 月竣工。2019 年 2 月水利部准予二级坝第一节制闸除险加固行政许可事项，同年 3 月开工建设。2021 年 6 月，第一节制闸交通桥加固工程通过单位工程验收并投入使用。该闸按照 100 年一遇洪水标准设计，设计流量 4500 m^3/s，相应闸上水位 36.66 m、闸下水位 35.99 m，闸上正常蓄水位 34.29 m、闸下正常蓄水位 32.79 m。该闸工程等别为 Ⅰ 等，主要建筑物级别为 1 级，抗震设防烈度为Ⅶ度。该闸共 39 孔，全长 172.26 m，总宽 299.26 m，单孔净宽 6.0 m，为开敞式结构。1~36 孔工作闸门为 6.0 m×4.0 m-3.5 m(宽×高-水头)平面直升钢闸门，37~39 孔工作闸门为 6.0 m×3.5 m-3.0 m(宽×高-水头)平面钢闸门。采用 QPQ-2×125 kN 启闭机 19 台，每台控制 2 孔闸门，QPQ125 kN 启闭机 1 台，控制 1 孔闸门，启闭机为单吊点固定卷扬式。

第二节制闸位于山东省济宁市微山县欢城镇、第一节制闸以西 700 m 处，1967 年 3 月开工，当年 8 月建成。1985 年 5 月开始第一次加固改造，1986 年 8 月竣工。2004 年水利部批复该闸进行第二次加固改造，当年 12 月开工，2007 年 11 月完成。该闸设计流量 3300 m^3/s，相应闸上水位 36.48 m、闸下水位 36.29 m，闸上正常蓄水位 34.29 m、闸下正常蓄水位 32.29 m。该闸工程等别为 Ⅰ 等，主要建筑物级别为 1 级，抗震设防烈度为Ⅶ度。该闸共 55 孔，全长 68.9 m，总宽 317.8 m，单孔净宽 5.0 m，开敞式结构。工作闸门采用 5.0 m×4.0 m-4.0 m(宽×高-水头)平板钢闸门，实腹式双主梁焊接结构，梁系连接形式为等高连接。采用“一启一”2×80 kN 双吊点固定卷扬式平门启闭机。

第三节制闸位于山东省济宁市微山县张楼镇、第二节制闸以西 350 m 处，1970 年 11 月开工建设，1971 年 8 月建成。1998 年淮委批复该闸进行加固改造，1999 年 8 月开工，2001 年 3 月竣工。该闸设计流量 4620 m^3/s，相应闸上水位 36.66 m、闸下水位 35.99 m，闸上正常蓄水位 34.29 m、闸下正常蓄水位 32.79 m。该闸工程等别为Ⅰ等，主要建筑物级别为 1 级，抗震设防烈度为Ⅶ度。该闸共 84 孔，全长 61.5 m，总宽 578.4 m，单孔净宽 6.0 m，开敞式结构。采用 6.0 m×4.5 m-4.0 m 露顶式平面定轮钢闸门，“一启一”QPQ-2×80 kN 启闭机 84 台。南四湖二级坝枢纽第三节制闸、第四节制闸交通桥应急除险加固工程于 2010 年 1 月开工，2010 年 12 月完工，2013 年 7 月竣工验收，主要建设内容是将第三节制闸、第四节制闸交通桥原面板拆除后安装装配式简支板和桥墩加固。

6. 韩庄水利枢纽

韩庄水利枢纽位于山东省济宁市微山县韩庄镇，是南四湖下级湖洪水的主要出口控制工程。枢纽由韩庄节制闸、韩庄船闸、韩庄泵站、伊家河节制闸、老运河节制闸、胜利渠首闸和刘桥提水站等组成。

韩庄节制闸位于山东省济宁市微山县韩庄镇，是南四湖洪水经韩庄运河南下的关键性控制工程。该闸建成初为 17 孔老闸，1958 年 8 月开工，1960 年 9 月建成。后在老闸两侧各扩建 7 孔新闸，1977 年 3 月开工，1980 年 4 月建成。2001 年 8 月淮委批准对该闸进行除险加固，2002 年 5 月开工，2005 年 4 月完成。该闸设计流量 2050 m^3/s，相应闸上水位 33.29 m、闸下水位 33.04 m；校核流量 4600 m^3/s，相应闸上水位 36.59 m、闸下水位 36.28 m。该闸工程等别为Ⅱ等，主要建筑物级别为 2 级，抗震设防烈度为Ⅷ度。该闸共 31 孔，总宽 435.6 m；老闸 17 孔，全长 101.5 m，总宽 230.4 m，单孔净宽 12 m，工作闸门采用弧形钢闸门，高 7.2 m、宽 12.0 m，配 17 台 XHQI2×250-9 kN 卷扬式启闭机；新闸 14 孔，全长 135.6 m，总宽 205.2 m，单孔净宽 12.0 m，工作闸门采用弧形钢闸门，高 9.0 m、宽 12.0 m，配 14 台 XHQI2×250-10 kN 卷扬式启闭机。

7. 嶂山闸

嶂山闸位于江苏省宿迁市宿豫区晓店镇嶂山村骆马湖东岸，新沂河入口处，是骆马湖泄洪的主要控制工程，1959 年 10 月开工，1961 年 4 月竣工。

该闸建闸以来历经 1965 年、1970—1974 年、1980 年、1981—1983 年、1991 年和 2006—2009 年等多次大修加固。该闸设计防洪标准 50 年一遇，设计流量 8000 m^3/s，相应闸上水位 24.83 m；校核防洪标准 100 年一遇，校核流量 10000 m^3/s，相应闸上水位 25.83 m。1974 年 8 月 16 日，该闸最大泄量为 5760 m^3/s，相应闸上水位为 25.08 m，均为历史最大值。该闸工程等别为Ⅰ等，主要建筑物级别为 1 级，抗震设防烈度为Ⅷ度。该闸共 36 孔，全长 184.5 m，总宽 428.97 m，单孔净宽 10.0 m；工作闸门采用弧形斜支臂钢闸门，顶高程 22.83 m，尺寸为 10.0 m×7.5 m（宽×高），单重 26.5 t，配 QHLY-2×500 kN 液压式弧形启闭机，启闭行程 3.66 m，启门速度 0.5 m/min。

二、流域内地方管理的主要工程

（一）沂河水系

1. 大型水库

（1）跋山水库。水库管理机构为沂水

县跋山水库管理中心。跋山水库大坝于1959年10月动工,1960年4月建成蓄水。1966年建10孔溢洪闸及13孔东西溢流堰。水库位于淮河流域沂河干流中上游,沂水县城西北15 km大伴城村北,沂河与支流暖阳河的汇流处,是一座以防洪为主,兼顾供水、灌溉、发电、养殖等综合利用的水库。水库控制面积1782 km^2,总库容5.18亿m^3,兴利库容2.67亿m^3。1998年12月至2007年2月水库实施保安全工程,工程总投资12960万元,主要加固内容有:大坝加固(上下游坝脚压重、砂壳翻压、上游护坡翻修、坝基灌浆、下游护坡及观测等)、溢洪道扩建改造、放水洞改建加固、东西溢流堰封堵、管理单位建设、库区移民建设、水文设施。2015年4月20日至2020年4月30日水库实施除险加固工程,工程总投资13099万元,主要加固内容有:大坝加固工程、溢洪道(闸)加固工程、浆砌石坝工程、放水洞工程、坝下路及交通桥工程、其他工程等。

跋山水库工程规模为大(2)型,工程等别为Ⅱ等,大坝(土石坝及浆砌石坝)、溢洪道(闸)、放水洞等主要建筑物级别为2级,次要建筑物级别为3级,临时建筑物级别为4级。水库设计洪水标准为100年一遇,校核洪水标准为10000年一遇;溢洪道消能防冲设计洪水标准为50年一遇。跋山水库死水位162.80 m,死库容0.14亿m^3;兴利水位178.00 m,兴利库容2.67亿m^3;100年一遇设计洪水位179.95 m;10000年一遇校核洪水位184.34 m,调洪库容2.95亿m^3(按176.00 m运用)。地震设防烈度:水库工程按Ⅷ度设计。

跋山水库枢纽工程包括大坝、溢洪道、东浆砌石坝、西浆砌石坝、放水洞、电站6部分。大坝分为主坝和副坝。主坝桩号为0-033~1+619,长1652 m,坝型为塑性混凝土防渗墙砂壳坝;副坝分为东副坝和西副坝,东副坝桩号为1+290~1+619,长329 m;西副坝桩号为0+000~0+440,长440 m,下游坝脚以上3.0 m范围设贴坡排水。大坝坝顶宽7.5 m,净宽7.0 m,坝顶高程185.65 m,防浪墙顶高程186.85 m。跋山水库溢洪道工程位于大坝西端,全长443 m。闸室段由16孔溢洪闸组成,溢洪闸单孔净宽10.00 m,总净宽160 m,弧门半径9.5 m,支铰高度8.0 m。闸底板顶高程171.00 m,闸室顺水流向长17.00 m,控制闸门为10 m×7.5 m(宽×高)露顶式弧形钢闸门。闸下游设挑流鼻坎,宽184.1 m。东浆砌石坝位于溢洪闸东(左)端,总长236.1 m,最大坝高13.8 m,坝顶高程184.5 m,坝顶宽7.0 m;西浆砌石坝位于溢洪闸西(右)端,总长141 m,坝顶高程184.50 m,最大坝高8.5 m,坝顶宽6.4 m。放水洞位于大坝东端,洞长187.1 m,为钢筋混凝土圆形隧洞,洞内径3.34 m,最大泄流量97.3 m^3/s。电站位于放水洞下游,总装机(4×1600)6400 kW。设计年发电量1360万kW·h,实际多年平均发电量925万kW·h,年最高发电量1900万kW·h。历史最高库水位178.34 m,发生在1974年8月14日,溢洪道最大泄流量1420 m^3/s,削减洪峰42.8%,建闸后启闸泄洪34个年份,占建闸后总年份的65%。

2021年调度运用情况:9月6日17:00,放水洞流量27 m^3/s,同时开启溢洪闸预泄,7孔闸门每孔开高0.10 m,泄量60 m^3/s。9月8日减为5孔,9日减为2孔,至15日关闸。本次启闸最大入库流量187 m^3/s,最大出库流量87 m^3/s,泄洪2300万m^3。9月20日07:30,开启闸门8孔,每孔开高0.10 m,出库流量72 m^3/s,

放水洞出库流量 27 m^3/s,启闸时库水位 176.97 m,距离汛末蓄水位仅 0.03 m。9 月 21 日 08:00,水库水位 176.88 m,关闭闸门 5 孔;9 月 22 日 09:30,关闭闸门 2 孔。9 月 23 日 11:30,上游降雨,田庄水库泄洪,加开 2 孔,共 3 孔闸门泄洪,每孔开高 0.10 m,出库流量 25 m^3/s,放水洞出库流量 27 m^3/s,启闸时库水位 176.86 m。9 月 25 日提早将闸门加开 2 孔,为即将到来的洪水腾库容。9 月 26 日 15:10,16 孔闸门全开,每孔开高 0.13 m,出库流量 173 m^3/s,放水洞出库流量 27 m^3/s,启闸时库水位 176.93 m。9 月 27 日 07:30,16 孔闸门开度提高至 0.20 m,调洪流量 273 m^3/s,放水洞调洪流量 27 m^3/s。9 月 30 日 15:00,关闭闸门 6 孔;10 月 1 日 09:30,关闭闸门 5 孔;10 月 6 日 17:00,关闭闸门 2 孔。10 月 11 日 15:00 关闭闸门 3 孔,溢洪闸停止泄洪,仅保留放水洞泄洪,出库流量 27 m^3/s,关闸库水位 176.80 m。9 月 20 日 07:30 至 10 月 11 日 15:00 溢洪闸共泄水量为 9077 万 m^3,放水洞泄洪 4664 万 m^3,共计出库水量 13741 万 m^3。本次调节拦洪 500 万 m^3,发电 380 万 kW · h。

(2)岸堤水库。岸堤水库坝址位于山东省临沂市蒙阴县界牌镇圈里村西,东汶河与梓河的交汇处。工程于 1959 年 11 开工建设,1960 年 4 月竣工。2018 年 9 月 27 日至 2021 年 6 月 20 日,对大坝、放水洞、溢洪道(闸)等建筑物进行除险加固。水库总库容 7.8 亿 m^3。

岸堤水库工程规模为大(2)型,工程等别为Ⅱ等,主坝、溢洪道(闸)、放水洞等主要建筑物级别为 2 级,副坝等次要建筑物级别为 3 级,临时建筑物级别为 4 级。防汛道路等级参照公路三级,桥梁荷载等级参照公路二级。水库设计洪水标准 100 年一遇,校核洪水标准 10000 年一遇,溢洪道消能防冲设计洪水标准 50 年一遇,溢洪道出水渠设计洪水标准 20 年一遇。1974 年 8 月 14 日,泄洪 1330 m^3/s,为历史最大。

(3)许家崖水库。许家崖水库位于淮河流域沂河水系祊河支流温凉河上,是一座以防洪、灌溉为主,兼具发电、水产养殖等综合利用的水库。水库于 1958 年 10 月 2 日开工建设,1959 年 10 月 31 日竣工验收。1989 年 10 月进行第一次除险加固,工程内容包括大坝工程、溢洪道工程、放水洞工程和电站尾水渠工程、管理单位建设、库区建设等。2013 年进行第二次除险加固,主要建设内容包括大坝加固工程、溢洪道(闸)加固、放水洞加固、输水隧洞维修加固、自动化监测设施建设、管理设施建设等。水库控制流域面积 580 km^2,总库容 2.7911 亿 m^3,兴利库容 16727 万 m^3,死库容 661 万 m^3,管理单位为费县许家崖水库管理中心。

水库工程规模为大(2)型,工程等别为Ⅱ等,主要建筑物级别为 2 级,水库死水位为 131.0 m,兴利水位为 147.00 m。水库设计洪水标准为 100 年一遇,校核洪水标准为 10000 年一遇,设计洪水位为 147.38 m,校核洪水位为 150.83 m。溢洪道设 5 孔溢洪闸,闸室采用钢筋混凝土整体式结构,顺水流方向长 24.0 m,垂直水流方向宽 66.0 m,共 5 孔,每孔净宽 12 m,总净宽 60 m,泄洪闸工作闸门采用 12 m×9.5 m 弧形钢闸门,闸门布置在上游侧,闸顶高程 147.5 m,配 QH−2×25t 固定卷扬式启闭机启闭。工作闸门上游设 5 块 12 m×1.8 m 叠梁式检修钢闸门,采用 2×10 t 电动葫芦启吊。100 年一遇洪水泄量 2840 m^3/s,10000 年一遇洪水泄量 4530 m^3/s。

大坝坝型为黏土心墙砂壳坝,大坝全长1214 m,坝顶高程(黄海)151.6 m,防浪墙顶高程152.6 m,最大坝高31.6 m,坝顶宽8.5 m(包括防浪墙宽0.5 m);放水洞位于大坝0+900 m处,1.2 m×1.8 m潜孔式单吊点平面钢闸门,进口底高程127.2 m,出口底高程125.64 m,洞身全长156.2 m,最大流量15.6 m^3/s;输水隧洞为电站发电隧洞,位于大坝0+000 m处,隧洞内径3 m,进口高程127.0 m,洞长157.73 m,设计流量60.8 m^3/s。电站总装机3000 kW。历史泄洪最大值594 m^3/s,发生在1970年8月6日。

2021年调度运用情况:全年来水量13200万 m^3,溢洪闸调洪5次,出库1472万 m^3,累计调洪10159万 m^3,最大出库流量40 m^3/s(9月26日),最大入库流量650 m^3/s(7月29日),水库最高水位146.99 m,相应库容17344万 m^3(9月26日),水库最低水位143.19 m,相应库容10161万 m^3。

2. 拦河闸坝

(1)柳杭橡胶坝。柳杭橡胶坝地处山东省临沂市河东区九曲街道,具有灌溉、城市供水、发电、景观、生态等作用,由临沂市水利局管理。工程于2007年10月开工,2009年3月竣工。工程等别为Ⅲ等,主要建筑物级别为3级,橡胶坝的设计洪水标准为20年一遇,相应流量10000 m^3/s,校核洪水标准为50年一遇,相应流量13000 m^3/s。橡胶坝全长455.8 m,共5节,每节长90 m,坝高5 m,坝底高程69 m,供水泵2台(功率22 kW),排水泵4台(功率55 kW),库容2200万 m^3。2020年8月14日,下泄流量9487 m^3/s,为历史泄洪最大值。

2021年调度运用情况:7月15日,橡胶坝坍坝到底,下泄流量507 m^3/s;7月27日,橡胶坝坍坝到底,下泄流量249 m^3/s;8月22日,橡胶坝坍坝到底,下泄流量701 m^3/s;9月27日,橡胶坝坍坝到底,下泄流量623 m^3/s。

(2)桃园橡胶坝。桃园橡胶坝工程坐落于淮河水系沂河,位于临沂城区段,是一座集灌溉、城市供水、生态景观、休闲旅游等多功能于一体的水利工程,由临沂市水利工程保障中心管理。桃园橡胶坝工程于2004年12月动工建设,2007年11月竣工,2021年进行橡胶坝坝袋更换工程。工程规模为中型,工程等别为Ⅲ等,永久性水工建筑物级别为3级。工程按50年一遇洪水标准设计,相应流量13000 m^3/s,校核洪水标准为100年一遇,相应流量14000 m^3/s。橡胶坝共10节,设计坝高4.5 m,单节坝袋长77 m,全长783.2 m,坝板底高程64.5 m。工程正常蓄水位69.00 m,一次蓄水量1250万 m^3,设计水位71.81 m,校核水位72.06 m,回水长度7.6 km,蓄水面面积4.6 km^2。2020年8月14日,下泄流量约9000 m^3/s,为历史泄洪最大值。

2021年调度运用情况:8月22日坍坝至坝底(高程64.50 m),9月27日坍坝至高程66.00 m。因2021年橡胶坝坝袋更换工程汛期尚未竣工验收,以及北京路沂河大桥施工需要随时调整水位高度,一直未正常蓄水,故无法计算泄洪量。

(3)小埠东橡胶坝。小埠东橡胶坝工程地处山东省临沂市兰山主城区,主要任务是调控、拦蓄沂河上游来水,是临沂城区防洪最重要的水利工程,由临沂市水利局管理。工程于1996年1月开工,1997年12月竣工,共进行8次除险加固。小埠东橡胶坝全长1135 m,工程由橡胶坝、东西两岸调节闸、东西引水闸等工程组成。调节闸东西各5孔,为10 m×5 m平面钢闸门,采用固定卷扬式启闭机,长 112.4 m。橡胶坝共 16 节,每节坝袋长 70 m,设计坝高 3.5 m,橡胶坝段长 1135 m,拦河建筑物总长 1247.4 m。设计洪水标准为 50 年一遇,流量 16000 m^3/s,坝上洪水位 67.51 m;校核洪水标准为 100 年一遇,流量 19000 m^3/s,坝上洪水位 68.11 m。工程等别为Ⅱ等,工程规模为大(2)型。正常蓄水位为 65.5 m,一次蓄水量 2830 万 m^3。2020 年 8 月 14 日 15 时沂河临沂水文站实测小埠东橡胶坝历史泄洪最大值 10900 m^3/s。

2021 年调度运用情况:2021 年 7 月 27—29 日受台风"烟花"影响,沂河洪峰流量 2070 m^3/s,橡胶坝全部坍坝泄洪。

(4)邳州授贤橡胶坝。邳州授贤橡胶坝位于沂河(邳州段)右岸桩号 11+800 处,是一个综合性枢纽工程,由橡胶坝、调节闸、充排水泵房、分流岛等部分组成,由邳州市水务局管辖。工程于 2012 年 12 月 20 日开工,主体工程于 2013 年 5 月 30 日完工,2013 年 6 月 7 日完成水下工程并通过验收,2014 年 8 月 20 日橡胶坝工程全部完成。

工程等别为Ⅲ等,主要建筑物级别为 3 级,次要建筑物级别为 4 级,临时建筑物级别为 5 级。场地地震动峰值加速度为 0.2g,相应场地基本地震烈度为Ⅷ度。工程防洪标准按照 50 年一遇设计,设计行洪水位上游 34.25 m、下游 34.05 m,设计行洪流量 8000 m^3/s,其中坝身行洪流量 6000 m^3/s,滩面行洪流量 2 000 m^3/s,设计灌溉上游水位 29.5 m、下游水位 24.0 m。橡胶坝设计共 6 孔,每孔净跨 49 m,设计坝高 4.5 m、设计库容 2494 万 m^3;调节闸设计为 3 孔 6 m 开敞式结构;水电站设计为 4 台 160 kW 发电机组,设计上游水位 29.5 m、下游水位 25.0 m,设计水位差 4.5 m,最小水位差 4.0 m。2020 年 8 月 15 日 16:10,下泄流量 7400 m^3/s,为历史泄洪最大值。

2021 年调度运用情况:全年累计运行 196 d,引排水量 8.33 亿 m^3。其中,7 月 15 日,开启 3 调节闸泄水,下泄流量为 500 m^3/s;8 月 12 日,开启 3 调节闸泄水,下泄流量为 300 m^3/s;8 月 22 日,开启 3 调节闸泄水,下泄流量为 400 m^3/s。

(二)沭河水系

1. 大型水库

(1)青峰岭水库。青峰岭水库位于山东省日照市莒县县城西北 25 km 处,坝址在碁山、洛河两镇交界处。水库于 1959 年 11 月始建,1960 年 7 月建成并蓄水,控制流域面积 770 km^2,总库容 4.1178 亿 m^3,是一座以防洪为主,结合灌溉、发电、养殖等综合利用的水库。

水库工程等别为Ⅱ等,工程规模为大(2)型,主要建筑物(包括主坝、副坝、溢洪道、放水洞等)级别为 2 级,次要建筑物级别为 3 级。主坝坝顶高程 167.2 m,防浪墙顶高程 168.0 m,防渗体顶高程 167.2 m;主坝全长 1200 m,为黏土斜墙坝,最大坝高 30.9 m,坝顶宽度 7.2 m。副坝为防渗堆石坝,坝体全长 535 m,最大坝高 14.8 m,坝顶宽 5.0 m,防浪墙全长 563.3 m,坝顶高程 167.0 m,防浪墙顶高程 168.0 m,防渗体顶高程 167.0 m,上游边坡 1:2.0,下游边坡 1:1.6。溢洪道位于主坝左端,宽顶堰形式,堰顶高程 154.3 m,总宽 102 m,堰顶净宽 90 m,9 孔弧形钢闸门控制,最大泄量 5208 m^3/s。放水洞为钢筋混凝土衬砌有压隧洞,斜拉式平面钢闸门控制,设计泄量 32.4 m^3/s。1975 年建水电站,1978 年 10 月建成,总装机容量 4100 kW,

2018年对3台大机组增效扩容改造后总装机容量5150 kW。2002年12月至2011年1月进行除险加固,内容包括主坝坝脚抛石压重、砂壳翻压、混凝土护坡、观测设施安装,新建副坝,溢洪道上游铺盖、消能防冲、下游护砌,放水洞洞内灌浆、出口护砌、调压塔加固,水电站自动化及管理设施建设等。2017年4—12月对溢洪闸进行除险加固。2017年4月至2018年5月进行青峰岭水库除险加固,2021年12月通过竣工验收。历史泄洪最大值626 m^3/s,发生时间为2018年8月20日。

2021年调度运用情况:青峰岭水库2021年降水量879.9 mm,高于多年平均值,其中全年最大月降水量为8月的250.5 mm。2021年,青峰岭水库来水总量1.2755亿m^3,出库总量1.1936亿m^3,全部通过水电站放水洞发电放水,溢洪闸无泄洪,汛末水库蓄水位达到160.5 m。

(2)仕阳水库。仕阳水库地处沭河一级支流袁公河中游,位于山东省日照市莒县招贤镇小仕阳村东,是一座以防洪为主,兼顾灌溉、日照城市调水和生态用水,结合发电和养殖等综合利用多年调节的大(2)型水库。水库始建于1958年10月,1959年6月竣工,1975—1990年实施保安全工程,2009—2011年进行除险加固。控制流域面积281 km^2,总库容1.364亿m^3,兴利库容6987万m^3;水库按100年一遇洪水设计,5000年一遇洪水校核,设计防洪保护下游耕地24.5万亩、人口30多万,以及206国道、335省道、日兰高速、胶新铁路等交通设施和许多大型企业的安全。

水库工程包括主坝、副坝、溢洪道(闸)、放水洞和水电站。主坝为黏土宽心墙砂壳坝,坝顶高程159.3 m,最大坝高25.3 m,坝顶宽8.5/6.5 m,全长949 m;副坝位于主坝北小罗宅村后1.5 km处,最大坝高11.8 m,坝顶宽5.0 m,全长938 m;溢洪道(闸)与主坝相接,建有5孔宽10 m、高7 m平面钢闸门,设计最大泄量1821 m^3/s;放水洞为钢筋混凝土方涵,净孔尺寸1.9 m×1.9 m,长104 m,设计输水流量27.97 m^3/s;水电站为坝后引水式,4台机组,总装机1140 kW,设计多年平均发电量200万kW·h。水库枢纽工程等别为Ⅱ等,主要建筑物级别为2级,次要建筑物级别为3级。

2021年调度运用情况:泄洪调度1次,最大泄洪流量43.0 m^3/s,其中溢洪闸泄洪32.0 m^3/s,放水洞调洪11.0 m^3/s;总放出洪量1335万m^3,其中溢洪闸泄洪195万m^3,放水洞调洪1140万m^3;溢洪闸泄洪时间19 h,放水洞调洪时间13.5 d。

(3)陡山水库。陡山水库位于山东省临沂市莒南县大店镇花园村东,坐落于沭河水系浔河中下游,控制流域面积431 km^2,是一座以防洪为主,兼有灌溉、供水、旅游、发电、渔业养殖、生态等综合功能的大(2)型水利(枢纽)工程。水库于1958年9月动工建设,1959年7月竣工,分别于1986年和2013年进行除险加固。

水库按100年一遇洪水设计,10000年一遇洪水校核,兴利水位127.00 m,水库汛限水位125.00 m,设计洪水位127.54 m,校核洪水位131.99 m。水库总库容2.97亿m^3,兴利库容1.7亿m^3,死库容114万m^3。水库由大坝、溢洪道、放水洞等组成。主坝为黏土心墙砂壳坝(坝型),坝顶高程132.50 m,最大坝高30 m,坝轴线长度631 m。溢洪道位于大坝北端,控制段设5孔泄洪闸,驼峰堰型结构,闸孔净宽50 m,底板顶高程120.00 m,采用卷扬式启闭机启闭,最大泄量3410 m^3/s。放水洞位于大坝桩号 0+270 处，进口底高程 108.40 m，进口设平板钢闸门控制，卷扬式启闭机启闭，最大流量 21.2 m^3/s。历史泄洪最大值发生在 2020 年 8 月 14 日，入库流量达到 3033 m^3/s，入库洪水总量 1.2 亿 m^3，出库流量 1000 m^3/s。

2021 年调度运用情况：7 月 26 日 16:00，水位 123.23 m，库容 10447 万 m^3，出库流量 26 m^3/s（电站调洪）。7 月 27 日 16:00 出库流量 76 m^3/s，闸门开度 0.21 m；21:00 出库流量 126 m^3/s，闸门开度 0.44 m。7 月 28 日 07:00 出库流量 76 m^3/s，闸门开度 0.22 m；16:30 出库流量 136 m^3/s，闸门开度 0.49 m；18:00 出库流量 206 m^3/s，闸门开度 0.81 m；20:30 出库流量 306 m^3/s，闸门开度 1.24 m。7 月 29 日 14:00 出库流量 206 m^3/s，闸门开度 0.66 m；18:00 出库流量 106 m^3/s，闸门开度 0.29 m。7 月 30 日 17:00 闸门关闭，出库流量 26 m^3/s（电站调洪）。此时，水位 124.41 m，库容 12247 万 m^3。9 月 20 日 07:30，水位 125.97 m，库容 14936 万 m^3，出库流量 76 m^3/s，闸门开度 0.15 m；13:15 闸门关闭，出库流量 26 m^3/s（电站调洪）。此时，水位 126.04 m，库容 15065 万 m^3。

（4）石梁河水库。石梁河水库位于江苏省连云港市东海县石梁河镇、赣榆区沙河镇及班庄镇与山东省临沭县交界处，是一座具有防洪、灌溉、供水、发电、水产养殖、旅游等综合功能的大（2）型水库，由连云港市水利局管理。工程于 1958 年 12 月开工，1962 年 12 月竣工，2003 年完成加固。

水库工程等别为Ⅱ等，永久性主要水工建筑级别为 2 级。水库主要水工建筑物有主坝 1 座、副坝 2 座、溢洪闸 2 座、灌溉涵洞 4 座、水电站 1 座。主坝、副坝总长 12490 m，为均质土坝。主坝长 5280 m，坝顶高程 31.5 m，坝顶宽度 12.0 m，最大坝高 22.0 m，坝基防渗形式为黏土防渗铺盖；老副坝长 3460 m，坝顶高程 31.5 m，坝顶宽度 12.0 m，最大坝高 7.5 m，坝基防渗形式为黏土防渗铺盖；新副坝长 3750 m，坝顶高程 29.0 m，坝顶宽度 6 m，最大坝高 5 m。溢洪闸 2 座，合计设计流量 7000 m^3/s，合计最大泄流量 10131 m^3/s。新溢洪闸（南闸）10 孔×10 m，堰顶高程 17.5 m，设计流量 4000 m^3/s，校核流量 5131 m^3/s；老溢洪闸（北闸）30 孔×4 m，闸底板高程 18.0 m，设计流量 3000 m^3/s，校核流量 5000 m^3/s。灌溉南涵洞结构形式为箱形涵洞，共 2 孔，断面尺寸 2.5 m×2.5 m，进水底高程 15.1 m，设计流量 50 m^3/s；孟曹埠涵洞共 1 孔，结构形式为箱形涵洞，断面尺寸 2.5 m×2.5 m，进水底高程 16.0 m，设计流量 26 m^3/s；北干渠进水闸共 2 孔，结构形式为开敞式宽顶堰，断面尺寸 3 m×3.5 m，进水口底高程 16.0 m，设计流量 30 m^3/s；副坝涵洞共 1 孔，结构形式为管涵，直径 2.4 m，进水口底高程 16.0 m，设计流量 10 m^3/s。水电站 1 座，共 3 台机组，单机容量 400 kW，总容量 1200 kW，设计流量 34 m^3/s，主要利用灌溉水和泄洪水并网发电，年均发电量为 3.5×10^6 kW · h。石梁河水库历史最大泄洪量 4790 m^3/s，发生在 2020 年 8 月 14 日 21:00。沭河闸最大泄洪量 6500 m^3/s，大兴镇站最大行洪流量 6080 m^3/s，水库水位 23.76 m。

2021 年调度运用情况：石梁河水库从 2021 年 5 月 19 日 10:00 起泄洪，至 2021 年 9 月 30 日 15:00 关闭，南闸泄洪 490.5 h、12.01 亿 m^3，北闸泄洪 263 h、5.25 亿 m^3，累计泄洪 753.5 h、17.26 亿 m^3。

2. 拦河闸坝

（1）临沭青云橡胶坝。青云橡胶坝位于山东省临沂市临沭县青云镇境内，沭河干流中泓桩号 38+430 处，是临沭县龙窝灌区渠首控制性水源工程，是以蓄水灌溉为主，兼顾防洪、调节地下水资源等综合利用的中型水利枢纽工程。渠首拦河闸改建工程于 2009 年 10 月开工建设，2011 年 1 月建成。拦河坝坝址以上控制流域面积 3303 km^2，正常蓄水位 66.5 m，回水长度 10.83 km，蓄水量 958.46 万 m^3，设计灌溉面积 31.4 万亩。工程规模为中型，等别为Ⅲ等，水工建筑物级别为 3 级。设计洪水标准为 20 年一遇，设计洪峰流量 5800 m^3/s；校核洪水标准 50 年一遇，校核洪峰流量 7400 m^3/s。地震动峰值加速度为 0.3g，地震基本烈度为Ⅷ度，抗震设防烈度为Ⅷ度。枢纽工程主要由橡胶坝、充排水泵站、上游子堤及管理设施等部分组成。橡胶坝底板顶高程 61.5 m，坝高 5 m，坝袋总净宽 300 m，共 4 孔，边孔 70 m，中孔 80 m。泵站配备排水泵 4 台，型号 KDB400-12.5A，功率 55 kW；供水泵 2 台，型号 KDB200-12.5(1)，功率 22 kW。

2021 年调度运用情况：4 月 13 日 15:00 将青云橡胶坝坍坝至 65.00 m；4 月 27 日 12:00 将青云橡胶坝坝顶高程由 65.00 m 调升至 65.70 m；6 月 15 日 13:00 将青云橡胶坝坍坝降至 65.5 m；7 月 9 日 14:40 将青云橡胶坝升坝拦水；7 月 10 日 17:00 将青云橡胶坝降坝至 65.4 m；7 月 15 日 21:00 坍坝，下泄流量约 400 m^3/s，水位由 65.5 m 坍坝至 62.5 m；受第 6 号台风“烟花”影响于 7 月 27 日 16:00 坍坝；8 月 9 日 12:00 升坝至 64.2 m；8 月 12 日 12:00 升坝至 65.4 m；8 月 20 日坍坝至 65.4 m；8 月 22 日 15:00 坍坝至 64.4 m；9 月 7 日 15:00 升坝至 65.5 m。

（2）临沭华山橡胶坝。华山橡胶坝工程位于山东省临沂市临沭县白施镇华山村西沭河干流上，中泓桩号 19+240 处，上游距新集公路桥 0.5 km。工程主要功能为防洪排涝、蓄水灌溉，一次蓄水 1566 万 m^3，形成水面面积 5.3 km^2，回水长度 1.37 km，对地下水的回灌补源具有重要的作用。该橡胶坝于 2008 年 11 月建成蓄水，2021 年经安全鉴定为三类坝。工程规模为中型，工程等别为Ⅲ等，主要建筑物级别为 3 级，地震基本烈度为Ⅷ度，永久性水工建筑物设计洪水标准为 20 年一遇，设计洪峰流量 6700 m^3/s，校核洪水标准为 50 年一遇，校核洪峰流量 8250 m^3/s。工程由橡胶坝、泵站及充排水管路系统等部分组成。橡胶坝共 5 节，单节长度 90.0 m，中墩宽 1.2 m，总长 454.80 m。橡胶坝设于主河槽段，由坝室段及上、下游连接段组成。上游连接段长 15 m，主要有铺盖、岸墙、扭曲面；下游连接段长 26 m，主要有消力池斜坡段、消力池、海漫、消力池岸墙、扭曲面；左岸滩地设有泵站，泵站与坝室段经设于坝前铺盖的充排水管路系统相连通。

2021 年调度运用情况：4 月 13 日 15:00 华山橡胶坝坍坝至 55.50 m；6 月 15 日 15:00 坍坝至 56.00 m；7 月 10 日 11:00 坍坝至 56.2 m，15:40 升坝至 56.7 m；7 月 15 日 19:00 坍坝至 53.5 m，下泄流量约 400 m^3/s；7 月 18 日 10:00 升坝至 56.0 m；7 月 27 日 12:00 坍坝；8 月 9 日 14:00 升坝至 55.5 m；8 月 22 日 15:00 坍坝至 55 m；9 月 7 日 09:00 升坝至 56.5 m；11 月 1 日 10:00 升坝至 57 m。

（3）塔山闸。塔山闸工程地处江苏省徐州市新沂市唐店街道，由新沂市水务局管辖，是新沂市境内沭河上一座以防洪、灌溉、排涝为主，结合交通、发电等综合利用的大型水闸，位于沭河桩号为 14+550（江苏、山东省界起算）处。

塔山闸分东、西两部分，分别称塔山老闸和塔山新闸。老闸工程于 1970 年 12 月开工，1972 年 7 月竣工，1995 年 11 月至 1996 年 5 月在老闸西侧扩建新闸 6 孔。沂沭泗河洪水东调南下续建工程，2008 年 12 月至 2010 年 5 月对塔山老闸除险加固。

工程等别为Ⅱ等，主要建筑物级别为 2 级，次要建筑物级别为 3 级，地震烈度为Ⅷ度。老闸共 19 孔，每孔净宽 8 m，老闸两端各布设装机容量为 2 台 125 kW 发电机组，总装机容量 500 kW。老闸西侧扩建新闸 6 孔，新、老闸中心间距 192 m。塔山闸 25 孔全部为平板钢闸门，每孔净宽 7.6 m，闸顶高程 29.0 m，门顶高程 28.5 m，闸底板高程 22.0 m，配 2×16 t 绳鼓式启闭机 25 台套。设计泄洪流量 2500 m^3/s，相应水位 28.09 m；最大泄洪流量 3000 m^3/s，相应水位 30.21 m（新安站）。1974 年 8 月 14 日，流量 3385 m^3/s，为历史泄洪最大值。

2021 年调度运用情况：全年调度泄洪 14 次，总历时 120 d，总泄量 16.06 亿 m^3。其中，7 月 27 日，下泄流量调为 150 m^3/s；7 月 28 日，下泄流量调为 200 m^3/s；7 月 30 日，下泄流量调为 400 m^3/s。

（三）泗（运）河水系

1. 大型水库

（1）马河水库。马河水库位于山东省滕州市东郭镇马河村北 400 m，是一座具有防洪、灌溉、城市及工业供水等综合利用的大（2）型水库，管理机构为滕州市水库管理服务中心。工程于 1959 年 11 月 12 日开工，1960 年 5 月 28 日建成蓄水，于 2002—2005 年进行除险加固。

设计洪水标准 100 年一遇，校核洪水标准 5000 年一遇。水库校核洪水位 114.60 m（1985 国家高程，下同），设计洪水位 112.36 m，兴利水位 110.85 m。增容前总库容 1.38 亿 m^3，兴利库容 6989 万 m^3，死库容 510 万 m^3（计划实施增容工程，工程完工后需进行新库容曲线复核）。水库枢纽工程等别为Ⅱ等，主要建筑物级别为 2 级，次要建筑物级别为 3 级，枢纽工程包括主、副坝，东、西放水洞，溢洪道（闸）。主坝为黏土心墙砂壳坝，全长 926 m，相应桩号 1+124～2+050，除险加固后，最大坝高 23.30 m，坝顶宽 7 m，坝底宽 175 m，坝顶高程 116.35 m，坝顶无防浪墙。副坝为均质土坝，全长 2681 m，坝顶宽 7 m，最大坝高 11 m，坝底宽 64 m，坝顶高程 116.35 m，无防浪墙，分东副坝和西副坝。东副坝长 611 m，相应桩号 0+513～1+124；西副坝长 2070 m，相应桩号 2+050～4+120，加固后的主、副坝防洪标准等同。水库溢洪闸为开敞式，共 3 孔，每孔净宽 10 m，钢筋混凝土结构，闸室总长 15 m，装有 10 m×6.5 m 平板钢闸门，闸底板高程 104.85 m，堰型为宽顶堰，最大泄洪流量 1315 m^3/s。溢洪道系利用原一较大冲沟开挖、回填修建，总长约 936.00 m，溢洪道底板、岸墙为浆砌石。溢洪闸采用 3 台固定卷扬式启闭机，每台机重 5400 kg，容量 2×250 kN，启门高度 11 m，启门速度 2.11 m/min，吊点距 9 m。东放水洞位于左岸桩号 1+200 处，设有检修闸和工作闸，检修闸上游为敞口式引渠，检修闸和工作闸之间为砌石拱洞，工作闸下游为钢筋混凝土管内衬钢管，管道直径 1.40 m，进口底高程 98.05 m，设计最大流量 22 m^3/s；西放水洞位于大坝桩号 3+650 处，为隧洞砌石拱衬钢筋混凝土圆管，管道直径 1.60 m，进口底高程 99.95 m，设计流量 12.30 m^3/s。马河水库灌区有南、北干渠2条,设计灌溉面积14万亩,有效灌溉面积8万亩,历史最大灌溉面积10万亩,南干渠从东放水洞引水,全长17 km,渠首设计引水流量7.55 m^3/s;北干渠自西放水洞引水,沿等高线布设,全长29.4 km,渠首设计引水流量6.95 m^3/s,共有支渠47条,总长103 km。历史泄洪最大值发生在2005年9月21日,最大泄洪量267 m^3/s。

2021年调度运用情况:汛期流域内水库来水4415万 m^3,最大入库流量为154 m^3/s;通过溢洪闸泄水6次,通过东放水洞调洪2次,累计泄洪3061万 m^3;非汛期10月19日至11月24日,为不超过汛末蓄水位,通过东放水洞向城河调水355万 m^3。

(2)岩马水库。岩马水库地处山东省枣庄市山亭区冯卯镇、店子镇境内,担负着保护下游滕州市、山亭区、微山县13个乡镇,滕州城区及京沪铁路、京沪高铁、104国道、G3高速公路、湖东煤田的安全任务,是一座以防洪为主,结合灌溉、发电、工业供水等综合利用的水库,由枣庄市岩马水库管理服务中心管理。工程于1959年11月开工,1960年5月竣工,2013年12月至2017年4月除险加固。

岩马水库设计洪水标准为100年一遇,校核洪水标准为10000年一遇。岩马水库总库容2.39亿 m^3,工程等别为Ⅱ等,工程规模为大(2)型,主要建筑物大坝、溢洪道(闸)、放水洞级别为2级。岩马水库工程由主坝、副坝、溢洪道(闸)、放水洞、水电站五部分组成。主坝为黏土心墙砂壳坝(河槽段)和均质坝(阶地段)两种坝型,全长1710 m,最大坝高27.8 m,坝顶宽8.6 m,坝顶高程135.2 m(1985国家高程,下同),防浪墙顶高程136.2 m,迎水坡坡比1∶2.25~1∶3.2,背水坡坡比1∶3。副坝全长940 m,为亚黏土均质坝,坝顶宽6 m,最大坝高15 m,坝顶高程135.2 m,防浪墙顶高程136.2 m,上、下游坝坡坡比均为1∶3。溢洪道形式为开敞式有闸控制,4孔,每孔净宽10 m,闸底板顶高程122.5 m。闸门为平面直升钢闸门,尺寸10 m×5.7 m。消能形式为差动式挑流消能,最大泄流量2139 m^3/s。放水洞位于主坝左端,与主坝正交于桩号1+120.4处,为有压箱涵(2.0 m×2.0 m)及管道(直径2.0 m),进口底高程114.0 m,闸门为平板直升铸铁闸门,启闭机为固定卷扬式启闭机,设计流量35.4 m^3/s。水电站为坝后式水电站,建于1973—1975年,设计装机容量5台/1250 kW,设计年发电量148万kW·h。水库历史最大下泄流量313.00 m^3/s,发生日期为1974年8月30日。

2021年调度运用情况:2021年8月31日,枣庄市城乡水务局发布调度命令(枣水调字〔2021〕23号),泄洪流量为80 m^3/s,此次泄洪量为316.8万 m^3。

(3)庄里水库。庄里水库地处山东省枣庄市的滕州市和山亭区境内,坝址位于滕州市羊庄镇西江和前台村北,属南四湖湖东地区十字河流域,是一座具有工业供水、防洪、农业灌溉、水力发电等综合效益的水库,由枣庄市庄里水库管理服务中心管理。工程于2016年1月开工建设,2019年7月下闸蓄水验收,8月1日水库开始蓄水,2021年12月竣工验收。

水库总库容1.3334亿 m^3,流域面积319.77 km^2,兴利库容0.7742亿 m^3,死库容0.1039亿 m^3;水库校核洪水位118.95 m,设计洪水位116.77 m,防洪高水位116.18 m,正常蓄水位114.56 m,死水位101.32 m,设计洪水标准为100年一遇,校核洪水标准为2000年一遇,工程规模为大

(2)型、等别为Ⅱ等。水库工程主要包括大坝,溢洪道(闸),南、北放水洞,水电站等。大坝顺坝轴线全长3124 m,为黏土均质坝和混凝土重力坝混合坝型,其中:均质坝坝长2875 m,坝顶高程119.90 m,宽7.0 m,防浪墙顶高程121.0 m,最大坝高32.44 m,上、下游坝坡戗台以上坡比1:2.75,戗台以下坡比1:3.0。溢洪道(闸)中心桩号位于1+500处,溢洪闸共设3孔,每孔净宽13.0 m,总净宽39.0 m,闸墩墩顶高程为119.9 m,中墩厚3 m,边墩厚2 m,泄洪方式为开敞式泄洪,采用WES实用堰,堰顶高程108.30 m,溢流坝段最大坝高43.90 m。溢洪闸采用固定卷扬式启闭机启闭,闸门为弧形钢闸门,尺寸13 m×7 m,最大泄流量2745 m^3/s。南放水洞位于桩号1+461.5处,由进口段、竖井段、坝后钢管段、弧形工作闸门和消能段组成。进水口为矩形放水洞,断面尺寸2.0 m×2.0 m,底板顶高程99.60 m,启闭设备为固定卷扬式启闭机,竖井后接钢管至下游,管长34.50 m,管径2.2 m,管中心高程自100.60 m降至84.40 m。工作闸门为潜孔式弧形钢闸门,闸门尺寸3 m×2.65 m(宽×高)。启闭设备为QHSY单吊点液压式启闭机,设计最大泄量69.34 m^3/s。北放水洞位于桩号1+538.5处,由进水口、竖井段、坝后钢管段、供水管段组成,进水口为矩形放水洞,净尺寸2 m×2 m,洞身顺水流方向长6.60 m,底板顶高程100.90 m。矩形洞身后为方变圆渐变段,长3.0 m,后接直径1.6 m钢管,长20.0 m,设计最大泄量16.94 m^3/s。水电站形式为坝后式,选用贯流式发电机组,机组共4台,呈一字形排列,机组间距3.0 m,总装机容量510 kW(2×200 kW+2×55 kW),设计年发电量96万kW · h。电站主厂房为钢筋混凝土结构,尺寸10.5 m×19.50 m,厂房后设置钢筋混凝土出水池,池底高程99.20 m,尺寸7.0 m×12.0 m。历史最大泄洪流量272.73 m^3/s,出现时间为2021年7月29日05:00,历时最大削峰率100.0%。

2021年调度运用情况:汛期,共接收到调度指令21次,下达运行(闸门操作)指令单、工作票21次,开启关闭闸门21次,累计下泄洪水1098.5 h、洪水总量1.3717亿m^3。

(4)会宝岭水库。会宝岭水库位于淮河水系中运河支流西泇河上游,坝址坐落在山东省临沂市兰陵县城西北部25 km的尚岩、下村、鲁城3乡镇交界处的会宝岭村附近,是一座以防洪、灌溉为主,结合发电、养殖、工业供水等多年调节的大(2)型水库。会宝岭水库于1958年12月动工建设,1959年12月建成。1992年被列为全国第二批重点病险水库之一,1999年11月除险加固工程建设开工,2003年12月竣工。水库流域面积420 km^2,总库容2.09亿m^3,兴利库容1.21亿m^3。会宝岭水库为库灌合一型水库,下游灌区设计灌溉面积30.1万亩。

水库枢纽工程由南坝、北坝、溢洪道、输水洞、连通沟和电站组成。大坝为黏土心墙砂壳坝,南坝全长1460 m,坝顶高程81.0 m、宽8 m,最大坝高26 m,防浪墙顶高程82.00 m;北坝全长1250 m,坝顶高程81.6 m、宽7 m,最大坝高19.6 m;溢洪道位于南坝左岸,宽66 m,设闸5孔,由10 m×6 m平板钢闸门和下游出水渠组成,闸底高程70.00 m;南坝建有2个输水洞,南输水洞为砌石廊道式衬钢管,管内径2.8 m,进口底高程62.4 m,北放水洞为砌石涵洞衬钢管,管内径1.0 m,进口底高程61.0 m;连通沟为连接南北两库的输水工程,流向由北向南,总长1064 m,底宽2.5 m,进口底高程65.50 m,出口底高程64.50 m,建有10孔20 m跨度的平板钢筋混凝土桥;电站为坝后式,总装机4台,容量2300 kW。1962年8月7日,泄洪459 m^3/s,为历史最大。

2021年调度运用情况:2021年调度泄洪11次,最大泄量为10月1日11:00泄洪100 m^3/s。

2. 拦河闸坝

(1)台儿庄节制闸。台儿庄节制闸及台儿庄节制闸2号闸位于山东省枣庄市台儿庄区、韩庄运河中泓桩号36+112处,是台儿庄航运枢纽工程的重要组成部分,也是保障航道通航水位、汛期泄洪、东线调水及服务地方水利的主要设施。台儿庄节制闸建于1972年5月,2009年1月在台儿庄节制闸左侧建设台儿庄节制闸2号闸,2010年9月完工并通过验收。两闸在同一轴线上, 上、下游设裹头。

台儿庄节制闸及台儿庄节制闸2号闸工程等别为Ⅱ等,主要建筑物级别为2级,次要建筑物级别为3级,临时建筑物级别为4级。两闸设计防洪标准均为50年一遇。台儿庄节制闸为开敞式结构,共10孔,单孔净宽7 m,闸室总宽度86.10 m,闸门为平板直升式,由10台卷扬式电动启闭机控制。台儿庄节制闸2号闸也为开敞式结构,共3孔,单孔净宽10 m,闸室总宽度35.6 m,工作闸门选用10 m×5.5 m(宽×高)的露顶式平面定轮钢闸门及双吊点固定卷扬式启闭机。

2021年调度运行情况:主汛期共计泄洪2146 h,启闭闸门877闸次,最大泄洪量2260 m^3/s,总计泄洪量达到62.33亿 m^3。

(2)皂河水利枢纽。皂河水利枢纽位于江苏省宿迁市皂河镇北约5 km的中运河与邳洪河夹滩上,由江苏省骆运水利工程管理处管理。皂河水利枢纽包括皂河抽水站(皂河一站)、皂河二站、皂河闸等大型水工建筑物及其附属工程,是江苏江水北调第六梯级枢纽,也是我国南水北调东线工程江苏境内运河线的第六梯级枢纽。

皂河抽水站于1978年11月土建开工,1987年3月正式投入使用,2010年8月至2012年5月底对皂河站进行更新改造。皂河抽水站设计流量200 m^3/s,设计扬程4.78 m,安装2台6HL-70型立式全调节混流泵,单机流量100 m^3/s,转速75 r/min,配用TL7000-80/7400型立式同步电动机,额定电压10 kV,额定容量7000 kW,总装机容量14000 kW。

皂河二站工程于2010年1月开工建设, 2012年5月试运行后投入使用,设计流量75 m^3/s, 设计扬程4.7 m, 安装2700ZLQ25-4.7立式轴流泵配TL2000-40同步电机3台套。单台流量25 m^3/s,配套电机功率2000 kW,总装机容量6000 kW。

皂河闸建成于1952年,为骆马湖泄水口门之一,控制着骆马湖向中运河的泄水量。1972年、1980年进行过局部加固,1994年按Ⅶ度进行抗震加固,并对小水电进行发电机增容改造。2015年经江苏省发展和改革委员会与水利厅批准,再次对该闸进行加固,加固后皂河闸设计流量500 m^3/s,校核流量1000 m^3/s,工程等别为Ⅱ等。

(3)洋河滩闸。洋河滩闸位于江苏省宿迁市湖滨新区,上承骆马湖,下接六塘河,与骆马湖南堤、皂河节制闸等共同组成骆马湖一线控制工程,为骆马湖泄水口门之一,控制骆马湖向六塘河的泄水量,由江苏省骆运水利工程管理处管理。洋河滩闸集挡洪、灌溉和生态蓄水控制功能于一体，承担来龙灌区40万亩农田灌溉任务，引骆马湖底水向中运河补水，以满足中运河航运需要，利用骆马湖弃水、灌溉用水进行发电，小水电装机容量1450 kW，累计发电量约4000万kW·h。

洋河滩闸建成于1952年6月，原设计流量300 m^3/s，校核流量500 m^3/s，共3孔，每孔净宽9.2 m，洪水标准为100年一遇。该闸建成后历经9次维修改造，其中1996年进行抗震除险加固，将原来3个闸孔改造为3孔发电孔和3孔泄水孔；2007年实施洋河滩闸公路桥扩建工程；2014年初上游增设型号为XHG－Ⅱ－5600（3200）回旋式格栅清污机，同年改造更换3台水轮发电机组。

（4）刘集地涵。刘集地涵工程地处江苏省徐州市邳州市议堂镇和八路镇境内，由徐州市水务局管辖，是连通徐洪河与房亭河的地下立体交叉工程，也是连通骆马湖和洪泽湖这两大流域性湖泊的重要工程。工程于1990年11月开工，1991年5月竣工。由徐州市水利建筑设计院设计，徐州市水利工程建设有限公司承建。

建筑物级别为2级，抗震设计烈度为Ⅷ度，主要结构设施由穿房亭河底的地下涵洞，泄洪口涵洞及南、中、北3座闸，共30台套闸门启闭机组成。闸门为单吊点平板钢闸门，规格3.36 m×4.525 m，由型号为LQ15T90×12－4DS的启闭机配型号为Y32M－6、功率为4 kW的异步电动机提供启闭门力。设计引水流量200 m^3/s，校核调泄流量400 m^3/s。历史最大过闸流量180 m^3/s，发生在2019年8月。

2021年调度运用情况：累计运行113 d，泄洪排涝4.65亿 m^3。其中，7月4日，流量调为150 m^3/s；7月22日，流量调为100 m^3/s；11月22日，流量调为130 m^3/s。

（5）新沂河沭阳枢纽工程。新沂河沭阳枢纽工程位于江苏省宿迁市沭阳县城区西北新沂河上，距淮沭河、新沂河交汇处下游600余m，为20世纪六七十年代所建。工程包括南偏泓闸、南偏泓水电站、漫水子埝闸、六道沟闸、七道沟闸、北偏泓闸等建筑物，为闸、站、埝一体的综合性水利枢纽工程。2007—2009年，经国家发展和改革委员会、水利部批复，在新沂河整治工程中，对新沂河沭阳枢纽工程进行加固改建，解决新沂河沭阳枢纽工程老化失修等问题，并将新沂河行洪标准提高至50年一遇。

本工程是沭阳以上段新沂河河床、老沭河大官庄以下、岔流新开河等支流桃汛来水的控制性建筑物，流域面积2281 km^2，汛期行洪高水位时洪水漫闸、站、埝而过。上游桃汛来水由南偏泓闸调节控制，调节闸上游水位8.5 m，以满足防洪、灌溉、航运、向连云港供水及南偏泓水电站发电水位需要，调节控制闸下水位，确保下游沭阳、灌云、灌南3县新沂河滩地30多万亩耕地麦收。

（6）通榆河北延送水工程。通榆河北延送水工程起于江苏省盐城市滨海县大套三站，迄于连云港市赣榆区柘汪工业园区，送水线路全长190 km，其中连云港市境内全长150 km，由连云港市水利局管理。主要建筑物工程共18座，包括泵站3座、地涵1座、涵洞3座、水闸11座。通榆河北延送水工程于2007年12月开工建设，2010年7月实现全线通水。作为连云港市"双源、双线"总体布局中的东线应急水源，担负着向连云港市应急供水，保障生产、生活、生态用水需求，保证疏港航道水位的重要任务。

（王君　葛蕴）

综 述

沂沭泗水系统一管理发展历程

1981年10月7日，根据《国务院批转水利部关于对南四湖和沂沭河水利工程进行统一管理的请示的通知》(国发〔1981〕148号，简称《通知》)，成立治淮委员会领导下的沂沭泗水利工程管理局(1992年更名为沂沭泗水利管理局)，负责流域内主要河道、湖泊、控制性工程及水资源的统一管理和调度运用。40年来，沂沭泗局深入贯彻中央治水方针，紧跟水利改革发展的时代步伐，围绕治淮大局，逐步将党中央、国务院对于统一管理的"决策"变成现实，保障了沂沭泗流域的"安定团结和生产发展"。

一、艰苦创业的起步阶段(20世纪80年代)

认真贯彻执行国务院《通知》精神，在江苏、山东两省政府和各级有关部门的关心、支持下，1983年和1985年分别完成山东、江苏境内的沂沭泗流域骨干水利工程交接，基本建立局、处、所、段(站)四级水利管理体制，建立健全各项管理制度和防汛、工程管理等基础技术资料体系，各项管理工作逐步走上规范化、制度化轨道。20世纪80年代累计投入防汛岁修经费近6000万元，加固培堤80余km，治理险工100余处，绿化堤防近1000 km，提高部分工程的防洪能力，减缓工程老化、退化。水文、通信、办公、生活等基础设施建设基本建成，初步满足防汛调度和工程管理的需要。建立健全各级防汛抗旱管理体系，应用计算机技术实现科学预报，洪水调度基本满足流域防洪、排涝和蓄水的要求，实现多年河湖安澜。1989年，成功协调江苏徐州支援山东济宁、枣庄抗旱用水，协调山东累计为江苏石梁河水库补水3亿多m^3；协助调解邳苍、南四湖地区数起水事纠纷，促进团结治水。推行工程管理承包责任制，开展"优胜红旗闸""优胜堤段""优胜通讯站"评比，初步探索出统一管理的基本经验和方法，工程管理水平逐步提高，涌现出江风口分洪闸、复兴河闸等一批先进集体，培养一大批干部人才。积极开展经营管理，经济收入有所增加，缓解机构经费不足，促进工程管理和各项工作的开展。

这一时期，沂沭泗局统一管理格局基本确立。实践证明，流域统一管理的决策是必要和正确的。

二、积极探索的发展阶段(20世纪90年代)

全面完成沂沭泗河洪水东调南下一期工程，兴建人民胜利堰闸，打通韩庄运河(台儿庄)—中运河(大王庙)瓶颈，沂沭泗水系的防洪标准从10年一遇基本提高至20年一遇。完成投资7.5亿元，对蔺家坝闸、二级坝一闸和三闸、湖西大堤刘香庄段等9座病险水闸进行除险加固及千余处河道险工隐患进行治理，工程安全隐患逐步消除。“一点多址”防汛通信网络全面覆盖，水情自动测报系统、防洪决策支持系统等初步建成。基本掌握沂沭泗洪水特点，总结出科学合理调度洪水的思路和经验，先后战胜“90 · 8”“91 · 7”“93 · 8”和1995年、1997年、1998年等多次洪涝灾害，1990年、1991年受到国家防汛抗旱总指挥部（简称国家防总）表彰，建立南四湖湖西大堤江苏、山东省界插花地段及采煤塌陷地段联合防汛机制。根据水利部批复，1992年，明确沂沭泗局对流域主要河湖水资源依法进行统一管理。充分利用水利工程调度拦蓄洪水尾水，为江苏、山东两省提供200亿 m^3 水资源支持。1996年，被水利部评为“全国取水许可先进单位”。初步建立健全水行政执法体系，依法查处一大批水事违法案件，流域水利管理向法治化道路迈进。省际边界水事纠纷协调机制初步建立，水事纠纷强度和频次大大降低。推进工程目标管理和“五化堤防”建设，基本建立起适应沂沭泗水系特点的管理体制和运行机制。随着病险水闸加固改造工程的实施，基层管理单位办公、生活、住宿条件得到改善，职工队伍稳定，文明单位创建取得可喜成果。经过艰难探索，形成“以依法收费为龙头、水土资源开发为重点、多种经营为补充”的经济发展思路，实现经济形势的好转。

这一时期沂沭泗水系治理明显加快。实践证明，流域统一管理是水利管理发展的必然趋势。

三、励精图治的提升阶段（21世纪）

投资109亿元，全面完成沂沭泗河洪水东调南下工程，沂沭泗河防洪体系进一步完善，中下游主要骨干河道防洪标准提高至50年一遇，实现20世纪70年代提出的沂沭泗河洪水“东调南下”宏伟目标。投资6.08亿元，完成20座直管病险闸加固改造，工程重大安全隐患得以消除，水闸自动化水平全面提高。建成覆盖全局的大容量数据通信骨干网络，初步建成防汛指挥信息系统、水情查询系统、洪水调度决策支持系统、直管水闸监控系统、河道采砂视频监控系统等自动系统，水利信息化建设取得长足发展。战胜2003年、2005年洪水和2000年流域下游严重的洪涝灾害。综合利用沂沭泗防洪体系的整体能力，科学决策、灵活调度，兼顾抗旱、排涝、防污及洪水资源利用，完成2002年南四湖应急生态补水监管，2001年、2004年、2005年3次实施“引沂济淮”，跨水系向淮河下游地区调送水资源超过12亿 m^3，为宿迁、淮安、连云港等市生态和工农业用水提供保障，缓解用水矛盾。2002—2010年南四湖、骆马湖汛末累计拦蓄洪水资源达100多亿 m^3，为沂沭泗地区提供水资源保障。形成体系完整、层次分明、覆盖面广的水政监察组织网络，探索建立“联合管理、综合执法”机制，与有关地方联合实施专项行动，保障河道水事秩序稳定。先后参与2009年邳苍分洪道砷污染事件处理等多起省际水事纠纷调处。2005年，建立江苏、山东联合打击南四湖非法采砂机制，有效减少因非法采砂而产生的纠纷。2007年，南四湖水利管理局（简称南四湖局）被中央社会治安综合治理委员会办公室（简称中央综治办）、水利部授予“全国调处水事纠纷创建平安边界先进集体”荣誉称号，南四湖江苏、山东省际边界百年恩怨化和谐。全面完成水管体制改革，初步形成新的水利管理体制和运行机制，从2005年起持续推进水利工程管理考核，灌南河道管理局（简称灌南局）通过国家级水管单位考核验收。抓住东调南下和病险水闸加固改造工程机遇，加强能力建设，改善防汛调度管理用房和专业用房不足状况，1982—2010年期间共完成办公生活用房建设8万多m^2。配备防汛和水利管理车辆40多台、管理用船10艘，对基层局观测仪器设备进行必要的补充，解决基层单位供电、供水和供暖问题，改善全局工作与生活基础设施条件。2002年，开展机构改革，实现政、事、企分离，进一步厘清单位（部门）职能。2003年，沂沭泗局各级机关参照公务员法管理，行政管理职能突出。

这一时期水利基础设施建设大规模开展。实践证明，流域统一管理起到区域管理难以替代的作用。

四、进入新时代，推动高质量发展阶段

开工建设南四湖二级坝除险加固工程和沂河、沭河上游堤防加固工程，开展沂沭泗河洪水东调南下工程提标前期工作，不断推动防洪减灾工程体系提档升级。防汛抢险能力建设进一步强化，投资3422万元修建防汛仓库、更新设备、建设防汛抢险演练基地。实施两期水政监察基础设施项目建设，共计投资2899万元，各级执法设施和装备不断完善。沂沭泗河重点工程监视监控系统、遥感遥测信息管理系统、水资源监测系统等非工程措施相继投入使用，防洪减灾和水资源配置、调控能力显著增强。坚持人民至上、生命至上，全力以赴做好水旱灾害防御各项工作，战胜2012年、2018年、2019年等多个年份洪水。2020年，成功抵御沂沭河1960年以来最大洪水。2021年，从容应对中运河有实测记录以来最大洪水。自2013年南水北调东线一期工程正式通水以来，积极做好调水监管工作，全力保障南水北调东线供水安全。构建与黄河、淮河、海河、长江等互通互联的水资源调配体系，2013年、2019年2次实施“引沂济淮”，2021年沂沭泗水系接纳黄河流域秋汛洪水。沂河、沭河水量分配方案获批，水资源统一调度取得新的实质性进展。深化省际边界河湖联合打击非法采砂机制，多次开展大规模联合集中整治行动。2015年，推动出台“三部两省”文件，南水北调东线输水干线骆马湖至南四湖段实现全面禁采，沂沭河采砂由乱到治，实现精细化管理。河（湖）长制“有实”“有效”，直管河湖全部纳入以地方党政领导负责制为核心的河湖管理与保护责任体系。2019—2021年，推动清理整治5200余个河湖“四乱”问题，刘香庄码头群、澜公馆、凡客酒吧街等一大批历史遗留河湖顽瘴痼疾得到彻底整治。2020年，直管河湖和水利工程划界工作全面完成，水生态水环境明显改善，河湖面貌发生历史性变化。沂河被评为首届最美家乡河，沂河临沂段通过国家级示范河湖验收。韩庄运河台儿庄段、沭河莒县段通过美丽示范河湖省级验收。建立省际边界水事协调“五联机制”，彰显流域机构统筹协调作用。以“五化建设”为重点，开展“两个创建”活动，2012年以来，刘家道口水利枢纽管理局（简称刘家道口局）、嶂山闸管理局（简称嶂山局）、江风口分洪闸管理局（简称江风口局）、大官庄水利枢纽管理局（简称大官庄局）先后通过国家级水管单位考核验收，沂河刘家道口枢纽水利风景区、骆马湖嶂山水利风景区等2处风景区荣获国家水利风景区称号，19家单位通过水利部安全生产标准化达标验收，24家单位通过水利档案工作规范化管理达标验收。2014年以来，深化水管体制改革，维修养护项目全面实施市场化采购,建立职能清晰的管理体制和管理科学的运行机制。从 2020 年起,推进工程标准化管理,标准化体系初步建立。沂沭泗局 18 家单位创建成为省部级精神文明单位。确立“以水利管理和工程建设为依托、事业单位和企业为发展平台、水利工程水费收入为主导、资源资产收入为基础、权益性收入为补充”的经济工作思路,经济工作为水利管理提供坚实保障。

这一时期,沂沭泗局在习近平总书记“节水优先、空间均衡、系统治理、两手发力”治水思路的指引下,解决许多想解决而没解决的问题,办成许多想办而没有办成的事。实践证明,流域统一管理是贯彻党中央、国务院治水方略的成功举措,是顾全大局、团结治水的有效路径。

(李炳文 胡影 宋京鸿)

2021 年沂沭泗水利发展综述

2021 年,沂沭泗局和流域内各级水利系统深入贯彻习近平总书记关于治水的重要讲话指示批示精神,认真落实水利部、淮委党组决策部署,系统梳理沂沭泗水系统一管理 40 年经验,踔厉奋发、笃行不怠,为流域经济社会发展提供坚强水安全保障。

一、水旱灾害防御夺取全面胜利

2021 年沂沭泗水系遭遇台风“烟花”暴雨洪水和历史罕见秋汛,出现 9 轮较大降雨和洪水过程,中运河发生有实测记录以来最大洪水。汛期累计降水量 891 mm,较常年同期偏多 59%,列 1953 年有连续资料记载以来第 1 位,其中 9 月发生 4 次强降雨,累计雨量 270 mm。沂沭泗局认真贯彻习近平总书记关于防汛救灾的系列重要指示精神,严格落实各项防汛抗旱责任制度,组织召开南四湖湖西大堤联防会议,向江苏、山东两省防指及有关单位发函通报直管工程度汛重点及主要问题,细化实化各项度汛安全措施。着力强化“四预”措施,修订编制沂河、沭河超标准洪水防御预案和洪水防御“作战图”,开展“1957 型”全流域大洪水调度专项预演。密切关注雨情、水情、工情,发布水情分析 23 期、水情周报 18 期、重要天气预报 44 期、河道和湖泊水位流量滚动预报 650 站次。科学精细调度水利工程,组织召开防汛会商会议 101 次,发出调度指令 211 份,调度大中型水闸 239 闸次,直管工程全年泄洪入海、入淮 180 亿 m^3,均为建局 40 年以来最多。妥善处置黄河流域 2 亿 m^3 洪水经沂沭泗水系平稳入海。水旱灾害防御工作得到江苏、山东两省高度赞誉。

二、基本建设工作加快推进

沂河、沭河上游堤防加固工程完成年度工程投资 2.86 亿元,顺利实现年度建设目标。南四湖二级坝除险加固工程全面完工。老运河闸、伊家河闸除险加固工程和重沟水文站提档升级等 6 个项目前期工作全面完成,初步设计获批,总投资 9364 万元。水政监察基础设施建设项目(三期)开工建设。蔺家坝闸、韩庄闸和二级坝二闸除险加固等工程前期工作加快推进。编制沂沭泗局水利信息化建设规划、沂沭泗河防洪工程体系规划思路报告,积极配合淮委做好《沂沭泗河洪水东调南下提标工程规划》《淮河流域“十四五”水安全保障规划》等规划编审工作,谋划储备一批重大项目。编制《数字孪生南四湖二级坝一期工程实施方案》,推动数字孪生南四湖二级坝项目建设。

三、工程标准化建设取得新突破

继续推进国家级水管单位和国家水利风景区创建，上级湖水利管理局（简称上级湖局）通过水利部水利工程管理考核验收，成为沂沭泗局第6家通过水利部考核验收的水管单位。完成2020年度沂沭泗局水利工程管理考核。大力推行工程管理标准化，编制《淮委直管堤防工程管理标准》（试行）、《沂沭泗局标志标牌建设标准》等制度，基本建成工程标准化管理体系。7家水管单位高标准开展标准化管理试点，江风口局成为首家通过淮委标准化管理验收的单位。加强直管堤防工程险工险段管理，建立险工险段档案资料和问题隐患台账。完成78座规模以上水闸注册登记以及人民胜利堰等3座水闸安全鉴定，及时准确掌握工程安全状况。维修养护市场化全面推开，工程维修养护管理水平持续提升。积极开展直管工程小微景观及水文化平台建设，打造10余处水工程、水文化、水景观融合案例，工程面貌进一步改善。

四、河湖保护治理成效彰显

健全完善与地方河（湖）长制工作机构的协作联管机制，韩庄运河（韩庄节制闸至四支沟段）、邳苍分洪道（江风口分洪闸至褚墩镇段）建成山东省省级美丽幸福示范河湖。践行"绿水青山就是金山银山"理念，推进中运河岸线绿化提升，基本实现沂沭泗局直管范围内应绿尽绿。印发《沂沭泗局关于进一步加强直管河湖管理保护的意见》，进一步明确河湖管理保护工作目标和任务分工。严格河道管理范围内建设项目监管，受理许可32个中小型建设项目，对严重影响防洪安全的3个建设项目决定不予许可。制定《沂沭泗水利管理局直管河道管理范围内建设项目事中事后监督管理办法》，对110个重点涉河建设项目进行季度检查。继续深化"清理整治涉河建设项目遗留问题"专项行动，积极协调流域各地河长制办公室（简称河长办）、防汛抗旱指挥部办公室，推动90个问题项目全部启动整改，66个项目取得明显成效。巩固直管河湖和水利工程划界成果，完成沂沭泗局划界电子成果统一梳理、检验、拼合、应用工作。工程性采砂砂石综合利用管理工作取得突破，制定《沂沭泗局工程性采砂管理办法（暂行）》，完成8项工程性采砂砂石综合利用办理。落实《淮河流域重要河段河道采砂管理规划（2021—2025年）》，对19处可采区进行全覆盖实地调查摸底，抓好采砂许可前期工作。保持对非法采砂高压严打态势，核定、公示18段重点河段、敏感水域采砂管理"四个责任人"，开展非法采砂专项整治行动，采砂管理规范有序。

五、依法治水管水坚强有力

持续巩固"321"普法模式，围绕法治政府建设等主题举办3期领导干部学法用法专题讲座。沂沭泗局首个法治宣传教育基地——骆马湖二湾生态法治基地落成开放。制定《沂沭泗局（本级）关于行政执法公示制度执法全过程记录制度重大执法决定法制审核制度实施办法》，水行政执法"三项制度"落实生效。印发《沂沭泗局关于强化水行政执法力度坚决打击新增水事违法行为的工作意见》，进一步管控违法行为，保障水事秩序稳定。联合江苏省水利厅、公安厅等9家单位建立骆马湖地区省级层面涉水联合执法机制，拓展"流域+区域"联合执法模式。持续巩固水政执法"3+3"监督机制，推动完成8个重点违法项目清理整治。深化"直管河湖存量问题清理整治专项行动"，再次开展河湖问题全面排查，水利部督查暗访反馈的 43 个“四乱”问题和淮委、沂沭泗局排查录入的 95 个“四乱”问题已基本完成整改。加强大运河沿线“四乱”问题排查，建立南四湖湖内问题台账，助力大运河文化保护传承。顺利通过水利部首次开展的水行政执法监督检查。根据水利部、淮委部署，完成水行政执法工作监督检查、水利部交办的中央生态环保督察问题整改情况复查以及防洪工程设施水毁修复等 9 项督察任务。

六、水资源刚性约束不断加强

建立取用水管理专项整治行动整改提升问题台账，直管范围内列入整改台账取水口 204 处，完成 2021 年度台账清单整改任务。常态化开展取水许可规范化管理，协助淮委完成水资源论证审查 6 项，完成取水工程设施现场核验 9 处，新增和补办取水许可 8 处，配合淮委对超许可水量较大的取水企业实施行政处罚，严格取水许可事中、事后监管。着力加强南水北调东线调水期间南四湖—骆马湖周边取用水监管巡查，2020—2021 年度累计调入山东水量约 6.74 亿 m^3。实施沂河、沭河水量调度计划，认真执行《刘家道口、大官庄水利枢纽水量调度实施方案》，协助编制南四湖水量分配方案，促进水资源优化配置。配合淮委编制印发南四湖、骆马湖生态水位和沂河、沭河生态水量保障实施方案，严格执行生态流量调度，强化直管区水资源保护。采取科学调度措施拦蓄水资源，汛末流域总蓄水量 55.46 亿 m^3，较常年平均偏多 35%，为流域经济社会发展提供水资源支撑。加强国家水资源监控系统（沂沭泗部分）日常管理，做好 21 个测站的运行维护工作。开展“节水中国 你我同行”系列宣传活动，推进大官庄节水教育示范基地建设，持续巩固提升节水机关创建成效。

七、安全生产形势稳定向好

认真学习贯彻习近平总书记关于安全生产重要论述，深刻吸取西沟水库“3 · 1”漫坝事故和黑河黄藏寺水利枢纽工程生产安全事故教训。持续巩固安全隐患闭环管理机制，连续 7 年开展局领导带队安全生产检查，强化水利工程运行等 5 大安全生产重点领域隐患排查治理，全年未发生生产安全事故。扎实开展安全生产专项整治三年行动集中攻坚，调整二级坝二闸交通桥的隐患等级，加强安全管控。不断完善安全风险分级管控体系，辨识危险源 5281 个，制定管控措施 2 万余条。制定《沂沭泗水利管理局安全生产监督检查办法》，明确综合监管与专业监管职责，完善安全生产监督管理制度体系。韩庄运河水利管理局（简称韩庄运河局）等 5 家水管单位完成安全生产标准化复核，沂河、沭河上游堤防加固工程项目法人安全生产标准化一级单位建设通过水利部现场核查，成为沂沭泗局第 20 家水利安全生产标准化达标单位。

八、综合管理能力显著提升

坚持正确选人、用人导向，选拔 17 名处级干部、交流 7 名处级干部，选派 4 名干部援疆、援藏，到乡村挂职。1 名职工获得水利行业首席技师称号并获得国务院政府特殊津贴，1 名职工获得全国水利技术能手称号。水利部、淮委批复同意 19 个基层局办理事业单位法人注销登记。首次完成沂沭泗局单位机构编制实名制工作。沂沭泗局政、事、企公车改革全面完成。水利科技创新取得新成果，获淮委科学技术奖一等奖 1 项、三等奖 3 项。完成淮委电子政务工程建设任务，提升网络安全保障能力。全面建成并启用沂沭泗局综合办公系统，实现三级管理单位综合政务工作电子化。

常态化做好新冠病毒感染疫情防控,沂沭泗局职工无确诊和疑似病例。贯彻落实过紧日子要求,优化预算收支结构。召开沂沭泗局经济工作会议,印发《沂沭泗局关于进一步加强和改进水利经济工作全力推动沂沭泗水利管理事业高质量发展的意见》。实施护堤护岸林精细化管理,水费计收、工程性采砂综合利用取得突破。淮河工程集团有限公司(简称淮工集团)实现利润1960万元,摘得“全国优秀水利企业”“全国优秀水利企业家”2项荣誉,参建的蔺家坝泵站工程荣获中国水利工程优质(大禹)奖。

九、全面从严治党持续深化

深入开展党史学习教育,沂沭泗局完成94件“我为群众办实事”。深化青年理论学习提升工程,青年学习小组在淮委“党在我心中”知识竞赛中获得一等奖。落实意识形态工作责任制,加强对局属网站、社交媒体等意识形态阵地的建设和管理。开展“三对标、一规划”专项行动,形成《“十四五”沂沭泗水利事业高质量发展总体工作计划》及3项专项工作规划。积极配合驻部纪检监察组贯彻落实中央八项规定精神专项检查、淮委党组第九轮巡察工作。强化“两个责任”贯通协同,有效发挥纪检部门的专责作用,深化运用监管执纪“四种形态”,一体推进不敢腐、不能腐、不想腐。骆马湖水利管理局(简称骆马湖局)、刘家道口局成功创建全国水利文明单位,沂沭泗局省部级文明单位达到18个。

十、沂沭泗水系统一管理40周年系列活动有声有色

组织召开沂沭泗水系统一管理40周年座谈会,系统深入总结统管40年的发展历程、辉煌成就和经验启示,科学谋划沂沭泗水利事业奋斗目标和发展蓝图。制作完成《同心共筑幸福河》宣传片。征集论文144篇,刊发“沂沭泗水系统一管理40周年”《治淮》专刊,出版《承百年薪火 谱统管华章——沂沭泗水系统一管理40年纪念文集》。开展口述历史专访,采访离退休干部职工40余人,形成回忆录20余篇。发布宣传稿件94篇、展示老照片400余张、发布微视频20余条,网站点击量5万余次,公众号阅读量累计4.5万人次。开展“沂沭泗水系统一管理40周年十件大事”评选,推出“大美沂沭泗”专题图片展。沂沭泗水系统一管理40周年系列活动充分展现党领导下流域统一管理的巨大成就,为推进沂沭泗水利事业高质量发展凝聚共识、振奋精神、汇聚力量。

(宋京鸿)

特　　载

重要活动

胡春华赴二级坝水利枢纽考察调研南四湖保护治理工作

5月2日，中共中央政治局委员、国务院副总理胡春华赴二级坝水利枢纽考察调研南四湖保护治理工作。水利部部长李国英陪同考察。

胡春华在南四湖二级坝泵站现场听取南水北调东线一期工程建设运行情况和后续工程前期工作情况汇报，自二级坝水利枢纽乘船考察南四湖保护和治理工作，淮委主任刘冬顺、沂沭泗局局长刘玉年陪同考察。刘冬顺汇报南四湖流域概况、二级坝水利枢纽工程及管理情况、南四湖保护与治理工作及成效。

胡春华指出，沂沭泗水系统一管理以来在南四湖保护与治理方面做了大量工作，取得了显著成效。认真履行流域机构职责，建立了流域与区域“水事纠纷联调、防汛安全联保、水资源联调、非法采砂联打、整治违建联动”的“五联”工作机制，在协调江苏、山东两省共同推动河湖管理保护方面发挥了重要作用。

（宋京鸿）

李国英调研二级坝水利枢纽

5月2日，水利部部长李国英调研二级坝水利枢纽，淮委主任刘冬顺、沂沭泗局局长刘玉年陪同考察，听取沂沭泗局副局长阚善光关于老运河历史变迁及治理情况的汇报和二级坝除险加固工程建管处关于二级坝除险加固工程有关情况的汇报。

（宋京鸿）

李干杰调研督导沂沭河防汛工作

7月24日，山东省委副书记、省长李干杰率检查组到沂沭河调研督导防汛工作，先后到大官庄水利枢纽、江风口分洪闸、邳苍分洪道等进行现场督导，听取沂沭河水利管理局（简称沂沭河局）防汛工作情况的汇报，详细了解防洪工程现状、洪水调度安排、枢纽工程调度运用、分洪准备、隐患排查整治等情况。临沂市委书记王安德，临沂市委副书记、市长任刚，沂沭泗局局长刘玉年，沂沭河局局长李相庆等陪同检查。

（葛蕴）

朱之鑫调研南四湖生态环境保护工作

9月3—4日，中央第二生态环境保护督察组组长朱之鑫带队调研二级坝水利枢纽工程及台儿庄泵站，察看南水北调东线工程调度运行和水质保障情况、微山湖湿地保护工作。山东省副省长曾赞荣、南四湖局二级坝水利枢纽管理局（简称二级坝局）主要负责人等陪同调研。

（葛蕴）

翟青调研南四湖保护治理工作

3月23日，生态环境部副部长翟青率领调研组深入二级坝水利枢纽等地实地调研南四湖保护治理工作，了解南四湖湖区生态水资源保护等情况。山东省副省长曾赞荣，济宁市委书记林红玉，济宁市委副书记、代市长于永生，南四湖局二级坝局主要负责人等陪同调研。

（葛蕴）

潘贤掌检查督导嶂山闸防台防汛工作

7月28日，江苏省副省长潘贤掌带队检查督导嶂山闸防台防汛工作，听取骆马湖局关于沂沭泗地区整体水雨情分析、防洪形势和工程调度、受台风“烟花”影响骆马湖区域防汛形势、流域骨干河道行洪现状，以及骆马湖局防台防汛应对措施等情况的汇报。江苏省水利厅党组成员、省南水北调办副主任郑在洲，宿迁市委副书记、市长、市防汛防旱指挥部总指挥陈忠伟，沂沭泗局副局长阚善光，骆马湖局局长马永恒等陪同检查。

（葛蕴）

沂沭泗水系统一管理40周年系列活动

2021年是沂沭泗水系统一管理40周年，为总结统管经验、宣传统管成效，沂沭泗局开展系列活动。一是召开统管40周年座谈会，回顾沂沭泗水系统一管理40年来的治水成效，总结经验、分析形势，科学谋划沂沭泗水利管理高质量发展蓝图。二是形成一系列水文化作品：制作宣传片《同心共筑幸福河》，推出《治淮》专刊和《承百年薪火 谱统管华章——沂沭泗水系统一管理40年纪念文集》，开展老照片征集和口述历史活动，组织《四十载统管恰风华》专题布展，征集展播微视频及“大美沂沭泗”主题照片。三是聚焦沂沭泗水系统一管理40年来的大事要事，评选出统一管理40周年十件大事，详见附录。

（赵颜颜）

法律法规

【法律法规目录】

（1）《地下水管理条例》（2021年9月15日国务院第149次常务会议通过，2021年10月21日国务院令第748号公布，自2021年12月1日起施行）。

（2）《江苏省防洪条例》（根据2021年9月29日江苏省第十三届人民代表大会常务委员会第二十五次会议《关于修改〈江苏省河道管理条例〉等二十九件地方性法规的决定》第四次修正）。

（3）《江苏省河道管理条例》（根据2021年9月29日江苏省第十三届人民代表大会常务委员会第二十五次会议《关于修改〈江苏省河道管理条例〉等二十九件地方性法规的决定》修正）。

（4）《江苏省湖泊保护条例》（根据2021年9月29日江苏省第十三届人民代表大会常务委员会第二十五次会议《关于修改〈江苏省河道管理条例〉等二十九件地方性法规的决定》第三次修正）。

（5）《江苏省水土保持条例》（根据2021年9月29日江苏省第十三届人民代表大会常务委员会第二十五次会议《关于修改〈江苏省河道管理条例〉等二十九件地方性法规的决定》第二次修正）。

（6）《江苏省水资源管理条例》（根据2021年9月29日江苏省第十三届人民代表大会常务委员会第二十五次会议《关于

修改〈江苏省河道管理条例〉等二十九件地方性法规的决定》第四次修正)。

(7)《山东省南四湖保护条例》(2021年12月3日山东省第十三届人民代表大会常务委员会第三十二次会议通过)。

(8)《山东省节约用水条例》(2021年12月3日山东省第十三届人民代表大会常务委员会第三十二次会议通过)。

(9)《徐州市河湖管理条例》(2021年6月30日徐州市第十六届人民代表大会常务委员会第四十五次会议通过,2021年7月29日江苏省第十三届人民代表大会常务委员会第二十四次会议批准)。

(10)《济宁市水环境保护条例》(2020年12月29日经济宁市第十七届人民代表大会常务委员会第三十九次会议通过,2021年1月28日经山东省第十三届人民代表大会常务委员会第二十五次会议批准,自2021年3月1日起施行)。

(葛蕴)

水政监察

【法治建设】

一、完善水行政执法制度体系

制定《沂沭泗局(本级)关于行政执法公示制度执法全过程记录制度重大执法决定法制审核制度实施办法》(沂局水政安〔2021〕145号),明确公示内容、公示流程、全过程记录等相关要求,各直属局、基层局结合实际出台相应制度文件。

二、发挥法治参谋作用

全程参与宿迁市、徐州市《骆马湖水环境保护条例》制定工作,为《河道管理条例》《河道采砂管理条例》《水行政处罚实施办法》《水政监察工作章程》《南四湖生态保护条例》等法律法规制定、修订建言献策,提出修改意见30余条。

(杨耀宁　韦东海)

【普法宣传】

一、组织开展普法活动

制定《沂沭泗局2021年度普法工作计划》(办水政安〔2021〕79号)、《沂沭泗局2021年普法责任清单》,系统安排全年普法工作。于5月27日、10月27日、12月14日,举办3期领导干部学法用法系列讲座,邀请东南大学、苏州大学等参与相关法律修订和制度制定的专家和教授,分别就"习近平法治思想"、《行政处罚法》和《法治政府建设实施纲要(2021—2025年)》解读为主题授课,共350余人参加。全年开展"世界水日""中国水周"普法活动、国家宪法日暨"宪法宣传周"普法活动、国家安全教育日普法活动、"百万党员学宪法学党章考法律"普法活动等专题普法活动4次,在网站、公众号推送普法宣传稿件10余篇,向干部职工发放《习近平法治思想学习纲要》《法治政府建设实施纲要(2021—2025年)》等书籍和资料250余册。组织沂沭泗局各级管理单位600余人次参加《中华人民共和国长江保护法》和"百万党员学宪法学党章考法律"网络答题,组织300余人次观看《2021年度法治人物》特别节目,发送普法宣传短信2000余条。

二、建立骆马湖二湾生态法治基地

骆马湖二湾生态法治基地位于新沂市窑湾镇,占地面积约115亩,是沂沭泗局2021年"我为群众办实事"的项目之一,由淮委、沂沭泗局、骆马湖局与宿城区人民法院、徐州铁路运输检察院、江苏省骆马湖渔业管理委员会办公室、新沂市人民检察院联合打造,在拆除原非法砂场码头、违法建筑的基础上,根据生态修复和法治宣传的需要建设而成。基地于10月28日揭牌,设置有治水名人区、以案释法区、法治文化区、生态修复区、公益活动区、增殖放流区,自落成开放以来,基地先后举办8次活动,接待超过500人次,被授予"淮委法治宣传教育基地"和沂沭泗局"党员教育基地"荣誉称号,同时荣获宿迁市第五届"十大法治事件"提名奖。

(杨耀宁　韦东海)

【依法行政】

一、水行政执法

（一）打击新增违法行为

印发《沂沭泗局关于强化水行政执法力度坚决打击新增水事违法行为的工作意见》（沂局水政安〔2021〕135 号）、《沂沭泗局关于进一步加强直管河湖管理保护的意见》（沂局水管〔2021〕71 号），确立"分类推进存量问题清理整治，杜绝违章增量"的目标。

（二）推动"存量"案件结案

加大对 2019—2021 年存量案件的清理整治工作，分层级、多频次协调推进，完成南四湖湖运港码头、大屯港码头、苏屯港码头、苏北港务、红日光伏、湖西农场、徐州钢铁、利国钢铁及大尤家水厂等 9 个重点违法项目清理整治，并顺利结案，实现达到结案标准的案件均顺利结案的管理目标。

二、联合执法

（一）建立联合执法机制

联合江苏省水利厅、司法厅、公安厅、自然资源厅、农业农村厅、交通运输厅、生态环境厅、文化和旅游厅共 9 家单位建立骆马湖地区涉水联合执法机制，建立联席会议、信息共享和案件通报、案情会商、联合办案、行政执法与刑事司法联动等制度，形成多层次、跨行业、跨部门、跨地区的联合执法机制，凝聚执法合力，全面提升骆马湖涉水行政管理执法效能，在各直属局、基层局建立市级、县级联合执法机制的基础上，进一步拓展"流域+区域"联合执法机制的适用范围，形成与省、市、县三级联合执法体制。

（二）开展联合执法行动

不断完善"水事纠纷联调、防汛安全联保、水资源联调、非法采砂联打、整治违建联动"的省际边界预防调处"五联"工作机制。江苏省沛县大屯港、苏屯港、湖运港复垦复绿时，南四湖局下级湖水利管理局（简称下级湖局）就责任方、复绿范围等问题多次与江苏省沛县、山东省微山县及鱼台县联合协调，推动问题解决。为持续巩固南四湖打击非法采砂成果，南四湖局于 10 月在江苏省连云港市组织召开江苏、山东两省三市打击非法采砂协调领导小组座谈会，联合江苏省沛县、山东省微山县开展采砂巡查联合执法 2 次，重点对南四湖采砂敏感水域、省际插花水域等进行现场监管巡查，形成监管合力，营造良好的全湖禁采氛围。沂沭河局郯城河道管理局（简称郯城局）与江苏省东海县山左口乡人民政府、水务站、派出所等单位召开老沭河省界段采砂管理座谈会，于 6 月、8 月开展联合执法 2 次。

三、执法监督

（一）开展执法巡查监管

在"基层局日常巡查、直属局定期检查和沂沭泗局不定期抽查"三级巡查模式的基础上，建立健全"监控、督查、通报"三项机制，确立"3+3"执法监管模式，规范执法巡查和日常监管工作，强化对河湖秩序和水事违法行为管控。2021 年，各级管理单位累计巡查河道超过 9 万 km，巡查监管对象 2700 余个，现场制止违法行为 520 余件。查处各类水事违法案件 45 件（含存量案件 14 件），结案 43 件，结案率为 95.6%。

（二）完成水利部 2021 年水行政执法监督迎查和代部检查工作

制定印发《沂沭泗局 2021 年水行政执法监督检查实施方案》（办水政安〔2021〕53 号），完成基层局自查、直属局核查、沂沭泗局抽查三阶段工作，并于 7 月顺利完成水利部督导组的监督检查。9 月 14—17

日,沂沭泗局代水利部对宁夏回族自治区水行政执法工作进行监督检查,对13个重点案件开展现场实地监督,并就水利部交办的中央生态环保督察发现8个问题的整改情况进行复查。

四、水行政诉讼

2021年,共应对行政诉讼案件4件。

(1)沛县苏北港务有限公司就南四湖局二级坝局强制拆除码头行为向徐州铁路运输法院提起行政诉讼,徐州铁路运输法院以〔2021〕苏8601行初342号判决书判决南四湖局二级坝局不是本案适格被告,依法驳回沛县苏北港务有限公司诉讼请求。

(2)临沂正阳供水有限公司就沂沭河局河东河道管理局(简称河东局)作出的《限期拆除违法建筑物决定书》向河东区人民法院提起诉讼,河东区人民法院以〔2020〕鲁1312行初50号裁定书,裁定不得在一个行政案件中将两个行政行为列为被诉行政行为,驳回临沂正阳供水有限公司起诉请求。临沂正阳供水有限公司不服,向山东省临沂市中级人民法院提出上诉,山东省临沂市中级人民法院以〔2021〕鲁13行终375号裁定书裁定驳回上诉,维持原裁定。

(3)朱孟宝就沂沭河局沭河水利管理局(简称沭河局)作出的《限期拆除违法建筑物告知书》向临沭县人民法院提起诉讼,临沭县人民法院以〔2021〕鲁1329行初73号裁定书裁定本案不属于人民法院行政诉讼的受案范围,驳回朱孟宝的起诉。

(4)吴成河不服骆马湖局新沂河道管理局(简称新沂局)作出的《限期拆除违法建筑物决定书》,向宿迁市宿城区人民法院提起行政诉讼,宿迁市宿城区人民法院以〔2020〕苏1302行初274号行政判决书,判决骆马湖局新沂局作出的《限期拆除违法建筑物决定书》事实清楚、程序合法,驳回吴成河的诉讼请求。吴成河不服一审行政判决,向江苏省南京市中级人民法院提起上诉,南京市中级人民法院以〔2021〕苏01行终795号行政判决书,认为吴成河的上诉请求缺乏事实和法律依据,原审判决认定事实清楚、适用法律正确,判决驳回上诉,维持原判。

(杨耀宁　韦东海　宫鲁蓉
孙小婷　葛彦军)

【能力建设】

一、执法设施

6月15日,淮委批复《淮委水政监察基础设施建设(三期)初步设计》(淮委规计〔2021〕86号),批复建设内容主要包括:建设刘家道口执法码头1座,购置长27 m执法船2艘、长7 m执法艇1艘,购置无人机12架及无人机数据处理系统1套,购置执法巡查单兵装备46套,建设重点区域视频监控点62处,升级执法监控应用系统,实现无人机、视频监控采集数据与执法监控应用系统接入。工程总投资2366万元,计划总工期5年。项目实施以来,沂沭泗局按照落实工程建设"项目法人责任制、招标投标制、建设监理制和合同管理制"的"四制"要求,完成淮委水政监察基础设施(三期)项目勘查设计、监理招标投标,组建项目法人、项目建设管理机构等前期准备工作。按照初步设计报告2021年度工作安排,完成执法船的招标投标工作,中标单位为嘉兴市伟佳船舶有限公司。11月30日,通过线上视频方式,举办执法船项目开工仪式,正式启动执法船建设工作。

二、能力提升

搭建"法律工作室"研究探讨新平台,沂沭泗局以检察建议为问题导向,举办河道垃圾清理整治问题案例研讨会并印发会议纪要。南四湖局发挥法律顾问及法律专业人员的优势,对案情复杂、影响较大的涉水案件进行分析研判,在调查取证、立案查处、应诉答辩等环节进行指导,并举办“法律工作室线上研讨”活动。沂沭河局对河东局、沭河局诉讼案件提供应诉建议。骆马湖局开展“我的案件我来说”活动。在淮委2021年度案件评审中,南四湖局韩庄水利枢纽管理局(简称韩庄枢纽局)办理的江苏某某精密铸造有限公司违法建设案被评为一等奖,骆马湖局灌南局办理的姚某某违法搭建占用堤防案、沂沭河局郯城局办理的姚某某在郯城县高峰头镇前高一村老沭河河道内非法采砂案被评为二等奖,骆马湖局新沂局办理的吴某某非法采砂案、沂沭河局河东局办理的刘某某东王庄村非法采砂案、南四湖局下级湖局办理的沛县某某港务有限公司违法建设码头案被评为三等奖。

(杨耀宁　韦东海)

水资源管理

水资源配置与调度

【水资源量】

2021 年，沂沭泗河地表水资源量 299.9 亿 m^3，较多年平均值增加 111.2%，较 2020 年增加 18.4%；地下水资源量 138.7 亿 m^3，较多年平均值增加 34.6%，较 2020 年增加 12.2%；地下水资源与地表水资源不重复量 84.6 亿 m^3，水资源总量 384.4 亿 m^3，较多年平均值增加 88.0%，较 2020 年增加 18.7%。

（李素）

【水量分配与调度】

按照《水利部淮河水利委员会关于印发沂河、沭河 2020—2021 年度水量调度计划（试行）的通知》（淮委水资源管〔2020〕243 号）、月水量调度方案、调度指令开展 2020—2021 年度水量调度工作，建立水量调度信息台账，按时编报水量调度执行情况报告 48 份。2020—2021 年度调水期内，刘家道口水利枢纽向沂河方向年下泄水量 14.54 亿 m^3，大官庄水利枢纽向老沭河方向年下泄水量 7.13 亿 m^3，完成了各控制断面年度下泄指标。配合淮委编制了沂河、沭河 2021—2022 年度（2021 年 10 月至 2022 年 9 月）水量调度计划，协助淮委编制南四湖水量分配方案。

（姚欣明）

【生态水量（水位）保障】

沂河、沭河、南四湖、骆马湖纳入《淮河流域生态流量保障重点河流名录（2020—2022 年）》，按照水利部第二批重点河湖生态流量保障目标（试行）（见表 1）要求，配合淮委编制完成沂河、沭河、南四湖、骆马湖等直管河湖生态流量（水量、水位）保障实施方案。

表 1　第二批重点河湖生态流量保障目标（试行）（沂沭泗河区）

水资源分区	河湖水系名称	主要控制断面	最小生态水位/m	基本生态水量	备注
沂沭泗河区	沂河	临沂		月生态水量：643 万 m^3	
		江苏、山东省界（港上）		汛期（7—9 月）：451 万 m^3/月；非汛期（10 月至次年 6 月）：4104 万 m^3/月	

续表 1

水资源分区	河湖水系名称	主要控制断面	最小生态水位/m	基本生态水量	备注
沂沭泗河区	沭河	大官庄		月生态水量:295 万 m^3	老沭河末端设立考核断面,其基本生态水量目标在建站后制定并开始考核
		江苏、山东省界(红花埠)		汛期(7—9 月):168 万 m^3;非汛期(10 月至次年 6 月):1533 万 m^3/月	
	骆马湖	杨河滩闸上	20.5		废黄河基面
	南四湖	南阳	32.34		1985 国家高程基准
		微山	30.84		

根据《水利部淮河水利委员会关于印发洪汝河、涡河、沂河、沭河、骆马湖、南四湖生态流量(水量、水位)保障实施方案(试行)的函》(淮委节保函〔2021〕179 号),沂沭泗局各级管理单位将生态水量(水位)纳入河湖水量统一调度,通过加强刘家道口水利枢纽、大官庄水利枢纽、二级坝水利枢纽等直管水利工程调度和直管河湖取用水管控,保障主要控制断面生态水量(水位)目标。

(姚欣明)

【南水北调东线一期工程水量调度监管】

根据《水利部关于印发南水北调东线一期工程 2020—2021 年度水量调度计划的通知》(水南调函〔2020〕136 号),2020—2021 年度向山东省调水 6.74 亿 m^3(见表 2、表 3)。强化南水北调东线一期工程水量调度日常监督管理,保障南水北调东线一期工程连续 8 个调度年度有序实施,累计向山东调水近 53 亿 m^3。按照《淮委办公室关于印发南水北调东线一期工程 2020—2021 年度水量调度监督管理工作方案的通知》(办水资管〔2020〕154 号),调水期间沂沭泗局各级管理单位着力加强南四湖至骆马湖段工程运行、取用水监管巡查,累计巡查 680 余人次,行程约 3 万 km,编报调水简报 21 期。

(姚欣明)

表 2　南水北调东线一期工程 2013—2021 年调水情况

序号	调水年度	调水时间		向山东省调水量/亿 m^3
		开始	结束	
1	2013—2014	—	—	1.60
2	2014—2015	2015 年 4 月 21 日	2015 年 6 月 13 日	3.28
3	2015—2016	2016 年 1 月 8 日	2016 年 5 月 22 日	6.02
4	2016—2017	2016 年 12 月 16 日	2017 年 5 月 19 日	8.89
5	2017—2018	2017 年 11 月 15 日	2018 年 5 月 29 日	10.88
6	2018—2019	2018 年 12 月 25 日	2019 年 5 月 28 日	8.44
7	2019—2020	2019 年 12 月 11 日	2020 年 4 月 30 日	7.03
8	2020—2021	2020 年 12 月 23 日	2021 年 5 月 20 日	6.74
合计				52.88

表 3　南水北调东线一期工程 2020—2021 年度水量调度计划和实施　单位:亿 m^3

断面		年计划调水量	年累计调水量
			南水北调东线总公司监测数据
出骆马湖	台儿庄泵站	6.74	6.74
出下级湖	二级坝泵站	6.14	6.03
出上级湖		5.14	5.45

取用水管理

【取水许可管理】

推动取水许可管理工作规范化、常态化。严格取水许可事中、事后监管,协助淮委完成济宁中山公用水务有限公司、莒县自来水有限公司、江苏联合水务科技股份有限公司等取水工程设施现场核验 9 处,新增和补办枣庄北控智信水务有限公司、临沂市河东区葛沟灌区水利管理服务中心、江苏新动力沭北热电有限公司等取水许可 8 项。针对临沂龙园旅游发展有限公司、山东奥华国际温泉酒店有限公司、山东奥正集团有限公司琅琊园项目等取水项目,指导取水户修改完善核验材料,组织完成取水工程核验工作。配合做好取水许可电子证照改革工作,完成直管区 231 套取水许可电子证照换发工作。

严把直管区新建、改建、扩建的取水建设工程项目水资源论证关。协助淮委完成临沂华太电池有限公司、山东水发润鑫水务有限公司、沂水县水务公司、济宁市引湖济西工程、徐州粤海水务有限责任公司骆马湖水源地扩大取水项目、邹城北控利民水务有限公司引湖供水工程水资源论证审查 6 项。协助淮委依法查处徐州粤海水务有限责任公司 2020 年未按取水许可规定条件取水案。

(李素)

【监督检查】

落实三级巡查机制,全范围巡查与季度督查、重点检查相结合,加强直管范围内取用水监管巡查。各级管理单位全年累计监管巡查约 500 次,巡查行程约 11 万 km。严格执行水资源管理信息报送制度,及时编制水资源管理旬报和月报并上报淮委,全年共计报送旬报 24 期、月报 12 期。

(李素　孙铭)

【供水水费】

贯彻落实《中华人民共和国水法》《取水许可和水资源费征收管理条例》《水利工程供水价格管理办法》《国家计委关于核定沂沭泗水利工程供水价格的通知》等有关法规和政策文件,积极履行管理职责,按照补偿成本、合理收益、优质优价、公平负担的原则与用水户签订供用水合同 6 份,依法依规向用水单位收取水费。

(李素　孙铭)

【专项整治行动】

按照《水利部办公厅关于做好取用水管理专项整治行动整改提升工作的通知》(办资管〔2021〕189 号)的要求和淮委工作部署,组织开展直管范围内取用水管理专项整治行动整改提升工作,成立由水资源处牵头,直属局、基层局专门人员协同配合的专项工作组。7—8月，组织各级管理单位相关人员参加水利部和淮委组织的取用水管理专项整治行动调度工作会、主任专题办公会等，协助淮委开展取水口问题复核认定，直管范围内共204处取水口列入淮委取用水管理专项整治行动整改台账。根据《水利部淮河水利委员会关于报送淮委取用水管理专项整治行动整改提升实施方案的函》（淮委水资管函〔2021〕184号），向取水户送达责令整改通知书36份，通过日常巡查、季度督查、专项监督检查等方式督促取水户整改。9月、11月召开2次取用水管理专项整治推进会，定期开展专项整治行动座谈交流会，研究解决存在的困难和问题，动态掌握整改提升工作进展。通过与淮委沟通汇报，争取地方水行政主管部门支持，联合地方河长办，10月底完成2021年度台账清单整改任务。

（李素）

水资源节约保护

【节水机关建设】

一、节水机关评价

对照水利部标准（沂沭泗局机关）和基层单位标准（直属局和基层局），分别于6月、12月组织对全局21家节水机关（见表4）建设情况开展2次全面检查。检查发现，各级单位均制订用水总量控制计划，落实节水管理岗位责任，定期发布节水信息，开展用水量评价分析。

表4　沂沭泗局水利行业节水机关

序号	单位名称	序号	单位名称
1	沂沭泗局机关	12	沂沭河局江风口局
2	南四湖局机关	13	沂沭河局郯城局
3	骆马湖局机关	14	沂沭河局河东局
4	南四湖局下级湖局	15	沂沭河局刘家道口局
5	南四湖局二级坝局	16	骆马湖局邳州河道管理局（简称邳州局）
6	南四湖局韩庄枢纽局	17	骆马湖局新沂局
7	南四湖局蔺家坝水利枢纽管理局（简称蔺家坝局）	18	骆马湖局沭阳河道管理局（简称沭阳局）
8	南四湖局韩庄运河局	19	骆马湖局灌南局
9	沂沭河局沂河水利管理局（简称沂河局）	20	骆马湖局宿迁水利枢纽管理局（简称宿迁局）
10	沂沭河局沭河局	21	骆马湖局嶂山局
11	沂沭河局大官庄局		

二、节水教育基地建设

12 月，大官庄水利枢纽淮委节水教育社会实践基地方案通过淮委审查。规划建设节水教育展厅和节水教育广场，通过智能化显示屏、演示模型、实物器具、互动电子设施等多种方式讲述沂沭泗流域治理水旱灾害历史，介绍水资源科普知识与节水知识。规划展厅室内面积 500 m^2，室外面积约 7500 m^2。

（孙铭）

【节约用水宣传教育】

2021 年“世界水日”“中国水周”期间，各级管理单位结合宣传主题，因地制宜在驻地开展进机关、进社区、进学校、进企业等“节水中国、你我同行”系列宣传活动，累计在“节水中国”网站发布宣传活动信息 33 条。积极报送节水信息，组织各级管理单位在全国节水办网站推送稿件 8 篇。组织全局职工参加“第二届全国节约用水知识大赛”、节水科普征集宣讲活动、“节水惜水”主题摄影大赛。

（孙铭）

基 本 建 设

规划与前期工作

【规划编制】

一、沂沭泗河洪水东调南下提标工程规划

（一）项目背景

沂沭泗河洪水东调南下工程是解决沂沭河及南四湖地区洪水出路的一项系统工程，通过实施东调南下（续建）工程，沂沭泗河中下游重要防洪保护区的总体防洪标准基本上达到了50年一遇。随着沂沭泗河流域经济社会的快速发展，沂沭泗河中下游防洪保护对象及重要性都发生了较大变化。国务院批复的《淮河流域综合规划（2012—2030年）》提出“沂沭泗河水系南四湖、韩庄运河、中运河、骆马湖、新沂河的防洪标准逐步提高到100年一遇”。2011年，国务院办公厅转发国家发展和改革委员会、水利部《关于切实做好进一步治理淮河工作的指导意见》中明确要求“开展沂沭泗河洪水东调南下工程提高防洪标准的研究论证”。为进一步保障沂沭泗河重要城市、工矿企业以及农业生产和重要交通设施防洪安全，适应流域经济社会发展的需要，加快推进防洪工程建设前期工作，亟需开展沂沭泗河洪水东调南下提高防洪标准规划工作。

（二）工程主要任务

通过调研收集流域防洪保护区经济社会发展相关统计资料，对沂沭泗骨干河道现状防洪标准及规模进行复核，对流域防洪体系现状进行评价，并根据流域经济社会发展对防洪形势的要求，分析沂沭泗河洪水东调南下工程提高防洪标准的必要性，通过不同组合的洪水安排，分析确定骨干河道工程规模，达到提高沂沭泗河洪水东调南下工程防洪标准的目的。在提高工程防洪标准的同时，流域水利管理能力也需要得到提升。管理能力提升主要包括水利信息化能力建设、通信网络系统建设、水文设施建设、水政监察基础设施建设、水资源监测能力建设、防汛抢险能力建设、防汛物资及仓库建设等。根据规划总体目标，以东调南下工程防洪减灾体系为基础，以防洪保安为目的，兼顾水资源可持续利用，协调人与自然的关系，建立适合沂沭泗流域实际且与社会经济发展相适应的比较完善的防洪减灾工程体系，增强抵御洪水灾害能力，强化涉水事务社会管理，提高公共服务能力和水平，规范治理和开发行为，保障人民群众的生命财产安全，维护经济社会稳定和高质量发展的大局。

（三）工作进展

4月，水利部水利水电规划设计总院（简称水利部水规总院）组织召开沂沭泗河洪水东调南下提标工程规划复审会议。10月，水利部水规总院组织召开沂沭泗河洪水东调南下提标工程规划复核会议，会后根据复核意见对规划报告进一步修改完善。

二、南水北调东线二期工程规划

根据水利部安排,南水北调东线二期工程前期工作由淮委会同海河水利委员会(简称海委)牵头组织开展,沂沭泗局配合淮委开展相关工作。

2月,根据水利部部署和中国国际工程咨询有限公司(简称中咨公司)提出的《南水北调东线二期工程规划咨询评估报告》,淮委会同海委制订东线二期工程规划修订工作计划。3月,淮委会同海委组织召开规划修订工作方案讨论会,制定《南水北调东线二期工程规划修订工作方案》。5月,淮委会同海委组织修改完成《南水北调东线二期工程规划》,并报送水利部规划计划司(简称水利部规计司)。6—7月,淮委会同海委开展了南水北调工程总体规划(东线部分)评估、南水北调东线后续工程方案论证和南水北调后续工程规划评估重点问题论证工作,编制完成相关成果报告。8月,根据水利部部长办公会精神,淮委会同海委组织召开规划修订工作方案讨论会,并印发规划修订工作方案,修改完成《南水北调东线二期工程规划》,并报送水利部规计司。9月,南水北调工程总体规划(东线部分)评估、南水北调东线后续工程方案论证和南水北调后续工程规划评估重点问题论证三项成果通过水利部推动南水北调后续工程高质量发展领导小组验收。在此期间,沂沭泗局配合淮委完成南水北调后续工程东中线方案组合方案比选论证、概念方案设计等工作,开展南水北调工程总体规划修编有关准备工作。

三、淮河流域重要河道岸线保护与利用规划

1月,水利部水规总院组织召开视频会议,对淮河流域重要河道岸线保护与利用规划进行复审,会后根据审查意见对规划报告进行修改完善。7月,水利部将规划报告送生态环境部、自然资源部等部委征求意见,根据有关反馈意见对规划报告进一步修改完善。11月,水利部印发《淮河流域重要河道岸线保护与利用规划》(水河湖〔2021〕339号)。

四、淮河流域重要河道河段采砂管理规划(2021—2025年)

根据水利部水规总院复审意见及国家相关部委反馈意见,沂沭泗局配合淮委对规划报告进一步修改完善。7月,水利部批复《淮河流域重要河道河段采砂管理规划(2021—2025年)》(水河湖〔2021〕201号)。

五、淮河流域防洪规划修编重大问题论证

7月,水利部以《水利部关于防洪规划修编重大问题论证项目任务书的批复》(水规计〔2021〕217号)批复淮河流域防洪规划修编重大问题论证项目任务书。8—11月,沂沭泗局配合淮委开展并完成相关论证工作初步成果。12月,水利部水规总院组织对淮河流域防洪规划修编重大问题论证成果进行讨论。

六、淮河流域水利基础设施空间布局规划

1—3月,根据全国水利基础设施空间布局规划成果复核汇总与协调平衡会议精神,对流域成果报告进行修改完善,并督促各省开展落图工作及附表数据更新。5月,收集汇总流域各省规划大型水库矢量数据等,对规划大型水库落图情况和相关数据表格进行复核。6—7月,开展流域报告附图(规划水库图)绘制等工作。10月,汇总各省提交的规划项目矢量数据库,对重大项目新增建设空间需求表进行复核等。11月,水利部规计司组织召开全国水利基础设施空间布局规划研讨会议,统筹推进试点省份“三区三线”划定、水利工程

落图等相关工作。

七、沂沭泗局水利信息化建设规划

项目背景:为全面深入贯彻习近平总书记治水重要讲话精神,落实水利部对智慧水利和数字流域建设要求,着力围绕科技引领和数字赋能加快推进沂沭泗局信息化建设。

主要任务:从水旱灾害防御、水资源管理、直管工程建设与运行管理、水行政执法等业务在预报、预警、预演、预案全流程科学监管与智能决策方面的信息化需求着手,提出沂沭泗信息化建设的总体目标、总体架构、建设任务、重点任务、重点工程、保障措施,为实现透彻化采集感知、数字化场景映像、智慧化模拟分析、精准化决策支持的"智慧沂沭泗"信息化应用体系提供顶层设计与建设指导。

工作进展:10月,沂沭泗局印发《沂沭泗局水利信息化建设规划》(沂局基建〔2021〕252号)。

(郭兴)

【前期工作】

一、南四湖伊家河节制闸除险加固工程

项目背景:南四湖伊家河节制闸于2014年经安全鉴定为三类闸,需除险加固。2016—2020年,沂沭泗局协同淮委组织开展伊家河节制闸除险加固工程前期工作,并委托中水淮河规划设计研究有限公司编制可行性研究报告。

工程主要任务:拆除重建闸室及上部启闭机房、排架、工作桥;拆除重建上下游翼墙、下游消力池以及桥头堡;保留原伊家河节制闸现状上下游护坡,增设一定长度的上游护底和上下游护坡;保留现状下游浆砌石海漫,并根据现状质量进行适当修补。

工作进展:5月24日,水利部以《水利部关于南四湖伊家河节制闸除险加固工程可行性研究报告的批复》(水规计〔2021〕150号)批复项目可行性研究报告,批复总投资为2853万元。12月30日,水利部以《南四湖伊家河节制闸除险加固工程初步设计报告准予行政许可决定书》(水许可决〔2021〕78号)批复项目初步设计报告,批复总投资为2845万元。

二、南四湖老运河节制闸除险加固工程

项目背景:南四湖老运河节制闸于2019年经安全鉴定为三类闸,需除险加固。沂沭泗局协同淮委组织开展老运河节制闸除险加固工程前期工作,并委托中水淮河规划设计研究有限公司编制可行性研究报告。

工程主要任务:上、下游翼墙拆除重建,加高闸墩,拆除重建闸室两岸桥头堡及启闭机房,更换闸门止水及启闭机,更换电气设备,闸室防碳化处理,保留铺盖、消力池、护底、海漫、防冲槽等。

工作进展:5月24日,水利部以《水利部关于南四湖老运河节制闸除险加固工程可行性研究报告的批复》(水规计〔2021〕151号)批复项目可行性研究报告,批复总投资为2860万元。12月30日,水利部以《南四湖老运河节制闸除险加固工程初步设计报告准予行政许可决定书》(水许可决〔2021〕77号)批复项目初步设计报告,批复总投资为2859万元。

三、南四湖韩庄节制闸除险加固工程

项目背景:南四湖韩庄节制闸于2019年经安全鉴定为三类闸,需除险加固。

工作进展:2月,水利部印发《水利部关于南四湖韩庄节制闸除险加固工程可行性研究阶段勘测设计任务书的批复》(水规计〔2021〕55号)。7月,淮委委托安徽安兆工程技术咨询服务有限公司对南四湖韩庄节制闸除险加固工程可行性阶段研究进行公开招标,山东省水利勘测设计院有限公司中标承担南四湖韩庄节制闸除险加固工程可行性研究报告编制工作。12月,《南四湖韩庄节制闸除险加固工程可行性研究报告》(淮委规计〔2021〕224号)报送水利部。

四、南四湖蔺家坝节制闸除险加固工程

项目背景:南四湖蔺家坝节制闸2014年经安全鉴定为三类闸,需除险加固。

工作进展:3月,中水淮河规划设计研究有限公司编制完成《南四湖蔺家坝节制闸除险加固工程可行性研究报告》。4月,水规总院在北京组织专家对《南四湖蔺家坝节制闸除险加固工程可行性研究报告》进行审查。10月,水规总院在北京组织专家对修改后的《南四湖蔺家坝节制闸除险加固工程可行性研究报告》进行复审。根据专家审查意见,12月,中水淮河规划设计研究有限公司修改完成《南四湖蔺家坝节制闸除险加固工程可行性研究报告》并报淮委。

五、淮委重沟国家基本水文站提档升级

项目背景:根据《全国水文基础设施建设"十四五"规划》,对淮委重沟国家基本水文站提档升级。

工程主要任务:对重沟水文站进行基础设施更新改造、流量观测设施更新改造、信息化建设。

工作进展:11月,淮委以《水利部淮河水利委员会关于淮委重沟国家基本水文站提档升级可行性研究报告的批复》(淮委规计〔2021〕196号)批复项目可行性研究报告。12月,淮委以《水利部淮河水利委员会关于淮委重沟国家基本水文站提档升级初步设计报告的批复》(淮委规计〔2021〕206号)批复项目初步设计报告,批复总投资为300万元。

六、淮委刘家道口闸上、江风口闸上等33处大江大河支流水位站建设

项目背景:根据《全国水文基础设施建设"十四五"规划》,对淮委刘家道口闸上、江风口闸上等33处大江大河支流水位站建设。

工程主要任务:对沂沭泗流域内33处现有的浮子式水位遥测站进行现代化改造。

工作进展:11月,淮委以《水利部淮河水利委员会关于淮委刘家道口闸上、江风口闸上等33处大江大河支流水位站建设可行性研究报告的批复》(淮委规计〔2021〕197号)批复项目可行性研究报告。12月,淮委以《水利部淮河水利委员会关于淮委刘家道口闸上、江风口闸上等33处大江大河支流水位站建设初步设计报告的批复》(淮委规计〔2021〕208号)批复项目初步设计报告,批复总投资为495万元。

七、淮委沭河末端、沂河末端等3处重要控制断面水文站建设

项目背景:根据《全国水文基础设施建设"十四五"规划》,新建沂河末端(毛林)、沭河末端(口头)、新薛河河口等3处重要控制断面水文站。

工程主要任务:3处重要控制断面水文站。

工作进展:11月,淮委以《水利部淮河水利委员会关于淮委沭河末端、沂河末端等3处重要控制断面水文站建设可行性研究报告的批复》(淮委规计〔2021〕198号)批复项目可行性研究报告。12月,淮委以《水利部淮河水利委员会关于淮委沭河末端、沂河末端等3处重要控制断面水文站建设初步设计报告的批复》(淮委规计〔2021〕207号)批复项目初步设计报告,批复总投资为499万元。

(郭兴)

【重要批复文件】

水利部关于南四湖伊家河节制闸除险加固工程可行性研究报告的批复

（水规计〔2021〕150 号　2021 年 5 月 24 日）

水利部淮河水利委员会：

你委报送的《水利部淮河水利委员会关于报送南四湖蔺家坝节制闸、伊家河节制闸除险加固工程两项可行性研究报告的请示》（淮委规计〔2017〕190 号）收悉。水规总院对南四湖伊家河节制闸除险加固工程可行性研究报告进行了技术审查并提出了审查意见。经研究，我部基本同意该审查意见，现批复如下：

一、基本同意所报南四湖伊家河节制闸除险加固工程可行性研究报告。工程任务是根据安全鉴定发现的问题，对伊家河节制闸进行除险加固，消除工程安全隐患，保证工程安全运行，发挥工程效益。

二、基本同意工程任务、规模和内容。工程设计防洪标准为 100 年一遇，校核条件为南四湖 300 年一遇。工程主要建设内容包括：拆除重建闸室及上部启闭机房、排架、工作桥；拆除重建上下游翼墙、下游消力池以及桥头堡；增设一定长度的上游护底和上下游护坡；维修加固下游浆砌石海漫。工程施工总工期 12 个月。

三、按照 2020 年第一季度价格水平，工程总投资为 2853 万元，资金来源为中央预算内水利投资。

四、请根据审查意见抓紧编制初步设计报告。

五、同意淮河水利委员会沂沭泗水利管理局防汛机动抢险队作为项目法人。工程建成后移交原管理单位韩庄水利枢纽管理局管理。工程建设要严格执行项目法人责任制、招标投标制、合同管理制、建设监理制和竣工验收制等制度。要进一步明确管理职责，落实管护经费，保证工程顺利建设并长期发挥效益。

附件：1. 项目招标事项核准意见（略）
2. 水规总院关于报送南四湖伊家河节制闸除险加固工程可行性研究报告审查意见的报告（水总设〔2020〕300 号）（略）

南四湖伊家河节制闸除险加固工程初步设计报告准予行政许可决定书

（水许可决〔2021〕78 号　2021 年 12 月 30 日）

水利部淮河水利委员会：

本机关于 2021 年 9 月 8 日受理你委提出的关于审批《南四湖伊家河节制闸除险加固工程初步设计报告》的请示。经审查,该申请符合法定条件,根据《中华人民共和国行政许可法》第三十八条第一款、《水行政许可实施办法》第三十二条第一项及《水利部关于南四湖伊家河节制闸除险加固工程可行性研究报告的批复》(水规计〔2021〕150号),决定准予行政许可。

一、原则同意所报南四湖伊家河节制闸除险加固工程初步设计报告。工程建设主要任务是针对伊家河节制闸翼墙抗渗稳定、闸墩结构配筋、消能工等不满足规范要求,交通桥结构及桥面破损老化严重,工作闸门不能提出门槽、闸门门槽埋件锈蚀严重无法检修、无检修门及启闭设备,上下游翼墙浆砌石结构表面破损老化、砂浆强度偏低等诸多问题,需进行除险加固,以满足防洪安全运用要求。

二、主要建设内容。拆除重建闸室及上部启闭机房、排架、工作桥;拆除重建上下游翼墙、下游消力池以及桥头堡;保留现状上下游护坡,增设一定长度的上游护底和上下游护坡;保留现状下游浆砌石海漫,并根据现状进行适当修补等。伊家河节制闸除险加固后工程总体布置与原节制闸布置基本一致。

三、工程建设标准。伊家河节制闸设计洪水标准为100年一遇;校核洪水标准为300年一遇;主要建筑物级别为1级,次要建筑物级别为3级。主要建筑物抗震设防烈度取Ⅶ度,相应设计基本地震动峰值加速度为0.10g。

四、工程无新增永久征地,临时用地面积21.89亩,其中生产生活区5.24亩、施工道路5.25亩、取土区11.40亩。

五、工程施工总工期为12个月。根据水利水电规划设计总院审查意见,按2021年第二季度价格水平,核定工程静态总投资为2845万元,总投资2845万元。其中,工程部分投资2448万元,建设征地移民补偿投资181万元,环境保护工程静态投资110万元,水土保持工程投资106万元。

六、请你委严格按照基本建设程序,抓紧主体工程开工建设;按照水利水电规划设计总院审查意见,进一步优化设计方案;同步完善工程安全监测系统和水雨情测报系统;严格控制工程建设规模、标准、投资和工期,禁止搭车建设楼堂馆所和办公用房,加强设计变更管理,强化资金管理,专款专用。严格执行项目法人责任制、招标投标制、建设监理制、合同管理制和水利部有关规定,认真组织实施,确保工程质量和安全;严格按照环境影响报告表批复要求,落实各项环境保护措施;根据国务院办公厅批转的《水利工程管理体制改革实施意见》(国办发〔2002〕45号)要求,进一步理顺管理体制,明确管理职责,落实工程运行管护经费和各项措施,保证工程建成后的良性运行。工程建成后要及时组织验收,严格验收管理,工程竣工验收由你委主持。

附件:水规总院关于报送南四湖伊家河节制闸除险加固工程初步设计报告审查意见的报告(水总设〔2021〕361号)(略)

水利部关于南四湖老运河节制闸除险加固工程可行性研究报告的批复

（水规计〔2021〕151 号　2021 年 5 月 24 日）

水利部淮河水利委员会：

你委报送的《水利部淮河水利委员会关于报送南四湖老运河节制闸、二级坝第一节制闸、复新河闸除险加固工程三项可行性研究报告的请示》（淮委规计〔2017〕231 号）收悉。水规总院对南四湖老运河节制闸除险加固工程可行性研究报告进行了技术审查并提出了审查意见。经研究，我部基本同意该审查意见，现批复如下：

一、基本同意所报南四湖老运河节制闸除险加固工程可行性研究报告。工程任务是根据安全鉴定发现的问题，对老运河节制闸进行除险加固，消除工程安全隐患，保证工程安全运行，发挥工程效益。

二、基本同意工程任务、规模和内容。工程设计防洪标准为 100 年一遇，校核条件为南四湖 300 年一遇。工程主要建设内容包括：上、下游翼墙拆除重建，加高闸墩，拆除重建闸室两岸桥头堡及启闭机房，更换闸门止水及启闭机，更换电气设备，闸室防碳化处理，保留铺盖、消力池、护底、海漫、防冲槽等。工程施工总工期 12 个月。

三、按照 2020 年第一季度价格水平，工程总投资为 2860 万元，资金来源为中央预算内水利投资。

四、请根据审查意见抓紧编制初步设计报告。

五、同意淮河水利委员会沂沭泗水利管理局防汛机动抢险队作为项目法人。工程建成后移交原管理单位韩庄水利枢纽管理局管理。工程建设要严格执行项目法人责任制、招标投标制、合同管理制、建设监理制和竣工验收制等制度。要进一步明确管理职责，落实管护经费，保证工程顺利建设并长期发挥效益。

附件：1. 项目招标事项核准意见（略）
2. 水规总院关于报送南四湖老运河节制闸除险加固工程可行性研究报告审查意见的报告（水总设〔2020〕285 号）（略）

南四湖老运河节制闸除险加固工程初步设计报告准予行政许可决定书

（水许可决〔2021〕77 号　2021 年 12 月 30 日）

水利部淮河水利委员会：

本机关于 2021 年 9 月 8 日受理你委提出的关于审批《南四湖老运河节制闸除险加固工程初步设计报告》的请示。经审查，该申请符合法定条件，根据《中华人民共和国行政许可法》第三十八条第一款、

《水行政许可实施办法》第三十二条第一项及《水利部关于南四湖老运河节制闸除险加固工程可行性研究报告的批复》(水规计〔2021〕151号),决定准予行政许可。

一、原则同意所报南四湖老运河节制闸除险加固工程初步设计报告。工程建设主要任务是针对老运河节制闸上下游翼墙前倾错位、主体结构混凝土碳化严重、机电设备陈旧、启闭机噪音和振动影响正常运行等诸多问题,进行除险加固,以满足防洪安全运用要求。

二、主要建设内容。拆除重建上、下游翼墙;加高闸墩并拆除重建墩顶检修桥及交通桥;拆除重建排架上部工作桥及启闭机房;拆除两岸桥头堡,合建为左岸桥头堡;闸墩、闸室等部位混凝土防碳化处理;更换闸门止水及启闭机,更换电气设备。

三、工程建设标准。老运河节制闸主要建筑物级别为1级,次要建筑物级别为3级,主要建筑物设计洪水标准为100年一遇;校核洪水标准为300年一遇。主要建筑物按地震基本烈度Ⅶ度设防,相应地震动峰值加速度为0.10g。

四、工程无新增永久征地,临时用地面积20.04亩,其中取土区15.0亩、施工布置5.04亩。

五、工程施工总工期为12个月。根据水利水电规划设计总院审查意见,按2021年第二季度价格水平,核定工程静态总投资为2859万元,总投资2859万元。其中,工程部分投资2609万元,建设征地移民补偿投资28万元,环境保护工程投资111万元,水土保持工程投资111万元。

六、请你委严格按照基本建设程序,抓紧主体工程开工建设;按照水利水电规划设计总院审查意见,进一步优化设计方案;同步完善工程安全监测系统和水雨情测报系统;严格控制工程建设规模、标准、投资和工期,禁止搭车建设楼堂馆所和办公用房,加强设计变更管理,强化资金管理,专款专用。严格执行项目法人责任制、招标投标制、建设监理制、合同管理制和水利部有关规定,认真组织实施,确保工程质量和安全;严格按照环境影响报告表批复要求,落实各项环境保护措施;根据国务院办公厅批转的《水利工程管理体制改革实施意见》(国办发〔2002〕45号)要求,进一步理顺管理体制,明确管理职责,落实工程运行管护经费和各项措施,保证工程建成后的良性运行。工程建成后要及时组织验收,严格验收管理,工程竣工验收由你委主持。

附件:水规总院关于报送南四湖老运河节制闸除险加固工程初步设计报告审查意见的报告(水总设〔2021〕360号)(略)

水利部淮河水利委员会关于淮委重沟国家基本水文站提档升级可行性研究报告的批复

(淮委规计〔2021〕196号　2021年11月25日)

沂沭泗水利管理局:

你局《关于报送〈淮委重沟国家基本水文站提档升级可行性研究报告〉的报告》(沂局基建〔2021〕255号)收悉。2021

年11月,我委组织专家对《淮委重沟国家基本水文站提档升级可行性研究报告》(以下简称《可研报告》)进行了审查。设计单位根据专家审查意见对《可研报告》进行了修改完善。经研究,批复如下:

一、项目建设的必要性

重沟水文站为沂沭泗流域国家基本水文站点之一,承担着沭河水文测报任务,其测验报汛成果在防汛抗旱、水利工程运行调度和水资源管理等方面发挥了重要作用。重沟水文站于2011年建成,至今已运行10年,目前存在测站基础设施简陋、测流河段不规整、测流仪器设备老化、信息化建设滞后等问题。为满足沭河洪水预报及防洪调度的需要,提升重沟水文站的水文监测和服务支撑能力,根据《全国水文基础设施建设"十四五"规划》,实施淮委重沟国家基本水文站提档升级是必要的。

二、建设目标、任务和规模

(一)建设目标

基本同意工程建设目标:按照"要素采集全自动、监测量程全覆盖、信息传输双备份、成果展示可视化"的现代化水文站要求,提升重沟水文站的自动化水平,提高工作效率、安全性和保证率,为流域防汛减灾、水资源配置提供技术支撑,更加及时准确地为决策部门提供水文监测信息。

(二)建设任务及规模

基本同意工程建设任务及规模。对重沟水文站进行提档升级改造,包括测验断面局部整治0.88万m^3,埋设断面桩、断面标各2个,新增校核水准点2个;建设水文缆道保护围栏312 m,埋设界桩8个;改造供电线路,变压器架高移机;配置雷达波测流系统、走航式ADCP、遥控船、无人机测验辅助系统、高清智能球机各1套;购置20 kW柴油发电机1台,安装井水过滤设备1套;开发信息管理系统1套等。具体建设内容详见附件1。

三、设计标准

(一)同意依据《水文基础设施建设及技术装备标准》(SL 276—2002)对水文基础设施建设项目的分类和标准进行建设。

(二)基本同意工程设计标准:重沟水文站为大河一般控制站;根据所在河段的防洪标准,重沟水文站的防洪标准为100年一遇,测洪标准为100年一遇。

四、建设方案

(一)基础设施设计

基本同意测验断面局部整治及断面桩、断面标埋设,新增校核水准点,水文缆道保护围栏及界桩埋设,水电设施改造等的设计方案。下阶段应进一步细化设计方案。

(二)仪器设备设计

基本同意雷达波测流系统、走航式ADCP、遥控船、无人机测验辅助系统、高清智能球机、柴油发电机、井水过滤设备等的设计方案及设备选型。

(三)信息管理系统设计

基本同意建设信息管理系统、购置并安装相应的硬件设备、开发配套软件、安装信息查询及显示设备等的设计方案。下阶段应进一步完善相关设计。

五、施工组织设计

基本同意工程施工方案和进度安排,施工总工期为8个月。

六、工程管理

基本同意工程建设和运行管理方案。由沂沭泗水利管理局水文局(信息中心)作为项目法人具体承担项目建设管理工作,由沂沭河水利管理局沭河局负责项目建成后的运行管理。

七、投资估算

基本同意工程投资估算编制依据与编

制原则,投资估算编制的价格水平为2021年第3季度,核定项目总投资300万元。投资估算详见附件2。

八、请按照基本建设程序和《水利部直属单位基础设施投资计划管理办法》(水规计〔2014〕220号)等有关规定,抓紧编制项目初步设计报告。初步设计阶段应进一步优化设计方案,严格控制投资规模。初步设计报告抓紧报我委审批。

九、请你局和项目法人抓紧落实各项建设条件,工程建设中严格执行项目法人责任制、招标投标制、建设监理制、合同管理制等制度,加强资金管理,专款专用,确保工程建设进度和质量,严禁搭车建设楼堂馆所和办公用房。工程建成后要及时组织验收,运行管理机构要严格履行相关职责,落实管护人员和运行维护经费,同时加强仪器设备管理,确保工程良性运行并发挥效益。

附件:1. 淮委重沟国家基本水文站提档升级主要建设内容表(略)
2. 淮委重沟国家基本水文站提档升级可行性研究投资估算核定表(略)

水利部淮河水利委员会关于淮委重沟国家基本水文站提档升级初步设计报告的批复

(淮委规计〔2021〕206号 2021年12月8日)

沂沭泗水利管理局:

你局《关于报送〈淮委重沟国家基本水文站提档升级初步设计报告〉的报告》(沂局基建〔2021〕301号)收悉。我委组织对初步设计报告进行了审核,根据《水利部淮河水利委员会关于淮委重沟国家基本水文站提档升级可行性研究报告的批复》(淮委规计〔2021〕196号),经研究,现批复如下:

一、建设任务和规模

基本同意工程建设任务及规模:对重沟水文站进行提档升级改造,包括测验断面局部整治0.88万m^3,埋设断面桩、断面标各2个,新增水准点2个;建设水文缆道保护围栏368 m,埋设界桩8个;改造供电线路,变压器架高移机;配置雷达波测流系统、走航式ADCP、遥控船、无人机测验辅助系统各1套,水文图像监控设备3套;20 kW柴油发电机1台,井水过滤设备1套;开发建设重沟水文站信息管理系统等。具体建设内容见附件1。

二、设计标准

(一)同意依据《水文基础设施建设及技术装备标准》(SL 276—2002)对水文基础设施建设项目的分类和标准进行建设。

(二)基本同意工程设计标准:重沟水文站为大河一般控制站;根据所在河段的防洪标准,重沟水文站的防洪标准为100年一遇,测洪标准为100年一遇。

三、方案设计

(一)基础设施

基本同意测验断面局部整治及断面桩、断面标埋设,新增水准点,水文缆道保护围栏及界桩埋设,水电设施改造等的设计方案。

(二)仪器设备

基本同意雷达波测流系统、走航式ADCP、遥控船、无人机测验辅助系统、水文图像监控设备、柴油发电机、井水过滤设备等的配置方案及设备选型。

(三)信息管理系统

基本同意建设重沟水文站信息管理系统开发方案:购置数据处理服务器、千兆交换机等相应的硬件设备,开发配置信息管理、SQL Server 数据库管理等配套软件,安装触屏查询一体机、100 寸大屏综合信息显示设备、室外全彩 LED 显示屏等信息查询及显示设备。

四、施工组织

基本同意工程施工方案和进度安排,工程总工期为 8 个月。

五、工程建设与管理

同意由沂沭泗水利管理局水文局(信息中心)作为项目法人具体承担项目建设管理工作,由沂沭河水利管理局沭河局负责项目建成后的运行管理。

六、工程概算

淮委重沟国家基本水文站提档升级初步设计核定概算投资 300 万元,详见附件 2。

请你局和项目法人按照基本建设程序,认真做好开工前的准备工作,抓紧开工建设;工程建设过程中要严格执行项目法人责任制、招标投标制、建设监理制和合同管理制,加强工程质量管理,确保工程按期完成。

附件:1. 淮委重沟国家基本水文站提档升级主要建设内容表(略)
2. 淮委重沟国家基本水文站提档升级初步设计工程概算核定表(略)

水利部淮河水利委员会关于淮委刘家道口闸上、江风口闸上等 33 处大江大河支流水位站建设可行性研究报告的批复

(淮委规计〔2021〕197 号　2021 年 11 月 25 日)

沂沭泗水利管理局:

你局《关于报送〈淮委刘家道口闸上、江风口闸上等 33 处大江大河支流水位站建设可行性研究报告〉的报告》(沂局基建〔2021〕256 号)收悉。2021 年 11 月,我委组织专家对《淮委刘家道口闸上、江风口闸上等 33 处大江大河支流水位站建设可行性研究报告》(以下简称《可研报告》)进行了审查。设计单位根据专家审查意见对《可研报告》进行了修改完善。经研究,批复如下:

一、项目建设的必要性

根据“十四五”水文工作总体目标要求,到 2035 年基本实现水文现代化。沂沭泗水文自动测报站(水位遥测站)大多在东调南下一期、二期工程等项目中安排实施,已运行近 20 年,设施设备落后,陈旧老化严重,故障频发,维护任务重且存在安全隐患等突出问题,难以满足流域水文预报和工程调度的需要。根据《全国水文基础设施建设“十四五”规划》,实施淮委刘家道口闸上、江风口闸上等 33 处大江大河支流水位站建设是必要的。

二、建设目标、任务和规模

(一)建设目标

基本同意工程建设目标:通过实施淮委刘家道口闸上、江风口闸上等 33 处大江

大河支流水位站改造建设项目，为沂沭泗水文预测预报提供及时、科学、准确的水文数据，进一步推动沂沭泗水文现代化进程，提高防汛抗旱服务水平，加强水资源管理服务能力。

（二）建设任务及规模

基本同意工程建设任务及规模。对沂沭泗流域内淮委刘家道口闸上、江风口闸上等33处水位站进行改造，包括改造水位自记台井房33处，更换水尺119根，新增水准点33处、踏步72 m^2 等；购置水位计及配件、数据采集终端RTU（含太阳能板及附属设施）、视频图像监控设备各33套；沂沭泗局水文自动测报系统升级改造（含配置服务器2台）等。具体建设内容详见附件1。

三、建设方案

（一）基础设施设计

基本同意水位观测及附属设施设计方案，采用浮子式水位计进行水位观测。下阶段应逐站进行详细设计。

（二）仪器设备购置设计

基本同意仪器设备购置设计方案。

（三）沂沭泗局水文自动测报系统升级改造

原则同意沂沭泗局水文自动测报系统升级改造方案。下阶段应在进一步明确系统开发目标、系统结构的前提下细化相关设计内容。

四、施工组织设计

基本同意工程施工方案和进度安排，工程总工期为6个月。

五、工程管理

基本同意工程建设和运行管理方案。由沂沭泗水利管理局水文局（信息中心）作为项目法人具体承担项目建设管理工作，并负责项目建成后的运行管理。

六、投资估算

基本同意工程投资估算编制依据与编制原则，投资估算编制的价格水平为2021年第3季度，核定项目总投资495万元。投资估算详见附件2。

七、请按照基本建设程序和《水利部直属单位基础设施投资计划管理办法》（水规计〔2014〕220号）等有关规定，抓紧编制项目初步设计报告。初步设计阶段应进一步优化设计方案，严格控制投资规模。初步设计报告抓紧报我委审批。

八、请你局和项目法人抓紧落实各项建设条件，工程建设中严格执行项目法人责任制、招标投标制、建设监理制、合同管理制等制度，加强资金管理，专款专用，确保工程建设进度和质量，严禁搭车建设楼堂馆所和办公用房。工程建成后要及时组织验收，运行管理机构要严格履行相关职责，落实管护人员和运行维护经费，同时加强仪器设备管理，确保工程良性运行并发挥效益。

附件：1. 淮委刘家道口闸上、江风口闸上等33处大江大河支流水位站建设主要建设内容表（略）

2. 淮委刘家道口闸上、江风口闸上等33处大江大河支流水位站建设可行性研究投资估算核定表（略）

水利部淮河水利委员会关于淮委刘家道口闸上、江风口闸上等33处大江大河支流水位站建设初步设计报告的批复

（淮委规计〔2021〕208号　2021年12月8日）

沂沭泗水利管理局：

你局《关于报送〈淮委刘家道口闸上、江风口闸上等33处大江大河支流水位站建设初步设计报告〉的报告》（沂局基建〔2021〕302号）收悉。我委组织对初步设计报告进行了审核。根据《水利部淮河水利委员会关于淮委刘家道口闸上、江风口闸上等33处大江大河支流水位站建设可行性研究报告的批复》（淮委规计〔2021〕197号），经研究，现批复如下：

一、建设任务和规模

基本同意工程建设任务及规模：对沂沭泗流域内淮委刘家道口闸上、江风口闸上等33处水位站进行改造，包括改造水位自记台井房33处，更换水尺119根，新增水准点18处、踏步72 m^2 等；购置浮子式水位计、数据采集终端RTU（含太阳能板及附属设施）、视频图像监控设备各33套；沂沭泗局水文自动测报系统升级改造（含配置服务器2台）等。具体建设内容见附件1。

二、方案设计

（一）基础设施

基本同意改造水位自记台井房、更换水尺、新增水准点、踏步等水位观测及基础设施设计方案。

（二）仪器设备

基本同意更换浮子水位计、配置水文图像监控设备、数据采集终端RTU等仪器设备购置方案。

（三）沂沭泗局水文监测系统软件升级改造

基本同意沂沭泗局水文监测系统软件升级改造方案：升级3G/4G网络数据接收等6个功能模块，新增北斗卫星数据接收等11个功能模块。

三、施工组织

基本同意工程施工方案和进度安排，工程总工期为6个月。

四、工程建设与管理

同意由沂沭泗水利管理局水文局（信息中心）作为项目法人具体承担项目建设管理工作，并负责项目建成后的运行管理。

五、工程概算

淮委刘家道口闸上、江风口闸上等33处大江大河支流水位站建设初步设计核定概算投资495万元，详见附件2。

请你局和项目法人按照基本建设程序，认真做好开工前的准备工作，抓紧开工建设；工程建设过程中要严格执行项目法人责任制、招标投标制、建设监理制和合同管理制，加强工程质量管理，确保工程按期完成。

附件：1. 淮委刘家道口闸上、江风口闸上等33处大江大河支流水位站建设主要建设内容表（略）
2. 淮委刘家道口闸上、江风口闸上等33处大江大河支流水位站建设初步设计工程概算核定表（略）

水利部淮河水利委员会关于淮委沭河末端、沂河末端等3处重要控制断面水文站建设可行性研究报告的批复

（淮委规计〔2021〕198号　2021年11月25日）

沂沭泗水利管理局：

你局《关于报送〈淮委沭河末端、沂河末端等3处重要控制断面水文站建设可行性研究报告〉的报告》（沂局基建〔2021〕257号）收悉。2021年11月，我委组织专家对《淮委沭河末端、沂河末端等3处重要控制断面水文站建设可行性研究报告》（以下简称《可研报告》）进行了审查。设计单位根据专家审查意见对《可研报告》进行了修改完善。经研究，批复如下：

一、项目建设的必要性

国务院《关于实行最严格水资源管理制度的意见》（国发〔2012〕3号）明确要求，流域管理机构要加强重要江河湖泊的省界水量监测，流域管理机构对省界水量的监测核定数据作为考核有关省用水总量的依据之一。目前，淮河流域已批复的分水河湖中尚有沂河、沭河2条河流末端重要控制断面，以及南四湖入湖河流中35条的河口段未布设水文站，难以满足水资源管理、河湖水量调度、生态流量保障等工作的需要。为落实最严格的水资源管理制度，切实加强省界水资源监测和管理工作，依据《全国水文基础设施建设“十四五”规划》，按照急用先行的原则，实施淮委沂河末端（毛林）、沭河末端（口头）、新薛河河口等3处重要控制断面水文站建设是必要的。

二、建设目标、任务和规模

（一）建设目标

基本同意工程建设目标：通过新建沂河末端（毛林）、沭河末端（口头）、新薛河河口等3处重要控制断面水文站，及时、可靠地提供沂河、沭河及新薛河末端的流量、水量监测信息，以满足水资源管理需求。

（二）建设任务及规模

基本同意工程建设任务及规模。新建沂河末端（毛林）、沭河末端（口头）、新薛河河口等3处重要控制断面水文站，包括新建生产业务用房54.5 m^2、断面桩8个、断面标6个、断面界桩12个、测站标志3个、水准点9个、观测踏步60 m^2、直立式水尺25根、自记台3座、水文缆道1座等基础设施；配置浮子式水位计3套、雷达波测流系统1套、走航式ADCP 1套、遥控船1艘、数据采集终端RTU 3套、水准仪1个等主要生产设备。具体建设内容详见附件1。

三、设计标准

（一）同意依据《水文基础设施建设及技术装备标准》（SL 276—2002）对水文基础设施建设项目的分类和标准进行建设。

（二）基本同意工程设计标准：沂河末端（毛林）、沭河末端（口头）、新薛河河口等3处新建水文站的防洪标准、测洪标准均为100年一遇。

四、建设内容和方案

(一)站址及测流方案设计

基本同意淮委沭河末端(口头)、新薛河河口2处水文站站址及其测流方案;原则同意淮委沂河末端(毛林)水文站站址及测流方案。下阶段应根据河段条件进一步优化设计。

(二)测验河段基础设施设计

基本同意断面桩、断面标、断面界桩、测站标志、水准点、观测道路及踏步、护坡等测验河段基础设施设计方案。下阶段应进一步完善设计方案。

(三)水位观测设施设计

基本同意按照《水位观测标准》,采用浮子式水位计进行水位观测;基本同意水尺桩、水位自记台、主要水位观测设备等水位观测设施工程设计方案。下阶段应逐站进行详细设计。

(四)流量测验设施设计

基本同意淮委沂河末端(毛林)采用雷达波测流系统,沭河末端(口头)采用V-ADCP测流系统、ADCP水文缆道辅助测流的测流系统,新薛河河口采用V-ADCP测流系统的设计方案。下阶段应根据测站实际条件进一步优化测验设施工程设计,优化设备配置。

(五)水文遥测传输系统设计

基本同意水文遥测传输系统设计方案。

(六)仪器设备选型

基本同意采用浮子式水位计,雷达波测流系统、V-ADCP测流系统、ADCP测流系统等主要流量测验设备等的配置选型。

五、施工组织设计

基本同意工程施工方案和进度安排,工程总工期为6个月。

六、工程管理

基本同意工程建设和运行管理方案。由沂沭泗水利管理局水文局(信息中心)作为项目法人具体承担项目建设管理工作,由淮委沂沭泗水利管理局负责项目建成后的运行管理工作。

七、投资估算

基本同意工程投资估算编制依据与编制原则,投资估算编制的价格水平为2021年第3季度,核定项目总投资499万元。投资估算详见附件2。

八、请按照基本建设程序和《水利部直属单位基础设施投资计划管理办法》(水规计〔2014〕220号)等有关规定,抓紧编制项目初步设计报告。初步设计阶段应进一步优化设计方案,严格控制投资规模。初步设计报告抓紧报我委审批。

九、请你局和项目法人抓紧落实各项建设条件,工程建设中严格执行项目法人责任制、招标投标制、建设监理制、合同管理制等制度,加强资金管理,专款专用,确保工程建设进度和质量,严禁搭车建设楼堂馆所和办公用房。工程建成后要及时组织验收,运行管理机构要严格履行相关职责,落实管护人员和运行维护经费,同时加强仪器设备管理,确保工程良性运行并发挥效益。

附件:1. 淮委沭河末端、沂河末端等3处重要控制断面水文站建设主要建设内容表(略)

2. 淮委沭河末端、沂河末端等3处重要控制断面水文站建设可行性研究投资估算核定表(略)

水利部淮河水利委员会关于淮委沭河末端、沂河末端等3处重要控制断面水文站建设初步设计报告的批复

（淮委规计〔2021〕207号　2021年12月8日）

沂沭泗水利管理局：

你局《关于报送〈淮委沭河末端、沂河末端等3处重要控制断面水文站建设初步设计报告〉的报告》（沂局基建〔2021〕303号）收悉。我委组织对初步设计报告进行了审核，根据《水利部淮河水利委员会关于淮委沭河末端、沂河末端等3处重要控制断面水文站建设可行性研究报告的批复》（淮委规计〔2021〕198号），经研究，现批复如下：

一、建设任务和规模

基本同意工程建设任务及规模：新建沂河末端（毛林）、沭河末端（口头）、新薛河河口等3处重要控制断面水文站，包括新建生产业务用房54.5 m^2、断面桩8个、断面标6个、断面界桩12个、测站标志3个、水准点6个、观测踏步96.93 m^2、直立式水尺25根、水位自记台3座、水文缆道1座等基础设施；配置浮子式水位计3套、V-ADCP流量采集系统2套、雷达波测流系统1套、走航式ADCP 1套、遥控船1艘、数据采集终端RTU 3套、水准仪1台、测深仪1套、高清智能球机5套等主要生产设备。具体建设内容见附件1。

二、设计标准

（一）同意依据《水文基础设施建设及技术装备标准》（SL 276—2002）对水文基础设施建设项目的分类和标准进行建设。

（二）基本同意工程设计标准：沂河末端（毛林）、沭河末端（口头）、新薛河河口等3处新建水文站的防洪标准、测洪标准均为100年一遇。

三、方案设计

（一）站址及测验方案

基本同意淮委沂河末端（毛林）、沭河末端（口头）、新薛河河口等3处水文站站址及其测验方案。水位观测均采用水尺和浮子式水位计相结合的观测方案；流量测验：沭河末端（口头）、新薛河河口2处水文站采用二线能坡法自动测流方案，沂河末端（毛林）站采用雷达波自动测流系统结合遥控船配ADCP测流方案。

（二）基础设施

1. 基本同意断面桩、断面标、断面界桩、测站标志、水准点、观测道路及踏步、护坡等测验河段基础设施设计方案。

2. 基本同意水尺、水位自记台、ADCP缆道等水位观测、流量测验设施设计方案。

（三）水文遥测传输系统

基本同意水文遥测传输系统设计方案。选用数据采集终端RTU进行水文遥测数据传输，工作模式为自报式、查询-应答式相结合。

（四）仪器设备

基本同意浮子式水位计，雷达波测流系统、V-ADCP测流系统、ADCP测流系统等水位观测、流量测验等设备的配置方案。

四、施工组织

基本同意工程施工方案和进度安排，工程总工期为6个月。

五、工程建设与管理

同意由沂沭泗水利管理局水文局（信

息中心)作为项目法人具体承担项目建设管理工作,由淮委沂沭泗水利管理局负责项目建成后的运行管理工作。

六、工程概算

淮委沭河末端、沂河末端等3处重要控制断面水文站建设初步设计核定概算投资499万元,详见附件2。

请你局和项目法人按照基本建设程序,认真做好开工前的准备工作,抓紧开工建设;工程建设过程中要严格执行项目法人责任制、招标投标制、建设监理制和合同管理制,加强工程质量管理,确保工程按期完成。

附件:1. 淮委沭河末端、沂河末端等3处重要控制断面水文站建设主要建设内容表(略)

2. 淮委沭河末端、沂河末端等3处重要控制断面水文站建设初步设计工程概算核定表(略)

(郭兴 冯勇)

【投资计划】

一、南四湖二级坝除险加固工程

工程总投资为14739万元,其中2009年安排前期工作费700万元,2019年安排投资计划8000万元,2020年安排投资计划4000万元,2021年安排投资计划2039万元。截至2021年底累计完成投资14695.45万元,其中2021年完成投资1995.45万元。

二、沂河、沭河上游堤防加固工程

工程总投资为130313万元,2019年安排投资计划19100万元,2020年安排投资计划28000万元,2021年安排投资计划30000万元。截至2021年底累计完成投资75741万元,其中2021年完成投资30423万元(包括上年结转1782万元)。

三、淮委水政监察基础设施建设(三期)

工程总投资为2366万元,2021年安排投资计划300万元。截至2021年底累计完成投资300万元,其中2021年完成投资300万元。

(郭兴 冯勇)

水利工程建设

【水工程行政许可】

2021年,淮委批复涉及沂沭泗直管河湖水工程项目共5项,包括:山东平原洼地沿运片邳苍郯新片治理工程、新沂市防洪应急提升工程入沭站工程、临沂市郯城县重坊橡胶坝工程、马头拦河闸除险加固工程、重兴拦河闸除险加固工程。

(郭兴)

【重点水利工程建设】

一、南四湖二级坝除险加固工程

(一)工程概况

2019年2月,水利部批复《南四湖二级坝除险加固工程初步设计报告准予行政许可决定书》(水许可决〔2019〕12号),批复工程总投资14739万元。

工程建设任务是按照50年一遇设计洪水标准对二级坝进行除险加固,消除工程病险隐患,保障防洪安全和工程正常运行。

工程建设内容是对二级坝进行加高整治,改建坝顶道路,改建上坝道路,增设坝体护坡,加固改建溢流坝,拆除重建一闸交通桥桥板,对一闸自动化系统及电气设备、二级坝局监控通信系统和供配电系统进行更新改造,增设安全监测设施等。

工程项目法人为沂沭泗水利管理局防汛机动抢险队,设计单位为中水淮河规划设计研究有限公司,施工单位为淮河工程集团有限公司，监理单位为杭州亚太建设监理咨询有限公司，运行管理单位为南四湖水利管理局二级坝水利枢纽管理局。2019年5月该项目主体工程开工建设，计划工期24个月。

（二）投资计划安排及完成情况

2021年下达投资计划2039万元，完成当年投资1995.45万元。截至2021年底，累计完成投资14695.45万元，占批复总投资的99.7%。

（三）工程建设情况

2021年完成的主要工程量为：土方5.47万m^3。

工程共划分为5个单位工程，截至2021年底，溢流坝交通桥、机电设备及安装、溢流坝、一闸交通桥加固、土坝加固等单位工程均已通过单位工程验收，并通过水土保持设施验收和竣工环境保护验收。

二、沂河、沭河上游堤防加固工程

（一）工程概况

沂河、沭河上游堤防加固工程是国家重点建设项目，列入2016年12月国务院常务会议通过的《灾后水利薄弱环节和城市排水防涝补短板行动方案》及2017年4月水利部、国家发展和改革委员会、财政部联合印发的《加快灾后水利薄弱环节建设实施方案》，同时也是国家172项节水供水重大水利工程之一，并列入国务院《进一步治理淮河实施方案》。2020年9月，水利部批复《沂河、沭河上游堤防加固工程初步设计报告准予行政许可决定书》（水许可决〔2020〕52号），批复工程总投资130313万元。

沂河、沭河上游堤防加固工程任务是在现有基础上进一步完善沂河、沭河上游堤防工程体系，使区域防洪标准整体达到20年一遇。沂河干流防洪标准为20年一遇；沭河干流莒县城区段防洪标准为50年一遇，其他河段为20年一遇。穿堤建筑物排涝标准为5年一遇。

工程治理范围：沂河干流跋山水库至东汶河口，河段长65.83 km；沭河干流青峰岭水库至浔河口，河段长62.14 km。干流治理河段总长127.97 km。

工程主要建设内容：修建干支流堤防91.82 km；险工治理30处，长16.22 km；新建防汛交通桥15座；修建穿堤建筑物191座；修建防汛道路148.16 km，上堤坡道78处、长5.86 km。

工程项目法人为沂沭泗水利管理局防汛机动抢险队，设计单位为中水北方勘测设计研究有限责任公司、山东省水利勘测设计院，施工单位为淮河工程集团有限公司、淮河水利水电开发有限公司、中铁十四局集团有限公司、山东水总有限公司、山东临沂水利工程总公司、华北水利水电工程集团有限公司，监理单位为杭州亚太建设监理咨询有限公司、山东省科源工程建设监理中心。2020年9月主体工程开工建设，计划工期24个月。

（二）投资计划安排及完成情况

2021年下达投资计划30000万元，完成当年投资30423万元（包括上年结转1782万元）。截至2021年底，累计完成投资75741万元，占批复总投资的58.12%。

（三）工程建设情况

2021年工程完成的主要工程量为：土方380万m^3、石方0.43万m^3、混凝土1.15万m^3、金属结构89 t、移民安置人数291人。

截至2021年底，堤防工程已建设68.53 km；穿堤建筑物已修建81座；险工治理已开始建设；防汛交通桥前云南桥桥墩基本浇筑完成,箱梁预制完成 50 片;浔河口防汛交通桥已开工建设。

（辛京伟　张晴）

【基础设施建设】

一、淮委水政监察基础设施建设(三期)

（一）工程概况

6 月,淮委以《水利部淮河水利委员会关于淮委水政监察基础设施建设(三期)初步设计的批复》(淮委规计〔2021〕86 号)文件批复工程初步设计,批复工程总投资 2366 万元,计划总工期 5 年。

工程建设内容主要包括两方面:一是水上执法设备设施,包含建设刘家道口码头 1 座,购置长 27 m 执法船 2 艘、长 7 m 执法艇 1 艘;二是水政执法监控工程续建,包含购置无人机 12 架及无人机数据处理系统 1 套,购置执法巡查单兵装备 46 套,建设重点区域视频监控点 62 处,升级执法监控应用系统,实现无人机、视频监控采集数据与执法监控应用系统接入。

工程项目法人为沂沭泗水利管理局,设计单位为南京瑞迪建设科技有限公司,监理单位为杭州亚太建设监理咨询有限公司。

（二）投资计划安排及完成情况

截至 2021 年底,下达中央投资计划 300 万元,完成投资 300 万元(占下达投资计划的 100%)。

（三）工程建设情况

2021 年主要建设内容为购置执法船、执法艇,建造单位为嘉兴市伟佳船舶有限公司。

二、沂沭泗防汛抢险队伍演练基地配套设施建设

（一）工程概况

2015 年 12 月,淮委以《水利部淮河水利委员会关于沂沭泗防汛抢险队伍演练基地配套设施建设初步设计的批复》(淮委规计〔2015〕261 号)文件批复工程初步设计,批复工程总投资 744 万元。

工程位于山东省微山县韩庄水利枢纽西大堤,建设的主要任务是通过沂沭泗防汛抢险队伍演练基地配套设施建设,消除管理区的安全隐患,为沂沭泗防汛抢险队伍演练基地建设奠定良好基础。主要建设内容包括新建交通道路、岸坡护砌、场地平整、敷设供电线路和供水管道等。

工程项目法人为沂沭泗水利管理局南四湖水利管理局,现场管理机构为南四湖水利管理局韩庄水利枢纽管理局,设计单位为中水淮河规划设计研究有限公司,监理单位为徐州市水利工程建设监理中心,施工单位为淮河工程集团有限公司。

（二）投资计划安排及完成情况

2016 年下达中央投资计划 500 万元,2017 年下达中央投资计划 244 万元,投资完成额 744 万元,投资全部完成。

（三）建设情况

工程于 2016 年 6 月开工建设,2017 年 10 月建设完成,2021 年 12 月 17 日通过竣工验收。工程交付韩庄水利枢纽管理局运行管理。

（张晴　辛京伟）

【工程建设管理】

沂沭泗局加强对沂河、沭河上游堤防加固工程,南四湖二级坝除险加固工程现场督导,其中沂沭泗局主要负责人和分管负责人先后 11 次检查调研,了解工程进度、质量管理、移民安置等情况,明确各工程下一步工作重点。1 月,沂沭泗局组织召开工程建设工作会议,安排部署重点工程工作任务。3 月和 12 月沂沭泗局在临沂市组织召开沂河、沭河上游堤防加固工程建设推进会,总结工程质量、安全和进度管理,投资计划执行以及移民征迁工作实施情况,探讨推动工程建设的措施和方法,统筹谋划下一阶段工作重点。

项目法人组织成立质量管理和安全生产领导机构、制定规章制度,建立健全建设管理体系;开展“安全生产月”活动和防汛抢险综合演练,为工程安全度汛奠定坚实的基础;举办技术质量交底、安全生产、档案管理等各类业务培训,提升建管人员业务水平。

截至2021年底,沂河、沭河上游堤防加固工程,南四湖二级坝除险加固工程,淮委水政监察基础设施建设(三期)等三项水利建设项目均如期完成年度目标。

(张晴　辛京伟)

【工程竣工验收鉴定】

沂沭泗防汛抢险队伍演练基地配套设施建设工程竣工验收鉴定书(摘要)

2021年12月17日,淮委在山东省济宁市主持召开沂沭泗防汛抢险队伍演练基地配套设施建设项目竣工验收会议。

一、工程设计和完成情况

(一)工程名称

工程名称:沂沭泗防汛抢险队伍演练基地配套设施建设。

(二)建设的主要目标与任务

本工程建设的主要任务是通过沂沭泗防汛抢险队伍演练基地配套设施建设,消除管理区的安全隐患,为沂沭泗防汛抢险队伍演练基地建设奠定良好基础。

(三)设计主要内容

1. 项目立项、设计批复文件

2015年11月,水利部以水规计〔2015〕473号文批复沂沭泗防汛抢险队伍演练基地配套设施建设项目建议书。

2015年12月,淮委以淮委规计〔2015〕261号文批复沂沭泗防汛抢险队伍演练基地配套设施建设初步设计。

2. 主要建设内容

项目初步设计批复的主要建设内容有新建交通道路1.77 km,岸坡护砌0.786 km,场地平整90亩,敷设10 kV供电线路1 km、380 V供电线路1.5 km、供水管道1.0 km等。

3. 工程投资及投资来源

初步设计批复投资744万元,全部为中央预算内投资。

(四)工程建设有关单位

项目法人:沂沭泗水利管理局南四湖水利管理局。

现场管理机构:南四湖水利管理局韩庄水利枢纽管理局。

设计单位:中水淮河规划设计研究有限公司。

监理单位:徐州市水利工程建设监理中心。

施工单位:淮河工程集团有限公司。

(五)工程施工过程

1. 开工、完工时间

该工程于2016年6月开工建设,2017年10月建设完成。具体时间见表1。

表1　项目各工序开工、完工时间

序号	工序名称	开工日期(年-月-日)	完工日期(年-月-日)
1	场地平整削坡	2016-06-03	2016-08-18
2	C25混凝土挡土墙	2016-07-01	2016-09-23
3	联锁式护坡	2016-10-08	2016-11-06
4	裹头护砌	2016-10-28	2016-11-18
5	步道砖	2016-10-30	2016-11-27

续表 1

序号	工序名称	开工日期(年-月-日)	完工日期(年-月-日)
6	踏步	2016-10-30	2016-11-27
7	格宾石笼护岸	2016-11-01	2016-12-15
8	交通路工程	2016-11-02	2017-07-09
9	安全护栏	2016-11-15	2016-12-11
10	管护设施	2016-11-08	2017-08-29
11	环境整治	2017-04-20	2017-10-31

2. 主要设计变更

弃土堆原设计整平至高程 37.0~43.0 m,变更为整平至高程 37.0~41.0 m,多余土方全部外运。常水位以下原设计的阶梯式挡墙结合金属网兜抛石护砌方案变更为 C25 重力式挡墙结合格宾石笼方案。增设 3 处踏步。沥青混凝土路面垫层与基层宽度由原设计的 4.7 m 和 4.9 m 变更为 5.1 m 和 5.5 m。将南侧道路外围安全防护绿篱变更为波形钢板防撞护栏。增设 2 处高压电缆分支箱及基础和围栏,更换高压线杆真空开关及避雷器。普通路灯变更为太阳能路灯。

2018 年 9 月、2018 年 10 月,淮河水利委员会、南四湖水利管理局分别以淮委规计〔2018〕156 号、南四湖局基建〔2018〕165 号批复以上设计变更。

2020 年 3 月,由于京杭运河济宁至台儿庄(济宁段)航道“三改二”工程护岸工程施工,占用新建北侧沥青混凝土道路区域相关设施。施工方按照沥青混凝土面层宽 4.5 m、厚 8 cm 标准完成道路修复,修复方案已经设计单位同意认可;邻水侧原有膜袋混凝土变为直立式挡墙,并设置金属结构防护栏杆,恢复太阳能路灯,道路背水侧土坡进行生态水土保持工程治理。

(六)工程完成情况和完成的主要工程量

本工程已经按照批复的设计内容全部完成。完成的主要工程量见表 2。

表 2　主要工程量

项目名称	单位	原批复工程量	变更后批复工程量	实际完成工程量
场地平整削坡	m^3	26198.40	64806.00	64806.00
格宾石笼护岸	m^3	2306.00	1655.50	1655.50
联锁式护坡	m^2	5656.08	4263.28	4263.28
安全护栏	m	716.00	646.82	646.82
步道砖	m^2	859.20	2014.80	2014.80
阶梯式挡墙	块	1074.00	0	0
C25 混凝土挡土墙	m^3	0	1005.62	1005.62
踏步	m^3	0	20.53	20.53
交通路工程	m^2	7965.00	7907.96	7907.96

续表 2

项目名称	单位	原批复工程量	变更后批复工程量	实际完成工程量
环境整治	项	1	1	1
供水管道敷设	km	1	1	1
供电线路改造	项	1	1	1
路灯安装	个	32	32	32

(七)征地补偿及移民安置

本工程建设均在韩庄枢纽局管理范围内实施,不涉及征地补偿与移民安置。

(八)水土保持设施

工程建设期间沿环形道路外侧路肩范围内种绿篱,树种选带土球灌木大叶黄杨,单排种植间距 0.8 m,共种植大叶黄杨 2206 株,绿化灌木约 1400 m^2。环形道路内侧区域(包括施工生产生活区)进行土方平整,整理完成后采取种植草皮措施进行防护,草皮面积约 2.25 万 m^2。

(九)环境保护工程

在工程施工过程中,参建单位采取了相应的环境保护措施,减少了施工对周边环境造成的不利影响。

二、工程验收情况

2016 年 12 月至 2017 年 11 月,3 个分部工程通过徐州市水利工程建设监理中心主持的分部工程验收。

2017 年 12 月,工程通过韩庄水利枢纽管理局主持的单位工程验收。

2019 年 7 月,工程通过南四湖水利管理局主持的合同完工验收。

三、历次验收提出问题的处理情况

历次验收提出的问题已做处理。

四、工程质量

本工程划分为 1 个单位工程、3 个分部工程。根据《水利水电工程施工质量检验与评定规程》(SL 176—2007)、《淮河水利委员会直属基础设施建设项目质量监督办法》(淮委建管〔2015〕214 号)的规定,依据项目法人的认定意见,质量监督机构对工程质量评价意见为:沂沭泗防汛抢险队伍演练基地配套设施建设工程已按批复设计内容完成,质量满足设计及有关技术标准要求,工程质量评价为合格。

五、概算执行情况

(一)投资计划下达及资金到位

累计下达投资计划 744.00 万元,累计到位资金 744.00 万元。

(二)投资完成及交付资产

工程投资完成 744.00 万元,形成交付使用资产 744.00 万元。

(三)结余资金

审计确定本项目无结余资金。

(四)预计未完工程投资及预留费用

审计确定本工程预计未完工程投资 0.46 万元,无预留费用。

(五)竣工财务决算报告编制

南四湖水利管理局按要求编制完成竣工财务决算。竣工财务决算编报的基准日是 2019 年 6 月 30 日。

(六)竣工决算审查

2019 年 10 月,淮委以《淮委办公室关于沂沭泗防汛抢险队伍演练基地配套设施建设项目竣工财务决算的审查意见》(办财务〔2019〕161 号)印发工程竣工财务决算审查意见。

(七)审计

依据《水利部基本建设项目竣工财务决算管理暂行办法》,淮委委托安徽九通会计师事务所、安徽九通工程造价咨询事务所对本工程竣工决算进行了审计。2020年3月,淮委以《淮委办公室关于沂沭泗防汛抢险队伍演练基地配套设施建设项目竣工决算的审计意见》(办审计〔2020〕42号)下达工程竣工决算审计意见。

审计评价:沂沭泗防汛抢险队伍演练基地配套设施建设项目已按照概算批复内容建设完成,投资控制有效,工程质量合格;沂沭泗水利管理局南四湖水利管理局能够履行职责,重视工程建设管理;落实了项目法人制、工程招标投标制、工程监理制和合同制的要求,建设程序基本合规;会计档案基本完整。沂沭泗水利管理局南四湖水利管理局编制的沂沭泗防汛抢险队伍演练基地配套设施建设项目竣工财务决算,反映了工程投资情况,可以作为竣工验收依据。

六、工程尾工安排

无尾工。

七、工程运行管理情况

工程运行管理单位为韩庄水利枢纽管理局,运行管理单位人员已落实,初期运行正常。

八、意见和建议

(1)管理单位应加强运行管理,保证工程发挥设计效益。

(2)进一步完善档案资料的收集整理和归档。

九、结论

验收委员会通过查看现场、听取汇报、查阅资料及认真讨论,认为沂沭泗防汛抢险队伍演练基地配套设施建设工程已按照批准的建设内容完成,工程质量合格,竣工决算已通过审计,初期运行正常,验收委员会同意沂沭泗防汛抢险队伍演练基地配套设施建设工程通过竣工验收。

十、保留意见

无。

(张晴)

水旱灾害防御

防汛抗旱

【雨水情特点】

一、雨情特点

（一）累计降水量大

沂沭泗流域累计降水量1135 mm，较常年同期偏多43.7%，列1953年有连续资料记录以来第2位。年最大点降水量为沂河港上站1561 mm。汛期（6—9月）各月降水量均较常年同期偏多，汛期累计降水量891 mm，列1953年有连续资料记录以来第1位。

（二）降水场次及日数多

入汛以来，流域出现9轮降雨过程（2020年汛期共8轮降雨过程），多为2~3 d以上的连续阴雨过程，汛期日降水量超过5 mm的天数共有39 d（2020年汛期共33 d），降雨日数占汛期总天数的32.0%，其中占主汛期的40%。

（三）降水空间分布不均，雨区重叠度高

降水空间分布偏流域南部及西南部，多个场次的暴雨区集中在南四湖、邳苍、骆马湖周边以及新沂河南北地区。其中，南四湖区间、运河区间、运骆区间、嶂沭区间汛期降水量较常年同期偏多七成至八成。汛期单站降水量最大值（港上站）为最小值（小仕阳站）的2.6倍。

（四）单日降水量极大

台风“烟花”移动速度慢、影响时间长，在我国陆上滞留95 h，为1949年以来最长，造成沂沭泗流域7月27—28日累计降水量152 mm，超过2019年9号台风“利奇马”影响沂沭泗流域的降水量（2019年8月10—11日累计降水量144 mm）。其中，7月28日流域日降水量121 mm，列1953年以来沂沭泗流域日降水量第1位。

二、水情特点

（一）主要河流洪水涨势猛、水位高、部分河段超历史

汛期主要河流出现7次洪水过程，中运河、新沂河重要控制站水位超警戒水位，中运河运河站最大洪峰流量3840 m^3/s，列有资料记录以来第1位；新沂河沭阳站最高水位10.88 m，列有资料记录以来第2位，最大流量5060 m^3/s，列有实测资料记录以来第3位。

（二）控制性枢纽均大流量泄洪，运行时间长，下泄洪量大

沂河刘家道口水利枢纽累计下泄洪水20.93亿 m^3，其中东调水11.86亿 m^3，占比56.7%；沭河大官庄水利枢纽汛期下泄洪量15.96亿 m^3（含分沂入沭来水，不含灌溉洞），其中通过新沭河闸下泄13.05亿 m^3，沂沭河洪水通过两大枢纽东调分洪直接入海的占比为52.1%。南四湖、骆马湖均长时间大流量泄洪。南四湖上级湖、下

级湖及骆马湖汛期分别超汛限水位运行89 d、57 d、73 d。二级坝水利枢纽、韩庄闸、嶂山闸最大下泄流量分别为3076 m^3/s、1800 m^3/s、4570 m^3/s，分别列建闸以来第3位、第1位、第6位；下泄水量分别为40.51亿m^3、43.20亿m^3、84.30亿m^3，分别列建闸以来第3位、第1位、第3位。

（三）拦蓄洪水资源多

10月1日，南四湖、骆马湖及流域18座大型水库蓄水总量为55.46亿m^3，较汛初增加14.35亿m^3，较2020年同期增多9.37亿m^3，较2000年以来同期均值偏多35.2%。

（四）流域直管工程入海（江）水量大

流域直管工程汛期出境入海（江）水量合计为143亿m^3，比2020年汛期出境入海（江）水量多20.7亿m^3。其中，通过新沂河沭阳站入海水量104.75亿m^3，通过新沭河石梁河水库入海水量23.9亿m^3，通过中运河宿迁闸入淮河水系水量12.28亿m^3，通过徐洪河入淮河水系水量2.0亿m^3。

（王秀庆）

【防御工作】

一、领导重视

5月2日，中共中央政治局委员、国务院副总理胡春华调研南水北调东线工程，现场检查二级坝水利枢纽。5月2日，水利部部长李国英考察老运河历史变迁、治理情况及二级坝除险加固工程有关情况。7月24日，山东省委副书记、省长李干杰率检查组到沂沭河调研督导防汛工作。7月28日，江苏省副省长潘贤掌带队检查督导嶂山闸防台防汛工作。7月16—18日，水利部防御司检查南四湖片、沂沭河片防汛工作。4月8—9日，淮委主任刘冬顺检查沂沭泗流域防汛工作，查看直管工程运行情况和备汛情况，对直管工程度汛安全提出明确要求。

二、落实责任

5月18日，印发《沂沭泗局关于2021年水旱灾害防御责任及分工的通知》（沂局防办〔2021〕114号），调整水旱灾害防御责任及包片分工；5月20日，沂沭泗局分别与南四湖局、沂沭河局、骆马湖局签订防汛责任状，明确防汛责任；6月15日，印发《沂沭泗局办公室关于公布直管工程管理、技术、巡查责任人的通知》（办防办〔2021〕66号），将直管工程合理划分为106个责任区段，明确每一处直管工程的行政（管理）、技术、巡查责任人，将责任人的相关职责、工作标准和要求进一步明确，并予以公示；各级管理单位汛前将所辖工程度汛重点、难点和薄弱点向有关地方政府和防汛指挥机构进行汇报，督促落实穿堤建筑物、过堤道路缺口、在建水工程及涉河建设项目等防汛责任。

三、汛前准备

（一）安排部署

2月印发《沂沭泗局关于做好2021年水旱灾害防御准备工作的通知》（沂局防办〔2021〕37号），就做好水旱灾害防御准备工作提出具体要求。4月13日和5月20日，分别组织召开2021年水旱灾害防御领导小组会议和水旱灾害防御工作视频会，传达水利部、淮委水旱灾害防御会议精神，分析水旱灾害防御形势与任务，检视水旱灾害防御各项准备工作开展情况，部署下一阶段水旱灾害防御工作任务。5月28日，沂沭泗局副局长阚善光出席2021年南四湖西大堤联合防汛指挥部办公室主任成员会议并要求各成员单位迅速开展行动落实责任，扎实做好湖西大堤防汛抢险各项工作。

（二）汛前检查

2—3月，各级管理单位开展汛前检查，排查风险隐患，对防汛重点薄弱环节进行徒步检查。4月19—22日，沂沭泗局副局长、总工郑胡根带队对骆马湖片堤防工程、控制性水闸、涉河建设项目、维修养护及水毁修复项目等进行现场检查，对部分水闸进行现场试车，对部分堤段采取徒步方式进行检查。

（三）水毁修复

汛前完成2020年“8·14”洪水重点水毁工程的修复或应急处理和2020年底下达的水毁修复项目4个，其中堤防（护岸）工程水毁修复项目3个，水闸工程水毁修复项目1个，总经费409.70万元；完成2021年应急度汛项目8个，其中堤防（护岸）工程水毁修复项目3个，水闸工程水毁修复项目3个，水文测站水毁修复项目2个，项目经费共计1344.15万元；2021年超标洪水防御能力提升项目2个，均为堤防（护岸）工程水毁修复项目，总经费360万元。

（四）碍洪问题整治

各级管理单位采取有力措施加强涉河事务监管，部署开展涉河建设项目遗留问题专项整治行动，促进历史遗留的批建不符、防洪影响补救工程未及时实施等问题整改，为安全度汛创造条件。

（五）预案预演

汛前修编完成沂沭河超标洪水防御方案和超标洪水“作战图”，不断巩固和完善水旱灾害防御预案体系。7月19日，沂沭泗局开展2021年沂沭泗“1957型”全流域大洪水调度专项预演，检验直管工程在洪水预报、防汛会商、洪水调度等主要环节的工作情况，检验直管工程调度程序各环节的衔接和各项工作的组织水平。5月22日、5月31日在沭河莒县吕庄、沂河沂水港埠口新建堤防段组织开展防汛抢险综合演练，沂沭泗局抢险队、沂沭泗局沂河沭河上游堤防加固工程建设管理局、沂沭河局防汛机动抢险分队、中水淮河规划设计研究有限公司、山东省水利勘测设计院、杭州亚太建设监理咨询有限公司、山东省科源工程建设监理中心、淮河工程集团有限公司（工程总承包Ⅰ标段）、淮河水利水电开发有限公司（工程总承包Ⅱ标段）、中铁十四局集团有限公司（施工Ⅰ标段）、山东水总有限公司（施工Ⅱ标段）、山东临沂水利工程总公司（施工Ⅲ标段）、华北水利水电工程集团有限公司（施工Ⅳ标段）等13个单位，80余人参加演练，演练共投入挖掘机、装载机、载重车辆、多功能抢险车等抢险装备15台套。演练主要针对沂沭河上游堤防加固工程在汛期可能发生工程险情处置开展。分别演练了巡堤查险、月牙养水盆制作、装配式围井抢护堤防管涌、迎水面防浪布截渗、土工滤垫排除渗漏险情、多功能帐篷搭建、餐车操作演练、伤员应急救援、现场人员和机械设备撤离转移等科目。

（六）防汛物资

库内储备防汛物资主要有土工布、钢管（含扣件）、装配围井、管涌停、充水式橡胶子堤、防汛投光灯、防汛应急照明车、发电机、便携式打桩机、电缆线、玻璃钢抢险舟（含船外机）、防汛橡皮舟（含船外机）等12类。户外砂石料主要包括块石、石子、黄砂等3类，主要码放在直管堤防工程沿线。2021年，局储防汛物资未调拨。

2021年沂沭泗局防汛物资统计见表1。

表1 沂沭泗局防汛物资统计汇总(2021年)

序号	管理单位	防汛物资种类															
		块石/m^3	石子/m^3	黄砂/m^3	铅丝/t	土工布/万m^2	钢管(含扣件)/t	装配围井/块	管涌停/t	充水式橡胶子堤/m	防汛投光灯/只	防汛应急照明车/台	发电机/台	便携式打桩机/台	电缆线/m	玻璃钢抢险舟(含船外机)/艘	防汛橡皮舟(含船外机)/艘
	沂沭泗局	42157.14	11336.6	281	23.6	30	77.76	240	1	400	100	10	24	20	21650	20	20
一	局机关																
二	薛城仓库																
三	南四湖局	9893.8	7810.8		23.6	15	27.76			400	44	2	10	5	6000		20
1	直属局机关					10				400	44	2	8	5	6000		20
2	上级湖局	670	1598		11.6		27.76						2				
3	下级湖局	2675				5											
4	二级坝局	4548.8	6212.8		12.0												
5	蔺家坝局	2000															
6	韩庄枢纽局																
7	韩庄运河局																
四	沂沭河局	1090				5		80			28	2	4	5	4000	5	
1	直属局机关																
2	沂河局	350															

续表 1

序号	管理单位	防汛物资种类															
		块石/m^3	石子/m^3	黄砂/m^3	铅丝/t	土工布/万 m^2	钢管(含扣件)/t	装配围井/块	管涌停/t	充水式橡胶子堤/m	防汛投光灯/只	防汛应急照明车/台	发电机/台	便携式打桩机/台	电缆线/m	玻璃钢抢险舟(含船外机)/艘	防汛橡皮舟(含船外机)/艘
3	沭河局	80						80						5			
4	河东局	125															
5	郯城局	200															
6	刘道口局	65													4000	5	
7	江风口局	120				5							4				
8	大官庄局	150									28	2					
五	骆马湖局	31173.34	3525.8	281		10		80			28	2	4	5	4000	10	
1	直属局机关																
2	新沂局	7960															
3	邳州局	4450															
4	宿迁局	7518									28	2	4	5	4000	10	
5	嶂山局	667															
6	沭阳局	3176.7	2627.9			10		80									
7	灌南局	7401.64	897.9	281													
六	局抢险队						50	80	1			4	6	5	7650	5	

四、预报预警

发出要求做好组织领导、预测预报、工程调度、巡查值守与信息报送等各项暴雨洪水防御工作的通知 20 次。在防御台风“烟花”期间，发布洪水模拟预报 18 站次，实时洪峰、水量预报 9 站次，两湖水位滚动预报 42 站次。启动提升预警应急响应 3 次，其中 7 月 14 日 18 时启动水旱灾害防御Ⅳ级应急响应，于 7 月 20 日 10 时终止；7 月 26 日 10 时启动水旱灾害防御Ⅳ级应急响应，并于 7 月 28 日 11 时提升至Ⅲ级，于 8 月 2 日 12 时终止；9 月 5 日 11 时启动水旱灾害防御Ⅳ级应急响应，于 9 月 8 日 18 时终止。

五、洪水调度

共组织召开 91 次防汛会商会议，其中台风“烟花”暴雨洪水防御期间，7 月 28 日上午与淮委视频连线会商，刘冬顺主任对沂沭泗局暴雨洪水应对措施给予充分肯定，28 日晚间与江苏省委常委、常务副省长、省防指常务副指挥樊金龙视频连线通报直管工程情况，29 日中午与山东省委常委、常务副省长王书坚视频连线会商南四湖、韩庄运河地区水情及调度情况。共发出调度指令 211 份，向淮河防总上报洪水调度意见 6 次，调度直管大中型水闸 239 闸次，为沂沭泗水系统一管理 40 年以来最多。

（一）应对首场洪水

6 月 14—15 日，沂沭泗流域普降大到暴雨，局部降大暴雨。6 月 16 日骆马湖水位达 22.90 m，超汛限水位 0.4 m。为调蓄骆马湖库容，迎纳上游来水，6 月 16 日 13 时嶂山闸开启泄洪，这是 2021 年汛期嶂山闸首次开闸泄洪，也是 2006 年除险加固后首次在 6 月开闸泄洪。

（二）“七下八上”关键期到来前预泄腾容

7 月 15—16 日，下级湖大部分地区、邳苍南部、中运河及其以南地区、骆马湖周边等地降暴雨。为应对水位上涨，调度二级坝水利枢纽加大泄量降低上级湖水位，7 月 16 日开启韩庄闸并进一步加大泄量，以控制下级湖水位。开启刘家道口水利枢纽彭家道口闸和大官庄水利枢纽新沭河闸，将洪水全力东调。调度开启嶂山闸预泄，腾出骆马湖库容接纳上游洪水，为后续洪水调度赢得先机，统筹兼顾降低骆马湖水位和新沂河南北地区排涝需要。

（三）防御台风“烟花”暴雨洪水

受第 6 号台风“烟花”影响，7 月底沂沭泗全流域出现强降雨过程，7 月 28 日流域单日面降水量达 121 mm，为 1953 年有连续降水资料记录以来日降水量最大值。直管范围主要河湖出现明显涨水过程，多条河流发生超警戒洪水，中运河运河站最大流量 3840 m^3/s，列实测记录第 1 位；新沂河沭阳站最高水位 10.88 m，列实测记录第 2 位，最大流量 5060 m^3/s，列实测记录第 3 位，防汛形势严峻。

骆马湖洪水调度中，一是早抽底水、预泄腾容。7 月 27 日 18 时即开启嶂山闸预泄腾容，抢在上游洪水入湖前累计预泄洪水 2.3 亿 m^3，减少水位涨幅约 0.8 m，骆马湖水位始终控制在汛限水位附近。二是梯级加大，确保工程安全。洪水到来后，7 月 28 日 8 时 30 分，嶂山闸加大泄量至 2500 m^3/s，当日 18 时再次加大泄量至 3500 m^3/s。考虑嶂沭区间以及沭河洪水与嶂山闸下泄错峰，在新沂河沭阳站洪峰过境、水位明显下降以后，7 月 30 日 16 时 30 分嶂山闸泄量由 3500 m^3/s 加大至 4000 m^3/s，并于 7 月 31 日 11 时 30 分最终加大至 4500 m^3/s。通过梯级调度、稳步挂挡，同时保证骆马湖和新沂河沿线工程安全。三是精细压减,留足排涝空间。8月1日19时,虽然骆马湖水位仍在汛限水位以上,但考虑下游沭阳等地区排涝需要和洪泽湖水位超警、淮河洪水实施“分淮入沂”需要,将嶂山闸下泄流量依次调整至3000 m^3/s、1500 m^3/s,新沂河沭阳站提前十几个小时退出警戒水位,水位下降后,沭阳城区和淮沭河区间涝水得以快速排入新沂河,沿线群众生产生活秩序提前得到恢复。

沂沭河洪水调度中,通过联调联动,实现沂沭河上游洪水全力东调的既定思路。一是东调分洪泄洪显著。彭家道口闸最大下泄流量1620 m^3/s,沂河洪峰通过刘家道口水利枢纽东调分泄的比例约80%,沂河洪水总量东调分洪的比例约70%,减少沂河洪水入骆马湖的水量达3.46亿 m^3,相应减少骆马湖水位涨幅1.15 m,最大限度地减轻骆马湖入湖来水压力,腾出骆马湖大部分调蓄能力承接南四湖及邳苍地区南下来水;新沭河闸承泄沭河干流和分沂入沭组合来水,最大下泄流量达2870 m^3/s,东调比例为100%,南下口门人民胜利堰闸始终关闭,留出新沂河部分泄洪能力接纳南四湖、骆马湖来水。根据统计,刘家道口水利枢纽、大官庄水利枢纽合计东调的洪水总量达到5.92亿 m^3,占该次沂沭河上游洪水总量的80%。二是兼顾排涝,心系民意。7月28日23时30分,为排泄分沂入沭以北地区涝水,沂沭河局开启黄庄枢纽排灌闸排涝。但受上游彭家道口闸泄洪、分沂入沭高水位顶托影响,区间涝水排泄缓慢,附近群众正常生产生活秩序受到影响。沂沭河洪水基本稳定后,在确保总体防洪安全的前提下,7月31日10时将彭家道口闸下泄流量由1000 m^3/s 压减到100 m^3/s,降幅90%,直至17时30分才重新加大泄量,为总干排区间排涝留出约8 h抢排窗口期。

南四湖洪水调度中,台风暴雨到来之前,相关水文部门根据降水预报进行了模拟预报,预报南四湖将有8亿~15亿 m^3 洪水入湖,中运河运河站将出现4500 m^3/s 的洪峰流量,超过1974年的历史实测最大流量3790 m^3/s,南四湖及运河沿线防汛抗洪将面临较大压力。在洪水调度过程中,沂沭泗局在保障总体防洪安全的前提下,兼顾局部和地区实际需要,适时压减错峰,体现灵活调度的措施。一是依法依规,合理调度。根据南四湖地区降雨、入湖流量及水位上涨情况,调度二级坝水利枢纽泄洪,第一、二、三闸相继全部投入,156孔(共178孔)闸门开启泄洪,合计最大泄量达2025 m^3/s,控制上级湖南阳站水位距警戒水位始终留有0.5 m空间、3亿 m^3 的机动库容。二是适时反控,减轻压力。下级湖口门韩庄闸最大泄量达1780 m^3/s,7月29日在下级湖防汛形势基本稳定后,考虑韩庄运河、中运河沿线区间支流来水较大、沿运地区防守压力大等实际情况,调减韩庄闸下泄流量至800 m^3/s,压减幅度接近50%,利用下级湖的调蓄库容将6000余万 m^3 洪水暂时“锁”在下级湖,待窗口期后再恢复,实现运河站洪峰流量有效压减至3840 m^3/s、最高水位仅24.84 m,减轻韩庄运河、中运河沿线地区的防洪压力。

（四）防御后汛期洪水

8月下旬,流域再次迎来多轮强降雨过程。沂沭泗局在本轮调度上,一是上、下级湖巧妙配合科学拦蓄洪水。前期,降雨主要集中在上级湖,且预报强降雨区也在上级湖,为尽快降低上级湖水位,8月30日将二级坝水利枢纽3座水闸全部打开,合计下泄流量达到2100 m^3/s。9月4—5

日流域暴雨区主要集中在南四湖下级湖、邳苍等地区，韩庄运河、中运河沿线排涝压力大。于9月4日18时30分将二级坝水利枢纽泄量从2100 m^3/s压减至800 m^3/s，5日进一步压减至500 m^3/s，压减率达76%，降低下级湖水位并支持运河沿线排涝。9月7日，上级湖南阳站水位涨至34.93 m，在下级湖及运河沿线洪水基本得到控制后，当日再次加大二级坝泄量。通过二级坝水利枢纽的控制，上、下级湖洪水根据实际需要进行科学调蓄，面积1280 km^2、南北137 km长的南四湖时而作为一个整体，时而化为两个独立的个体，接纳53条入湖支流来水。二是骆马湖全力承接南下洪水。为有效应对上游来水，在保证下游安全的前提下，嶂山闸自8月23日11时开闸泄洪以来，最大下泄流量3500 m^3/s，通过综合研判、平衡入湖出湖水账，骆马湖水位被稳控在警戒水位以下，同时实现下游新沂河沭阳站流量不超5000 m^3/s的目标。三是沂沭河洪水东调成效显著。时值后汛期，沂沭河地区上游大中型水库、拦河闸坝正转向汛末蓄水阶段，通过密切沟通、联合调度，沂沭河上中游地区洪水基本处于可控状态。

（五）防御长历时秋汛

2005—2021年，沂沭泗流域已16年未发生过秋汛。9月中下旬，受高空槽东移和低层黄淮气旋东移影响，流域普降大到暴雨。受强降雨影响，沂河、沭河、中运河、南四湖及骆马湖等直管河湖出现较大洪水过程。

沂沭泗局在本轮调度上，一是提前预泄腾库。在降雨到来前，9月18日即加大南四湖二级坝水利枢纽和韩庄水利枢纽泄量，预泄湖水。同时开启嶂山闸预泄骆马湖洪水，为迎接上游来水做好准备，该次开闸是嶂山闸第5次开启泄洪。二是强化联合调度。预报沂沭河及运河将出现洪水过程，洪峰预计在9月20日夜间至21日凌晨出现。根据降雨及入湖来水、区间汇入及拦河闸坝调度等情况综合研判，加强南四湖二级坝、韩庄水利枢纽、骆马湖嶂山闸以及沂沭河刘家道口、大官庄水利枢纽等直管枢纽调度，通过科学联合调度有效控制水位上涨趋势，稳妥处置洪水过程。

（六）防御黄河流域客水

10月2日，黄河流域东平湖洪水利用引调水工程，首次向南四湖分洪，分洪流量达120 m^3/s左右。受其影响，上级湖南阳站水位上涨，为有效控制南四湖及骆马湖水位，沂沭泗局调度加大二级坝二闸、韩庄闸、嶂山闸泄量，至10月20日结束分洪，黄河流域近2亿 m^3洪水经沂沭泗水系平稳入海。

六、监督检查

6月23日，沂沭泗局局长刘玉年赴南四湖片督导检查直管工程防汛工作，现场查看蔺家坝闸、下级湖采煤沉陷段、二级坝水利枢纽等工程，对水旱灾害防御工作提出具体要求。7月6—7日，沂沭泗局副局长郑雪峰对骆马湖片进行防汛包片检查和安全生产检查。台风“烟花”暴雨洪水防御期间，各级管理单位累计出动1576人次参加工程巡查。河道超警后，沿线地方政府投入近2万人，全面加强新沂河、中运河等重点河段防守，做好防汛抢险技术支撑准备。汛期共派出工作组4组15人次，其中7月15日派出1个工作组代表淮委赴山东检查指导防汛工作，7月28日派出3个工作组分赴南四湖、沂沭河及骆马湖片检查指导防汛工作，其中南四湖片由沂沭泗局纪检组组长翟伟锋带队、沂沭河片由沂沭泗局副局长王念彪带队、骆马湖片由沂沭泗局副局长郑雪峰带队检查。

七、值班值守

6月1日至9月30日，坚持24 h值班值守，先后下发《关于做好中秋期间强降雨防范工作的通知》（沂防电传〔2021〕33号）、《关于做好强降雨防范工作的通知》（沂防电传〔2021〕34号）和《关于做好2021年国庆期间防汛值班工作的通知》（沂防电传〔2021〕35号）等文件，要求做好值班值守工作。沂沭泗局机关、南四湖局机关、韩庄枢纽局、二级坝局等单位延长防汛值班至10月17日。

八、防汛宣传

在沂沭泗水利网站发布反映防汛工作进展、调度会商、应急响应情况的宣传报道66篇，在《中国水利报》等媒体平台发表高质量报道4篇，在“沂沭泗水利”公众号以视频、图片等形式发布防汛工作掠影、背后故事等24篇。

九、汛后总结

汛后，各级管理单位及时开展工程检查和汛后总结，并积极申报水毁修复等项目共6个，总经费913.24万元，包括沂沭河局沭河局新沭河右岸仓巡会石护水毁修复项目244.02万元、沂沭河局江风口局江风口分洪闸专用输电线路水毁修复工程48.24万元、骆马湖局嶂山局嶂山闸水毁修复项目200.98万元、骆马湖局灌南局新沂河右堤98+500～99+600段堤防沉陷水毁修复工程120.00万元与新沂河右堤105+840～107+200段堤顶沉陷水毁修复工程150.00万元、骆马湖局沭阳局新沂河左堤25+500～28+080段堤顶道路水毁修复150.00万元。

（陶大伟　王瑶　吴玉峰　葛蕴）

水文气象

【水文站网建设与管理】

一、水文站网现状

2021年，沂沭泗流域水文监测站网调整变化不大。截至2021年底，沂沭泗流域收到报汛信息的水文站（含水位站）省级以上各类报汛站（含中型水库）424个，其中水文站（含水位站）215个（站网密度为370 km^2/站）、雨量站179个（站网密度为445 km^2/站）。6月，沂沭泗流域新增自建水位自动测报站8处。截至2021年底，沂沭泗流域直管水位自动测报站63处，其中沂沭河水系38处、南四湖水系17处、骆马湖水系8处。

二、站网运行管理

根据《沂沭泗水文自动测报系统运行管理办法（暂行）》（沂局防办〔2006〕28号），各直属局和基层局负责对所管辖范围内的站点进行汛前、汛期、汛后例行巡检，全年共上报故障站点15站次，沂沭泗局水文局（信息中心）对故障站点及时维修恢复。2021年4月，2020年沂沭泗水文自动测报系统水毁修复项目完成施工并通过完工验收。

三、水文站网建设

根据《淮委水文现代化建设规划报告》等工作安排，11月，水文局作为项目法人，组织编写并上报《淮委重沟国家基本水文站提档升级可行性研究报告》《淮委刘家道口闸上、江风口闸上等33处大江大河支流水位站建设可行性研究报告》《淮委沭河末端、沂河末端等3处重要控制断面水文站建设可行性研究报告》。12月，组织编写并上报《淮委重沟国家基本水文站提档升级初步设计报告》《淮委沭河末端、沂河末端等 3 处重要控制断面水文站建设初步设计报告》《淮委刘家道口闸上、江风口闸上等 33 处大江大河支流水位站建设初步设计报告》，同月获得淮委批复，批复投资共 1294 万元。

（于百奎）

【雨情】

一、全年雨情

沂沭泗流域降水量 1135 mm，较常年同期（790 mm）偏多 43.7%，列 1953 年以来第 2 位（第 1 位，2003 年 1174 mm）。

在时间分布上，降水年内分配不均，集中在汛期。其中，汛前（1—5 月）降水量 167 mm，较常年同期偏多 8.4%；汛期（6—9 月）降水量 891 mm，较常年同期偏多 59.1%；汛后（10—12 月）降水量 77 mm，较常年同期偏多 2.7%。

在空间分布上，南四湖下级湖、邳苍区间及其以南地区、沂沭河下游大部、新沂河及滨海地区大部年降水量在 1200 mm 以上，流域其他地区年降水量在 1200 mm 以下。

各分区降水量：临沂以上 982.3 mm，大官庄以上 941.5 mm，南四湖 1045.2 mm，运河区间 1245.4 mm，运骆区间 1299.2 mm，新安区间 1181.9 mm，嶂沭区间 1303.4 mm，石梁河水库区间 1173.0 mm，新沂河及滨海等地 1221.4 mm。

二、汛期降水及天气

（一）雨情

汛期（6—9 月）流域降水量 891 mm，较常年同期偏多 59.1%，列 1953 年有连续资料记录以来第 1 位。6 月、7 月、8 月、9 月降水量分别为 127 mm、323 mm、239 mm 和 202 mm。其中，6 月、7 月、8 月、9 月较常年同期分别偏多 27%、47.5%、46.6% 和 159.0%。主汛期 7—8 月降水量 562 mm，较常年同期偏多 46.7%。

在空间分布上，沂沭河中下游及其以东、南四湖下级湖、韩中骆一线及新沂河南北大部地区降水量在 1000 mm 以上，以沂河港上站 1348 mm 为最大；南四湖上级湖大部及流域中部 800～1000 mm；流域其他地区降水量一般为 600～800 mm，以沭河支流袁公河小仕阳站 522 mm 为最小。单站降水量最大值（港上站）为最小值（小仕阳站）的 2.6 倍。

各区间降雨量与常年同期相比，沂河临沂以上偏多 28.5%，沭河大官庄以上偏多 26.5%，南四湖偏多 71.8%，运河区间偏多 70.9%，运骆区间偏多 80.2%，嶂沭区间偏多 72.6%，新沂河南北偏多 50.4%。

汛期流域共出现 9 次主要降水过程，时间分别为 6 月 13—14 日、7 月 2—3 日、7 月 14—17 日、7 月 26—28 日、8 月 19—23 日、8 月 28 日—9 月 1 日、9 月 4—5 日、9 月 18—19 日、9 月 24—26 日。

（二）天气形势

汛期，欧洲东部、鄂霍次克海附近多高压脊活动，巴尔喀什湖至贝加尔湖一带多低压槽控制，北方冷空气活动频繁、路径偏北。西太平洋副热带高压持续偏强，副高脊线阶段性南北摆动使得淮河流域北部的降水过程异常频繁。我国东部至西太平洋大气环流有气旋式异常，来自太平洋的东风气流与来自印度洋和南海的西南气流两条水汽通道在淮河流域上空汇合，为流域极端强降水过程提供了良好的水汽条件。汛期，西太平洋和南海共有 14 个台风生成，有 1 个台风（第 6 号台风“烟花”）影响沂沭泗流域。“烟花”为 1954 年以来影响沂沭泗流域降水最强的台风。流域汛期主要天气特点如下：

(1)汛期北方冷空气活跃,副高偏强偏北,冷暖空气频繁交汇于我国华北地区及淮河流域北部,共产生9次强降水过程。汛期降水量891 mm,较常年同期偏多59.1%,列1953年有连续资料记录以来第1位。

(2)台风“烟花”移动速度慢,在我国陆上滞留95 h,为1949年以来最长。台风“烟花”影响沂沭泗流域的降水量仅次于1993年8月4—5日的降水量156 mm(冷风槽与副高交汇影响),列1953年以来连续2 d最大降水量第2位。7月28日沂沭泗流域面雨量121 mm,列1953年有连续降水资料记录以来流域日降水量第1位。中运河运河区间次降水量214.9 mm,超过该站“1974·8”台风暴雨降水量(187.7 mm),亦列1953年以来该站区域次降水量第1位。

(三)汛期各月降水及天气

1.6月降水及天气

沂沭泗流域6月平均降水量127 mm,较常年同期(100 mm)偏多27%。空间分布上,沂沭河中上游、邳苍地区、南四湖大部分地区降水量在100~200 mm,其中局部地区超200 mm,流域其他区域降水量基本在50~100 mm,单站以沂河支流铜井河寨子水库297 mm为最大。时间分布上,6月上旬降水量19.4 mm,中旬降水量78.7 mm,下旬降水量28.4 mm。

各分区降水量:沂河临沂以上150 mm,沭河大官庄以上143 mm,南四湖126 mm,运河区间151 mm,运骆区间159 mm,新安区间117 mm,嶂沭区间88 mm,石梁河水库区间118 mm,新沂河南北及滨海地区97 mm。

6月上旬,欧亚大陆中高纬环流呈两槽一脊型,巴尔喀什湖附近受高压脊控制,东欧地区和我国东北地区为闭合低压中心,西太副高脊线位于20°N左右,我国主雨带位于长江以南地区,沂沭泗流域主要受西北气流影响,上旬降水量较历史同期偏少。中旬中高纬环流形势调整,巴尔喀什湖附近为低压槽区,冷空气活动频繁,12—14日副高西伸北抬,沂沭泗水系出现明显降雨过程。15—16日副高南退,下旬前期副高南落东退,我国主雨带位于江南、华南。

2.7月降水及天气

沂沭泗流域7月平均降水量323 mm,较常年同期(219 mm)偏多47.5%。空间分布上,骆马湖及周边、新沂河部分地区降水量在500 mm以上,沂沭河中下游及其以东、邳苍、运骆区间、南四湖及周边大部、滨海地区降水量在200~500 mm,流域北部、西北边缘地区降水量在100~200 mm,单站以嶂山闸站714 mm为最大。时间分布上,上旬降水量57 mm,中旬降水量101 mm,下旬降水量165 mm。

各分区降水量:沂河临沂以上238 mm,沭河大官庄以上247 mm,南四湖250 mm,运河区间395 mm,运骆区间457 mm,新安区间390 mm,嶂沭区间525 mm,石梁河水库区间405 mm,新沂河南北及滨海地区432 mm。

7月初,巴尔喀什湖至贝加尔湖为低压槽区,西风带多股冷空气南下,副高北抬控制我国江南地区。10日,副高北抬至淮河一线,主雨带北移。中旬初,副高稳定维持在我国东北至日本海地区,阻挡了西风带系统东移。14—15日,华北地区的大陆高压与副高之间形成西南—东北向切变线,切变线上有低涡生成,西南低空急流较强,持续向黄淮地区输送,受低涡切变线和低空急流共同影响,流域大部出现大到暴雨、局部出现大暴雨。16—17日,低涡受副高阻挡作用，在淮河流域沿淮北一线向偏西方向移动，造成南四湖下级湖地区、中运河及其以南、骆马湖周边、新沂河南北等地降中到大雨，局部降暴雨到大暴雨，流域其他地区降小雨或无雨。19—21日，我国淮河以北大气环流呈典型的“鞍型场”形势，副高控制日本岛周边，其南侧的6号台风“烟花”逐渐向浙江沿海靠近，副高南侧形成深厚的东风急流，将大量水汽和能量向我国大陆输送。台风“烟花”7月25日12时30分前后在浙江省舟山普陀沿海登陆，26日9时50分前后在浙江省嘉兴平湖沿海再次登陆，登陆后向西北方向缓慢移动。造成沂沭泗流域普降暴雨到大暴雨。

3. 8月降水及天气

沂沭泗流域8月平均降水量239 mm，较常年同期（163 mm）偏多46. 6%，列1953年有连续资料记录以来第12位。空间分布上，邳苍区间、新沭河南北地区、流域西部边缘等降水量在300 mm以上，其中局部地区超400 mm，沂沭河上游、骆马湖及其周边、新沂河以南大部地区降水量在100～200 mm，流域其他地区降水量基本在200～300 mm，单站以沂河港上站453 mm最大。时间分布上，上旬降水量24. 7 mm，中旬降水量59. 8 mm，下旬降水量154. 8 mm。

各分区降水量：沂河临沂以上213 mm，沭河大官庄以上177 mm，南四湖256 mm，运河区间259 mm，运骆区间275 mm，新安区间259 mm，嶂沭区间258 mm，石梁河水库区间269 mm，新沂河南北及滨海地区223 mm。

8月下旬，欧亚大陆中高纬度环流经向度较大，西风带多槽脊活动，副高偏强偏西，控制我国长江以南地区。22—23日，受低涡切变线东移影响，沂沭泗流域自西向东出现强降雨过程。26—27日，贝加尔湖至我国东北有冷涡活动，其后部冷空气与副高外围西南气流形成切变线。28日至9月初，中高纬环流形势调整，巴尔喀什湖至贝加尔湖之间为低槽控制，冷空气沿西路进入我国。受副高北抬，沂沭泗流域受边缘西南气流及切变线共同影响，8月28日至9月1日，沂沭泗流域出现连续降雨过程。

4. 9月降水及天气

沂沭泗流域9月平均降水量202 mm，较常年同期（78 mm）偏多159. 0%，列1953年有连续资料记录以来第3位，仅次于2005年（257 mm）、1969年（208 mm）。单站以东鱼河上游三春集站414 mm为最大。时间分布上，上旬降水量82 mm，中旬降水量57 mm，下旬降水量63 mm。

各分区降水量：沂河临沂以上164 mm，沭河大官庄以上177 mm，南四湖233 mm，运河区间217 mm，运骆区间186 mm，新安区间195 mm，嶂沭区间195 mm，石梁河水库区间180 mm，新沂河南北及滨海地区176 mm。

9月初，河套高空槽东移加深，黄淮气旋在山西南部生成并东移，受其影响，沂沭泗流域大部地区降大到暴雨，局部降大暴雨。下旬，欧亚大陆中高纬度环流总体呈“西低东高”形势，巴尔喀什湖与贝加尔湖之间为冷槽控制，冷槽分裂的短波槽从新疆北部进入我国，经河套东移南下，与副高外围的暖湿气流在四川盆地至山东半岛形成西南—东北向切变线，24—26日沂沭泗地区自西向东出现强降雨过程，流域大部地区降大到暴雨，局部降大暴雨。

（四）主要降水过程

1.6月13—14日降水过程

受低涡和切变线影响，6月13—14日沂沭泗流域出现连续降雨过程，6月13日，沂沭泗流域降小到中雨，局部降大到暴雨。主雨区在南四湖、邳苍和运骆区间，流域平均降水量10.9 mm，单站降水量最大值为下级湖湖东薛城站83 mm；6月14日，降雨强度加大，暴雨区向东、向北扩展，流域普降大到暴雨，局部降大暴雨，大暴雨主要集中在流域东部滨海地区，流域平均降水量61.9 mm，单站降水量最大值为流域东部边缘安东卫站184.5 mm。

6月13—14日，流域累计降水量72.9 mm，其中沂河临沂以上79.7 mm，沭河大官庄以上88.4 mm，南四湖65.7 mm，运河区间86 mm，运骆区间97.5 mm，新安区间66 mm，嶂沭区间52.2 mm，石梁河水库区间68.5 mm，新沂河南北及滨海地区68.6 mm。

2.7月26—28日降水过程

受第6号台风“烟花”影响，7月26—28日，沂沭泗流域出现连续性降水。7月26日，沂沭河中上游及其以东地区降中到大雨，局部降暴雨，流域平均降水量7.9 mm。7月27日，南四湖大部、邳苍地区、韩中骆一线及其以南、沂沭河中下游及其以东、新沂河南北等地降大到暴雨，暴雨中心为流域南部边缘淮阴闸103 mm，流域其他地区降小到中雨。流域平均降水量31.0 mm。7月28日，降雨强度加大，大暴雨区向南、向北扩展，沂沭泗流域普降大暴雨，流域平均降水量120.4 mm，单站降水量最大值为沙河泥沟站235 mm。

7月26—28日流域累计降水量159.4 mm。其中，临沂以上151.4 mm，大官庄以上145.4 mm，南四湖140 mm，运河区间222 mm，运骆区间199 mm，新安区间205 mm，嶂沭区间207.4 mm，石梁河水库区间196 mm，新沂河南北及滨海等地区159.9 mm。单站降水量最大值为邳苍分洪道西哨站292 mm。

3.8月22—23日降水过程

受低涡切变线东移影响，8月22—23日，沂沭泗流域自西向东出现强降水过程。22日，南四湖大部、邳苍区间及其以南、沂沭河下游地区降大到暴雨，局部降大暴雨，流域平均降水量37.5 mm，单站降水量以房亭河五孔桥站137 mm最大；23日，沂沭河中下游、骆马湖及其以东地区降大到暴雨，局部降大暴雨，流域平均降水量20.4 mm。

8月22—23日，流域累计平均降水量57.9 mm，其中临沂以上16.6 mm，大官庄以上35.4 mm，南四湖52.1 mm，运河区间91.7 mm，运骆区间111.1 mm，新安区间82.9 mm，嶂沭区间98.1 mm，石梁河水库区间85.6 mm，新沂河南北及滨海地区66.6 mm。单站降水量最大值为中运河运河站155 mm。

4.9月24—26日降水过程

受黄淮切变线影响，9月24—26日，沂沭泗地区自西向东出现强降水过程，流域大部地区降大到暴雨，局部降大暴雨，其中50 mm以上雨区集中在南四湖、沂沭河中上游、邳苍以西地区，暴雨中心为流域西南边缘梁堤头站（158 mm）。

9月24日，南四湖湖西大部降大到暴雨，局部降大暴雨，单站降水量以流域西南边缘梁堤头站135 mm为最大。流域平均降水量21.7 mm，其中南四湖降水量50.3 mm，流域其他区间降水量不足10 mm。

9月25日,沂沭河中上游、邳苍、南四湖大部分地区降中到大雨,局部降暴雨,单站降水量最大值为邳苍分洪道支流汶河四户站89 mm,其他地区降小雨。流域平均降水量20.2 mm,其中临沂以上25.2 mm,大官庄以上20.5 mm,运河区间31.3 mm。

9月26日,沂沭河上中游及以东、上级湖部分地区降中到大雨,局部降暴雨,单站降水量最大值为沂河支流东汶河上游黄土山站135 mm。流域平均降水量为14.1 mm,其中临沂以上42.4 mm,大官庄以上33.1 mm。

9月24—26日,流域平均降水量56 mm,其中临沂以上67 mm,大官庄以上50.5 mm,南四湖89.2 mm,运河区间50.4 mm,运骆区间16.1 mm,新安区间29 mm,嶂沭区间9.5 mm,石梁河水库区间25.3 mm,新沂河南北及滨海地区10.8 mm。

(曹晴)

【水情】

一、全年水情

(一)河道水情

二级坝水利枢纽、韩庄水利枢纽、刘家道口水利枢纽、大官庄水利枢纽、嶂山闸、洋河滩闸、宿迁闸、皂河闸等控制性水闸均开闸泄洪,其中二级坝第二节制闸、韩庄闸、老运河闸、刘家道口水利枢纽、大官庄水利枢纽、洋河滩闸、皂河闸、宿迁闸等控制性水闸在汛期和非汛期均开闸泄洪,二级坝第一节制闸、二级坝第三节制闸、伊家河闸、嶂山闸等控制性水闸仅在汛期开闸泄洪。

沂河全年共出现9次洪峰流量200 m^3/s 及以上的洪水过程,其中汛期出现7次洪峰流量500 m^3/s 以上的洪水过程,非汛期出现2次洪峰流量200 m^3/s 及以上的洪水过程。沂河临沂站年最大洪峰流量2070 m^3/s(7月29日);刘家道口水利枢纽年下泄水量31.25亿 m^3(汛期20.93亿 m^3,非汛期10.31亿 m^3),其中刘家道口闸年下泄水量17.43亿 m^3、彭家道口闸年下泄水量13.82亿 m^3。

沭河全年共出现了7次洪峰流量300 m^3/s 以上的洪水过程,集中分布在汛期。沭河重沟站年最大流量1890 m^3/s(7月29日)。大官庄水利枢纽年下泄水量17.96亿 m^3(汛期15.96亿 m^3,非汛期2.00亿 m^3),其中新沭河闸年下泄水量13.58亿 m^3、人民胜利堰闸年下泄水量4.38亿 m^3。

新沭河石梁河水库年最高水位25.11 m(9月29日),水库年最大下泄流量3280 m^3/s(7月29日)。年累计下泄水量27.59亿 m^3,其中汛期23.90亿 m^3、非汛期3.69亿 m^3。2022年1月1日水库水位23.79 m,低于汛末蓄水位0.71 m,蓄水量较年初减少0.34亿 m^3。

中运河运河站全年共出现了6次洪峰流量1000 m^3/s 以上的洪水过程,均集中分布在汛期。非汛期,受南水北调东线泵站抽水影响,运河站汛前出现逆流量。台儿庄闸年最大流量2260 m^3/s(7月29日),年最大逆流量83.6 m^3/s(5月12日)。中运河运河站最大实测流量3840 m^3/s(7月29日22时55分),年径流总量92.42亿 m^3,其中汛期75.61亿 m^3、非汛期16.81亿 m^3。

新沂河沭阳站全年共出现了8次洪峰流量1000 m^3/s 以上的洪水过程,其中6次出现在汛期,2次出现在非汛期(10月秋汛)。新沂河沭阳站年最高水位10.88 m(7月29日),最大流量5060 m^3/s(7月29日)。新沂河沭阳站年入海水量124.74亿 m^3,其中汛期104.75亿 m^3、非汛期 19.99 亿 m^3。

（二）湖泊水情

南四湖上级湖：汛前，水位小幅波动变化，水位整体呈先快速下降后波动上涨的趋势；汛后，水位出现 4 次明显的涨落过程。南阳站 2021 年 1 月 1 日 8 时水位 34.39 m，2022 年 1 月 1 日 8 时水位 34.82 m，水位年涨幅 0.43 m。二级坝水利枢纽年下泄水量 53.9 亿 m^3，其中，一闸、二闸、三闸下泄水量分别为 4.25 亿 m^3、35.43 亿 m^3 和 14.22 亿 m^3。

南四湖下级湖：汛前，微山岛水位出现两次缓慢的涨落过程；汛期，6—7 月水位整体呈上涨态势，8—9 月水位波动变化，出现多次涨落过程；汛后，10—11 月水位出现 3 次涨落过程，12 月水位逐渐趋于平稳。2021 年 1 月 1 日 8 时微山岛站水位 32.12 m，2022 年 1 月 1 日 8 时水位 32.56 m，水位年涨幅 0.44 m。韩庄水利枢纽年下泄水量 61.13 亿 m^3，其中韩庄闸、老运河闸、伊家河闸下泄水量分别为 58.35 亿 m^3、2.49 亿 m^3 和 0.29 亿 m^3。

骆马湖：汛前，洋河滩站水位呈先波动下降后上升的趋势；汛期，自入汛至 7 月初呈先小幅波动后持续下降态势，之后受降雨影响，水位出现多次涨落过程；汛后，水位小幅波动变化。洋河滩站 2021 年 1 月 1 日 8 时水位 22.83 m，2022 年 1 月 1 日 8 时水位 23.19 m，水位年涨幅 0.36 m。嶂山闸年下泄水量 95.9 亿 m^3，皂河闸、洋河滩闸、刘集地涵年下泄水量分别为 8.51 亿 m^3、4.29 亿 m^3 和 4.63 亿 m^3。

（三）来水量分析

临沂站、重沟站、运河站等主要控制站实测年径流总量分别为 29.89 亿 m^3、13.39 亿 m^3 和 92.42 亿 m^3，分别较常年同期偏多 48.9%、27.4%和 195.4%。

（四）大型水库及湖泊蓄水情况

2022 年 1 月 1 日 8 时，南四湖、骆马湖及流域 18 座大型水库蓄水总量为 54.43 亿 m^3，较年初（2021 年 1 月 1 日）增加 8.58 亿 m^3，较常年同期偏多 35.87%，列 2000 年以来同期第 1 位。

二、汛期水情

汛期，沂沭泗流域降水持续偏多，共发生 9 轮主要降雨过程。受强降雨影响，直管河湖 7 次出现洪水过程，中运河、新沂河重要控制站水位超警戒水位，中运河运河站 7 月 29 日洪峰流量 3840 m^3/s，列有实测资料记录以来第 1 位。新沂河沭阳站 4 次超警戒水位运行，其中 7 月 29 日最高水位 10.88 m，为年内最高，列有实测资料记录以来第 2 位。南四湖、骆马湖超汛限水位运行。

（一）河道水情

沂河：出现了 7 次洪峰流量 500 m^3/s 以上的洪水过程，其中 4 次洪峰流量超过 1000 m^3/s。临沂站最大洪峰流量 2070 m^3/s（7 月 29 日）。刘家道口水利枢纽最大下泄流量 2140 m^3/s（7 月 29 日），其中刘家道口闸最大下泄流量 1040 m^3/s（7 月 29 日）；彭家道口闸最大下泄流量 1620 m^3/s（7 月 29 日）。港上站最大洪峰流量 631 m^3/s（7 月 16 日）。

沭河：出现了 7 次洪峰流量 300 m^3/s 以上的洪水过程，其中 1 次超过 1000 m^3/s。沭河重沟站最大流量 1890 m^3/s（7 月 29 日）。大官庄水利枢纽最大下泄流量 2870 m^3/s（7 月 29 日），其中新沭河闸最大下泄流量 3150 m^3/s（7 月 29 日），人民胜利堰闸最大下泄流量 327 m^3/s（6 月 16 日）；新沭河大兴镇最大洪峰流量 3720 m^3/s（7 月 29 日）；老沭河新安站最大洪峰流量 235 m^3/s（7 月 29 日）。

中运河:运河站出现了6次洪峰流量1000 m^3/s以上的洪水过程,其中3次超过2000 m^3/s,2次超过3000 m^3/s,均超警戒水位运行。台儿庄闸最大下泄流量2260 m^3/s(7月29日),列有实测资料记录以来第1位;运河站7月29日最大洪峰流量3840 m^3/s,列有实测资料记录以来第1位。汛期中运河运河站实测径流总量75.61亿m^3,列有实测资料记录以来同期下泄水量第3位,仅次于1963年、1971年。

新沂河:沭阳站出现了6次洪峰流量1000 m^3/s以上的洪水过程,其中5次超过2000 m^3/s,3次超过3000 m^3/s,4次超警戒水位运行;新沂河沭阳站7月29日最高水位10.88 m,列有实测资料记录以来第2位,最大流量5060 m^3/s,列有实测资料记录以来第3位。汛期,沭阳站入海水量104.75亿m^3,列有实测资料记录以来第2位。

新沭河:石梁河水库汛期最高水位25.11 m(9月29日),水库最大下泄流量3280 m^3/s(7月29日)。汛期累计下泄水量23.90亿m^3。10月1日水库水位24.33 m,低于汛末蓄水位0.17 m,蓄水量较汛初减少0.1亿m^3。

沂河刘家道口水利枢纽汛期下泄洪量20.93亿m^3,其中,刘家道口闸、彭家道口闸下泄洪量分别为9.07亿m^3和11.86亿m^3;沭河大官庄水利枢纽汛期下泄洪量15.96亿m^3(含分沂入沭来水,不含灌溉洞),其中新沭河闸、人民胜利堰闸下泄洪量分别为13.05亿m^3和2.91亿m^3。沂沭河洪水通过刘家道口水利枢纽和大官庄水利枢纽东调分洪直接入海的占比为52.1%,发挥分洪作用,减轻骆马湖、新沂河的行洪压力。

(二)主要湖泊水情

上级湖:南四湖上级湖水位自入汛至6月上旬总体呈缓降态势,中下旬受二级坝二闸、三闸开闸调控影响水位迅速下降,6月27日水位降至34.04 m,为汛期最低水位。6月末至汛末,受降雨影响,上级湖水位出现8次明显涨落过程,水位波动上涨。9月27日南阳站水位涨至34.96 m,为汛期最高水位,超汛末蓄水位0.46 m。10月1日8时南阳站水位34.74 m,超汛末蓄水位0.24 m。汛期,上级湖超汛限水位运行89 d,占汛期(6—9月)的72.3%。二级坝水利枢纽最大下泄流量3076 m^3/s(9月29日),列二级坝1961年建成以来第3位,汛期下泄水量40.51亿m^3,列建闸以来第3位,其中一闸、二闸、三闸下泄水量分别为4.25亿m^3、22.34亿m^3和13.92亿m^3。

下级湖:下级湖微山站水位自入汛至6月上旬呈缓降态势,6月13日水位降至31.55 m,为汛期最低水位,高于死水位0.05 m。受降雨及二级坝调度影响,微山站水位在6月中旬快速上涨,6月下旬至7月下旬小幅波动上涨。7月末受台风"烟花"影响,水位再次快速上涨,7月31日6时30分水位涨至33.06 m,为汛期最高水位,超汛限水位0.56 m。之后受降雨影响,微山站水位出现多次涨落过程。10月1日8时,微山站水位32.80 m,超汛末蓄水位0.30 m。汛期,下级湖超汛限水位运行57 d,占汛期(6—9月)的46.7%。韩庄水利枢纽最大下泄流量2000 m^3/s(9月26日),汛期下泄水量43.77亿m^3,其中韩庄闸下泄水量43.20亿m^3,列建闸以来第1位;伊家河闸下泄水量0.29亿m^3;老运河闸下泄水量0.28亿m^3。韩庄闸最大下泄流量1800 m^3/s(9月26日),与1998年最大下泄流量并列为有实测资料以来的第1位。

骆马湖：骆马湖洋河滩水位自入汛至7月初呈先小幅波动后持续下降态势，7月2日水位降至21.71 m，为汛期最低水位，低于汛限水位0.79 m。之后受降雨影响，骆马湖水位出现多次涨落过程。8月24日骆马湖水位涨至23.28 m，为汛期最高水位，超汛限水位0.78 m。10月1日洋河滩水位22.70 m，低于汛末蓄水位0.30 m。汛期，骆马湖超汛限水位运行73 d，占汛期（6—9月）的59.8%。嶂山闸最大下泄流量4570 m^3/s（7月31日），列建闸以来第6位，汛期下泄水量84.30亿 m^3，列建闸以来第3位；皂河闸、洋河滩闸、刘集地涵汛期下泄水量分别为3.95亿 m^3、3.39亿 m^3和2.03亿 m^3。

（三）来水量分析

主要控制站来水量：汛期，临沂站、重沟站、运河站实测径流总量分别为19.51亿 m^3、9.62亿 m^3和75.61亿 m^3，分别较常年同期偏多20.4%、16.5%和243%。

入江入海水量：沂沭泗流域直管工程汛期出境入海（江）水量合计约143亿 m^3，其中通过新沂河沭阳站入海水量104.75亿 m^3，通过新沭河石梁河水库入海水量23.90亿 m^3，通过中运河宿迁闸入淮河水系水量12.28亿 m^3，通过徐洪河入淮河水系水量2.03亿 m^3。

（四）大型水库及湖泊蓄水情况

10月1日8时，南四湖、骆马湖及流域18座大型水库蓄水总量为55.46亿 m^3，较汛初（6月1日）增加14.35亿 m^3，较2020年同期增加9.37亿 m^3，较常年同期偏多26%，列2000年以来同期第3位。

三、秋汛水情

2021年，沂沭泗流域发生秋汛，自2005年以来流域已16年没有发生过秋汛。沂沭泗流域9月降水量202 mm，较常年同期（78 mm）偏多159.0%，列1953年有连续资料记录以来第3位，仅次于2005年（257 mm）、1969年（208 mm）；流域10月平均降水量38.5 mm，较常年同期（36 mm）偏多6.9%。

（一）河道水情

9月17日至10月上旬，沂沭泗流域出现连续降水过程，尤其9月24—26日，流域自西向东出现强降水过程。

其间，沂河临沂站最大洪峰流量1590 m^3/s（9月27日）。沭河出现了2次洪峰流量300 m^3/s以上的洪水过程，沭河重沟站最大流量341 m^3/s（9月20日）。

中运河、新沂河河道大流量行洪时间长。中运河运河站9月19日至10月10日维持流量超500 m^3/s以上的洪水过程，其中9月20日至10月3日流量超过1000 m^3/s；台儿庄闸最大流量1810 m^3/s（10月1日），运河站最大洪峰流量2000 m^3/s（9月29日）。新沂河沭阳站9月18日至10月18日维持流量超500 m^3/s以上的过程，其中9月20日至10月1日流量超过1000 m^3/s；沭阳站最大洪峰流量2650 m^3/s（9月29日）。

（二）湖泊水情

受降雨及东平湖（大汶河）分洪影响，10月南四湖、骆马湖均出现超汛末蓄水位运行情况。

受强降雨影响，黄河流域东平湖持续高水位运行。为减轻东平湖防洪压力，山东省防汛抗旱指挥部自10月2日14时启用八里湾船闸、邓楼船闸廊道，10月4日开启东平湖八里湾泄洪闸，经柳长河和梁济运河向南四湖分泄东平湖洪水128 m^3/s，以及通过汶上县琵琶山引水闸分泄大汶河洪水 25 m^3/s。受东平湖（大汶河）分洪影响，10 月 3 日 8 时梁济运河后营站流量开始回涨，10 月 9 日 15 时后营站最大监测流量 208 m^3/s。受分洪影响，10 月 4 日上级湖南阳站水位开始回涨，10 月 6 日 12 时，分别加大二级坝二闸、韩庄闸、嶂山闸泄量至 1000 m^3/s，控制南四湖及骆马湖水位，保障黄河流域洪水经沂沭泗水系平稳入海。

受闸坝调度影响，10 月上中旬南阳站水位呈先缓涨再稳步下降的趋势。10 月 20 日 8 时后营站流量快速下降，10 月 24 日降至 10 m^3/s。鉴于上级湖水位已接近汛末蓄水位，10 月 18 日 14 时，二级坝二闸下泄流量调整至 200 m^3/s。10 月 19 日 10 时，关闭二级坝二闸。受分洪结束及闸坝调度的共同影响，10 月下旬南阳站水位再次出现一次涨落过程。

10 月上、中、下旬下级湖微山站各有 1 次明显的涨水过程。鉴于下级湖水位已接近汛末蓄水位，10 月 18 日 14 时，韩庄闸下泄流量调整至 200 m^3/s。10 月 22 日 10 时，关闭韩庄闸。骆马湖洋河滩站水位 10 月初快速上涨，中旬受降雨及嶂山闸调度的影响出现 2 次涨落过程，下旬水位趋于平稳。嶂山闸下泄流量 10 月 6 日 12 时受分洪影响调整至 1000 m^3/s，10 日 12 时降至 500 m^3/s，10 月 15 日 10 时 30 分加大至 1000 m^3/s，于 10 月 18 日 10 时关闭，标志沂沭泗流域秋汛防御任务结束。

9—10 月，二级坝一闸下泄水量 2.64 亿 m^3，二闸下泄水量 23.92 亿 m^3，三闸下泄水量 10.24 亿 m^3，二级坝水利枢纽累计下泄水量 36.80 亿 m^3；韩庄闸下泄水量 37.87 亿 m^3；嶂山闸下泄水量 51.23 亿 m^3。

6 月 1 日至 10 月 18 日，二级坝水利枢纽累计安全行洪 84 d，累计下泄水量约 50.6 亿 m^3；韩庄水利枢纽累计安全行洪 80 d，累计下泄水量约 54.7 亿 m^3；嶂山闸累计安全行洪 73 d，累计下泄水量约 95.9 亿 m^3。

（三）大型水库及湖泊蓄水情况

11 月 1 日，南四湖、骆马湖及流域 18 座大型水库蓄水总量 54.60 亿 m^3，较 10 月 1 日减少 0.86 亿 m^3，较去年同期增加 10.69 亿 m^3，较常年同期偏多 36.9%。

（曹晴　王秀庆）

【泥沙】

一、输沙量与年内变化

沂沭泗流域主要控制站临沂站实测年输沙量为 12.7 万 t，与多年平均值比较，偏小 93%；与近 10 年平均值比较，偏小 77%；与上年度比较，偏小 95%。临沂站输沙量集中在 7—10 月，占全年的 100%。2021 年沂河临沂站实测水沙特征值与多年平均值、近 10 年平均值及 2020 年值的比较见表 2。

表 2　沂沭泗流域主要水文控制站临沂站实测水沙特征值对比

河流	沂河
水文控制站	临沂站
控制流域面积/万 km^2	1.03

续表 2

河流		沂河
年输沙量/万 t	多年平均(1954—2020 年)	189
	近 10 年平均	55.6
	2020 年	239
	2021 年	12.7
年平均含沙量/(kg/m^3)	多年平均(1954—2020 年)	0.932
	2020 年	0.629
	2021 年	0.043
输沙模数/[$t/(km^2 \cdot a)$]	多年平均(1954—2020 年)	183
	2020 年	232
	2021 年	12.3

二、冲淤变化

沂河临沂站断面冲淤与 2020 年相比，2021 年水文站断面受临沂沂河大桥改造工程影响，主河槽向左移近 100 m，形成宽 55 m、深 4 m 的河槽（距左岸 780～835 m），河槽两侧抬高 2～4 m，距左岸 200～360 m 范围内受工程影响有一定下切，最大下切约 3 m。

（王秀庆）

【水文气象情报预报】

发布《重要天气预报》44 期、《沂沭泗水情周报》18 期、《沂沭泗水情分析》24 期，编写《沂沭泗 2021 年“烟花”暴雨洪水分析》《沂沭泗流域二〇二一年汛期水情总结》报告 2 份等；对沂河临沂站、沭河重沟站、中运河运河站等重要控制站进行主要作业预报 15 站次，对南四湖上级湖、下级湖和骆马湖进行水位预报约 380 站次；为 1 万余人次发布有关沂沭泗雨水情手机短信。

7 月 26—28 日，受第 6 号台风“烟花”影响，沂沭泗流域出现连续性降雨。受雨前橡胶坝坍坝放水及连续降雨影响，沂河、沭河出现洪水过程。受台风“烟花”强降水影响，南四湖上级湖、下级湖和骆马湖水位分别超汛限水位，韩庄运河、中运河、新沂河出现超警戒洪水。密切监视雨水情变化，不断滚动更新预报。根据气象预报情况滚动发布洪水模拟预报 18 站次，根据台风“烟花”实际降雨情况发布实时洪峰、水量预报 9 站次，南四湖上级湖、下级湖，骆马湖水位滚动预报 78 站次。其中，预报沂河临沂站洪峰流量 2100 m^3/s，预报误差为 1.4%，预报结果等级为优秀。

8 月 22—23 日，受低涡切变线东移影响，沂沭泗流域自西向东出现强降水过程，南四湖上级湖、下级湖和骆马湖水位预报误差均在 0.05 m 以内，水位均超汛限水位。

沂河临沂站、沭河重沟站、中运河运河

站洪水预报与实测值对照见表 3~表 5。（曹晴）

表 3　2021 年沂河临沂站洪水预报与实测值对照

序号	降雨开始时间（月-日 T 时:分）	降雨结束时间（月-日 T 时:分）	预报		实测		洪峰流量评定		峰现时间评定
			洪峰流量/（m^3/s）	峰现时间（月-日 T 时:分）	洪峰流量/（m^3/s）	峰现时间（月-日 T 时:分）	相对误差/%	评定结果	
1	07-27 T08:00	07-29 T08:00	2100	07-29 T14:00	2070	07-29 T13:53	1.4	优秀	合格
2	09-04 T08:00	09-05 T08:00	1500	09-05 T16:00	1660	09-05 T20:30	-9.6	良好	不合格

表 4　2021 年沭河重沟站洪水预报与实测值对照

序号	降雨开始时间（月-日 T 时:分）	降雨结束时间（月-日 T 时:分）	预报		实测		洪峰流量评定		峰现时间评定
			洪峰流量/（m^3/s）	峰现时间（月-日 T 时:分）	洪峰流量/（m^3/s）	峰现时间（月-日 T 时:分）	相对误差/%	评定结果	
1	07-27 T08:00	07-29 T08:00	2200	07-29 T14:00	1 890	07-29 T11:46	16.4	合格	合格
2	09-04 T08:00	09-05 T08:00	600	09-05 T14:00	491	09-05 T18:47	22.2	不合格	不合格
3	09-19 T08:00	09-20 T08:00	350	09-20 T16:00	341	09-20 T16:09	2.6	优秀	合格

表 5　2021 年中运河运河站洪水预报与实测值对照

序号	降雨开始时间（月-日 T 时:分）	降雨结束时间（月-日 T 时:分）	预报		实测		洪峰流量评定		峰现时间评定
			洪峰流量/（m^3/s）	峰现时间（月-日 T 时:分）	洪峰流量/（m^3/s）	峰现时间（月-日 T 时:分）	相对误差/%	评定结果	
1	07-15 T08:00	07-17 T12:00	1550	07-18 T00:00	1450	07-17 T18:30	6.9	良好	合格
2	07-27 T08:00	07-29 T08:00	3800	07-29 T21:00	3840	07-29 T20:50	-1.0	优秀	合格
3	08-23 T00:00	08-23 T16:00	2500	08-24 T20:00	2480	08-24 T10:00	0.8	优秀	合格
4	09-04 T08:00	09-05 T08:00	3350	09-06 T04:00	3310	09-06 T02:00	1.2	优秀	合格
5	09-19 T08:00	09-20 T08:00	1700	09-21 T04:00	1890	09-21 T08:00	-10.0	良好	不合格

【水文测验】

根据《沂沭泗河洪水东调南下工程续建实施规划》,沭河重沟站河段20年一遇水位60.39 m,对应流量5750 m^3/s;50年一遇水位61.58 m,对应流量8150 m^3/s。

根据《全国主要江河洪水编号规定》,重沟站作为沭河流域代表站,当流量达到2000 m^3/s时,进行洪水编号。

根据《淮河流域水情预警发布暂行规定》及《山东省水情预警发布管理办法》,重沟站作为沭河洪水预警站点,标准为:当流量达到或超过2000 m^3/s时,发布洪水蓝色预警;当流量达到或超过3000 m^3/s时,发布洪水黄色预警;当流量达到或超过5750 m^3/s时,发布洪水橙色预警;当流量达到或超过8150 m^3/s时,发布洪水红色预警。

一、测验设备

截至2021年底,重沟水文站共有雨量计3套(普通、翻斗、称重)、蒸发器3套(普通、称重、自动)、直立式水尺1组、浮子水位计1座、电动测流缆道1座、流量在线监测系统1套、流速仪13台(转子流速仪9台、电波流速仪2台、声学多普勒流速仪2台)。

二、降水量观测

4月11日至12月31日使用JDZ05观测,其余时间使用20 cm JQR01观测。年降水量1183.2 mm,较多年平均偏多25.6%,降水日数76 d,其中汛期降水量959.5 mm,降水日数43 d。最大日降水量133.0 mm,发生在7月28日。

三、水面蒸发观测

3—11月使用E601型蒸发器观测,其他时间使用20 cm口径蒸发器观测。年蒸发量822.1 mm,与多年平均持平,汛期蒸发量348.3 mm;最大日蒸发量5.5 mm,发生在6月6日;最小日蒸发量0 mm,发生在11月5日;初冰日为11月22日,终冰日为3月6日。

四、河道水位测验

全年采用人工观测。年平均水位52.54 m;最高水位56.43 m,发生在7月29日;最低水位52.01 m,发生在6月5日。

五、河道流量测验

全年使用电动缆道与声学多普勒流速仪测流100次,其中测验结果大于200 m^3/s的有51次;最大流量1930 m^3/s,发生在7月29日。年平均流量46.5 m^3/s,年径流量14.68亿 m^3,较多年平均偏多58.4%,断流天数6 d。

六、典型洪水测验

汛期共有两次较大降雨过程。第一次是6月13—14日,大官庄以上平均降水量88.4 mm。其中,青峰岭63 mm,小仕阳44 mm,峤山72 mm,莒县107 mm,夏庄130 mm,陡山119 mm,石拉渊72 mm,石泉湖135 mm,白旄96 mm,重沟88 mm,大官庄58 mm。重沟站6月15日时开始涨水,相应水位52.51 m,16时42分实测洪峰流量638 m^3/s,最高水位54.59 m,水位涨幅2.08 m;至6月17日8时水位回落至52.84 m,过程洪量0.41亿 m^3。

第二次是2106号台风“烟花”引起的强降水过程。7月26—28日,大官庄以上平均降水量145.4 mm。其中,青峰岭81 mm,小仕阳77 mm,峤山130 mm,莒县151 mm,夏庄180 mm,陡山133 mm,石拉渊163 mm,石泉湖160 mm,白旄174 mm,重沟204 mm,大官庄205 mm。重沟站7月28日0时开始涨水,相应水位53.89 m,7月29日11时46分实测洪峰流量1890 m^3/s,同日14时最高水位56.43 m,水位涨幅2.54 m;至7月31日8时水位回落至53.85 m,过程洪量2.27亿m^3。

附:重沟水文站概况

沭河重沟水文站位于山东省临沂市临沭县郑山街道,华山拦河坝坝下,控制流域面积4511 km^2,属于大河控制站,是淮委唯一直管的国家重要水文站,测量断面相应沭河中泓桩号为19+180,站房相应沭河左堤桩号为18+650(东经118°32′,北纬34°57′)。

该站由淮委水文局(信息中心)负责行业管理,沂沭泗水文局(信息中心)负责业务指导,沂沭河水利管理局负责行政管理,具体日常运行管理由沭河水利管理局负责。2004年4月,淮委水文局向水利部水文局上报《关于新建重沟水文站的函》(淮委水文函〔2004〕85号),2004年7月水利部水文局以水文站函〔2004〕30号批复同意新建重沟水文站,并纳入国家基本水文站网管理。2005年7月,水利部批复同意重沟水文站的建设。2009年2月,重沟水文站正式开工建设,工程主要由征地拆迁、站房建设、自记水位台建设、缆道建设、观测场建设、设备仪器购置等内容组成,并于2011年5月通过竣工验收,2011年6月开始试运行。该站建成时占地面积1300 m^2,管理用房84.66 m^2。2012年完成石护控导工程建设,2013年完成配房工程建设后,重沟水文站占地面积达2800 m^2,房屋总面积339.66 m^2。该站配备电动测流缆道、转子流速仪、走航式ADCP、浮子式水位计、虹吸式雨量计、E601蒸发器等设备,配备人员2名。水文测验任务有降水量、陆上水面蒸发、河道水位及河道流量。

(邱岳阳)

河湖管理保护

【河湖监督管理】

一、日常监管

印发《沂沭泗局关于进一步加强直管河湖管理保护的意见》(沂局水管〔2021〕71号),明确各级管理单位、部门任务分工和直管河湖管理保护的工作目标。

二、"清四乱"工作

在前期5轮排查的基础上,再次组织直管河湖排查,新发现问题1661个,累计发现问题8531个,并报送地方河长办。截至2021年底,已完成清理整治6002个(如二级坝管理范围内长期遗留的违建房屋、码头,南四湖湖东堤滨湖大道等);已落实整改方案、责任单位、完成期限的51个(如中运河邳州水上服务区、骆马湖水上搜救中心等);其余问题多涉及农民看护房、大棚、村庄等民生问题,协调推动属地政府制定和落实规划等整改措施。

三、完成上级交办的任务

组织4个河湖督查小组,赴山东、江苏2省11市对水利部系统平台"四乱"问题整改情况进行复核,并对112条规模以上河流进行督查,督促落实问题整改。参加水利部组织的江苏省大运河沿线进驻式督查。

河湖督查小组完成的主要工作任务:淮委第17督查组(组长:魏蓬、徐小松、吕世德,组员:胡涛、王君、季鹏)于7—9月对山东省潍坊、菏泽、东营等3个地市开展河湖管理督查工作,督查对象包括规模以上河流14条(潍坊市的北胶莱河、南胶莱河、北胶新河、弥河、潍河、渠河、汶河、白浪河,东营市的黄河、预备河、小清河、塌河,菏泽市的黄河、黄河故道),规模以上湖泊1座(潍坊市的巨淀湖)。按照"四不两直"的要求,淮委第17督查组采用河段抽查、沿河堤巡查、拨打电话、走访沿河群众等方式,现场核查了解上述地区河湖"清四乱"行动开展、已销号问题的整改、敏感河段排查以及河(湖)长履职等方面情况。据统计,本轮督查累计行程近2650 km,涉及3地市的13个县(区、市),拨打河长办(河长)电话8次,共发现"四乱"问题26个,其中立行立改15个,录入督查系统11个。此外,对于发现的疑似问题,经与相关地市河长办沟通,确认无问题后,不在督查系统上报。

淮委第18督查组(组长:单海波,组员:王迎建、房益强、阚广辉)于7—9月对山东省滨州、聊城、泰安等3地市开展了河湖管理督查工作,共计检查博兴县、滨城区、新泰市、岱岳区、高新区、肥城市、东平县、宁阳县、沾化区、东昌府区等县(市、区)约32个乡镇。现场巡查河(湖)20处,共计68个河段、3个湖片。检查存在一般问题18个、严重问题2个、重大问题0个,共计20个。

淮委第19督查组(组长:苏冠鲁、沈

万和,组员:张理阔、季相钒、张立军)于7—9月对江苏省苏州、南通等2地市开展了河湖管理督查工作,共计检查16个县(市、区)55个乡镇,检查河湖共计45处(其中规模以上河湖29个、规模以下河湖16处)。发现问题共计71处,其中苏州33处(一般问题22个、较严重问题3个、立整立改转到访8个)、南通38个(一般问题34个、较严重问题2个、立整立改2个)。走访无问题现场46处,其中苏州28处、南通18处。

淮委第20督查组(组长:李新国、宋宗伟,组员:张宇亮、陈权仁、张茂洲、郝志远)于7—9月对山东省济南、德州、淄博等3地市开展了河湖管理督查工作。此轮督查覆盖了槐荫区、天桥区、淄川区、临淄区、沂源县、陵城区等20个县(区),共督查河流18条、湖泊(水库)4座,其中流域面积1000 km^2以上河流9条、水面面积1 km^2以上湖泊4座。督查行程8700 km,检查河湖岸线约5000 km,查看河长制公示牌50余块、划界公示牌60余块,拨打三级河长电话100余次,沿途访问群众80余人次,共发现"四乱"问题35个,其中立行立改20个,录入督查系统15个。

(胡涛　季鹏)

【河(湖)长制工作】

一、河(湖)长制日常工作

4月,组织召开局推进河长制工作领导小组会议,部署安排河湖管理及河(湖)长制工作任务,印发《2021年沂沭泗局河湖管理及河(湖)长制工作要点》。协调配合河长、河长办等共同开展直管河湖巡河、"一河一策"编修等工作。

二、幸福河湖建设

推进中运河岸线绿化提升,推动山东省邳苍分洪道(江风口分洪闸至褚墩镇)小山子村段、韩庄运河(韩庄节制闸至四支沟)峄城段建成山东省美丽幸福示范河湖,韩庄运河台儿庄段成功创建山东省水系绿化样板,打造生态景观河湖样板。

(胡涛　季鹏)

【河湖水域岸线管理与保护】

一、代淮委审查涉河建设项目方案

淮委共许可沂沭泗直管河湖涉河项目56个。其中,沂沭泗局代淮委审查中小型建设项目35个,代淮委不予许可建设项目3个,上报淮委大型建设项目审查建议意见21项,获水利部政务审批系统用户评价"零差评"。

二、日常监管

每季度组织专人对河湖岸线进行全覆盖巡查,检查涉河建设项目110项,发现并整改问题16个。各直属局坚持涉河建设项目每月巡查,及时通报发现问题。对河道管理范围内建设项目进行专项检查,重点检查项目共计35项,现场督促基层管理单位做好所辖范围内建设项目和有关活动的监管工作,督促建设单位依法履行水行政许可程序规范实施,通报检查过程中发现的涉及在建建设项目及岸线管理情况问题,督促相关单位落实整改措施。印发《沂沭泗水利管理局直管河道管理范围内建设项目事中事后监督管理办法》(沂局水管〔2021〕153号)。各级管理单位按办法要求开展涉河建设项目事中、事后监管,保障项目按照许可方案和范围规范建设。

三、涉河项目遗留问题清理整治

根据《沂沭泗局关于开展"清理整治涉河建设项目遗留问题"专项行动的通知》(沂局水管〔2020〕169号),开展清理整治涉河建设项目遗留问题专项行动,1—4月集中排查1992—2020年期间许可的项目,发现90个项目存在批建不符或防洪影响处理工程未按要求实施等问题，召开问题整治工作协调推进会议，联合地方防指办、河长办开展清理整治。5—6月对开展情况进行“回头看”，对存在问题进行再核查、再梳理、再整治。截至2021年底，推动66个项目取得进展，其余问题也已启动整改工作，制定整改方案。

（胡涛　季鹏）

【采砂管理】

一、采砂日常监管

（一）落实采砂管理责任制

梳理确定18段重点河段、敏感水域（见表1）并树立公示牌，明确采砂管理河长责任人、主管部门责任人、现场监管责任人和行政执法责任人。

表1　重点河段、敏感水域信息

序号	所在市	所在县（市、区）	重点河段、敏感水域	
			河湖名称	位置
1	临沂市	沂水县	沂河	右岸许家湖镇河段
2	临沂市	兰山区	沂河	右岸白沙埠镇河段
3			祊河	左岸方城镇河段
4	临沂市	临沭县	新沭河	于科桥上下游河段，江苏、山东省界交汇河段
5			老沭河	左岸大岱河段
6	临沂市	河东区	沭河	左岸前栗行河段
7			沂河	徐太平高铁桥至葛沟桥河段
8			沭河	曲坊至大尤家河段
9	临沂市	莒南县	沭河	左岸梨杭河段
10	临沂市	郯城县	沂河	左岸新村银杏产业开发区河段、港上镇河段、庙山镇河段
11			老沭河	高峰头镇河段、红花镇河段、郯城街道河段
12	日照市	莒县	沭河	左岸刘家址坊河段、左岸杨店子桥上游至武家曲坊河段
13	徐州市	新沂市	沂河	合沟至草桥河段
14			沭河	唐店至马陵山河段
15			新沂河	邵店至新店河段
16			中运河	窑湾河段
17			骆马湖	窑湾至棋盘水域
18	徐州市	沛县	南四湖	前程子庙—杨屯河水域

（二）开展采砂巡查

各级管理单位累计出动巡查人员2070人次，巡查河道长度27161 km。成立采砂管理整治领导小组、联合管理办公室、联席会议、24 h警务工作室等，完善采砂管理联合执法机制。

（三）打击非法采砂

1月，沂沭泗局组成检查组，开展采砂历史遗留问题专项排查，现场检查沂沭河地区历史遗留砂堆、骆马湖地区滞留船只等历史遗留问题，形成《关于沂沭泗局2021年第一期水行政执法与采砂管理检查情况的通报（总第20期）》（沂局水政总〔2021〕1号）。落实水利部部署开展的河道采砂专项整治行动，联合地方政府有关部门开展大规模、拉网式的打击行动，专项整治期间，查处非法采砂挖掘机械4台、非法采砂船只1艘，拆解涉砂船只4艘，查处非法采砂行为54起，立案查处18起，罚款3.35万元。

二、许可采砂

（一）宣传贯彻采砂管理规划

7月5日，水利部批复《淮河流域重要河段河道采砂管理规划（2021—2025年）》（水河湖〔2021〕201号，简称《采砂规划》），划定沂沭泗直管范围禁采区（含禁采河段和禁采区域）29个，可采区19个（沂河9个、沭河8个、祊河2个）。沂沭泗局组织相关部门、单位认真学习《采砂规划》精神，印发《沂沭泗水利管理局关于转发淮河流域重要河段河道采砂管理规划（2021—2025年）的通知》（沂局水政安〔2021〕229号）、《沂沭泗局办公室转发关于做好直管河湖采砂管理工作的通知》（办水政安〔2021〕90号）文件并提出"认真组织编制年度实施方案""实行一砂场一论证"等要求。

（二）确定2022年度开采计划

分别于10月、12月先后2次组成调研组，对直管河段19处规划可采区进行现场调研，确定沂河南良水—沧浪沟、沭河董家董庄村、沭河贾家宅村—墩子村、沂河高大村—宋园村、沭河汤河口等5处可采区列入2022年度开采计划（见表2）。

表2　2022年计划可采区信息

序号	可采区名称	所处县（区）	现场管理单位
1	沂河南良水—沧浪沟可采区	临沂市沂南县	沂河水利管理局
2	沭河董家董庄村可采区	日照市莒县	沭河水利管理局
3	沭河贾家宅村—墩子村可采区	临沂市河东区	河东河道管理局
4	沂河高大村—宋园村可采区	临沂市郯城县	郯城河道管理局
5	沭河汤河口可采区	临沂市临沭县	沭河水利管理局

三、工程性采砂

（一）部署工程性采砂工作

沂沭泗局分别于6月3日、8月25日、12月27日3次召开局长专题办公会议，分别围绕"明确各级管理单位职责分工，加快实施进程""总结实践成效，梳理解决典型重难点问题"等主题部署工程性采砂工作，将河道整治与砂石综合利用相结合，推动河湖保护、社会效益整体提升，缓解砂石供需矛盾。

（二）制定工程性采砂管理办法

结合直管河湖采砂管理实际，起草

《沂沭泗局工程性采砂管理办法(试行)》,对工程性采砂审查批复、集中统一开采经营、开工备案、监督管理、验收等提出明确要求,理顺工程性采砂基本工作流程,形成行之有效的可操作的工作机制。

(三)审查批复工程性采砂砂石综合利用方案

按照淮委《关于直管河湖范围内工程性采砂处置工作的意见》(淮委河湖〔2021〕84 号)工作安排,沂沭泗局以《沂沭泗局关于〈岚罗高速跨沭河特大桥防洪影响补救措施泥砂综合利用处置方案〉的批复》(沂局水政安〔2021〕137 号)、《沂沭泗局关于〈临沂市北京路沂河桥改造工程泥砂综合利用可行性论证报告及实施方案〉的批复》(沂局水政安〔2021〕138 号)、《沂沭泗局关于沭河王庄闸旱涝灾后应急治理工程涉及采砂利用的批复》(沂局水政安〔2021〕154 号)、《沂沭泗局关于〈沂河沂水城区段滩地整治延续工程泥砂综合利用可行性论证报告及实施方案〉的批复》(沂局水政安〔2021〕274 号)、《沂沭泗局关于〈沭河杨店子桥—武家区坊段滩地整治及生态修复工程泥砂综合利用可行性论证报告及实施方案〉的批复》(沂局水政安〔2021〕275 号)、《沂沭泗局关于〈岚罗高速跨沂河特大桥防洪影响补救措施泥砂综合利用处置方案〉的批复》(沂局水政安〔2021〕288 号)、《沂沭泗局关于〈新沭河张家巡会段河道整治及防护工程泥砂综合利用可行性论证报告及实施方案〉的批复》(沂局水政安〔2021〕290 号)批复 7 项工程性采砂砂石综合利用项目,并推动实施,砂石综合利用量约 124 万 m^3。

(四)开展工程性采砂全过程监管

针对工程性采砂管理工作不同阶段,先后 4 次对工程性采砂现场进行检查督导,督促各直属局切实加强现场监管、加快工程性采砂实施进度等。各直属局进一步推进采砂精细化管理,通过全面落实旁站式监管,全面推行地磅称重计量系统、严格执行现场公示制度等手段,督促项目单位严格按照批复的实施方案和施工组织计划实施,实现工程性采砂全过程监管。

(五)探索信息化监管手段

通过购买服务、自建信息化管理系统或利用地方矿产部门地磅称重设施等方式,在工程性采砂项目中积极探索并试点“地磅称重计量系统+监控系统”,初步实现采砂管理手段由“精细化”提升至“智能化信息化”。

(李成龙)

水利工程管理

安全管理

【工程划界】

组织南四湖局本级、沂河局等5家单位完成界桩、围栏埋设等划界成果巩固工作。完成沂沭泗直管河湖划界矢量数据成果审核及整合拼接，并上传水利部河湖遥感平台。总结2017—2021年直管河湖和水利工程划界工作做法、经验，形成成果资料。

（胡涛）

【水闸安全鉴定】

10月，淮委在山东省临沂市组织召开人民胜利堰节制闸安全鉴定审查会，经评审，人民胜利堰闸为一类闸。11月，淮委在山东省济宁市微山县组织召开二级坝二闸、大屯闸安全鉴定审查会，经评审，二级坝二闸为四类闸、大屯闸为三类闸。

（王君）

【隐患排查治理】

5月，水利部督查办对沂沭泗局直管宋家险工、集西至花园险段、北新汪险工、南四湖湖东堤采煤沉陷段、姚桥矿采煤沉陷段、大小陆湖险工、沙湾险工、苗圩险工、焦道河湾险工和三湾险工等10处险工险段进行复核，发现问题11个，并录入水利部堤防水闸基础信息数据库。沂沭泗局立行立改，督促相关单位推动问题整改落实完成，在数据库中对问题进行动态销号。

（王君）

【险工险段管理】

5月7日，印发《沂沭泗局关于加强堤防工程险工险段管理工作的通知》（沂局水管〔2021〕97号），要求各直属局高度重视险工险段管理工作，压紧压实险工险段管理责任，并于汛前组织开展堤防安全度汛检查，对检查发现的问题隐患，督促各级管理单位立查立改，不能立即整改的要建立问题隐患台账，明确整改措施和整改时限。对于可能影响工程安全度汛的问题隐患，必须在汛前整改到位。各直属局、基层局认真开展险工险段安全管理，按照淮委堤防工程管理标准和要求，落实险工险段行政、管理、技术、巡查4个责任人，强化堤防工程险工险段日常检查、经常检查、定期检查和特别检查，认真开展维修养护，确保堤防险工险段安全运行。

（王君）

运行管护

【工程巡查】

3月，沂沭泗局转发《淮委直管堤防工程管理标准（试行）》和《淮委直管水闸工程管理标准（试行）》（沂局水管〔2021〕73号）。各基层单位按照标准要求，对堤防、水闸工程开展日常检查、经常检查、定期检查和特别检查。沂沭泗局、直属局结合工程管理考核、日常监督检查等,对工程巡查开展监督检查。

(邱蕾蕾)

【工程观测与监测】

沂沭泗局各级管理单位按照工程观测规定,规范开展并完成2020年度水闸、堤防工程安全观测工作,主要包括水闸水平位移、垂直位移、渗流、裂缝、上下游冲淤、河势断面以及河道水位、堤防渗流等观测内容。2月24—26日,沂沭泗局组织各直属局、部分基层局骨干,对2020年度直管工程观测资料进行评审,并现场反馈审查意见,其结果作为工程观测考核项的赋分依据。3月,各直属局、基层局根据审查意见修改完善2020年度观测资料,并报沂沭泗局汇总。4月,2020年度观测资料汇编成册。12月,沂沭泗局2021年度工程观测全面完成。

(邱蕾蕾)

【维修养护】

一、概况

沂沭泗局维修养护经费11703.81万元,其中维修项目费2412.28万元,养护项目费9291.53万元。维修养护主要工程量:堤防1655.14 km,水闸304座,控导工程730处及泵站工程1处。

二、方案设计

9月,沂沭泗局组织编制2022年度直管工程维修养护实施方案及项目文本并进行评审,各级管理单位根据评审意见进行修改完善;10月,直属局对所辖基层局维修养护实施方案进行批复,并备案。

三、招标投标

11月,沂沭泗局组织各直属局、基层局编制2022年度直管工程维修养护招标文件技术性条款,规范招标文件技术性条款内容及格式,严格招标投标程序,委托安徽安兆工程技术咨询服务有限公司代理招标。南四湖局直管工程分1个标段,依法选定中标单位为枣庄安澜水利工程有限公司;沂沭河局直管工程分1个标段,依法选定中标单位为淮河工程集团有限公司;骆马湖局直管工程分2个标段,依法选定中标单位为淮河工程集团有限公司和江苏瑞龙水利工程有限公司(2021年维修养护项目非全部基层局招标)。

四、实施监管

各级管理单位按职责分工,履行维修养护的监督管理职责,基层局负责日常检查,直属局按季度开展专项检查共12次,沂沭泗局不定期进行2次抽查,及时反馈检查中发现的问题。督促监理单位落实质量、进度、安全等监督责任。

五、项目验收

4月,各直属局完成所辖基层局2020年度工程维修养护项目年度验收工作。年底,各基层局分别组织2021年维修养护项目合同验收工作。

(邱蕾蕾)

【护堤护岸林管理】

一、树木栽植

南四湖局韩庄枢纽局、南四湖局韩庄运河局、沂沭河局沂河局、沂沭河局沭河局、沂沭河局大官庄局、骆马湖局邳州局、骆马湖局新沂局、骆马湖局沭阳局、骆马湖局灌南局、骆马湖局宿迁局等10家基层单位于4月初完成春季栽植任务,共栽植护堤护岸林木14.62万棵,其中更新栽植8.51万棵,补植6.11万棵。种植的苗木平均成活率达90%以上。

二、绿化管理

在造林绿化、现场核查、采伐销售等重要节点,分别于4月(2次)、5月、7月、12

月开展常态化检查和专项检查共计 5 次。4 月 28 日,沂沭泗局在徐州组织召开 2021 年绿化工作会,总结 2020 年绿化工作开展情况及当前绿化工作存在的难点和不足,部署绿化工作任务和目标。各有关部门和单位在进一步提高沂沭泗局绿化管理工作水平、持续改善巩固河湖面貌、努力建设幸福河湖等方面开展交流研讨。

三、树木采伐

13 家基层单位采伐树木 13.1 万余棵(见表 1),其中工程占用 4.2 万棵,采伐更新 8.9 万棵。截至 2021 年底,沂沭泗局护堤护岸林保有量为 129.49 万棵。

(姜珊)

表 1　2021 年沂沭泗局春季栽植、冬季采伐销售树木情况

序号	单位	销售树木/棵	采伐/棵	更新、补植、新栽/棵	成活率
1	下级湖局	1232	1232		
2	韩庄枢纽局			100	90%以上
3	蔺家坝局	1050	1050		
4	韩庄运河局	19598	19598	3500	85%以上
5	沂河局			3950	90%以上
6	沭河局	10470	10470	11150	90%以上
7	河东局	117	117		
8	郯城局	32286	32286		
9	刘家道口局	673	673		
10	大官庄局	1124	1124	8050	90%以上
11	邳州局	19983	19983	39650	90%以上
12	新沂局	9154	9154	27500	90%以上
13	沭阳局	21747	21747	27320	90%以上
14	灌南局	12813	12813	16550	90%以上
15	宿迁局			8500	90%以上
16	嶂山局	813	813		
合计		131060	131060	146270	

【管理保障】

一、制度建设

1 月 14 日,沂沭泗局向淮委报送《关于报送沂沭泗局水利工程运行管理标准的报告》(沂局水管〔2021〕7 号)。3 月,淮委印发《淮委直管堤防工程管理标准(试行)》和《淮委直管水闸工程管理标准(试行)》(淮委建管〔2021〕30 号),对工程检查、工程观测、维修养护管理、防汛管理、险工险段管理、防汛工程设施修复、安全管理、涉河建设项目监管、护堤护岸林管理、信息化管理、水文化管理、资料整编等水利工程管理相关工作进行了明确规定。

12月,形成《沂沭泗水利管理局水利工程标识标牌设置标准》送审稿,并经沂沭泗局第20次局长办公会审议通过。

二、经费保障

上级安排沂沭泗局维修养护经费11703.81万元,均为财政拨款,全部完成投资。

(邱蕾蕾)

【信息化平台建设】

5月,开发标准化管理信息平台。平台参照《淮委直管堤防工程管理标准》(试行)和《淮委直管水闸工程管理标准》(试行)(淮委建管〔2021〕30号),设置工程检查、工程观测、维修养护管理、防汛管理、险工险段管理等功能模块。8月,系统初步开发完成,进入试运行阶段。12月,经过广泛收集各级管理单位使用意见,不断优化系统功能,在沂沭泗局全面推广使用,该系统实现工程无纸化巡检、工程实地查询、工程在线监管等功能。

(邱蕾蕾)

达标创建

【国家级水利工程管理单位创建】

10月28—29日,淮委在山东省济宁市进行上级湖局国家级水利工程管理单位初验,上级湖局成功通过淮委初验。12月3—4日,水利部委托中国水利工程协会对上级湖局进行国家级水利工程管理单位考核验收。南四湖局上级湖局以堤防924分、水闸945分,通过水利部水利工程管理考核验收,成为沂沭泗局第6家国家级水利工程管理单位。

(王敏　马佳佳)

【淮委水利工程标准化创建】

选择南四湖局上级湖局、南四湖局韩庄枢纽局、南四湖局韩庄运河局、沂沭河局江风口局、沂沭河局河东局、骆马湖局灌南局、骆马湖局嶂山局等7家单位先行开展标准化管理试点工作。

2021年3月2日,召开水利工程标准化管理工作推进会,组织各直属局及试点单位开展标准化管理知识培训,听取有关单位标准化工作汇报,分析研究标准化管理工作面临的形势和遇到的问题,并部署下一阶段工作。8月12日,组织召开水利工程标准化管理工作推进视频会,进一步部署推进水利工程标准化管理工作,并就进一步加强水闸工程管理、直管堤防工程险工险段管理和工程维修养护等工作进行安排部署,提出具体要求。8月25日,组织召开水利工程标准化管理程序应用视频培训,对水利工程标准化管理信息系统使用进行培训。

11月7日,沂沭河局江风口局完成标准化管理自验,并上报直管水利工程标准化管理自验报告及验收申报书。11月19日,沂沭河局对江风口局直管水利工程标准化管理进行初验。12月6日,沂沭泗局以《沂沭泗局关于对河东局等4家水管单位直管水利工程标准化管理验收的请示》(沂局水管〔2021〕305号)申请对沂沭河局河东局、沂沭河局江风口局、骆马湖局嶂山局、骆马湖局灌南局进行水利工程标准化管理终验。12月21—22日,淮委组织专家组对沂沭河局江风口局进行标准化验收。经综合评价,江风口局以总分97.4分通过了淮委直管水利工程标准化管理终验,是淮委首家水利工程标准化管理单位。

12 月 31 日,沂沭泗局以《沂沭泗局关于对上级湖局直管水利工程标准化管理验收的请示》(沂局水管〔2021〕317 号),申请对南四湖局上级湖局进行水利工程标准化管理终验,得分汇总见表 2。

(马佳佳　石少忠)

表 2　2021 年淮委水利工程标准化管理验收得分汇总

序号	水管单位	初验得分	终验得分
1	沂沭河局江风口局	97.8 分	97.4 分
2	沂沭河局河东局	95.6 分	2021 年未开展
3	骆马湖局嶂山局	93.6 分	2021 年未开展
4	骆马湖局灌南局	93 分	2021 年未开展
5	南四湖局上级湖局	水闸工程 98.2 分 堤防工程 97.4 分	2021 年未开展

【工程管理考核】

1 月,印发《沂沭泗局办公室关于开展 2020 年度水利工程管理考核的通知》(办水管〔2021〕21 号),正式启动 2020 年度水利工程管理考核工作。要求各直属局抓紧完成对所辖基层局的考核,并将考核结果上报沂沭泗局。2 月 19 日,印发《沂沭泗局办公室关于开展 2020 年度水利工程管理考核的补充通知》(办水管〔2021〕21 号),明确了考核时间、流程、路线、对象等具体事项。

一、考核对象

采取抽查考核,抽取通过水利部验收的嶂山局、沂沭泗局验收的上级湖局和沭阳局,尚未通过水利部和沂沭泗局验收的下级湖局、二级坝局、蔺家坝局、邳州局、沂河局、沭河局、河东局等 10 个基层局作为考核对象。

二、考核时间

3 月 9—24 日,沂沭泗局组织开展了 2020 年度水利工程管理考核工作,考核按照沂沭河局—骆马湖局—南四湖局的顺序开展。3 月 9—11 日完成对沂沭河局所辖河东局、沭河局、沂河局的考核工作;3 月 15—18 日完成对骆马湖局所辖沭阳局、嶂山局、邳州局的考核工作;3 月 19—24 日完成对南四湖局所辖蔺家坝局、下级湖局、二级坝局、上级湖局的考核工作。

三、考核分工

3 月 2 日,方元龙副总工主持召开考核工作动员会。会议就考核分组、细化分工、资料准备、后勤保障等进行了安排部署,明确考核工作组人员名单。

组　　长:方元龙

组织管理:吴　龙　王子明　赵　婷　张菲菲

安全管理:李义军　张　鑫

运行管理:边苏雷　李相峰　张剑峰　夏书宾　黄小明

经济管理:刘远军　魏鸿云

工作人员:李飞宇　王　君

四、考核方式

采用“现场考核+资料检查”的方式进行。本次考核突出对河道管理单位险工险段部位的重点检查,实现被考核单位险工险段检查全覆盖。水闸工程全面查看,河道堤防工程尽可能全面查看。去除沂河局、沭河局上游整治工程正在实施等因素，现场查看比例均不低于50%。

五、考核结果

7月，印发《沂沭泗局关于公布2020年度水利工程管理考核结果的通知》(沂局水管〔2021〕191号)，将考核结果(见表3)反馈至相关单位。

(马佳佳)

表3 沂沭泗局2020年度水利工程管理考核赋分汇总

序号	被考核单位	考核分数								总得分
		组织管理		安全管理		运行管理		经济管理		
		标准分	得分	标准分	得分	标准分	得分	标准分	得分	
一	河道管理单位									
1	沭阳局	160	152.91	340	322.68	350	309.89	150	148	933.48
2	蔺家坝局	160	145.73	340	321.91	350	317.8	150	144.18	929.62
3	下级湖局	160	153.59	340	319	350	310.6	150	145	928.19
4	河东局	160	154.55	340	318.27	350	309.6	150	144	926.42
5	邳州局	160	152.68	340	313.09	350	313.05	150	144.73	923.55
6	沂河局	160	152	340	310.5	350	311.23	150	145	918.73
7	上级湖局	160	143.27	340	315.5	350	314.82	150	143	916.59
8	沭河局	160	140.36	340	316.5	350	308	150	143.91	908.77
二	水闸管理单位									
1	嶂山局	160	149.18	260	257	430	404.74	150	146	956.92
2	上级湖局	160	152.27	260	257.36	430	397.5	150	145	952.13
3	蔺家坝局	160	144.91	260	257.5	430	400.59	150	144	947
4	沭河局	160	143.91	260	256	430	402.23	150	143.91	946.05
5	二级坝局	160	155.55	260	250	430	394.59	150	144	944.14

安全生产

【责任落实】

组织召开安全生产领导小组会议、视频会议4次,传达上级精神,分析研判安全生产形势,部署安全生产重点工作任务;制定并严格落实沂沭泗局直属单位安全生产责任清单、安全生产监管责任清单,安全生产责任体系进一步完善。

(卞文飞　闫志明　王冬雪)

【风险管控】

制定《沂沭泗局办公室关于进一步完善安全风险分级管控体系的通知》,全方位梳理安全风险分级管控体系薄弱环节,不断完善安全风险查找、研判、预警、防范、处置、责任等全链条管控机制,开展安全风险公告警示规范化、可视化试点。系统梳理总结安全生产双重预防机制建设工作成效和创新做法,形成经验交流文章《关口前移控风险 隐患治理保安全——淮委沂沭泗局安全生产双重预防机制建设成效及经验》,被水利部监督司在全行业推广。沂沭泗局各级管理单位共辨识出危险源5281个,制定有效管控措施20000多项,安全风险总体处于可控状态。

(卞文飞　闫志明　王冬雪)

【监督管理】

严格落实水利部、淮委安全生产工作部署,全年制发文件26份,推动安全生产各项工作有序开展。按照"管行业必须管安全,管业务必须管安全,管生产经营必须管安全"的原则,凝聚安全生产"综合+专业"监管合力,结合《沂沭泗局安全生产监管责任清单》(沂局水政安〔2020〕39号)和年度重点工作,制定并印发了《沂沭泗局2021年安全生产监督检查计划》(沂局水政安〔2021〕100号),办公室、财务处、人事处、基建处、水管处、水文局、综合事业发展中心等安全生产专业监管部门按照计划开展了安全生产专业监督检查13次,发现问题隐患21个,督促问题整改。

(卞文飞　闫志明　王冬雪)

【隐患排查治理】

沂沭泗局围绕水利工程建设、水利工程运行、车船交通、院区管理、企业生产等五大重点领域,结合安全生产专项整治三年行动、水利工程安全隐患排查行动等安全生产专项整治行动,连续第七年开展局领导带队安全生产检查,在"两会"、中国共产党成立100周年、国庆、岁末年初等重要时段,组织安全生产监督检查18次,排查问题隐患200个,印发安全生产问题通报5份。

(卞文飞　闫志明　王冬雪)

【宣传教育】

沂沭泗局以"安全生产月""安全生产法宣传周"活动为契机,部署开展10余项主题宣传教育活动。组织观看《生命重于泰山——学习习近平总书记关于安全生产重要论述》电视专题片58场,1170人次参与;开展水利工程运行、工程建设、标准化、消防、应急等各类安全生产教育培训45场;36家单位近700人次参加水利部《水安将军》趣味答题活动;组织撰写《沂沭泗局水利工程管理单位安全生产标准化建设实践》等安全生产文章16篇,其中4篇在《治淮》发表。

(卞文飞　闫志明　王冬雪)

【制度建设】

修订完成《沂沭泗水利管理局安全生产监督检查办法(试行)》(沂局水政安〔2021〕316号),增加安全风险分级管控体系建设、安全生产状况评价、综合监管和专业监管责任落实等工作内容和要求。

(卞文飞　闫志明　王冬雪)

【标准化创建】

沂河、沭河上游堤防加固工程建设管理局被水利部认定为项目法人安全生产标准化一级单位,填补沂沭泗局在项目法人安全生产标准化建设方面的空白,成为沂沭泗局第20家水利安全生产标准化达标单位。韩庄运河局、大官庄局、刘家道口局、宿迁局、嶂山局等5家单位顺利通过水利安全生产标准化三年延期复核。水利部以《水利部办公厅关于公布水利安全生产标准化成果展评活动获奖名单的通知》(办监督函〔2021〕1197号)通报水利安全生产标准化成果展评活动中沂沭河局刘家道口局申报的"以技术创新推动安全生产高质量发展纪实"、骆马湖局嶂山局申报的"抓好危险源辨识与安全评价,提高水利安全生产标准化水平"、淮工集团申报的"落实全员责任 强化体系建设"等3项成果获得优胜奖。

(卞文飞　闫志明　王冬雪)

【其他工作】

沂沭泗局代表水利部完成防洪工程设施水毁修复、水闸工程安全运行、水资源管理和节约用水等督查任务9项,共计派出督查组28组次88人次,对596个督查对象进行监督检查,发现各类问题共825个,全面完成水利督查各项工作。建立完善工作台账,做好督查工作成果和相关资料的收集整理汇总。

(卞文飞　闫志明　王冬雪)

科技与信息化

水利科技

【科技成果】

2020 年 12 月,组织对参评淮委科学技术奖的项目进行筛选,提出优化完善意见和建议。沂沭泗局 4 项成果荣获 2021 年淮委科学技术奖(见表 1)。

表 1　2021 年淮委科学技术奖获奖成果名单

序号	获奖等级	成果名称	获奖单位	获奖人员
1	一等	数据与机理驱动的沂沭泗河洪水预报技术研究及应用	沂沭泗水利管理局水文局(信息中心);中国水利水电科学研究院;河海大学	屈　璞、赵艳红、廖卫红、詹道强、杨殿亮、张秋菊、蔡思宇、王秀庆、于百奎、谷黄河、杜庆顺、王　超、王　磊、胡文才、马　佳
2	三等	滑触线清扫蜘蛛人	南四湖水利管理局韩庄水利枢纽管理局	孙其友、张雪锋、孙立平、陈　帅、殷　欢
3	三等	一种宽度可调节的限宽墩	淮河工程集团有限公司;沂沭河水利管理局郯城河道管理局	高庆国、张传秋、付玉超、郝元华、李兴花
4	三等	开关式路卡装置研制与应用	枣庄安澜水利工程有限公司	侯　磊、殷　洪、王殿磊、纪国富、陈冠宇

一、数据与机理驱动的沂沭泗河洪水预报技术研究及应用简介

围绕沂沭泗河洪水预报技术问题,基于数据与机理驱动,实现高度非线性、高强度人类活动地区洪水的精准预报,研发沂沭泗河产汇流模型;基于开源 GIS 的前处理平台，集成高效参数率定技术和多模型集成技术，开发适应变化环境的沂沭泗河洪水预报系统；集成应用敏感性分析技术、大数据挖掘技术和动态维度搜索算法（DDS算法），提高水文参数率定的效率，降低优化结果的不确定性。

二、滑触线清扫蜘蛛人简介

围绕现有的滑触线清扫方式存在耗电量大、安全系数低、操作不便等问题，利用风能及太阳能对装置提供动力，实现节能耗、增动力；加入防脱落保险销，防止机器在运行时脱离轨道，两端加装红外线限位控制器，实现清扫完毕自动停止，提高安全系数；利用手机App通过移动网络或无线遥控器与蜘蛛人上的GSM天线完成配对，操作蜘蛛人作业，实现清扫过程全机械化。

三、一种宽度可调节的限宽墩简介

针对传统限宽墩不能移动、遇到紧急情况需要拆除、事后需要重新恢复的问题，通过内置式传动装置，采用直流驱动和人工操作两种方式，实现限宽墩间的宽度灵活调节；采用内置式齿轮齿条传动装置，改进装置对室外环境的适应性和运动可靠性。2020年8月，国家知识产权局颁发"一种宽度可调节的限宽墩"实用新型专利证书（专利号ZL 2019 2 1730360.1）。

四、开关式路卡装置研制与应用简介

采用混凝土基础对接带法兰盘圆钢立柱，立柱操作门配备玥玛锁。操作门内传动装置采用钢丝绳和定滑轮配合横向的弹簧和滑动销装置，用特制摇把与开启键配合操作路卡的开启关闭。需开启时，将特制摇把伸入键中转动，使销向右侧运动退出横杆，即可手动旋转横杆右侧将路卡打开。需关闭时，慢慢松开摇把，靠弹簧的弹性将销送回至横杆槽中，路卡呈锁死状态。开关全过程由机械、人工控制，无需接入电源。

（陈英杰）

水利信息化

【规划编制】

配合淮委完成《数字淮河总体规划》修改工作，提供沂沭泗河水系概况、信息化现状等，围绕数字淮河规划总体目标与框架，结合淮河保护治理高质量发展要求，明确立体感知体系、基础设施体系、数据资源体系、应用支撑平台、智慧应用系统、技术保障体系等七项建设任务。

（李智）

【前期工作】

依据水利部《"十四五"期间推进智慧水利建设实施方案》和淮委《数字孪生淮河总体规划》，编织完成《数字孪生南四湖二级坝工程试点建设实施方案》，搭建二级坝数字孪生平台，建设具有"预报、预警、预演、预案"功能的南四湖防洪"四预"系统和工程管理智能化系统。配合中水淮河规划设计研究有限公司完成"沂沭泗河洪水东调南下提标工程规划"资料收集整理工作，提供沂沭泗局水文水资源站点资料、沂沭泗局感知现状资料、沂沭泗局水闸参数资料等。完成"淮委沂沭泗局防汛会商设备改造"项目的申报工作，实施沂沭泗局本部辅楼二楼、骆马湖局、南四湖局及南四湖局直属的3个基层单位建设防汛视频会商系统改造。协助淮委防办完成《国家防汛抗旱指挥系统二期工程水利部抗旱业务应用系统设计变更报告》中"淮委沂沭泗水利管理局水情会商环境改造采购"项目的前期技术工作。

（李智　阚向楠）

【信息化建设】

建设沂沭泗局综合应用门户主页面，将单位要闻、业务工作动态、通知、个人待办事项和其他业务系统链接、接口等集中展示；建成淮委沂沭泗综合办公系统，实现沂沭泗局三级管理单位间公文收发管理和无纸化办公；建成移动办公系统，实现沂沭泗局本级及直属事业单位的移动办公。淮委沂沭泗综合办公系统开发单位为长春吉大正元信息技术股份有限公司，开工时间为 2020 年 7 月 16 日，完工时间为 2020 年 12 月 20 日，上线运行时间为 2021 年 1 月，上线前完成与淮委公文系统数据对接、邮件系统对接、档案管理系统对接，用户数量 927 人。淮委沂沭泗综合办公系统包含沂沭泗局综合应用门户、综合办公系统、移动 OA。沂沭泗局综合应用门户为各级管理单位提供综合办公入口，开展用户身份认证并为用户提供待办任务管理、业务系统链接、日程信息管理、信息检索管理等。沂沭泗局综合办公系统面向各级管理单位提供公文办理、行政许可、会议培训、日常办公、政务信息、个人事务、邮件系统等功能模块。移动 OA 系统实现沂沭泗局各级管理单位的移动办公，包括待办公文、已办公文、内部邮件、通讯录、综合事务、会议审核、会议通知、领导活动安排和出差申请等功能。

改造骆马湖局 6 个基层局及沂沭河局 5 个基层局的视频会商系统。

（李智　阚向楠）

【网络与信息系统安全及维护管理】

一、等级保护备案号更新和等级保护测评

根据等级保护测评工作备案号新规则，更新升级淮委沂沭泗防汛抗旱综合业务应用系统、淮委沂沭泗局电子政务系统及淮委沂沭泗局网站 3 个应用系统的备案证明编号。完成沂沭泗局防汛抗旱综合业务应用系统 3 级等级保护测评。

二、动态感知部署

配合淮委水文局（信息中心）完成沂沭泗水利管理局动态感知系统的部署工作，并投入使用动态感知系统。

三、网络系统和通信系统运行维护

完成沂沭泗水利管理局 2020 年度水利网信发展相关内容填报和 2021 年软件正版化统计上报。做好沂沭泗局网站云监测。做好沂沭泗局本部机房运行维护、制冷空调维修、机房视频监控系统安装、机房服务器存储量统计。完成通信系统、视频及监控系统的运维管理，为水旱灾害防御工作提供通信和会商保障。

（李智）

综合管理

党的建设

【政治建设】

始终把党的政治建设摆在首位,持续深化政治机关意识教育,进一步强化水利工作政治意识,推动党员干部在增强"四个意识"、坚定"四个自信"、做到"两个维护",走好"第一方阵"上更加重行重效、到底到位。以落实党员固定活动日制度为抓手,严格执行"三会一课"、主题党日、民主评议党员等组织生活制度。1月发文部署2020年度县以上党和国家机关党员领导干部民主生活会、基层党组织生活会和开展民主评议党员等工作,不断提高民主生活会、组织生活会质量。印发《2020年度民主生活会整改清单》(沂局党组〔2021〕11号),明确整改措施、责任部门(单位)、整改时限。坚持和完善重温入党誓词、入党志愿书及党员过"政治生日"等政治仪式。

(张菲菲)

【思想建设】

深入学习贯彻习近平新时代中国特色社会主义思想,把学懂弄通悟透习近平关于治水重要论述精神作为重要课题,切实加强各级党员干部理论武装。注重发挥领导干部示范引领作用,沂沭泗局党组制订理论学习计划,全年开展党组中心组理论学习22次。按照党中央统一部署和水利部、淮委工作要求,扎实开展党史学习教育、"三对标、一规划"专项行动,推动全局党员干部职工把学习成果转化为推动沂沭泗水利事业高质量发展的实践本领,内化为执着坚定的理想信念。切实抓好意识形态工作,定期分析研判意识形态领域情况,加强对重要节点、薄弱环节的有效管控,牢牢掌握意识形态领域的主动权和话语权,向淮委报送《中共沂沭泗局党组关于2020年意识形态工作情况的报告》(沂局党组〔2021〕9号)。

(张菲菲)

【组织建设】

树牢一切工作到支部的鲜明导向,贯彻落实《中国共产党支部工作条例(试行)》等党内法规,持续加强党支部标准化规范化建设。组织各党组织,尤其是本年度接受淮委党组巡察的沂沭河局党委、骆马湖局党委认真对照淮委党组巡察、党建督查反馈问题清单等开展自查自纠和整改落实。执行基层党组织按期换届提醒督促机制,开展基层党组织按期换届自查工作,沂沭泗局20个党支部按期完成换届选举。推动各级领导干部先学一步、学深一层,11月在盐城市委党校举办党组织书记培训班,50人次参加培训。完善党建联络员制度,聘任2021年度党建工作联络员,持续提升党务人员履职能力。沂沭泗局直属单位党组织机构表(截至2021年12月底)见表1。

表 1　沂沭泗局直属单位党组织机构表(截至 2021 年 12 月底)

序号	党委名称	党组织名称	换届时间	党组织书记	党委委员或支部委员					
					组织委员	宣传委员	纪委书记或纪检委员	其他委员		
1	沂沭泗局直属机关党委	沂沭泗局直属机关党委	2018 年 1 月	陈光临			王新律	曹革苗(专职副书记) 包树胜 张　浩　孔善能　王云颂		
2		沂沭泗局直属机关纪委	2018 年 1 月				王新律	张　浩	王清安	
3		纪检组党支部	2021 年 5 月	王新律						
4		办公室党支部	2021 年 7 月	李炳文	胡　影					
5		水政安监处党支部	2021 年 7 月	黄学超	刘星祥		孔善能			
6		水资源处党支部	2021 年 6 月	李万荣						
7		财务审计处党支部	2021 年 7 月	陈复信	魏鸿云		张　浩	刘远军(副书记)		
8		人事处党支部	2021 年 5 月	高庆茹	彭春年		陈典银			
9		基建处党支部	2021 年 6 月	徐　旭						
10		水管处党支部	2021 年 7 月	魏　蓬	欧朝晖	张凤翔	徐小松			
11		党群党支部	2021 年 6 月	曹革苗	张菲菲		王子明			
12		水文局党支部	2021 年 7 月	杨殿亮	詹道强	朱泽永				
13		抢险队党支部	2021 年 8 月	吴正松	王伯龙		邢　坦			
14										
15		综合事业发展中心党支部	2021 年 5 月	刘西苓						
16		后勤服务中心党支部	2021 年 7 月	王清安						
17		离退休党支部	2021 年 11 月	颜　波	钱淑萍	黄跃光	李晓晴	荆小卫(副书记)		

续表 1

序号	党委名称	党组织名称	换届时间	党组织书记	党委委员或支部委员					
					组织委员	宣传委员	纪委书记或纪检委员	其他委员		
18	南四湖水利管理局党委	南四湖局党委	2017 年 11 月	张志振			赵建海	王建新	刘星祥	王建军
19		南四湖局纪委	2017 年 11 月				赵建海	侯庆斌	任洪奎	
20		机关党支部	2020 年 3 月	王喜民	王　佳	王　敏	刘　欣	李国一		
21		离退休党支部	2020 年 1 月	任洪奎	李国一		王士学			
22		上级湖水利管理局党支部	2020 年 11 月	袁卫东	赵公言	孙魏魏	赵公言			
23		下级湖水利管理局党支部	2020 年 11 月	王志杰	宋　凯	汪　伟	鹿　川			
24		二级坝水利枢纽管理局党支部	2020 年 1 月	袁辉磊	张继福	朱茂东	李晓东	焦裕坦	王　强	
25		韩庄水利枢纽管理局党支部	2020 年 11 月	张雪锋	孙立平	陈凡宏	吉光林	甄成东	孙忠富	
26		蔺家坝水利枢纽管理局党支部	2020 年 1 月	耿雪飞	华永凯	李　辉	任　强			
27		韩庄运河水利管理局党支部	2020 年 9 月	纪国富	姜洪杰	刁爱国	洪　为			
28		中央防汛物资储备定点仓库党支部	2020 年 11 月	赵万利			潘延忠			

续表 1

<table>
<tr><th rowspan="2">序号</th><th rowspan="2">党委名称</th><th rowspan="2">党组织名称</th><th rowspan="2">换届时间</th><th rowspan="2">党组织书记</th><th colspan="6">党委委员或支部委员</th></tr>
<tr><th>组织委员</th><th>宣传委员</th><th>纪委书记或纪检委员</th><th colspan="3">其他委员</th></tr>
<tr><td>29</td><td rowspan="11">沂沭河水利管理局党委</td><td>沂沭河局党委</td><td>2017 年 11 月</td><td>李相庆</td><td></td><td></td><td>贾　庆</td><td>郭爱波</td><td>郭宇锋</td><td></td></tr>
<tr><td>30</td><td>沂沭河局纪委</td><td>2017 年 11 月</td><td></td><td></td><td></td><td>贾　庆</td><td>倪雪峰</td><td>李风雷</td><td></td></tr>
<tr><td>31</td><td>机关党支部</td><td>2020 年 8 月</td><td>胡怀华</td><td>丁里里</td><td colspan="2">陈　宁</td><td></td><td></td><td></td></tr>
<tr><td>32</td><td>离退休党支部</td><td>2020 年 7 月</td><td>马建亮</td><td>沈亚楠</td><td>乔　清</td><td>刘庆恩</td><td>王传军
（副书记）</td><td></td><td></td></tr>
<tr><td>33</td><td>沂河水利管理局党支部</td><td>2020 年 7 月</td><td>张传秋</td><td>朱佃贵</td><td>赵媛媛</td><td>姚顺金</td><td>杨德胜</td><td></td><td></td></tr>
<tr><td>34</td><td>沭河水利管理局党支部</td><td>2020 年 8 月</td><td>李风雷</td><td colspan="2">倪天华</td><td>王俊华</td><td>张登科</td><td></td><td></td></tr>
<tr><td>35</td><td>大官庄水利枢纽管理局党支部</td><td>2020 年 8 月</td><td>王金柱</td><td>单　府</td><td>高玉波</td><td>单　府</td><td></td><td></td><td></td></tr>
<tr><td>36</td><td>刘家道口水利枢纽管理局党支部</td><td>2020 年 7 月</td><td>徐书峰</td><td>吴新海</td><td>郑思成</td><td>马世斌</td><td>王彦法</td><td></td><td></td></tr>
<tr><td>37</td><td>江风口分洪闸管理局党支部</td><td>2020 年 8 月</td><td>董　超</td><td>王昌伟</td><td colspan="2">公　静</td><td></td><td></td><td></td></tr>
<tr><td>38</td><td>郯城河道管理局党支部</td><td>2020 年 8 月</td><td>庞永祥
（副书记主持）</td><td>朱万春</td><td>季相钒</td><td>马增智</td><td>房保刚</td><td></td><td></td></tr>
<tr><td>39</td><td>河东河道管理局党支部</td><td>2020 年 8 月</td><td>王伟涛</td><td colspan="2">周立君</td><td>王纪峰</td><td></td><td></td><td></td></tr>
</table>

续表 1

序号	党委名称	党组织名称	换届时间	党组织书记	党委委员或支部委员					
					组织委员	宣传委员	纪委书记或纪检委员	其他委员	其他委员	其他委员
40		骆马湖局党委	2017 年 11 月	马永恒			边苏雷	李新国	宋宗伟	
41		骆马湖局纪委	2017 年 11 月				边苏雷	赵以民	宋光宏	
42		骆马湖局机关党总支	2020 年 7 月	王　勇	张金平	杨　勇	宋光宏	赵以民		
43		党群人劳党支部	2020 年 7 月	周启明	丁　杰		张　新			
44		水政水资源党支部	2020 年 7 月	葛彦军	陈权仁	葛彦军	王　兰			
45		财务监审党支部	2020 年 7 月	任继海（副书记主持）	丁苏琴	何敬敬				
46	骆马湖水利管理局党委（设机关党总支）	水利管理党支部	2020 年 7 月	夏书宾	胡　健	田军军	胡　健			
47		机关后勤服务中心党支部	2020 年 3 月	何庆国			沈继柏			
48		防汛抢险分队党支部	2020 年 3 月	孙良卫	殷照生	郭　斌	殷照生			
49		邳州河道管理局党支部	2021 年 3 月	陆鹏飞	陈　君	陈　虎	吴　海			
50		新沂河道管理局党支部	2021 年 3 月	张志滨（副书记主持）	张广伟	袁理想	王春宇			
51		沭阳河道管理局党支部	2021 年 3 月	计永华	郑文涛	高钟勇	郑文涛	冯述军		
52		灌南河道管理局党支部	2021 年 12 月	王迎涛	何　津	徐书涛				
53		宿迁水利枢纽管理局党支部	2021 年 3 月	郑文静	潘德洲		杜红磊			
54		嶂山闸管理局党支部	2020 年 6 月	苏　铁	朱　玄		徐　晓			

续表 1

序号	党委名称	党组织名称	换届时间	党组织书记	党委委员或支部委员					
					组织委员	宣传委员	纪委书记或纪检委员	其他委员		
55	淮河工程集团有限公司党委	淮工集团党委	2018 年 4 月	李学格	孙　琪	王怀冲	谭　涛	单建军	宋光宪	
56		淮工集团纪委	2018 年 4 月				谭　涛	孙广静		
57		总部党支部	2020 年 3 月	谭　涛	李　倩	孙广静				
58		枣庄市安澜水利工程有限公司联合党支部	2021 年 5 月	尤元飞	崔小峰	黄桂新	魏本成			
59		沂沭河水利工程有限公司联合党支部	2020 年 3 月	殷　洪	王殿磊	李　超	崔　磊			
60		江苏瑞龙水利工程有限公司联合党支部	2020 年 4 月	孙　琪	苏　生	吴加涛	苏　生			

加强党费使用管理，制定印发《沂沭泗局机关基层党组织党建活动经费管理实施细则》（办财务〔2021〕24 号）。做好党员发展工作，新确定 18 名入党积极分子，吸纳接收 37 名预备党员，14 名预备党员按期转正。推进党建和业务深度融合，持续深化直属机关“一支一项”先锋工程，深入推进“党建进工地”，大力推行“双联双促”工作法。组织开展“两优一先”评选表彰，沂沭泗局的 50 名优秀共产党员、15 名优秀党务工作者和 15 个先进基层党组织荣获淮委表彰。打造基层党建工作品牌，骆马湖局灌南局荣获第一届水利部“水利先锋党支部”称号，南四湖局韩庄运河局党支部荣获淮委第一届“水利先锋党支部”称号。

（张菲菲）

【党风廉政建设】

3 月 8 日，召开 2021 年党风廉政建设工作会议，推进全面从严治党向纵深发展。深化以案促改，印发《沂沭泗局党建工作领导小组关于开展职工食堂和公务加油卡管理专项整治工作的通知》（沂局党建〔2021〕3 号）、《沂沭泗局办公室关于开展公务出差与差旅费管理专项整治工作的通知》（办综〔2021〕25 号），3 月组织开展职工食堂、公务加油卡、公务出差与差旅费报销管理 3 个专项整治工作，针对发现的共性问题和基层普遍反映的意见建议研究提出解决问题的措施和办法，制定《关于规范和加强职工食堂管理的通知》（沂局党建〔2021〕9 号），向淮委纪检组报送《中共沂沭泗局党组关于贯彻落实中央八项规定精神专项整治工作开展情况的报告》（沂局党组〔2021〕18 号）。制定印发《整治形式主义官僚主义突出问题的若干措施》（沂局党组〔2021〕47 号），为持续做好基层减负工作制定主要措施、明确任务分工。5 月，组织开展干部职工非职务违法犯罪专项排查整治工作，坚持工作时间之内与工作时间之外监管同步覆盖、职务违法违纪行为与非职务违法违纪行为同步惩治。7 月，开展廉政风险点梳理排查工作，制定印发《沂沭泗局廉政风险及防控措施清单（试行）》（沂局党组〔2021〕46 号），涉及 6 大类 29 个具体事项，梳理排查 99 个廉政风险点，在全局层面建构起水利廉政风险防控总体框架。制定印发《中共沂沭泗局党组落实全面从严治党主体责任 2021 年度任务安排》（沂局党组〔2021〕21 号）、《领导班子成员落实“一岗双责”重点任务清单》（沂局党组〔2021〕60 号），贯彻落实《中共中央关于加强对“一把手”和领导班子监督的意见》重点任务清单，深化“四责协同”机制，层层压实各级领导干部抓党建工作“一岗双责”。

（张菲菲）

【精神文明建设】

制定印发《沂沭泗局开展倡导文明健康绿色环保生活方式活动的实施意见》（沂局文明委〔2021〕1 号），引导干部职工培养文明行为习惯、养成健康生活方式、弘扬崇尚节约理念、树立绿色环保观念。骆马湖局、刘家道口局成功创建全国水利文明单位，全局省部级以上文明单位达 18 个（见表 2）。组织党员干部开展疫情防控志愿服务，沂沭泗局各级党组织 800 余人次下沉社区参与疫情防控工作。通过佩戴党员徽章、创建党员先锋岗、争当服务群众标兵、开展党员“承诺践诺评诺”等活动，增强党员意识，彰显先进性。

（张菲菲）

表 2　沂沭泗局省部级以上文明单位统计(截至 2021 年 12 月)

序号	单位名称	文明单位称号	初次创建时间	最新复核时间
1	南四湖局机关	全国水利文明单位	2017 年	2020 年
		江苏省文明单位	2015 年	2021 年
2	南四湖局上级湖局	山东省文明单位	2012 年	2021 年
3	南四湖局下级湖局	江苏省文明单位	2016 年	2021 年
4	南四湖局二级坝局	山东省文明单位	2016 年	2021 年
5	南四湖局韩庄枢纽局	山东省文明单位	2016 年	2021 年
6	南四湖局蔺家坝局	江苏省文明单位	2016 年	2021 年
7	南四湖局韩庄运河局	山东省文明单位	2012 年	2021 年
8	沂沭河局机关	全国水利文明单位	2015 年	2020 年
		山东省文明单位	2019 年	2021 年
9	沂沭河局沭河局	山东省文明单位	2016 年	2021 年
10	沂沭河局郯城局	山东省文明单位	2017 年	2021 年
11	沂沭河局刘家道口局	全国水利文明单位	2021 年	2021 年
12	骆马湖局机关	全国水利文明单位	2021 年	2021 年
		江苏省文明单位	2013 年	2021 年
13	骆马湖局邳州局	江苏省文明单位	2019 年	2021 年
14	骆马湖局新沂局	江苏省文明单位	2016 年	2021 年
15	骆马湖局沭阳局	江苏省文明单位	2013 年	2016 年
16	骆马湖局灌南局	全国水利文明单位	2008 年	2020 年
		江苏省文明单位	2013 年	2021 年
17	骆马湖局嶂山局	江苏省文明单位	2013 年	2019 年
18	山东沂沭河水利工程有限公司	山东省文明单位	2017 年	2021 年

【群团工作】

抓牢青年群体,深化青年理论学习提升工程,9月赴红旗渠举办青年理想信念教育培训班,47人次参加。4月,召开“学党史 守初心 绽韶华”主题党日活动暨青年理论学习成果交流展示会。在淮委第一届“双十一优”表彰中,沂沭泗局3名青年职工荣获“十佳青年理论学习标兵”,3个学习小组荣获十佳青年理论学习小组,2名导师荣获优秀青年理论学习小组导师称号。在淮委“党在我心中”知识竞赛中沂沭泗局办公室、骆马湖局两支青年代表队分别荣获一等奖、三等奖。

(张菲菲)

【党史学习教育】

3月,召开沂沭泗局党史学习教育动员部署会议,制定《中共沂沭泗局党组关于印发开展党史学习教育实施方案的通知》(沂局党组〔2021〕15号),确保党史学习教育不变形、不走样。认真落实党员领导干部讲党课制度,全局各级领导干部和党组织书记讲授专题党课71场。组织党员干部围绕4个时期历史专题、习近平总书记“七一”重要讲话精神和党的十九届六中全会精神开展学习研讨,分别于7月和12月举办学习贯彻习近平总书记“七一”重要讲话和党的十九届六中全会精神两期专题读书班。按照党中央统一部署,全局各级党组织召开党史学习教育专题组织生活会。举办“学党史、唱红歌、颂党恩、跟党走”职工歌咏活动,组织参加淮委“传承红色经典 讴歌丰功伟绩”庆祝中国共产党成立100周年职工歌咏比赛,沂沭泗局、沂沭河局荣获二等奖,骆马湖局荣获三等奖。为52名老党员颁发“光荣在党50年”纪念章,慰问老党员、老干部和生活困难党员233人次,发放慰问金15万元(含春节慰问)。组织党员干部赴沂蒙革命纪念馆、淮海战役烈士纪念塔、盐城新四军军部旧址等开展对党忠诚教育、革命传统教育,举办“弘扬淮海战役精神,赓续红色血脉”专题辅导讲座。开展“我为群众办实事”实践活动,围绕水旱灾害防御、直管河湖保护、基层能力建设、服务基层群众等重点、难点问题,组织完成局党组确定的二湾法治教育基地建设等10件实事(见表3)和各部门、单位认领的84件实事。

(张菲菲)

表3 沂沭泗局党组“我为群众办实事”项目清单及成效

序号	具体办理实事	受益单位(群众)	截至2021年12月项目完成情况
1	骆马湖流域二湾生态修复与法治教育基地建设	沿湖群众	按照《二湾法治生态基地建设方案》完成建设工作
2	对直接影响江苏、山东两省部分沿河乡镇防洪安全的14处水毁工程进行修复,保障沿河人民群众生命财产安全	江苏、山东两省沿河乡镇群众	14个水毁项目的主体工程及附属工程在5月底全部完工

续表 3

序号	具体办理实事	受益单位(群众)	截至 2021 年 12 月 项目完成情况
3	在新沂河右岸堤防及护堤地上种植林木 15000 棵,改善沭阳县李恒等乡镇生态环境,助力乡村振兴	沭阳县李恒等乡镇群众	在新沂河右岸堤坡及护堤地实际种植林木 19000 棵
4	修复新沂河右堤、伊家河右堤等堤顶道路,进一步保障灌南县北陈集镇、台儿庄区马兰屯镇等乡镇人民群众防洪安全,方便沿岸村庄村民群众的出行,进一步巩固脱贫攻坚成果	灌南县北陈集镇、台儿庄区马兰屯镇等乡镇群众	伊家河右堤桩 30+783~31+900 段堤顶路工程,长度共 1117 m,宽 4.5 m,项目已完工。新沂河右堤桩 108+130~109+654 段堤顶道路工程,长度共 1206 m,宽 8 m,项目已于 4 月 30 日完工
5	推进郯城县沂河、沭河两岸建设滨河大道,对接协调建设单位,做好项目报审服务工作,改善郯城县沂河、沭河沿河百姓出行条件,助力乡村振兴	郯城县沂河、沭河沿河群众	郯城县沂河、沭河两岸建设滨河大道均完成项目网上申报,已帮助郯城县政府完成项目方案审查
6	为云龙区彭城街道莲花社区设置公共便民晾衣架	莲花社区群众	公共便民晾衣架已完工
7	积极做好"双报到"社区共驻共建项目	兰山区柳青街道水韵社区	4 月与兰山区柳青街道水韵社区协商确定 2021 年"双报到"工作共驻共建项目清单,6 月 18 日报临沂市"双报到"办公室进行备案。7 月 30 日正式向水韵社区移交环境卫生消杀喷洒设备和消毒液,"双报到"社区共驻共建项目已全部完成
8	帮扶宿迁市湖滨新区魏场村村民文化广场项目建设	魏场村村民	村民文化广场已建设完成

续表 3

序号	具体办理实事	受益单位(群众)	截至 2021 年 12 月项目完成情况
9	加快推进沂沭河上游堤防加固和南四湖二级坝除险加固工程建设,做好沂沭河上游堤防加固工程施工迁占和二级坝环境整治工作,改善二级坝交通状况和坝区环境,维护好群众的切身利益	山东省临沂、日照两市部分沿河乡镇群众	沂沭河上游堤防加固工程 6 个标段的堤防填筑施工已经全面展开,部分穿堤建筑物已开始施工
		山东省微山县、江苏省沛县沿湖及湖区乡镇群众	南四湖二级坝除险加固工程已完工
10	与邳州市新河镇程圩村结对共建,为村民建公共厕所,提高村民生活质量	邳州市新河镇程圩村村民	公厕施工项目已完成

【“三对标、一规划”专项行动】

按照水利部、淮委对“三对标、一规划”专项行动的安排部署,沂沭泗局制定《中共沂沭泗局党组关于印发“三对标、一规划”专项行动工作安排的通知》(沂局党组〔2021〕13 号),组织各部门、单位围绕政治对标、思路对标、任务对标和“十四五”发展规划等 4 个专题 24 个具体问题开展 238 次集中学习研讨,3300 余人次参加学习研讨。观看专题辅导讲座 4 场,汇编发言材料 84 篇,编制完成《“十四五”沂沭泗水利管理事业高质量发展总体工作计划》和《沂沭泗河防洪工程体系规划建设思路报告》《沂沭泗局“十四五”水利管理发展思路报告》《沂沭泗水利信息化建设思路报告》等 3 个专项工作规划。

(张菲菲)

纪检工作

【监督提醒】

一、加强思想政治引领

坚持把学习贯彻习近平新时代中国特色社会主义思想作为主线,认真贯彻十九届五中全会、十九届中央纪委五次全会、全国“两会”等重要会议精神,跟进学习习近平总书记重要讲话指示批示精神,不断增强“四个意识”,坚定“四个自信”,做到“两个维护”。深入贯彻习近平总书记治水重要论述精神、视察淮河重要指示精神,学习贯彻水利部党组、淮委党组和淮委纪检组要求,紧密结合沂沭泗局纪检组职责,认真抓好贯彻落实。

二、突出监督首要职责

聚焦习近平总书记重要讲话指示批示

精神、党中央重大决策部署和水利部党组、淮委党组工作要求贯彻落实情况加强政治监督，通过列席会议、民主生活会督导、谈心谈话、实地检查等做实同级监督。对水利部党组巡视、淮委党组巡察反馈问题整改情况进行跟进监督，对“四风”问题、违规吃喝、餐饮浪费等进行长期监督。对水旱灾害防御工作进行专项监督，先后组织3次专项检查，督导检查台风“烟花”洪水防御工作，暗访4个基层局防汛值班及险工险段治理情况。监督做好直管河湖“清四乱”、采砂管理、涉河建设项目许可等工作，促进依法履行流域机构职责。

三、持续抓好疫情防控监督

持续督促落实党中央、水利部和属地疫情防控、水利复工复产等部署要求，加强对落实防控责任、防控措施、纪律作风等的监督。针对南京、扬州防疫严峻形势，第一时间响应，主动作为，研究确定12条疫情防控监督检查重点任务，部署直属各单位开展自查自纠，及时向局党组汇报检查结果及意见建议，并编印《防疫专刊》，确保防控工作全覆盖、无疏漏。

四、紧盯“关键少数”加强日常监督

综合运用日常检查、会议监督、约谈提醒、信访核查等多种方式，加强对局机关处室、直属单位“一把手”和领导班子的监督。督促严把选人用人“五关”，加强纪律监督，8月组织对新任14名处级、20余名科级领导干部集体廉政谈话，对干部提拔任用、评优评先等进行廉政审核，出具廉政意见55人次。贯彻落实《中共中央关于加强对“一把手”和领导班子监督的意见》，全年与4个直属单位党委“一把手”谈心谈话，与4个基层局领导班子进行集体谈话。

五、加强落实中央八项规定精神情况的监督

坚持日常监督和专项监督相结合，紧盯重要节点，印发《沂沭泗局纪检组关于2021年元旦春节期间紧盯“四风”确保节日期间风清气正的通知》（沂局纪检〔2021〕1号）等文件，严明纪律要求，编发节日期间违反中央八项规定精神等典型问题通报摘录，发送廉政提醒短信，抽查3家驻徐单位节日期间公车封存情况。督促开展职工食堂、公务加油卡、公务出差与差旅费报销管理专项整治和“回头看”，及时反馈检查意见、提出整改建议，督促建立健全工作机制，堵塞制度漏洞。

（杨学良）

【执纪问责】

深化标本兼治一体推进“三不腐”。

2021年共受理处理信访举报20件，给予3名党员党纪处分、1名企业人员记过处分、1名职工开除公职、8名职工批评教育和提醒谈话。做好监督执纪“后半篇文章”，认真开展回访教育，通过查阅有关处分处理资料、回访受处分人员所在单位领导同事、谈心谈话等方式全面了解回访对象思想状况和工作表现，帮助其提高认识和改正错误，放下思想“包袱”再出发。深化以案为鉴、以案促改，组织开展警示教育活动。

（杨学良）

【能力提升】

一、建立制度健全机制

3月，召开全局纪检工作座谈会，对年度重点工作进行部署安排，印发《沂沭泗局纪检组2021年工作计划和细化措施及责任分工》（沂局纪检〔2021〕17号），做到责任到岗、任务到人。制定内部职责分工、请销假、公文处理、案件归档等管理制度。

编制《沂沭泗局干部职工落实中央八项规定精神行为指南》、“关于信访举报处理50个应注意的问题”和“100个廉政典型案例”。

二、加强纪检干部队伍建设

认真贯彻驻部纪检监察组党员干部日常行为规范要求，强化自我约束，自觉接受监督。严格执行民主集中制和重大事项请示报告制度，坚持重要事项集体研究，对纪检组全体工作人员提出“7项注意”，严防“灯下黑”。加强纪检组党支部建设，认真落实党建工作责任制，制定进一步深化理论学习的实施意见、2021年组织生活计划，推行“四个一”学习法。开展“以案代训、以案促学，持续推动直属单位执纪审查水平提升”一支一项先锋行动，与沭阳局开展联学共做、双联双促，推动党建与业务工作融合发展。

（杨学良）

人事教育

【重要人事任免】

一、沂沭泗局领导

2021年12月27日，水利部部任〔2021〕136号通知，根据《水利部所属流域管理机构各级参公机关职务与职级并行制度实施方案》，经部党组会研究，晋升郑雪峰的职级为一级巡视员，职级任职时间自2021年12月起算。

二、二级巡视员

水利部淮河水利委员会淮委人事〔2021〕83号通知，根据《淮委各级机关参公人员职务与职级并行制度实施方案》规定，经中共水利部淮委党组2021年2月22日决定并报水利部人事司同意，包树胜、陈复信晋升为淮委沂沭泗水利管理局二级巡视员。

三、副总工

中共沂沭泗局党组2021年3月11日研究决定，并报淮委同意、水利部人事司备案同意，免去田永禄的沂沭泗局副总工程师（正处级）职务；2021年12月29日，经中共水利部淮委党组研究，免去田永禄淮委沂沭泗水利管理局二级巡视员职级；根据国家关于干部退休的政策规定，经中共沂沭泗局党组研究决定，批准田永禄自2021年12月退休。

中共沂沭泗局党组2021年3月11日研究决定，并报淮委同意、水利部人事司备案同意，任命王从明为沂沭泗局副总工程师（正处级，试用期1年），免去其沂沭泗局水利管理处（防汛抗旱办公室）副处长（副主任）职务。

四、机关处室负责人

（一）办公室

中共沂沭泗局党组2021年8月2日研究决定，任命胡影为沂沭泗局办公室副主任（副处级，试用期1年）。

（二）水政与安全监督处

中共沂沭泗局党组2021年6月15日研究决定，任命刘星祥为沂沭泗局水政与安全监督处（水政监察总队）副处长（副总队长，挂职）。

（三）水资源处

中共沂沭泗局党组2021年3月11日研究决定，并报淮委同意、水利部人事司备案同意，任命李万荣为沂沭泗局水资源处处长，试用期1年，免去其沂沭泗局办公室副主任（副处级）职务。

中共沂沭泗局党组2021年3月11日研究决定，并报淮委同意、水利部人事司备案同意，免去宋心同的沂沭泗局水资源处处长职务。

（四）财务处

中共沂沭泗局党组 2021 年 8 月 2 日研究决定，任命孟昭瑞为沂沭泗局财务处副处长，试用期 1 年。

（五）基建处

中共沂沭泗局党组 2021 年 3 月 11 日研究决定，并报淮委同意、水利部人事司备案同意，任命徐旭为沂沭泗局基建处处长（试用期 1 年）。

中共沂沭泗局党组 2021 年 8 月 3 日研究决定，免去周文喆的沂沭泗局基建处副处长职务。

中共沂沭泗局党组 2021 年 11 月 22 日研究决定并报淮委同意，任命邢坦为沂沭泗局基建处副处长（试用期 1 年）。

中共沂沭泗局党组 2021 年 11 月 22 日研究决定，任命李光森为沂沭泗局基建处副处长（试用期 1 年）。

（六）水利管理处（防汛抗旱办公室）

中共沂沭泗局党组 2021 年 6 月 15 日研究决定，任命欧朝晖为沂沭泗局水利管理处（防汛抗旱办公室）副处长（副主任，挂职）。

中共沂沭泗局党组 2021 年 8 月 2 日研究决定，任命张凤翔为沂沭泗局水利管理处（防汛抗旱办公室）副处长（副主任，试用期 1 年）。

（七）审计处

中共沂沭泗局党组 2021 年 3 月 11 日研究决定，并报淮委同意、水利部人事司备案同意，任命刘远军为沂沭泗局审计处处长（试用期 1 年）。

中共沂沭泗局党组 2021 年 8 月 2 日研究决定，任命魏鸿云为沂沭泗局审计处副处长（试用期 1 年）。

（八）纪检组

根据《中共水利部淮委党组关于在沂沭泗水利管理局实施纪检机构直接管理的通知》（淮委党组〔2020〕39 号），经研究，任命王新律为中共淮河水利委员会沂沭泗水利管理局纪检组（简称沂沭泗局纪检组）副组长（正处级）兼纪检一室主任、直属机关党委副书记（纪委书记），一级调研员，原任职务一并免去。根据工作需要，经中共沂沭泗局党组 2021 年 8 月 3 日研究决定，免去王新律的沂沭泗局纪检组纪检一室主任职务。

中共沂沭泗局党组 2021 年 8 月 2 日研究决定，任命杨学良为沂沭泗局纪检组纪检一室副主任（副处级，试用期 1 年），习德坤为沂沭泗局纪检组纪检二室副主任（副处级，试用期 1 年）。

五、直属单位负责人

（一）南四湖水利管理局

中共沂沭泗局党组 2021 年 1 月 26 日研究决定，任命王建军为南四湖水利管理局总工程师；免去张志振的南四湖水利管理局总工程师职务。

中共沂沭泗局党组 2021 年 5 月 21 日研究决定，增补仇小霖同志为南四湖水利管理局党委委员；任命仇小霖为南四湖水利管理局副局长（副处级，挂职）。

中共沂沭泗局党组 2021 年 12 月 29 日研究决定，任命王建军同志为中共南四湖水利管理局纪委书记；免去赵建海同志的中共南四湖水利管理局纪委书记、党委委员职务。

（二）沂沭河水利管理局

中共沂沭泗局党组 2021 年 3 月 11 日研究决定，并报淮委同意、水利部人事司备案同意，任命李相庆同志为中共沂沭河水利管理局党委书记；任命李相庆为沂沭河水利管理局局长（正处级，试用期 1 年）。

中共沂沭泗局党组 2021 年 3 月 11 日

研究决定,并报淮委同意、水利部人事司备案同意,免去苏冠鲁同志的中共沂沭河水利管理局党委书记、党委委员职务;免去苏冠鲁的沂沭河水利管理局局长(正处级)职务。

中共沂沭泗局党组2021年8月2日研究决定,增补郭宇锋同志为中共沂沭河水利管理局党委委员;任命郭宇锋为沂沭河水利管理局副局长(副处级,试用期1年)。

中共沂沭泗局党组2021年12月29日研究决定,任命贾庆同志为中共沂沭河水利管理局纪委书记;免去李相庆同志的中共沂沭河水利管理局纪委书记职务。

根据国家关于干部退休的政策规定,经研究,免去徐强以的沂沭河水利管理局副局长、总工程师职务与二级调研员职级,批准其自2021年11月退休。

(三)骆马湖水利管理局

中共沂沭泗局党组2021年1月26日研究决定,免去陈典银的中共骆马湖水利管理局党委委员、纪委书记职务,免去陈典银的中共骆马湖水利管理局副局长职务。

中共沂沭泗局党组2021年5月21日研究决定,增补边苏雷同志为中共骆马湖水利管理局党委委员;任命边苏雷为中共骆马湖水利管理局副局长(副处级,挂职)。

中共沂沭泗局党组2021年12月29日研究决定,任命边苏雷同志为中共骆马湖水利管理局纪委书记。

(四)水文局(信息中心)

中共沂沭泗局党组研究决定,并报淮委同意、水利部人事司备案同意,任命杨殿亮为沂沭泗局水文局(信息中心)局长(主任,正处级),任职时间自2021年6月起算(试用期1年)。

根据国家关于干部退休的政策规定,经中共沂沭泗局党组研究决定,并报淮委同意、水利部人事司备案同意,免去屈璞的沂沭泗局水文局(信息中心)局长(主任,正处级)职务,批准其自2021年6月退休。

中共沂沭泗局党组2021年11月22日研究决定,任命胡文才为沂沭泗局水文局(信息中心)副局长(副主任,副处级,试用期1年)。

(五)防汛机动抢险队

中共沂沭泗局党组2021年11月22日研究决定,免去邢坦沂沭泗局防汛机动抢险队总工程师(副处级)职务。

(六)机关后勤服务中心

中共沂沭泗局党组2021年5月21日研究决定,并报淮委同意、水利部人事司备案同意,任命王清安为沂沭泗局机关后勤服务中心主任(正处级,试用期1年)。

(七)淮河工程集团有限公司

中共沂沭泗局党组2021年5月21日研究决定,免去马世斌的淮河工程集团有限公司副总经理(按副处级干部管理)职务,另有任用。

中共沂沭泗局党组2021年11月22日研究决定,增补谭涛同志为中共淮河工程集团有限公司党委委员;任命谭涛为淮河工程集团有限公司副总经理(按副处级干部管理,试用期1年)。中共沂沭泗局党组2021年12月29日研究决定,任命谭涛同志为中共淮河工程集团有限公司纪委书记。

(杜淑文)

【机构编制管理】

一、组织机构

(一)沂沭泗局领导班子

淮委党组成员,沂沭泗局党组书记、局长:刘玉年

沂沭泗局党组成员、副局长：阚善光　郑胡根　郑雪峰　王念彪

沂沭泗局党组成员、纪检组组长：翟伟锋

（二）其他局领导

一级巡视员：陈光临

（三）副总工程师

田永禄（2021年3月止）　方元龙　王从明（2021年3月起）

（四）机关处室、纪检组

1. 办公室

主任：李炳文

副主任：李万荣（2021年3月止）　胡影（2021年8月起）

2. 水政与安全监督处（水政监察总队）

处长：黄学超

副处长：孔善能　刘星祥（2021年6月起）　仇小霖

3. 水资源处

处长：宋心同（2021年3月止）　李万荣（2021年3月起）

副处长（正处级）：汤瑞光

4. 财务处

处长：陈复信

副处长：张浩　孟昭瑞（2021年8月起）

5. 人事处

处长：高庆茹

副处长：彭春年

6. 基建处

处长：徐旭（2021年3月起）

副处长：周文喆（2021年8月止）　邢坦（2021年11月起）　李光森（2021年11月起）

7. 水利管理处（防汛抗旱办公室）

处长：魏蓬

副处长：边苏雷　欧朝晖（2021年6月起）　徐小松　张凤翔（2021年8月起）

8. 审计处

处长：刘远军（2021年3月起）

副处长：魏鸿云（2021年8月起）

9. 直属机关党委、局工会（合署办公）

直属机关党委书记：陈光临

直属机关党委专职副书记（正处级）：曹革苗

直属机关党委副书记（纪委书记，正处级）：王新律（2021年1月起）

工会主席：陈光临

工会常务副主席（正处级）：包树胜

工会副主席（副处级）：王子明

10. 纪检组

组长：翟伟锋

副组长（正处级）：王新律（2021年1月起）

纪检一室主任：王新律（2021年1月起，2021年8月止）

纪检一室副主任：杨学良（2021年8月起）

纪检二室副主任：习德坤（2021年8月起）

（五）直属单位

1. 南四湖水利管理局

党委书记、局长：张志振

党委委员、副局长：王建新　刘星祥　王建军　仇小霖（2021年5月起）

党委委员：赵建海（2021年12月止）

2. 沂沭河水利管理局

党委书记、局长：苏冠鲁（2021年3月止）　李相庆（2021年3月起）

党委委员、副局长：徐强以（2021年11月止）　郭爱波　贾庆　郭宇锋（2021年8月起）

3. 骆马湖水利管理局

党委书记、局长：马永恒

党委委员、副局长:陈典银(2021 年 1 月止) 欧朝晖 边苏雷(2021 年 5 月起) 宋宗伟

党委委员:李新国

4. 水文局(信息中心)

局长(主任):屈璞(2021 年 6 月止) 杨殿亮(2021 年 6 月起)

副局长(副主任):朱泽永 胡文才(2021 年 11 月起)

总工程师:詹道强

5. 防汛机动抢险队

队长:吴正松

副队长:王伯龙

总工程师:邢坦(2021 年 11 月止)

6. 综合事业发展中心

主任:刘西苓

7. 机关后勤服务中心

主任:王清安(2021 年 5 月起)

8. 淮河工程集团有限公司

党委书记、董事长、总经理:李学格

党委委员、副总经理:马世斌(2021 年 5 月止) 孙琪 宋光宪 谭涛(2021 年 11 月起)

总工程师:王怀冲

总经济师:单建军

二、机构编制工作

经水利部党组会审议并研究通过注销沂沭泗局 19 个基层局法人资格,人事司 2021 年 12 月 16 日下达批复文件《水利部人事司关于同意沂沭泗水利管理局所属基层局办理事业单位法人注销登记的通知》(人事机〔2021〕15 号)。为贯彻落实《中共水利部党组关于长江水利委员会等四个流域管理机构对所属有关单位实施纪检监察管理体制改革的批复》(水党〔2020〕34 号)精神和淮委党组对沂沭泗局实施纪检机构直接管理的要求,沂沭泗局党组 2021 年 1 月 5 日专题研究了沂沭泗局纪检组由淮委党组直接管理事宜,正式印发文件,明确纪检机构及相关处室职责和人员编制等,2 月人员调整到位。组织开展机关事业单位机构编制实名制信息报送工作,34 家法人单位年初、年中 2 次报送机构编制实名制信息,实现机构编制实名制管理全覆盖。

(井市委)

【领导班子和干部队伍建设】

一、目标管理考核

1 月,组织 2020 年度目标管理考核,沂沭泗局机关处室和直属企事业单位共 18 个部门(单位)参加考核。《沂沭泗局办公室关于公布 2020 年度目标管理考核结果的通知》(办综〔2021〕15 号)公布考核结果,其中考核优秀的部门为水政与安全监督处、财务处、水管处(防办),考核优秀的单位为南四湖局、沂沭河局、水文局(信息中心)。

二、干部队伍建设

全年开展 4 批次处级干部选拔任用工作,选拔 17 名处级干部;全年全局各级共选拔 20 名科级干部。制定或修订《沂沭泗局党组选拔任用干部工作议事规则》(沂局党组〔2021〕30 号)、《沂沭泗局机关科级干部选拔任用工作规则》(沂局党组〔2021〕44 号)、《沂沭泗局关于发挥激励机制和人才保障作用促进水利经济高质量发展的意见》(沂局人事〔2021〕83 号)、《异地交流局管干部周转住房及回家探望交通保障办法》(办人事〔2021〕99 号)。

三、干部交流

畅通参公人员上下交流、政事企干部横向流动的渠道,首次开展机关处室与直属局双向交流,首次从事业单位调任干部到机关任职,共交流处级干部 7 名,科级干部 25 名。坚持基层墩苗磨练、中心工作锤

炼和急难险重任务考验相结合，选派 5 名科级干部援疆、援藏、到乡村挂职，9 名干部参加水利部巡视、淮委巡察。

（杜淑文）

【干部管理与监督】

一、干部监督

严格执行干部监督有关政策，完成全局 66 名处级干部 2020 年度个人有关事项填报动员部署、集中培训、汇总分析工作。开展干部亲属水利系统从业有关情况专项报告，组织完成全局 68 名处级及以上干部亲属在部系统从业情况的填报工作。贯彻《中共中央关于加强对“一把手”和领导班子监督的意见》精神，组织完成对全局 21 名“一把手”监督谈话。做好因私出国（境）和社团（企业）兼职工作，完善台账，规范审批及备案程序，妥善保管证件。

二、专项审核

推进干部人事档案专项审核“全覆盖”，组织开展 2014—2016 年干部人事档案专审范围外的档案专项审核，审核干部职工档案 382 卷，为 166 人补充材料 973 份，对信息记载不一致的 25 名人员进行组织认定和整改。

三、选人用人工作检查

对直属各单位开展选人用人“一报告两评议”和反馈情况整改落实相关工作。

四、年度考核

起草《沂沭泗局年度考核办法（试行）》《沂沭泗局机关工作人员平时考核工作实施细则（试行）》，组织完成对机关部门和直属单位领导干部 2020 年度考核工作，各级管理单位共 14 名处级干部、189 名科级及以下干部年度考核为优秀。对骆马湖局、淮工集团领导班子开展重点考核，并及时反馈考核意见。

（杜淑文）

【公务员管理】

一、职级晋升

制定《沂沭泗局各级参公人员职级正常晋升工作方案》，开展 2 批次职级晋升，共晋升 116 人。

二、参公人员招录

完成 2021 年度公务员考试录用面试、体检、考察等工作，共录用参公人员 34 名。完成 2021 年参公人员登记备案工作，新增备案 31 人，退出备案 8 人。完成 2020 年录用参公人员 31 人的试用期满转正定级。

（杜淑文）

【事业单位管理】

一、事业单位公开招聘

组织开展 2021 年度沂沭泗局局属事业单位公开招聘面试、体检、考察等工作，共招聘 19 人。

二、岗位管理

开展专业技术四级岗位评审工作，确定 1 名拟聘人选。

（杜淑文）

【工资福利与社会保险】

制定《沂沭泗局直属企业薪酬管理实施暂行办法》（沂局人事〔2021〕15 号），组织完成淮工集团企业功能分类、2019—2020 年度工资总额预（清）算、2019—2020 年度企业负责人薪酬水平批复工作，完成直属企业工资决定机制改革工作。

参与完成养老保险改革准备期清算、资金拨付和结清准备期基本养老保险费和职业年金欠费，实现退休后能够及时领取基本养老保险最终待遇和职业年金待遇的良好机制。组织江苏参保单位开展退休“中人”养老待遇核定工作，局机关退休的 20 名“中人”全部通过复审。

做好在职和离退休人员工资、津补贴和离退休费日常管理，及时兑现沂沭泗局机关职务职级晋升人员津补贴待遇。

（井市委）

【推优荐先与表彰奖励】

沂沭泗局5个集体和7人次获得省部级以上先进集体和先进个人称号，20个集体和75人次获得厅局级先进集体和先进个人（见表4）。

（井市委　张菲菲）

表4　沂沭泗局2021年获得的主要荣誉统计

荣誉级别	荣誉名称	获奖集体或个人	文件名/文号
省部级以上	水利部水利扶贫先进集体	沂沭泗局人事处	水人事〔2021〕242号
	江苏省防汛抗洪先进集体	沂沭泗局防办	中共江苏省委、江苏省人民政府关于表彰2020年全省防汛抗洪工作先进集体和先进个人的决定
	山东省防汛抗洪表现突出集体	沂沭河局	省委、省政府通报表扬奖励2021年全省防汛抗洪表现突出的集体和个人
	水利部“第十一届全国水利行业技能人才培育突出贡献奖”	南四湖局蔺家坝局	水人事〔2021〕54号
	全国水利文明单位	骆马湖局 沂沭河局刘家道口局	水利部文明委关于第九届全国水利文明单位评选结果的通报
	全国“七五”普法先进个人	韦东海	司法通〔2021〕90号
	水利部水利扶贫先进个人	刘宗兴	水人事〔2021〕242号
	第三批全国水利行业首席技师	李　辉	水人事〔2021〕53号
	全国水利技术能手	孙其友	水人事〔2021〕54号
	江苏省防汛抗洪先进个人	张宇亮	中共江苏省委、江苏省人民政府关于表彰2020年全省防汛抗洪工作先进集体和先进个人的决定
	山东省防汛抗洪表现突出个人	王金柱　陈庆彦	省委、省政府通报表扬奖励2021年全省防汛抗洪表现突出的集体和个人

续表 4

荣誉级别	荣誉名称	获奖集体或个人	文件名/文号
厅局级	中国水利企业协会2019—2020 年度优秀水利企业	淮工集团	中水企〔2021〕40 号
	2018—2019 年度全国水利职工教育研究一等奖	淮委沂沭泗局	水教协〔2021〕2 号
	淮委先进基层党组织	沂沭泗局水政安监处党支部 沂沭泗局财务处党支部 沂沭泗局水管处党支部 沂沭泗局水文局党支部 南四湖局下级湖局党支部 南四湖局二级坝局党支部 南四湖局韩庄运河局党支部 沂沭河局机关党支部 沂沭河局刘家道口局党支部 沂沭河局郯城局党支部 骆马湖局新沂局党支部 骆马湖局沭阳局党支部 骆马湖局机关水政水资源党支部 枣庄安澜公司联合党支部 山东沂沭河公司联合党支部	淮委党组〔2021〕33 号
	淮委十佳青年理论学习小组	沂沭泗局水管处青年理论学习小组 沂沭河局机关青年理论学习小组 骆马湖局沭阳局青年理论学习小组	淮委党建〔2021〕6 号
	中国水利企业协会优秀水利企业家	李学格	中水企〔2021〕40 号
	最美治淮人	陶大伟　孙其友　孙建化　王　军	淮委文明委〔2021〕3 号

续表 4

荣誉级别	荣誉名称	获奖集体或个人	文件名/文号
厅局级	淮委优秀共产党员	丁里里 马永恒 王 军 王 康 王志杰 王金柱 王彦法 王绪峰 井市委 公 静 卞雨霏 尹 东 尹 骏 付玉超 刘 欣 安凤琳 纪国富 严岳同 李 素 李 猛 李飞宇 李东云 李光森 李晓东 杨 伟 杨 丽 杨学良 吴 海 吴书培 何为俊 宋京鸿 张雪锋 陆鹏飞 陆嘉棋 陈 宁 岳国祥 赵 婷 胡雪庆 姚 粟 姚顺金 袁 满 袁卫东 袁加楠 徐向华 徐强以 殷 欢 殷照红 蔡 炜 裴 磊 阚向楠	淮委党组〔2021〕33 号
	淮委优秀党务工作者	马建亮 王 佳 吕凤梅 何 津 张 浩 张 巍 张菲菲 周立君 周启明 赵颜颜 钱淑萍 高 健 鹿 川 彭春年 潘延忠	淮委党组〔2021〕33 号
	淮委十佳青年理论学习标兵	史秀东 陈 宁 罗 金	淮委党建〔2021〕6 号
	淮委优秀青年理论学习小组导师	欧朝晖 纪国富	淮委党建〔2021〕6 号

【人才队伍建设】

一、职称评定

经水利部、淮委各评委会评审通过，沂沭泗局新增正高级工程师 1 名、高级工程师 5 名。调整中级职称评审委员会，召开沂沭泗局 2021 年度水利工程中级职称评审会，经评审并由局党组研究，确认工程师 9 名。

二、技能竞赛

9 月，沂沭泗局承办由淮委主办的 2021 年全国河道修防工职业技能竞赛淮委赛区预赛，来自南四湖局、沂沭河局、骆马湖局和淮工集团的 12 名选手在沂沭河局刘家道口局参加比赛。根据预赛成绩推荐王彦法、张立文代表淮委参加决赛。

三、干部职工基本情况

截至 2021 年 12 月 31 日，沂沭泗局各级管理单位在职职工总数为 1209 名，其中行政执行人员 443 名、公益事业人员 463 名、企业人员 303 名。沂沭泗局机关及驻徐事业单位总人数 151 名，其中行政执行人员 99 名、公益事业人员 52 名；南四湖局职工总数为 252 名，其中行政执行人员 112 名、公益事业人员 140 名；沂沭河局职工总数为 261 名，其中行政执行人员 117 名、公益事业人员 144 名；骆马湖局职工总数为 242 名，其中行政执行人员 115 名、公益事业人员 127 名。企业职工总数为 303 名，其中淮工集团总部 92 名、枣庄安澜水利工程有限公司(淮工集团枣庄分公司)73 名、山东沂沭河水利工程有限公司(淮工集团临沂分公司)84 名、江苏瑞龙水利工程有限公司(淮工集团宿迁分公司)54 名。沂沭泗局各级管理单位离退休职工总数为 708 名,其中沂沭泗局本部 115 名、南四湖局 188 名、沂沭河局 198 名、骆马湖局 152 名、水文局 6 名、抢险队 6 名、发展中心 2 名、后勤中心 10 名、淮工集团 31 名。2021 年,沂沭泗局各级管理单位共接收大学毕业生 59 名,其中招录各级机关工作人员 34 名、事业单位 19 名、企业人员 6 名。

(蒲语梦　杜淑文)

【教育培训】

组织制订《沂沭泗局 2021 年职工培训计划》(办人事〔2021〕27 号),开展教育培训专项检查。拓展培训渠道,鼓励干部职工通过中国干部网络学院、中国水利人才网、网络答题等平台进行培训学习,缓解职工工学矛盾。2021 年,各级管理单位举办培训班 151 个,培训 3000 余人次。11 月,开展教育培训专项检查,抽查了沂沭河局大官庄局、骆马湖局宿迁局、沂沭河公司、瑞龙公司等 4 家单位的安全生产教育培训情况。

(蒲语梦)

【人事劳动教育统计】

根据《水利部办公厅关于做好 2020 年度水利系统人事统计工作的通知》《关于做好 2020 年度淮委人事统计工作的通知》的有关要求,完成《事业单位工作人员报表》《公有经济企业人才表》《人才队伍统计》《机关事业单位工资表》《劳资工作统计报表》《教育培训统计》等报表,并按时报送淮委。

(井市委)

【离退休干部工作】

一、活动开展

组织离退休职工参加"建党百年"系列庆祝活动,开展离退休职工"我看建党百年新成就"专题调研活动,开展全国水利系统"我看建党百年新成就"征文书画摄影活动,共 12 幅作品获奖。举办沂沭泗局"光荣在党 50 年"纪念章颁发仪式。完成离退休支部改选,组织 30 余名离退休人员参加云龙区人大代表选举投票。

二、日常管理

及时向驻地离退休职工通报单位工作情况,组织完成离退休职工 2021 年度健康体检和驻外地退休职工的异地就医报销工作和离退休职工的慢性病鉴定。在春节期间,沂沭泗局各级管理单位走访慰问 102 名离退休干部职工,完成节日慰问品发放及 40 余名生病住院老同志的慰问工作。

(蒲语梦)

【援派扶贫工作】

一、援派工作

沂沭泗局选派 2 名青年科级干部参加淮委短期技术援藏,1 名科级干部参加西藏阿里地区援助,1 名科级干部参加援疆,1 名科级干部驻村扶贫。

二、扶贫工作

帮助解决农产品销售问题。开展单位定向采购,向全局职工食堂和职工推荐定点帮扶地区农副产品。2021 年,沂沭泗局各级管理单位通过扶贫"832"平台累计采购湖北省郧阳区和安徽省阜南县帮扶村农副产品约 22 万元。实施水利扶贫"派培引帮"。安排专人对接水利技术扶贫干部,收集扶贫期间遇到的热点、难点问题,及时解决资金、项目难题。组织相关部门开展现场培训,为脱贫攻坚提供全方位技术支持。

(杜淑文　卞雨霏)

财务经济

【部门预决算管理】

一、2021 年预算批复和 2022 年预算编报

完成 2021 年"二上"预算编报及批复工作。2021 年,中央财政一般公共预算拨款 63366.28 万元,其中基本支出财政拨款 14993.26 万元,项目支出财政拨款 48373.02 万元(含基建项目 32339.00 万元)。完成 2022 年"一上"预算以及住房改革支出预算编报工作。研究 2022 年度预算编制新要求,自筹资金 600 万元安排"数字孪生流域"等重点项目建设经费。

二、预算项目储备、验收和绩效评价工作

完成 17 个二级项目(打捆)建议申报工作,15 个二级项目(打捆)的储备项目文本编报工作。完成沂沭泗局终验权限内 4 个项目终验工作。配合开展淮委终验权限内 2 个项目终验工作,配合开展水利部确定的 4 个试点项目的绩效评价工作,配合开展淮委的 2 个试点项目绩效评价工作,完成 151 个二级项目自评工作、141 个项目绩效目标中期监控工作。

三、2020 年度决算编报和批复工作

纳入 2020 年度决算汇编范围的独立核算单位共 34 个。批复 2020 年决算收入 74798.37 万元,支出 74339.83 万元。配合驻地监管局首次完成 2020 年决算全面审核工作。

(李晓瑜)

【预算执行管理】

一、国库集中支付工作

开展 2020 年国库集中支付结转结余资金核定工作,核定上报结转资金 31.34 万元;完成 2021 年国库集中支付资金支付使用情况自查报告;完成 2021 年全年用款计划申报工作,审核上报用款计划 9 次;督促疑点单位及时整改落实,2021 年共审核反馈水利部监控疑点 17 条,淮委监控疑点 6 条,江苏监管局监控疑点 1 条。

二、支付进度工作

完成 2021 年旬报上报工作,统计并上报旬报 26 期;召开支付进度协调会 1 次,督促相关单位和部门加快进度;完成对直属预算单位 2020 年度和 2021 年第一、二、三季度的预算执行考核工作。

(李晓瑜)

【收支情况】

2021 年,收入 77174.48 万元,其中一般公共预算财政拨款收入 63366.28 万元、事业收入 6271.66 万元、经营收入 668.51 万元、其他收入 6868.03 万元。2021 年,沂沭泗局支出 75309.71 万元,其中基本支出 27036.50 万元、项目支出 48263.06 万元、经营支出 10.15 万元。

(李晓瑜)

【财务监督检查】

组织开展沂沭泗局水文局、南四湖局二级坝局、南四湖局蔺家坝局、沂沭河局大官庄局、骆马湖局新沂局等 5 个预算单位的预算执行情况检查。配合淮委开展南四湖局韩庄枢纽局、沂沭河局本级、沂沭河局沭河局、沂沭河局江风口局、骆马湖局嶂山局、骆马湖局宿迁局的预算执行情况检查,开展沂沭河局河东局、骆马湖局邳州局的重点经费使用情况检查。根据财政部、水利部、淮委和沂沭泗局预算执行情况及资金监控发现的问题,印发水利财务"强监管"2 期。

(李晓瑜)

【养老保险清算】

组织开展机关事业单位养老保险资金清算准备期养老保险和职业年金缴费与属地机保中心、财政部三方对账清算工作。各级管理单位应缴未缴的准备期缴费全部清缴。

（李晓瑜）

【基建财务管理】

一、基建项目预算批复工作

准委批复 2021 年度基建项目支出预算 32339.00 万元。其中，沂沭泗局本级 300.00 万元，沂沭泗局防汛机动抢险队 32039.00 万元。

二、基建项目预算编报工作

编报 2022 年度中央基建投资“一上”预算，合计 11 个项目预算 49877.00 万元。其中，国家水网骨干工程 1 个，预算 40000.00 万元；大中型病险水库除险加固 4 个，预算 7000.00 万元；水文基础设施建设 3 个，预算 1488.00 万元；行业能力建设 3 个，预算 1389.00 万元。

三、基建项目直接支付审核

2021 年累计审核上报基建项目财政资金直接支付申请 3 批次，直接支付资金 21000.00 万元。

四、基建项目预算执行进度情况

截至 2021 年 12 月 31 日，基建项目执行金额 32199.47 万元，支付进度 99.57%。

五、基建财务管理制度建设工作

分析研究近年来基本建设领域政策法规制度变化和实施政府会计制度准则要求，结合单位基本建设财务管理工作实际，制定《沂沭泗水利管理局基本建设项目财务管理办法》。

（赵锐）

【政府采购管理】

一、采购预算情况

2021 年，全局政府采购预算共计 34926.37 万元，其中货物预算金额为 366.86 万元，服务预算金额为 22445.45 万元，工程预算金额为 12114.06 万元。2021 年，沂沭泗局上报采购计划金额为 34926.37 万元。

二、实际采购情况

积极采取公开招标、竞争性磋商、协议供货等采购方式，2021 年政府采购执行 34819.71 万元，较采购计划节约采购资金 106.66 万元。按采购品目划分，包括货物类采购金额 363.47 万元，工程类采购金额 22433.03 万元，服务类采购金额 12023.21 万元；按采购方式划分，包括公开招标采购金额 33090.30 万元，竞争性磋商采购金额 1594.64 万元，协议供货采购金额 134.77 万元。

（卞雨霏）

【财务管理】

一、机关保障工作

统筹资金，落实购房补贴等新政策，保障沂沭泗水系统一管理 40 周年活动、疫情防控等一次性经费支出。首次从徐州市医保局申请健康体检专项经费。推广“公务之家”App 试运行。

二、预算管理与日常资金监管

（一）预算及执行工作

完成 2021 年用款计划、会计核算、支付进度督促工作，全年支付进度 100%。完成年度部门决算、财务报告和住房决算 3 套报表编制工作。

（二）资金支出监管

完成全年原始单据审核、费用报销、公务卡还款工作，全年审核支付 4400 余万元，录入 2000 余张记账凭证。完成沂沭泗局社保、公积金、个税审核缴纳工作。完成国库管理和实有资金账户管理。完成银行账户变更备案和年检工作。

（三）配合各项检查工作

落实整改《淮委纪检组关于对沂沭泗局贯彻落实中央八项规定精神制度建设和执行情况专项检查的反馈意见》，配合完成《水利部财务司关于开展对外委托经费和会议费管理情况专项检查工作的通知》相关工作，配合完成沂沭泗局原局长离任审计工作，配合完成江苏、山东监管局对沂沭泗局决算审核工作。

三、完善财务管理制度

印发《沂沭泗局办公室关于开展公务出差与差旅费管理专项整治工作实施方案》（办综〔2021〕25 号）、《沂沭泗局办公室进一步加强公务出差及差旅费管理的通知》（办财务〔2021〕43 号），开展公务出差与差旅费管理专项整治。印发《沂沭泗局办公室关于做好水利财务管理信息系统试运行工作的通知》（办财务〔2021〕76 号）。

（丁前政）

【国有资产管理】

一、国有资产基本情况

（一）资产负债总体情况

截至 2021 年末，资产合计 675272.59 万元。其中，流动资产 51834.06 万元，占资产总额的 7.68%；固定资产净值 22379.19 万元，占资产总额的 3.31%；无形资产净值 445.59 万元，占资产总额的 0.07%；公共基础设施净值 510963.57 万元，占资产总额的 75.67%；政府储备物资 1092.86 万元，占资产总额的 0.16%；在建工程 78462.45 万元，占资产总额的 11.62%；长期股权投资 10094.86 万元，占资产总额的 1.49%。

截至 2021 年末，负债合计 18272.23 万元。其中，流动负债 16355.20 万元，占负债总额的 89.51%；非流动负债 1917.03 万元，占负债总额的 10.49%。

（二）固定资产构成情况（不含公共基础设施，下同）

截至 2021 年末，固定资产账面净值共 22379.19 万元。其中，土地、房屋及构筑物 16561.37 万元，占固定资产的 74.00%；通用设备 4027.28 万元，占 18.00%；专用设备 1497.51 万元，占 6.69 %；文物和陈列品 7.20 万元，占 0.03 %；家具、用具、装具及动植物 285.83 万元，占 1.28%。

（三）无形资产构成情况

截至 2021 年末，无形资产账面净值共 445.59 万元。其中，土地使用权 220.94 万元，占无形资产账面净值的 49.58%；计算机软件 224.65 万元，占无形资产账面净值的 50.42%。

（四）资产变动情况

截至 2021 年末，流动资产、长期股权投资、固定资产净值、在建工程、公共基础设施与同期相比增长，无形资产净值、政府储备物资与同期相比下降，见表 5。

（卞雨霏）

表 5　2021 年沂沭泗局主要资产变动情况

科目	2020 年末数/万元	2021 年末数/万元	2021 年较 2020 年的增长率/%
流动资产	34699.83	51834.06	49.38
长期股权投资	10094.01	10094.86	0.01
固定资产净值	20862.72	22379.19	7.27
在建工程	56154.15	78462.45	39.73
无形资产净值	511.90	445.59	-12.95

续表 5

科目	2020 年末数/万元	2021 年末数/万元	2021 年较 2020 年的增长率/%
公共基础设施净值	391801.71	510963.57	30.41
政府储备物资	1246.23	1092.86	-12.31

二、国有资产管理情况

(一)固定资产增加情况

截至 2021 年末,固定资产原值增加 2516.60 万元,其中土地、房屋及构筑物增加 2047.61 万元;通用设备增加 167.82 万元;专用设备增加 302.33 万元;家具、用具、装具及动植物减少 1.16 万元。

(二)资产使用情况

截至 2021 年末,出租的固定资产原值为 1001.73 万元;单位对外投资总数为 10094.86 万元,均为长期股权投资。2021 年实收投资收益为 600 万元。

(三)资产处置情况

截至 2021 年末,处置资产账面原值 1608.30 万元。从处置方式来看,报废、报损金额 1013.54 万元,占总处置金额的 63.02%;出售、出让、转让资产 271.26 万元,占比 16.87%;无偿调拨(划转)资产 323.50 万元,占比 20.11%。

(卞雨霏)

【价格税费管理】

根据国家发展和改革委员会《水利工程供水价格管理办法(征求意见稿)》《水利工程供水定价成本监审办法(征求意见稿)》,按照水利部统一部署,沂沭泗局先后开展多轮多口径供水成本测算,建立多组测算数据分析模板,11 月召开专题会议研究水价测算中发现的问题,积极向上级反馈水价管理办法修订意见和建议并专题向水利部财务司汇报,为下一步核定水价工作夯实基础。

(卞雨霏)

【水利经济工作】

一、建立制度和工作机制

印发《沂沭泗局经济工作联席会议制度》(办财务〔2021〕60 号),建立上下联动、沟通顺畅、相互配合、齐抓共管的工作机制。2021 年,分别于 3 月、9 月、12 月 3 次组织召开经济工作联席会议,总结前期工作,研究工作措施,明确责任分工。

二、开展调研与督导

印发《关于开展沂沭泗局经济发展“一局一策”研究工作的通知》(办财务〔2021〕42 号),在全局范围内组织开展“一局一策”研究工作。先后 2 次赴 19 个基层单位开展经济工作情况及“一局一策”研究工作情况调研督导,推动落实经济工作会议部署,完成 2021 年经济创收目标和任务,提出创收工作思路建议和意见。印发《沂沭泗局关于进一步加强和改进水利经济工作全力推动沂沭泗水利管理事业高质量发展的意见》(沂局办〔2021〕77 号)、《沂沭泗局办公室关于落实进一步加强和改进水利经济工作“一岗双责”的通知》(办综〔2021〕51 号)、《沂沭泗局办公室关于印发〈沂沭泗局进一步加强和改进水利经济工作责任清单〉〈沂沭泗局进一步加强和改进水利经济工作任务清单〉的通知》(办综〔2021〕52 号),进一步明确水利经济工作责任及任务。

三、探索经济创收新路径

研究南水北调东线一期供水价格形成和测算依据,进行多轮多口径的数据测算,赴南水北调集团东线有限公司开展洽谈并达成共识，南水北调东线一期调水利用沂沭泗局直管工程运行管理补偿机制取得进展。利用沂沭泗局水土资源优势，与有关新能源公司及规划设计院协调沟通，论证小水电、风力发电等新能源项目可行性。

（卞雨霏）

政务工作

【公务用车管理】

3月，沂沭泗局根据属地国有企业公务用车制度改革有关精神，以《沂沭泗局关于淮河工程集团有限公司公务用车制度改革实施方案的批复》（沂局办〔2021〕46号）审批同意淮工集团公务用车制度改革实施方案。11月，南四湖水利管理局审批同意了其6个下属基层局事业编制人员及3个事业单位的公务用车制度改革实施方案；骆马湖水利管理局审批同意了其6个下属基层局事业编制人员及2个事业单位的公务用车制度改革实施方案。至此，沂沭泗局机关及所属各单位按照属地化管理原则，全面完成了对参公、事业和企业人员的公务用车制度改革工作。

此前，2017年5月，沂沭泗局以《沂沭泗局关于上报〈沂沭泗水利管理局公务用车制度改革实施方案〉的请示》（沂局办〔2017〕96号），报请淮委审批沂沭泗局机关车改实施方案。同月，淮委联合财政部驻安徽专员办以《关于沂沭泗水利管理局公务用车制度改革实施方案的批复》（淮委办〔2017〕113号），审批通过了沂沭泗水利管理局机关公务用车制度改革实施方案。12月，沂沭泗局以《沂沭泗局关于上报沂沭泗水利管理局所属直属单位及基层单位公务用车制度改革实施方案的请示》（沂局办〔2017〕172号），报请淮委审批沂沭泗局所属3个直属局及19个基层局参公人员的公务用车改革实施方案。2018年4月，淮委联合财政部驻安徽专员办以《关于沂沭泗水利管理局所属直属单位及基层单位公务用车制度改革实施方案的批复》（淮委办〔2018〕51号），审批通过沂沭泗局所属3个直属局机关及19个基层局共22家单位参公人员的公务用车制度改革实施方案。2019年7月，沂沭泗局根据属地事业编制人员车改方案的精神，以《沂沭泗局关于水文局（信息中心）等单位公务用车制度改革实施方案的批复》（沂局办〔2019〕158号）审批同意了水文局（信息中心）、防汛机动抢险队、综合事业发展中心、机关后勤服务中心等4个正处级事业单位的公务用车制度改革实施方案。2020年4月，沂沭河水利管理局会同临沂市各区车改办审批同意了其7个下属基层局事业编制人员及2个事业单位的公务用车制度改革实施方案。

（陈英杰　马晓东）

【调研工作】

2021年，沂沭泗局围绕水政监察队伍专职化建设、水费收取、干部职工思想状况等14个课题开展调研并形成调研报告，局领导分别牵头开展调查研究。《构建新阶段沂沭泗局网络安全调研报告》获评淮委2021年优秀调研报告（主要完成人员：刘玉年、杨殿亮、李智、胡文才、张煜煜、张跃），其余13篇调研报告纳入沂沭泗局优秀调研报告评选范围。经过评选，共推选5篇为沂沭泗局2021年优秀调研报告（见表6）。

（陈英杰）

ISBN 978-7-5509-3489-4
9 787550 934894
定价：200.00元

表 6　沂沭泗局 2021 年优秀调研报告

序号	调研报告名称	[illegible]
1	沂沭泗局纪检机构协助党组织落实主体责任调查研究	翟伟锋　王[illegible] 习德坤　王　[illegible]
2	沂沭泗局水政监察队伍专职化建设调研报告	阚善光　黄学超　[illegible] 韦东海　杨耀宁
3	沂沭泗局水费收取工作调研报告	王念彪　李万荣　汤瑞光 孙　铭　李　素　姚欣明
4	关于无人机自动巡检技术在水利管理中的应用调研	郑胡根　魏　蓬　徐小松 胡　涛　马　莹　王　瑶
5	沂沭河局干部职工思想状况调研报告	李相庆　高　健　陈　宁

【新冠病毒感染疫情防控工作】

2021 年，沂沭泗局严格落实上级及属地疫情防控工作要求，督促干部职工加强疫苗接种，努力做到应接尽接。按照淮委的要求，每日统计沂沭泗局系统内所有职工的身体健康状况，并每日报淮委疫情防控工作组。及时排查有无境外返回的干部职工及同居家属，对在疫情特殊期到访过涉疫地区的人员以及密接、次密接人员采取核酸检测、居家隔离、集中隔离等措施。在属地发生输入性疫情后，加强人员管理，落实各项防疫措施，2021 年沂沭泗局职工实现零感染。

（陈英杰）

【文件管理】

组织研发淮委沂沭泗综合办公系统，开展政务工作需求调研，组织各直属单位、基层单位开展系统测试并召开座谈会反馈试运行阶段使用情况，及时发现并修复系统错误，为职工解答综合办公系统操作疑问。淮委沂沭泗综合办公系统于 11 月正式上线，功能包括公文办理（发文办理、收文办理、公文查询统计、文件传阅）、会议管理（会议计划审批、会议备案）、培训学时登记、介绍信出具、签报流转、督办管理、用印登记、互联网信息发布审核、领导干部外出报备、请休假管理、公务出差管理、通讯录等。组织为全局用户申请分发密钥，开展公文写作培训和综合办公系统操作培训。

（葛蕴）

【机要保密】

召开沂沭泗局 2021 年保密工作会议，印发保密密码工作计划，贯彻落实党中央决策部署和习近平总书记重要指示批示精神。组织全局新入职职工开展保密教育并签订保密承诺书，组织全局 500 余名工作人员参加庆祝中国共产党成立 100 周年保密知识竞赛，提升保密意识和工作水平。重新确定涉密人员，明确定密责任人，对退休离职涉密人员进行脱密期管理。开展保密自查自评，完善保密要害部位管理措施。

（宋京鸿）

【重点宣传工作】

一、沂沭泗水系统一管理40周年专题宣传

拍摄专题宣传片《同心共筑幸福河》。在网站开设“沂沭泗水系统一管理40周年”专题，设置经验总结、成就展示、职工感悟、口述历史等板块，网站刊载“承百年薪火、谱统管华章——沂沭泗水系统管40年成就展示”10期。在微信公众号以图文、视频等多种形式推送沂沭泗局宣传片《同心共筑幸福河》及各直属局、基层局制作的微视频12个，口述历史采访手记7期15篇，“四十载统管恰风华”各单位成就展示2期，“大美沂沭泗”图片展3期120余幅，“春华秋实40载、不忘初心再启航”3期。出版统管40周年纪念文集《承百年薪火 谱统管华章》，在《治淮》杂志推出40周年专刊。在局机关一楼大厅，以电子屏为载体，播放各单位制作的微视频、收集的老照片等，并在淮委、沂沭泗局、座谈会会场及部分基层局展出展板50余块。

二、平台宣传

沂沭泗水利网全年共发布信息1000余篇，推出专题2个。“沂沭泗水利”微信公众号共推送信息187篇，单篇信息最高阅读量近7000次。推出“回眸十三五”“回眸2020”“春节值守专题”“大美沂沭泗”“防汛一线党旗飘飘”“让青春在学思践悟中闪光”“再启程、向未来”、深入开展党史学习教育等系列宣传。

三、日常管理

贯彻执行《沂沭泗水利管理局新闻宣传工作管理办法》和《沂沭泗水利管理局微信公众号管理办法》，进一步规范信息发布、责任分工、日常管理等工作。利用专业技术团队对沂沭泗水利网开展日常监督监测300余次，发现问题及时整改。加强信息发布保密审查和网站稿件审查，规范审稿投稿程序。开展舆情监测工作。

附：同心共筑幸福河

这里是儒家文化、东夷文化的起源地，两汉文化璀璨夺目，大运河文化传载千年。

这里是铸就红色伟业的沃土，沂蒙精神、淮海战役精神广为传颂。

这里是我国南北经济、社会、文化交流的“要冲”，也是重要的粮食产区和能源基地，物产富饶、人杰地灵。

这里就是沂沭泗流域。

沂沭泗流域位于淮河流域东北部，主要由沂河、沭河、泗（运）河三大水系组成。她北倚沂蒙山，南襟故黄河，西邻黄河，东连黄海，地跨苏、鲁、豫、皖4省15个地（市），流域面积约8万km^2。

沂沭泗河原本水流通畅，沂、沭入泗，泗水入淮。公元1194年，黄河决口、侵泗夺淮，逾660年，致使沂沭泗水系紊乱。水无归宿，肆虐的洪水给这里的人民带来了深重的灾难。

根治水患，岁岁安澜，流域人民千百年来的梦想，直到在中国共产党的领导下，才一步步地成为现实。早在1948年，解放战争的硝烟未尽，“导沭整沂”和“导沂整沭”工程就拉开了治淮的序幕。在毛泽东主席“一定要把淮河修好”的伟大号召下，苏、鲁两省人民胼手胝足，掀起了沂沭泗河道治理新高潮，先后兴建了人民胜利堰、新沭河、新沂河等一大批水利工程，打通了沂沭河洪水东流入海的主要通道。

由于地理、历史的原因，沂沭泗水系复杂难治。全国政协原副主席、中国工程院院士钱正英同志曾这样评价道：“其河道变化的复杂情况，不但在全国、恐怕在世界上也是少有的……”与此同时，沂沭泗地区也是全国省际边界水事矛盾纠纷最为复杂的地区之一，曾因争夺湖田湖产发生械斗数百次，引起党中央、国务院高度关注。

为促进沂沭泗地区的安定团结和生产发展，1981 年 10 月，经国务院批准，成立水利部淮委沂沭泗水利管理局，负责流域内主要河道、湖泊、控制性工程及水资源的统一管理和调度运用。统一管理南四湖、骆马湖两座大型湖泊，沂河、沭河、运河等 961 km 河道，湖西大堤、新沂河大堤等 1729 km 堤防，二级坝枢纽、刘家道口枢纽、嶂山闸等 26 座控制性水闸，由此翻开了沂沭泗水利发展史上的崭新一页。

统管以来，沂沭泗人不忘初衷，不负重托，创业维艰、搏击奋进，始终以昂扬向上的姿态在治水兴水的征途上，一路向前。

坚持统一规划，系统治理强体系。紧紧抓住治淮机遇，持续推动东调南下工程建设，建成刘家道口枢纽、南四湖湖东大堤等一大批水利工程；大力实施病险水闸除险加固，韩庄闸、新沭河闸、嶂山闸等控制性工程的隐患得以消除。沂沭泗流域主要河湖实现互联互通，中下游骨干河道防洪标准从不足 20 年一遇，提高到 50 年一遇，“拦、分、蓄、滞、泄”防洪抗旱减灾工程体系日益完善，为战胜历年洪水奠定了坚实基础。

坚持人民至上，科学调度保安澜。遵循“两个坚持”“三个转变”，充分考虑苏、鲁两省防洪利益需求，科学研判、精细调度，合理安排洪水出路，安全防御了 1993 年、2012 年、2019 年等多个年份的 10 余次暴雨洪水，成功抵御 2020 年 8 月沂沭河 1960 年来的最大洪水，实现了“无人员伤亡、无重大险情”的目标，保证了流域人民共同受益、安全发展，赢得了苏、鲁两省人民群众的高度赞誉。

坚持统筹兼顾，优化配置润民生。积极服务国家重大战略，全力保障南水北调东线供水安全；成功实施 2002 年、2014 年南四湖应急补水，挽救了南四湖濒临崩溃的生态系统；优化水资源调度配置，科学利用雨洪资源，2001 年以来多次实施“引沂济淮”，跨水系向淮河下游地区调送 30 多亿 m^3 水量，为淮河下游地区经济社会发展提供了丰富的水资源保障。

坚持联合执法，攻坚克难护长河。建立省际边界打击非法采砂联合机制，开展“春雷”“亮剑”等跨省河湖采砂专项整治行动，推动出台“三部两省”文件，南水北调东线输水干线骆马湖至南四湖段实现全面禁止采砂，沂沭河采砂由乱到治，实现精细化管理；攻克南四湖无堤段划界难题，直管范围内河湖管理与保护范围划界全面完成；推动整治河湖“四乱”，刘香庄码头群、澜公馆、骆马湖凡客酒吧街等一大批历史遗留河湖顽瘴痼疾得到彻底整治，实现了河(湖)长制“有名有责”“有能有效”，沂河荣获最美家乡河，沂河、韩庄运河分别入选国家级、省级示范河湖。

坚持团结治水，凝心聚力促和谐。坚持以人民为中心的发展思想，建立南四湖、邳苍郯新地区等省际边界水事纠纷多元预防和调处化解机制，在实践中摸索出“水事纠纷联处、防汛安全联保、水资源联调、非法采砂联打、河湖四乱联治”的“五联”工作机制，苏、鲁省际边界百年恩怨化和谐，流域人民的获得感、幸福感、安全感不断增强，得到了国务院领导的充分肯定。

坚持与时俱进，改革创新谱新篇。统管之初，以开展“优胜红旗闸”“五化堤防”等创建活动为抓手，积极推行工程目标管理，工程管理水平得到提升。2005 年开始，水管体制改革的实施，实现了管养分离，畅通了维修养护经费渠道，工程面貌大为改观。近年来,以“五化建设”为重点,引领水利工程管理不断迈上新的台阶,刘家道口水利枢纽等5家单位通过水利部水利工程管理考核验收,嶂山闸等2家单位荣获国家水利风景区称号,19家单位通过水利部安全生产标准化达标验收。水利信息化长足发展,智慧水利迈出坚实步伐,水文自动测报遍布主要河湖,水资源实时在线监控,卫星遥测遥感尽现河湖状况。

坚持党建引领,立根铸魂创辉煌。推进党建与业务工作深度融合,“四强”支部建设取得实效,“一支一项”开花结果,“不忘初心、牢记使命”主题教育得到中央督导组充分肯定,灌南局荣获水利部第一届水利先锋党支部,18家单位荣获省部级文明单位,精神文明建设成果丰硕。干部人才队伍建设卓有成效,先后派出19批28人次技术骨干参加援藏、援疆及扶贫工作,6名干部职工享受国务院政府特殊津贴,全国及省部级劳模11人,全国技术能手、水利行业技术能手20余人……一项项荣誉记载着沂沭泗人开拓进取、勇往直前的光辉历程。

栉风沐雨,春华秋实。沂沭泗水系统一管理取得了彪炳史册的成就,积累了弥足珍贵的经验。这是苏、鲁两省人民团结治水的光辉典范,是中国共产党领导下的治水成功实践。如今的沂沭泗流域,河湖面貌焕然一新,绿荫掩长堤,清波映水闸,河畅、水清、岸绿、景美、人和的新画卷徐徐展开,幸福沂沭泗的美好愿景正在变成现实。

站在新的起点上,沂沭泗人将坚持以习近平新时代中国特色社会主义思想为指导,牢固树立“绿水青山就是金山银山”的理念,积极践行“节水优先、空间均衡、系统治理、两手发力”治水思路,大力推动新阶段水利高质量发展,围绕“安全、标准、智慧、生态”目标,奋楫扬帆、赓续前行,在实现中华民族伟大复兴的征程中,续写幸福沂沭泗的华美篇章!(该篇为沂沭泗水系统一管理40周年宣传片解说词)

(赵颜颜)

【水文化建设】

一、图书出版

(1)沂沭泗水系统一管理40周年《治淮》专刊于2021年10月出版,内容涵盖水旱灾害防御、河湖管理与水资源、规划与建设、财务与经济、治水记忆等板块。

(2)编印《承百年薪火 谱统管华章——沂沭泗水系统一管理40年纪念文集》,内容涵盖河湖管理、水旱灾害防御与建设管理、探索与交流等。

二、影像资料

(1)拍摄制作《同心共筑幸福河》宣传片。

(2)推出《大美沂沭泗》《春到沂沭泗》《欢乐迎五一、最美大龙湖》系列图片展播,拍摄制作《抖动美好生活,展现巾帼风采》《战台风!御洪水!》等微视频。

三、水利展馆建设

南四湖局二级坝局在二闸桥头堡建设二级坝闸室文化展室,展现二级坝工程变化、管理水平提升和新时代水利职工风采。沂沭河局河东局建成水文化展厅,展示沂沭河流域演变、历史文化名人及河道治理工作成效。

四、水工程与文化融合

刘家道口水利枢纽工程入选第三届水工程与水文化有机融合案例展示。沂沭河局沭河局在沭河的发源地,设立“沭河之源”纪念碑。骆马湖局宿迁局推动创建中运河宿迁枢纽水利风景区。各基层管理单位结合堤防工程实际,在险工险段、工程亮点处,共设置水文化宣传平台 10 余处。

五、举办展览

(1)展板展览。举办《回眸 2020》《四十载统管恰风华》等展览。

(2)沂沭泗水利网系列专题。《沂沭泗局党史学习教育》《沂沭泗水系统一管理四十周年》等专题展览。

(葛蕴)

【档案基础业务】

一、年度归档工作

6 月,印发《沂沭泗局办公室关于做好 2021 年归档工作的通知》(办档〔2021〕68 号),明确各项归档工作的内容、时限、范围及责任要求。2021 年,经审核接收入库科技档案 41 卷、文书档案 1868 件(其中永久保存的 1103 件)、会计档案 114 卷,新增电子档案 1000 余件,非纸质载体档案 337 张。

二、档案信息化建设

将沂沭泗档案管理系统建设纳入《沂沭泗局水利信息化建设规划(2021—2035)》,为沂沭泗局档案信息化发展奠定基础。积极推进档案"增量电子化、存量数字化"工作,不断优化馆藏档案结构。2021 年,新增电子目录 2000 余条,新增电子档案 1000 余卷。

三、档案宣传交流

组织开展《中华人民共和国档案法》知识竞赛答题活动,提升沂沭泗局档案法治意识,全局 300 余人次参加竞赛。利用沂沭泗局网站、微信公众号及各单位荣誉档案陈列室等线下线上宣传平台,加强沂沭泗局档案工作宣传力度,扩大影响力。

四、档案利用服务

编制档案目录和全宗指南等检索工具,同时通过档案管理系统开展在线查询和重要档案全文查阅利用,2021 年累计为 100 余人次提供 460 余卷(件)档案利用服务。开展"我为群众办实事"实践活动,先后组织 6 批次集中归档,通过"现场教学+实际操作"形式,对 30 余名"档案新手"进行技能培训,帮助基层单位提升归档质量。着力解决上级湖局创建国家级水利工程管理单位过程中遇到的档案管理员"新老交替"、专业技术力量薄弱等问题,组织全局 13 名档案技术人员奔赴上级湖局,开展档案整理、技术指导、标准讲解、座谈交流等活动,为上级湖局创建工作提供了有力支撑。

(吴龙)

【档案规范化建设】

在 2019 年底实现沂沭泗局 24 家单位档案工作规范化管理达标全覆盖的基础上,2021 年各级单位按照水利部关于档案工作规范化管理综合评估的有关要求,结合自身实际扎实做好整改完善和提升工作,为复查评估做好准备,持续推动档案工作规范化建设走深走实。

(吴龙)

【档案行业管理】

一、档案工作监督、检查、指导

持续规范机关归档质量。加强对各部门、单位文书人员归档前的检查、指导工作,通过现场指导、即时通信交流等方式,加大对各部门、单位兼职档案员特别是新进档案工作人员的归档指导力度,提升归档质量和归档效率,确保年度归档工作顺利开展。

不断强化业务指导力度。以档案工作规范化管理达标创建、水利工程管理考核等为抓手,加强对基层档案工作的检查指导,及时发现基层档案工作存在的难点问题和薄弱环节,提出整改要求,进一步提高基层单位对档案工作的重视。针对维修养护项目档案、水政执法案卷等专业性较强的档案,主动对接相关业务部门并参与整理工作,深入了解此类档案的内容及利用需求,为专业技术档案管理工作提供支撑和保障。

二、档案专项验收

参与12月17日沂沭泗防汛抢险队伍演练基地配套设施建设项目竣工验收、12月22日江风口局水利工程标准化管理单位验收,以档案验收促进工程建设规范化管理。

(吴龙)

审计工作

【预算执行与财务收支审计】

完成发展中心、南四湖局2020年预算执行及财务收支情况审计2项,涉及金额分别为199.67万元、1990.33万元,下达《沂沭泗局关于综合事业发展中心2020年预算执行及财务收支的审计意见》(沂局审计〔2021〕271号),提出审计意见(建议)3条;下达《沂沭泗局关于南四湖水利管理局本级2020年预算执行及财务收支情况的审计意见》(沂局审计〔2021〕287号),提出审计意见(建议)7条。发展中心、南四湖局分别以《沂沭泗局发展中心关于报送〈2020年预算执行及财务收支审计意见〉的整改报告》(发展中心〔2021〕14号)、《南四湖水利管理局本级2020年预算执行及财务收支情况审计的整改报告》(南四湖局财务〔2021〕192号)报告整改情况。

(陆前进)

【经济责任审计】

组织完成水文局(信息中心)原局长离任经济责任审计工作,涉及金额为9294.02万元,下达《沂沭泗水利管理局关于水文局原局长屈璞离任经济责任的审计意见》(沂局审计〔2021〕313号),提出审计意见(建议)6条。水文局以《关于水文局原局长屈璞离任经济责任审计意见整改落实情况的报告》(水文〔2021〕25号)报告整改情况。组织沂沭河局原局长离任经济责任审计工作,涉及金额16923.83万元。

(陆前进)

【经营管理审计】

先后组织完成徐州市博远后勤服务有限公司、淮河工程集团有限公司临沂分公司企业经营管理情况审计2项,涉及金额分别为124.55万元、328.52万元。下达《沂沭泗局关于徐州市博远后勤服务有限公司2020年经营情况审计的意见》(沂局审计〔2021〕276号),提出审计意见(建议)5条;下达《沂沭泗局关于淮河工程集团有限公司临沂分公司2020年经营情况审计的意见》(沂局审计〔2021〕321号),提出审计意见(建议)2条。后勤中心、淮工集团临沂分公司分别以《沂沭泗局机关后勤服务中心关于〈沂沭泗局关于徐州市博远后勤服务有限公司2020年经营情况审计的意见〉的整改报告》(机关后勤〔2021〕21号)、《临沂分公司关于审计整改情况的报告》(鲁沂分公司〔2022〕1号)报告整改情况。

【审计制度建设】

修订印发《沂沭泗水利管理局内部审计工作规定》(沂局审计〔2021〕292号),逐步完善沂沭泗局内审制度体系。

【审计队伍建设】

加强审计业务能力建设,采取交互式学习方式,通过自学、领学和现场交流探讨,加深审计人员制度理解把握,增强法治思维,提升全局审计人员理论业务水平;采取以审代训方式,组织开展南四湖局预算执行及财务收支审计项目,加强现场交流,通过强化专业知识学习研究和审计项目实践历练,培养提升审计本领。

（陆前进）

工会工作

【维权服务】

组织210名职工(含离退休职工)参加健康体检。福利发放首次采取线上、线下相结合的形式。对机关职工食堂开展监督指导,定期对食材购买、验收、入库等流程开展检查。开展职工结婚、生育、退休、生病住院等慰问工作,2021年共计慰问19人次。严格把关工会经费支出,确保"三节一日"福利发放等经费规范使用。

（王盛椿）

【建功立业】

组织参与2021年度淮委"工人先锋号"申报工作,沂沭泗局人事处机构编制与劳资科、骆马湖局沭阳河道管理局颜集管理所两家集体荣获淮委"工人先锋号"表彰。完成淮河工会系统先进基层工会、优秀工会工作者、优秀工会积极分子推荐评选工作,南四湖局韩庄枢纽局、沂沭河局郯城局、骆马湖局沭阳局3个基层单位获得淮河工会系统先进基层工会称号,10人获得淮河工会系统优秀工会工作者称号,25人获得优秀工会积极分子称号。淮工集团沂沭河分公司创建首个"淮委劳模和工匠人才创新工作室"。

（王盛椿）

【文化建设】

创办职工书屋,购置上架书籍约2000册,12月通过淮河工会"职工书屋"验收授牌。先后开展"喜迎新春"线上健步走活动、"抖动美好生活　展现巾帼风采"主题微视频制作活动、"欢乐迎五一　最美大龙湖"随手拍活动、青年女职工读书分享会,特邀中医专家作健康知识讲座,组织举办沂沭泗局"淮工杯"乒乓球邀请赛、第二届"思瑞杯"篮球友谊赛等体育赛事。组织职工参加全国水利系统庆祝中国共产党成立100周年美术书法作品展、淮委"庆建党百年、读诗歌百篇"读书朗诵活动,献礼建党100周年。

【自身建设】

骆马湖局、后勤中心、水文局工会完成换届选举工作。严格落实工会经费管理制度,认真编制2021年工会经费预算,提高经费使用效益。抓好廉政风险防控,邀请纪检组、财务处和职工代表等共同参与职工福利采购等环节。针对职工对工作生活需求发生的新变化新期盼,开展加强职工服务工作对策调查研究。

（王盛椿）

直属单位

南四湖局

【概要】

一、水旱灾害防御

落实各项防汛抗旱责任制,加强工程运行维护和水毁应急修复,确保堤防安全完整、水闸启闭灵活,完善防汛抢险预案,召开南四湖西大堤联合防汛指挥部办公室主任成员会议,发挥湖西联防机制的作用,切实做好各项防汛准备。保障黄河流域近2亿 m^3 洪水经南四湖安全平稳下泄。

二、工程管理及建设

修订完善工程标准化管理手册。完成2021年度中央直属水利工程确权划界项目。持续推进维修养护物业化管理,定期开展工程运行维护管理规范化督查。上级湖局成功创建国家级水管单位。完成沂沭泗防汛抢险队伍演练基地配套设施建设项目竣工验收,配合完成二级坝除险加固工程建设,积极推动开展韩庄闸、二级坝二闸、蔺家坝闸等病险水闸除险加固前期工作。以“数字孪生南四湖二级坝一期工程”建设为契机,扎实推进智慧水利建设。

三、河湖管理

积极推进15个涉河建设项目遗留问题整治行动。开展湖内问题专项排查,分级报送市、县河长办,提出整改建议,并跟踪督办。持续推进剩余“四乱”问题清理整治(与地方政府共同认定的河湖“四乱”问题937处,已清理901处,完成率达96.2%)。淮委挂牌二级坝三闸西大坝下游“四乱”房屋涉及江苏、山东两省沛县、微山两县共计48处,已全部拆除完成。制订水事违法行为易发地段、信访事项易发地区敏感点清单,落实全覆盖巡查,确保新“四乱”问题零容忍,实现河湖管理的常态化、规范化。韩庄运河(韩庄节制闸至四支沟段)成功创建山东省美丽幸福示范河湖。韩庄运河台儿庄段成功创建山东省水系绿化样板。

四、水行政执法

制订《南四湖局水行政执法三项制度实施办法》(南四湖局水政安〔2021〕93号),调整任命119名水政监察人员,举办3期水政执法业务培训。制定水行政执法专项监督检查工作方案,组织开展水行政执法专项监督检查复核,配合水利部完成2021年水行政执法监督检查。协调推进系统内10个案件整改,已结案8个。组织召开两省三市打击非法采砂协调领导小组座谈会,联合沛县、微山两县开展采砂巡查联合执法。

五、水资源管理

强化沿湖取用水巡查监管,定期开展非农取水口用水情况监督。参与济宁中山公用长江水厂、沛县兴蓉水务二期以及滕州南水北调取水口建设前期协调、现场核验等工作,强化取水许可前期监管。做好南水北调东线调水期间巡查及直管区入河排污口和水功能区日常监管工作。对沛县兴蓉水务等7个取用水户签订节水供水协议。积极参与取水许可管理,配合淮委完成50份取水许可电子证照转换工作。配合开展南四湖水量分配方案编制相关工作。

六、上级交办的工作

根据上级统一部署,全年累计派出7个督查组就工程水毁修复、水闸安全运行、河湖管理、水资源管理和节约用水等分赴安徽、山东、河南3省10市各县区开展暗访督查工作。

七、内部管理

完成事业编制人员公务用车制度改革,修订印发《南四湖水利管理局公务用车使用管理办法》(南四湖局办〔2021〕185号)。进一步提升基层归档质量,完成2020年文件归档工作。常态化做好新冠病毒感染疫情防控,积极组织干部职工接种新冠病毒疫苗,完成云龙区新冠病毒疫苗接种"安心单位"的申报工作。强化安全生产管理,不断健全安全风险分级管控和隐患排查治理双重机制,圆满完成安全生产专项整治三年行动集中攻坚年度工作任务。持续巩固水利安全生产标准化创建成果,韩庄运河局顺利完成安全生产标准化延期换证。完成年度维修养护竣工决算审计,接受山东监管局和江苏监管局对南四湖局2020年决算审核。修订《南四湖局固定资产管理办法》(南四湖局财务〔2021〕58号),完成固定资产清查盘点、报废工作。组织对往来账进行清理,配合开展水利工程供水价格测算工作。协调完成驻山东单位职工江苏参保清算及转制人员山东社保参保相关工作。完成二级坝局闸室文化建设、韩庄运河局水利展室改版以及上级湖局宣传片制作。

八、精神文明建设

组织机关党员46人次协助社区开展疫情防控志愿服务,并获赠社区锦旗;连续6年组织青年代表到徐州市雨花斋做义工,连续6年开展慰问职工遗属活动,连续7年组织职工爱心互助金捐款。组织开展无偿献血等常态化活动。组织参加沂沭泗局"学党史 唱红歌 颂党恩 跟党走"职工歌咏活动和淮委"传承红色经典 讴歌丰功伟绩"庆祝中国共产党成立100周年职工歌咏比赛,并取得好成绩;开展"七一"党日主题活动,并为9名老同志颁发纪念章、3名老同志送上慰问金。

九、党的建设

(一)理论武装

制订党委理论学习中心组学习计划,及时跟进学习党的十九届六中全会精神和习近平总书记关于治水重要讲话指示批示精神,举办25次党委理论学习中心组(扩大)学习(研讨)会,形成研讨材料90余份。专题研究全面从严治党工作,制定党委落实全面从严治党主体责任2021年度任务安排。深入开展党史学习教育,成立党史学习教育领导小组和巡回指导组,制定印发《中共南四湖局党委党史学习教育方案》(南四湖局党委〔2021〕15号),下发8期工作提醒。

(二)"三对标、一规划"专项行动

开展学习研讨800余人次,形成研讨提纲600余份。深入开展"我为群众办实事"实践活动,完成8件实事。

(三)党风廉政建设

全面落实党风廉政建设主体责任和监督责任,将党风廉政建设主体责任层层分解,共签订《党风廉政建设责任书》18份、《党风廉政建设承诺书》53份。开展2次党风廉政建设工作督查,并对督查情况进行了"一对一"通报,组织开展整改情况"回头看"。坚持以案例警示、廉政讲座、政策法规解读、《清风文鉴》提醒等形式，开展警示教育活动。

（四）淮委党组巡察整改工作

通过工作调度、党建督查推动整改落实，上报3期整改进展情况报告，印发3期整改情况通报，能够立行立改的整改任务已全部完成，需长期坚持的已取得阶段性成果。

（五）干部队伍建设

组织青年干部26人到徐州市委党校开展党性教育培训。组织开展2016—2018年“传帮带”培养对象培养期满考核及业务能力竞赛。组织参加“党史百年”等专题网络教育培训，开展2021年新职工入局教育，组织新职工参加水利部2021年度初任培训等。制定《南四湖局党委选拔任用干部工作议事规则》（南四湖局党委〔2021〕1号）和《南四湖局各级参公人员职级常态化晋升工作办法》（南四湖局人劳〔2021〕7号），完成3名科级干部提任和13名参公人员职级晋升，选派1名科级干部参加水利部第五批组团式援藏。

（陆嘉棋）

【水行政执法】

一、普法工作

在“世界水日”“中国水周”“宪法宣传周”期间，开展多种形式的普法宣传活动。编制民法典宣传漫画册、宪法宣传展画等，生动形象地解读与工作生活切实相关的法律知识；组织开展“环云龙湖”公益骑行和校园普法宣传活动；联合微山县政府、微山县水务局、铜山区水务局、湖西管理所等部门开展多场次联合宣传；在采砂敏感区域发送警示短信2万条。

二、执法行动

（一）日常执法

基层局每周、直属局每季度对管理范围进行全覆盖巡查，共巡查2248人次、681车次。梳理出管理范围内的24个水事违法行为易发地段、信访事项易发地区，制订《南四湖局水事违法行为敏感点清单》，采取多部门联合巡查、重点检查、临时飞检等巡查模式并依据清单重点巡查。2021年，完成4个季度的水政执法巡查，发现水事问题25处、现场制止违法行为3起，下发整改交办单5份，对巡查中发现的问题全面复核，形成闭环管理。其中，上级湖局全年共组织堤防清障15次，重点清除湖东堤18+750～20+800处鲁桥三村堤坡违章种植杨树2000余株，督促整改完成永盛港码头未按淮委批复整改问题，积极跟进并督促完成京杭运河航道“三改二”工程弃土区的整改工作，完成管辖区域内涉河违法行为的查处整改。韩庄运河局依法查处枣庄市龙骧炉料有限公司侵占河道堤防案、山东省伊乐商贸有限公司河道滩地违法建设案、郭德胜违法侵占河道滩地拆解船只案等水事违法案件，对韩庄运河黄庄段、曹庄段、峄城段违法种植、违法堆放开展多次大规模集中清障行动，累计清除违法种植130亩，违法搭建20余处。

（二）重点案件办理

南四湖局多次同地方河长办、属地政府等进行沟通座谈，多次深入现场督导整改进度，协调地方政府推动复垦复绿，推进水利部系统内10个案件的整改工作。截至2021年底，结案8个，未结案2个。其中，下级湖局管辖范围内的大屯港、苏屯港、湖运港3座违建码头位于湖西大堤江苏、山东两省交界处，建于20世纪90年代。下级湖局自2019年起多次与沛县河长办、属地政府协调推进拆除工作，并于2020年5月，由沛县政府组织公安、水利、交通等10余家单位500余人次，对3座违建码头实施拆除。码头拆除后，由于属地政府未实施复垦复绿，下级湖局坚持违建项目不达验收标准不予结案。通过反复沟通，属地政府于 2021 年春季实施复垦复绿，4 月 28 日该案件结案。针对沛县苏北港务有限公司诉强制拆除行为案，二级坝局召开专题会议研究讨论案情，与南四湖局法律工作室人员沟通交流答辩状内容，并及时向南四湖局、沂沭泗局汇报案件进展情况。7 月 13 日，徐州铁路运输法院对沛县苏北港务有限公司诉沛县大屯街道办事处、二级坝局强制拆除码头案进行开庭审理。9 月 27 日，徐州铁路运输法院以二级坝局没有实施拆除行为、亦没有委托大屯街道办实施拆除行为，认定二级坝局不是适格被告，依法驳回沛县苏北港务有限公司诉讼请求。10 月 8 日，二级坝局对沛县苏北港务项目进行结案。

（三）执法监督

推动“三项制度”（行政执法公示制度、执法全过程记录制度、重大执法决定法制审核制度）落地落实。一是印发《南四湖局（本级）行政执法公示制度执法全过程记录制度重大执法决定法制审核制度实施办法》（南四湖局水政安〔2021〕93 号），推进严格规范公正文明执法；二是积极推动水行政执法“三项制度”落实和执法主体资格公示，根据人员变动，及时行文调整任命水政监察人员，根据行政执法公示制度的要求，完成了南四湖机关本级执法主体资格公示，并指导各基层局全部完成了三项制度落实和执法主体资格公示；三是拟定《南四湖局水行政执法权责清单》《重大执法决定法制审核目录清单》《音像记录事项清单》，为“三项制度”落地落实打下坚实的基础。制订《南四湖局水行政执法专项监督检查工作方案》，组织各基层局开展自查工作和集中办公，其中下级湖局、韩庄枢纽局于 7 月顺利通过水利部监督组水行政执法监督检查工作。

三、能力建设

（一）发挥法律工作室作用

一是注重人才管理，法律工作室 3 名同志通过司法考试，同时根据工作实际及人员变动，提高人员储备；二是充分发挥法律工作室的专业作用，对 17 个法律文书进行审核；三是举办 3 期座谈交流活动，分析典型案件；四是对存疑法律问题和争议案件进行线上经常性审核，对抢险队房屋租赁纠纷、取水许可事宜、文件法规适用性等专题研讨 3 场次，同时在群内分享最新行政法规的解读、典型案件的解析等信息。

（二）能力提升

一是组织开展 3 期培训，创新培训方式，模拟案件查处与现场教学相结合，观摩学习与业务培训、水政业务与财务、工程管理内容相结合；二是整编清零案件的案卷文书，在淮委 2021 年水行政执法案件评查活动中韩庄枢纽局荣获一等奖，下级湖局荣获三等奖；三是加强制度建设，整编《南四湖局常用法律法规汇编》《南四湖局水行政执法手册》《民法典及释义》等，提升水政执法人员业务水平；四是积极推进南四湖局水政执法装备提档升级，配备“高精尖”执法记录仪、对讲机等，及时维护水政应用监控系统。

（闫志强　王庆飞　曹春雷　王雪松　李硕　刘柱　冯理祥　司红亮）

【水资源管理】

一、取水许可管理

参与济宁中山公用长江水厂的一期建设、现场核验和沛县兴蓉水务二期办理取水许可的前期协调，参与滕州南水北调取水口水资源论证的前期协调等工作；梳理淮委发证的 57 个取水口的取水许可资料，并对南四湖局 107 个取水口按河湖、按区县分类进行水量统计；配合淮委完成 50 张取水许可电子证照转换工作，实现取水许可电子证照全覆盖；根据《水利部办公厅关于加强超许可取水等违法违规行为监管的通知》(办资〔2021〕307 号)的要求，对企业取水行为进行严格监管，并对文件涉及的南四湖局管理范围内的相关单位进行现场交流，每月对非农用水户进行定期抄表，及时提醒用水户并加密对其巡查的频次。

二、日常监管

把管理范围内的入河排污口和水功能区纳入日常监管，列入日常巡查内容，巡查结果按月上报，为强化水源地的管理，采用无人机对管理范围内的水功能区进行了 2 次巡查，取得良好效果。

三、南水北调东线一期工程调水监管

在南水北调东线一期调水期间，加强对管理范围内泵站运行情况、直管工程控制运用情况、取用水运行情况的巡查监管。每周进行 1 次现场巡查并向沂沭泗局报告取用水监管情况，确保年度水量调度顺利进行。2020—2021 年度下级湖累计入湖水量 66019 万 m^3，超计划调水 1319 万 m^3；下级湖累计出湖水量 60258 万 m^3；上级湖累计出湖水量 54506 万 m^3，完成年度调水监管任务。

四、南四湖水量分配方案编制

配合中水公司开展南四湖水量分配的辅助工作，及时提供直管范围内近几年的取用水资料，为南四湖水量分配方案提供数据支撑。

五、节水型机关建设

南四湖局节水型机关建设工作领导小组牵头编写南四湖局全年用水总量控制计划，确定全年用水控制指标，按月发布节水信息。开展环湖节水宣传活动，制作节水宣传展板、条幅、倡议书，汇编节水宣传材料，举办节水宣传讲座，先后走进解放路小学、徐州九里街道万科城社区进行节水志愿宣传，志愿者通过发放节水宣传资料、现场宣传节水的重要性、讲解节水知识等形式，让群众深刻认识到水资源的重要性和节约用水的重要意义，增强节水意识。同时为保持节水机关建设成果，全年对局属各单位开展节水机关建设督导 2 次，促进基层单位节水机关建设成果的有效保持。南四湖局机关及局属各单位节水机关建设成果运转情况良好，用水量较 2021 年均有不同程度减少。

六、专项整治行动

结合水利部取用水管理专项整治行动，指导需要整改的 5 家用水企业制定整改方案。截至 2021 年底，2 家企业完成整改。

(李振生)

【工程运行与管理】

一、安全管理

(一)工程划界

完成对南四湖湖东堤青山—垤斛、郗山—韩庄、韩庄—蔺家坝三段无堤段管理范围内界线布设，共计埋设界桩 700 根，安装标示牌 10 块。2021 年，完成投资 39.25 万元。

(二)安全鉴定

11 月，委托山东省水利勘测设计院有限公司对二级坝二闸进行安全鉴定。经鉴定，二级坝二闸为四类闸。委托安徽省·水利部淮河水利委员会水利科学研究院对大屯闸进行安全鉴定。经鉴定，大屯闸为三类闸。根据安全鉴定结论，南四湖局及时制定应急措施，并申报病险闸除险加固。

（三）隐患排查治理

开展工程汛前、汛后检查，堤防河道徒步勘察、水闸工程逐孔试车，拉网式排查工程防汛隐患，检查中发现 16 个问题，全部落实预案措施。完成韩庄运河左堤桩号 42+190～42+890 段护坡应急度汛工程。

（四）险工险段管理

督促完成济宁三号煤矿湖东堤采煤沉陷段除险加固一期工程，编制抢险预案并组织抢险演练，对矿方防汛抢险物资储备情况进行现场核查。对湖西大堤姚桥、徐庄、孔庄等 3 个采煤沉陷段险工加密巡查频次、重点检查，督促上海大屯能源股份有限公司做好采煤沉陷段及影响水工程安全度汛工作，督促姚桥矿、徐庄矿、孔庄矿推进堤防安全评价工作，并备足土料、块石等防汛抢险料物，分别对湖西大堤桩号 66+500～68+000、75+100～76+100、81+294～82+194 三段堤防进行灌浆处理；对湖西大堤桩号 69+450～70+350 段进行堤防预加固工程专项设计；督促徐庄矿完成大屯闸安全鉴定工作，基本完成大屯闸北迎水侧 1.4 km 戗台主体工程施工；督促孔庄矿完成湖西大堤桩号 80+734～81+731 段堤顶路面硬化恢复工作。具体见表 1。

表 1　险工险段管理

<table>
<tr><th>序号</th><th>险工名称</th><th>位置</th><th>隐患</th><th>措施</th><th>管理单位</th><th>责任人</th></tr>
<tr><td>1</td><td>徐庄矿采煤沉陷段险工</td><td>湖西大堤桩号 74+711～77+461</td><td>沉陷尚未稳定，堤身不密实</td><td rowspan="3">要求大屯煤电（集团）有限责任公司于汛前完成各采煤沉陷段应急除险加固并验收，消除防洪工程隐患，并落实好防汛抢险人员、设备、物料、预案等各种度汛措施，同时要求其尽快制定切实可行的度汛应急预案报地方防指审查备案，切实做好各项防汛抢险准备</td><td>下级湖局</td><td>鹿川</td></tr>
<tr><td>2</td><td>孔庄矿采煤沉陷段险工</td><td>湖西大堤桩号 80+730～83+440</td><td>沉陷尚未稳定，堤身不密实</td><td>下级湖局</td><td>鹿川</td></tr>
<tr><td>3</td><td>姚桥矿采煤沉陷段险工</td><td>湖西大堤桩号 66+410～70+700</td><td>沉陷尚未稳定，堤身不密实</td><td>下级湖局</td><td>鹿川</td></tr>
<tr><td>4</td><td>南四湖湖东堤采煤沉陷段</td><td>湖东堤桩号 2+500～4+600</td><td>因兖矿集团济宁三号煤矿穿堤采煤造成堤防沉陷，长度为 2100 m，最大沉降量 1.2 m</td><td>要求兖矿集团济宁三号煤矿于汛前完成该采煤沉陷段应急除险加固并验收，消除防洪工程隐患，并落实好防汛抢险人员、设备、物料、预案等各种度汛措施，同时要求其尽快制定切实可行的度汛应急预案报地方防指审查备案，切实做好各项防汛抢险准备</td><td>上级湖局</td><td>孙魏魏</td></tr>
</table>

（五）工程除险加固

沂沭泗防汛抢险队伍演练基地配套设施建设项目完成竣工验收准备工作。老运河闸、伊家河闸除险加固工程可研已批复，初设已审查待批，已发布建设监理招标投标公告。蔺家坝节制闸除险加固工程初步设计已经复审，韩庄节制闸除险加固工程可研初步编制完成。复新河船闸、二级坝第一节制闸等开展除险加固工程前期工作。在二级坝除险加固工程建设过程中，二级坝局协助工程建设单位完成溢流坝交通桥限宽墩设立、一闸下游施工围堰拆除；完成建设单位委托实施的一闸与二闸间高压线路地埋敷设、过坝通信线缆迁改等工程；二闸交通桥出现病险隐患后，积极联合地方政府，对二闸交通桥采取限行措施（限高2 m，限宽2.4 m），做好二闸交通桥安全运行工作，并采用桥面巡查与水上检查相结合的方式，及时掌握交通桥病害发展趋势。

二、运行管理

（一）工程巡查检查

南四湖局及所属各有关单位主要负责人亲自抓汛前检查工作，并对检查结果负总责，技术负责人承担技术责任，做到"谁检查、谁签字、谁负责"。各基层局对河道堤防工程逐段检查，对水闸逐孔试车，部分闸孔全程试车，对河道管理范围内在建工程、涉河建设项目、违章建设及河（湖）内主要阻水障碍等进行详细调查，对查出的问题及时进行处理或采取措施，对重点险工险段登记造册，制定应急度汛方案。及时开展汛后检查，对水毁情况进行梳理。

（二）工程观测与监测

汛前、汛后，基层局及时开展二级坝一闸、二闸、三闸和韩庄节制闸、伊家河节制闸、老运河节制闸、胜利渠首闸、蔺家坝闸垂直位移观测，二级坝二闸水平位移观测，二级坝二闸、三闸及韩庄节制闸、复新河节制闸扬压力和绕渗观测，湖西堤采煤沉陷段沉降位移观测，并将观测成果分析整编上报。

（三）调度运用

累计执行上级调度指令88次，调度湖西五小闸21次、复新河闸3次。

（四）维修养护

南四湖局主要完成堤防维修养护321.047 km，水闸工程维修养护15座，泵站工程维修养护1座。通过招标的方式，确定2家维修养护企业，签订2份维修养护合同。全年开展4次工程管理维修养护工作督查，将督查发现的问题以通报形式进行反馈，并跟进整改进度。

三、管理保障

（一）制度建设

制定《南四湖水利管理局直管河道管理范围内建设项目事中事后监督管理细则》。修订完善上级湖局、韩庄枢纽局、韩庄运河局等3家试点单位《堤防、水闸工程管理标准化手册》，并通过淮委验收。

（二）经费保障

水利工程运行管理经费均来源于财政拨款，共计3353.94万元（包含维修养护费、水毁项目费），经费及时足额，满足工程管护需要。

四、科技与信息化建设

开展堤防水闸基础信息系统复核填报。蔺家坝局研发的"河道冲淤断面测量仪""一种河道堤防坡度测量杆"，上级湖局研发的"一种水工闸门启闭机隔离器""一种水利工程管理用现场标杆"获得国家专利局的实用新型专利初步授权。韩庄枢纽局研发的"滑触线清扫蜘蛛人"获淮委科学技术奖三等奖。

五、达标创建

1 月 15 日，上级湖局成立创建国家级水管单位领导小组，明确创建国家级水管单位重点工作目标及任务。2 月 19 日，南四湖局召开党委(扩大)会议，专题研究 2021 年全局重点工作目标任务，将上级湖局争创国家级水管单位列为水管科、上级湖局双重点目标任务。2 月 23 日，在南四湖局 2021 年工作会议上对上级湖局争创国家级水管单位进行安排部署。3 月，南四湖局成立上级湖局创建国家级水管单位领导小组，全面指导创建工作，党委每月一调度，听取创建工作进展，解决创建过程中的重点、难点问题。为解决上级湖局技术人员缺乏难题，经党委研究，4 月初，抽调二级坝局、韩庄运河局 2 名技术骨干到上级湖局进行人员帮扶。6 月，完成湖西大堤、湖东堤、复新河节制闸宣传牌修复、版面更新工作。9 月 10 日，针对创建重点外业工作，形成日报表制度，每天向南四湖局上报外业施工工作进度。9—11 月，南四湖局安排水管科人员在上级湖局驻点，共同推进创建工程进度。11 月 11 日，沂沭泗局、南四湖局现场检查全线外业施工工作，要求加快进度，精细化提升工程实体面貌。12 月，上级湖局顺利通过水利部组织的国家级水管单位验收。

（李相峰　王敏　胡建　李晓青　鹿川　李泽巍　孙魏魏　王栋　高繁强　陈臻隆　梁昌明　洪叶　隋潇仪）

【水旱灾害防御】

一、雨水情

2021 年南四湖流域汛期出现 9 轮强降雨过程，9 月 28 日，南阳站水位汛期最高为 34.95 m(废黄河)，超汛限水位 0.75 m，也是 2005 年(35.34 m)以来的最高水位。受台风“烟花”影响，7 月 27—29 日南四湖地区迎来一次强降雨过程，流域平均降雨量 143 mm，28 日台儿庄闸站单日降雨量达 233 mm。汛期蔺家坝闸测站累积降雨量达 914.3 mm，比 2020 年高 326.4 mm，高于多年平均值 63.3%。受台风“烟花”影响的单日最大降雨量 132.2 mm。

9 月 30 日 6 时 32 分，二级坝第二节制闸过闸流量为 1078 m^3/s，超过 1998 年 8 月 16 日历史记录最大值 914 m^3/s；9 月 29 日 11 时 17 分，二级坝第三节制闸过闸流量为 1632 m^3/s，超过 2005 年 9 月 20 日历史记录最大值 867 m^3/s。2021 年，二级坝水利枢纽整体过闸流量最大值出现在 9 月 29 日 9 时左右，为 3076 m^3/s(第一节制闸 426 m^3/s，第二节制闸 1000 m^3/s，第三节制闸 1650 m^3/s)。

7 月 30 日，韩庄闸过闸流量为 1780 m^3/s，为韩庄闸 2021 年最大泄量；9 月 3 日，伊家河闸过闸流量为 110 m^3/s，为伊家河闸 2021 年最大泄量；10 月 1 日，老运河闸过闸流量为 245 m^3/s，为老运河闸 2021 年最大泄量。2021 年，韩庄水利枢纽整体过闸流量最大值出现在 9 月 30 日 14 时左右，为 1850 m^3/s，其中韩庄闸 1600 m^3/s，老运河闸 250 m^3/s。

二、汛前准备

(一)落实责任

南四湖局明确内部水旱灾害防御责任人、技术负责人、分段责任人及各部门、各基层局、各事业单位的水旱灾害防御责任和分工，各基层局落实每处防洪工程的 3 个责任人(行政、技术、巡查责任人)，并登记造册。明确大屯煤电(集团)有限责任公司和济宁三号煤矿的防汛责任，督促其加快采煤沉陷段防洪工程加固实施进度，完善采煤沉陷段防汛抢险预案；明确在建建设项目的防汛责任，督促建设单位编制切实可行的度汛方案，分别向枣矿集团、兖矿集团、临矿集团通报各段工程度汛存在的问题，督促其落实堤防保护范围内所属矿井的度汛自保措施。

（二）汛前检查

南四湖局及所属各基层局均成立汛前检查领导小组。各基层局对河道堤防工程逐段检查，对水闸逐孔试车，部分闸孔全程试车，对河道管理范围内在建工程、涉河建设项目、违章建设及河（湖）内主要阻水障碍等进行详细调查，对查出的问题及时采取措施，对重点险工险段登记造册，制定应急度汛方案。3 月，南四湖局组织对所属直管工程进行检查，特别对堤防险工险段、病险涵闸、在建工程、涉河建设项目、水情通信设施等进行重点检查，对查出的问题提出处理措施并建立档案，要求各基层单位继续加强巡查。

（三）水毁修复

完成应急度汛项目 1 个，名称为韩庄运河左堤桩号 42+190～42+890 段护坡应急度汛工程。完成项目经费 138.50 万元。

（四）预案预演

修订完善《南四湖局直管水闸防汛抢险预案》《南四湖湖西大堤插花地段防汛抢险方案》《南四湖防洪预案》《韩庄运河防洪预案》等预案；绘制更新《南四湖防洪形势图》《韩庄运河、伊家河防洪形势图》《南四湖局重点险工险段及抢险道路分布示意图》《南四湖局防汛物资分布及调运示意图》等防汛图表；核实周边地方防指、航运部门，险工险段、在建工程等防汛责任单位责任人及联系电话，并登记造册。

（五）防汛物资

中央防汛抗旱物资薛城仓库和各基层局对储备的防汛抗旱物资进行检查，上报储备期限到期的物资。完善料物标志、标牌，标明物资品种、数量、生产日期等。南四湖局防汛备料主要有块石 9893.8 m^3、石子 7810.8 m^3、土工布 15 万 m^2、铅丝 30.6 t、防汛橡皮舟 20 艘等。

三、巡堤查险

汛期，上级湖局出动巡查 360 余人次，累计巡查堤防长度 2200 余 km；下级湖局分 3 组分段巡查约 300 人次，加密巡查姚桥、徐庄、孔庄采煤沉陷段高水位下运行情况；蔺家坝局出动巡查 900 余人次，累计巡查堤防长度 1200 余 km。防御台风“烟花”期间，韩庄运河、伊家河局部河段滩地高水位行洪，韩庄运河局分 4 组分段巡查计 322 人次，调用民工常备队伍值守 20 d，值守 600 人次，加密检查韩庄运河左堤黄林庄段渗水情况，并在陶沟河口、台儿庄新大桥、新台高速大桥、马兰大桥、京沪高铁大桥处标记最高洪水位。

四、控制运用

受台风“烟花”暴雨影响，7 月 28 日相继开启二级坝节制闸、韩庄节制闸下泄洪水。29 日 12 时，台儿庄区防指报告韩庄运河支流新沟河发生管涌险情，按照指令调减韩庄节制闸下泄流量，协助地方抢险；调度湖西苏北堤河闸、挖工庄东闸，协助湖西地区排除涝水。山东省防汛抗旱指挥部自 10 月 2 日 14 时启用八里湾船闸、邓楼船闸廊道，经柳长河和梁济运河向南四湖分泄东平湖洪水。截至 12 月 3 日韩庄闸关闭，南四湖局累计下达上级调度指令 88 次，调度湖西五小闸 21 次、复新河闸 3 次。二级坝水利枢纽接收调令 49 份，开闸运行 107 d，共计 2439 h，累计泄水量 53.90 亿 m^3；韩庄水利枢纽接收调度指令 39 份，开闸运行 100 d，共计 2321 h，累计泄水量 58.35 亿 m^3，2021 年工程调度次数、历时、累计泄水量，为南四湖历史之最，详见相关统计资料。

五、汛后总结

开展汛后检查,及时进行总结,针对排查出的问题申报韩庄枢纽局防汛调度楼水毁修复、伊家河左堤桩号 1+558~3+558 段防汛道路水毁修复、韩庄运河左堤桩号 41+190~42+190 段护坡应急度汛等水毁、应急度汛项目。

(王博文　鹿川　李泽巍　孙魏魏
王栋　高繁强　陈臻隆　王如轶
张绍升　隋潇仪)

【河湖管理保护】

一、河(湖)长制工作

4—6 月,南四湖局组织各基层局结合沂沭泗遥感遥测图,按照查实、查细、查全的原则,对南四湖湖内问题进行河湖问题核查和全面排查,共排查出 7000 余个问题,分类合并成 327 项(济宁市 184 项、枣庄市 17 项、徐州市 126 项),并根据《关于印发〈全省河湖水安全水污染水生态水环境隐患排查整治工作方案〉的通知》(鲁河长办函字〔2021〕7 号)的要求,将山东省南四湖湖内问题全部录入山东省河长制、湖长制信息管理系统,江苏省南四湖湖内问题已报送徐州市河长办。为加快清理整治进度,南四湖局及所属基层局多次与相关市(县、区)河长办进行座谈及现场交流,并就问题清单逐条提出清理整治建议。截至 2021 年 12 月 29 日,南四湖局与地方政府共同认定的河湖"四乱"问题 937 个(江苏省 150 个、山东省 787 个),已清理 901 个(江苏省 133 个、山东省 768 个),清除率达 96.2%(江苏省 88.7%、山东省 97.6%)。

二、河湖管理

对直管范围内 2782 个"四乱"问题逐个编制档案,对现存"四乱"问题逐一进行现场核查,分类提出整改计划及措施。通过开展"清四乱"工作,维护了堤防工程安全完整,消除防洪安全隐患,改善直管工程面貌和河湖生态环境。二级坝局以河(湖)长制及淮委督查督办为契机,对坝区码头等进行调查和摸排,并向微山防指专题上报清障建议计划,推动坝区码头清理整治,清除一闸西坝坡微山水产公司管理院(历史遗留问题),清理拆除二级坝张白庄码头区(张白庄码头区包括基源港、昌隆港及顺发商贸港共 3 个港区 8 个码头片区,共计 276 亩);积极推动省界插花地段"四乱"问题清理整治,会同微山县、沛县两县完成二级坝三闸西至一线船闸间历史遗留"四乱"问题清理整治,占地共计 350 余亩;加强内部遗留问题整改,拆除三闸西管理院老旧房屋 3 排,共计 18 间,清理拆除二闸东砌块厂废旧厂房及设备。韩庄枢纽局针对微山湖插花地段"四乱"问题,牵头两县(区)河长办及两地镇政府建立联动机制,持续加大执法检查力度,共立案查处案件 16 起,整改"四乱"问题 17 个,推动水利部暗访"05 地块""新增 02 地块"顺利通过淮委验收。对历史上仍未解决的"陈年积案"开展全面清零行动,多方联络江苏、山东两省沛县、微山县、鱼台县三县河长制办公室,通过召开座谈会、现场调研、分阶段督办等多种方式,完成盘踞省界边界区域多年的"刘香庄码头群"治理。韩庄运河(韩庄节制闸至四支沟段)成功创建山东省美丽幸福示范河湖,韩庄运河台儿庄段成功创建山东省水系绿化样板。

三、涉河建设项目管理

结合沂沭泗局开展"清理整治涉河建设项目遗留问题"专项行动,组织对范围内涉河建设项目开展自查,制定《南四湖水利管理局直管河道管理范围内建设项目事中、事后监督管理细则》,做到对管理范围内建设项目认真监管、积极配合、主动服务。全年共办理4个建设项目施工安排备案,填写建设项目月报表12期。针对蔺家坝复线船闸主体工程自2013年1月完工以来,防洪影响处理工程未完全实施的情况,蔺家坝局按要求每年函告项目建设单位及其上级主管部门及时完成项目、消除隐患,开展多次交流、座谈及现场确认。10月,在上级部门的指导下,按照建设项目事中、事后监督管理要求,蔺家坝局与徐州市京杭运河湖西航道整治一期工程建设管理处签订《蔺家坝复线船闸防洪影响处理工程建设协议》,协议将防洪影响处理工程委托给蔺家坝局实施,建设资金交由蔺家坝局监管。对于铜山区沿湖京杭运河大桥、后八段京杭运河大桥两个撤渡建桥项目,蔺家坝局在审批前规范审批程序,增强服务意识,完善程序机制,主动与建设单位对接,引导做好项目申报工作;审批后,及时与建设单位签订工程建设管理协议并按要求完成施工备案工作;项目实施过程中,严格按照相关规章制度对建设项目进行监督检查,安排专人负责河道内在建项目的巡查工作。

四、南四湖禁采管理

一是开展采砂敏感区域专项检查,调整南四湖采砂敏感区域和责任人,切实做好责任落实。二是采用日常巡查和明察暗访相结合的方式,并运用无人机、视频监控等技术手段,对杨屯河口等敏感区域加强监管。三是持续巩固南四湖打击非法采砂协调机制,组织召开两省三市打击非法采砂协调领导小组座谈会,联合沛县、微山县两县开展采砂巡查联合执法,重点对南四湖采砂敏感水域、省际插花水域等进行现场监管巡查,形成监管合力,营造良好的全湖禁采氛围。四是积极推动南四湖行洪通道疏浚砂利用工作的开展,多次前往先进单位考察学习河道疏浚砂综合利用的工作经验,深入研究南四湖泗河入湖口处工程性采砂的可行性,配合沂沭泗局开展采砂管理调研与检查,推进河砂开采与河道治理相结合,促进砂利用。

(闫志强　王庆飞　李相峰　胡建　孙魏魏　王栋　高繁强　陈臻隆　颜山凯　洪叶　隋潇仪)

【安全生产】

一、责任制落实

持续强化安全生产责任落实,1月召开安全生产领导小组会议,贯彻落实上级关于安全生产工作的重大决策部署,总结安全生产工作经验,分析全局安全生产形势,明确安全生产工作具体要求;1月,与各部门、单位层层签订安全责任状145份,明确各部门的安全责任;完善安全生产责任制,根据人员和职务变动情况及时调整安全生产领导小组及分工,明确职责和任务,形成“横向到边、纵向到底”安全生产管理体系,制定年度安全生产目标,明确安全生产管理和检查重点,强化督促安全生产责任落实。

二、风险管控

5月,印发《南四湖局办公室转发关于进一步完善安全风险分级管控体系的通知》。5月底,特邀江苏省水利厅专家就“水利安全生产双重预防机制”进行了专题授课;7月,组织基层各单位集中办公,邀请沂沭泗局现场指导,加深各单位对安全风险分级管控体系的认识。各基层局开展安全风险分级管控工作,制定安全风险等级管控制度和工作方案,对管理范围内的工程运行、设备设施、作业活动、管理、环境等方面存在的安全风险进行辨识;根据危险源辨识与风险评价的内容,分析事故诱因和可能产生的后果,建立危险源辨识评价清单,制作危险源告知、防范措施公示栏、四色分布图等;落实危险源的管控责任,明确管控措施,及时关注危险源、安全风险的变化,动态调整危险源、风险等级和管控措施。

三、隐患排查与治理

建立完善问题隐患和制度措施“两个清单”并动态管理,各单位共开展隐患排查92次,排查隐患83个,其中立行立改71个,长期整改12个,制定整改措施83条,年底前完成整改83个。

四、监督检查

加强安全生产监管力度,以检查促落实,消除安全事故隐患。开展7次安全生产监督检查,在“安全生产月”期间,开展局领导分组带队检查活动,对局属各单位安全生产三年专项整治、水利工程运行安全、水利工程建设施工安全、危险化学品治理、消防安全和水利安全生产标准化建设等工作进行针对性检查,检查发现的各类隐患共计34处,督促各责任单位完成问题整改。强化落实危险化学品隐患排查治理,多次现场督导韩庄运河局就加油站问题制定并落实切实有效的处置措施,消除事故隐患。督促各单位规范管理房、通信机房及通信铁塔的安全管理,完善安全警示标牌,对检查发现的问题及时进行“回头看”。深刻吸取西沟水库漫坝事故教训,在全局范围内开展安全生产专项检查。

五、标准化建设

印发《南四湖局办公室关于持续巩固水利安全生产标准化创建成果的通知》(办水政安〔2021〕17号),积极推进标准化管理、风险管理和隐患排查治理“三位一体”常态化管理模式,督促韩庄运河局完成安全生产标准化延期换证工作;组织韩庄运河局、下级湖局申报水利安全生产标准化建设成果;要求其他不符合标准化创建达标要求,暂时不能创建达标的单位按照安全生产标准化标准开展相关工作。

六、宣传教育

开展系列宣传教育活动,以活动促安全责任落实。充分利用屏幕、宣传挂图、展板等平台宣传安全生产理念、安全知识,营造浓厚安全氛围。在全局范围内开展学习习近平总书记关于安全生产重要论述精神,开展观看专题学习视频、安全生产知识答题、消防安全应急演练等活动。

七、制度建设

印发《南四湖局2021年安全生产工作安排》和《南四湖局2021年安全生产监督检查计划》(南四湖局水政安〔2021〕215号),梳理现有安全生产管理制度、操作规程和应急预案,结合单位安全生产实际,并学习有关先进单位经验,对有关安全生产制度、规程、预案进行修订和完善。加大对各项制度的执行、监督和考核力度。各部门严格执行水利工程管理和安全生产的相关规章制度,认真落实水利工程巡查、日常检查和定期检查制度。

八、能力建设

举办安全生产专题培训班,就“水利安全生产双重预防机制”“水利安全生产标准化达标创建相关知识”等进行专题授课。组织全局职工参加“水安将军”答题活动。向《治淮》杂志提交6篇安全生产论文,全面提高职工安全生产工作能力。

(王庆飞　时阳　宋凯　李硕
刘柱　冯理祥　司红亮)

【水文化建设】

一、“一局一片”

南四湖局起草完成宣传片解说词《初

心共筑四湖荣光》;上级湖局结合国家级水利工程管理单位创建工作,完成《砥砺春秋 逐梦河湖》水利宣传片;二级坝局对水利宣传片《巨龙卧波安澜现》进行改版,补充部分影音资料,调整部分解说词,并重新配音。韩庄枢纽局结合《韩庄闸记》对水利宣传片进行改版,完成解说词《大闸如城守安澜》。

二、"一局一室"

上级湖局融入鱼台县"弘扬孝贤、关爱老人、共建和谐"为主题的孝贤文化建设,在复新河节制闸管理范围建成孝贤文化善水苑的基础上,又建设水文化长廊和上级湖局精神文明建设实践点;二级坝局对三闸东管理院内水文化长廊进行修缮,在二闸东桥头堡完成水文化展室建设,共分为党建及精神文明、职工风采、水利卫士、工程管理、水政执法、防汛抗旱、岁月印记、领导关怀等板块,层次鲜明地展现二级坝水利枢纽的历史、人文、历届守坝人的艰辛付出及枢纽工程日新月异的变化。

三、"一局一册"

二级坝局积极发动职工,开展老照片收集活动,通过走访离退休职工、查阅档案资料、扫描翻拍等方式,获得大量素材,整编成册;韩庄枢纽局收集能够反映韩庄枢纽人文变化、工程历史风貌及变迁的老照片以及荣誉奖章等材料;韩庄运河局以水利工程为依托,充分挖掘历史文化元素,及时调动、整合各方面资源,收集历史文化资料,完成《我们的运河》老照片合集的制作。

四、"一局一水文化景点"

上级湖局在湖东堤 13+100 处建成 1 处水文化平台;韩庄枢纽局完成管理院文化墙建设;蔺家坝局在直管湖西大堤迎水坡建设了 1 处水文化平台;韩庄运河局在直管工程韩庄运河、伊家河堤防上打造 2 处水文化宣传平台,推进水工程和水文化相结合,弘扬治水精神;在韩庄运河与 206 国道交接处,建成河(湖)长制主题公园,重点宣传全面推进河(湖)长制工作。

(张鑫 陆嘉棋 鹿川 王文琦 高繁强 李云帆 董洋洋 安凤琳 吴恋)

【队伍建设】

一、机构设置与领导班子

(一)南四湖局党委委员

南四湖局党委书记、局长:张志振

南四湖局党委委员、副局长:王建新 王建军 刘星祥(2021 年 6 月止) 仇小霖(2021 年 6 月起)

南四湖局党委委员、纪委书记:赵建海(2021 年 12 月止) 王建军(2021 年 12 月起)

(二)其他局领导

二级调研员:赵建海(2021 年 12 月起)

三级调研员:单海波

(三)总工程师

王建军

(四)工会主席

赵建海

(五)机关科室

1. 办公室

主任:闫志明

副主任:王云颂(2021 年 2 月止) 王佳(2021 年 7 月起)

2. 水政与安全监督科(水政监察支队)

科长:闫志强

副科长:常迪(2021 年 6 月止) 赵颜颜(2021 年 11 月起)

3. 水资源科

科长:李振生

副科长:刘欣

4. 财务科

科长：刘巧英

副科长：付玲玲

5. 人事劳动科

科长：任洪奎

副科长：黄慧华

6. 水利管理科（防汛抗旱办公室）

科长：李相峰

副科长：王敏　王喜民

7. 监察审计科

科长：侯庆斌

副科长：谢邦

8. 局工会

副主席：房益强（2021 年 7 月止）

（六）直属单位

1. 上级湖水利管理局

党支部书记、局长：袁卫东

党支部副书记、纪检委员（正科级）、副局长：赵公言

党支部委员、副局长：孙魏魏　曹春雷

2. 下级湖水利管理局

党支部书记、局长：王志杰

党支部副书记、纪检委员（正科级）、副局长：鹿川

党支部委员、副局长：姬文忠　宋凯

3. 二级坝水利枢纽管理局

党支部书记、局长：袁辉磊

党支部副书记、纪检委员（正科级）、副局长：李晓东

党支部委员、副局长：王强

4. 韩庄水利枢纽管理局

党支部书记、局长：张雪锋

党支部副书记、纪检委员（正科级）、副局长：吉光林（2021 年 11 月止）　孙立平（2021 年 11 月起）

党支部委员、副局长：陈凡宏　姚栗（2021 年 11 月起）

5. 蔺家坝水利枢纽管理局

党支部书记、局长：耿雪飞

党支部副书记、纪检委员（正科级）、副局长：任强

党支部委员、副局长：华永凯

6. 韩庄运河水利管理局

党支部书记、局长：纪国富

党支部副书记、纪检委员（正科级）、副局长：洪为

党支部委员、副局长：刁爱国　姜洪杰

7. 防汛机动抢险分队

队长：赵万利

副队长：李其龙　褚衍涛

8. 机关后勤服务中心

主任：裴建新

副主任：王士学

9. 中央防汛物资定点储备仓库

主任：潘延忠

二、机构编制工作

2 月，南四湖局在充分征求直属单位意见的基础上，行文上报《南四湖局关于注销基层单位法人资格有关问题的报告》（南四湖局人劳〔2021〕33 号），建议取消所属 6 个基层局法人资格，将全局直属的法人单位由 9 个减少为 3 个。

三、人才队伍建设

（一）管理人才队伍建设

南四湖局参公人员 112 人，聘用在管理岗的事业单位工作人员 34 人。根据党政领导干部选拔任用有关规定和上级有关文件要求，修订完善《南四湖局党委选拔任用干部工作议事规则》。开展参公人员职级晋升，2 名同志晋升为四级调研员，3 名同志晋升为一级主任科员，6 名同志晋升为三级主任科员，2 名同志晋升为四级主任科员；配合上级晋升 2 名同志为三级调研员、1 名同志为一级调研员。开展 2

批科级干部选拔工作,3名同志分别提任到局机关、局属单位科级领导岗位上。完成2020年度6名提任科级干部的试用期满考核。共有9名同志在南四湖局局属单位之间或上级部门之间交流。共招录(聘)11名参公、事业人员。组织全局27名青年干部到徐州市委党校参加以党性教育为主的青年干部培训。

(二)专业技术人才队伍建设

南四湖局聘用在专业技术岗的事业单位工作人员26人,其中专业技术七级岗位2人、十级岗位10人、十二级岗位13人、见习期1人。2021年新聘用1名工程师到专业技术十级岗位。

(三)技能人才队伍建设

南四湖局聘用在工勤技能岗位的事业单位工作人员80人,其中高级技师1人、技师21人、高级工56人、中级工2人。2021年,组织3名技能人员参加全国河道修防工职业技能竞赛淮委赛区预赛。组织1名河道修防工高级技师参加水利部人事司主办的水利高技能人才培训班。

四、主要荣誉

2月,蔺家坝局被水利部授予“第十一届全国水利行业技能人才培育突出贡献奖”。

2月,李辉被水利部评为“第三批全国水利行业首席技师”。

2月,孙其友被水利部授予全国水利技术能手荣誉称号。

5月,韩庄枢纽局工会被淮河工会评为先进基层工会。

5月,汪伟、房益强被淮河工会评为优秀工会工作者,王军、刘佳慧、陈冠宇、赵则起、施晓强被淮河工会评为优秀工会积极分子。

6月,下级湖局、二级坝局、韩庄运河局党支部被淮委评为先进基层党组织。

6月,刘欣、陆嘉棋、袁卫东、王志杰、李晓东、尹东、张雪锋、姚栗、安凤琳、纪国富被淮委评为优秀共产党员,王佳、鹿川、潘延忠被淮委评为优秀党务工作者。

11月,孙其友、孙建化被淮委评为第二届“最美治淮人”。

12月,纪国富被淮委评为优秀青年理论学习小组导师。

12月,王佳、刘家旭、李硕、李国一、李晓东、邱蕾蕾、季颖、赵玉兰、甄辰汐被淮河工会评为淮委2017—2021年度“运动之星”。

(王强　黄慧华)

沂沭河局

【概要】

一、水旱灾害防御

2021年汛期,沂沭河局共完成调度指令81个,调度调控水闸238次,分泄洪水29.21亿m^3,成功应对6次强降雨及台风“烟花”暴雨洪水过程,保障沂沭河整体防洪安全。临沂市防指向沂沭河局致函感谢,沂沭河局获山东省防汛抗洪表现突出集体,2名同志获表现突出个人,其中1人获三等功。沂沭河局防办、郯城局、刘家道口局获临沂市水利工程防汛先进集体,15人获防汛先进个人。

二、工程管理及建设

推动江风口局、河东局水利工程标准化管理试点工作,江风口局高分通过淮委标准化管理验收,成为淮委首家水利工程标准化管理单位。全过程监管高质量实施维修养护和7个水毁项目。人民胜利堰节制闸除险加固后完成首次安全鉴定。沂河局、沭河局、江风口局、大官庄局划界项目顺利实施并通过验收。编制完成水利工程管理“十四五”规划、河湖管理保护“十四五”规划、水土资源开发利用规划及大官庄局、江风口局“十四五”水利风景区建设发展规划等。配合沂沭河上游堤防加固工程实施,助推祊河左右岸滨河路提升改造工程、郯城县沂河左岸(李庄至城区段)拓宽改造工程实施。

三、河湖管理

召开河长制专题会议5次,参与修编“一河一策”,参加省市级河长巡河5次。推进河道“清四乱”常态化规范化,做好山东省水安全水污染水生态水环境隐患排查整治工作,梳理“四乱”问题592处,报送地方河长办并录入山东省河长制信息系统,配合做好清理整治及验收工作,完成清理整治324处,剩余268处均已制定整改方案、分类推进整治。落实涉河建设项目备案制和巡查检查制度,实施“清理整治涉河建设项目遗留问题”专项行动,建立动态监管台账,督促31个项目落实整改。助力邳苍分洪道(江风口分洪闸至褚墩镇段)、汤河建成省级美丽幸福示范河湖。集成沂沭泗局重点水利工程监视系统、敏感水域监视系统、部分自建监视点,协调接入莒县政府重点河道监视系统,整合建立视频监控室。

四、河道采砂管理

开展直管河道非法采砂专项整治行动,全面摸清底数和违法问题存量。推动联席会议召开及四个责任人公示牌设立,构建联防联控联治新格局。制定《工程性采砂项目管理办法(试行)》,创新河道砂石综合利用新模式,推动工程性采砂砂石综合利用项目实施。推动《淮河流域重要河段河道采砂管理规划(2021—2025年)》实施,落实禁采区禁采期管理措施,做好采砂许可实施前期工作,编制沂河沭河(山东段)2021—2022年采砂期采砂实施方案。

五、水行政执法

开展多种形式水法宣传活动,通过临沂综合频道、“见政临沂”微信公众号等宣传媒体进行专题报道,营造依法治水的良好氛围。修订完成《沂沭河局水行政执法案件管理办法》《沂沭河局常用法律法规汇编》,贯彻落实水行政执法三项制度,发挥涉法事务办公室作用,巩固水行政执法基础。办理人大建议和政协提案3件,12345热线问题210余件,涉水社会诉求处理取得较高群众满意度。

六、水资源管理

优化直管区取水许可管理与服务,对林科所等17处取用水单位取水许可相关资料进行技术审核,配合淮委完成取水许可3处、完成取水许可电子证照转换132份。开展取用水管理专项整治行动整改提升,对直管区无证取水口进行取水许可手续督办和规范化整治。做好刘家道口、大官庄水利枢纽水量调度,保障主要控制断面生态水量目标。参与临沂市沂沭河流域重要水源统一调度管理相关工作,推动解决沂沭河流域水量分配、调度责任分工、信息共享平台等调度问题。开展“节水中国你我同行”宣传活动,推进大官庄节水教育基地建设。

七、内部管理

优化预算收支结构,规范财务管理,强化审计监督,提高审计整改实效,有效防范化解风险。推动沂沭泗综合办公系统启用工作、推进电子政务工程建设。大官庄局成功创建山东省档案工作业务建设示范单位。刘家道口局成功创建全国水利文明单位。沂沭河局团委获“2020年度临沂市五四红旗团委”荣誉称号，大官庄局被评为临沂市“青年文明号”，郯城局被评为淮委先进基层工会。在淮委青年演讲比赛、职工运动会、歌咏比赛、无人机竞赛以及临沂市直机关青年诵读比赛、征文活动中均取得优异成绩。2名同志在全国水利系统庆祝中国共产党成立100周年美术书法摄影作品展获奖，5名同志在全国水利系统离退休干部“我看建党百年新成就”征文书画摄影活动中获奖。1名同志获临沂市第八届道德模范，1名同志获临沂市第二届“最美应急人”称号。助力乡村振兴与西部建设，选派1名同志到临沭县岭南头村任职第一书记、1名同志到新疆金沟河流域管理局开展水利援疆工作。

八、党的建设

开展党史学习教育，开设党史专题报道专栏，编发党史学习教育工作简报10期，组织开展专题党课、党性教育、红色观影、讲党史故事等活动，推进“我为群众办实事”实践活动，完成防洪安全水毁工程修复等49项为民实事。开展“三对标、一规划”专项行动，组织全员参与开展4个阶段专题学习研讨，编制完成“十四五”沂沭河水利管理事业高质量发展总体工作计划。党委理论学习中心组充分发挥领学促学作用，全年集中学习22次，研讨交流13次。举办“光荣在党50年”纪念章颁发仪式，离退休党支部被授予临沂市“五星级离退休干部党支部”荣誉称号，在山东省“本色家园”离退休干部党组织建设工作中受到山东省委组织部通报表扬。开展青年理论学习成果巡回展示活动，局机关青年理论学习小组被评为淮委“十佳青年理论学习小组”，1名同志被评为淮委“十佳青年理论学习标兵”，3个党支部被评为淮委先进基层党组织，机关党支部被临沂市直机关工委评为先进基层党组织。落实党员干部思想政治状况分析、人文关怀等制度，开展基层调研、调查问卷等工作，及时摸清干部职工思想状况。加强党风廉政建设，开展职工食堂运营管理、公务加油卡使用管理、公务出差与差旅费报销管理、会议管理等专项整治。抓住关键节点、关键领域、关键环节开展警示教育和节日廉政谈话，开展集体廉政约谈2次。动态更新廉政档案52份，制定《党风廉政回复意见管理办法》，出具党风廉政建设意见回复26人次，登记个人事项报告4人次。修订《沂沭河局纪检委员工作办法》(沂沭河局党委〔2021〕66号)，明确纪检委员工作职责。落实日常监督，融合审计监督、财务检查、专项检查等监督成果，推动主体责任、监督责任贯通协同、形成合力。

(陈宁　魏伟　梁爽)

【水行政执法】

一、普法工作

利用宣传站、市区大屏、广播电视、报纸期刊、群发公益短信、微信公众号等新媒体开展水法宣传。在城市广场设置固定宣传站，向过往群众发放宣传品，宣传水法规知识。在市区主要路口大屏幕滚动播放宣传标语。在临沂电视台综合频道《政道》栏目播放普法宣传活动专题。在“淮河水利”“沂沭河水利”“见政临沂”微信公众号发布水法宣传专题报道。组织开展水法宣传进校园、进社区，宣传讲解沂沭河基本情况、节约用水知识和防溺水知识等内容，引导学生和群众珍惜水资源、保护沂沭河。组织职工学习水利部部长李国英和淮委主任刘冬顺署名纪念文章，观看节水护水公益视频，参加长江保护法知识大赛，不断提高职工法治思维和依法办事能力。

二、执法行动

开展定期巡查和不定期巡查、全面巡查和重点巡查，2021 年支队开展 31 次执法巡查，出动执法人员 5128 人次，执法车辆 1748 车次，巡查河道 60566 km，现场制止水事违法行为 226 起，先行登记保存非法采砂车辆（机具）230 辆（台），立案查处 26 起。开展河湖执法专项行动，其中澜公馆、沂花湾等违法建设案均按要求在规定时间内完成现场拆除、复绿，行政处罚足额到位。完成积案“清零”专项行动，对列入水利部系统及淮委台账的陈年积案积极进行整改，完善执法手续，妥善处理好大门楼子违法建设、沂南苏家村违法建设案行政处罚未执行到位、违法建设拆除后未清理平整到位等问题，按要求完成整改。配合做好沂河示范河湖创建行动，组织执法力量加强示范河段执法巡查、清除沿河违法建筑、强化在建工程监管、整理相关档案资料，加强与地方河长办、水利、综合执法和自然资源等部门的配合协作，不断巩固创建成果。健全与沿河县区及有关部门的联合执法机制，充分调动地方河长积极性，强化对水事活动的监督管理。针对方城镇中西蒋村等河段零星盗采河砂情况，沂河局向各级河长做专题汇报，联合兰山区河长办和方城镇执法中队赴盗采多发区域开展实地勘验，加密巡查频次，打击盗采行为。江风口局联合册山街道、李庄镇城管对闸区占道摆摊进行清理，协调周边乡镇，在合理安全的场地设立市场，长效解决近十年来存在的封闭堤道路占道摆摊难题。沭河局联合临沭县河长办、大兴镇镇政府、郑山街道办、连云港市水利局执法支队、石梁河水库管理处对沭河、新沭河 10 余处网箱进行清理。郯城局联合县河长办、高峰头镇政府等多部门开展“护河”专项行动，与河道违规排放、倾倒垃圾、零星盗采等违法行为做斗争，保障河道管理秩序。

三、执法监督

根据《水行政执法监督检查办法（试行）》的要求，“全面体检”直管河道水行政执法工作，在基层局完成水行政执法监督自查工作的基础上，对行政检查、行政处罚、执法队伍建设与管理、专项行动开展情况、水行政执法“三项制度”落实、监督举报调查核实情况等方面进行复核检查，对执法中存在的问题逐一梳理，并落实整改措施。

四、能力建设

重视执法队伍的建设与管理，2021 年新任命 27 名水政监察人员，免去 17 名水政监察人员，按照上级要求做好水政监察证件换发和申领工作。集中法学专业人才、执法业务骨干成立沂沭河局涉法事务办公室，通过“线下线上”充分交流探讨，涉法事务办公室人员对诉讼案件、法律法规修订、局规范性文件修改、水行政执法改革发展等议题进行讨论，并提出法律意见建议。修订《沂沭河水利管理局水行政执法案件管理办法》，详细梳理水行政处罚案件从立案到结案具体操作办法，明确了执法巡查、证据先行登记保存、调查笔录制作、涉刑案件移送等程序的实施细则。修订水行政执法“三项制度”并纳入沂沭河局水行政执法案件管理办法。进一步完善涉河活动占用、损毁河道工程而不能恢复原状的占用补偿程序，做好法制审核，妥善把控与防范法律风险。

（孙涛　岳秀琦　彭真）

【水资源管理】

一、专项整治行动

针对取用水管理专项整治行动核查登记结果，对沂沭河直管区内 111 处未经批准擅自取水、取水监测计量不规范、未按取水许可规定条件取水和其他违反取水许可监督管理规定取水的取水口全部纳入整改范围，建立问题整改台账，细化整改措施，分类施策推进整改。协助淮委、沂沭泗局严把取水申请、技术审查、许可审批、工程验收、项目销号各环节质量。提前完成第一阶段（2021年12月底前）取水口整改任务，推进取用水秩序好转。

二、取水许可管理

配合淮委、沂沭泗局开展规划和建设项目水资源论证，做好取用水户的管理和服务工作。指导临沂市森林湿地保护中心等6家取水单位办理取水许可申请。协助淮委、沂沭泗局完成17项取水许可资料技术审核。核发河东区葛沟灌区等5处取水许可证照，年增加许可水量7962万m^3。依托国务院一体化在线政务服务平台，深化取水许可电子证照推广应用，配合淮委完成132个存量取水许可证电子化转换。

三、日常监管

编制沂沭河局水资源管理巡查总结12期，直管区241处取水口全部纳入水资源管理综合信息台账管理并动态更新。做好淮河流域内唯一一个由淮委许可并直接下达用水计划的取水口（金牛水电站）计划用水管理，严格落实取用水全过程管理制度。对100处未经批准擅自取水的取用水户，按程序送达《关于依法规范取用水行为的函》，书面督促补办取水许可手续。配合淮委完成莒县清源水务中心等4起超许可取水案件调查取证，督促取用水户进行整改，切实规范水资源开发利用秩序。对直管区241处取水口取用水监测计量情况进行全面核查，参与编制《淮委取水口监测计量体系建设实施方案（2021—2023年）》，逐步推进直管区取水口取水监测计量体系建设。有序推进地表水年许可水量50万m^3以上的非农业取水口全面配齐取水在线监测计量设施。做好已有监测计量设施改造升级，指导4家取用水户完成取水监测计量设施定期检定或校准，保障计量设施正常运行。分类推进地表水灌区取水口监测计量，完成临沭县龙窝灌区、河东区石拉渊灌区2处大中型灌区取水监测计量整改，实现沂沭河直管区大中型灌区渠首取水口计量全覆盖。

四、用水统计调查

建立并完善沂沭河直管区用水统计调查基本单位名录库。采用全面调查与典型调查相结合的方法，按季度或年度组织27处重点取用水单位完成2021年各类用水统计调查表填报。严把统计数据质量关，保证上报进度、审核数据质量，做到随报随审、监管到位，对可能存在的数据质量问题进行追溯、核实和修正，不断提高用水统计调查的及时性、全面性和准确性。

五、河流生态水量（流量）管理

贯彻执行沂河、沭河水量调度方案、年度水量调度计划、生态水量保障实施方案，做好沂河刘家道口枢纽、沭河大官庄枢纽水资源调度工作。严格落实水资源调度期间取用水管控和信息报送，编制沂沭河局水资源调度执行情况月度总结12期，年度总结1期。强化流域水资源联合统一调度，参与临沂市沂沭河流域重要水源统一调度管理，协调推动解决沂沭河流域水量分配、调度责任分工、信息共享平台等调度问题，确保调度期内各项任务目标落到实处。合理配置生活、生产和生态用水，严格流域用水总量和重要断面下泄水量（流量）控制，保障河流基本生态用水。2020—2021年调度期，沂河刘家道口枢纽累计下泄水量27.51亿m^3、沭河大官庄枢纽累计下泄水量24.67亿m^3，下泄情况均满足断面指标要求。

六、节水机关建设

加大对直管区取用水户的节约用水监

督管理，推进直管区水资源集约节约安全利用。巩固节水机关建设成效，推进节水型单位常态化管理，“大官庄局定期发布用水信息到个人”“郯城局雨水蓄积利用”“沭河局用水在线监控平台”等节水机关典型经验做法得到水利行业充分肯定。推动大官庄局创建淮委节水教育社会实践基地，打造沂沭河流域水情教育名片。开展沂沭河局“节水中国 你我同行”主题宣传联合行动，动员水利、教育等有关部门及学校、社区、企业等单位积极参与，组织开展形式多样的《水利职工节约用水行为规范（试行）》宣贯，联合开展节水宣传进校园、进社区、进企业、进基层，活动期间累计在“节水中国”网站发布宣传活动 8 次。组织职工参加“第二届全国节约用水知识大赛”，全局 198 名职工参与线上答题。利用自媒体平台加大节水宣传报道力度，宣传推广节水典型经验做法，7 篇节水宣传新闻信息在全国节约用水办公室网站发布。有 6 部作品在淮委节水科普作品征集宣讲活动中获奖、36 部作品在淮委节水惜水主题摄影大赛中获奖。

（赵言国　秦涛）

【工程运行与管理】

一、安全管理

（一）工程划界

组织开展 2021 年沂沭河局中央直管河湖和水利工程的划界工作，项目经费 96.33 万元，沂河局、沭河局、江风口局、大官庄局划界项目完成实施并通过验收。完成沂河右岸北神墩至沂水南三环（南王庄）大桥管理范围内界桩制作安装 401 根、公示牌制作安装 6 块，沭河局管理范围内公示牌制作安装 70 块，沭河局黄庄穿涵管理范围内铁艺围栏埋设 1400 m，大官庄局管理范围内护栏埋设 4520 m，江风口局管理范围内护栏埋设 300 m。

（二）安全鉴定

10 月，委托安徽省（水利部淮河水利委员会）水利科学研究院对人民胜利堰节制闸进行安全鉴定。经鉴定，人民胜利堰节制闸为一类闸。

（三）隐患排查治理

开展工程汛前、汛后检查，堤防河道徒步勘察、水闸工程逐孔试车，拉网式排查防洪风险隐患，检查中发现 81 个问题，全部落实预案措施；申请沭河右岸莒南东许口堤防水毁修复、大官庄枢纽石护水毁修复、沂河右岸宋家石护水毁修复工程等 8 处水毁修复项目。

（四）险工险段管理

梳理险工险段问题隐患，修订完善险工险段抢险建议措施方案，主动与沿河属地政府沟通协调，对 8 处险工险段逐一落实防汛责任和措施，见表 2。

表 2　险工险段管理

序号	险工名称	位置	隐患	措施	管理单位	责任人
1	后东庄险工	沭河右堤 35+505~35+780	崩岸堤段：水流淘刷造成较大面积崩岸、塌滩而危及堤防安全的堤段	修订抢险预案，包括险工基本情况、险情预估、抢险方案、抢险组织、险工位置及抢险路线图等	河东局	周立君

续表 2

序号	险工名称	位置	隐患	措施	管理单位	责任人
2	宋家险工	沭河右堤 50+580~51+080	崩岸堤段:水流淘刷造成较大面积崩岸、塌滩而危及堤防安全的堤段	修订抢险预案,包括险工基本情况、险情预估、抢险方案、抢险组织、险工位置及抢险路线图等	河东局	周立君
3	黄泥崖险工(南张庄)	老沭河右堤 43+065~43+975	崩岸堤段:水流淘刷造成较大面积崩岸、塌滩而危及堤防安全的堤段	修订抢险预案,包括险工基本情况、险情预估、抢险方案、抢险组织、险工位置及抢险路线图等	郯城局	马增智
4	北新汪险工	沂河右堤 27+500~28+640	崩岸堤段:水流淘刷造成较大面积崩岸、塌滩而危及堤防安全的堤段	修订抢险预案,包括险工基本情况、险情预估、抢险方案、抢险组织、险工位置及抢险路线图等	郯城局	马增智
5	倪楼险工	沂河右堤 7+050~7+860	历史上出现决口但未彻底处理,背水侧仍存在积水或洪水期间出现渗水的堤段	修订抢险预案,包括险工基本情况、险情预估、抢险方案、抢险组织、险工位置及抢险路线图等	郯城局	马增智
6	马头北水门至桑庄险工	沂河左堤 14+557~17+315	其他严重影响堤防安全运行的堤段	修订抢险预案,包括险工基本情况、险情预估、抢险方案、抢险组织、险工位置及抢险路线图等	郯城局	马增智
7	西爱国至吕港口险工	沂河左堤 19+600~22+600	曾出现过管涌但未彻底处理,背水侧堤脚外 100 m 范围内仍有明显渗水痕迹的堤段	修订抢险预案,包括险工基本情况、险情预估、抢险方案、抢险组织、险工位置及抢险路线图等	郯城局	马增智
8	集西至花园险段	祊河左堤 10+500~17+000	严重缺陷堤段:堤身堤基存在严重隐患或断面不满足现行规范要求,极易发生险情的薄弱堤段	修订抢险预案,包括险段基本情况、险情预估、抢险方案、抢险组织、险段位置及抢险路线图等	沂河局	姚顺金

二、运行管理

（一）工程观测与监测

基层局组织开展刘家道口节制闸、彭家道口分洪闸、新沭河泄洪闸、人民胜利堰节制闸、江风口分洪闸、黄庄倒虹吸闸、黄庄排灌闸汛前、汛后水平及垂直位移观测，刘家道口节制闸、彭家道口分洪闸、新沭河泄洪闸、人民胜利堰节制闸、江风口分洪闸扬压力和绕渗观测，刘家道口节制闸、彭家道口分洪闸上下游河道冲淤观测，并将观测成果分析整编上报。

（二）调度运用

修订水闸控制运用计划并严格执行，汛期共完成调度指令 81 个，水闸调度 238 次。

（三）维修养护

完成 2020 年度水利工程维修养护项目年度验收。通过公开招标的方式，确定 2 家维修养护施工企业，签订 6 份水利工程维修养护施工合同。对沂沭河局直管堤防 738.99 km、水闸工程 286 座、控导工程 478 处进行维修养护，重点实施完成沂河右岸北新汪（27+500～27+840 段）石护维修、沭河右岸贾宅—常旺（43+250～45+250 段）维修、沭河右岸裹头-朱村段（1+800～3+800 段）堤防维修、分沂入沭右岸岸坡防护维修等工程。

三、管理保障

（一）制度建设

开展标志标牌设置标准制定，修订完善维修养护管理办法等。梳理整合划界资料成果，明确管理范围，配合完成沂沭泗流域“一张图”建设，明确管理范围，规范河道监管保护。

（二）经费保障

水利工程运行管理经费均来源于财政拨款，共计 5398.41 万元（包含维修养护、水毁修复项目经费），经费及时足额保障，满足工程管护需要。

四、科技与信息化建设

开展堤防水闸基础信息系统复核填报。推进“智慧沭河”信息平台建设，开发沭河电子地图。郯城局“一种宽度可调节的限宽墩”获得淮委科学技术奖三等奖。

五、达标创建

推进河东局、江风口局标准化试点工作。江风口局建立工程管理标准化体系，成立水利工程标准化管理试点工作领导小组，结合实际制定《江风口局水利工程标准化管理实施方案》，逐项梳理管理事项、管理标准、管理流程、管理责任，制定《江风口分洪闸管理局水闸工程管理手册》，举办水利工程标准化管理培训班，召开工作推进会，严格按照管理手册执行，定期组织学习管理知识。12 月 21—22 日，江风口局以总分 97.4 分通过淮委直管水利工程标准化管理验收，成为淮委首家水利工程标准化管理单位。

（宋锡元　石少忠）

【水旱灾害防御】

一、雨水情

2021 年汛期，沂沭河平均降水量 844.7 mm，较历年同期偏多 41.4%，较 2020 年同期偏少 2.4%。汛期发生 6 次主要降水过程，7—8 月主汛期降水量 522.7 mm，占汛期总降水量的 61.9%。

2021 年汛期，沂河临沂站最大洪峰流量 2070 m^3/s（7 月 29 日），刘家道口水利枢纽最大下泄流量 2140 m^3/s（7 月 29 日），其中刘家道口闸最大下泄流量 1040 m^3/s（7 月 29 日），彭家道口闸最大下泄流量 1680 m^3/s（7 月 29 日）。沭河重沟站最大流量 1890 m^3/s（7 月 29 日）。大官庄枢纽最大下泄流量 3150 m^3/s（7 月 29 日），其中新沭河闸最大下泄流量3150 m^3/s(7月29日),人民胜利堰闸最大泄流量327 m^3/s(6月16日),新沭河大兴镇最大洪峰流量3720 m^3/s(7月29日)。2021年汛期,临沂站和重沟站实测径流总量分别为19.51亿m^3、9.62亿m^3,分别较常年同期偏多20.4%、16.5%。刘家道口水利枢纽汛期下泄洪量20.93亿m^3,其中刘家道口闸和彭家道口闸下泄洪量分别为9.07亿m^3和11.86亿m^3。大官庄水利枢纽汛期下泄洪量15.96亿m^3(含分沂入沭来水,不含灌溉涵洞),其中新沭河闸和人民胜利堰闸下泄洪量分别为13.05亿m^3和2.91亿m^3。沂沭河洪水通过刘家道口水利枢纽、大官庄水利枢纽东调分洪直接入海的占比为52.1%。

二、汛前准备

(一)落实责任

严格落实防汛抗旱责任,调整充实水旱灾害防御工作领导小组,细化领导和技术人员责任分工,层层压实工作责任。主动与沿河属地政府沟通协调,逐一落实在建工程、穿堤建筑物、过堤道路缺口、险工险段等重点环节防汛责任和措施,下达防汛责任落实文书540余份。落实以当地基干民兵为基础、党团员为骨干的防汛巡查抢险人员,其中常备队2719人,抢险队9197人,后备队5431人。

(二)汛前检查

3月12至3月18日,组织汛前检查,拉网式排查防洪风险隐患,堤防河道进行徒步勘察,水闸工程进行逐孔试车。结合安全生产自然灾害隐患大排查、大整治行动要求,联合临沂市应急局有关部门开展安全度汛隐患大排查大整治专项检查行动,针对存在的问题提出整改措施,要求限时整改到位。主动向各级防指汇报防汛备汛工作情况、度汛重点及主要问题,细化实化各项安全度汛措施。强化"四预"措施,对8处险工险段、36处防洪风险点、91处防汛薄弱环节逐一落实方案措施。

(三)水毁修复

实施完成沭河莒南东许口堤防水毁修复、大官庄枢纽石护水毁修复、前后东庄石护水毁修复、沭河宋家石护水毁修复、蒙河口石护水毁修复、重沟水文站水毁修复、沂河重坊塌岸水毁修复等7个水毁修复项目。完成水毁项目经费1400余万元。

(四)预案预演

修订完善沂沭河防洪预案,组织开展沂沭河局水闸调度运行、水文站应急测流演练。

(五)防汛物资

开展防汛物资盘点,掌握物资储备状况。2021年,国家备料有:块石1090 m^3,土工布5万m^2,全方位自动反光工作灯1台,防汛便携式打桩机5台,装配式围井80块,防汛投光灯28盏,防汛应急照明车2台,100 kW柴油发电机组2台,5 kVA汽油发电机2台,玻璃钢防汛抢险舟5艘,40防汛船外机5台,YC3×16+1×10型电缆2000 m,YC3×25+1×16型电缆2000 m。采取号备方式进行应急能力储备,储备麻袋2.95万条,编织袋110.81万条、铁丝18.68 t,块石1294 m^3。

2021年申请报废的物资:2011年调拨的80块装配式围井(存放于黄庄管理所防汛仓库)、50000 m^2土工布(存放于江风口局防汛仓库),均已达到存储年限。

三、巡堤查险

汛期加密巡堤查险频次,特别是"七下八上"防汛关键期和迎战台风"烟花"期间,多次组织对直管工程进行隐患再排查,并及时对发现的隐患和水毁工程进行维护。据统计,“烟花”期间累计巡查 670 人次、巡查车辆 155 台次、巡查里程 10600 km,沂沭河局各级抽派 15 个工作组奔赴一线参与巡堤检查。汛期组织巡堤查险 7000 余人次。

四、控制运用

2021 年汛期完成调度指令 81 个,指挥调度调控水闸 238 次,分泄洪水 29.21 亿 m^3。其中,刘家道口枢纽调度指令 40 个,启闭闸门 111 次(为历年最多),全年下泄水量 31.25 亿 m^3;大官庄枢纽调度指令 41 个,闸门调度运行 127 次,全年下泄水量 17.96 亿 m^3,详见统计资料。

五、排涝工作

在防御“烟花”期间,为排泄分沂入沭以北地区涝水,开启黄庄枢纽的排灌闸排涝。在确保总体防洪安全的前提下,将彭家道口闸泄量由 1000 m^3/s 减至 100 m^3/s,持续时间 8 h。

六、汛后总结

开展汛后检查,及时进行总结,针对 2021 年汛期水毁情况,及时组织申报水毁项目,其中新沭河右岸仓巡会石护水毁修复工程及江风口分洪闸专用输电线路水毁修复工程成功立项。

（张剑峰　张理阔）

【河湖管理保护】

一、河(湖)长制工作

密切联系属地各级河长制工作机构,参与省市级河长巡河 5 次。5 次召开河长制工作专题会议,研究部署河长制工作,抓好各项措施落实。配合地方修订编制“一河一策”,先后 4 次提供基础数据和提出反馈意见。根据河长变化情况,对直管区内 127 块省级河长制公示牌进行更新维护。完成各级河长制交办单 14 项,及时反馈省市各级河长制有关征求意见 10 件次。

二、河湖管理

根据“四乱”问题清理整治要求,对直管范围内“四乱”问题再排查,建立问题动态台账。按照山东省水安全、水污染、水生态、水环境隐患排查整治要求,将梳理的 592 处问题向属地河长办报送,同时,协助相关县(区)完成省河长制系统信息录入,配合做好清理整治及验收工作,完成清理整治 324 处,制定整改方案 268 处,清理“四乱”问题总计约 6.5 万 m^2。沭河局建立河道问题报告单制度,先后发送报告单 12 份,及时向各级河长通报有关重点问题和隐患,参与各级河长办专项行动 7 次。郯城局探索“河道+警长”“河道+环保”等机制,参加各级河长巡河 10 余次,配合开展网箱养鱼整治、“清四乱”遗留问题清理整治等专项行动,清理网箱 2000 余箱、垦殖 9 处、养殖棚 5000 余 m^2。

三、涉河建设项目管理

重点关注在建工程,督促建设单位落实安全度汛措施,落实责任文书 79 份,拆除行洪障碍,将人员、机械、设备等撤离河道管理范围,坚决消除风险隐患。41 个项目防洪影响处理工程设计经沂沭泗局审查批复,31 个项目推进实施,10 个项目完成处理。对管理范围内近 300 处建设项目进行梳理,形成建设项目进展情况清单。对于未按照批复要求实施的建设项目,坚持以“零容忍”的态度依法依规处置,通过专题会议、发函督促、防汛检查、安全生产隐患排查、河长制工作落实、涉河项目审查前置等多种措施,推进涉河建设项目遗留问题清理整治。

四、采砂管理

成立工程性采砂管理领导小组,制定《工程性采砂项目管理办法》(试行),明确各部门职责和处置流程。推动创新河道泥砂综合利用新模式,实施“项目提出—初审—审批—监管—验收”等环节,加强监督管理工作,处置过程实行24 h旁站式监管,对出砂方量进行监控计量管理,严格按照批复要求实施并控制出砂总量。抓好规划实施工作,落实禁采区禁采期管理措施,对规划可采区进行现场查看,并与相关县(区)进行沟通,做好采砂许可实施前准备工作。开展非法采砂专项整治工作,对采砂管理责任制落实、涉砂类工程(工程性采砂)、非法采砂、采砂管理重点河段敏感水域、制度建设、日常监管、执法打击等情况做好摸底调查,全面摸清底数和违法问题存量,形成29条问题台账。加强采砂管理重点河段、敏感水域管理,2021年重新排查和更新直管河道采砂管理重点河段、敏感水域共12处,对新增重点河段、敏感水域树立公示牌,并对四个责任人及时进行更新。

(刘畅　薄伟　孟姣)

【安全生产】

一、责任制落实

5月,修订印发安全生产责任清单、监管责任清单,对各部门、单位的安全生产责任进行明确;6月,调整安全生产领导小组。6月,与各部门、单位层层签订安全责任状9份。

二、风险管控

7月,全面排查各类危险源,开展风险评价,根据风险等级绘制四色图,落实各项安全防范措施,完善管控措施和应急预案,开展3次检查和测评,动态监管危险源。

三、隐患排查与治理

11月,印发《沂沭河局安全生产专项监督检查实施方案》;开展隐患排查1次,排查各单位隐患38个,其中立行立改15个,长期整改7个,制定整改措施16条,年底前完成整改19个。

四、监督检查

制订监督检查计划,年初各部门根据全年工作安排制定相关业务安全生产监督检查计划,经沂沭河局安全生产领导小组办公室汇总后报沂沭泗局备案。各部门根据监督检查计划开展监督检查,在岁末年初、两会期间、汛期、“安全生产月”、国庆节、中秋节等重要时间节点开展综合性的监督检查。重点开展安全生产和自然灾害大排查大整治专项行动和水利部安全生产专项整治三年行动,12月对水利工程运行管理专业领域整治开展集中整治工作。“安全生产月”期间,局领导分别带队到各基层局检查安全生产工作。

五、标准化创建

12月,刘家道口局、大官庄局通过安全生产标准化一级单位延期复核。刘家道口局“以技术创新推动安全生产高质量发展纪实”获全国水利安全生产标准化成果优胜奖。

六、宣传教育

利用“沂沭河水利”微信公众号、市区主要路口屏幕等宣传平台,宣传新修订的《安全生产法》等法律法规。组织开展法律法规知识培训,将“两法两条例”纳入教育培训内容,结合工作实际进行教育培训。“安全生产月”期间参加临沂市政府组织的“安全生产广场咨询日”活动,向广大市民提供安全生产法律法规、学生防溺水等方面的咨询服务,宣传普及安全常识及应急知识。活动期间,共发放各类安全宣传资料500余份,接受群众咨询50余人次。

七、制度建设

印发《沂沭河局党委领导班子成员2021年安全生产重点工作清单》《沂沭河局安全生产责任清单》《沂沭河局安全生

产监管责任清单》和《沂沭河局2021年安全生产监督检查计划》,编制印发《沂沭河局安全生产事故应急预案》《沂沭河局防汛预案》等各类应急预案和应急处置方案,对各类可能发生的突发事件制定应对措施,规范应急管理程序,梳理安全生产制度、规程、预案并进行汇编。

八、能力建设

举办安全生产专题培训班,邀请专家分析安全生产工作面临的新形势新要求,对新修订的《安全生产法》进行解读,结合工作实际进行教育培训,培训40人次,组织全局职工参加"水安将军"答题活动。

(孙涛　岳秀琦　马静)

【水文化建设】

结合沂沭泗水系统一管理40周年系列活动,组织开展"口述历史"、老照片征集、水利珍贵历史资料整理等水文化宣传活动,收集整理具有水利历史价值的老照片200余张和历史文件资料50余份。江风口局推进新发展阶段水文化建设"工程+文化"的实践探索,拓展"江风 印象""江风 启航"水文化展室,形成了"一厅六室"的江风口水文化体系,全年接待社会各界参观人士800余人次。大官庄局在水文化展厅、智慧展厅、幸福广场、水文化长廊、奋进广场基础上,依托人民胜利堰闸等主体工程,联系临沂第三十四中学建成校外实践基地,主动联系淮委节保处,筹备建设淮委节水教育社会实践基地大官庄示范站,利用办公区电子屏和胜利堰闸室宣传治水历史名人和大江大河。沭河局开展"一片、一册"整编,结合工程现场,推进沭河源头、莒南许口、分沂入沭黄庄、新沭河马陵山4处水文化微平台建设,协助临沭红色朱村导沭整沂纪念馆建设。刘家道口局将水文化发展理念融入水利建设与管理中,以水利风景区为依托,建设水文化展厅,收集整编水利工作珍贵档案,传承总结水利治理历史文化。

(李凤娟　耿德友　吴小权　周子靖)

【队伍建设】

一、机构设置与领导班子

(一)沂沭河局党委委员

沂沭河局党委书记、局长:苏冠鲁(2021年3月止)　李相庆(2021年3月起)

沂沭河局党委委员、副局长:徐强以(2021年11月止)　李相庆(2021年3月止)　郭爱波　贾庆　郭宇锋(2021年8月起)

(二)纪委书记

李相庆(2021年9月止)　贾庆(2021年9月起)

(三)其他局领导

二级巡视员:苏冠鲁(2021年3月止)

二级调研员:沈万和(2021年8月止)　刘伟年(2021年5月起)

(四)总工程师

徐强以(2021年11月止)

(五)工会主席

贾庆

(六)机关科室

1. 办公室

主任:高健

副主任:陈宁(2021年7月起)

2. 水政与安全监督科(水政监察支队)

科长:孙涛

副科长:季相钒(2021年7月起)

3. 水资源科

科长:赵言国

4. 财务科

科长:蔡新华

副科长:罗有良

5. 人事劳动科

科长：马建亮

副科长：丁里里

6. 水利管理科（防汛抗旱办公室）

科长：张剑峰（2021年7月起）

副科长：张剑峰（2021年7月止）杨久畅

7. 监察审计科

科长：倪雪峰

副科长：李慧杰（2021年7月起）

8. 局工会

局机关工会主席：胡怀华

（七）直属单位

1. 沂河水利管理局

党支部书记、局长：郭宇锋（2021年9月止）　张传秋（2021年9月起）

党支部委员、副局长：朱佃贵　姚顺金　赵媛媛

党支部委员：杨德胜

2. 沭河水利管理局

党支部书记、局长：李风雷

党支部委员、副局长：王金利（2021年7月止）　王俊华　倪天华　杜庆顺（2021年4月止）　张登科（2021年7月起）

3. 大官庄水利枢纽管理局

党支部书记、局长：王金柱

党支部委员、副局长：单府　高玉波

4. 刘家道口水利枢纽管理局

党支部书记、局长：徐书峰

党支部副书记：刘伟年（2021年5月止）　马世斌（2021年5月起）

党支部委员、副局长：郑思成　吴新海

党支部委员：王彦法

5. 江风口分洪闸管理局

党支部书记、局长：董超

党支部委员、副局长：王昌伟　公静

6. 郯城河道管理局

党支部书记、局长：张传秋（2021年9月止）

党支部委员、副局长：庞永祥（2021年9月起主持工作）　马增智　季相钒（2021年9月起，挂职）

党支部委员：朱万春　房保刚

7. 河东河道管理局

党支部书记、局长：王伟涛

党支部委员、副局长：王纪峰　周立君

二、机构编制工作

3月，沂沭河局在充分征求直属单位意见的基础上，行文上报《沂沭河局关于取消基层法人的报告》（沂沭河局人劳〔2021〕41号），建议取消所属7个基层局法人资格，将全局直属的法人单位由9个减少为2个。

三、人才队伍建设

（一）管理人才队伍建设

截至2021年底，沂沭河局实有在职人员261人，其中副科级以上领导干部63人。年内提拔1名正科级、4名副科级领导干部，聘用1名不承担领导职责的八级职员，调整2家基层局主要负责人。晋升25名参公人员职级，其中晋升四级调研员2人，一至四级主任科员23人。完成5名科级干部任职期满考核、3名局机关遴选工作人员试用期满考核。完成2020年录聘13人的试用期满考核，招录（聘）20名新职工并完成考察（核）工作。出台《沂沭河局优秀年轻干部培养管理办法》（沂沭河局人劳〔2021〕122号），通过机关下派、基层上挂、轮岗交流等措施对7名优秀年轻干部进行为期一年的多岗位培养锻炼。

（二）专业技术人才队伍建设

截至2021年底，沂沭河局实有专业技术人员55人。其中，按照学历划分，硕士

9人,本科46人;按照年龄划分,35岁及以下人员50人,36~40岁人员5人;按照职称划分,副高级职称2人,中级职称25人,初级及以下职称28人。出台《沂沭河局事业单位专业技术七级岗位管理暂行办法》(沂沭河局人劳〔2021〕149号),通过个人申报、单位审核、评委会评审,研究聘用高级工程师2名。

(三)技能人才队伍建设

截至2021年底,沂沭河局实有技能人才89人,其中高级技师1人,技师11人,高级工64人,中级工10人。按照学历划分,本科12人,专科45人,中专8人,高中及以下学历24人;按照年龄划分,41~50岁34人,51~55岁40人,56~60岁15人;按照岗位聘用划分,工勤技能岗49人,管理岗39人,专业技术岗1人。出台《沂沭河局事业单位工勤技能一级、二级岗位管理暂行办法》(沂沭河局人劳〔2021〕150号),通过个人申报、单位审核、评委会评审,研究聘用高级技师1名。

四、主要荣誉

3月,沈亚楠、周靖雯被中共临沂市委市直机关工作委员会评为三八红旗手。

4月,沂沭河局机关离退休党支部被授予临沂市"五星级离退休干部党支部"荣誉称号。

4月,沂沭河局团委被评为2020年度临沂市五四红旗团委。

4月,付玉超被临沂市委宣传部、临沂市应急管理局、临沂市委网信办评为临沂市第二届"最美应急人"。

5月,沂沭河局郯城局工会被评为淮委先进基层工会。

5月,胡怀华、赵媛媛被中国农林水利气象工会淮河委员会评为淮河工会优秀工会工作者,冯淑娟、朱万里、周靖雯、谢筱雪被中国农林水利气象工会淮河委员会评为淮河工会优秀工会积极分子。

5月,周立君被临沂市直机关工会工委评为优秀工会工作者。

6月,沂沭河局机关党支部、刘家道口局党支部、郯城局党支部被淮委党组评为先进基层党组织。

6月,沂沭河局机关党支部被中共临沂市委市直机关工委评为先进基层党组织。

6月,王伟涛被水利部评为"全面推行河长制、湖长制工作先进工作者"。

6月,王芳被国家档案局颁发从事档案工作三十年荣誉。

6月,徐强以、丁里里、陈宁、姚顺金、王绪峰、王金柱、王彦法、公静、付玉超、胡雪庆被淮委评为优秀共产党员,高健、马建亮、周立君被淮委评为优秀党务工作者。

6月,马学莉、马静、王乐义、王冬、王建、王哲、王殿瑶、石少忠、孙涛、刘晓、刘常、伏胜慧、庄乾文、李金芳、李慧杰、吴小权、杨传武、张剑峰、庞永祥、周静雯、姚芳、秦景河、曾刚被沂沭河局评为优秀共产党员。

6月,冯杰、刘瑶、辛忠徽、赵媛媛、赵玉洁、董超被沂沭河局评为优秀党务工作者。

6月,付玉超被中共临沂市委市直机关工作委员会评为优秀共产党员,丁里里被中共临沂市委市直机关工作委员会评为优秀党务工作者。

8月,沂沭河局被评为临沂市2021年"安全生产月"活动优秀组织单位。

11月,沂沭河局刘家道口局被评为全国水利文明单位。

12月,杨传武被评为临沂市第八届道德模范。

12月，陈宁被淮委评为第一届“十佳青年理论学习标兵”。

12月，王继光、朱万里、庄逸民、李秋余、张峰、周立君、胡顺波、闻春艳被淮委评为2017—2021年淮委“运动之星”。

（马建亮　陈威）

骆马湖局

【概要】

一、水旱灾害防御

2021年汛期，骆马湖局共完成调度指令43个，调度调控嶂山闸5次启闭下泄洪水95.87亿m^3，宿迁闸下泄水量14.74亿m^3，合计分泄110.61亿m^3。成功应对5次强降雨，特别是台风“烟花”暴雨洪水过程。1名同志获得江苏省“全省防汛抗洪工作先进个人”称号。

二、工程管理

一是推行直管工程标准化管理，灌南局、嶂山局进行试点并取得较好成效，初步构建运行管理标准化体系。二是修订编制《维修养护方案编制手册》和《维修养护专项检查手册》，扎实开展维修养护工作。三是完成绿化工作，栽植近12万棵杨树，采伐销售6万多棵树木；编制《护堤护岸林管理手册》和《护堤护岸林春季栽植要点》；开展回收滩地等工作，强化水土资源开发利用。

三、河湖管理

一是再排查、再梳理，梳理出256个遗留问题，其中较大规模的31处，按照“一案一档”的原则，逐个采集信息、完善资料，形成“四乱”问题存量清单和补登清单，并提请上级录入水利部河湖督查系统，为精准清乱的决策和行动提供了翔实可靠的基础数据。二是运用好河（湖）长制平台，进行定点清除，全年共清理河湖问题190处2.6万余m^2。其中，包含中运河船舶工业园（5000余m^2）、嘉禾鸭业（7000余m^2）等重点问题在内的违建类162处1.4万余m^2。截至2021年底，2018年上报的2224处“四乱”问题已清理整治2086处，完成近94%。三是履行流域机构监督管理职责，受淮委指派先后对山东省3个地级市20个县（区）开展河湖督查，行程8700余km，检查河湖岸线5000余km，发现黄河济南段违建水上乐园等多处典型问题，有力推动了流域河湖“清四乱”行动开展；代表淮委先后10次赴3省4市12个县督查长江经济带小水电清理整治、堤防险工险段、小水库、小水闸安全运行督查和农村饮用水安全督查工作，完成督查任务。四是强化涉河建设项目管理，参与淮委、沂沭泗局项目许可相关工作，完成8个项目征求意见反馈，转批9个项目建设方案的许可决定；开展“清理整治涉河建设项目遗留问题”专项行动，推进问题项目整改；完成建设项目基础数据采集录入工作，进一步完善“项目身份证”管理。

四、水行政执法

一是抓好三项制度落实，完成执法队伍规范化建设；通过以考代训、以评促学，创新开展“我的案件我来说”等活动，提升执法人员综合素质。二是保持高压严打态势巩固禁采成果，坚持露头就打，依法处理非法采砂行为10余起。推进水陆空立体巡查常态化，全年立案50余件。三是在充分运用视频监控、执法巡查App、违法线索举报受理三大平台基础上，强化并规范信用惩戒在河湖管理中的实践，探索制定出台《流域直管河湖领域信用管理文书示范格式文本》（办水政安〔2021〕2号），强化信用管理提前介入和信用管理规范运作，将淮委 1 起行政处罚失信信息通过端口录入信用系统。四是加强与公安等其他涉水单位的协作配合，实现河湖管理执法联勤联动、信息共享、共建共治的治河护河机制。五是通过精心打造生态修复法治基地、制作宣传短片、拍摄微视频、动画片、运用大数据定点推送宣传短信等方式，强化宣传筑牢防线。

五、水资源管理

提前介入徐州市骆马湖水源地扩大取水等项目，全程参与，严格水资源论证，把好水资源开发利用红线第一关，配合淮委颁发取水许可证 2 个。开展取用水管理专项整治行动，查找认定 24 个取水口 47 个取用水问题。推动节水机关建设常态化、规范化，提升节水机关示范作用。周密部署、全力攻坚，成功与 2 家水务企业签订取用水管理合同，工程水费收取取得进展。

六、内部管理

聚焦新冠病毒感染疫情防控，落实落细各项防控举措，除有禁忌证外，疫苗接种率 100%。聚焦经济创收，科学编制经济发展“一局一策”，用好增收和节支两个杠杆，盘活固定资产，巩固老渠道，开拓新项目。树立正确的舆论导向，紧扣中心重点工作发布新闻报道 325 篇，40 余篇被委局公众号采用，近 20 篇被《中国水利报》等厅级及以上媒体和《治淮》等刊物采用，意识形态阵地不断巩固。定期召开安全生产领导小组会议，落实安全生产工作要求，部署安全生产重点工作，建立健全安全生产风险全链条分级管控机制，全面推进安全生产标准化动态管理，嶂山局、宿迁局顺利完成安全生产标准化复核。以直管工程、院区管理、车船交通、采砂管理等领域为重点，扎实开展大检查、大排查。开展堤顶道路限高、限宽设施专项整治行动，解决交通事故安全隐患。抓好水利安全信息系统运用工作，做好危险源、安全隐患及基础信息的录入填报，不定期组织网上评价，提升“互联网+监管”水平。聚焦干部人才队伍建设，开展选拔、调整、交流干部等工作，招录 15 名人员充实到基层水利管理队伍。1 名职工在淮委河道修防工技能大赛中获第一名，1 名职工获得淮委第二届职工优秀技术创新成果一等奖，1 名职工获得“淮委技术能手”称号，多名职工获得表彰。

七、精神文明建设

结对富康社区和王官集镇花园村开展文明共建活动；66 名在职党员服务进小区，定期开展公益活动，帮扶文明创建；通过开展帮扶、志愿服务、爱心捐助等活动，提高职工文明意识，树立单位良好形象。骆马湖局机关成功创建“全国水利文明单位”“江苏省文明单位”，邳州局、新沂局、灌南局再获“江苏省文明单位”称号。

八、党的建设

（一）党史学习教育

一是组织召开党史学习教育动员部署会，印发实施方案，成立领导小组和 3 个巡回指导组，印发 5 期工作指导意见及提醒单。二是发挥局党委领学促学的示范作用，通过线上与线下、个人与集中相结合的方式认真学习“四史”。举办学习贯彻习近平总书记“七一”重要讲话精神和党的十九届六中全会精神专题读书班，开展党委中心组学习研讨 16 次。全局各级领导干部围绕党史学习教育主题讲授专题党课 20 余场，组织现场学习教育活动 24 场，观看《长津湖》等主旋律影片 10 余场。三是开展“我为群众办实事”活动。高质量完成 10 件“我为群众办实事”项目，其中二湾生态法治基地建设同时被列入淮委和沂沭泗局的“我为群众办实事”项目，先后被授予"淮委法治教育基地"和"沂沭泗局党员教育基地"称号,并获得宿迁市第五届"十大法治事件"提名奖。四是所属12个党支部着力打造"三力一心、至诚至臻""大美新沂河"等富有行业特色的党建工作品牌,并集中展示。五是创新开展"党委委员·青年面对面""水利青年说""学习之星"评比等活动,举办和组织参加青年演讲、成果展示等比赛,有效提高了青年理论学习的热情和积极性。在淮委"双十一优"、青年学习贯彻习近平总书记"七一"重要讲话精神演讲比赛中均获得佳绩。

(二)"三对标、一规划"专项行动

围绕4个专题24个具体问题开展集中学习研讨70次,参加水利部、淮委举办的专题辅导讲座7次,700余人次参加学习研讨;印发学习材料1200余册近20万字。充分运用专题研讨成果,形成水旱灾害防御、水利工程运行管理等多个工作构想和"十四五"骆马湖水利管理事业改革发展总体工作计划。

(三)基层组织建设

完成所属支部换届及支委补选工作,配强支部班子。依托"全国党员信息管理系统"和"党员e家"智慧平台,提高党员教育管理服务信息化、精准化、规范化水平,完成2名党员发展工作以及27名党员组织关系转接。2021年,4个支部分别获得淮委和宿迁市优秀党支部称号。

(四)党风廉政建设

制定印发《骆马湖局2021纪检工作要点》(骆马湖局纪委〔2021〕4号),召开党风廉政建设工作会议和推进会、专题会;加强选人用人监督,严把党风廉政意见回复"关口";抓好节日期间的廉洁自律工作,开展贯彻落实中央八项规定精神制度建设和执行情况专项检查、治理和回头看等工作。

(王勇 杨勇 鞠蕾 袁满 候小兵 谢意)

【水行政执法】

一、普法工作

抓住"世界水日""中国水周"、国家宪法日暨"宪法宣传周"、国家安全教育日等节点,注重发挥线上、线下手段开展水利普法宣传活动。线下,以公民节水行为规范、幸福河湖建设等为主题开展水利普法进机关、进社区、进乡村、进河道等活动;线上,借助媒体网络,创新宣传形式,制作法治宣传微视频、微动漫2部,大力宣传习近平总书记关于治水的重要讲话精神和流域河湖执法工作成效;组织150余名干部职工参加《长江保护法》和"百万党员学宪法学党章考法律"网络答题活动。与通信公司合作,在新沂河、中运河、骆马湖等重点水域向进入河湖人员推送宣传短信,宣传、提醒并警示涉水行为人依法从事涉水行为。大力推广使用骆马湖局水事违法线索平台,在沿河湖主要路口位置新增线索平台宣传牌20余块,建立河湖管理群防群治工作防线。

二、执法行动

发挥远程视频监控系统、执法巡查App、违法线索三大平台作用,在保障常态化开展水陆空立体巡查的基础上,以节假日和夜间为重点,持续开展网上监控巡查和现场突击巡查。2021年,骆马湖水政监察支队共开展34次执法巡查,出动执法人员2904人次,执法车辆781车次,执法船只56船次,巡查河道21660 km,巡查水域面积1620 km^2,现场制止水事违法行为164起,立案查处23起,并持续跟踪督办。深化水行政执法+信用监管工作机制,制定出台《流域直管河湖领域信用管理文书示范格式文本》(办水政安〔2021〕2号),

明确工作流程,制定配套使用的格式文本,强化信用管理在调查取证、文书送达、决定执行、依法收费等环节的运用,以信用管理手段督促当事人自觉履行执法决定规定的义务。强化与公安等其他涉水单位的联勤联动,推动构建执法信息共享、安全管理共抓、平安水域共创的管理格局。

三、执法监督

制定《骆马湖局行政执法公示制度执法全过程记录制度重大执法决定法制审核制度办法》(骆马湖局水政安〔2021〕210号),明确公示内容、公示流程、全过程记录、重大执法决定法制审核等相关要求。在春节前夕组织开展新沂河联合执法巡查活动1次,对新沂河采砂敏感水域、重点河段进行巡查检查。根据《水行政执法监督检查办法(试行)》的要求,对执法监督检查清单材料进行梳理,组织各基层局开展自查自纠并对基层局开展工作督导。2021年,邳州局、新沂局通过水利部监督组水行政执法监督检查工作。

四、能力建设

(1)素质提升。开展水政监察人员上岗资格考试和警示教育,在2021年淮委年度案卷评查活动中取得优异成绩;组织开展"我的案件我来说"活动,支队、大队轮流上台开展"我的案件我来说",分享执法经验和教训,打造水政执法工作品牌。

(2)发挥公职律师作用。4月,经江苏省司法厅批复,骆马湖局成为系统内获准开展公职律师工作首家单位。制定印发《骆马湖水利管理局公职律师管理办法》和《骆马湖水利管理局公职律师工作实施方案》(骆马湖局水政安〔2021〕56号),明确管理主体及有关具体实施要求。代理直属局1起陈年旧案处理、代理淮委1起行政处罚案听证,启动法律文书审核等工作。

(张广伟　罗金)

【水资源管理】

一、专项整治行动

在2020年取水口核查登记基础上,复核认定取水口问题,开展取用水专项整治行动,查找认定24个取水口取用水问题47个,建立问题整改台账,分类施策推进整改。及时向取水户下发整改通知并抄送属地水行政主管部门。加强工作跟踪检查和指导,督促取水户依法依规整改,逐一销号落实,推进问题整改到位。

二、取水许可管理

重点对徐州市骆马湖水源地扩大取水项目进行现场勘查分析,多次到徐州、睢宁、邳州、新沂等一线水厂开展调查,参与水资源论证报告审查并提出意见,为淮委取水许可审批提供重要依据。完成沭阳沭北热电联产项目、江苏联合水务第二水厂四期取水工程试运行资料的初步审查工作,配合淮委做好上述取水项目的现场核验、发证工作。深化水资源管理审批制度改革,配合淮委完成48个存量取水许可证电子化转换。加强用水统计调查管理,严格用水统计调查制度相关要求,完成骆马湖直管区重点公共供水企业、重点工业企业、大中型灌区用水统计调查数据审核及上报工作。

三、日常监管

全面准确掌握直管范围内水资源开发利用信息,将直管范围内65个取水口全部纳入取水口基本信息统计台账管理并动态更新,形成水资源监管"一本账"。全年累计监管巡查约300次,向上级报送月报12期,及时发现超量取水、改变取用水用途等问题10余个,进行有效处理。对省界河段和重点水功能区水质状况及入河排污口进行不定期巡查，排查疑似违法排污、超标准排污现象，发现后及时上报。积极配合淮委做好直管河湖生态水位（流量）保护方案，2次参与宿迁市水环境保护条例立法的意见征求，推进《宿迁市水环境保护条例》的修订和完善，做好直管河湖水资源和水环境保护工作。

四、水利工程水费收取

按照沂沭泗局经济工作会议精神，及时对水利工程水费资源进行梳理，召开工作座谈会，部署工作安排。宿迁局于6月与江苏联合水务签订取用水管理合同，7月与宿迁新源水务签订取用水合同，与粤海公司开展多轮协商，推进水利工程水费收取工作。

五、节水机关建设

按照用水设施实际使用情况更新设施，及时开展巡查巡检、维修记录工作。制订总量控制计划和节约用水指标，落实节水领导责任和岗位人员责任，开展节水型机关建设自查，重点对节水制度执行情况、强化用水精细化管理方面进行自查，巩固节水机关建设成效。组织开展“节水中国你我同行”主题宣传活动，组织全体职工参加“第二届全国节约用水知识大赛”，组织参加淮委举办的节水科普作品大赛及“节水惜水”主题摄影大赛；向“节水中国”网站推送节水宣传稿件共8篇，其中灌南局的《淮委灌南局发挥流域基层单位在农业节水中的前哨作用》、新沂局的《多措并举 形成合力 奏响节水工作“三部曲”》入选《节水中国》网站。

（陈权仁　王兰）

【工程运行与管理】

一、安全管理

（一）工程划界

2018年，骆马湖局完成直管范围内嶂山闸、宿迁闸、新沂河、中运河（宿迁、新沂段）、沂河（新沂段）、沭河（沭阳段）水利工程管理范围划界工作；2019年，完成沭河（新沂段）和骆马湖（新沂段）水利工程管理范围划界工作；2020年，完成中运河（邳州段）、沂河（邳州段）、邳苍分洪道（邳州段）和骆马湖（宿迁段）划界工作。截至2021年底，完成管辖范围内水利工程管理范围划界工作，共计埋设界桩11650根，安装标示牌310块，完成投资1038.43万元。

（二）隐患排查治理

组织386人次采取徒步检查的方式对骆马湖二线，新沂河左堤、右堤等重点堤段进行汛前、汛后检查。检查中发现问题22个，制定整改措施22条，限定整改时限，截至年底完成整改18个。

（三）险工险段管理

通过建立问题清单、落实责任、动态报告、成果固化等方式提升直管堤防险工险段工程管理水平。对5个单位16处险工进行专项检查，并下发检查通报，见表3。根据水利部督查暗访反馈问题，各基层局完成落实整改，并及时将整改情况通过工程信息系统进行上报。

表3　险工险段管理

序号	险工名称	位置	隐患	措施	管理单位	责任人
1	运河镇险工	中运河左堤 32+500~36+500	堤防标准不足，大流量高水位时，缺口处将出现洪水漫溢	落实险工险段“四个责任人”，完善“一险工一档案”，加强巡查检查，发现问题及时处理	邳州局	陈虎

续表 3

序号	险工名称	位置	隐患	措施	管理单位	责任人
2	三湾险工	骆马湖二线 1+000~4+500	堤身不密实、渗水	落实险工险段“四个责任人”，完善“一险工一档案”，加强巡查检查，发现问题及时处理	宿迁局	王春宇
3	骆家险工	沂河右堤 0+000~2+000	流势不稳，主流逼近此岸，左右相撞，易对河岸造成冲刷	落实险工险段“四个责任人”，完善“一险工一档案”，加强巡查检查，发现问题及时处理	邳州局	陈虎
4	授贤险工	沂河右堤 11+000~12+000	该段堤防砂基砂堤，堤顶高程不足，迎水面无滩地	落实险工险段“四个责任人”，完善“一险工一档案”，加强巡查检查，发现问题及时处理	邳州局	陈虎
5	郭家险工	沂河左堤 13+330~13+850	坐弯迎流，河岸陡立	落实险工险段“四个责任人”，完善“一险工一档案”，加强巡查检查，发现问题及时处理	邳州局	陈虎
6	苗圩险工	沂河右堤 41+000~43+000	因沂河洪水入湖不畅，高水位持续时间长，大流量行洪时，堤基可能渗水	落实险工险段“四个责任人”，完善“一险工一档案”，加强巡查检查，发现问题及时处理	新沂局	袁理想
7	柳林险工	邳苍分洪道左堤 33+400~35+400	堤防严重塌坡后易发生堤防渗水、管涌险情	落实险工险段“四个责任人”，完善“一险工一档案”，加强巡查检查，发现问题及时处理	邳州局	陈虎
8	依东险工	邳苍分洪道右堤 22+500~23+500	易发生堤防渗水、管涌等险情	落实险工险段“四个责任人”，完善“一险工一档案”，加强巡查检查，发现问题及时处理	邳州局	陈虎

续表 3

序号	险工名称	位置	隐患	措施	管理单位	责任人
9	焦道河湾塌岸险工	沭河左堤 9+500~11+600	堤身单薄,迎水面无滩地,河岸陡立	落实险工险段“四个责任人”,完善“一险工一档案”,加强巡查检查,发现问题及时处理	新沂局	袁理想
10	苏营险工	沭河右堤 12+590~13+800	堤身系砂壤土构筑,堤身单薄,标准不足,迎水坡无滩地,主流靠岸,冲刷严重,河岸陡立,背水堤脚洼塘、渗水	落实险工险段“四个责任人”,完善“一险工一档案”,加强巡查检查,发现问题及时处理	新沂局	袁理想
11	陈堰险工	沭河右堤 46+000~47+000	堤身系砂土构筑,标准不足,河道弯曲,坐弯迎溜,两河交汇,流势不稳	落实险工险段“四个责任人”,完善“一险工一档案”,加强巡查检查,发现问题及时处理	新沂局	袁理想
12	侍岭险工	新沂河右堤 12+250~15+700	背水堤坡外为深塘洼地,虽已填塘固基,但未经大洪水考验	落实险工险段“四个责任人”,完善“一险工一档案”,加强巡查检查,发现问题及时处理	宿迁局	王春宇
13	沙湾险工	新沂河左堤 18+000~33+000	砂堤砂基,渗水,河道弯曲,滩地南高北低,河床冲刷	落实险工险段“四个责任人”,完善“一险工一档案”,加强巡查检查,发现问题及时处理	沭阳局	高钟勇
14	七雄险工	新沂河右堤 50+000~61+000	背水深塘、渗水	落实险工险段“四个责任人”,完善“一险工一档案”,加强巡查检查,发现问题及时处理	沭阳局	高钟勇
15	韩山险工	新沂河左堤 56+500~65+500	堤身疏松,砂基,渗水	落实险工险段“四个责任人”,完善“一险工一档案”,加强巡查检查,发现问题及时处理	沭阳局	高钟勇

续表 3

序号	险工名称	位置	隐患	措施	管理单位	责任人
16	大小陆湖险工	新沂河右堤 72+000~84+000	砂基渗水，背水滩地沼泽化	落实险工险段“四个责任人”，完善“一险工一档案”，加强巡查检查，发现问题及时处理	沭阳局、灌南局	高钟勇、徐书涛

二、运行管理

（一）工程巡查检查

骆马湖局及各基层局共巡查 1100 余次，发现工程实体、日常管理与维护等问题 10 个，整改完成 10 个。各基层局及时将检查问题录入沂沭泗防洪工程信息移动查询系统动态跟踪，督促有关单位及时消除工程隐患。

（二）工程观测与监测

一是开展经常性检查工作，各基层局做好水文观测设施的管理和维护，保证设施、设备完好。二是按照沂沭泗局观测工作规定认真开展工程观测，并及时对观测数据进行整理分析。三是完成 6 个基层局 2020 年观测资料初审，并参加沂沭泗局组织的集中审查，强化观测资料分析、整编和成果运用。

（三）调度运用

累计执行上级调度指令 43 次。

（四）维修养护

修订完善《维修养护方案编制手册》和《维修养护专项检查手册》。完成堤防维修养护 595.1 km，水闸工程维修养护 3 座。通过招标的方式，确定 2 家维修养护企业，签订 6 份维修养护合同。及时修复堤顶道路坑塘、堤坡雨淋沟等工程缺陷。加强维修养护项目现场监管，开展维修养护专项检查 4 次并印发相应检查通报 4 份，完成维修养护月报 12 份，有力保障维修养护质量。开展 2022 年维修养护准备工作，集中编制 2022 年维修养护方案大纲，并组织初审修订；完成 2022 年维修养护项目招标技术标部分集中编制工作。

三、管理保障

（一）制度建设

修订《骆马湖水利管理局直管水利工程维修养护实施细则》，完善《维修养护方案编制手册》和《维修养护专项检查手册》，从制度上规范工程维修养护行为。

（二）经费保障

水利工程运行管理经费均来源于财政拨款，共计 5573.93 万元（包含维修养护费、水毁项目费）。

四、信息化建设

注重网络安全和信息化工作，加强骨干网、局属会议系统、通信系统维护，保证网络通畅，骨干网专线带宽由 50 Mb/s 提升至 100 Mb/s。

五、达标创建

嶂山局、灌南局通过国家级水利工程管理单位自检复核。召开专题会议部署淮委堤防水闸管理标准（试行）宣贯暨工程标准化管理试点工作；组织参加沂沭泗局工程标准化管理推进视频会及沂沭泗局水利工程标准化管理应用系统软件使用视频培训；配合沂沭泗局完成标准化管理系统试运行问题整改和系统内容集中录入工作。集中修编灌南局、嶂山局两个试点单位工程标准化管理手册，完成审查、修改完善、审批、报备工作；完成非试点单位方案及手册编制。嶂山局编制、明示控制运用工作流程图，制定《嶂山闸控制运用方案》

(嶂山局〔2021〕54号)、《水闸启闭操作规程》《嶂山闸管理局水闸工程管理手册》,形成以目标管理、岗位事项对应、标准流程为主要内容的管理标准,构建流程化、闭合化、可追溯的管理模式,并开展工程标准化管理工作自查,于11月通过骆马湖局初验。灌南局成立水利工程标准化领导小组,明确责任,制定《灌南河道管理局堤防工程管理手册》(灌南局〔2021〕57号),于11月通过骆马湖局初验。

(杜红磊 田军军 何俊 陆鹏飞 陈虎 王鹏 马昕泽 王帅 袁理想 胡小荃)

【水旱灾害防御】

一、雨水情

汛期累计降水量890.4 mm,单日最大降水量121 mm,均为1953年以来最大;发生9轮暴雨洪水,发生秋汛,历经5轮行洪过程和6次涨落过程;各河道、水闸连续行洪近80 d。

中运河运河站7月29日流量3840 m^3/s,为自有实测记录以来最大值;嶂山闸最大下泄流量4570 m^3/s(7月31日);新沂河沭阳站最大流量5060 m^3/s(7月30日),最高水位10.88 m(7月29日),列有实测资料记录以来第2位。

二、汛前准备

(一)落实责任

召开防汛及工程管理工作推进会、防汛抗旱工作会,安排部署各项防汛抗旱工作。根据人事变动情况,3次落实和调整防汛领导小组及防汛责任分工,明确分片行政、技术责任人;与各基层局签订防汛责任状,落实直管堤防、水闸工程防汛责任;公示险工险段行政、技术和巡查值守等责任人;汛前向地方及相关单位发函共计91份,落实直管河湖各项防汛责任。围绕16处险工险段、2座水闸,召开专题会议部署工程安全运行管理工作。协调江苏省沂沭泗地区联防指挥部办公室联合宿迁市、新沂市两地19个有关单位和部门在嶂山局召开嶂山闸安全运行联防会议,以会议纪要明确各相关单位隐患处置任务和职责分工。

(二)汛前检查

4月13—16日,骆马湖局在各基层局自查基础上组织汛前检查。5月初,分别向宿迁市、徐州市防指汇报汛前检查存在问题及度汛存在的薄弱环节,提出清障建议计划。

(三)水毁修复

1月中旬下发《骆马湖局关于开展2021年汛前工程检查的通知》,要求安排好水毁应急项目实施,采取有效措施强化涉河建设项目管理和配合属地做好河湖"四乱"清理工作等各项防汛准备工作。汛前组织6次监管检查,完成2020年汛后水毁修复项目1个(沂河左堤12+400~13+100段防渗处理),2021年超标洪水防御能力提升项目1个(新沂河右堤108+130~109+654段堤顶沉陷裂缝水毁修复),应急度汛项目2个(嶂山闸拦河索项目、嶂山闸下游右岸护坡应急修复),完成项目经费481.91万元。

(四)预案预演

4月27日,邳州局联合邳州市防汛抗旱指挥部、人民武装部在中运河与房亭河交汇处组织举办"邳州市2021年防汛抢险军地联合演练活动",组织演练队员155人、保障人员42人现场演练"钢木土石组合坝封堵决口""抢筑子堤、月牙堤""复合土工膜和土工布抢护堤坝渗漏险情""机械抛投块石笼""植桩机固堤""反滤围井抢护管涌"等11个科目。

(五)防汛物资

骆马湖局防汛备料主要有块石30939 m^3、石子3525 m^3、黄砂281 m^3。防汛仓库储备有土工布10万 m^2、装配围井80块、玻璃钢防汛抢险舟(含船外机)10艘、投光灯28盏、应急照明车2台、5 kVA汽油发电机 2 台、100 kW 柴油发电机组 2 台套、便携式打桩机 5 台、电缆 4 km。11 月，土工布 10 万 m^2、装配围井 80 块达到储备年限，按规定履行报废程序。

三、巡堤查险

在防御台风“烟花”期间，600 余人次职工在一线巡查值守，处理险情 11 处。行洪期间，派出工作组 10 余次赶赴一线检查指导防汛工作。汛期，共组织巡堤查险 800 余人次。

四、控制运用

6 月 16 日，嶂山闸年度内首次开闸，是自 2006 年以来首次在 6 月开始泄洪。嶂山闸汛期下泄水量 84.3 亿 m^3，全年下泄水量 95.9 亿 m^3，执行调度指令 43 次，安全行洪 1628 h，处置电传等 250 余份。宿迁闸全年下泄水量 22.42 亿 m^3，详见统计资料。

五、汛后总结

开展汛后检查，及时进行总结，结合汛期行洪工程状况，开展水毁项目申报工作，共申报水毁项目 7 个，其中 4 个通过上级审查，批复经费 620.98 万元。

（杜红磊　何俊　陆鹏飞
陈晨　王璇璇　苏子伟）

【河湖管理保护】

一、河(湖)长制工作

组织召开河(湖)长制工作专题会议 6 次，安排部署 2021 年河(湖)长制工作。印发《骆马湖局关于进一步做好直管河湖管理保护工作的通知》(骆马湖局水管〔2021〕35 号)，制定《骆马湖水利管理局 2021 年湖长制工作要点》，安排部署 2021 年直管河湖管理保护工作。

二、河湖管理

开展“直管河湖存量问题清理整治”专项行动，再次对直管范围内的河湖问题进行系统排查，形成存量问题清单，报送属地河长办，并与属地河长办见面对接，推动河湖问题整治。对问题进行分类梳理和专题研究，通过协调推动和联合清理两种方式推动问题整治。一方面及时将全部问题清单报请属地河长办安排整治；梳理出骆马湖搜救中心、山头海事所、亚新钢铁等 31 处重难点河湖问题，按照“一案一档”的原则，提请上级录入水利部河湖督查系统推动整改。另一方面借助河道清障时机，联合有关部门开展问题清理整治。2021 年共清理河湖问题 162 处 1.4 万余 m^2。清理违章种植 3.3 万多 m^2；清理网箱 900 余个（1 万余 m^2）。邳州局针对中运河河道张楼段迎水滩地内建设京杭运河邳州水上服务区的问题，与属地政府达成共识，明确拆除目标责任，完善执法流程，创新工作措施，简化拆除环节，首次采用一体化清除违章建设流程，拆除 3460 m^2 的邳州水上服务区办公楼并复垦。沭阳局针对沭西段局部堤段长期反复存在的违章侵占现象，紧抓 2021 年超长行洪周期的有利时机，多次联合县防办、河长办、属地乡镇现场执法，逐点逐一稳步清除“四乱”顽疾，并对堤后深塘无法开辟巡查通道以及村庄集中居住区，辅以设置防护栏进行隔离；对城区段、沭东段等堤段区域开展重点整治，沭西段开辟巡堤查险通道 14 km，清理违章栽植花木约 22 万 m^2，清除 26 处较大违章建筑 1700 m^2。新沂局针对在巡查中发现的骆马湖北堤桩号 0+000 向南约 500 m 的湖区内的 50 亩新沂市水产试验场特种水产品苗种繁育基地建设项目，立即立案调查并与新沂市河长办、新沂市政府沟通，多次到新沂市农业农村局了解建设有关情况并调取该项目建设的有关文件和过程资料，先后送达执法文书近 20 份；通过淮委协调录入水利部督办名单后，经江苏省河长办向新沂市下发督办单，明确要求2022年5月31日前完成整改。宿迁局于7月组织水政监察员对骆马湖二线城区段违章种植集中清除，完成32+000~34+500段迎背水面约5万m^2违章种植清除工作并及时补植草皮；11月，先后4次组织水政监察员对骆马湖二线皂河段违章种植集中清除，累计清除8万余m^2。

三、涉河建设项目管理

协助淮委、沂沭泗局开展项目批复许可，转批"邳州城乡供水一体化供水管道穿越邳苍分洪道工程、中运河""李集—厉荡220 kV线路改造工程跨越新沂河工程"等9个项目建设方案的许可决定，落实项目批复后的事中事后监管要求；完成"徐连高铁（徐州段）区域基站工程涉中运河、沂河""宿迁市中运河月堤应急备用水源地达标建设工程""宿迁闸下游南岸景观提升工程"等8个建设项目淮委批复前征求意见的反馈。完成267项涉河建设项目基础数据（沂沭泗局工程管理系统）录入工作。开展直管河湖"清理整治涉河建设项目遗留问题"专项行动，推动存在问题涉河建设项目整改，26个整改项目中，沭阳城区至贤官韩山新城燃气管线工程穿越新沂河、沭阳县新沂河大桥拓宽改造工程等9个项目实施防洪影响处理工程；连云港市连盐铁路专网新沂河新建铁塔项目、205国道新沂段改扩建工程沭河大桥等11个项目制定整改方案。对在建的京沪高速公路新沂至淮安段扩建工程新沂河特大桥工程等11个建设项目开展专项检查，及时跟进项目动态，督促项目单位按批复要求及时实施防洪影响工程。

四、采砂管理

保持高压严打态势巩固禁采成果，依法处理非法采砂行为10余起，对新沂河内5艘涉嫌违法偷采滞留无人认领的船只，实行"三首次"（首次以没收的方式处置非法采砂船、首次以公告的形式送达所有法律文书、首次以网络拍卖的形式处置非法采砂船）；对直管范围内工程性项目进行筛查，新沂河道管理局加强对沭河王庄闸旱涝灾后应急治理工程闸下滩面砂石资源综合利用，会同新沂市水务局对该处工程12700 m^3砂石资源进行联合处置，实现河道整治与砂石资源利用得到有效融合。

（张广伟　杜红磊　罗金　陆鹏飞　葛志朋　陈虎　何津　王鹏　马昕泽　蔡东林　严岳同）

【安全生产】

一、责任制落实

5月，召开骆马湖局安全生产领导小组暨全局安全生产工作会议，总结经验、部署工作。制定年度工作要点，明确9项重点工作任务。结合重要节点和重点领域，建立健全应急管理制度。

二、风险管控

建立《危险源辨识与风险评价及控制措施清单》，并在显要位置进行公布。根据危险源等级及安全风险判定结果，在重点区域设立危险源告知等警示标志。开展危险源辨识与安全评价工作，建立危险源清单，科学评价风险等级，编制危险源辨识与风险评价报告，绘制安全风险空间分布图，编制岗位风险告知卡等，提高安全管理水平和广大职工的风险防范意识。

三、隐患排查与治理

5月，印发《骆马湖局办公室关于切实加强水利工程隐患排查治理和安全预防控制工作的通知》（办水政安〔2021〕28号）；7月，印发《骆马湖局办公室〈关于转发开展水利工程安全隐患排查行动进一步强化安全生产工作的紧急通知〉的通知》(办水政安〔2021〕33 号);8 月,印发《骆马湖局转发关于沂沭泗局办公室开展安全隐患排查专项监督检查的通知》(办水政安〔2021〕45 号);开展隐患排查 12 次,各单位排查隐患 106 个,其中立行立改 103 个,长期整改 3 个,制定整改措施 9 条。

四、监督检查

6 月,组织开展堤顶道路限高限宽设施安全隐患专项排查整治工作,对直管工程范围内的 129 处限高限宽设施进行分类登记,明晰管理权限,对 23 处存在隐患的限宽限高设施进行拆除,对 106 处进行优化设置及整改。对于近两年内上级通报的安全生产隐患整改通报情况中存在的问题,下发整改单,并按照上级一案一单的要求,动态调整和掌握有关整改进度情况,在业务工作座谈会上及时通报至有关单位分管领导。

五、标准化创建

组织宿迁局、嶂山局等 2 家年度水利安全生产标准化复核达标单位开展前期准备工作,组织 2 批次专家赴有关基层局进行专题辅导,开展工作督导 4 批次。12 月,宿迁局、嶂山局通过水利部延期复核。嶂山闸的创建工作成果"抓好危险源辨识与安全评价,提高水利安全生产标准化水平"荣获水利部水利安全生产标准化成果展评活动优胜奖。

六、宣传教育

以"安全生产月""消防日""交通安全日""安全生产法宣传周"等为重点,开展各类主题宣传活动。组织开展安全管理培训、收听收看安全事故警示教育片、编制安全生产事故典型案例等活动。组织职工学习西沟水库漫坝事故、部管项目安全监督检查发现的典型问题、黄藏寺水利枢纽安全事故通报、台湾高雄"城中城"大楼火灾事故等安全事故案例,防范各类安全生产事故发生。

七、制度建设

印发《骆马湖局办公室关于切实加强水利工程隐患排查治理和安全预防控制工作的通知》(办水政安〔2021〕28 号),印发《骆马湖局办公室关于调整骆马湖局及直属单位消防安全责任人和责任范围的通知》(办水政安〔2021〕56 号),建立健全消防安全责任体系。

八、能力建设

组织开展"走进消防营区""走进安全生产体验馆""走进田湾核电站"等"三走进"主题活动,构建安全宣传流动课堂。在连云港市委党校举办骆马湖局安全生产管理培训班 1 期,培训 24 人次;组织 2 批次 16 人次参加淮委、沂沭泗局举办的主题培训班。

(张广伟　罗金)

【水文化建设】

部署开展"一局一片""时光追溯、传承历史、再创辉煌"老照片收集及人物访谈、"四十载统管恰风华"论文征集等系列工作,征集老照片 100 余张,制作宣传片 7 部,采访离退休职工 8 位,征集统管 40 周年论文 24 篇;总结台风"烟花"防御工作,制作主题宣传展板 10 余块。邳州局突出党建赋能打造沂河授贤险工段水文化展厅、沂河郭家险工段小微景观。沭阳局确定建设富有新沂河水文化特色的水文化设施,制定建设抗洪保安"安澜新沂河"、河畅景美"美丽新沂河"、数字赋能"智慧新沂河"、水润民生"惠民新沂河"、依法治水"和谐新沂河"等五处主题特色平台及新沂河(沭阳)水文化展馆的方案。嶂山局推进党建与业务工作深度融合,打造"平安水闸”党建品牌,打造党建之家,修缮文化长廊,宣传水文化,强化文化阵地建设。宿迁局结合宿迁市组织实施运河湾半岛生态修复工程打造宿迁特色的“大运河文化带”机遇,推动项目生态修复符合宿迁节制闸历史的水文化。

(杨勇 鞠蕾 袁满 陆鹏飞 张茂洲 张志滨 何津 王鹏 王帅 朱玄 严岳同)

【队伍建设】

一、机构设置与领导班子

(一)骆马湖局党委委员

骆马湖局党委书记、局长:马永恒

骆马湖局党委委员、副局长:李新国 陈典银(2021年1月止) 欧朝晖 边苏雷(2021年5月起) 宋宗伟

纪委书记:陈典银(2021年1月止) 边苏雷(2021年12月起)

(二)其他局领导

二级调研员:李俊明(2021年4月止)

(三)副总工程师

张宇亮(2021年5月起)

(四)机关科室

1. 办公室

主任:周启明(2021年1月起)

副主任:周启明(2021年1月止) 杨勇

2. 水政与安全监督科(水政监察支队)

科长:葛彦军

副科长:张伟

3. 水资源科

科长:陈权仁(2021年5月起)

副科长:张志滨(2021年5月止)

4. 财务科

科长:郑文静(2021年5月止)

副科长:任继海

5. 人劳科

科长:张金平

副科长:丁杰(2021年1月起)

6. 水利管理科(防汛抗旱办公室)

科长:夏书宾

副科长:胡健 田军军

7. 监审科

科长:赵以民

副科长:何敬敬(2021年1月起)

8. 机关党总支

书记:王勇

9. 局工会

工会主席:欧朝晖(2021年8月止) 边苏雷(2021年8月起)

工会(代)副主席:朱玄(2021年5月止) 张新(2021年5月起)

(五)直属单位

1. 邳州河道管理局

党支部书记、局长:计永华(2021年5月止) 陆鹏飞(2021年5月起)

支委委员、副局长:吴海 陈君 陈虎

2. 新沂河道管理局

党支部书记、局长:苏轶(2021年5月止)

党支部副书记、副局长:张志滨(2021年5月起)

支委委员、副局长:杜红磊(2021年5月止) 王春宇(2021年5月起) 张广伟 袁理想

3. 沭阳河道管理局

党支部书记、局长:王迎涛(2021年5月止) 计永华(2021年5月起)

支委委员、副局长:冯述军 郑文涛 高钟勇

4. 灌南河道管理局

党支部书记、局长:陆鹏飞(2021年5月止) 王迎涛(2021年5月起)

支委委员、副局长:徐书涛　何津

5. 宿迁水利枢纽管理局

党支部书记、局长:陈权仁(2021 年 5 月止)　郑文静(2021 年 5 月起)

支委委员、副局长:王春宇(2021 年 5 月止)　杜红磊(2021 年 5 月起)　潘德洲

6. 嶂山闸管理局

党支部书记、局长:苏轶(2021 年 5 月起)

局长:张宇亮(2021 年 5 月止)

党支部书记、副局长:张新(2021 年 5 月止)

支委委员、副局长:徐晓　朱玄(2021 年 5 月起)

7. 防汛机动抢险分队

队长:孙良卫

副队长:杨鹏　殷照生

8. 机关后勤服务中心

主任:何庆国

副主任:沈继柏

二、机构编制工作

2 月,骆马湖局在征求直属单位意见的基础上,行文上报《关于取消直属单位法人资格的报告》(骆马湖局人劳〔2021〕44 号),建议取消所属 6 个基层局法人资格,将全局直属的法人单位由 8 个减少为 2 个。

三、人才队伍建设

(一)管理人才队伍建设

骆马湖局管理人才共计 148 人,其中参公人员 115 人,事业编制聘在管理岗的人员 33 人。2021 年,提拔 1 名正科级、2 名副科级领导干部,完成 12 名副科级干部试用期满考核,调整 15 名科级干部职务,交流干部 12 名,充实一批年轻干部到基层班子。2021 年,开展 4 次职级晋升,晋升一级主任科员以下职级 42 人,配合上级晋升四级调研员 2 人,晋升基层局二级调研员 1 人。2021 年,从高校招录参公人员 11 名、事业人员 4 名,均充实到基层水利管理队伍中。开展骆马湖局 2020—2021 年新入职职工教育培训。完成 2020 年录(聘)用人员 24 人试用期满转正定级。组织完成 2020 年度考核工作,共 20 人年度考核为优秀。

(二)专业技术人才队伍建设

骆马湖局专业技术人才共计 40 人,其中中级职称 3 人,初级及以下 37 人。2021 年,组织聘用、晋升 18 名初、中级专业技术人才。

(三)技能人才队伍建设

骆马湖局技能人才共计 51 人,其中高级技师 1 人,技师 9 人,高级工及以下 41 人。2021 年,组织 3 名技能人才参加淮委河道修防工技能大赛,1 名选手获得比赛第一名,2 人获得“优秀选手”表彰。

四、主要荣誉

1 月,灌南河道管理局党支部被水利部评为第一届“水利先锋党支部”。

1 月,新沂河道管理局被新沂市评为 2018—2020 年度新沂市文明单位。

2 月,王军被淮委评为最美治淮人。

3 月,王晗被新沂市评为先进志愿者。

3 月,沭阳河道管理局团支部被宿迁市评为五四红旗团支部。

4 月,灌南局被灌南县评为档案工作年检优秀单位。

5 月,张宇亮被江苏省评为全省防汛抗洪工作先进个人。

5 月,灌南河道管理局团支部被灌南县评为五四红旗团支部。

5 月,沭阳河道管理局被中国农林水利气象工会淮河委员会评为先进基层工会。

5月,沭阳河道管理局颜集所被中国农林水利气象工会淮河委员会评为工人先锋号。

5月,金建华、陈君被中国农林水利气象工会淮河委员会评为淮河工会系统优秀工会工作者,王晗、胡波、王鹏、王红影被中国农林水利气象工会淮河委员会评为优秀工会积极分子。

5月,袁加楠被灌南县评为优秀共青团员。

6月,欧朝晖被淮委评为优秀青年理论学习小组导师。

6月,骆马湖水利管理局财务监审党支部被宿迁市评为市级机关先进基层党组织。

6月,灌南河道管理局被灌南县评为服务地方高质量发展先进服务单位。

6月,新沂河道管理局党支部、骆马湖水利管理局机关水政水资源党支部、灌南河道管理局党支部被淮委评为淮委先进基层党组织。

6月,马永恒、王军、王康、严岳同、李猛、吴海、陆鹏飞、袁满、袁加楠、殷照红被淮委评为淮委优秀共产党员。

6月,何津、张巍、周启明被淮委评为淮委优秀党务工作者。

7月,王军被宿迁市评为宿迁市优秀共产党员。

9月,殷照生被沂沭泗局评为沂沭泗局技术能手。

11月,纪晓磊被淮委评为淮委技术能手。

12月,骆马湖水利管理局被水利部评为第九届全国水利文明单位。

12月,罗金被淮委评为淮委十佳青年理论学习标兵。

(张金平　刘深惠)

淮工集团

【概要】

淮工集团认真贯彻沂沭泗局2021年工作会议及经济工作会议精神,发挥经济平台作用,以水利工程维修养护为基础、水利工程施工为主业,跟进沂沭泗直管工程水土资源开发,参与直管河道采砂项目的开采经营,推进水资源利用、码头建设和涉河工程建设等项目,为流域高质量发展提供有力支持。面对水利施工市场复杂的发展机遇和实际需求,淮工集团夯实属地基础,优化市场布局,加速全国市场开拓步伐。

(蒋顺利)

【市场开发】

一、资源开发

2021年,开发沂沭泗流域内涉河防护补偿、水毁修复项目并签约合同18个,合同金额首次突破1亿元;参与河道采砂项目前期论证、筹划,多方式参与直管河道采砂项目;与中水淮河设计院等单位加强合作,开展水电站建设的前期可行性研究论证,筹划投资金牛水电站改扩建项目。

二、投标管理

是召开市场开发风险防控工作会,开展集中学习、法律讲座等,提高员工法律意识和风险识别、防控意识,保障投标工作合法合规。二是提升投标人员能力水平。开展业务能力培训、座谈交流等,鼓励员工加强自学、提升能力。三是推进投标文件电子化、信息化,跟紧行业市场发展改革步伐。四是探索标准化建设。总结中标项目投标文件经验,学习行业优秀投标文件优点,初步建成投标文件标准化模板。五是推进投标过程精细化管理。完善并落实投标文件校核、审核程序，确保每份投标文件经过多重审核。

（郭明磊）

【项目管理】

一、项目管控

一是持续抓好合同管理。将所有在建项目录入在册，备案工程合同64项并及时更新项目现场进展情况，从合同源头预防和控制经营风险。二是探索项目绩效考核。修订《项目绩效考核管理制度》。确定2个考核试点项目，签订项目绩效考核责任状，并加强在实施过程中的监控。三是完善施工方案多重管理。审核各项目技术方案、专项方案、施工组织设计等，严控施工质量及管理流程。四是推进成本管理工作。督促各项目部建立成本合同管理台账和结算支付台账、完善结算支撑资料，对项目分包工程价格进行检查。五是加强监督指导。组织现场检查与指导6批次，进一步规范在建项目管理措施，防范经营风险。

二、安全生产

一是落实工作目标责任。印发《安全生产中长期（五年）规划》，修订《安全生产管理责任清单》。与各级签订安全生产目标责任书，形成层层落实的安全生产责任体系。二是形成动态管理机制。每月召开总结会、每季度召开安委会研究部署工作，及时检查、评估安全生产工作开展情况。组织开展安全生产检查、隐患排查8批次，对排查出的事故隐患按照闭环管理流程定人、定时、定措施进行整改、复核。三是安全生产关口前移。定期排查、辨识、评估安全风险，辨识危险源11次，辨识重大危险源7项、一般危险源20余项。四是加强人员教育培训。组织警示教育、专题培训22场，覆盖各级管理人员240余人次。以“安全生产月”等为契机加强安全生产文化建设，通过应急演练等普及安全知识，提高员工安全素质。

三、运行维护项目

完成沂沭泗局直管工程2020年度维修养护项目合同验收工作。签订2021年维修养护施工合同21个，并完成全年维修养护施工任务。完成2022年维修养护项目投标及合同签订任务。制定《集团公司水闸代运行管理标准》，开发智慧运维管理系统平台，制作《淮工运维品牌推介手册》。完成广东省大亚湾区河道管养服务采购项目和南水北调东线一期江苏、山东省际大沙河闸、杨官屯河闸、姚楼河闸、骆马湖水资源控制工程等运行管理维护项目。

四、施工项目

南四湖二级坝除险加固工程全面完工，5个单位工程全部通过验收，单位工程优良率达到80%。沂河上游堤防加固工程总承包Ⅰ标累计完成50%。淮干王临段濛河分洪道拓浚施工Ⅲ标付家岗灌溉站基本建成，河道拓浚工程完成15.2%。枣庄市薛城区陶庄镇1.2万亩高标准农田建设项目通过验收。湖西大堤徐庄矿采煤沉陷段加固工程通过技术验收。临沂市南京路沂河桥、邳州市城乡供水一体化PPP项目河堤加固工程等多项涉河项目顺利完工。新疆第十四师昆玉市224团预沉沙池项目主体工程基本完成。

（杨斌　吴书培　蔡炜）

【综合管理】

一、目标管理

一是深化企业顶层设计。印发《集团公司2021—2025年发展规划》，进一步明确企业发展目标和方向。二是发挥制度保障作用。修订制度汇编，开展全员制度考试、宣传宣讲活动，推动制度入脑入心。三是改革部门目标任务考核方式。以各部门《年度工作任务表》为基础,以季度工作调度会、总经理办公会等为抓手,把控各部门主要工作情况;修订《目标管理考核办法》,采取部门自评、领导评分、部门互评的考核方式。

二、财务管理

一是推进行政经费预算管理。整理分析2020年各部门行政经费支出情况,编制《2020年各部门预算差异分析报告》,结合2020年预算管理情况发现问题、总结经验,编制印发《2021年各部门行政经费预算》。二是落实固定资产管理。盘点固定资产259项,盘点完成率100%。形成固定资产拟处置清单,落实固定资产存放地点、资产状况及保管人等。二级坝砌块厂设备依据资产处置流程完成拍卖。三是保持纳税信用等级。严格按要求完成每月税务申报工作,自查整改2020年度税务事项完成情况,保证企业纳税信用A级。四是统一集团财务核算体系。以《企业会计准则》为参照,分析研判集团公司财务核算及财务制度,召开财务核算体系研讨会并形成《财务核算咨询报告》。

三、风险管理

一是对各在建项目进行从立项到竣工的全流程管理,每月统计分析各项目收入、成本、现金流等并登记台账,监督项目支出、落实成本核算,避免税负率增加等问题。二是制定《2021年审计工作计划》,开展内部审计并形成审计报告2份,强化审计成果运用,推动审计体系闭环。三是排查廉政风险点,落实防控责任和措施,加强对项目部廉政风险点的排查,建立问题线索台账,对收到的问题线索进行综合研判,提出处置建议,并按程序履行相关手续。

(蒋顺利 程晶晶 曹开勇)

【队伍建设】

一、机构设置与领导班子

(一)淮工集团党委委员

党委书记、董事长、总经理:李学格

党委委员、副总经理:孙琪 宋光宪

党委委员、总工程师:王怀冲

党委委员、总经济师:单建军

党委委员、纪委书记、副总经理:马世斌(2021年5月止) 谭涛(2021年12月起)

(二)工会主席

马世斌(2021年5月止) 宋光宪(2021年7月起)

(三)副总会计师

蔡炜

(四)机关部门

1. 办公室

主任:吕凤梅

副主任:蒋顺利

2. 财务部

经理:谭涛(2021年12月止) 单彬(2021年12月起)

副经理:程晶晶

3. 人力资源部

经理:赵鲁

副经理:李倩

4. 市场开发部

经理:崔沁

副经理:郭明磊 王卡

5. 安全生产部

经理:吴书培

副经理:高庆国

6. 工程部

经理:杨斌

副经理:徐化冬

7. 监察审计部

经理:单彬(2021年12月止)

副经理:孙广静

（五）分子公司

1. 工程运行养护分公司

经理：蔡炜

副经理：郝元华

2. 宿迁分公司

总经理：丁铮

副总经理：吴加涛　苏生

3. 枣庄分公司

党支部书记、总经理：殷洪

党支部委员、副总经理：王殿磊　崔磊　李超

4. 沂沭河公司

党支部书记、总经理：尤元飞

党支部委员、副总经理：魏本成　黄桂新

5. 清和公司

总经理：崔小峰

二、人才队伍建设

按程序提拔3名总部部门副职。公开招聘应届毕业大学生6名。修订印发《人员调配制度》《劳务派遣制度》，实现总公司与分子公司、分子公司之间的人员流动。开展2020年度员工考核。修订完善考核方案，参照党建考核结果，按照"德、智、绩、勤、廉"等标准评选优秀员工24人。加强人才队伍基础工作，推进干部人事档案专项审核工作，2021年，3人通过高级职称评审、4人通过中级职称评审，4人考取一级建造师、3人考取二级建造师，完成124名干部人事档案审核工作，完成组织认定122份。

三、主要荣誉

淮工集团摘得"全国优秀水利企业""全国优秀水利企业家"2项荣誉，参建的南水北调东线一期工程蔺家坝泵站工程荣获中国水利工程优质（大禹）奖。2项科技创新成果荣获淮委科学技术奖，2项发明获实用新型专利。2个支部被评为淮委"先进基层党组织"，8人受到淮委、徐州市委机关工委表彰。沂沭河公司创建首个"淮委劳模和工匠人才创新工作室"并通过验收挂牌。

（李倩　程程　马媛）

【党的建设】

开展党史学习教育，学习习近平总书记"七一"重要讲话精神和党的十九届六中全会精神。印发《淮工集团党委"三对标、一规划"专项行动工作安排》，共开展专题学习研讨40余次，1200余人次参加。党委班子、支部书记带头讲党课，开展专题讲座10场次，交流研讨20余次。布置党史宣传展板9块，企业官网增设专题发布相关活动新闻。开展专题演讲比赛，组织党员干部参加专题培训等。开展教育基地学习5批次，覆盖党员100余人次。制定"我为群众办实事"实践活动任务清单，梳理待办事项8条。积极推动"党建进工地"，成立1个党支部、2个工地临时党支部。完成各党支部书记述职评议以及1个党支部的换届工作。评选优秀党员10名，优秀党务工作者6名，优秀部门3个，充分发挥先进典型的引领作用。组织党委理论学习中心组扩大学习12次。考核各党支部2020年党风廉政建设情况。对各项目部、关键岗位开展廉政谈话，组织党员干部学习警示教育片、转发典型案例通报、召开警示教育会议。

（蒋顺利　张颜蕊）

地方水利

徐州市

【概要】

2021年,徐州市水务局紧紧围绕深入学习贯彻习近平总书记“节水优先、空间均衡、系统治理、两手发力”治水思路及视察江苏、徐州重要指示精神,聚力水安全保障、水环境优化、水治理提升。全年落实投资68.4亿元;市水务局38个基层党组织545名党员参加党史学习教育,推动奎河综合整治等十余项“我为群众办实事”项目落地落实;21个专项组深入一线指导抗洪,出动各类抢险力量643支2.5万人、各类机泵77台套,成功抵御有记录以来影响徐州市时间最长、过程雨量最大的台风“烟花”和中运河历史最大洪峰流量;全国最小直径(外径2.76 m)盾构机、全国最大直径(外径4.2 m)岩石顶管,在徐州水务工程中率先使用;惠及322万人、330万亩耕地的淮河流域重点平原洼地近期治理工程,累计完成投资18.2亿元,完成率80%;全市用水量38.28亿 m^3,万元国内生产总值用水量48.36 m^3,实现较2020年下降7.97%;建成150条美丽幸福河湖,全市农村生态河道完成217条1077.98 km,丰县华山闸创成徐州首家国家级水利工程管理单位;各级河(湖)长全年巡河2.7万人次,全市下发河长令6份,一大批跨区域跨部门涉河问题得到解决。

(颜笑)

【水利行业监管】

一、水利工程质量监管

连续3年开展质量安全抽查和“飞检”,修订完善水利建设质量考核细则,出台《徐州市水利工程建设质量提升行动方案》,积极开展“十四五”水利建设质量提升行动,累计发现问题247个,已全部完成整改,实现在建水利项目排查整治全覆盖。

二、水利安全监管

徐州市水务局组织16次办公会、2次党委会、2次水务系统会议研究部署安全生产工作。印发《局领导安全生产重点工作清单》、《2021年度县(市)区水务局(处)及局各单位安全生产考核细则》、《2021年全市水务安全生产工作要点》(徐水安〔2021〕18号)以及《贯彻落实安全生产领域改革发展意见实施方案》(徐水安〔2021〕13号)、《“百日攻坚”行动工作方案》(徐水安〔2021〕35号)和《高层建筑消防安全专项整治工作实施方案》(徐消安委〔2021〕4号)。开展安全生产各类检查77(批)次,对于检查发现的问题和隐患,及时督促有关单位进行闭环整改。稳步推进安全生产标准化建设,1家单位成功获评一级安全生产标准化单位,11家单位获评三级安全生产标准化单位。4月,举办徐州市水务系统应急管理培训;7月,组织水务生产经营单位班组长(科股长)安全培训并邀请徐州市应急局专家为基层单位安全管理人员专题讲课,110人参加培训;

11月，组织徐州市水务系统安全管理取证培训；12月，组织安全生产法专题培训。

三、水利建设市场监管

完成涉水42家施工、20家设备材料供应和24家咨询服务等从业企业考核，连续4年开展施工转包专项检查，水务项目招标投标系统拓展全流程电子化功能，新增投标保证金线上缴纳功能模块，在公开招标项目中全面应用。

四、监管成效

徐州市奎河综合整治工程施工2标段（铁路桥—金山东路桥）、江苏省淮河流域重点平原洼地近期治理工程黄墩湖地区洼地治理工程邳州市境内工程施工1标段获江苏省水利工程文明工地，丰县丰城闸站改建工程获2020年江苏省水利优质工程称号，徐州市黄河故道后续工程（丰县段）施工3标段、铜山区郑集河地涵除险加固工程施工标、郑集河输水扩大工程（铜山区）施工1标段、金山大沟片区（含玉带河北、军民河北）雨污分流工程施工1标段等4个项目获徐州市优质工程奖“古彭杯”。

（颜笑）

【水政监察】

一、法治建设

徐州市水务局办公会专题听取研究法治建设相关工作，并纳入年度工作部署和考核内容。制定印发《2021年全市法治水务建设工作计划》。结合徐州市“十四五”水务发展规划，向市人大申报2022—2026年立法规划建议项目，分别是《徐州地下水资源管理条例》（修改）、《徐州市城乡供水条例》（修改）和《徐州市水利工程管理条例》（制定）。

二、宣传教育

印发《徐州市水务局2021年普法学法工作计划》，举办全市水务系统“八五”普法培训和两期水行政执法人员培训。走进徐州新闻综合广播《给你说法》直播上线节目，通过节目向市民介绍水务普法工作。结合“世界水日”“中国水周”“国家宪法日”等，开展各类主题宣传活动12次。

三、水政执法

全市水政执法队伍累计巡查22444人次，出动执法人员3566人，共查处水事违法案件2182起，现场即时制止2122起，普通程序60起，其中立案查处包括水资源管理类6件、水工程类2件、水土保持类4件、河湖管理类15件、水利建设管理类9件。

四、执法监督

深化“双随机、一公开”监管，及时修订完善“双随机”检查人员库、抽查对象库，对洪水影响评价、取水许可、水土保持方案等审批进行监督检查。严格执行行政处罚案件法制审核制度，全年共审核水行政处罚案件15件。开展全市水行政许可案卷评查，抽检市、县案卷29件，切实提高水行政许可案卷质量。严格落实公示、全过程记录和重大执法决定法制审核制度，举办全市水行政处罚案卷评查研讨会。

五、能力建设

新沂市、丰县等7个执法基地全面投入使用，前沿支撑作用发挥明显，2艘投资212万元的执法艇投入使用，多渠道完善执法装备，实现省、市、县三级执法网络全覆盖、信息云共享，提升徐州市水政执法实战效能和应急能力。

（颜笑）

【水利规划及前期工作】

一、水利规划

《徐州市“十四五”水务发展规划》印发，《徐州市城市防洪规划》（修订）获批。完成水系连通规划、河湖保护规划、市区供水规划等专项规划编制工作。

二、前期工作

徐州市房亭河河道治理工程可研已通过江苏省水利厅组织的专家咨询，待修改完善后报省厅批复。徐沙河、老不牢河、老西泇河和徐沛河北段4条中小河流正编制初步设计。新沂市马陵山泵站更新改造工程可研报告、开发区土楼泵站更新改造工程初步设计已获批。城建重点工程15个项目已报待批，非城建重点工程已批复26项。

（颜笑）

【基本建设】

2021年，共落实水利水务投资68.4亿元，其中完成建设投资37.92亿元，涉江苏省水利重点工程投资完成率116%，位居江苏省第二。

一、主要完成项目

（一）徐州市刘山北站拆除重建工程

总投资10986万元，质量评级优良，2018年6月22日开工，2021年11月17日竣工，建设单位（徐州市刘山北站拆除重建工程建设处）、设计单位（徐州市水利建筑设计研究院有限公司）、监理单位（连云港市金河水利工程建设监理有限公司）、施工单位（徐州市水利工程建设有限公司）。主要建设内容包括：新建排涝闸、进水涵洞各1座，新建管理房及仓库和对原有房屋进行修缮改造等。泵站设计流量48.3 m^3/s，选用5台立式轴流泵，配套1000 kW高压同步电机5台套，排涝设计净扬程4.6 m，灌溉设计净扬程5.5 m，总装机容量5000 kW。采用肘形进水流道、虹吸式出水流道、真空破坏阀断流。

（二）沛县徐沛河治理工程

总投资7042万元，质量评级合格，2021年2月14日开工，2021年5月28日竣工，建设单位为沛县徐沛河治理工程建设处，设计单位为徐州市水利建筑设计研究院有限公司，监理单位为徐州市水利工程建设监理中心，施工单位为沛县水利机械化施工处。主要建设内容包括：疏浚河道24.6 km，拆建王庄闸、王新庄闸，沟口防护新建9处、拆建2处，拆建泵站12座、加固5座泵站进水侧坡面。

（三）徐州市睢宁段黄河故道干河治理工程

总投资51607万元，质量评级合格，2014年3月12日开工，2021年9月14日竣工，建设单位为睢宁县中小河流治理工程建设处，设计单位为徐州市水利建筑设计研究院有限公司，监理单位为江苏省工程勘测研究院有限责任公司，施工单位为连云港市水利建筑安装工程有限公司、江苏省水利建设工程有限公司、灌南县水利建筑工程有限公司、睢宁县水利工程建筑安装公司、徐州市水利工程建设有限公司。主要建设内容包括：整治黄河故道峰山闸至房湾桥、黄河西闸至徐洪河段总长41.63 km，加固堤防3.6 km，新建防护工程4.0 km，新建梯级建筑物1座、加固1座，新增补水泵站1座，拆建沿线提水灌溉泵站8座，穿堤涵洞共56座（其中拆建37座、新建9座、加固10座），跨河桥梁15座（其中拆建11座、加固4座），水土保持工程等。

（四）徐州市铜山区郑集河地涵除险加固工程

总投资6703万元，质量评级优良，2019年1月18日开工，2021年2月7日竣工，建设单位为徐州市铜山区病险水闸除险加固工程建设处，设计单位为江苏省水利勘测设计研究院有限公司，监理单位为徐州市水利工程建设监理中心，施工单位为徐州市水利工程建设有限公司。主要建设内容包括:拆除东、西涵洞,在东涵洞位置合并重建。采用钢筋混凝土开敞式结构,分5孔布置,单孔净宽5 m。

二、主要在建项目

(一)丰县南四湖湖西洼地治理工程

计划投资107125万元,已完成投资25000万元,实施完成江苏山东界河、四联河、西支河、义河、史南河5条河道疏浚,于口站、孙庄站、王庄站、渠寨站等4座建筑物。

(二)沛县南四湖湖西洼地治理工程

计划投资61763万元,已完成投资14600万元,实施完成沛县姚楼河、江苏山东界河东支沛县段等河道疏浚,鹿口闸站、鹿口河地涵、安庄站、辛庄站、安庄闸、辛庄闸等16座涵闸站,开工建设杨屯河地涵、张街站、陈楼闸站等17座闸站。

(三)邳州市黄墩湖洼地治理工程

计划投资35747万元,已完成投资11100万元,疏浚完成民便河7.86 km、排涝支河25.71 km,拆建桥梁8座、泵站5座、涵闸14座。

(四)睢宁县黄墩湖洼地治理工程

计划投资19268万元,已完成投资1400万元,疏浚河道8.87 km,复堤1.77 km,治理泵站5座、涵闸16座。

(颜笑)

【水资源管理与保护】

一、水资源量

2021年全市地表水资源量52.574亿m^3,地下水资源量20.628亿m^3,地下水与地表水资源不重复量11.803亿m^3,水资源总量64.377亿m^3。

二、水资源配置

印发《关于印发淮河、骆马湖水量分配方案的通知》(徐水资〔2021〕27号),积极配合水利部淮委、江苏省水利厅开展南四湖、洪泽湖、徐洪河、运河、废黄河水量分配工作等,完成义河跨丰县、沛县水量分配工作,组织丰县、沛县、邳州市、铜山区、经开区按照水量分配方案、水量调度方案填报年度用水计划。市级组织开展7条河生态水位确定、县级组织开展9条河生态水位确定,16条生态水位保障实施方案印发。根据2021年水位监测资料,中运河运河水文站、京杭运河不牢河段解台闸上水位全部高于省定生态保障水位,达标率100%。

三、用水总量控制

2021年全市用水总量省控目标为43.85亿m^3,实际用水量38.447亿m^3,低于控制目标值。万元GDP用水量下降率为7.9%,远高于3.8%的省定目标任务。

四、取水许可管理

全面推广应用取水许可电子证照,与江苏省水利厅等对接,徐州市本级和所辖县(市)区共发出电子证照1091条,实现市县电子取水许可证照发放全覆盖。

五、地下水管理

2021年末,徐州市承压地下水年均埋深12.3 m,较2020年末上升1.5 m,全市地下水埋深连续3年稳步上升。

六、节约用水

修订实施《徐州市节约用水条例》,徐州市累计创建节水载体省级277家、市级389家,非常规水源和城市再生水利用量1.9亿m^3。开展邳州市、新沂市、睢宁县和沛县4地国家级县域节水型社会达标建设工作,10月均高标准通过江苏省验收,实现徐州市国家级县域节水型社会达标建设全覆盖。开展20家单位用水审计工作与160家单位水平衡测试工作,超额完成目标任务。2021年成功建成17个省级节水型学校、10个市级节水型学校和3个省级节水教育基地，并开展7个小区、6个单位、8个机关和1个高速公路服务区的省级节水型载体申报。

（颜笑）

【水文工作】

一、水文站网

新增闫河、引龙河、复兴河、郑集河、新戴运河、邳洪河等17处水文站，共有水文站40处（其中国家水文站10处）、水位站33处、雨量站130处、水质监测断面292处等671处监测站点。

二、雨水情

2021年，徐州市降水量明显偏多，且降水频次较多、强度较大，全年降水量1263 mm，比常年偏多51%。据统计，1—9月徐州市平均降水量1203 mm，较多年平均降水量749.6 mm偏多60.5%。其中，汛期6—9月，全市平均降水量1021.4 mm，较多年平均降水量568.7 mm偏多79.6%，上级湖、下级湖、骆马湖、中运河、新沂河等河湖持续长时间泄洪行洪，中运河运河站出现自1950年建站以来最大洪峰流量3840 m^3/s。

三、水文情报

年度编发水情简报260余期，简报、快报8期，预报12期21站次，汛前及汛期水情总结2份。在运河超历史洪水期间，徐州市水务局同沂沭泗局水文局（信息中心）等开展预报会商，滚动预报，为洪水调度决策提供支撑，受到江苏省、徐州市防指表扬。流量自动编报软件完成部署，ADCP及流速仪流量实时在线软件调试完毕，港上站、新安站实时水文要素展示功能实现。完成沂沭泗运河站方案修订，引进气象雷达及气象雷达网格化数据，提高预警时效，弥补部分地区站点密度不够及时效性较差等问题。完成2020年水情资料整编和水资源公报及故黄河市区段、新戴运河、高塘水库、房亭河、大沙河、引龙河、复新河、新墨河等河的生态水位及保障方案编制工作。

（颜笑）

【水利工程运行与管理】

一、安全管理

（一）工程划界

全市共完成714条河道、462座涵闸站、91座水库塘坝、4座湖泊湿地的划界任务，实际完成管理范围线测绘11028.81 km，埋设界桩73868根，告示牌8383块，控制点2958个。

（二）安全鉴定

2021年完成民便河闸、浮体闸等8座中型闸站安全鉴定，对病险水闸加强工程巡视检查，编制应急预案，做好应急准备，确保工程安全运行。

（三）隐患排查治理

认真对待部、省开展的水闸、水库、水管单位各类飞检及督查工作，发现问题47项，针对问题清单建档立卡，制定整改方案，逐项整改销号。

二、运行管理

（一）工程巡查

徐州市共有（涵、闸、站、水库）工程150座（单位），2021年共开展水利工程日常巡查5万余次，经常性检查8000余次，定期巡查498次，特殊检查150余次。全面开展水库安全检查，配合江苏省水利厅对小型水库进行现场抽查，及时下发问题清单，明确整改措施和时限并监督落实；对正在降等的大坝湖、杨洼水库定期进行现场查看；对水库遥感监测违法点逐项现场核查确认，并将处置情况及时反馈省水利厅；对全市小型水库开展年度考核，根据考核等次下达管护经费45万元。

(二)工程观测与监测

市直水利工程观测首次实现全覆盖。2021年安排专项经费，对市直中型以上闸站工程建立和完善位移、扬压力及上下游河道断面观测监测设施，并开展首轮观测，分析观测成果，建立观测成果基础数据库；对全市110座中型以上涵闸资料图纸及技术资料进行收集、整理，汇编成册。

(三)工程维修维护

积极争取省、市维修养护资金补助，修订《徐州市市直水利工程维修养护项目实施管理办法(试行)》，加快推进项目设计和实施方案审批等前期工作，确保维修项目快速、规范实施。

三、管理保障

根据《江苏省水闸技术管理办法》《江苏省泵站技术管理办法》《江苏省水库技术管理办法》的要求，徐州市各水利工程管理单位均建立完善了控制运用、调度管理、运行操作、值班管理、检查监测、维修养护、设备管理、安全生产、档案管理、考核管理、资金管理等制度和规程。积极争取维修养护经费，2021年全市争取省级维修养护资金2209万元。

四、达标创建

争取省级补助和县级配套专项经费900余万元，对丰县华山闸闸门、启闭机、自动化控制、管理所等进行更新改造。10月，丰县华山闸以946分通过国家级水管单位验收，成为徐州市首家国家级水利工程管理单位。徐州市区河道管理处通过江苏省一级水管单位复核，奎河闸站、睢宁县庆安水库成功创建江苏省二级水管单位，沛县韩坝闸站、邳州岔河翻水站创建江苏省三级水管单位。新沂市王庄闸、小新河抽水站通过江苏省三级水管单位复核。贾汪区大进口水库创建为省级规范化小水库；新沂黄草关、邳州艾山、铜山水口等7座小型水库通过省级规范化小水库复核。

(颜笑)

【水旱灾害防御】

一、汛前准备

2月上旬，组织对全市水利工程进行汛前检查。3月12日召开水旱灾害防御工作会议，对汛前检查工作进行再部署、再细化。对检查发现的问题和隐患，分解、落实责任，督促各地加大险工隐患消险整治力度。调整充实防汛抗旱指挥机构，修订完善成员单位职责，落实各类水利工程安全运行责任人，建立防汛抗旱挂钩联系制度。各类工程责任人名单在新闻媒体公布，接受社会监督。修订完善市级防汛防旱、防御台风、城市防洪、黄墩湖滞洪区运用应急预案及主要水利工程运用方案。徐州市县水务部门共储备防汛“三袋”316万只，土工布16.7万m^2、块石5.2万t。5月下旬，组织开展军地联合防汛抢险实战演练。

二、“烟花”防御

汛期，徐州市遭遇有记录以来影响时间最长、过程雨量最大的台风“烟花”侵袭，全市普降暴雨、大暴雨，局部降特大暴雨，主要河湖水位全面上涨，云龙湖、高塘、阿湖3座中型和15座小型水库超汛限水位，中运河洪峰在7月29日20时50分到达运河站，实测洪峰流量3840 m^3/s，为历史最大洪峰流量。全市平均累计雨量209 mm，其中4个镇超过200 mm，11个镇超过250 mm，最大降雨量邳州东湖街道322.6 mm，最大小时雨量新沂城区47.7 mm，最大风力9级。台风“烟花”造成全市农田受淹面积54万亩(主要是蔬菜、玉米、大豆)，成灾面积8万亩，水产养殖业受灾面积0.5万亩，沿线支流堤段发现1处管涌。徐州市防汛防旱指挥中心密切关注天气及雨水工情变化，气象部门及时发布雷暴大风和暴雨预警信号,水务部门加强雨水情监测与预测预报,通过水务网站、微信群、短信平台发布实时水雨情及调度指令。自7月25日起徐州启动应急机制,每日两次会商,主动预判形势、商定对策。先后下达调度指令154条,启动气象灾害和防汛应急响应3次,提前预降主要河湖水位。启用故黄河沿线丁万河、白马河分洪道,分段下泄,减轻故黄河防洪压力,加大郑集闸泄洪流量,为丰、沛县南部降雨集中区排涝及湖西航道尽快恢复通航创造条件;启用房亭河大庙站输水廊道协助泄洪,减轻市区东部三八河排涝压力,腾出6300万 m^3 库容接纳洪涝。派驻21个专项组深入一线指导抗洪,落细落实防御举措,出动各类抢险力量643支2.5万人、各类机泵77台套。在市区33处低洼易积水点预置44台套临时强排设备,统筹组织各类抢险队伍1707人、各类机泵300余台套投入强排。主城区局部积水点于7月29日凌晨全部抢排完毕,排除时限均在雨后2 h内。全市紧急排查城乡危房4580处,累计避险转移人口8395人。地铁运营单位组建9支专业防汛应急队1700余名防汛队员值守地铁各站点。中运河3840 m^3/s 史上最大洪峰于7月30日0时起平稳进入骆马湖。7月31日晚,中运河全线降至警戒水位以下,洪水顺利过境。8月3日10时,结束中运河地区防汛Ⅳ级应急响应。

三、用水保障

为保障徐州市水源供给,累计向骆马湖补水3.77亿 m^3。市管主要泵站累计翻水7.7亿 m^3,保证工农业、航运、生态需求。

(*颜笑*)

【跨流域调水工程建设与运行管理】

一、调水情况

徐州地处江苏、山东两省交界,是国家南水北调东线工程的受水区、输水区,也是至关重要的省际交水区,承担着江苏南水北送的"最后一棒"。积极配合做好南水北调年度调水计划编制,严格执行徐州市境内区域用水分配管理,2020—2021年向省外调水累计6.74亿 m^3。

二、运行管理

加大南水北调沿线市管工程刘山、解台枢纽的监管力度,健全泵站、水闸等工程管理规章制度,强化工程运行管理监督检查,组织常态化检查,定期和不定期检查20余次,落实并整改检查70余项问题。积极推行规范化标准化管理,修订完善相关运行操作规程、各类预案和管理图表卡等内容,加大维修养护项目监管力度,优先解决运行过程出现的应急问题,强化运行人员业务技术培训,提升工程精细化管理水平。

(*颜笑*)

【河(湖)长制工作】

一、河(湖)长责任制落实

市、县、镇三级河(湖)长累计巡河2.9万次、解决问题1146起,下达河湖治理交办单和任务书200余份,依法办理河湖生态保护公益诉讼案件31件,水利部暗访交办的300余项任务全部整改到位,一批跨区域跨部门涉河问题得到销号。组织召开徐州市河湖管理工作会议,统筹安排河湖管理工作,全面提升河湖管理与保护水平。《徐州市河湖管理条例》于2021年10月1日起施行,共7章55条,从河(湖)长制、规划与整治、管理与保护、开发与利用等方面对河湖管护工作予以全面细化规范。编制完成市级30条、县级115条、镇级1639条河道保护规划,编制完成丰县省级水域保护示范区建设试点和省级水域保护规划编制试点方案,打造省级水域保护示范样板。《徐州市城区水系连通规划》经市政府批复,打通水系连通“最后一公里”，全面加快水网建设。2021 年，徐州市与济宁市签署《南四湖地区边界河湖管理保护沟通联系协议》。

二、河湖问题整治

4780 项河湖“两违三乱”全部清除，拆除违法建筑 210 万 m^2，清理非法占用河道岸线 240 km，封堵违规排污口 350 个。累计立案 17 起，判决 6 起，刑罚 100 余人，营造高压严管态势。完成南四湖鱼塘退养，徐州市主要领导现场调度，市河长办每周督查通报，南四湖 423 处 2.3 万亩、小沿河 388 处 1.2 万亩鱼塘全部退养完成验收，改善南四湖生态环境。骆马湖 419 项历史圈圩清退全面完成，投资 7.36 亿元，清除历史圈圩 17.3 km^2，恢复自由水面约 30 km^2。整治完成市区 75 条、县城 23 条黑臭水体。做好重点河湖生态补水，年度累计向云龙湖、奎河补水约 1.29 亿 m^3。

三、幸福河湖建设

徐州市总河长签发第 1 号总河长令，市委、市政府印发幸福河湖建设行动方案，提出八大任务，“十四五”期间徐州市将建成 1000 条美丽幸福河湖，其中 2021 年完成 150 条，大龙湖建成首个淮河流域幸福河湖和江苏省幸福河湖。徐州市累计建成 162 个水美乡村。

【水利风景区建设与管理】

完成昭阳庄园等 4 个水利风景区更名，贾汪区凤鸣海风景区通过省级复核，推进睢宁县白塘河、故黄河鲤鱼山创建省级水利风景区。

（颜笑）

【港航情况】

一、主要航道及运行管理情况

徐州市内河主要航道通航现状统计见表 1。

表 1　徐州市内河主要航道通航现状统计

航道名称	起讫点	里程/km	现状等级	通航保障水位/m
京杭运河二级坝到大王庙（西线）	刘山船闸—李楼	8.31	Ⅱ	30.83
	李楼—李庄	16.72	Ⅱ	30.83
	李庄—房运水闸	12.25	Ⅱ	30.83
	房运水闸—解台船闸	3.22	Ⅱ	30.83
	解台船闸—荒里一号港	3.46	Ⅱ	30.83
	荒里一号港—荆山渡口	6.07	Ⅱ	30.83
	荆山渡口—津浦铁路桥	4.66	Ⅱ	30.83
	津浦铁路桥—万寨港上	4.47	Ⅱ	30.83
	万寨港上—蔺家坝船闸	6.84	Ⅱ	30.83
	蔺家坝船闸—八一农场桥	3.98	Ⅱ	30.83
	八一农场桥—郑集河口	5.26	Ⅱ	30.83
	郑集河口—铜沛界	8.89	Ⅱ	30.83
	铜沛界—房村	10.87	Ⅱ	30.83
	房村—高楼	16.50	Ⅱ	30.83
	高楼—大屯河南	8.78	Ⅱ	30.83
	大屯河南—二级坝	3.16	Ⅱ	30.83

续表 1

航道名称	起讫点	里程/km	现状等级	通航保障水位/m
京杭运河窑湾老道	二湾标下游 150 m—新道口上	6.19	Ⅱ	20.83
混泥沟	徐洪河—八路闸	2.41	Ⅱ	20.83
	八路闸—房顶闸	5.73	Ⅱ	20.83
骆马湖北航线新线	二湾(新)—堰头大围田下	10.95	Ⅱ	20.83
	堰头大围田下—堰头大围田上	1.90	Ⅱ	20.83
	堰头大围田上—三岔口桥	7.70	Ⅱ	20.83
	三岔口桥—马港船闸	12.85	Ⅱ	20.83
顺堤河	京杭运河二级坝到大王庙(西线)—顺堤河作业区	6.47	Ⅱ	30.83
房亭河	京杭大运河—刘集船闸上游口门	6.52	Ⅲ	24.83
徐洪河航道	徐沙河口—黄河北闸	21.94	Ⅲ	18.3
	黄河北闸—睢邳界	11.86	Ⅲ	18.3
	睢邳界—刘集船闸	11.54	Ⅲ	18.3

徐州航道总体布局依托国家水运主通道京杭运河,结合徐洪河、骆马湖北航线、复新河、新戴运河等地方干线航道,初步形成“两纵一横五干”的航道网络,充分支撑了徐州的交通枢纽地位。省干线航道达标率达 94%,千吨级航道县级节点通达率提升至 83%,京杭运河按二级标准全线畅通,完成湖西航道二期、骆北新线等航道整治疏浚工程。航运文化服务不断完善,积极推进大运河文化带及京杭运河绿色现代航运示范区建设,加紧实施蔺家坝船闸文化标识项目,徐州、邳州两大服务区建成并投入使用等。

二、主要港口及运行管理情况

徐州港划分为徐州、邳州、丰县、沛县、新沂和睢宁港区 6 大港区,徐州港区是核心港区。

截至 2021 年底,徐州港共有码头 59 座,生产性泊位 211 个,码头总长度 14347 m。2021 年,徐州港完成吞吐量 4673.92 万 t。徐州港区:是徐州港的核心港区,以煤炭、件杂货、矿建材料、集装箱运输为主,主要为煤炭转运、区域综合物流发展和徐州市经济发展、城市建设及临港工业服务。邳州港区:以煤炭、非金属矿石、件杂货、矿建材料运输为主,主要为煤炭转运、腹地资源开发和经济发展服务。丰县港区:以散货和杂货运输为主,主要为丰县及周边地区的城镇建设、产业发展以及同安徽之间跨省际运输服务。沛县港区:以散货和杂货运输为主,主要为当地及周边地区的城镇建设、产业发展服务。新沂港区:以散货、杂货和集装箱运输为主,主要为当地及周边地区的城镇建设、经济产业发展服务。睢宁港区:以散货和杂货运输为主,主要为当地及周边地区的城镇建设、经济产业发展服务。

三、主要船闸及运行管理情况

徐州市港航中心内设徐州市沙集船闸运行中心、徐州市刘集船闸运行中心、徐州市蔺家坝船闸运行中心3个中心。2021年,沙集、刘集、蔺家坝等主要船闸过闸量为48385艘次。

徐州市沙集船闸运行中心位于睢宁县东南郊沙集镇辖区内。船闸管理所下辖船闸2座,分别为徐洪河沙集船闸和徐沙河沙集船闸。徐洪河沙集船闸为单线船闸,按三级船闸标准建设,规模为160 m×16(12) m×2.7 m,设计最大通航船舶为300吨级,船闸上游最高通航水位为22.5 m,最低通航水位为18.5 m;下游最高通航水位为15.0 m,最低通航水位为10.5 m。徐沙河沙集船闸为单线船闸,按四级船闸标准建设,规模为160 m×12(10) m×2.5 m,船闸上游最高通航水位为21.5 m,最低通航水位为18.5 m;下游最高通航水位为19.5 m,最低通航水位为18.5 m。

徐州市刘集船闸运行中心位于邳州市西南八路镇。船闸于2006年12月建成通航,五级船闸标准,规模为160 m×16 m×3 m,上游设计最高、最低通航水位分别为26.0 m、20.5 m;下游设计最高、最低通航水位分别为22.5 m、19.00 m,最大水级差3 m。上、下闸首工作闸门均采用人字闸门,输水系统上闸首采用封闭式消能室短廊道输水系统,下闸首采用环形短廊道输水,利用水流对冲消能并配合布置消力槛。上、下闸首工作闸门为钢质平板人字门,阀门为钢质平板提升门,闸门、阀门启闭机采用液压直推式启闭机,电气控制采用集散型控制系统。

徐州市蔺家坝船闸运行中心位于徐州市港务区柳新镇蔺家坝村。蔺家坝船闸位于江苏省徐州市蔺家坝西侧,距节制闸315 m,上接微山湖湖西航道,下连不牢河航道。船闸下辖二线船闸,按二级船闸标准建设。一号船闸1989年4月建成投入使用,规模为230 m×23 m×5 m;二号船闸2013年12月建成投入使用,规模为260 m×23 m×5 m。一号、二号船闸上游设计最高、最低通航水位分别为35.84 m、31.34 m,下游设计最高、最低通航水位分别为33.34 m、30.84 m,最大水头为2.5 m,上、下闸首均采用钢质人字门,输水阀门为钢质平板门,启闭机采用液压直推式启闭机,电气控制采用集散型控制系统。

（颜笑）

【水利信息化】

完成徐州市政务云平台应用部署,实现数据库平台和GIS地理信息平台与“智慧水利”一期工程共用。扩充完善基础数据,预留数据服务接口,实现城管部门和重要站点的涉水视频接入。根据排水、河湖、水土保持等业务部门系统应用情况,完善系统建设。完成视频会商系统升级改造,实现全局会议室视频会商功能。对接江苏省水利平台,实现信息传输报送。申请提质增效项目“排水管网GIS平台”云服务器4台。

（颜笑）

【水利科技】

完成云GIS技术在区域水利信息化综合服务平台的研究与应用和徐州农田灌排蓄系统治理创新技术研究与应用2项科技项目,到期结题率100%,受到江苏省水利厅通报表扬。组织召开2021年度学术论文专家评审会,汇编印发《徐州水利》论文集。组织召开智慧雨洪管理技术交流会、河道岸坡治理型式及施工工艺研讨会、水泵新技术交流研讨会、城镇排水新技术交流研讨会、暴雨洪水专题研讨会等学术会议,加强学术交流与对外合作,推进新技术应用。组织高校污水处理专家,先后6次深入徐州大庙污水处理厂、江苏永冠给排水设备公司、江苏华源节水股份公司等企业,开展考察调研,提供技术咨询。市区奎河综合治理工程率先使用全国最小直径(外径2.76 m)盾构机,三环南路排水箱涵施工率先使用全国最大直径(外径4.2 m)岩石顶管,以新技术、新工艺应用推动传统水务技术升级。徐州市水利学会获"全市科协系统先进集体"称号。

(颜笑)

【水文化建设】

江苏省水利厅开展江苏省第一批水利工程遗产认定工作,徐州市有6座工程入选,包括古黄河明大堤、太行堤、华沂闸、向阳渠、故黄河百步洪、云龙湖水库。依托美丽幸福河湖建设,组织丰县大沙河水情教育馆、睢宁西渭河水情教育基地等申报江苏省水情教育基地。举办首届"幸福河湖·水韵徐州"主题摄影比赛。

(颜笑)

【队伍建设】

一、领导干部

杨　勇　徐州市水务局党委书记、局长,徐州市南水北调工程管理中心主任

汤玖玲　徐州市水务局党委副书记

周　兴　徐州市水务局党委委员、副局长,徐州市南水北调工程管理中心副主任

王艳颖　徐州市水务局党委委员、副局长

张　琦　徐州市水务局党委委员、副局长

苏　义　徐州市水务局一级调研员

刘　民　徐州市水务局二级调研员

刘从良　徐州市水务局二级调研员

蒋荣清　徐州市水务局二级调研员

石炳武　徐州市水务局二级调研员

张义松　徐州市水务局四级调研员

吴德光　徐州市南水北调工程管理中心副主任

胡　炜　徐州市水利工程建设管理中心主任

二、机构设置

徐州市水务局机关核定编制数为54个,事业单位核定事业编制数631个。机关共设办公室、规划计划处、政策法规处(行政审批处)、财务审计处、供水处、排水处、水资源管理处(市节约用水办公室)、基本建设处、工程运行管理处、生态河湖处[河(湖)长制办公室]、农村水利和水土保持处(工程移民处)、科技信息和监督处、组织人事处、机关党委等14个内设机构。

事业单位共8家,分别为南水北调工程管理中心、水利工程建设管理中心、水利工程运行管理中心、水旱灾害防御调度指挥中心、河湖管理中心、水政监察支队、供排水管理中心、水资源管理中心。

三、人才队伍建设

(一)管理人才队伍建设

开展干部职工能力提升培训,对2019—2023年党员培训实施情况进行中期评估,制订2021年度职工培训计划,开设11期培训班。做好干部选拔任用等工作,任命调整4名正科职干部、5名副科职干部;完成局机关和参公单位人员4轮9人职级晋升工作。

(二)专业技术队伍建设

徐州市水务局专业技术人员中,工程技术类62人具有高级(含正高)专业技术职务,136人具有中级专业技术职务,74

人具有初级专业技术职务。做好水利专业技术人才职称评定工作，完成中级专业技术资格评审委员会专家库评委届满换届工作。完成7名高级职称人员参加江苏省水利工程专业高级职称评审委员会委员人选选拔工作。完成2021年度水利专业中高级技术职称评审申报工作，全市201人取得中级职称，44人取得高级职称。

（三）技能人才队伍建设

2021年底，徐州市水务局共有322名技能人员，其中水利水务相关工种技能人员280名，包括泵站运行工224名、闸门运行工40名、堤灌维护工11名、防汛抢险工5名，其余工种技能人才42名。技能人员中，高级技师5名，技师71名，高级工224名，中级工20名，初级工2名。其中，通过等级考评，2021年有9人取得技师证书，16人取得高级工证书，2人取得中级工证书。同时，2021年徐州市水务局选拔3名选手参加全省水利系统泵站运行工职业技能竞赛并进入决赛。

四、主要荣誉

徐州市获江苏省"十三五"期间最严格水资源管理制度考核优秀等次。

徐州市水务局、徐州市防汛防旱抢险中心获江苏省防汛抗洪工作先进集体，刘建永（水旱灾害防御调度指挥中心副主任）获江苏省防汛抗洪工作先进个人。

（颜笑）

连云港市

【概要】

2021年，连云港市共完成各类水利投资17.8亿元，其中水利基本建设完成投资9.59亿元，主要实施病险水闸除险加固、武障河闸扩建、灾后应急治理、鲁兰河治理、兴庄河治理、石梁河水库生态修复等15项工程。完成工程维修养护投资0.58亿元，工程管理水平稳步提升，善北套闸等7个单位通过省级复核。临洪闸等3个单位通过江苏省一级水管单位考核，芝麻翻水站等5个单位通过江苏省三级水管单位考核，临洪东站等4个单位创成水利工程精细化管理单位。开展水利工程建设质量监督活动270人次，出具质量巡查意见51份。成功抗御台风"烟花"和沂沭泗大洪水等灾害袭击。实行最严格水资源管理制度，启动集中式饮用水水源地管理与保护规范化建设，强化地下水管理与保护，开展大中型水库等重要水体年度生态状况评价，加快节水型社会建设，创建国家级县域节水型社会1家、建成省部级各类节水型载体61家、市级节水标杆5家。整治河库"两违三乱"问题300余项。

（李军）

【水利行业监管】

一、水利工程质量安全监管

全年共开展质量监督活动270人次，出具质量巡查意见51份。提出"事前监督"意见410余条、"事后监督"整改意见210余条。2021年度对7个在建工程开展项目稽察，提出整改意见315条。全年开展安全专项检查活动10次。

二、涉河建设项目监管

办理涉水政务服务事项199件，办结率100%，承诺件提前办结率100%、群众满意率100%。《连云港汤庄110千伏输变电工程房山—汤庄110千伏线路工程跨越房山水库管理范围内建设项目工程建设方案》水行政许可案卷被省水利厅评定为"全省水行政许可优秀案卷"。推进连徐高铁、连盐铁路和204国道等重点建设项目监管,按照《连云港市河道管理范围内建设项目监管实施细则》,明确项目监管责任单位。10个涉河建设审批项目独立建档,定期检查,提出整改建议2条。

三、水利建设市场监管

完成水利建设工程招标87项、113个标段,总交易额约14.12亿元。开展4次打击出借资质、转包、违法分包等违法违规行为专项行动。考核年度内未发现借用资质、围标串标、转包、违法分包等违法违规行为。每季度对中标单位开展履约考核,考核结果经连云港市水利局审核后上报江苏省水利厅纳入企业信用评价。

(李军)

【水政监察】

一、宣传教育

围绕"世界水日""中国水周"宣传主题,制作水土保持宣传短片,举办"党建引领 联动共治"石梁河水库广场宣传,"节水中国 你我同行""政府开放日"进校园,水法宣传进机关、进企业、进社区、进乡村、进公共场所,河长集中巡河护河等活动,运用报纸、电视、电台、互联网等媒介,不断创新水法宣传形式。宣传期间电视台采访报道3次、新华日报报道1次、新华网报道1次,在"节水中国"网站发布活动信息88条。

二、水政执法

2021年,共巡查河道长度34828 km,巡查监管对象745个,出动水行政执法人员814人次,执法车辆300车次,执法船只65航次,现场制止水事违法行为116起,有效维护了连云港市水事秩序安全。全年共调查非法采砂、违规取水、非法养殖以及公安移交的涉嫌违反水法律法规案件10余起。完成东海港源水务有限公司涉嫌非法取水和拖欠水资源费案调查取证,立案查处非法采砂案2起,申请人民法院强制执行5起;办理连云港市水利局涉施工合同案仲裁案,挽回损失560多万元;完成水利科技档案馆租赁、人员聘用等涉法文书拟写及审查近30份,做好涉法文书、案件处罚前期法制审核。牵头处理灌南百禄、灌云新沂河、东海高马水库、海州区善后河、赣榆地下水等涉法举报案件12起,案件完成率100%。

三、纠纷调处

连云港市市级水利系统信访和舆情调处40余件,接待上访群众逾百人次。

四、网箱整治

推进编制《石梁河水库保水渔业发展规划》,在规划9450亩水面内布设标准化网箱15800个,采取国有企业与乡镇集体企业+养殖户合作模式,推行标准化水产养殖;规划外水面由国有企业实施高品质大水体生态养殖,推行"水产+"生态高效养殖新模式,发展保水渔业、生态渔业、特色渔业、休闲渔业。

五、能力建设

持续开展"智慧执法"建设,提升水行政执法效能建设。按照江苏省2020执法基地建设标准,2021年配套完善通榆河执法基地,建成石梁河水库执法基地。

(李军)

【水利规划及前期工作】

一、水利规划

《连云港市"十四五"水利发展规划》获连云港市政府批复并纳入连云港市国民经济和社会发展规划;《连云港市水利基础设施空间布局规划》通过江苏省水利厅审查;《连云港市城市防洪规划(修编)》完成大纲编制;《石梁河水库调整兴利水位总体方案论证》初步成果通过江苏省水利

厅组织的专家咨询;《三洋港挡潮闸抬高蓄水位安全论证》《连云港市“十四五”节约用水规划》《连云港市沿海水利发展三年行动计划》以及11座大中型水库、71条河道、98座小水库的保护规划编制完成。配合完善沂沭泗河洪水东调南下提标工程规划布局、工程规模及设计方案等补充论证。开展水库保护规划编制,计划实施167座水库管理和保护规划,其中大中型水库11座、小水库156座,完成11座大中型水库和98座小水库规划编制审查。连云港市政府批复2座大中型水库规划,其余9座大中型水库和98座小水库按程序上报连云港市政府。连云港市共需编制78条骨干河道以及蔷薇湖、胜利湖、硕项湖和云湖4座湖泊保护规划,2021年完成71条河道保护规划和技术审查;连云港市本级16条河道保护规划按程序上报市政府批复,县区完成河道保护规划技术审查工作;完成2座湖泊保护规划。

二、前期工作

重点推进柴南河、青口河、石安河等中小河流治理工程前期工作,启动北六塘河、柴米河、韩口河挡潮闸、燕尾挡潮闸拆建工程可研工作。围绕推进美丽港城建设,启动石梁河水库生态修复二期工程、安峰山水库生态修复工程前期工作。

(李军)

【基本建设】

实施病险水闸除险加固、武障河闸扩建、灾后应急治理、鲁兰河治理、兴庄河治理、石梁河水库生态修复等重点水利工程建设15项,完成投资9.59亿元。东海县青湖闸、埝河闸、上湾坝闸、竹墩闸、范埠闸、羽山闸、磨山闸,灌云县同兴闸等列入水利部第一批水闸除险加固规划的8座病险水闸已全面销号;2019年及2020年灾后应急治理工程全面完工。

一、完成项目

(一)市区水环境工程

实施玉带河闸拆建工程,原址新建玉带河闸,批复工程投资2187.61万元,工程于2020年12月25日开工,2021年12月26日通过合同工程完工验收。工程建成后提高区域河道防汛排涝效益,满足东盐河、龙尾河等河道的生态补水的需求。

(二)连云港市鲁兰河治理工程(东海县境内)

工程主要建设内容为疏浚(清淤)河道32 km,加固堤防12.01 km,防护工程6处,拆建、改造、新建建筑物27座,新建防汛道路33.22 km。工程批复概算投资13853万元,其中省级以上投资9697万元、地方配套4156万元,建设工期18个月。项目法人为东海县水利工程建设处,勘测设计单位为连云港市水利规划设计院有限公司,监理单位为连云港市金河水利工程建设监理有限公司,1标施工单位为连云港市新禹水务工程有限公司,2标施工单位为连云港市水利建筑安装工程有限公司。工程于2020年12月28日开工,2021年12月完工,完成投资13853万元,工程质量评定等级为合格。

(三)连云港市鲁兰河治理工程(海州区境内)

工程主要建设内容为河道疏浚11.38 km,新建堤防沥青混凝土道路13.7 km(堤顶道路11.6 km、上堤道路2.1 km),拆建建筑物工程9座(泵站7座、泵站排水闸1座、穿堤涵闸1座)。工程批复概算投资10142万元,其中省级以上投资7100万元、地方配套3042万元,建设工期18个月。项目法人为连云港市海州区鲁兰河治理工程建设处,勘测单位为江苏连云港地质工程勘察院,设计单位为南京市水利规划设计院股份有限公司,监理单位为连云港市金河水利工程建设监理有限公司,1标施工单位为江苏盐城水利建设有限公司,2标施工单位为江苏兴水建设工程有限公司,3标施工单位为江苏省水利建设工程有限公司。工程于2020年12月28日开工,2021年12月完工,完成投资10142万元,工程质量评定等级为合格。

(四)东海县埝河闸拆建工程

工程主要建设内容是拆除重建埝河闸,闸室单孔净宽8 m,共2孔,设计分洪流量240 m^3/s。工程批复概算投资1274万元。主要工程量:开挖土方2.12万m^3,回填土方2.19万m^3,混凝土3814 m^3,钢筋制安232.3 t,闸门启闭机2台套。项目法人为东海县水利工程建设处,设计单位为连云港市水利规划设计院有限公司,监理单位为连云港市金河水利工程建设监理有限公司,施工单位为南京通瑞水利建设工程有限公司。工程于2020年9月开工,2021年12月完工,完成投资1274万元,工程质量评定等级为合格。

(五)东海县青湖闸拆除重建工程

工程主要建设内容是拆除重建青湖闸,闸室共8孔,其中北3孔为泄洪闸闸室,南5孔为引水灌溉和发电孔控制段,设计泄洪流量660 m^3/s。工程批复概算投资4197万元。主要工程量:土方挖填10.63万m^3,混凝土及钢筋混凝土1.29万m^3,钢筋832 t,启闭机房及桥头堡640.5 m^2,闸门及启闭机12台套。项目法人为东海县水利工程建设处,设计单位为连云港市水利规划设计院有限公司,监理单位为南京市水利规划设计院股份有限公司,施工单位为连云港市水利建筑安装工程有限公司。工程于2020年10月开工,2021年12月完工,完成投资4197万元,工程质量评定等级为优良。

(六)东海县上湾坝闸拆除重建工程

工程主要建设内容是拆除重建上湾坝闸,共7孔,单孔净宽8 m,总净宽56 m,设计泄洪流量173 m^3/s。工程批复概算投资3091万元。主要工程量:土方挖填4.98万m^3,混凝土8001.2 m^3,钢筋制安417.2 t,闸门启闭机7台套。项目法人为东海县水利工程建设处,设计单位为江苏省水利勘测设计研究院有限公司,监理单位为连云港市金河水利工程建设监理有限公司,施工单位为江苏泓源水利建筑安装工程有限公司。工程于2020年11月25日开工,2021年12月完工,完成投资3091万元,工程质量评定等级为优良。

(七)东海县竹墩闸除险加固工程

工程主要建设内容是拆除重建竹墩闸,共3孔,单孔净宽12 m,总净宽36 m,设计泄洪流量227 m^3/s。工程批复概算投资1045万元。主要工程量:土方开挖1.15万m^3,土方回填0.62万m^3,混凝土3064 m^3,钢筋制安191.42 t,闸门及启闭机3台套。项目法人为东海县水利工程建设处,设计单位为连云港市水利规划设计院有限公司,监理单位为连云港市金河水利工程建设监理有限公司,施工单位为江苏熙利建设有限公司。工程于2021年2月开工,2021年12月完工,完成投资1045万元,工程质量评定等级为优良。

(八)东海县范埠闸除险加固工程

工程主要建设内容是拆除重建范埠闸,共3孔,其中2孔为泄洪孔,单孔净宽4 m,1孔为发电孔,净宽3.6 m,设计泄洪流量124 m^3/s。工程批复概算投资1348万元。主要工程量:土方开挖2.25万m^3,土方回填1.53万m^3,混凝土及钢筋混凝土 4042.1 m^3，钢筋制安 278.81 t，闸门及启闭机 3 台套。项目法人为东海县水利工程建设处，设计单位为连云港市水利规划设计院有限公司，监理单位为连云港市金河水利工程建设监理有限公司，施工单位为南京通瑞水利建设工程有限公司。工程于 2021 年 1 月开工，2021 年 12 月完工，完成投资 1348 万元，工程质量评定等级为合格。

（九）东海县羽山闸拆除重建工程

工程主要建设内容是拆除重建羽山闸，共 3 孔，单孔净宽 4 m，设计泄洪流量 100 m^3/s。工程批复概算投资 1222 万元。主要工程量：土方挖填 3.61 万 m^3，混凝土及钢筋混凝土 4045.5 m^3，钢筋制安 233.2 t，闸门及启闭机 3 台套。项目法人为东海县水利工程建设处，设计单位为连云港市水利规划设计院有限公司，监理单位为连云港市金河水利工程建设监理有限公司，施工单位为南京通瑞水利建设工程有限公司。工程于 2021 年 2 月开工，2021 年 12 月完工，完成投资 1222 万元，工程质量评定等级为合格。

（十）东海县磨山闸拆除重建工程

工程主要建设内容是拆除重建磨山闸，共 3 孔，单孔净宽 4 m，设计泄洪流量 120.8 m^3/s。工程批复概算投资 1155 万元。主要工程量：土方开挖 5521.18 m^3，土方回填 6715.65 m^3，混凝土 2863 m^3，钢筋制安 161.92 t，启闭机房及桥头堡 292 m^2。项目法人为东海县水利工程建设处，设计单位为江苏省水利勘测设计研究院有限公司，监理单位为连云港市金河水利工程建设监理有限公司，施工单位为江苏润州建设有限公司。工程于 2021 年 2 月开工，2021 年 12 月完工，完成投资 1155 万元，工程质量评定等级为合格。

（十一）灌云县同兴节制闸拆建工程

工程主要建设内容是拆除重建同兴闸，共 3 孔，单孔净宽 10 m，设计泄洪流量 171.2 m^3/s。工程批复概算投资 6476 万元。主要工程量：土方挖填 1.03 万 m^3，混凝土及钢筋混凝土 4623 m^3，闸门及启闭机 3 台套。项目法人为灌云县同兴闸拆除重建工程建设处，设计单位为连云港市水利规划设计院有限公司，监理单位为连云港市金河水利工程建设监理有限公司，施工单位为灌云恒润水利工程处。工程于 2021 年 2 月开工，2021 年 12 月完工，完成投资 6476 万元，工程质量评定等级为合格。

二、在建工程

（一）连云港市赣榆区兴庄河治理工程

工程主要内容为：河道清淤疏浚 21.21 km；堤防加固 13.859 km；河坡防护 3.4 km；防汛道路 13.441 km；新建、拆建、改建堰闸 11 座；新建、拆建穿堤涵洞 21 座；拆建、改建桥梁 5 座；配建泵站 1 座；拆除桥梁 2 座、渡槽 2 座、拦水堰 4 座。工程批复概算投资 13999 万元，建设工期 18 个月，2021 年计划完成投资 8000 万元。工程于 2021 年 12 月开工，已完成征地拆迁、部分河道疏浚作业，完成土方 60 万 m^3，完成投资 8000 万元。

（二）灌南县武障河闸扩建工程

工程主要内容为：拆除武障河老闸；下移 960 m 新建武障河闸，新闸 13 孔，总净宽 130 m，设计排涝流量 849 m^3/s，最大瞬时流量 986 m^3/s；疏浚上下游引河及老河槽 2.74 km；新建上游北岸及下游两岸堤防 1.55 km。工程批复概算投资 20145 万元，建设工期 18 个月。2021 年完成河道疏浚、交通桥建设、水闸工作桥以下部分主体工程，完成土方 180 万 m^3、石方 1.72 万 m^3、混凝土4.55万 m^3,完成年度投资1.5亿元。

（李军）

【水资源管理与保护】

一、水资源量

全市水资源总量47.48亿 m^3,其中地表水资源量38.01亿 m^3,地下水资源量9.47亿 m^3。全市11座大中型水库2021年末蓄水总量4.901亿 m^3,比年初增加0.38亿 m^3。

二、水资源配置

全市总供水量26.47亿 m^3。其中,地表水资源26.29亿 m^3,占总供水量的99.32%;地下水资源0.18亿 m^3,占总供水量的0.68%。全市总用水量26.47亿 m^3。其中,生产用水量23.85亿 m^3,占总用水量的90.10%;居民生活用水量2.13亿 m^3,占总用水量的8.05%;生态环境用水量0.49亿 m^3,占总用水量的1.85%。外调江淮水19.28亿 m^3,其中由东海吴场入境8.00亿 m^3,由新沂河南偏泓入境7.23亿 m^3,由灌南殷渡入境2.49亿 m^3,由钱集闸入境1.56亿 m^3。全市监测的重点河流8条,分别为蔷薇河、烧香河、叮当河、界河、柴米河、盐河、一帆河、鲁兰河;重点水库3座,分别为石梁河水库、小塔山水库、安峰山水库;生态水位保证率均达100%。

三、取水许可管理

按照《建设项目水资源论证导则》等相关规范的要求,严格履行水资源论证审查、取水许可审批、取水工程验收等手续。加强省级水资源信息管理系统运维。全年非农监测站平均在线率99.9%,非农业用水量在线监测率80.22%,均完成江苏省省定目标。完成连云经济开发区、柘汪临港产业园等2家园区水资源论证区域评估,进一步深化“放管服”,提高行政审批效率,降低企业审批成本,推进连云港市经济核心区高质量、高水平发展。

四、地下水保护

指导地下水开发利用和管理保护。编制《连云港市地下水利用与保护规划》。贯彻落实《地下水管理条例》。实施地下水开采总量与强度控制。加强超采区治理,修复生态环境,保障地下水水位稳定。开展地下水水位监测和核查,严查违法盗采地下水行为。

五、节水工作

《连云港节约用水管理办法》于2021年1月1日正式施行。完成连云港市市级10家自备水企业用水户、374家公共供水用水户的计划用水下达和管理,计划用水率100%。编制印发《连云港市“十四五”节约用水规划》。在规划、建设等项目中开展节水评价工作,年内完成10项节水评价;完成用水审计8家,水平衡测试39家。全面推进节水型社会建设,灌云县国家级县域节水型社会达标建设通过验收;完成赣榆区水利局、赣榆区通榆河北延送水工程管理所两家水利行业节水型机关创建工作;建成省级水效领跑者3家,入围1家;水利部节水型高校1家,江苏省节水型学校23家,节水型企业9家,节水型社区19个,节水型单位2家,节水型灌区2个。连云港市区苍梧片区、东海县节水教育基地建设通过江苏省验收。评选出连云港市水效领跑者10家,建设连云港市节水标杆3家,节水型学校16个,节水型企业26家,节水型社区13个,节水型单位2家,节水型灌区1个。

六、监督检查

连云港市实行最严格水资源管理“十三五”期末考核受到江苏省省级通报表扬。发挥水资源的刚性约束作用,下达年度用水总量控制指标。完成沭河、沭新河、通榆河、善后河等河道和沭新渠、鲁兰河、石梁河水库等跨县区河库水量分配，细化跨区域河道用水管控。落实《江苏省水资源管理监督检查办法（试行）》，完成23家取水企业取水规范化建设，改善取水设施老旧、日常监管粗放等状况。建立灌区、公共供水企业、工业、服务业、畜禽养殖户等用水统计名录库，通过直报系统按季度调查各行业用水情况，按年度核算连云港市用水总量。贯彻《集中式饮用水水源地管理与保护规范》，开展长效管护年度评估，严格按照水源地达标建设的标准"对标找差距"，发现的问题及时整改，确保水源地正常运转。为保障水源地在节假日正常运行，连云港市成立节假日水源地管护专班，24 h专人值守，水源地异常或突发污染情况即时报告、无特殊情况定时零报告。

（李军）

【水文工作】

一、水文站网

连云港水文分局负责管理国家基本水文站6处，水位站38处，雨量站45处，蒸发站3处，其他专用站28处，地下水位监测站66处，水质监测点（断面）167处，墒情自动站3处，水土流失监测站1处，径流小区3个。

二、水雨情

（一）雨情

连云港市全年降水量1288.3 mm，比多年均值偏多44.4%，属丰水年。主要降水过程14场次，年最大点降水量为1501.5 mm，发生在灌云县善后新闸，年最小点降水量为981.0 mm，在东海县房山水库，年最大点降水量是年最小点降水量的1.5倍。

（二）水情

新沭河、新沂河、蔷薇河、盐河（灌南段、灌云段）、善后河等主要河道超警戒水位，82座水库超汛限泄洪，新沂河行洪时间131 d比往年明显偏长（影响农业秋播），其行洪水量115.7亿m^3，比往年明显偏多。10月黄河流域东平湖洪水利用引调水工程分泄入南四湖，最后经连云港市新沂河排泄入海。年末连云港市大中型水库蓄水量占正常蓄水量的86.2%，比多年同期蓄水量偏多18.9%，比年初蓄水量偏多5.1%。

三、水文气象情报预报

共向省、市防指发送雨水情报267多万份，收译雨水情报12万余份，编制水情报表365份，水雨情分析12期，水情快讯11期，连云港市2021年水雨情总结2期。汛期对石梁河水库、小塔山水库、燕尾港潮位站进行预报，分别预报32次、4次、5次，预报合格率达100%。发布洪水预报的测站有2处，分别为石梁河水库水文站、小塔山水库水文站，累积发送洪水预报24站次。

四、水文测验

小塔山水库最大泄洪流量175 m^3/s，为历史第2；八条路水库最高水位32.35 m，为历史最高。新沂河行洪时间长、洪水总量大，嶂山闸最大泄洪流量4570 m^3/s，沭阳站最大行洪流量5060 m^3/s（7月29日），最高水位10.88 m（7月29日）；新沭河新沭河闸最大泄洪流量3150 m^3/s，大兴镇站最大行洪流量3720 m^3/s（7月29日），最高水位25.22 m（9月28日），石梁河水库最大出库流量3300 m^3/s。蔷薇河小许庄站流量304 m^3/s，为历史最大。

（李军）

【水利工程运行与管理】

一、安全管理

（一）工程划界

截至2020年底，全市河库工程全面完

成管理范围划定并通过省级验收;2021 年实施新增加的蔷薇湖、胜利湖、硕项湖和云湖等 4 座湖泊保护范围划定。

（二）安全鉴定

全市共完成 24 座水利工程安全鉴定工作。

二、运行管理

（一）工程观测与监测

制定连云港市大中型水利工程安全监测实施方案,组织市管单位及县区水利局开展监测工作。连云港市 68 座县区管理的大中型工程中,有 51 座按规定开展安全监测,总体比例已达 75%。江苏省划拨资金 1136 万元,对连云港市 11 座大中型水库的沉降、位移、渗流等监测设施进行升级改造。

（二）维修养护

完成工程维修养护投资 0. 58 亿元,江苏省下达连云港市维修养护经费 2929 万元,连云港市安排 2000 余万元用于市本级水利工程维修养护,东海县、灌云县、赣榆区各自筹措 100 万~200 万元用于改善水利工程管理设施,提升站容站貌。小水库除险加固,东海县、赣榆区、连云区等 5 座小水库除险加固工程概算 2915 万元,5 座小水库除险加固均已通过完工验收。

三、达标创建

善北套闸等 7 个单位通过江苏省复核,临洪闸等 3 个单位通过江苏省一级水管单位考核,芝麻翻水站等 5 个单位通过江苏省三级水管单位考核。连云港市 14 座小水库通过管理达标考核。连云港市临洪东站等 4 个单位成功创建水利工程精细化管理单位。

（李军）

【水旱灾害防御】

2021 年,连云港市先后遭遇初春冬末干旱、汛期多轮强降雨、台风“烟花”和沂沭泗大洪水过境等水旱灾害。新沂河、新沭河出现超长行洪期,新沂河、新沭河、蔷薇河、盐河（灌南段、灌云段）、善后河等 5 条主要河道超警戒水位 82 座水库超汛限泄洪（含大中型 9 座）,其中石梁河水库最大出库流量 3300 m^3/s,小塔山水库最大泄洪流量 175 m^3/s。

一、水雨情特点

2021 年连云港市全年降水量 1288. 3 mm,比多年均值偏多四成多,台风“烟花”对连云港市及沂沭泗流域形成强降雨,致使连云港市新沂河、新沭河、蔷薇河等主要河道大流量行洪。连云港市新沂河、新沭河、蔷薇河、盐河（灌南段、灌云段）、善后河等 5 条主要河道超警戒水位,82 座水库超汛限泄洪,其中小塔山水库最大泄洪流量 175 m^3/s（为历史第 2）。新沂河,行洪时间长,洪水总量大,嶂山闸最大泄洪流量 4570 m^3/s,沭阳站最大行洪流量 5060 m^3/s;新沭河,新沭河闸最大泄洪流量 3150 m^3/s,大兴镇站最大行洪流量 3720 m^3/s,石梁河水库最大出库流量 3300 m^3/s。蔷薇河小许庄站流量 304 m^3/s（为历史最大）。

二、汛前准备

2021 年 2 月上旬起全面启动汛前检查工作。检查方式包括自查、核查、督查,检查范围覆盖全市各类水库、水闸、泵站、河道堤防,通过“三查三到位”全面掌握全市备汛情况。

（1）通过对各类水库、涵闸、泵站、堤防进行自查、核查和重点抽查,共排查出隐患 310 余处,梳理核查重点隐患 52 处,制定重点隐患清单、整改清单和责任清单进行交办,要求逐项落实度汛措施,确保工程安全度汛。对于需跨汛期施工在建工程,逐项落实施工导流方案、度汛措施和抢险预案。通榆河两大引水泵站完成机组大修,临洪枢纽四大排水泵站汛前全部完成试运行,保证汛期正常运转。结合河长制“两违”整治“回头看”行动,持续开展对重点河库的执法巡查,消除各类影响行洪安全的违章建筑和阻水障碍,年初新交办“两违”问题 255 项,完成 220 项,整改率为 86%,剩余事项在主汛前全部整改到位。

(2)检查市、县两级防汛指挥系统、通信及水文设施的维护管理状况,查清防汛物资、器材、设备数量质量,对不符合要求或储备不足的,要求及时更新增储到位。全面检查各单位各类防汛应急预案、水工程调度方案、超标洪水防御预案的修订完善情况及应急抢险队伍建设现状,要求增强方案预案的针对性、操作性、实战性,提高抢险队伍的应急反应能力。2021 年全市共储备防汛块石 13 万 t、编织袋 223 万只、土工布 23 万 m^2、木材 2200 m^3,确保即调即用。以新沂河、新沭河为重点,加强巡堤查险工作整改。积极推进水利防汛抢险队伍专业化建设,3 月初连云港防汛机动抢险队率先与灌云恒润水利工程处签署了防汛抢险合作框架协议,并联合赣榆区水建公司于小塔山水库开展了水上搜救专项训练。4 月 19—23 日,组织 60 余名防汛骨干赴省防汛抢险培训中心参加防汛应急抢险培训,进一步提高应急抢险救援实战能力。

三、预报预警

制定《连云港市水情旱情预警发布管理办法》,维护防汛指挥决策系统和全市 270 个水雨情遥测设施,增设东磊等 17 个小水库遥测点。核定蔷薇河小许庄站等 9 个重点河库站点防汛抗旱特征水位;完善县区农村基层防汛预警系统;发布洪水预警 1 次。

四、洪水调度

密切关注水雨情,采取预排、抢排、强排调度措施,科学安排洪水出路,全年排水约 230 亿 m^3。强降雨前,预降大中型水库水位至汛限以下 0.3~0.5 m,腾出库容约 6500 万 m^3 接纳洪水,河道按照最低水位控制,病险水库空库运行;强降雨期间,滚动分析汛情,调度沿海涵闸,全力抢潮排水,启动临洪四大排涝泵站强排城区和蔷薇河、乌龙河流域涝水(2021 年累计开机 965 台时,强排涝水 9826 万 m^3);利用水库预降库容调蓄洪水,石梁河水库最大拦洪削峰率 25%。

五、监督检查

在台风“烟花”影响期间,面对客水压境、本地强降雨、潮水顶托的不利局面,自 7 月 25 日起,市委、市政府每日召开专题会议,逐项分析防御措施,研究部署防御方案。市领导数次深入病险水库、塘坝、重点河道等防汛防台一线检查指导。在防御“烟花”的关键时刻,省防指和省水利厅派来 4 个工作组指导防台防汛工作。市委主要领导坐镇市防汛抗旱指挥中心,市政府两位分管副市长在防汛值班室轮流带班值守,连续多个昼夜与防汛调度人员、水利技术人员一起分析汛情,研究处置措施,协调指挥调度。在新沂河、新沭河、蔷薇河大流量行洪期间,市委、市政府紧急派出以 3 名副市长为组长的 3 个抗洪督查组,分河道实施督导检查。

7 月 30 日,市防指组织 5 个督导组赴各县区检查抗洪工作,重点督查了新沂河、新沭河行洪情况,先后查看了新沂河左堤灌云县侍庄段,东王集段,潮河湾段工情、水情、防洪准备及堤防现场值守与巡查情况和新沂河海口闸控制工程，询问了新沂河现场值守消防官兵与地方堤防巡查人员等所有值守人员的巡查安排与具体举措，查看了新沭河元宝港闸、公兴港闸、三洋港挡潮闸等节点工程和左堤沭北闸、太平庄闸、国道233漫水桥、蒋庄漫水闸等防汛管控点，重点查看了新沭河2019年灾后应急沭北涵洞拆建、新沭河下段疏浚及左堤堤顶道路以及2020年灾后应急治理赣榆区境内防护、左堤防渗、16#涵洞、19#闸站等工程。

六、抗旱情况

针对去冬今春降水偏少的不利形势，年初利用石梁河水库水源充足时机向安峰山、房山和西双湖等水库补库。在夏种夏插大用水前，严格执行省调度指令和用水计划，实施轮灌和拦蓄回归水，充分保证了315万亩水稻的顺利栽插。全年共调引江淮水19.3亿m^3，石梁河水库灌溉供水3亿m^3，有力保障了城乡居民生活、生产、生态用水需求。

（李军）

【河(湖)长制工作】

一、河(湖)长责任落实

连云港市市级总河长、市委书记方伟先后9次调研河长制工作，连云港市市级总河长、代市长马士光先后4次调研河长制工作。5月，召开连云港市河长制工作会议。连云港市15名市级河长累计巡河96次，签发问题交办单47份，116名县区级河长累计巡河643次。建立“河长+检察长”工作机制，推动检察监督与河湖治理保护有效衔接。市县纪委监委对河长制工作实行嵌入式监督，压实治水主体责任。大力推行“河长制+”行动，“河长制+乡村振兴”“河长制+社会治理”等创新机制不断涌现，河湖治理与社会治理深度融合。创新实施“黄色交办提醒+橙色催办警示+红色督办问责”河长制督查交办三色清单管理制度，规范做好交办问题提醒、警示和问责。连云港市累计签发三色清单39份，其中黄色提醒单34份、橙色催办单5份。与山东省临沂市、日照市签订跨省流域突发水污染事件联防联控机制框架协议，推动跨省流域协同共治。

二、河湖问题整治

对连云港市重点河湖管理范围内违法违章行为开展排查，集中交办“清四乱”任务224项；结合水利部淮委暗访、江苏省“两违”整治“回头看”和市级动态巡查，补充交办问题82项，推动限期完成整治。连云港市共开展各类河湖联合执法80余次；整治河库“两违三乱”问题300余项；清理石梁河水库水面10.45万只网箱、涉渔“三无”滞留船舶3771艘；清理安峰山水库网箱2.66万只、围网118.9万m^2、鱼簖3.2万m^3。

三、河湖执法监管

统筹属地政府及公安、水利、自然资源、生态环境、城管、交通、农业农村等部门力量，强化协同联动。全市共开展各类河湖联合执法80余次。针对石梁河水库、安峰山水库等重点水域实施专项整治，一大批长期影响河湖生态健康的顽疾被彻底铲除。组织人员利用无人机巡查、卫星遥感、现场甄别复核等方式，加大河湖巡查监管力度，坚持遏增量、清存量，始终保持空间监管高压态势。

四、幸福河湖建设

投资6亿元推进石梁河水库生态修复一期工程，基本打通55 km环库道路，实施周边镇村截污治污工程，库区富民产业有序推进。投资3亿元实施蔷薇河月牙岛段提升改造项目，加快东盐河河滨公园提档升级，为居民提供更多亲水、临水空间。全市建成幸福河湖27个，实现县区功能板块全覆盖。连云港市建成市区东盐河、东海县西双湖、赣榆区青口河等河长制主题公园7座。加大农村河网水系整治力度，建设农村生态河道209条，整治疏浚河道1382 km。明确西双湖水库、乌龙河、马河等5条重点河库生态水位，制定相应的生态水位保障方案；完成东盐河、乌龙河、大浦副河等26条河库的生态评估；已确定的重点河湖库生态水位保证率达100%。

五、水污染防治

连云港市22个国家地表水考核断面优Ⅲ类比例达86.4%，45个省考断面优Ⅲ类比例达82.2%，完成江苏省对连云港市高质量考核目标任务。开展城镇污水处理提质增效，消除污水管网空白区，新建改建城市污水管网180 km。恒隆、墟沟、浦南、西湖等4座污水处理厂扩建工程加快建设，新增污水处理能力8.7万t/d。完成农村黑臭水体整治133条，连云港市行政村生活污水处理设施覆盖率达90%。

（李军）

【农村水利建设与移民后扶】

一、农村水利建设

重点实施农村生态河道建设、中型灌区续建配套与节水改造、农村饮水安全巩固提升、水土保持等农村水利建设项目，农业水价综合改革全面推进，全年完成农村水利与水土保持工程建设投资4.59亿元。建设农村生态河道78条544 km，完成农村河道疏浚土方834万m^3；实施东海县昌梨水库灌区、灌南县沂南灌区、赣榆区八条路水库灌区等3个中型灌区续建配套与节水改造项目，新建、拆建泵站23座，新建闸、涵、桥、渡槽等建筑物319座；实施赣榆区石埠小流域国家水土保持项目，治理水土流失面积10 km^2，赣榆区代表江苏省接受水利部水土保持规划目标考核，现场核查获得优秀，连云港市水土保持工作考核获得江苏省优秀等次。完成水利绿化面积1.33万亩；新增有效灌溉面积2.12万亩，新增旱涝保收田5.43万亩，新增节水灌溉面积8万亩；巩固农业水价综合改革成果，与河海大学进行合作，开展大中型灌区成本核算，健全农业水价动态调整机制。实施农村供水老旧管网更新改造，更新改造农村供水管网554 km，新增工程受益人口20万人，连云港市农村供水保证率达95%，农村区域供水入户率达99%以上。完成4个大型灌区及31个中型灌区干支渠及建筑物划界工作，完成149条县级河道及653条乡级河道划界，并通过县级政府验收。完成连云港市205个小型灌区和169座塘坝基本情况调查。小塔山灌区、沭新渠灌区、沂南灌区、界北灌区成功创建2021年省级节水型灌区；东海县城北水厂、灌南县硕项湖水厂被水利部命名为2021年度全国100家农村供水规范化示范水厂。

二、移民后扶

连云港市累计拨付大中型水库移民后扶资金3.04亿元。核定发放移民直补资金41483人2414.97万元。完成后扶项目建设71个，累计新建改造村庄道路36.17万m^2、铺设人行道2.31万m^2；新建改建生产桥11座，新建改建下水道42592 m；居民墙体出新4.27万m^2；村庄河道水系治理（清淤、护坡）14554 m；自来水入户改造10250户；购置安装太阳能路灯876盏；新建村民服务中心1735 m^2、活动广场2处、公厕1处；村庄绿化18000 m^2；新建标准厂房20155.6 m^2、农业大棚37664 m^2、电商创业园2600 m^2及粮食服务中心

2800 m^2 等。

（李军）

【水利风景区建设与管理】

连云港市石梁河水库、安峰山水库、小塔山水库、红领巾水库、凰窝水库、临洪闸等6处工程入选江苏首批省级水利工程遗产名录。成功创建12家水利风景区，包括国家级3家（石梁河水库、小塔山水库和大圣湖）和省级9家，其中AAAAA级景区1家，AAAA级景区1家，国家森林公园1家。辖区内水利风景区总面积达155.72 km^2，其中水域面积113.93 km^2，实现连云港市所有县、区水利风景区全覆盖。

（李军）

【水利信息化】

一、防汛抗旱信息化建设

制定《连云港市水情旱情预警发布管理办法》，维护全市270个水雨情遥测设施，增设东磊等17个小水库遥测点；推进农村监测预警平台建设、监测预警设备配备，建立一体化的、符合农村基层实际的雨水情预报预警体系。完善远程视频系统，已建市、县两级视频会商系统8处，覆盖率为89%，并于汛前完成防汛会商系统“省、市、县、乡”四级联调。完善视频监视系统，通过监视系统实时监视全市主要河库水情变化、主要测站降雨情况，通过监控把相关情况传输到防指中心，为防汛会商和领导决策提供可视化的、实时的现场信息。

二、水利工程信息化建设

根据日常监督检查工作掌握情况和委托检测机构质量抽检情况，及时对工程质量信息进行采集、追踪、分析，每半年通报一次质量抽查情况。市站和5个县（区）站均已安装并使用质量监督App，在建工程全部录入系统，每次监督检查和质量提升专项行动均能够创建相关活动，应用能力和效果不断提升。连云港市鲁兰河治理工程，赣榆区兴庄河治理工程，东海县青湖闸、上湾坝闸拆建工程，灌云县同兴闸拆建工程、灌南县武障河闸扩建工程均已安装视频监控系统并接入省水利建设项目现场视频管理平台。

（李军）

【水利科技】

连云港市水利学会承担的“大坝混凝土老化性能评估及保护对策研究——以连云港市黄窝水库为例”“石梁河水库富营养化机理与预警技术研究”项目获江苏省级水利科技项目立项。连云港市临洪水利工程管理处申报的“基于新型闸门技术的水污染治理关键技术研究与应用”被列为2021年度重点研发计划立项项目清单。

（李军）

【水文化建设】

江苏省水利厅开展江苏省第一批水利工程遗产认定工作，连云港市有6座工程入选，分别是石梁河水库、临洪闸、安峰山水库、小塔山水库、红领巾水库、凰窝水库。

（李军）

【队伍建设】

一、领导干部

徐希娟　连云港市水利局党组书记、局长（2021年12月止）

董一洪　连云港市水利局副局长、二级调研员

毛善通　连云港市水利局党组成员、副局长、二级调研员（2021年9月止）

蒋春祥　连云港市水利局党组成员、总工程师、三级调研员

颜　建　连云港市水利局党组成员、副局长

陈会保　连云港市水利局党组成员、三级调研员

二、机构设置情况

连云港市水利局共有编制数429名，现有在编人员367名，其中行政编制人员24名，参公编制人员19名，事业编制人员324名。局机关内设办公室、规划与基建处、政策法规处、财审处、水资源处、农水处、工程管理处、人教处、河长制工作处等9个内设机构和1个办事机构(机关党委)。局直辖4个副处级事业单位(连云港市石梁河水库管理处、连云港市临洪水利工程管理处、连云港市市区水工程管理处、连云港市通榆河北延送水工程管理处)、1个参公单位(连云港市水政监察支队)、7个正科级事业单位(连云港市水利工程移民后扶中心、连云港市水利局工程技术中心、连云港市节约用水管理中心、连云港市水利工程质量监督站、连云港市水利工程建设管理中心、连云港市水旱灾害防御调度指挥中心、江苏省连云港防汛机动抢险队)。

三、人才队伍建设

(一)管理人才队伍建设

2021年，市水利局对直属管理单位班子建设和成员任职情况进行考核，4月对连云港防汛机动抢险队和连云港市通榆河北延送水工程管理处班子成员任职交流，对22名任职试用期满的科级干部进行组织考察。12月，对4名参公人员进行职务晋升。对1名参公人员、3名事业单位人员进行选拔任用。选派6名同志参加市委第十四巡察组、市委党史学习教育领导小组办公室、打好防治污染攻坚战指挥部、省级以上文明单位创建等重大任务进行学习锻炼。

(二)专业技术队伍建设

参加连云港市2021年事业单位“名校优生”选招和2021年度事业单位公开招聘工作，招聘录用专业技术人员2批次17人次；连云港市水政监察支队接收选调生1名。做好年度职称申报工作，49人取得水利高级职称，70人取得水利中级职称。组织引导专业技术人员申报江苏省第六期“333工程”培养对象，共6人次被选入二、三层次培养对象。

与河海大学合作办学，为水利职工提升学历层次、提高专业能力提供条件，2021年共35人毕业。32名新报名人员通过推荐入学审核。

四、主要荣誉

连云港市水利局获江苏省防汛抗洪工作先进集体。

连云港市水利工程建设获江苏省政府督查激励。

(李军)

宿迁市

【概要】

2021年，宿迁市水利局沿着“四化”同步发展路径，以建设幸福河湖作为总目标，以河湖长制为总抓手，在党建引领下，开启水利现代化建设新征程。压实党建工作责任，推进党风廉政建设，先后荣获“市级机关先进基层党组织”“全国巾帼文明岗”等荣誉称号。抗御2021年淮河、沂沭泗流域持续较大洪水；落实防汛责任，排查消除各类隐患，编制完善超标洪水防御预案，足额储备防汛物资；争取江水北调水源供给；编制河道生态流量管控方案，开展城区生态补水。推进42项(类)重点水利工程建设，尤其是淮河流域平原洼地治理、新沂河灾后应急治理、黄墩湖洼地治理等流域重点工程建设。印发《宿迁市2021年河湖长制工作要点》，核定28类94项重点河湖治理项目，开展整违治乱行动；黄河故道城区段入选首批国家级“幸福河湖”示范工程建设名单;实施洪泽湖退圩还湖;保持骆马湖、洪泽湖水域非法采砂行为零盗采、非法采砂船零滞留的“双清零”目标。出台《宿迁市节约用水管理办法》,加强节水宣传教育;完成中运河月堤水源地达标工程建设任务;推进可用水量确定和水量分配工作,万元 GDP 用水量持续下降。严控地下水开发,在实现地下水水权交易改革的基础上,开展农业转工业地表水水权交易。

(朱程亮　钱文江　沈时)

【水利行业监管】

一、水利工程质量监管

落实监管工作经费 30 万元,开展市级稽察 5 次,开展稽察回头看 2 次,下发稽察意见 5 份,累计指出问题 200 余条;开展质量联合巡查 1 次,形成联合巡查通报 1 份;开展施工图及初步设计监督检查 6 次,下发检查意见 6 份;开展质量专项检查、飞检 15 次,批复 6 个工程设计变更,组织水下阶段验收 8 次,印发工程相关通报 4 次,组织开展专题培训 2 次,联合约谈 5 次,上报各类报表 80 余份。宿迁市成为江苏省首家实现市、县(区)水利工程专职建设管理机构全覆盖的地级市,获评江苏省水利工程文明工地 2 项、“江苏省五一劳动奖章” 1 枚,在江苏省重点水利工程建设管理考核中连续 5 年被评为 A 级。

二、水利安全监管

一是落实行业监管责任。先后 7 次在局党组会议上研究部署安全生产工作,局主要领导和分管领导带头开展安全生产宣讲;开展安全生产三年专项整治、危化品整治、农村危桥治理等专项行动;配合做好省级安全发展示范城市创建等工作。二是厘清安全三项清单。以责任清单、问题清单、整改清单方式明确领导班子成员、职能处室单位具体工作的职权、责任和时限。三是压实安全主体责任。采取点、线、面结合,整体推进方法,先后组织 15 批 86 个组 258 人次进行安全生产监督检查,共下发整改通知 17 份,工作交办单 9 份,排查各类事故隐患 316 项,年底全部整改到位。四是健全完善制度体系。出台《宿迁市水利建设项目稽察办法》《宿迁市水利行业安全风险分级管控和隐患排查治理双重预防工作实施方案》等制度,运用质量、安全、稽察等各类检查成果,提高安全监管效能。五是抓好基础能力保障。联合江苏省水利厅先后举办 4 期水利施工企业三类人员继续教育培训、考试,宿迁市共有 49 家企业 630 余人参加了教育培训。“安全生产月”期间,先后参与水利部、省厅组织的各类竞赛活动,宿豫区水利局获得水利部表彰,市水利局、泗阳、宿城区水利局获得省厅表彰,在全省水利安全知识竞赛中宿迁市 1 人获得三等奖、2 人获得鼓励奖。

三、水利建设市场监管

宿迁市重点水利工程均进入公共资源交易中心招标,招标进场率 100%,中标金额达 6.1 亿元。宿迁市 7 家水利施工单位参与江苏省水利厅履约考核,其中 AAA 等级 1 家,AA 等级 5 家,A 等级 1 家;1 家水利设计单位参与省水利厅履约考核,为 AAA 等级;1 家水利监理单位参与省水利厅履约考核,为 AA 等级。水利招投标市场平稳有序,未发生围串标等违规行为。

四、涉河项目管理

开展涉水审批“多评合一”改革,将原本一个建设项目涉及多项审批、多次申请的合并为“一次申请、一个报告、一次评审、一次批复”,在 11 个项目中得到运用,为建设单位节约成本 100 余万元,平均压缩审批时间 6~8 d。出台《宿迁市河湖管理范围内建设项目管理办法》,规范涉河建设项目管理工作。参与实施宿连航道、宿连高速公路、宿迁中心港等重大基础设施建设项目,开展审批服务工作。

五、其他工作

推进县(区)水利局成立水利工程专职建设管理机构,至2021年底,各县区专职机构均获编办批复成立,实现市、县(区)水利工程专职建设管理机构全覆盖。

(朱程亮　钱文江　沈时)

【水政监察】

一、法治建设

修订《宿迁市水利局水行政执法公示制度、水行政执法全过程记录制度、重大水行政执法决定法制审核制度》。制定《宿迁市水利局领导干部干预水行政执法、插手具体水事案件处理的记录、通报和责任追究规定》和《宿迁市水利局水事案件办理制度》。

二、宣传教育

制定《2021年度市水利局普法工作清单》,将法制建设和普法宣传纳入2021年度水利工作总体布局,重点落实好牵头责任、处室责任、联络员责任"三个责任",突出法律法规学习,开展多形式法律培训。"世界水日""中国水周""政民互动"期间,联合6家涉水单位开展"水利开放日"活动,邀请人大代表、政协委员走进水利,为宿迁水利高质量发展建言献策。拍摄的《河湖卫士、赤诚风骨》,获得市委组织部第六届文化艺术节"圆梦小康微视频大赛"二等奖。沭阳县2000多人在线参与"世界水日"和"中国水周"知识竞赛,泗阳县推送水法和节水公益短信,泗洪县开展"水法进渔村"主题活动。

三、水政执法

将河湖"四乱"整治与沭阳县某非法侵占河道案件合力整治,组织核查泗洪县临淮镇非法修建堤顶路举报、督导大队查处某企业堵塞西民便河防汛通道案、督促宿豫区追缴拖欠大额水资源费。宿迁市水行政执法巡查共出动近万人次、942船次、1108车次、无人机136航次,处理水事违法行为189起,立案查处28件。

四、执法监督

在江苏政务服务网公开部门权力清单、责任清单、执法流程,在现场检查、调查取证、送达等执法活动中,主动亮证、佩戴执法记录仪、规范使用制式执法文书。建立法律顾问制度,重大执法决定履行法制审核程序,在信用宿迁公示行政处罚信息。

五、纠纷调处

全年处理群众举报和省市舆情12起,均按时办结,无行政处罚案件被复议、诉讼纠错等情况。

六、能力建设

参加江苏省水政执法技能竞赛,获团体三等奖。

(朱程亮　钱文江　沈时)

【水利规划及前期工作】

一、水利规划

宿迁市"十四五"水利发展规划顺利获批,完成水利基础设施空间布局规划,水利信息化"十四五"规划通过审查,编制中心城市水系沟通规划,沂沭泗河洪水东调南下提标规划通过水规总院审查,骆马湖三角区生态建设工程进入立项阶段,配合部、省推进南水北调东线二期工程等重大项目研究工作。

二、前期工作

淮西洼地治理启动前期工作,柴米河、北六塘河、拦山河、利民河、岔流新开河等治理工程列入江苏省2022年开工建设实施计划,开展前期研究。洪泽湖周边滞洪区治理工程、全国"十四五"首批大型灌区项目来龙灌区续建配套与现代化改造等一批重点工程获批实施。

(朱程亮　钱文江　沈时)

【基本建设】

实施42项(类)年度重点水利工程,投资25.7亿元。推进淮河流域平原洼地治理、新沂河灾后应急治理、黄墩湖洼地治理等流域重点工程建设,洪泽湖周边滞洪区近期治理工程获批实施,投资26.31亿元。完成中运河宿迁闸至刘老涧段整治工程、西民便河(小口子至大王桥)治理工程、古山河治理工程等区域重点工程。共11个项目纳入宿迁市水利重点工程建设任务,总投资36.33亿元,年度建设任务6.72亿元,年度累计完成投资6.72亿元。

(1)淮河流域重点平原洼地近期治理工程位于湖滨新区皂河镇(含原黄墩镇)境内,主要任务是对黄墩湖地区洼地83 km^2面积范围进行综合治理,通过疏浚河道,新、改建沿线桥涵闸站等配套建筑物,恢复提高区域防洪除涝标准。工程批复总投资29224万元,于2020年1月开工。2019年6月,宿迁市水利局成立宿迁市淮河流域重点平原洼地近期治理工程建设处,为本工程项目法人。主管部门为宿迁市水利局,勘察单位为江苏省工程勘测研究院有限责任公司,设计单位为江苏省水利勘测设计研究院有限公司,工程监理单位为宿迁市水务勘测设计研究有限公司,施工单位为南京市水利建筑工程有限公司(施工1标)、江苏省水利建设工程有限公司(施工2标),运行管理单位为湖滨新区农村工作局、皂河灌区管理所。主要建设内容有:骨干河道疏浚27.34 km;排涝支河(中闫河)疏浚5.38 km;黄墩小河生态护岸2.0 km;拆建袁宅桥、袁袁桥、刘庄大桥,桥梁加固1座;涵闸拆建5座、加固7座,排涝泵站拆建6座、加固1座,水保及环保工程等。

(2)淮河流域及沂沭泗地区2019年旱涝灾后应急治理工程位于沭阳县、宿豫区内,主要是对新沂河部分堤防进行防渗处理、新建堤顶防汛道路、整治沭阳水文站—沭阳枢纽之间滩地、加固子埝闸等措施,基本消除2019年台风“利奇马”造成的工程安全隐患。江苏省水利厅下达《省水利厅关于淮河流域及沂沭泗地区2019年旱涝灾后应急治理工程(宿迁市境内)初步设计的批复》(苏水建〔2020〕12号),核定工程概算10213万元。沭阳县境内工程于2020年6月开工,2021年12月底通过单位工程暨合同工程完工验收。宿豫区境内工程于2020年6月开工,2021年12月通过单位工程暨合同工程完工验收。沭阳县境内工程项目法人为沭阳县旱涝灾后应急治理工程建设处,设计单位为江苏省水利勘测设计研究院有限公司,监理单位为宿迁市水务勘测设计研究有限公司,施工单位为江苏省水利建设工程有限公司等。宿豫区境内工程项目法人为宿迁市宿豫区重点水利工程建设处,设计单位为江苏省水利勘测设计研究院有限公司,监理单位为宿迁市水务勘测设计研究有限公司,施工单位为江苏禹王水利建设工程有限公司等。工程主要内容包括:沭阳县境内新沂河堤防防渗处理5.663 km,新沂河堤顶防汛道路24 km,沭阳水文站—沭阳枢纽之间滩地整治2.55 km^2,沭阳漫水子埝闸加固1座,水文站测流铁塔基础加固3座。宿豫区境内防护加固3.32 km,新沂河南堤防汛道路8.44 km。

(3)西民便河(小口子—大王桥)治理工程按排涝10年一遇、防洪20年一遇标准进行治理。批复投资8914万元,主要建设内容为：疏浚河道 9.9 km、河道护砌 4.64 km(其中弯道护砌 2.64 km,生态防护 2.0 km)、沟口防护 9 处、拆建河道沿线建筑物 9 座(其中涵闸 6 座、泵站 2 座、桥梁 1 座)、新(拆)建防汛道路 11.09 km。

(朱程亮　钱文江　沈时)

【水资源管理与保护】

一、落实水资源刚性约束

2021 年,宿迁市水资源总量 53.744 亿 m^3(其中地表水资源量 41.301 亿 m^3,地下水水资源量 14.905 亿 m^3,重复计算量 2.462 亿 m^3),水资源总量较 2020 年(43.537 亿 m^3)偏多 23.4%。2021 年,宿迁市用水总量控制在 22.903 亿 m^3,低于江苏省省控目标 30.11 亿 m^3;万元 GDP 用水量、万元工业增加值用水量分别比 2020 年下降 12.8%、6.34%。对照江苏省水利厅反馈水资源考核和水资源管理监督检查发现的问题逐项排查梳理,制定有效的整改措施,发现的问题全部整改到位。12 月 15 日,江苏省最严格水资源管理考核和节约用水工作联席会议对宿迁市"十三五"期间实行最严格水资源管理制度做出的成绩给予通报表扬。

二、水资源优化配置

编制完成洪泽湖、新汴河、奎濉河等河湖生态水位保障实施方案,骆马湖、淮沭新河水量调度方案,西民便河、刘柴河生态水位保障方案,大涧河、西沙河水量分配及生态水位保障方案。围绕河湖生态水位保障,加强全市用水总量控制,严格取用水管理,提高用水效率,配合做好水利工程和水资源调度。2021 年,骆马湖洋河滩闸上水位 20.5 m,中运河刘老涧闸上水位 17.0 m,新沂河沭阳水位 4.10 m,徐洪河金锁镇水位 9.8 m,淮沭河沭阳闸上水位 7.5 m,保证率 100%。开展黄河故道生态富民廊道水资源优化配置管理体制改革,古黄河水质全面达标。争取江水北调水源供给,大用水期间累计向宿迁境内引调江淮水约 16 亿 m^3,保障 351 万亩水稻栽插和生产生活用水。

三、取水许可管理

2021 年,完成江苏桐昆恒阳化纤有限公司取水项目、国家能源集团宿迁发电有限公司、泗阳县第二水厂取水改扩建工程、宿城百亿级牛仔服装产业园一期工程等 6 个项目的水资源论证审查、取水许可审批、取水许可验收和发证工作。全市 600 余张存量纸质取水许可证完成电子证照转换,新增取水许可均利用电子证照系统发放,宿迁市取水许可步入电子证照时代。完成宿迁国家农业开发区水资源论证区域评估。宿豫区实现区内 3 个省级以上开发区年内评估全覆盖。

四、地下水管理保护

编制《宿迁市地下水利用与保护规划(2020—2030 年)》,提出全市地下水取用水总量控制指标、水位控制指标及地下水管理控制指标。实现与资规部门共享地下水水位监测数据,开展地下水水资源水行政执法专项行动,建立水位监测周通报制度,全年地下水水位实现回升。创新应用"试剂+地探"技术手段,通过"试剂"辨身份、"地探"定位置,排查封存地下水井 244 眼,有效保护地下水资源。严控地下水开发强度,压减地下水超采量 151 万 m^3,同时多渠道增加水源补给,实施超采区地下水回补 5 万 m^3。

五、节水示范引领

宿迁泽达职业技术学院、宿迁学院、宿迁职业技术学院 3 所高校创建为国家级节水型高校,新增沭阳二水厂、洋河嘉年华、来龙学校 3 家江苏省省级节水教育基地,新增省级节水型载体 64 家。出台《宿迁市节约用水管理办法》,江苏省省级节水型社会示范区实现三县两区全覆盖,泗阳县、泗洪县、宿豫区、宿城区完成国家级节水型社会达标县创建,提前完成南水北调受益区国家级节水型社会达标县建设任务。

六、开展水资源规范化建设

推进取水工程规范化建设,梳理建设清单名录,制订 3 年实施计划,年度完成建设任务 191 项;推进水源地标准化建设,泗洪县成子湖龙集水源地贯标通过江苏省水利厅验收,骆马湖宿城和中运河刘老涧水源地完成标准化建设,中运河闸西应急水源地完成核销,中运河月堤应急水源地完成核准并顺利通过省级达标建设技术核查;推进取水计量规范化建设,编制《宿迁市取水口监测计量体系建设实施方案》,对地下水年取水量 5 万 m^3 以上、地表水年取水量 10 万 m^3 以上的取用水户,全部安装在线计量设施并接入省级水资源监控平台,实施 24 h 在线监控。

七、用水统计调查

建立定期通报、第三方核查、上下联动等机制的用水统计直报制度。2021 年,全市确定的名录总数达 261 家,涵盖全市大中型灌区 22 家、典型小型灌区 3 家、公共供水企业 8 家、自备水工业企业 123 家、自备水服务业企业 101 家、人工河湖补水工程 2 家、典型畜禽养殖 2 家。2021 年宿迁市数据上报及时率达 100%,审核率 100%,准确率 100%,工作完成质量位居全省前列,其中二季度位居江苏省第一。

八、水权交易

完成江苏省首例农业转工业地表水水权交易,为工业企业发展提供 595.5 万 m^3 水资源支撑,为农业灌溉节水改造提供 83.37 万元资金保障。水权交易改革工作获评宿迁市“三真三实”作风提优行动“优秀范例”。

九、出入境水量

宿迁市市际断面入境水量 52.75 亿 m^3(未扣除中运河排涝水量),其中受中运河排涝的影响,竹络坝断面入境水量为-7.53 亿 m^3,淮沭河庄圩断面入境水量 46.69 亿 m^3,骆马湖皂河闸、洋河滩闸入境水量分别为 9.37 亿 m^3、4.22 亿 m^3。宿迁市市际断面出境水量 59.75 亿 m^3,其中皂河站向骆马湖补水 6.11 亿 m^3(含皂河二站),新沂河南偏泓断面出境水量 41.55 亿 m^3(南偏泓报汛流量计算值,含部分新沂河行洪水量),蔷北地涵、桑墟电站、钱集闸、沭新退水闸出境水量分别为 3.46 亿 m^3、2.42 亿 m^3、6.08 亿 m^3、0.13 亿 m^3。

(朱程亮　钱文江　沈时)

【水文工作】

一、水文站网

宿迁水文分局负责管理基本水文站 7 处,基本水位站 4 处,中小河流水文站 14 处,中小河流水位站 3 处,雨量站 60 处,蒸发站 2 处,其他专用站 104 处,地下水水位监测站 48 处,水质监测点(断面)402 处,土壤墒情站 4 处,水土保持监测站 2 处,水土保持气象站 9 处,径流小区 2 处。

二、水雨情

宿迁市面平均降水量为 1237.9 mm,平均降水日数为 87.6 d,较多年平均降水量 915.9 mm(1956—2020 年)偏多 35.2%。非汛期日降水量超 50.0 mm 站点主要发生在 10 月,分别为金锁镇、屠园、林柴场、刘集、小店、史集等站。降水主要集中在 7 月,月降水量一般在 410~702 mm,降水量最大站为小店站,为 1469.0 mm;降水量最小站为郑集站,为 885.5 mm。面平均蒸发量为 850.7 mm。

三、水文测验

宿迁市水文局所辖双沟、濉河、老濉河、金锁镇、下草湾、沭阳及桐槐树等7处水位控制站测验所在河道，受台风、上游行洪及区域降水等因素影响，均发生了较大洪水过程，通过测验数据统计分析，各站年最高水位相对偏高，但均未发生超历史最高水位情况。全年共施测流量2732次，泥沙测验共920次，资料数据准确，测验方法合理，质量较高，满足测验要求。

（朱程亮　钱文江　沈时）

【水利工程运行与管理】

一、安全管理

（一）工程划界

完成22个大中型灌区骨干工程管理范围划定任务，其中渠首划界163处，建筑物划界190处，骨干渠道划界1435.6 km；完成县级河道划定152条，划界长度1624 km，相关成果全部录入自然资源和规划部门。

（二）安全鉴定

开展宿迁市水闸、泵站、水库安全专项检查，完成高松河闸、泗洪县安东河闸、河道中心西民便河洋大河橡胶坝等3项工程安全鉴定。

（三）除险加固

河湖堤防工程维修投资195万元，对骆马湖、中运河、淮沭河、淮河、怀洪新河、徐洪河等河湖部分堤防开展维修。

二、运行管理

（一）工程巡查

成立检查工作组，分县区对全市大中型水闸、泵站以及39座小型水库开展安全运行专项检查，确保水利工程安全运行无事故。

（二）工程观测与监测

对宿迁市15座小（1）型水库增设32套视频远程监控设施，对13座小（1）型水库增设65座渗流观测设施及156个垂直观测设施。

（三）维修养护

强化水利工程日常管理，完成投资977万元，实施宿豫区井头泵站维修、骆马湖一线堤防维修等41个水利工程维修养护项目。

三、管理保障

建立健全并不断完善各项管理制度，根据工程管理要求和需要，结合工程实际情况制定工程管理实施细则和相关操作规范、规程、制度60余项。

四、达标创建

完成骆马湖岸线管理中心省一级，泗洪县淮河怀洪新河、宿城区河道管理处省三级水管单位复核，泗阳县成子湖水利风景区成功创建江苏省水利风景区。

（朱程亮　钱文江　沈时）

【水旱灾害防御】

一、水雨情

汛期，宿迁市累计降水量多于常年，7月下旬，受台风“烟花”影响，宿迁市发生强降雨过程，暴雨中心在宿豫区嶂山闸、许渡与泗阳县王集一带。全市27日、28日累计降水量超过250 mm的有12站，超过200 mm的有32站。嶂山闸、来龙奄、穿城、史集、泗阳闸等多站不同时段降水量超历史。受上游强降雨影响，淮河、怀洪新河、新汴河、新老濉河、徐洪河、新沂河、淮沭河等流域性河道超警戒水位，新沂河、中运河长时间大流量行洪，新濉河泗洪站最高水位16.93 m，超保证水位0.21 m。洪泽湖瞬时最大入湖流量10400 m^3/s，三河闸实测最大流量8150 m^3/s。受嶂山闸开闸泄洪影响，新沂河沭阳站水位4次超警戒水位，新沂河沭阳站最高水位10.88 m，超警戒水位1.38 m,排历史第2位,实测最大流量5060 m^3/s,7月29日17时省水利厅发布新沂河洪水橙色预警。

二、汛前准备

宿迁市严格落实防汛安全责任,排查消除各类隐患,编制完善超标洪水防御预案,足额储备防汛物资,组织各地开展防汛培训500余人次,开展抢险实战演练800余人次。

三、预报预警

宿迁市及时研判雨情水情汛情工情,加密雨水情监测,落实预报、预警、预演、预案措施,发布各类监测、预报、预警信息1.5万条。

四、抗旱保供

农业灌溉大用水期间,密切关注水情、雨情、农情和用水需求等信息,引调江淮水约16亿 m^3,保障351万亩水稻栽插和生产生活用水。

五、应对措施

宿迁市防指分流域、分片区研究应对举措,将防汛物资前置到新沂河大堤等重点险工隐患段,组织巡查防守人力3.3万人,严防死守,确保行洪安全,减少受灾人口3.5万人,避免耕地受淹32.8万亩,实现减免灾效益3.5亿元。

(朱程亮　钱文江　沈时)

【河(湖)长制工作】

一、河(湖)长制责任落实

制定《宿迁市河长履职规范》,明确巡河内容、巡河频次、巡河标准。出台《宿迁市基层河长巡河实施细则》,确立了基层河长的"一看、二查、三巡、四访、五改、六回"巡河"六步法",市级河长累计巡河68次,县(区)级河长累计巡河482次,乡级河长巡河1.9万次,村级河长巡河5.2万余次。

二、河湖问题整治

完成水利部、省河长办交办的34个"四乱"项目整改销号和市级自主巡查交办的418个"两违"问题的整治。委托第三方开展对全市河湖的常态化巡查,加大河湖问题巡查力度,下达交办单41张,交办675个疑似问题,督办各县区完成问题整改491个。

三、河湖监管

建立"河(湖)长+河湖警长""河(湖)长+检察长""河(湖)长+生态巡回法庭"的"1+3"工作模式,加强河湖管理领域执法协同联动。出台《河湖管家工作实施方案》,选聘133名专业人员担任市级河湖管家,构建"行政+技术"的河湖管护新格局,推动落实河湖治理意见建议72件。印发《跨界河湖联合河长制实施细则》,全面落实市域内跨县联合河长,与安徽省滁州市以及江苏省徐州、淮安、连云港等市开展河湖联防联控,构建跨界联合河长机制,形成河湖上下游、左右岸协同治理合力。

四、幸福河湖建设

组织召开河(湖)长制改革创新暨年度重点工作部署会,出台市、县幸福河湖建设实施方案,编制98条幸福河湖保护规划,建成18条幸福河湖,黄河故道宿迁城区段入选首批国家级"幸福河湖"示范工程建设名单。

(朱程亮　钱文江　沈时)

【水生态文明建设】

加强河道生态流量管控,科学制定生态补水实施方案,向古黄河、西民便河等实施生态补水7500万 m^3,有效维护河道良好水生态环境。出台宿迁市幸福河湖建设实施方案,编制98条幸福河湖保护规划,全年完成18条市级幸福河湖建设。

(朱程亮　钱文江　沈时)

【农村水利】

一、灌区现代化改造

推进宿豫区来龙大型灌区和泗洪县红旗、曹庙 2 个中型灌区项目开工建设；新建、改建高标准防渗渠道 56. 39 km，疏浚县乡河道 114 条，累计创成节水型灌区 17 个，有效灌溉面积达到 598 万亩，农田灌溉水有效利用系数达到 0. 605。

二、农村河道整治

疏浚农村河道 114 条，疏浚土方 892 万 m^3，恢复提高河道引排能力。新建农村生态河道 128 条、长度 589. 3 km，农村生态河道覆盖率达到 19. 9%。

三、农村供水

完成中运河月堤水源地达标工程建设任务，新铺设农村供水管网 90. 12 km，改造加压泵房 112 座，144 个乡镇小区用水条件全部得到显著改善，惠及乡镇居民近 5 万户。

四、水土保持监管

开展水土保持集中监管 6 批次，督促查改水土保持违法项目 299 个；完成 5 家省级及以上开发区水土保持区域评估，建立包括 7 名省库和 18 名市库专家的评审咨询队伍，指导并受理许可申请 120 件次。省对市水土保持目标责任考核达到“优秀”等次，代表江苏省接受淮委水保监管履职专项检查，获得较高评价。

（朱程亮　钱文江　沈时）

【水利风景区建设与管理】

已建成宿迁市中运河、泗阳县泗水河、宿豫区六塘河、宿城区古黄河 4 处国家水利风景区及沭阳县沭河、泗阳县运河印象、泗阳县成子湖、泗洪县古汴河、宿城区船行灌区 5 处省级水利风景区，实现水利风景区在全市各县（区）全覆盖。

（朱程亮　钱文江　沈时）

【港航情况】

一、主要航道及运行管理情况

辖区内共有航道 35 条，总里程 979. 67 km，其中二级航道 110. 16 km（京杭运河宿迁段）、三级航道 32. 79 km、五级航道 121. 80 km、六级航道 263. 19 km、七级航道 197. 63 km、等外级航道 254. 10 km，主要代表航道有京杭运河、淮沭新河、徐洪河、成子河、洪泽湖北线、洪泽湖西线、洪泽湖西南线等。2021 年，完成 720. 84 km 航道及航道设施、涉航工程设施及其他设施的普查、建档工作；组织开展各类安全检查 60 余次，发现整改隐患问题 90 多个。宿连航道一期军屯河枢纽、沭新河南船闸、桥梁与航道工程全面展开并有序推进，完成年度投资 10. 787 亿元，占年度目标任务的 107. 87%。

二、主要港口及运行管理情况

全市现有码头 22 个，泊位 116 个，码头泊位总长约 8800 m，综合通过能力 3500 万 t，其中千吨级以上泊位 44 个，综合通过能力约 2000 万 t。全市集装箱吞吐量达 13. 83 万标箱，同比增加约 17. 91%，在全省内河港口位居第 3 名；全市港口货物吞吐量 1860 万 t。2021 年 3 月，发布《运河宿迁港集装箱运输发展（2021—2023 年）实施方案》，正式出台港口集装箱运输支持政策。开工建设宿迁中心港作业区三期码头工程、国望高科码头工程，续建泗阳港区城西码头、泗洪港区朱湖作业区码头工程，4 项工程年度累计完成投资 6. 45 亿元，占投资任务的 137%。

三、主要船闸及运行管理情况

宿迁市成子河船闸、宿迁市大柳巷船闸、宿迁市古泊河船闸的货物通过量共计 749. 1 万 t，同比增长 32%；共计征收过闸费 483. 32 万元，同比增长 5. 56%。

四、规划计划

11月,发布宿迁港航"十四五"发展规划。开展宿连航道一期剩余工程前期手续办理工作,有序推进宿连航道二期工程前期事项。完成徐宝线(宿迁段)前期工作研究,开展宿迁市支线航道定级论证研究。完成宿迁港中心港区、沭阳港区规划局部调整报批工作,完成港口国土空间规划编制工作。

(朱程亮　钱文江　沈时)

【水利信息化】

完成市河长制信息化平台建设,组织县(区)完成2175条(个、段)河湖基本信息2127个河长信息录入。组织开展信息化平台应用培训25次,培训市级副河长单位、县乡河长办及各级河长近1500人次。投入资金近80万元升级防汛会商系统,配备可移动防汛会商系统和影像采集设备。编制水利信息化专项规划;完成综合信息平台初步方案,助力提升防汛决策科学化水平。

(朱程亮　钱文江　沈时)

【水利科技】

创新应用"试剂+地探"技术手段,通过"试剂"辨身份、"地探"定位置,排查封存地下水井244眼,有效保护地下水资源。

(朱程亮　钱文江　沈时)

【水文化建设】

皂河水利枢纽工程,入选水利部第三届水工程与水文化有机融合案例。江苏省水利厅开展江苏省第一批水利工程遗产认定工作,宿迁市有4座工程入选,包括雪枫堤、古汴河、浮山堰遗址、庄滩闸。

(朱程亮　钱文江　沈时)

【队伍建设】

一、领导干部

叶兴成　宿迁市水利局党组书记、局长(2021年9月起)

周　铸　宿迁市水利局党组副书记、副局长

曹建南　宿迁市水利局党组成员、副局长、二级调研员

张友连　宿迁市水利局党组成员、市纪委监委派驻第十五纪检监察组组长、三级调研员

郑思广　宿迁市水利局党组成员、副局长

陆　毅　宿迁市水利局党组成员、副局长

周　军　宿迁市水利局党组成员、总工程师

秦立举　宿迁市水利局二级调研员

叶志才　宿迁市水利局二级调研员

二、机构设置情况

宿迁市水利局机关内设10个处室,下属2个参公管理单位、10个事业单位,总编制数169个,在编职工人数147人。

三、人才队伍建设

(一)管理人才队伍建设

2021年底,局机关实有公务员29人,参公人员12人,领导职数实有1正处职、5副处职、19正科职、19副科职。

人才录用方面,通过江苏省公务员考试录用参公管理人员2名,招录市委选聘生1名,通过市属事业单位公开招聘11人。

选人用人方面,提拔、晋升、调整干部14名,其中新提拔年轻副科职干部1名,职级晋升11名,调整2名干部岗位。

年度考核方面,公务员年度考核优秀7人,参公单位4人,事业单位管理人员4人。

(二)专业技术队伍建设

局属事业单位专业技术人员共49人

(含“双肩挑”人员 4 人),其中专技五级 2 人、专技六级 1 人、专技七级 7 人、专技八级 1 人、专技十级 14 人、专技十一级 4 人、专技十二级 20 人。

职称评定方面,2021 年度全市水利系统新增高级职称技术人才 17 人、中级职称技术人才 94 人、初级职称技术人才 20 人。

岗位晋升方面,晋升“双肩挑”2 人、专技五级 1 人、专技六级 1 人、专技七级 2 人、专技八级 1 人、专技十级 3 人。

(三)技能人才队伍建设

机关工勤和局属事业单位工勤人员共 37 人,其中技师 6 人、高级工 10 人、中级工 10 人、初级工 11 人。

四、创新人才机制

开展“三推动一促进”活动,构建重点事项“课题组”工作模式,围绕优化水利发展布局、强化河湖综合治理、加强水资源节约集约利用、创新工作体制机制等重点领域,开展调研 25 次、讨论 42 次。

五、主要荣誉

宿迁市入选国家首批海绵城市建设示范城市。

宿迁市水利局水资源管理处获“全国巾帼文明岗”。

宿迁市水利局获江苏省防汛抗洪工作先进集体。

(朱程亮　钱文江　沈时)

枣庄市

【概要】

2021 年,枣庄市积极践行习近平总书记“节水优先、空间均衡、系统治理、两手发力”治水思路,扛牢政治责任,强化使命担当,大干大兴水利,护航民生福祉,获得“省脱贫攻坚先进集体”“省防汛抗洪表现突出集体”等荣誉。全年完成水务建设总投资 32.17 亿元,同比增长 64%,庄里水库顺利通过竣工验收,西城区水系水环境治理工程开工建设,13 条“省级美丽幸福示范河湖”成功创建,台风“烟花”强降雨有效化解。

(卢俊福)

【水利行业监管】

一、水利工程质量监管

枣庄市在建水利项目质量安全监督率 100%。市、区两级成立水利工程建设质量和安全监督站,实行市级牵头监督指导,市、区(市)按照“部门指导、分级管理、分工负责”的方式,开展质量安全监督工作,共有专兼职人员 26 人。制定出台《枣庄市水利工程建设质量与安全监督检查办法》(枣水建字〔2021〕31 号)等制度,检查发现并整改质量安全一般隐患 323 个,整改率达到 100%,工程均未发生质量安全事故。在山东省重点水利工程建设“争进度、赛质量、比担当”决胜攻坚竞赛中 1 项工程被评为优质工程、5 个施工现场被评为安全文明工地。

二、水利安全监管

开展三年行动集中攻坚、大排查大整治专项行动、安全生产执法百日行动、“学法规、强监管、严执法、保安全”行动、“安全生产月活动”和“大诊断大执法百日行动”等专项行动。其中,大排查大整治专项行动贯穿全年,枣庄市城乡水务局及时制定各阶段实施方案,召开 4 次全系统安全生产会议进行部署、调度、推进,及时总结经验、发现不足。紧盯水利工程建设、运行管理等重点领域,聚焦施工第一线和水库水闸重要管理场所,坚持边查边改、即查即改的原则,据统计,全系统共出动检查组 231 组次,检查单位项目 355 家,发现一般隐患672项,已全部整改完毕,实现动态清零。

三、建设市场监管

印发《关于进一步加强水利建设市场监督管理工作的通知》,按照分级管理的原则,落实本辖区水利建设市场的监管责任。9月,推行全流程电子化招标投标,在省、市平台共交易项目11个,完成交易额近10亿元。印发《枣庄市水利资金监督检查办法(试行)》(枣水财审字〔2021〕24号),加强水利资金监督检查管理。利用“三大平台”对在建项目参建单位合同履约情况集中检查3次,检查市场主体10余家次。在山东省水利厅对枣庄市参建主体组织的信用评价中,共有3家单位获得水利部AAA级信用评价,2家单位分别获得AA级和A级信用评价。

(卢俊福)

【水政监察】

一、法治建设

印发《2021年枣庄市城乡水务水利法治建设工作要点》(枣水政字〔2021〕3号)、《枣庄市城乡水务局关于做好2021年水利普法工作的通知》(枣水政函字〔2021〕1号)、《枣庄市城乡水务局水行政执法监督检查工作方案》(枣水政字〔2021〕2号)等文件,明确划分部门内部以及上下级业务主管部门之间在水行政执法管理中的工作职责。推动枣庄市政府将修订《枣庄市城市供水管理办法》列入2021年度政府规章计划。制定《枣庄市城乡水务局轻微违法行为不予行政处罚和一般违法行为减轻行政处罚事项清单(2021年版)》,要求执法人员严格按照行政执法“三项制度”开展执法工作,维护当事人合法权益,树立良好执法形象。

二、宣传教育

依托“世界水日”“中国水周”“安全生产月”“国家网络安全周”“宪法宣传周”等主题活动,采取进校园、进社区、进学校等多种形式,广泛宣传《中华人民共和国水法》《水库大坝安全管理条例》等法律法规。按照“谁执法谁普法”的原则,在检查、执法中普及《中华人民共和国水法》知识,提升群众守法意识,并选取典型案例制作宣传警示片,发挥以案说法的警示教育作用,营造法治宣传氛围。

三、水政执法

查处水事违法案件3起,其中河湖类案件1起,水资源管理类1起,水利建设管理类1起。全市水政执法人员累计巡查河道32947 km,巡查流域面积13161 km^2,出动人员4045人次,出动车辆1196辆次,现场制止违法行为65次。通过不断加强日常巡查,有力保障了水事秩序的良好运行。

四、能力建设

完成10名行政执法人员证件清理、核查和审验,新办理行政执法证件2件。加强行政复议应诉人员、行政处罚听证主持人员以及行政执法人员资格管理,对新增2名行政执法人员进行培训,持证上岗。

五、其他工作

贯彻法律顾问制度,向司法局申请法律顾问援助5次,增强运用法治手段处理复杂问题的能力。

(魏宾)

【水利规划及前期工作】

一、水利规划

11月14日,枣庄市政府批复《枣庄市水资源综合规划》(枣政复〔2021〕18号)。12月30日,印发实施《枣庄市“十四五”城乡水务发展规划》(枣政字〔2021〕26号)。启动《枣庄市现代水网建设规划》编制工作。

二、前期工作

西城区水系水环境治理工程通过备案制完成立项,可研报告已编制完成;2月10日,山东省水利厅、山东省发展和改革委员会以鲁水许可字〔2021〕29号文对岩马水库增容工程初步设计及概算进行批复。12月29日,山东省水利厅以鲁水许可字〔2021〕213号文对马河水库除险加固工程设计变更准予水行政许可。

(张振龙)

【基本建设】

一、山东省庄里水库工程

庄里水库是山东省改革开放以来新建的第一座大型山丘区水库,工程初步设计批复投资30.69亿元,概算调增12.58亿元,总投资43.27亿元;决算审计核定投资41.82亿元。2016年1月20日正式开工建设;2019年7月,通过下闸蓄水验收;2021年12月通过竣工验收。工程初步设计批复主要建设内容包括大坝、溢洪道(闸)、南北放水洞、水电站、管理设施和移民工程等。完成土石方开挖161.38万m^3、土石方填筑357.12万m^3、砌石(含干、浆砌石)9.28万m^3、混凝土(含碾压混凝土)23.13万m^3、钢筋制安1342 t、帷幕灌浆14.66万m、固结灌浆0.723万m、金属结构277.8 t。项目法人(建设单位)为枣庄市庄里水库管理服务中心(原枣庄市庄里水库建设管理处)、山东省水文中心(原山东省水文局)。设计单位为山东省水利勘测设计院。监理单位为山东鸿禹工程监理咨询有限公司(原枣庄市鸿禹水利工程监理中心)。施工单位为安徽水安建设集团股份有限公司、江西省水利水电建设有限公司、山东水总有限公司(原山东水利工程总公司)、浙江省第一水电建设集团股份有限公司、北京通成达水务建设有限公司、枣庄市水利开发有限公司(原枣庄市水利开发总公司)、山东锋士信息技术有限公司、临沂锦华建设有限公司、滕州市中辉建设工程有限公司(原滕州市水利建筑安装公司)、枣庄榴花园艺有限公司。根据《水利水电工程施工质量检验与评定规程》(SL 176—2007),《水利水电建设工程验收规程》(SL 223—2008)规定,核定山东省庄里水库工程项目质量等级为优良。

二、岩马水库增容

岩马水库增容工程是山东省重点水利工程,位于山亭区店子镇、冯卯镇。2月10日,山东省水利厅、山东省发展和改革委员会以鲁水许可字〔2021〕29号对岩马水库增容工程初步设计及概算进行批复,批复总投资18862.63万元,2021年9月1日开工。主要建设内容包括库盆扩挖1000万m^3、抬田工程970.98亩、居民防护段长度2468.6 m、排水管涵6处、改造现有视频监控平台和水库调度中心设备配置、水土保持工程、环境保护工程等。水库增容后总库容由2.39亿m^3增加到2.49亿m^3,兴利库容增加1971万m^3。项目法人为枣庄市岩马水库增容工程建设管理处,设计单位为山东省水利勘测设计院,施工单位为青岛瑞源工程集团有限公司,监理单位为山东鸿禹工程监理咨询有限公司。2021年完成投资9500万元。

三、山东省淮河流域重点平原洼地沿运片治理工程

此工程属于国家150项重大水利工程,第一批工程共完成投资42500万元。工程质量评定等级合格。主要内容包括:

完成河道 4 条总长 17.779 km，两岸堤防加高培厚总长 34.167 km，治理干沟 62 条总长 196.28 km，防汛路 16.863 km，治理建筑物 303 座（涵闸 41 座、泵站 7 座、生产桥 12 座、桥涵 190 座、农桥 51 座、倒虹吸 2 座）。工程量包括：完成土方 336.02 万 m^3，浆砌石 0.18 万 m^3，钢筋混凝土 10.19 万 m^3，钢筋制安 5646.602 t，沥青混凝土 5.686 万 m^2，启闭机闸门安装 96 套，金属结构安装 178.17 t，房屋建筑 2047.05 m^2。工程于 2020 年 9 月开工。建设单位为枣庄市淮河流域重点平原洼地沿运片治理工程建设管理处，代建单位为水发规划设计有限公司，设计单位为水发规划设计有限公司，检测单位为东营市汇科工程质量检测有限公司，监理单位为山东省科源工程建设监理中心，施工单位为山东水总有限公司（施工 1 标）、山东鸿运水利工程有限公司（原枣庄市鸿运水利工程有限公司，施工 2 标）、枣庄市水利开发有限公司（施工 3 标）、山东中泽工程集团有限公司（原山东菏泽水务工程有限公司，施工 4 标）、枣庄大禹水利工程有限公司（施工 5 标）。山东省淮河流域重点平原洼地沿运片治理工程（第二批）于 2021 年 9 月开工，工程涉及枣庄市峄城区和台儿庄区两区，治理面积为 586.29 km^2，其中峄城区 166.63 km^2、台儿庄区 419.66 km^2。2021 年实施第二批工程建设，计划完成投资 32500 万元，主要建设内容包括：治理新沟河 1 条，治理长度 13.332 km，两岸堤防加高培厚总长 16.885 km，修建防汛路总长 13.332 km，治理干沟 49 条，总长 187.38 km，治理建筑物 297 座，其中涵闸 30 座（新建 6 座、改建 20 座、加固 4 座）、泵站 5 座（改建 2 座、加固 3 座）、生产桥 7 座（新建 2 座、改建 5 座），改建桥涵 149 座、农桥 101 座、倒虹吸 5 座。建设单位为枣庄市淮河流域重点平原洼地沿运片治理工程建设管理处，代建单位为水发规划设计有限公司，设计单位为水发规划设计有限公司，检测单位为东营市汇科工程质量检测有限公司，监理单位为山东省科源工程建设监理中心，施工单位为枣庄市水利开发有限公司（施工 6 标）、浩润建设工程有限公司（施工 7 标）、山东鸿运水利工程有限公司（施工 8 标）、山东大禹水务建设集团有限公司（施工 9 标）、临沂锦华建设有限公司（施工 10 标）。

四、蟠龙河综合整治

蟠龙河综合整治项目是山东省重大项目、山东省黄河流域生态保护和高质量发展项目。蟠龙河综合整治二期水利工程，涉及枣庄市薛城区、枣庄高新区两区，批复投资 28330 万元，2021 年完成工程投资约 12000 万元。主要建设内容包括：河道扩挖疏浚 4.57 km，堤防填筑长 9.65 km，防汛道路硬化 5.13 km，险工段防护 3.22 km，连通闸 1 座、穿堤涵闸 2 座、穿路涵管 8 座，堤外排水沟防护长 10.95 km，拆除阻水建筑物 3 处，敷设电力线路 2.3 km 等。工程于 2021 年 4 月 25 日开工。项目法人为枣庄市蟠龙河建设管理服务中心，代建单位为水发规划设计有限公司，设计单位为山东省水利勘测设计院有限公司，监理单位为青岛水利建设监理有限公司，检测单位为潍坊正信工程质量检测有限公司，施工单位为枣庄市水利开发有限公司、山东鸿运水利工程有限公司。

（邵奇　王玉华　李勇　孙建伟）

【水资源管理与保护】

一、水资源“双控”管理

2021 年枣庄市用水总量和用水效率

"双控"成效显著。全市用水总量5.84亿m^3,占全年控制目标的57.7%,万元GDP用水量和万元工业增加值用水量分别较2020年下降7.14%和13.16%。

二、水资源配置

加快境外水资源向市内流动,完成中心城区引南四湖供水工程验收,取得3320万m^3/a工业和生态用水许可证,提升水资源战略储备能力。立足地表水资源分布不均衡的现状,组织编制《枣庄市跨区域跨流域水资源中长期供需形势分析报告》,规划建设"两库四河"水系连通、薛城区引湖入薛、西城区水环境治理等河湖水系连通工程,配合做好南水北调东线二期工程建设。加大地表水开发利用,累计配置完成南水北调用水指标7291万m^3/a。提高再生水资源化利用,2021年再生水利用率达48.01%。

三、水资源规范化管理

开展取用水专项整治整改提升行动,进一步规范取用水行为,完成174个非农用水户、大中型灌区和农村集中供水工程整改提升工作。沂沭泗局利用1个月时间对枣庄市集中开展取水口核查,共核查薛城区取水口56个、滕州市取水口58个,对提高枣庄市取水口规范化管理起到积极推动作用。夯实水资源管理基础建设,形成包括用水户取水口坐标位置、许可水量和责任人等管理信息"一张图";完善监督检查计划、时间、发现问题、整改情况等日常监管工作"一本账";建立覆盖用水计划执行、水量核定和水资源税缴纳等情况"一个平台";出台《枣庄市水资源管理监督检查办法(试行)》(枣水资字〔2021〕2号)和《枣庄市节约用水监督检查办法(试行)》(枣水节字〔2021〕7号),健全水资源管理"一套机制"。

四、地下水管理

明确全市地下水管控指标,严格管控地下水开发利用,坚守开采量上限和水位底线,建立地下水资源、机井、取用水等台账,2021年推进压采地下水1040万m^3,严防地下水超采。加强地下水水位动态监测和预警管理,强化全市重要饮用水水源地安全保障达标建设评估,限期整改发现问题,切实保障了城乡供水安全。

五、节约用水

枣庄市水资源集约节约实现"扩面提效"。强化用水计划(定额)管理,2021年全市共下达用水计划1124家,计划用水量2.59亿m^3,对年用水量1万m^3以上非农业用水户实现全覆盖,并向年用水量1万m^3以下用水户延伸。提升在线监控能力,全市缴税用水户远程在线监控实现应装尽装。推进节水载体建设,会同发改和工信部门评价命名15家市级节水型企业(单位)、社区(居住小区),其中14家被评价命名为省级节水型企业(单位)、社区(居住小区);枣庄市城乡水务局、枣庄市城乡水务事业发展中心、滕州新源热电公司被评为山东省节水标杆单位;枣庄职业(技师)学院、枣庄科技职业学院成功创建山东省节水型高校;研究制定《枣庄市水利行业节水型单位建设标准》,枣庄市庄里水库管理服务中心、台儿庄区自来水公司等8家单位建成水利行业节水型单位。

六、监督检查

将"水资源集约节约"纳入市对区(市)年度经济社会发展综合考核,开展对区(市)水资源管理和节约用水监督检查,现场查看24个单位,问题清单以"一区(市)一单"形式反馈给各区(市),认真抓好问题整改,提升水资源管理水平。

(王春明)

【水文工作】

一、水文站网

枣庄市共有各类地表水水文监测站点126处,包括:基本水文站8处(台儿庄闸、马河水库、岩马水库、滕州、庄里水库、柴胡店、薛城、峄城),基本雨量站24处,专用水文站21处,专用水位站25处,专用雨量站45处,中型水库辅助站3处。

二、雨水情

(一)台风

受台风"烟花"影响,7月27日8时至30日8时,枣庄市平均降水量212.7 mm(折合水量9.7亿m^3),其中市中区245.9 mm,峄城区245.2 mm,台儿庄区240.8 mm,薛城区196.1 mm,山亭区178.6 mm,滕州市169.5 mm。点降水量排前3位的站分别是市中区永安站290.5 mm、台儿庄区泥沟站282 mm、台儿庄区驻地水文站281 mm。

(二)雨情

2021年,枣庄市平均降水量1164.4 mm,较多年平均偏多354.6 mm,偏多43.8%;较2020年全市平均降水量1006.2 mm偏多158.2 mm,偏多15.7%。其中汛期降水量927.7 mm,较历年同期偏多60.7%,是1956年有统计资料以来历史同期第3位。截至年末,枣庄市六座大中型水库共蓄水3.02亿m^3,较历年同期多蓄1.01亿m^3。

(三)水情

2021年入汛以来,降水量持续偏多,但时空分布不均,连续性强降水较少,本区域境内没有形成较大的洪水过程,仅台儿庄闸站受南四湖泄洪影响发生2次较大洪水,超过警戒水位,其余主要河道均未发生超警、超保洪水。总体上看,枣庄市洪水场次数量较往年基本持平,但洪水量级不大,多为小洪水或一般洪水,水势整体平稳。

三、水文气象情报预报

报送水文简报127期,综合分析简报10期,编发短信161期,共发送37.6万条。汛期共拍发雨水情电报4546条,其中基本站3451条、中小河流站321条。雨水情拍报及时、准确,未出现明显的迟报、错报、漏报等现象。强降雨和强台风来临前水情科及时开展分析预测,制作"未来一周水情趋势预测"和"短期水文情势分析预测",暴雨期间滚动制作洪水预报,先后制作洪水预报34站次,其中19站次经评定为优良,交换预报成果16站次,水文预报预测4期。参与市防指组织的水情会商9次,会同气象、城乡水务、应急管理等部门对未来雨情、水情、工情等情况进行分析研判,提前预测预报重要水情。针对韩庄运河台儿庄闸水文情势与省水情部门进行6次水情会商做出滚动水文预报,预判水情发展形势,为韩庄运河错峰行洪、科学合理调度、提供参考依据。7月27日14时,根据枣庄市委书记陈平指示要求,水情科联合水务局水旱灾害防御科编制《枣庄市大中型水库及重要河道洪水影响分析》,为市领导当好参谋,为防汛指挥决策提供了科学依据。

四、水文测验

2021年6—10月,枣庄市水文中心共施测流量1029次,其中基本站490次,专用站539次;施测单沙55次,其中基本站22次,专用站33次;施测输沙率11次,其中基本站4次,专用站7次。其中,台儿庄闸站7月29日实测最大流量2260 m^3/s,为设站观测以来历史最大值;滕州站实测最大洪峰流量108 m^3/s;柴胡店站实测最大洪峰流量557 m^3/s;薛城站实测最大流量318 m^3/s;峄城站实测最大流量735

m^3/s；马河水库站汛期最高水位 108.42 m，溢洪闸共开闸泄洪 5 次，主要集中在 8 月 29 日至 9 月 5 日，实测最大泄洪流量 95.8 m^3/s；岩马水库站最高水位 127.95 m，实测最大流量 91.9 m^3/s；庄里水库站最高水位 111.77 m，实测最大流量 369 m^3/s。各中小河流监测站也均发生多次洪水过程，其中较大的有：涛沟桥站实测最大流量 375 m^3/s，燕子井闸站实测最大流量 354 m^3/s，齐湖站实测最大流量 294 m^3/s，石羊站实测最大流量 218 m^3/s。

（刘罡）

【水利工程运行与管理】

一、安全管理

严格落实水库大坝安全管理三级责任人和防汛“三个责任人”，并现场公示。按照《水库大坝安全鉴定办法》及《水库大坝安全评价导则》（SL 258—2017），在规定时间内完成大坝安全鉴定工作。完成水库大坝安全管理（防汛）应急预案并完成审批。完成水库工程的管理范围和保护范围划定工作，完成公告并设有界桩；整修工程周边道路 65.6 km，划定工程管理范围 33.57 km^2，埋设界桩 1555 根。

二、运行管理

开展工程检查，及时观测记录水库水位，做好检查记录，发现问题及时上报、处理。升级安全监测设施 181 处、视频监控 323 处，新配备通信预警设施 37 套，新增安全防护设施 101 套，新设置标识牌 1953 处，维修处置工程隐患 212 处，规范巡查路线 140.24 km，确定重点巡查点 392 个。编制水库调度运用方案并经县级以上水行政主管部门审查批复，汛期严格执行调度运用方案和上级调度指挥，调度操作流程规范，调度记录完整。

三、管理保障

落实工程管护主体和水库管护人员，每年至少 1 次对各级责任人和管护人员进行业务培训。完成 118 套管理手册、操作规程的编制，315 项制度规程梳理修订，120 余套各类记录表格的补充完善，136 项操作流程改进优化，按照小（1）型水库 6 万元、小（2）型水库 3 万元标准落实管护经费，初步构建起水利工程标准化运行管理体系。

四、达标创建

符合条件的 118 项工程均达到标准化管理评价标准，其中户主水库、胜利渠贾口枢纽东西闸 3 项工程被评为省级标准化管理示范工程。

五、南水北调工程运行管理

枣庄境内南水北调干线工程由南水北调山东干线公司负责运行管理。5 个截污导流工程由工程所在地区（市）水务部门管理，严格按照调度运用方案要求实施拦蓄，年拦蓄中水约 6000 万 m^3。枣庄市区和滕州 2 个续建配套供水单元工程，分别由枣庄北控智信水利有限公司和滕州市水务发展有限公司负责运营管理，2020—2021 调水年度完成 3022 万 m^3。

六、其他工作

制定《关于切实加强水库除险加固和运行管护工作的实施意见》（枣政办发〔2021〕9 号），为小型水库除险加固和运行管护提供可靠的制度和资金保障。探索长效管护模式，21 座水库实现区域集中管护，77 座水库实现专业公司管护，2 座水库实现“以大带小”管护。探索试行“3 人 3 证”管理模式，在山亭区推行水库技术责任人、巡查责任人和水库管护人持证上岗。《山东枣庄推行“五个一”工作机制强化小型水库运行管护》经验做法得到水利部运行管理司发文推广。开展水利工程运行管理岗位创新竞赛活动,采取管理单位申报、县级初赛、市级选拔赛形式,选拔了36个项目参加省级决赛,获得各类奖项7项,其中岩马水库岗位创新工作室成为全省水利系统首个授牌创新工作室。

(李艳)

【水旱灾害防御】

一、汛前准备

成立4个"一线行"督查专班,用时22 d,对全市水库、水闸等工程进行拉网式排查,整改各类隐患1003个。完成各类防汛预案修编190多套,建立专业抢险队伍49支1068人,技术支撑专家队伍73支132人,组织培训54次,演练33次。

二、预报预警

密切监视雨情、水情和汛情发展变化,成立7个工作组到一线驻点督导,联合气象、水文等部门会商研判16次,发出山洪灾害预警短信1.6万条。

三、洪水调度

建立闸坝调度联合机制,加强与各部门沟通联系,实现雨水情信息共享,施行闸坝等防洪工程联合调度。全市大中型水库共下达调度指令103次,下泄洪水约2.4亿 m^3。

四、监督检查

结合去年汛期暴露出的短板和不足进行"回头看",并组织对全市河湖、水库、水闸进行了拉网式再排查,共动态排查防汛隐患问题399个,已全部整改到位。

五、超标洪水防御

7月29日9时,受韩庄运河台儿庄节制闸闸下水位顶托,陶沟河、新沟河、北洛截水沟等入运泄洪河道水位持续上涨。北洛截水沟邳庄镇段突发洪水漫溢堤防险情,周边5个村3900多名群众生命财产安全受到威胁。险情发生后,枣庄市委、市政府主要领导坐镇现场,科学调度,采取有效措施,组织抢险。协调淮委、沂沭泗局减少韩庄闸泄量,降低运河、陶沟河水位,加快洪水下泄。协调全市武警、消防、基干民兵等应急抢险队伍共1000余人,省水利厅派出专家组,市、区水务部门全力以赴,组织力量,赶赴现场紧急抢险,通过抢筑子堰、减压井,铺设土工膜防渗、堤后压重等措施,有力遏制了险情。组织淹没危险区群众7个村3720人快速转移至安全地带,并妥善安排。经过18 h的全力抢险救援,各种险情全部排除。

(赵良文)

【河(湖)长制工作】

一、河(湖)长制责任落实

枣庄市委、市政府高度重视河(湖)长制工作,着力提升河长湖长履职能力,4月19日在滕州市召开全市河(湖)长制工作现场推进会;6月1日,举办枣庄市河(湖)长制培训班,共计130余名河长参加;6月28日,召开枣庄市总河长会议;7月5—6日,山东省委副书记、副总河长杨东奇调研河长制工作,主持召开南四湖生态保护和高质量发展座谈会;7月28日,印发枣庄市第7号总河长令,调度部署河(湖)长制工作任务。发送巡河提醒短信、寄送信函10万余条(封),创新实行河(湖)长巡查台账公开,及时提醒河长湖长巡河履职。2021年,各级河(湖)长累计巡河调研7万余次,发现交办、协调解决各类问题4000余件(次)。1人荣获"全国优秀河长",1人荣获"全省最美河长"。健全落实调度会商、联合办公、有奖举报、通报约谈等常态化工作制度。

二、河湖监管

结合中央、省生态环境保护督查,枣庄

市坚持问题导向，深入开展河湖水安全水污染水生态水环境隐患排查整治专项行动，整治“四乱”问题1110项，清理阻水树木4万余株，拆除各类违章建筑320处，清运垃圾5.6万 m^3，各类违法问题基本实现动态清零。完成入河排污口排查与监测，共排查出排污（水）口3727个，对水质超标的28个排污口进行溯源，封堵非法排污口6个。严格落实采砂规划，查处非法河道采砂、占用河道案件3起。境内南四湖省级自然保护区核心区、缓冲区38个鱼塘2224.67亩完成清退，3处煤矿退出开采红线，4处养殖场予以拆除，有效提升了河湖空间管控水平。

三、幸福河湖建设

印发《关于加快美丽幸福河湖建设进程的通知》（枣庄市第7号总河长令），以“巡河+整治”“制度+考核”“规划+文化”“生态+产业”为手段开展美丽河湖建设，形成景观河道68 km，高标准打造沿河景观节点60余处，成功建成13条省级美丽幸福示范河湖和64条市级美丽幸福河湖。《山东枣庄“4个加法”建设幸福河湖》《建设水美乡村 助力乡村振兴——山东省枣庄市薛城区周营沙河美丽示范河湖建设典型案例》等经验做法得到水利部河长办发文推广。

（王希忠）

【水土保持】

枣庄市水土流失治理目标任务40 km^2，实际完成治理面积43.93 km^2。完成总投资800万元的山亭区九子峪项目区建设任务。强力开展生产建设项目水土保持专项整治行动，共计完成440个问题项目整改销号任务。2021年完成6条河道水系绿化任务，滕州市城河段、薛城区周营沙河段、台儿庄区韩庄运河段成功创建山东省水系绿化样板。完成三批次共286个遥感图斑核查认定，其中144个违法违规项目全部完成查处和整改销号任务。对2018—2020年6个区（市）和枣庄高新区实施《枣庄市水土保持规划》（枣水保字〔2018〕18号）情况进行考核评估，成绩为5个优秀、2个良好。枣庄市在2016—2020年山东省水土保持规划实施情况评估工作中取得“优秀”等次。以新《中华人民共和国水土保持法》颁布实施10周年为契机，加大水土保持宣传力度，增强全民水土保持观念和法制意识。全市共征收水土保持补偿费6889.72万元。

（惠淑君）

【城乡供排水】

一、城市供水

枣庄市共有城市供水水厂12座，供水管道长度2308.3 km，年供水总量14995.20万 m^3，供水普及率100%，城市供水综合生产能力45.35万 m^3/d，2021年开工建设一批重大城乡供水项目，滕州市投资2亿元完成东沙河水厂一期工程，铺设输水管线15.6 km，新增供水能力4万 t/d；薛城区投资1亿元完成铁西水厂建设，铺设输水管线24 km，配套、更换供水管线约60 km，新增供水能力3.5万 t/d；峄城区投资3.5亿元启动城乡供水一体化项目一期建设，新建改建水厂3处，新建扬水站5处，铺设输水主管道86.3 km，新增扩大供水能力6万 t/d。

二、城市排水

枣庄市共有城市污水处理厂11座，年污水处理量12182.26万 m^3，污水集中处理率98.22%，建成区排水管道长度1954.87 km。2021年滕州市通过市场化运作，采用第三方运营商投资方式启动第四污水处理厂和污水管网建设,项目总投资2.96亿元,日处理污水能力6万t,配套建设污水管网22 km。峄城区通过与上实环境集团公司签署合作协议,融资1.5亿元,开工建设峄城区第二污水处理厂,日处理能力3万t。高新区投资约1.67亿元,开工建设第二污水处理厂,日处理能力4万t。出台《枣庄市城市雨污合流管网改造工作方案》(枣政办字〔2021〕28号),全市共有约231 km雨污合流管网改造建设任务,分3年完成,2021年完成51 km。

三、农村饮水

截至2021年底,枣庄市共有农村集中供水工程900余处,自来水普及率达97.3%,规模化供水工程覆盖人口比例达到63%,千人以上工程水费收缴率97.5%,千人以下工程水费收缴率95.6%。2021年,争取省市资金3525万元,实施完成了68个村供水提质工程和新增167个村通自来水工程,改善项目村17万群众的饮水条件,提高了农村供水保障水平。11月15日,枣庄市财政局、枣庄市城乡水务局联合印发《枣庄市农村公共供水资金管理办法》(枣财农〔2021〕16号),建立县级农村公共供水维修养护基金,落实市、县两级财政维修养护补助资金,市级财政每年落实维修养护补助资金1000万元,促进了农村供水工程长效运行。4—6月,成立工作专班,组织开展全市农村供水工程大排查大整治活动,发现并整改各类问题274项。开展城乡饮用水水质抽检,共抽检农村饮用水水样153个,并将检测结果反馈相关区(市),提升农村供水水质保障能力。形成《山东枣庄市推进农村供水规模化和长效化》典型经验做法,并在水利部网站刊载推广。

四、农业水价综合改革

按照省、市农业水价综合改革工作部署,2021年度需完成新增农业水价综合改革面积45.85万亩。截至2021年底,累计完成资金473万元,新增农业水价综合改革面积45.91万亩,超额完成了年度工作任务。按照制定的农业用水精准补贴和节水奖励办法,2021年安排奖补资金399.71万元。

(李为玉 满建华)

【水利风景区建设与管理】

枣庄市共建成省级以上水利风景区15处,其中国家级5处,分别是抱犊崮龟蛇湖水利风景区、微山湖红河湿地水利风景区、岩马湖水利风景区、台儿庄运河水利风景区、山亭城河水利风景区;省级10处,分别是杨峪水利风景区、荆河龙泉水利风景区、黑峪水库水利风景区、蟠龙河湿地水利风景区、东湖水利风景区、龙门观水利风景区、翼云湖水利风景区、龙床水库水利风景区、辛庄水库水利风景区、龙河古镇伏羲湖水利风景区。

(王希忠)

【港航情况】

一、主要航道及运行管理情况

京杭运河枣庄段主航道,43 km,二级通航标准,维护水深4 m。薛微航道,5.3 km,三级通航标准,维护水深3.0 m。滕微航道,7.4 km,三级通航标准,维护水深3.5 m。魏家沟进港航道,2.1 km,二级通航标准,维护水深4 m。台儿庄进港航道,2.9 km,三级通航标准,维护水深4 m。岗头港进港航道,6.5 km,四级通航标准,维护水深3.0 m,未通航。伊家河航道,34.2 km,六级通航标准,维护水深2.0 m,未通航。

二、主要港口及运行管理情况

枣庄港作为山东省最早获得批准实施的内河港口,已形成"一港四港区六作业区”的总体发展格局，四港区分别是滕州港区、薛城港区、峄城港区、台儿庄港区，六作业区分别是滨湖作业区、西岗作业区、薛城作业区、魏家沟作业区、马兰屯作业区、涧头集作业区。规划各类货运泊位总数 122 个，港口总吞吐能力达到 6750 万 t，建成泊位 37 个。2021 年，枣庄市港口吞吐量 1712 万 t，同比增长 39%。滨湖作业区位于滕州市滨湖镇，规划建设 20 个 2000 吨级泊位，年吞吐能力 1444 万 t，建成 6 个 2000 吨级泊位、5 个 1000 吨级泊位，年吞吐能力 608 万 t，运营企业为滕州新奥能源物流港有限公司。薛城作业区位于薛城区沙沟镇，规划建设 39 个 2000 吨级泊位，年吞吐能力 2200 万 t，建成 3 个 2000 吨级泊位、3 个 1000 吨级泊位，设计年吞吐量 469 万 t，运营企业为山东长河港业有限公司。魏家沟作业区位于峄城区古邵镇，规划建设 18 个 2000 吨级泊位，年吞吐能力 1000 万 t，建成 6 个 2000 吨级泊位，年吞吐能力 509 万 t，运营企业为山东峄州港务有限公司。马兰屯作业区位于台儿庄区马兰屯镇，规划建设 18 个 2000 吨级泊位，年吞吐能力 1000 万 t，建成 6 个 1000 吨级泊位，年吞吐能力 408 万 t，运营企业为枣庄华亿港航物流有限公司。

三、主要船闸及运行管理情况

枣庄辖区现有 5 座船闸。台儿庄枢纽双线二级船闸 2 座，位于台儿庄区运河街道，台儿庄一线船闸单向设计通过能力 2100 万 t，台儿庄复线船闸单向设计通过能力 2200 万 t，2021 年通过量 9709.8 万 t；万年闸枢纽二级船闸 2 座，位于台儿庄区涧头集镇，万年闸船闸单向设计通过能力 2100 万 t，万年复线船闸单向设计通过能力 2900 万 t，2021 年通过量 8503.7 万 t；伊家河航道刘庄 5 级船闸 1 座，位于台儿庄区涧头集镇，设计通过能力 200 万 t。

（何凯）

【水利信息化】

建立防汛抗旱查询系统（雨水情遥测系统）、枣庄市山洪灾害预警发布平台、枣庄市河长制湖长制管理信息系统、枣庄市河湖划界确权信息管理系统、枣庄市水利视频监控综合管理平台、会议视频系统、综合会商系统等。编制完成《枣庄市城乡水务局“十四五”网络安全和信息化发展规划》，印发《枣庄市数字水务建设指导意见》，计划到 2025 年，基本建成覆盖天空地的一体化水务感知网和高速安全的新一代水务信息网，基本形成水务业务智能应用体系和网络安全体系，实现水务重点核心业务的全面融合与协同。

（何凯）

【水文化建设】

枣庄市制定大运河（枣庄段）国家文化公园建设方案并编制规划，明确推进大运河国家文化公园（枣庄段）建设工作的指导思想、工作原则和建设目标。

（何凯）

【队伍建设】

一、领导干部

张德忠　枣庄市城乡水务局党组书记、局长（2021 年 3 月起）

闫维松　枣庄市城乡水务局党组书记、局长（2021 年 3 月止）

冯吉宏　枣庄市城乡水务局党组成员（2021 年 10 月止）

于保华　枣庄市城乡水务局党组成员、副局长

綦云河　枣庄市城乡水务局党组成员、副局长（副局长 2021 年

9月止)
徐加义 枣庄市城乡水务局党组成员(2021年3月止)
于宝民 枣庄市城乡水务局党组成员、副局长(副局长2021年4月止)
刘绍峰 枣庄市城乡水务局党组成员、副局长(副局长2021年9月起)
吕成森 枣庄市城乡水务局党组成员、副局长(2021年9月起)

二、机构设置

枣庄市城乡水务局,为市政府工作部门,正县级规格,加挂市南水北调工程建设管理局牌子。设置9个内设机构:办公室(挂政策法规科牌子)、人事科、财务审计科、发展规划科(挂科技与对外合作科牌子)、水资源和水土保持科(挂市节约用水办公室牌子)、河湖管理科(挂河长制工作科牌子)、工程建设科(挂安全生产监督科牌子)、城乡供水排水科(挂农村水利科牌子)、水旱灾害防御科等职能科室。设有行政编制30名。设局长1名,副局长3名;正科级领导职数11名(含机关基层党组织专职副书记1名、离退休干部科科长1名),副科级领导职数4名。

枣庄市城乡水务事业发展中心为市政府直属正处级公益一类事业单位,由市城乡水务局代管,核定事业编制80名。枣庄市庄里水库管理服务中心为市城乡水务局所属正处级公益一类事业单位,核定事业编制36名。枣庄市蟠龙河建设管理服务中心为市城乡水务局所属副处级公益一类事业单位,核定事业编制20名。枣庄市岩马水库管理服务中心为市城乡水务局所属正科级公益一类事业单位,核定事业编制59名。枣庄市胜利渠管理服务中心为市城乡水务局所属正科级公益一类事业单位,加挂市韩庄运河道桥管理服务中心牌子,核定事业编制46名。

于2021年1月13日启动事业单位改革试点,5月完成事业单位机构职能编制规定、政事权限清单、章程的制定。

三、人才队伍建设

截至2021年12月31日,枣庄市城乡水务局机关事业单位共有在职职工198人。女职工51人,占职工总数的25.8%。本科以上文化程度有158人,占职工总数的79.8%;专科文化程度有32人,占职工总数的16.2%;中专、高中及以下文化程度有8人,占职工总数的4%。35岁以下有34人,占职工总数的17.2%;36~45岁有58人,占职工总数的29.3%;46~54岁有77人,占职工总数的38.9%;55岁以上有29人,占职工总数的14.6%。

(一)管理人才队伍建设

枣庄市城乡水务局坚持党管干部原则,坚持以事择人、人岗相适,树立正确用人导向,2021年完成公务员职级晋升7人、事业单位科级干部职务调整19人、科级干部试用期转正7人、引进各类人才8人,注重培养和选拔年轻干部,机关和事业单位干部队伍进一步优化。在2021年度考核中,局机关事业单位共有40人为优秀等次。

(二)专业技术队伍建设

市城乡水务局事业单位管理人员50人,专业技术人员117人,其中具有高级专业技术职务人员27人(具有正高级专业技术职务人员4人),占专业技术人员总数的23.1%;具有中级专业技术职务人员52人,占专业技术人员总数的44.4%;具有初级专业技术职务及其他人员38人,占专业技术人员总数的32.5%。2021年度职称评审,通过初级评审 5 人、中级 16 人、副高 11 人、正高 5 人。

四、主要荣誉

2021 年 1 月,枣庄市被命名为“国家节水型城市”。

2021 年 3 月,枣庄市城乡水务局被山东省文明办评为省级文明单位。

2021 年 12 月,枣庄市城乡水务局被山东省水利厅等 12 部门评为省节水标杆单位。

(王真英)

济宁市

【概要】

2021 年,济宁市城乡水务局以习近平新时代中国特色社会主义思想和习近平总书记“节水优先、空间均衡、系统治理、两手发力”治水思路为引领,积极践行“六水共治”“五水并用”,以水务工程补短板、水务行业强监管为主线,加快实现城乡水务治理体系和治理能力现代化。防御台风“烟花”暴雨洪水时,及时落实各项应对措施,防御秋汛时,首次实现东平湖水向南四湖分洪。严厉打击水事违法行为,累计开展日常巡查 100 余次,立案查处水事违法案件 53 起,结案 51 起,累计罚款 166.5 万元。完成东鱼河治理工程、泗河综合治理巩固提升、尧山南水库工程、尹城水库增容等省重点水利工程。完成鱼台县 2021 年度地下水超采区治理项目主体工程建设。全年累计完成水务工程投资 83.52 亿元,累计对上争取到位资金 15.88 亿元。济宁市深层地下水超采区水位变化情况上升幅度居全国第一。完成山东省第一家水权交易,济宁市被确定为水权交易综合示范区。完成 900 个行政村农村生活污水治理、558 个黑臭水体治理任务。完成 5 个县、市大中型水库后扶项目 106 个。

(胡峰)

【水利行业监管】

一、质量监管

实施水利工程建设质量提升行动,对济宁市引黄西线工程(一期)、济宁洸府河治理工程等重点水利工程开展质量与安全监督巡查、抽查和质量监督检测,建立问题台账,狠抓问题整改落实。泗水县黄阴集大闸除险加固工程、济宁市引黄西线工程等 6 项工程被评为山东省建筑工程优质结构(水利)工程。

二、安全监管

常态化对重点水利工程开展监督检查,建立问题台账,狠抓问题整改落实。制定印发《济宁市水务安全生产“十四五”规划》(济水安字〔2021〕18 号)、《济宁市城乡水务局安全生产监管责任清单》(济水安字〔2021〕19 号)。推进水务安全生产专项整治三年行动,举办济宁市水务工程质量与安全生产培训班。对济宁市水利安全生产标准化达标单位开展动态监管检查,济宁市水利事业发展中心、济宁市水利工程建设监理中心有限公司、济宁市黄淮水利勘测设计院有限公司、山东金顺建设工程有限公司等 4 家单位通过山东省水利厅二级水利安全生产标准化达标创建。举办济宁市水务安全生产技术技能创新推广实施大赛暨青年干部能力提升活动,活动信息在水利部、省水利厅网站作为典型经验进行推广,并被山东省总工会评选为“乡村振兴杯”创新创优竞赛优秀案例三等奖。

三、涉水建设项目监管

济宁市共审批水土保持方案 436 个,

其中市级审批 23 个、县级审批 413 个,涉及人为水土流失防治责任范围 5923.91 hm^2;济宁市水土保持设施自主验收报备项目 670 个,其中市级接受报备 81 个、县级接受报备 589 个,对验收报备项目规范出具报备回执,并开展验收核查;济宁市征收水土保持补偿费 14945.27 万元,其中市级征收 1368.37 万元、县级征收 13576.90 万元。

四、水务水利建设市场监管

规范市场主体准入条件,依法设定市场主体准入门槛,对取得水利工程建设相应类别资质资格许可的各类市场主体均依法予以许可参与有关水利工程建设。执行招标备案制度,按照"减轻企业负担、优化营商环境"的原则,分级调整履约保证金缴纳比例。印发《济宁市水务工程建设项目招投标"双随机、一公开"监管机制实施方案》(济水规建字〔2021〕13 号),提升监管的公平性、规范性和有效性。推进水利工程建设项目电子招标投标监管试点工作。推进水务工程在建项目农民工工资支付监管平台上线监管,对湖东滞洪区工程(微山县)、泗水县黄阴集大闸、尼山水库除险加固工程、长江水厂等国家投资的重点水利工程纳入样板项目。

(岳红震　刘效雨)

【水政监察】

一、法治建设

出台《济宁市河道管理办法》(济宁市人民政府令第 74 号)、《济宁市城市供水管理办法》(济政字〔2021〕88 号)等规范性文件。完成《关于切实加强水库除险加固和运行管护工作的实施方案》(济政办发〔2021〕12 号)、《济宁市 2021 年度河长制湖长制工作要点》(济河长办字〔2021〕11 号)等文件的合法性审查。

二、宣传教育

组织学习宣传宪法、民法典和《济宁市泗河保护管理条例》等法律法规。开展"世界水日""中国水周"和安全生产法规宣传活动。

三、水政执法

开展市管河道专项执法巡查、河道采砂专项执法巡查、水务行业大气污染防治专项执法巡查、水务行业安全生产专项执法巡查,共立案查处水事违法案件 55 起,罚款金额 174 万元。

四、执法监督

坚持行政审批事项"双随机、一公开"的事中、事后监管,加强"互联网+监管"运行管理。推进水务领域扫黑除恶专项斗争,执行行政执法"三项制度",制订落实年度执法计划。

(蒋东晟)

【水利规划及前期工作】

编制济宁市"十四五"城乡水务发展规划,配合编制南水北调东线二期地方配套工程、南四湖流域生态保护和高质量发展等相关规划。

(轩航　田文书)

【基本建设】

共争取省级以上资金 16.30 亿元,其中中央投资 6.17 亿元,省级投资 5.71 亿元,债券资金 4.42 亿元。9 项中小河道治理工程列入 2022 年中小河流国家治理计划,提前下达的 2022 年中央水利发展资金,分配济宁市中小河流治理工程 5386 万元。

(轩航　田文书)

【水资源管理与保护】

一、水资源量

济宁市年用水总量 20.89 亿 m^3,万元 GDP 用水量下降到 41.21 m^3,水资源税征收数额达 4.27 亿元。省对市综合考核水资源节约集约指标获得满分。实施最严格水资源管理制度,落实用水总量、用水强度双控,严格水资源论证和取水许可管理,强化计划和节约用水,提高水资源利用效率。济宁市成为山东省第一批“水资源管理规范化建设示范市”,6 个县(市、区)成为省级水资源规范化建设示范县(市、区)。

二、水资源配置

持续加大对黄河水、长江水以及南四湖地表水的利用,实施引黄西线工程,规划建设长江、运河 2 座地表水厂,南水北调长江水 4500 万 m^3 水量中,许可水量 3400 万 m^3,2021 年实际供水量 1800 万 m^3。推进水权水市场交易改革,完成山东省第一家水权交易。

三、地下水管理

推进取用水管理专项整治行动、自备井集中排查整治工作,封停自备井 978 眼,规范整治自备井 674 眼。加大地下水超采区治理,实施金乡、鱼台国家地下水超采治理项目,地下水超采区完成年度治理任务,封停超采区自备水井 82 眼,压减地下水量 759 万 m^3。根据水利部办公厅关于全国地下水超采区水位变化情况通报,2021 年第三季度济宁市深层地下水水位回升 2.53 m,全国排名第 8 位;浅层地下水水位回升 0.78 m,全国排名第 35 位(全国共 108 个通报城市)。

四、节约用水

推进节水型社会建设,济宁市城区成功创建国家节水型城市,兖州、曲阜、泗水、金乡、任城、邹城、嘉祥 7 个县(市、区)成为全国县域节水型社会达标县,微山、汶上节水型社会达标建设通过省级评估验收。积极创建节水载体,截至 2021 年底,累计创建各级节水型企业(单位、小区)587 家,省级节水标杆 2 个,省级节水型高校 2 所,省级节水教育实践基地 1 个。

(万德江　廖淑敏)

【水文工作】

一、概述

济宁市水文中心(济宁市水土保持监测站)隶属于山东省水利厅,是山东省水文中心派出机构,社会公益一类事业单位。2008 年实行山东省水利厅和济宁市政府双重管理体制。

二、水文站网

济宁市境内共设有水文站 50 处,包含国家基本水文站 14 处,中小河流水文站 23 处,城市水文监测站 10 处,专用水文站 3 处;水位站 27 处,包含国家基本水文站 5 处,中小河流水文站 13 处,城市水文低洼地水深监测站 9 处;辅助站 25 处,雨量站 107 处,蒸发站 8 处;墒情站 12 处,地下水动态观测井 286 眼,水土保持监测站 2 处;区域用水总量监测站 29 处,地表水省级重点水质监测站点 36 处,重要地下水饮用水水源地 1 处,生态监测站点 5 处,河长制湖长制水质监测站点 40 处。

三、水文测验

2021 年济宁市累计降水量 1040.8 mm,比 2020 年同期 784.3 mm 偏多 256.5 mm,偏多 33%,比历年同期 689.2 mm 偏多 351.6 mm,偏多 51%。年降水量是 1955 年以来历史第三位,列 2003 年以来(不含 2003 年)第一位。汛期济宁市累计降水量 815.2 mm,列 1955 年以来历史第 1 位。受恶劣天气影响,各河道均产生不同量级洪水,全年测流 1358 次,测沙 202 次。6—9 月济宁市累计降水量 815.2 mm,比 2021 年同期偏多 285.1 mm,偏多 54%;比历年同期偏多 316.0

mm,偏多63%。东鱼河鱼台水文站9月26日实测年最大洪峰流量644 m^3/s,洙赵新河梁山闸水文站9月26日实测年最大洪峰流量562 m^3/s。南四湖上级湖、下级湖均为近年来泄洪量新高,2021年度上级湖开闸日数108 d,最大泄流量2064 m^3/s(9月3日),累计泄水量53.53亿 m^3,年累计泄水量列历史第二位,1963年以来泄洪量新高。下级湖开闸日数100 d,最大泄流量1802 m^3/s(9月5日),累计泄水量60.63亿 m^3,年累计泄水量列历史第四位,为2005年以来最大。

四、特征水位

水库最高水位(1985黄海高程):尼山水库11月21日122.63 m(蓄水量4716万 m^3),西苇水库12月16日104.72 m(蓄水量3937万 m^3),贺庄水库10月16日148.27 m(蓄水量4907万 m^3),龙湾套水库12月1日149.71 m(蓄水量3710万 m^3),华村水库9月27日150.82 m(蓄水量3 368万 m^3),尹城水库1月1日117.05 m(蓄水量472万 m^3)。

年末蓄水位:南四湖上级湖水位(1985黄海高程)34.85 m,高于兴利水位0.35 m,蓄水量13.14亿 m^3;下级湖水位32.56 m,高于兴利水位0.06 m,蓄水量8.13亿 m^3;上级湖水位较2020年同期偏高0.39 m,较历年同期偏高0.9 m;下级湖水位较2020年同期偏高0.44 m,较历年同期偏高0.41 m;南四湖总蓄水量21.27亿 m^3,较兴利库容18.82亿 m^3 多2.45亿 m^3(上级湖多2.1亿 m^3,下级湖多0.35亿 m^3),较2020年同期偏多4.79亿 m^3,偏多29%,较历年同期偏多7.65亿 m^3,偏多56%。南四湖及6座大中型水库总蓄水量23.24亿 m^3,较2020年同期偏多5.23亿 m^3,偏多29%,较历年同期偏多8.64亿 m^3,偏多59%。

五、南水北调水量计量监测

2021年,二级湖泵站年度累计调水90 d,累计调水量5.52亿 m^3,最大调水流量120 m^3/s;后营断面累计调水过水136 d,累计调水量4.99亿 m^3,最大调水流量94.1 m^3/s。测验过程中严格执行规范,及时发送调水水量信息,确保水文监测资料的可靠性和调水信息的时效性。

(牛淼)

【水利工程运行与管理】

一、管理保障

出台《济宁市关于切实加强水库除险加固和运行管护工作的实施方案》(济政办发〔2021〕12号),明确"十四五"期间小水库除险加固和运行管护任务目标,对全面建立健全水库、塘坝运行管护长效机制和有效解决防汛安全隐患提出措施,明确责任落实和资金保障机制。

二、达标创建

指导邹城市争创国家级小型水库管理体制改革样板县。指导尼山水库、泗河大闸争创国家级水管单位,开展省级"样板水库"创建活动。开展工程标准化管理评价工作,206项水利工程全部通过评价,6项工程被评为省级示范工程,2座水库被评为省级乡村样板水库,一线工程运行管理单位的能力得到提升。推动市管水闸运行危险源辨识与风险评价,确保水闸运行安全。

督导"三个责任人""三个重点环节"网络培训,提高水库运管人员的技术水平。组织参与"岗位创新活动",申报2021年度省水利工程运行管理岗位创新优秀项目26项,获得一等奖1项、二等奖1项、三等奖3项、优秀奖8项。

(王冲)

【水旱灾害防御】

一、汛前准备

成立水旱灾害防御专家委员会,建立部门联合应急会商机制,强降雨前加密预测预报频次,提前对山区水库塘坝防汛、南四湖高水位迎汛、河道暴雨洪水以及台风生成登陆形势等重大汛情过程作出科学预判。对济宁市河、湖、库防御洪水方案,汛期调度运用计划等预案进行修编,制定市级水旱灾害预警及响应方案。建立水务大数据平台,接入覆盖济宁市骨干河道、水库、城区积水点等视频796处,运行东部山区水库"监测、照明、测压、视频"4个系统。推行防洪风险隐患分级管理,紧盯"四大区域"(东部山丘区水库塘坝,黄河、大汶河、泗河等重点河道,滨湖易涝区,南四湖湖区及滞洪区),开展5轮水旱灾害防御隐患排查。执行以行政首长负责制为核心的防汛责任制,明确市、县两级防汛抗旱防台风行政责任人466人。落实济宁市248座水库、198座水闸、526座塘坝"三个责任人"2916人。成立11个驻县包保组、汛期应急工作小组,在工程一线包保指导。组建23支3503人的水旱灾害防御专业队伍和6766人的村(社区)灾害信息员队伍。

二、抢险演练

6月,承办山东省水旱灾害防御培训暨现场演练,内容包括气象水文预测预报预警及专家会商、山洪灾害预警群众转移、洪水预警及工程调度、物资调运、水文测流、巡坝查险、坝前水下查险堵漏、放水洞闸门切割焊接打捞故障排除、坝后管涌抢护、坝后滑坡抢护、子堤抢筑、桥涵上游阻水障碍物清除、紧急泄洪措施、应急排水、水陆两栖车抢运、水上救生、水上转移群众等17个科目,参加演练队伍共17支610人。

三、工程调度

汛期组织联合会商20余次,启动应急响应2次,防汛预警3次。统筹运用河道及堤防、水库、蓄滞洪区等各类水工程,综合采取"拦、分、蓄、滞、排"等措施,科学实行"三调度",下发调度指令31次,派出工作组60多个,调运抢险排涝设备220余台套。在防御秋汛中,利用大汶河琵琶山引水闸、八里湾泄水闸,分泄大汶河、东平湖洪水,首次实现东平湖水向南四湖分洪,共计分洪2.5亿m^3。

(刘超)

【河(湖)长制工作】

一、河(湖)长责任落实

将河长制工作纳入市对县经济社会高质量发展绩效综合负面清单。对河(湖)长制落实、河(湖)长巡河履职、河湖管护问题整治等纳入市政府重点工作情况通报,按照《济宁市河长制湖长制月综合评价方案(试行)》(济河长办字〔2021〕15号),对县(市、区)月度考评,前3名和后3名分别用蓝、红标识。通过出台第7号市总河长令,召开2次市委常委会会议、3次市政府常务会议、5次河长制专题会议研究落实,印发济宁市2021年河(湖)长制工作要点、河长湖长履职实施意见、综合评价管理办法、评价指标,建立台账、定期通报、红蓝标识、督促推进等措施推动河(湖)长制任务落实。

二、河湖问题整治

建立问题"发现、反馈、整改、销号"闭环管理机制。向各县(市、区)发布通报15期、督办单173次、提醒函63次。2021年,济宁市各级河长巡河29万余次,闭环整治问题3270项。组织开展济宁市河湖岸线环境污染整治攻坚月活动、黄河滩区水生态环境问题排查整治、拦河工程排查整治、妨碍河道行洪问题排查整治等专项行动,“查、认、改、罚”闭环管理销号,全年排查整治问题18856项。

三、河湖监管

完成南四湖二级坝港口码头项目、环湖大道东线工程太白湖段等重点问题整改销号。“一湖两线”,即南四湖(含入湖河流),南水北调输水干线和黄河沿线外延5 km,实行多部门联合排查、对口整治。清理各类水生态水环境问题1.3万项,交办整改黄河滩区移民搬迁建筑垃圾、企业、畜禽养殖等问题380项,深入推动黄河流域、南四湖流域生态保护和高质量发展。联合徐州市建立河长会商机制,签订流域联防联控协议,拆除鲁苏边界8家违建企业,退养2.3万亩鱼塘。

四、河湖管理范围划定

完成563条(段)河湖管理范围划定工作,并由县级以上地方人民政府向社会公布,岸线测绘8149.6 km,界桩埋设53403个。完成184条(段)县级及以上河湖岸线保护利用规划编制。有采砂任务的23条河道完成采砂管理规划编制。

五、幸福河湖建设

东鱼河金乡段、邹城大沙河等12条河道(段)成功创建省级美丽示范河湖。结合农村人居环境综合整治、乡村振兴等,系统推进美丽幸福河湖3年全部达标建设。

(王利　崔庆美)

【水土保持】

新增水土流失治理面积83.21 km^2,水土流失面积、强度呈现“双下降”趋势。泗水县、邹城市、曲阜市国家水土保持重点工程全面完成,共治理水土流失面积54 km^2、新建小型蓄水保土工程25个。审批水土保持方案436个、水土保持设施自主验收报备670个、征收水土保持补偿费14945.27万元。水土保持专项整治行动收官,对认定的1079个违法违规项目、1831项违法违规行为进行整治。泗水县成功创建“国家水土保持示范县”,邹城市五康轩成功创建“国家水土保持科技示范园”。在山东省2016—2020年水土保持规划实施情况评估考核中,被评定为“优秀”等次。

(张学建　周凡聪　赵瑞琪)

【污水防治】

一、城乡生活污水处理

持续提升城市生活污水处理能力,新建鱼台县西城区污水处理厂等5座城市污水处理厂、大安镇污水处理站等26个建制镇污水处理设施,新增污水处理能力14.61万t/d,完成投资4.86亿元。全年消除生活污水直排口12个,消除空白区面积6.732 km^2,新建污水管网58.85 km。持续推进农村生活污水治理,截至2021年底,济宁市农村生活污水治理率达39%,在省现场会上作典型发言,农村生活污水治理“两个一体化”经验做法在山东省推广。

二、黑臭水体整治

开展黑臭水体整治,强化河道日常保洁,建立黑臭水体整治长效机制,加强常态化排查。4条城市黑臭水体完成“初见成效”阶段评估,1条城市黑臭水体完成“长制久清”阶段评估。开展农村黑臭水体治理,根据实际采取控源截污、清淤疏浚、水体净化等方式,统筹岸下水质、岸上环境综合治理,治理完成317处农村黑臭水体,并探索建立长效管护机制。持续开展排查,进行动态管理。

(张学建　周凡聪　赵瑞琪)

【水利风景区建设与管理】

济宁市现有国家水利风景区 7 个,山东省水利风景区 20 个,其中泗水龙湾湖水利风景区成功申报 2021 年度省级水利风景区。

(谢帆)

【港航情况】

一、主要航道情况

济宁市内河航道通航现状统计见表 2。

表 2 济宁市内河航道通航现状统计

航道名称	起讫点	里程/km	现状等级
一、国家高等级航道		364.3	
纵一:京杭运河航道		323	
柳长河	八里湾船闸—邓楼船闸	19.4	Ⅲ
梁济运河	邓楼船闸—跃进沟	38.7	Ⅲ
	跃进沟—醋刘庄	23.6	Ⅱ
南四湖湖东线	醋刘庄—微山二线船闸	64.9	Ⅱ
	微山二线船闸—韩庄船闸	50.0	Ⅱ
微山船闸上游连接线	微山船闸上游远调站—微山一线船闸	2.7	Ⅱ
微山船闸下游连接线	微山一线船闸—微山二线船闸下游引航道与主航道交汇处	5.4	Ⅱ
南四湖湖西线	醋刘庄—微山一线船闸	63.7	Ⅵ
	微山一线船闸—房村	28.9	Ⅱ
	房村—苏鲁交界	25.7	Ⅱ
横一:新万福河航道		41.3	
新万福河航道	关桥船闸—京杭运河湖西航道河口	41.3	Ⅲ
二、地区性重要航道		165.5	
梁济运河航道	寿张集作业区—京杭运河主航道	19.5	Ⅲ
洙水河航道	巨野孙庄桥—嘉祥船闸	12.0	Ⅲ级单线
	嘉祥船闸—京杭运河主航道(湖东线)	32.9	Ⅲ级单线
北大溜河航道	金乡港胡集作业区—河湾村	15.0	Ⅳ

续表 2

航道名称	起讫点	里程/km	现状等级
蔡河	河湾村—蔡河河口	4.6	Ⅳ
	蔡河河口—京杭运河主航道(湖东线)	6.1	Ⅵ
老万福河航道	金乡港金桥作业区—上级湖湖西航道	31.8	Ⅳ
刘楼河航道	爱湖—高楼	7.6	Ⅲ
白马河航道	荣信港—京杭运河主航道	26.4	Ⅲ
滕微航道	滨湖作业区—京杭运河主航道	4.7	Ⅲ级单线
薛微航道	薛城港区—京杭运河主航道	4.9	Ⅲ级单线

最低通航保障水位：上级湖 32.8 m，下级湖 31.3 m。

主要航道工程参数：京杭运河济宁至台儿庄(济宁段)航道“三改二”工程总投资 30.16 亿元，北起济宁市跃进沟河口，南至济宁枣庄界韩庄铁路桥，按二级标准建设 140.16 km 航道及护岸、锚泊区、搜救基地、信息化等配套工程。

京杭运河湖西航道(二级坝—苏鲁界)改造工程总投资 15.92 亿元，按二级标准改造 27.3 km 湖西航道，按三级标准建设 7.6 km 刘楼河支线航道，配套建设锚泊区、桥梁、信息化等工程。

二、主要港口基本情况

2021 年，济宁市港口货物总吞吐量 4600 万 t。济宁市港口现状统计见表 3。

表 3　济宁市港口现状统计

序号	项目名称	县(市、区)	乡镇(街道)	位置
1	龙拱港	任城区	唐口街道	山东省济宁市任城区唐口街道洳河村东 500 m
2	跃进港	任城区	长沟镇	山东省济宁市任城区长沟镇镇政府驻地
3	联合港	任城区	喻屯镇	山东省济宁市任城区喻屯镇北大溜航道 S251 公路桥东
4	王楼港	任城区	喻屯镇	山东省济宁市任城区喻屯镇大王楼村
5	济三港	太白湖区	石桥镇	山东省济宁市太白湖新区石桥镇
6	荣信港	邹城市	太平镇	山东省济宁市邹城市太平镇太平工业园区兴港路
7	太平港	邹城市	太平镇	山东省济宁市邹城市太平镇工业园区兴港路 3 号
8	南方港	微山县	留庄镇	山东省济宁市微山港区留庄作业区留庄新港内
9	顺达港	经开区	马集镇	山东省济宁市经济开发区机场路东洙水河南(山东华鑫益汇物流园内)

续表 3

序号	项目名称	县(市、区)	乡镇(街道)	位置
10	易隆港	嘉祥县	嘉祥县城区	山东省济宁市嘉祥县建设南路
11	金港	嘉祥县	金屯镇	山东省济宁市嘉祥县金屯镇赵屯村村北 500 m
12	友邦港	嘉祥县	金屯镇	山东省济宁市嘉祥县金屯镇 105 国道洙水河桥南 60 m 路东
13	徐庄港	嘉祥县	金屯镇	山东省济宁市嘉祥县金屯镇王刘村村北 700 m
14	鲁顺港	微山县	鲁桥镇	山东省济宁市微山县鲁桥镇鲁桥大桥桥北 670 m
15	兆丰港	微山县	两城镇	山东省济宁市微山县两城镇鲁南村(济微路白马河桥南 400 m)
16	鲁泰港	鱼台县	张黄镇	山东省济宁市鱼台县张黄镇工业园区
17	梁山港	梁山县	寿张集镇	山东省济宁市梁山县水泊大街北首
18	融孚港	鱼台县	张黄镇	山东省济宁市鱼台县张黄化工园区郭庙桥东老万福河南
19	济州港	任城区	南张街道	山东省济宁市任城区南张街道办事处房家村济梁公路 29 号
20	福兴港	鱼台县	张黄镇	山东省济宁市鱼台县张黄镇老万福河河北岸
21	盛源港	鱼台县	张黄镇	山东省济宁市鱼台县张黄镇车楼村北
22	金福港	鱼台县	张黄镇	山东省济宁市鱼台县张黄镇老万福河北岸
23	金顺港	鱼台县	张黄镇	山东省济宁市鱼台县张黄镇
24	永盛港	微山县	南阳镇	山东省济宁市微山县南阳镇王占一村
25	盛达港	微山县	马坡镇	山东省济宁市微山县马坡镇马东村马坡大桥西 200 m
26	奕春港	微山县	留庄镇	山东省济宁市微山县留庄镇荆河桥北路西 100 m
27	宋闸港	微山县	欢城镇	山东省济宁市微山县欢城镇宋闸村
28	联鑫港	微山县	留庄镇	山东省济宁市微山县留庄镇留庄三村(新安矿西 500 m)
29	徐家堂港	微山县	留庄镇	山东省济宁市微山县留庄镇徐家堂村
30	金山港	微山县	留庄镇	山东省济宁市微山县留庄镇土山村西 500 m
31	崔庄港	微山县	欢城镇	山东省济宁市微山县崔庄煤矿西 300 m
32	西汇子港	微山县	付村街道	山东省济宁市微山县付村街道西汇子村南
33	浚源港	微山县	付村镇	山东省济宁市微山县付村镇高庄矿北

续表 3

序号	项目名称	县(市、区)	乡镇(街道)	位置
34	付村港	微山县	付村镇	山东省济宁市微山县付村街道东汇子村南 3 km
35	坤宇港	微山县	付村镇	山东省济宁市微山县付村镇宋李庄村南
36	曹庄港	微山县	夏镇	山东省济宁市微山县夏镇曹庄村西
37	鑫源港	微山县	夏镇	山东省济宁市微山县夏镇刘村
38	大运河港	微山县	付村街道	山东省济宁市微山县付村街道临湖堤内
39	福启港	微山县	赵庙镇	山东省济宁市微山县赵庙镇赵庙村
40	方源港	微山县	夏镇	山东省济宁市微山县夏镇金源煤矿西 500 m
41	远运港	微山县	夏镇	山东省济宁市微山县奎文路西首
42	峰伟港	微山县	韩庄镇	山东省济宁市微山县韩庄镇郗山六村
43	运河港	微山县	昭阳街道	山东省济宁市微山县昭阳街道运河村
44	韩庄港	微山县	韩庄镇	山东省济宁市微山县韩庄镇建设路 873 号
45	国泰港	微山县	韩庄镇	山东省济宁市微山县韩庄镇郗山一村

三、主要船闸及运行管理情况

济宁市船闸主要伴随京杭运河主航道及支流航道的航运阶梯建设,共建有 7 座船闸,分别为梁山船闸、任城船闸、微山船闸、微山二线船闸、韩庄船闸、韩庄复线船闸及嘉祥船闸。

梁山船闸(邓楼船闸)位于梁济运河和东平湖新湖区南大堤相交处,于 2012 年 5 月开工建设,2015 年 7 月建成投入运行,船闸等级为二级,设计年通过能力 2200 万 t。2021 年度船闸过闸量 1375 艘次。

任城船闸(长沟船闸)位于任城区长沟镇,梁济运河右岸,于 2012 年 11 月开工建设,2016 年 12 月建成投入运行,船闸等级为二级,设计年通过能力 2200 万 t。2021 年度船闸过闸量 5876 艘次。

微山船闸位于微山县二级坝,湖西航道、湖东航道交汇处上游,船闸改建工程于 2010 年 11 月开工,2018 年 10 月建成投入运行,船闸等级为二级,设计年通过能力 2500 万 t。2021 年度船闸过闸量 36760 艘次。

微山二线船闸位于微山县二级坝,水利枢纽一号节制闸东侧,于 2004 年 8 月开工建设,2007 年 12 月建成投入运行,船闸等级为二级,设计年通过能力 2300 万 t。2021 年度船闸过闸量 37987 艘次。

韩庄船闸位于微山县韩庄镇东南部,于 1996 年 4 月开工建设,2000 年 12 月建成投入运行,船闸等级为二级,设计年通过能力 2640 万 t。

韩庄复线船闸位于韩庄船闸南侧,船闸轴线与韩庄船闸中心线平行,于 2017 年 1 月开工建设,2021 年 12 月建成投入运行,船闸等级为二级,设计年通过能力 2900 万 t。2021 年度韩庄船闸及复线船闸过闸量 67830 艘次。

嘉祥船闸位于嘉祥县嘉祥镇,京杭运

河支流洙水河航道上，于2010年6月开工建设，2014年7月建成投入运行，船闸等级为三级，设计年通过能力1960万t。2021年度船闸过闸量5211艘次。

（侯明栋）

【水利信息化】

一、济宁市水务综合业务平台投入运行

水务综合业务平台按照“整合已建、统筹在建、规范新建”的原则，通过梳理济宁市资源共享目录清单，共享水务内部、行业纵向、部门横向信息资源，实现河湖管理、水利工程运行管理、水旱灾害防御、水资源等数据共享，建成济宁城乡水务大数据库，建立省、市、县三级共享，多级应用的水务视频集控和数据交换体系。对河湖管理、水利工程运行管理、水资源管理、水旱灾害防御、城乡供水管理、城乡污水管理等系统功能进行整合，实现综合首页、一点登陆。明确市、县信息化建设分工，市级统建平台支撑接入，县级完善感知体系，积极对接上下游、左右岸资源，形成市县数据共享、平台统一的建设格局。

二、河长制二期视频监控投入运行

在济宁市泗河、南四湖、梁济运河等重点河道布控90处视频监控，共计150路视频画面。各布控点位通过光缆专线接入，确保在不同环境下查看河道水情、雨情或路堤情况，远程查看水利工程调度运行情况，实时查看河道内人员驻留情况等，适时远程喊话劝离。

三、济宁市农村生活污水综合管控平台投入运行

平台运用互联网、物联网等技术，覆盖济宁市农村生活污水处理设施，接入数字化服务网络系统和管控平台，对环境治理设施的运行监测、运维监督等进行全程管理；平台实现对济宁市257个村的镇级、村级污水处理站点，1400多个污水收集池、提升泵站、氧化塘以及配套管网设施的统一管理。

四、泗河数字孪生流域信息化平台建设

平台聚焦济宁市泗河流域（含白马河和洸府河流域），重点开展防汛减灾信息化体系建设，同时建设流域水资源管理与水工程建设管理模块，推进流域防洪减灾智能化、工程管理精细化、水资源管理数字化。项目通过构建智慧防汛（水雨情监测、洪水预报与演进、防汛形势研判、预警发布、联合调度、抢险救灾）、工程管理运行维护、水资源管理、生态流量调度等具体应用子系统，研发泗河流域产汇流模型、河网动力模型、河湖库调度模型等，提高泗河智慧化管理水平。泗河数字孪生流域系统被列入山东省数字水利先行先试成果目录，该项目引入泗河生态水量管控模块，为山东省首个《水资源调度管理办法》数字化应用。

（纪旭冉）

【水利科技】

一、科普宣传

3月，深入学校、企业、社区、乡村，通过节水主题公益广告短视频、巡河护河行动等形式开展“世界水日”“中国水周”科普宣传活动。5月，制作宣传展板6块、科普挂图4块，发放宣传彩页3000余份，科技咨询服务60余人（次），科技人员现场演示、宣传和展示水利科技成果。

二、科技成果

在2021年度山东省农林水牧气象系统“乡村振兴杯”工作创新竞赛中“洙赵新河导师制”获一等奖，泗河智慧防汛与生态流量调控系统、关于小型水闸（橡胶坝）运行管护机制调研报告获三等奖，钢丝绳

油污处理器获技术创新竞赛三等奖。

（吴举　谭琦）

【水文化建设】

泗河泗水大闸内设有跨河文化长廊，展示从伏羲时代中华文明的起始，到后来的东夷文化、齐鲁文化、儒家文化，以至近现代文化，展示泗河的文化底蕴。在“济宁河长制”微信公众号展播仲都河、大汶河等美丽幸福河湖建设优秀案例，全面展示美丽幸福河湖建设良好成效。

（侯宪腾）

【队伍建设】

一、领导干部

刘继慧　济宁市城乡水务局党组书记、局长，济宁市水利事业发展中心党委书记、主任（2021年5月起）

孔祥利　济宁市城乡水务局副局长（2018年12月起）

袁文亮　济宁市城乡水务局党组成员、三级调研员（2021年7月起，2021年12月止）

臧建设　济宁市城乡水务局党组成员、副局长、三级调研员（2021年7月起）

孙逢立　济宁市水利事业发展中心党委委员、副主任（2021年5月起）

姚树东　济宁市水利事业发展中心党委委员、副主任（2021年5月起，2021年7月止）

赵　巍　济宁市水利事业发展中心党委委员、副主任（2021年5月起）

二、机构设置

济宁市城乡水务局是市政府工作部门，为正处级，加挂济宁市南水北调工程建设管理局牌子。设置9个内设机构：办公室、人事科、财务审计科、规划建设科、政策法规与监督科、水资源与节约用水科、工程管理与水旱灾害防御科（挂河长制工作科牌子）、供排水科（挂农村水务科牌子）、机关党委。

济宁市水利事业发展中心为市政府直属正处级公益一类事业单位，由济宁市城乡水务局代管。设置18个内部机构，另有南四湖分中心、梁济运河分中心、泗河分中心、洙赵新河分中心、东鱼河分中心、新万福河分中心等6个分支机构，规格均为正科级。

济宁市城市水务服务中心为济宁市城乡水务局所属副处级公益一类事业单位，设置8个内设机构。

济宁市水政监察支队2019年4月更名为济宁市水务综合执法支队，为正科级执法机构。支队统一行使市城乡水务局水务行政执法职责。

济宁市水利移民服务中心为市城乡水务局所属正科级公益一类事业单位。

济宁市水利工程施工公司是副县级差额事业单位。公司拥有事业、企业双重法人身份。事业法人规定公司职责范围是：为水利工程建设提供保障，大中型水利工程组织、管理、施工。企业具有水利水电总承包一级、市政工程三级、水利工程施工监理甲级、水土保持工程施工监理丙级、水利工程混凝土岩土量测金属结构检测乙级、工程勘察乙级、土工试验乙级、工程测绘丙级资质。

济宁市水利机械公司为企业化管理的正科级差额事业单位，公司为主要承担水利工程施工、工程质量检测试验、抗旱服务、工程机械制造、钻机生产、场区水源地评价，水源井施工、岩土工程勘察为一体的综合性企业。

11 月 18 日，济宁市人民政府印发《关于同意济宁市水利工程施工公司、济宁市水利机械公司转企改制方案的批复》(济政字〔2021〕62 号)，济宁市水利工程施工公司、济宁市水利机械公司转企后组建济宁市水利发展集团有限公司，划转至山东公用控股有限公司管理，两单位举办的各类企业一并划转。撤销济宁市水利工程施工公司、济宁市水利机械公司事业单位建制，收回事业编制，注销事业单位法人登记，核销人员编制实名制信息。

截至 2021 年底，济宁市城乡水务局机关行政编制 30 名，实有 30 人。设局长 1 名，副局长 3 名，正科级领导职数 9 名(含机关党委专职副书记 1 名)，副科级领导职数 6 名。局属事业单位总编制 563 名，实有 520 人，分别为：济宁市水利事业发展中心核定编制 500 名，实有 466 人，配备主任 1 名、副主任 4 名；济宁市城市水务服务中心核定编制 31 名，实有 29 人，设主任 1 名、副主任 2 名；济宁市水务综合执法支队核定编制 20 名，实有 14 人，设支队长 1 名、副支队长 2 名；济宁市水利移民服务中心核定编制 12 名，实有 11 人，设主任 1 名、副主任 1 名；济宁市水利工程施工公司核定编制 107 名，配领导职数 1 正 3 副，总工程师 1 名。

三、人才队伍建设

济宁市城乡水务局机关事业单位共有在职职工 550 人。其中，女职工 174 人，占职工总数的 31.6%。本科以上文化程度有 437 人，占职工总数的 79.5%；大专文化程度有 66 人，占职工总数的 12.0%；中专、高中及以下文化程度有 47 人，占职工总数的 8.5%。35 岁以下有 88 人，占职工总数的 16%；36~45 岁有 213 人，占职工总数的 38.7%；46~54 岁有 178 人，占职工总数的 32.4%；55 岁以上有 71 人，占职工总数的 12.9%。事业单位专业技术人员 435 人，其中具有高级专业技术职务人员 122 人(其中正高级 23 人)，占专业技术人员总数的 28.0%；具有中级专业技术职务人员 199 人，占专业技术人员总数的 45.8%；具有初级专业技术职务及其他人员 114 人，占专业技术人员总数的 26.2%。

四、主要荣誉

济宁市城乡水务局被国家机关事务管理局、中共中央直属机关事务管理局、中华人民共和国国家发展和改革委员会、中华人民共和国财政部联合授予“节约型机关”称号。

济宁市 2021 年第一季度市(地)深层地下水超采区水位变化情况上升幅度居全国第一，受到水利部办公厅通报表扬。

济宁市水利事业发展中心被山东省委省政府授予“山东省脱贫攻坚先进集体”称号。

(汪露　张琪)

日照市

【概要】

2021 年，日照市以习近平新时代中国特色社会主义思想为指导，深入贯彻习近平总书记“节水优先、空间均衡、系统治理、两手发力”治水思路，严格水资源管理考核，推动河(湖)长制长效机制建设，加强河湖日常管护和执法，保障行洪和水生态安全，加强重点水利工程建设和运行管理。建成日照市城市应急备用水源一期工程，实现域内 3 座大型水库向市区联合调水，主城区供水保障能力达到 92 万 m^3/d；完成 23 座小型病险水库除险加固、6 项河道治理工程，实施 151 处水库移民扶持项目。建立河湖“四乱”定期排查机制，完成 62

条重点河流管理范围划界 1071. 1 km、201 处农村小微河湖划界 826 km。实现专项规划水资源论证和非常规水取水许可。开展取用水管理专项整治提升活动,整改提升登记取用水户 2012 个、取水井 2779 眼,排查整改地下水违法取水用户 423 户、地下水井 429 眼。水旱灾害防御工作推行清单化工作模式,组织修编 560 座水库和 4 条重点河道防御洪水方案,修编镇村级山洪灾害防御预案 376 个。完成 7 个园区水土保持评估,193 个生产建设项目水土保持问题整改。

(王晓)

【水利行业监管】

一、质量监管

建设 37 个重点水利项目,其中市级监管项目有 1 个(城市应急备用水源一期工程)、市县联合监管项目 1 个(岚山区巨峰水库增容工程)、县级监管项目 35 个。按照山东省水利厅《关于建立大中型水利工程质量终身责任制的通知》的要求,大中型水利工程全面建立质量终身责任承诺书和永久责任标牌制度。工程开工前签订质量终身责任承诺书,工程竣工验收后设立永久责任标牌,并要求其他中小型水利工程参照执行。在年初印发的《2021 年日照市水利建设管理工作要点》中,要求推行质量终身责任制和工程建设永久性标牌制度。

(一)质量监督管理制度

一是综合监督制度。印发《日照市水利局水利监督实施办法(试行)》,明确水利监督事项、职责。二是专业监督制度。日照市共印发涉及水利监督文件及办法 95 个。出台《日照市水利局关于落实水利部、省水利厅加强水利行业监督工作指导意见及责任分工的通知》《日照市水利局关于加快推进出台日照市水利专业监督检查办法(细则)的通知》《日照市水利局"双随机、一公开"监督检查实施细则》等。

(二)质量监督管理责任划分

印发《日照市水利监督实施办法(试行)》(日水字〔2020〕78 号),明确监督范围、监督事项及监督职责,落实水利工程建设质量与安全监督"一岗双责"责任。制定《日照市水利工程建设质量与安全生产监督检查办法(试行)》(日水发〔2021〕21 号),明确水利工程建设质量与安全监督的职责。

(三)项目质量监督率

对日照市城市供水应急备用水源一期工程、市县联合监督的岚山区巨峰水库增容工程和县级进行质量监督的东港区傅疃河地下水库项目等项目办理质量监督手续,并明确质量监督责任人,质量监督率达到 100%;新开工的其他小型水利项目,按照"分级管理、分工负责"事权划分要求办理质量监督手续。

二、安全监管

(一)安全监督责任

制定《水利安全生产"一岗双责"制度》《水利安全生产暗查暗访工作制度》《水利安全生产举报制度》等制度,印发《日照市水利局关于调整市水利安全生产委员会成员及落实安全生产监管职责的通知》《日照市水利局领导干部及科室负责人安全生产责任清单》,完善成员单位水利安全生产工作职责;建立领导干部清单、监管企业底数清单、风险隐患清单、制度措施清单、监管职责清单"五个清单"。制定日照市水利局 2021 年安全生产责任书,主要领导与分管同志、分管同志与科室负责同志签订安全生产责任书,层层落实安全责任,强化责任意识、安全意识和防范意识。注重采用政府花钱买服务引入第三方技术联动，与山东省水利勘测设计院有限公司、青岛市水利设计院签订合作协议，为水利安全生产监管提供技术保障。

（二）安全监督检查

印发《日照市水利行业安全生产大排查大整治行动实施方案》，实行区县水利部门、相关单位、局科室、包保区县督导“四线责任”落实；日照市水利局实行局领导班子成员包保督导区县工作制，对区县安全生产工作隐患排查整改情况专项督导，督导各区县水利局履行属地监管责任、行业监管责任。采用政府购买服务方式聘请专家对区县安全生产隐患排查情况进行抽查，下发安全生产隐患大排查大整治问题告知书，限期整改。

三、涉河建设项目监管

参加高新区河山污水处理厂穿河山河、金银河防洪评价评审会；参加市审批局组织的山海天两城污水入河口排污口设置论证报告、东港区涛雒镇右所村跨川子河生产桥防洪影响评价评审会。汇总主城区河道防洪和生态专项规划相关资料报市城管局；到日照市审批局对接涉河建设项目防洪影响评价报告编制及审批情况。

四、水利建设市场监管

出台《日照市水利局关于加强水利建设市场管理工作的通知》等有关文件，加强山东水利工程建设项目管理系统平台管理，严禁擅自提高或降低招标工程对应的资质资格等级、自行设置或变相设置从业人员资格。督促项目法人加强对参建各方市场主体主要人员考勤考核管理。日照市水利局加大抽查检查力度，组织开展水利工程建设项目招标投标存在突出问题专项排查整治，打击出借借用资质、围标串标等违法行为，规范水利建设市场行为。11月，日照市水利局制定印发《日照市水利建设市场主体信用信息管理办法》，定期对市场主体信用信息进行抽查，加强事中事后监管。

（王晓）

【水政监察】

一、宣传教育

制定普法宣传实施方案，确定宣传重点，开展集中宣传。在东港区马陵水库举行日照市纪念“世界水日”“中国水周”启动仪式，通过各主流媒体新媒体开展宣传，组织参加长江保护法知识大赛和水利工作宣传活动，开展进包联社区、办公楼宇播放广告、向干部职工发送手机短信和各机关网站、“水知日照”公众号等各类宣传。参加日照市国家宪法日暨“谁执法谁普法”宣传周活动启动仪式和集中宣传活动，增强法治意识。开展安全生产月宣传活动，同步推进线上、线下宣传、咨询、直播等活动。

二、水政执法

一是依法督办查办水事案件。办理水事违法举报投诉案件 8 件，办理涉嫌污染水源、非法采砂领域管辖案件 2 件，配合办理省生态环保督察“一案双交”交办件 39 件，中央生态环保督察“一案双交”交办件 10 件，按照水事违法举报案件办理流程和中央、山东省生态环保督察督办要求抓好整改落实，均及时将案件转交有管辖权区县水利局依法进行核实查办，支队全程督办，闭环管理。二是开展主城区自备井专项排查整治行动。印发《日照市主城区自备井专项排查整治行动方案》，自 6 月起，在日照市主城区范围内开展为期 3 个月的自备井排查整治工作，要求各区县水行政主管部门、综合行政执法局组成专项执法专班，对本行政区域城区内的自备水井进行拉网式排查,边排查边整治,建档立册,对城区内非法取水井依法封停、取缔。

三、执法监督

组织开展日照市水行政执法监督检查活动,印发实施方案,对区县活动开展情况进行督导。

四、纠纷调处

日照市水利局成立领导小组,印发《非诉讼纠纷解决机制调解小组工作制度》《非诉讼纠纷解决机制调解流程图》《关于开展非诉讼纠纷解决机制建设宣传月活动方案的通知》等制度,通过横幅、大屏幕、微信公众号等进行宣传。

五、能力建设

落实《党政主要负责人履行推进法治建设第一责任人职责规定》等有关规定,结合水利改革发展实际,加强水政法规宣传,提升水政执法效能。印发《2021年领导班子成员和机关工作人员集体学法实施方案》,制订年度学法计划,利用周五集体学习时间,组织干部职工学习法律法规相关知识。完善行政执法公示制度,动态完善市水利局权责清单、行政执法主体资格清单等,对行政许可等权力进行梳理。

(王晓)

【水利规划及前期工作】

一、水利规划

日照市人民政府印发《日照市"十四五"水利发展规划》,规划实施供水保障、防洪提升等重点项目100项。编制完成《日照市水利基础设施空间布局规划》。印发《日照市"十四五"农村供水保障规划》,规划投资8.14亿元。印发《日照市水利安全生产"十四五"规划》。编制完成《大中型水库移民后期扶持"十四五"规划》。配合山东省水利厅开展南水北调东线二期工程南滨海规划线路论证,争取日照纳入南水北调东线二期工程供水范围和山东省级骨干水网循环。

二、前期工作

启动陡山水库向日照调水工程前期论证,完成莒县仕阳水库增容工程可研报告编制,东港区傅疃河地下水库、莒县沭河综合治理提升改造等一批重大项目成功立项。完成《莒县水系连通及水美乡村建设项目》建设方案编制。

(王晓)

【基本建设】

列入山东省重点水利工程建设实施方案的病险水闸加固、河道治理等项目投资计划全部下达,巨峰水库增容等6个项目共获批地方政府专项债券资金2.01亿元。组织实施37个重点水利项目,完成投资12.13亿元。实施岚山区绣针河水环境提升工程、五莲县山阳河治理工程、高新区草坡河治理工程等10余个河道治理工程,治理重点河道80 km。完成20处已竣工重点水利项目验收任务。完成五莲县河西水库除险加固工程、五莲县小王疃水库除险加固工程、日照市东港区马陵水库除险加固工程、日照市沭水东调工程、莒县张宋拦河闸除险加固工程、莒县青峰岭水库除险加固工程、五莲县户部岭水库除险加固工程、山海天两城河地下水库工程、山海天大沙洼林场防潮堤工程、日照市大沙洼林场防潮闸除险加固工程、莒县小庄子拦河闸除险加固工程、莒县三角汪拦河闸除险加固工程等12个水库水闸项目竣工验收;完成莒县柳青河治理二期工程、莒县袁公河治理三期工程、莒县鹤河治理二期工程、日照市岚山区巨峰河治理工程、日照市岚山区浔河治理工程、潍河(五莲段)治理工程、傅疃河东港段治理工程、日照市岚山区绣针河潘庄—204 国道桥段治理工程等 8 条重点河道的竣工验收。

一、日照市沭水东调工程

工程位于莒县店子集街道、龙山镇、东港区三庄镇，主要作用为利用现有河道将莒县青峰岭、小仕阳、峤山 3 座大中型水库蓄水送至莒州橡胶坝，经明渠、暗管接隧洞，输水至东港区三庄河，由三庄河输水至日照水库，调节后向市区供水。2012 年 9 月，日照市发展和改革委员会以《关于日照市沭水东调工程项目建议书的批复》(日发改审〔2012〕60 号)立项批复，工程于 2014 年 1 月 26 日正式开工，2015 年 11 月 30 日主体工程全线贯通，具备应急调水能力。2015 年 12 月 1 日，日照市政府以日政字〔2015〕76 号批复，日照市沭水东调工程项目法人由日照市沭水东调工程建设指挥部办公室变更为日照市水务集团有限公司，并由日照市水务集团有限公司负责继续组织实施、建后运行管护；市水利局履行部门职责，加强行政监督管理。沭水东调工程自 2015 年 12 月 25 日启动首次应急调水，至 2016 年 3 月 8 日历时 74 d，累计向日照水库引调水 4300 万 m^3，缓解城市供水压力。根据旱情发展和日照城区用水需要，2017 年 4 月 12 日启动第二次调水工作，历时 45 d，累计向日照水库引水 3662.9 万 m^3，保障城市和临港工业用水。2020 年 5 月 12 日至 6 月 30 日，沭水东调工程实施第三次应急调水，共调水 3500 万 m^3。沭水东调工程于 2017 年 2 月通过投入使用验收，2021 年 11 月 30 日通过竣工验收。工程概算投资 69819.30 万元，实际完成投资 43018.81 万元，包括省级财政资金 13307 万元，市级财政资金 29711.81 万元。项目法人先后为日照市沭水东调工程建设指挥部办公室、日照市水务集团有限公司，设计单位为山东省水利勘测设计院有限公司，监理单位为中国水利水电建设工程咨询中南有限公司，施工单位为日照市水务工程建设有限公司、山东省水利工程局有限公司等。主要建设内容包括：浇筑钢筋混凝土引水暗渠 270 m，新建引水闸 1 座及配套金属结构、机电设备；开槽埋管 1485.32 m，顶管施工 2369.89 m，配套沉井 4 座；开挖护砌隧洞主洞 18318 m，施工支洞 6 条，总长 4585.3 m，开挖护砌出口明渠 102 m；自动化调度系统主要安装闸站计算机监控系统、视频监视系统、工程安全监测系统(隧洞检测)、水质自动监测站、电子屏信息系统各 1 套；官庄河河道疏浚、新建改建生产桥及漫水桥、浆砌石护堤等综合治理；隧洞出口管理房及配套工程建设。

二、莒县张宋拦河闸除险加固工程

工程位于莒县城北 15 km 处的小张宋村北的沭河干流上，建于 1965 年，承担向下游平原洛河、阎庄、浮来山等乡镇引水灌溉任务，经水利部水利建设与管理总站鉴定为三类坝。2013 年 7 月，山东省发展和改革委员会、山东省水利厅以鲁发改重点〔2013〕1001 号文，对山东省莒县张宋拦河闸(坝)除险加固工程初步设计及概算进行批复，概算投资 4015 万元。工程于 2015 年 7 月 28 日开工，2016 年 12 月 30 日完工，2018 年 11 月 22 日通过下闸蓄水验收，2021 年 12 月通过竣工验收。设计洪水标准为 20 年一遇，设计流量 2000 m^3/s。闸上和闸下设计洪水位分别为 128.3 m、128.18 m；渠首设计引水流量 22.37 m^3/s，引水水位 126.36 m。项目法人为莒县水利工程建设管理处，监理单位为山东省科源工程建设监理中心，设计单位为山东省水利勘测设计院有限公司，施工单位为山东临沂水利工程总公司。主要建设内容包括:拆除现状翻板闸、冲沙闸及溢流堰,改建为泄洪闸;加固溢流堰;拆除重建引水闸和引渠生产桥;完善工程安全监测、观测及管理设施,恢复灌溉功能等。

三、莒县青峰岭水库除险加固工程

2016年6月,山东省发展和改革委员会和山东省水利厅以鲁发改重点〔2016〕633号文对《莒县青峰岭水库除险加固工程初步设计及概算》予以批复。工程总投资3835万元。于2017年4月4日开工,2018年5月完工,2018年7月7日通过下闸蓄水阶段验收,2021年12月通过竣工验收。项目法人为莒县青杨水利工程有限公司,设计单位为山东省水利勘测设计院有限公司,中心监理单位为山东省科源工程建设监理中心,施工单位为山东水总有限公司。主要建设内容包括:原址拆除改建闸室、上游连接段、启闭机房、桥头堡及闸上工作桥,闸门除锈重新安装、埋件支铰重新埋设,更换部分金属结构及电气设备;拆除改建放水洞引桥;新建溢洪道尾水渠交通桥1座、电站尾水渠交通桥1座及大坝两端限宽限高设施等。

(王晓)

【水资源管理与保护】

一、取水规范化管理

完成取水许可电子证照转换工作,取水许可电子证照应用率100%。开展取用水专项整治"回头看"行动,印发《日照市取用水管理专项整治行动"回头看"工作方案》等文件,共纳入取水户2110户,取水口3518个,其中整改类取水口1718个,2021年底全部整改完成。

二、节约用水

持续开展节水型社会建设,突出抓好节水型企业、校园、社区、机关等各类节水载体打造,山东水利职业学院、日照职业技术学院成功创建为省级节水型高校,山东钢铁集团日照有限公司创建为国家重点用水企业水效领跑者、省级企业节水标杆单位,日照水库、青峰岭水库等8家单位创建为水利行业节水型单位,指导岚山区成功创建全国典型地区再生水利用配置试点;日照水库节水教育基地、岚山区节水教育基地成功创建为省级节水教育基地,市水利局作为《公民节约用水行为规范》主题宣传活动优秀组织单位被水利部发文通报表扬,被山东省节水联席工作会议办公室评为省级落实国家节水行动先进单位。

三、水资源税改革试点

积极推进水资源税远程在线监控改革,加强水资源税远程在线监控系统建设,对所有非农取水许可管理取水户安装远程在线监控设备。

(王晓)

【水文工作】

一、水文站网

日照市水文中心负责管理国家基本水文站4处,中小河流站9处,水位站7处,雨量站87处,墒情站4处,地下水观测站66处,水质监测点(断面)91处,水土保持监测站1处。

二、雨水情

(一)雨情

2021年日照市累计平均降水量1006.7 mm,比去年同期偏少254.3 mm,偏少20.2%;比历年同期偏多193.7 mm,偏多23.8%;全年最大月降水量发生在7月,日照市平均降水量249.8 mm;全年最大降水量点为岚山区独垛雨量站1530.5 mm。1—5月日照市平均累计降水量

175. 5 mm,比去年同期偏少 36. 9 mm,偏少 17. 4%;比历年同期偏多 29. 5 mm,偏多 20. 2%。6—10 月日照市累计平均降水量 783. 2 mm,比去年同期偏少 179. 2 mm,偏少 18. 6%;比历年同期偏多 157. 9 mm,偏多 25. 3%。其中,6 月降水量为 121. 3 mm,比去年同期偏少 3. 5%,比历年同期偏多 14. 1%;7 月降水量 249. 8 mm,比去年同期偏少 21. 0%,比历年同期偏多 14. 1%;8 月降水量为 184. 8 mm,比去年同期偏少 61. 4%,比历年同期偏多 0. 5%;9 月降水量 196. 2 mm,比去年同期偏多 485. 7%,比历年同期偏多 149. 6%;10 月降水量 31. 1 mm,比去年同期偏多 245. 6%,比历年同期偏少 17. 3%。11—12 月日照市累计平均降水量 48. 0 mm,比去年同期偏少 38. 2 mm,偏少 44. 3%;比历年同期偏多 6. 3 mm,偏多 15. 1%。

(二)水情

截至 2021 年 12 月 31 日 8 时,日照市 13 座大中型水库总蓄水量 5. 89 亿 m^3,比 2020 年同期增多 3977 万 m^3,比 2020 年同期偏多 7. 2%,比历年同期偏多 76. 7%;日照市 13 座大中型水库全年总来水量 5. 30 亿 m^3,其中 3 座大型水库总来水量 3. 97 亿 m^3,占总来水量的 74. 9%,10 座中型水库总来水量 1. 33 亿 m^3,占总来水量的 25. 1%;日照市 13 座大中型水库全年总放水量 4. 90 亿 m^3。

三、水文气象情报预报

日照市各类水文站点共传送水文基础数据 162. 2 万条,人工发报水情信息 3250 份,其中 4 处国家水文站人工发报 1497 份,10 处中型水库水文站人工发报 1753 份。全年共发送雨水情手机短信 5. 8 万条,编制水情简报 56 期、雨水情信息通报 12 期、日照市大中型水库和重点河道运行情况分析表 30 份、日照市大中型水库纳雨能力分析表 20 份、洪水预报分析及来水量信息 24 份。

(王晓)

【水利工程运行与管理】

一、安全管理

(一)安全鉴定

2021 年,完成 80 座水库大坝、55 座水闸安全鉴定工作。

(二)隐患排查治理

开展水利工程大排查、大整改活动,分管领导带队分别到东港区、莒县、五莲县督导检查水利工作安全生产工作。

二、运行管理

印发《关于开展水利工程安全运行管理问题隐患排查整治工作的通知》等通知 10 余份,开展日照市水利工程安全运行现场督导,完成 1637 名责任人网络培训,日照市水利工程安全运行和安全生产全年无事故。做好水库大坝安全鉴定、维修养护、验收等工作,完成 23 座小型水库除险加固和 135 座水库、水闸安全鉴定工作。

三、管理保障

编制修订《日照市水库坝顶与河道堤顶硬化技术规范》,进一步规范水库坝顶、河堤堤顶硬化工作。

四、达标创建

日照水库通过水利部"国家级规范化管理单位"复核验收。东港区被评为全国深化小型水库管理体制改革样板县。

五、其他工作

编制并公布《日照市防洪影响评价区域评估成果应用指南(试行)》,完成东港区、岚山区、五莲县、高新区、山海天等 6 个产业园区防洪影响区域评估报告的批复工作。

(王晓)

【水旱灾害防御】

一、汛前准备

（一）汛前检查

4月下旬制定检查方案。分5个行业检查组分赴各区（县）开展水利行业防汛检查，共检查排查问题隐患并整改120处。组织开展山洪灾害防御专项检查，核查171个山洪灾害重点防治村群测群防体系检查，对发现存在的问题现场立即要求改正；落实市领导批示，开展塘坝安全度汛隐患排查，对4436座小型塘坝安全度汛隐患进行专项排查，发现隐患并整改358处，重点塘坝均落实责任人和安全度汛措施；完成防汛防台风抗灾备战重点事项清单，涉及水利11项，对排查发现的清单及时整改并上报；组织开展安全度汛隐患再排查；完成山东省水利厅第一轮暗访检查发现问题整改。

（二）预案修编

修编日照市560座水库调度运用计划和防御洪水方案，修编沭河莒县段、付疃河、潮白河、巨峰河等重点河道的防御洪水方案并按规定权限审批。组织376个山洪灾害防御重点村庄修编山洪灾害防御预案和镇级山洪灾害防御预案。

（三）防汛演练

7月8日，会同日照市应急管理局等部门单位在莒县青峰岭水库开展防汛综合演练。演练包括防汛会商室、河库调度、巡堤查险、险情处置、山洪灾害防御、群众转移避险等11个科目。组织开展预案修编工作，根据防洪工程、经济社会发展现状和防洪预演中暴露出的问题，细化完善水库、河道洪水调度方案，完善超标洪水防御预案。

二、预报预警

加强与应急、气象、水文等部门的会商研判，提出应对措施和建议。会同水文部门及时对大中型水库纳雨能力分析，指导大中型水库及早调蓄。对重点区域及时提醒并发布预警信息，今年以来8次强降雨过程，日照市水利系统通过山洪灾害预警信息平台发布预警信息31000余条，提醒受威胁区域群众做好转移避险工作。对达到暴雨量级的乡镇及时调度提醒，指导做好相关防御工作。

三、洪水调度

9月30日，莒县青峰岭、仕阳、峤山3座大中型水库放水1.333亿 m^3，保障河道生态和灌区需水要求，增加水库发电效益。汛期，13座大中型水库未因强降雨而应急泄洪，所有河道未因水库应急泄洪造成人造洪峰。汛期，针对部分水库高水位运行问题，及时与水文中心、有关区县和水管单位进行电话会商，发布大中型水库纳雨能力分析等重要提醒，指导水库科学调度。加强上下游沟通协调，针对临沂市陡山水库水位较高的问题，及时与临沂市水利局沟通协调，7月27日9时开始放水调蓄，放水流量128 m^3/s，缓解上游中楼镇的防洪压力。关注青峰岭水库上游沙沟水库的调度运行，统筹安排调度青峰岭水库调蓄。及时指导岚山区巨峰水库，五莲县长城岭、龙潭沟、户部岭等水库科学调蓄，确保水库既在汛限水位以下运行，又最大限度地多蓄水，提高防洪蓄水效益，13座大中型水库蓄水效益均接近历史最高水平。9月24日和10月1日，日照水库蓄水位2次达到42.94 m，蓄水20466万 m^3，达到历史第4高水位。

四、监督检查

组织对日照市13座大中型水库汛限水位执行情况进行监督检查。2021年汛期未出现大中型水库违规超汛限运行情况。

（王晓）

【河(湖)长制工作】

一、河(湖)长责任落实

印发日照市总河长第6号令，围绕建设美丽幸福河湖的目标，建立健全以党政领导负责制为重点、"河(湖)长+河长制办公室+部门+基层河湖管护队伍"为主体的责任体系，日照市2402名河长、1151名湖长、910名基层河湖管护员到岗到位。印发《关于切实做好河长湖长巡河湖工作的通知》，开展市、县河(湖)长工作通报制度，每季度通报市级、县级河(湖)长巡河湖情况。完善《日照市县乡河湖长工作评估办法》，完成2020年度县、乡河(湖)长工作评估，根据各乡镇评估得分下达市级河湖管护补助资金750万元。4月，《国务院办公厅关于对2020年落实有关重大政策措施真抓实干成效明显地方予以督查激励的通报》表扬日照市河长制湖长制工作，激励资金2000万元。莒县被评为全国河(湖)长制工作先进集体。

二、河湖问题整治

市县河(湖)长共巡河2121次，发现问题212个，2021年底完成整改。

三、河湖监管

建立区县水利和综合执法部门联合执法机制、沟通协调机制、案件移送机制，明晰执法职责边界，提升联合执法能力，加大河湖执法工作力度。公安部门开展"昆仑2021"等专项行动，持续保持打击盗采河砂行为高压态势。采取政府购买服务方式，聘请第三方机构每月开展一次"四乱"问题排查，共排查市、县、乡三级河道3360 km、村级河道2029条。利用无人机等技术手段，对279条镇级以上河道实施全覆盖排查。重点排查2000余条村庄河道，发现643处问题。做好上级明察暗访发现河湖问题整改，共整改问题176项。实施智慧河湖一期工程建设，推动在重要河湖、重点区域布设实时监测设施，完善优化区域监视监控功能，扩大监测感知覆盖面，建立"空、天、地、人"全面融合的立体化监测网络。坚持改革创新，组织各区县探索实施"区划+流域"河湖管理保护新机制等举措。

四、幸福河湖建设

编制完成《日照市美丽示范河湖建设实施方案(试行)》，明确三年总任务目标及年度任务目标。修编286条镇级以上河流、560座水库"一河(湖)一策"。按照"河畅、水清、岸绿、景美、文化"五大标准，系统实施河湖治理保护，创建12条省级和70条市级美丽河湖。

(王晓)

【农村水利建设与水库移民】

一、农村供水保障工程

投资8680万元，完成125个村供水提质工程，改善9.86万名农村群众饮水条件。莒县青峰岭净水厂基本建成。2021年完成农业水价综合改革面积30.3万亩。委托第三方开展农田灌溉水有效利用系数测算，农田灌溉水有效利用系数达到0.6533。

二、水库移民工作

开展2次移民人口核查，共核减移民人口5275人，核减后移民人口120624人。发放移民直补资金7249.41万元。完成2020年移民资金项目169个，总投资12575万元。实施2021年移民项目151个。日照市在山东省水利厅2020年度水库移民后期扶持工作绩效评价中获得"优秀"等次。

(王晓)

【水土保持】

完成水土流失治理面积80.78 km^2。

审批生产建设项目水土保持方案475个,自主验收报备907个,日照市收缴水土保持补偿费6975.97万元,是2020年度的2.3倍,各区县征缴均过千万。五莲县成功创建全国2021年度国家水土保持示范县。2016—2020年山东省水土保持规划实施情况评估“优秀”等次。

(王晓)

【水利风景区建设与管理】

截至2021年底,日照市已成功创建1处国家水利风景区和7处省级水利风景区。其中,1处国家水利风景区为莒县沭河水利风景区;7处省级水利风景区分别为日照水库水利风景区、岚山区多岛海水利风景区、五莲县潮白河、莒县丽青山水利风景区、东港区龙门崮水利风景区、五莲县五征松月湖和日照大沙洼水利风景区。

(王晓)

【水利信息化】

一、组织实施日照市2021年度山洪灾害防治项目

根据山东省水利厅印发的《关于印发山东省2021年度山洪灾害防治项目实施方案》(鲁水防御函字〔2021〕16号)要求,日照市水利局委托水发规划设计有限公司编制完成《日照市2021年度山洪灾害防治项目实施方案》。项目概算投资171.19万元(其中项目实施投资161.50万元,设计费3.23万元,监理费3.23万元,建设管理费3.23万元),中央补助资金90万元,省级补助资金80万元,其余需市级配套。项目于2021年8月25日以公开招标方式确定积成电子股份有限公司为中标单位,合同金额151万元。于2021年8月29日展开施工,11月25日完成系统建设的全部任务进入系统试运行。2021年12月8日通过试运行验收。

二、日照市智慧河湖一期项目建设

组织编制《日照市智慧河湖一期项目建设方案》。项目主要建设内容包括智能视频感知、水利数据资源管理、应用支撑和智慧应用。项目总投资547.69万元,其中项目建设和第三方测评费用532.19万元、监理费用15.50万元。项目于12月8日通过政府采购以公开招投标的形式确定浪潮软件科技有限公司为项目承建单位,合同总金额487万元,项目自12月15日启动。

三、日照水利综合会商系统扩容升级

组织实施山东水利综合会商系统扩容升级项目建设。在日照市中型水库值班室安装会商系统终端,并将日照市13座大中型水库全部接入水利综合会商系统。

(王晓)

【水利科技】

岚山区被确定为山东省数字水利先行先试工作试点。日照水库被山东省农林水工会授予“创新工作室”。

(王晓)

【水文化建设】

整合节约用水教育、水利文化、党史教育等政策资金,持续打造建设日照水库“思源”教育基地,成为日照市党性教育基地、党史教育基地、节水教育基地。

(王晓)

【队伍建设】

一、领导干部

王均波　日照市水利局党组书记、局长,一级调研员

史安祥　日照市水利局党组成员、日照市水土保持治理保护中心主任(2021年2月起)

王文国　日照市水利局党组成员、副

局长，日照市应急管理局党委委员

彭善祥　日照市水利局党组成员、副局长

王　宁　日照市水利局党组成员、副局长

徐中伟　日照市水利局二级调研员

孙　强　日照水库管理运行中心主任(2021 年 2 月起)

宋全芳　日照市水土保持治理保护中心副主任(2021 年 2 月起)

庄乾清　日照市水土保持治理保护中心副主任(2021 年 2 月起)

仝桂良　日照市水土保持治理保护中心副主任(2021 年 2 月起，2021 年 10 月挂职东港区委常委)

二、机构设置情况

日照市水利局：内设机构 6 个科室，包括办公室、规划建设科(挂财务审计科牌子)、水政法规与安全监督科、工程管理运行科(挂河(湖)长制工作科牌子)、水资源与节水调水科、农村水利科，另设机关党委。市水利局机关行政编制 18 名。设局长 1 名、副局长 3 名；正科级领导职数 7 名(含机关党委专职副书记 1 名)，副科级领导职数 2 名，工勤编制 1 名。

下属事业单位 4 个：日照市水土保持治理保护中心(挂市防汛抗旱运行中心牌子)、日照市河湖管理保护中心、日照市水政监察支队、日照水库管理运行中心。

日照市水土保持治理保护中心，正处级公益一类事业单位，编制 15 名，设 4 个科室：水土保持科、水旱灾害防御科、水库移民科、物资储备科。

日照市河湖管理保护中心，正科级公益一类事业单位，编制 15 名。

日照市水政监察支队，正科级公益一类事业单位，编制 11 名。

日照水库管理运行中心，副处级公益一类事业单位，编制 51 人，下设 9 个科室：办公室、财务科、工程管理科、水源保护科、供水管理科、防汛抗旱科、安全管理科、信息技术科、灌溉管理科。

三、人才队伍建设

(一)管理人才队伍建设

公务员(参公)科级以上干部 24 人，事业科级以上干部 19 人。2021 年，提拔处级干部 3 人、科级干部 13 人，职级晋升 5 人，重新公布职务 4 人。2021 年度考核优秀公务员(参公)5 人，事业人员 17 人。新录用公务员 1 人，新聘用事业人员 3 人。注重专业素养培训，2021 年春节后，开展为期 5 d 的“岗位大练兵活动”，举办水旱灾害防御知识培训班、水利工程标准化管理培训班、河(湖)长制工作培训班、日照市农业水价综合改革培训班等班次，组织新录用公务员参加公务员初任培训班，完成市委组织部干部调训任务。

(二)专业技术队伍建设

日照市水利局所属事业单位共有专业技术人员 61 人。2021 年参加职称评审人员共 6 人，分别通过正高级工程师 1 人、高级工程师 3 人、工程师 1 人、技术员 1 人。聘任专业技术岗位 9 人，其中高级工程师 1 人、工程师 7 人、初级 1 人。61 名专业技术人员，均完成专业技术人员继续教育学习。

(三)技能人才队伍建设

共有技能人才 8 人，其中高级工 7 人、初级工 1 人。6 月，组织机关及所属事业单位工勤人员技术等级考核评定，经笔试和现场答辩，晋升高级工资格 4 人、初级工 1 人。

四、主要荣誉

日照市被国务院表彰为河(湖)长制工作督查激励市。

日照市水利局被国家机关事务管理局、中共中央直属机关事务管理局、国家发展和改革委员会、财政部联合授予“节约型机关”称号。

(王晓)

临沂市

【概要】

2021年,临沂市认真学习贯彻习近平总书记关于水利工作的重要指示批示精神,积极践行“节水优先、空间均衡、系统治理、两手发力”治水思路,累计完成水利投资30亿元。编制完成《临沂市水利发展“十四五”规划》,临沂市规划实施重点水利项目470个、估算投资886亿元。蒙河双堠水库、沂河黄山水库、沂沭河洪水东调南下提标工程(包括沂河、沭河、分沂入沭、新沭河、邳苍分洪道提标工程)等项目纳入水利部“十四五”水安全保障规划。淮河流域重点平原洼地邳苍郯新片区治理、河东区汤河东支治理、祊河左岸防洪堤等工程完成年度建设任务,郯城县马头拦河闸、沂南县青驼拦河闸除险加固等工程顺利完工。175个现代水网建设项目纳入《山东省现代水网建设规划》,估算投资714.51亿元。开展水旱灾害防御演练286次,参与人数1.2万余人。实施农村供水提档升级工程,完成投资9.3603亿元(其中各县区筹资8.855亿元),临沂市自来水普及率、规模化供水率、供水保证率分别提升至99%、93.15%、99.28%。投入资金1.59亿元,完成大中型水库移民后期扶持项目322个。治理水土流失面积235.8 km^2。

(朱瑞锋)

【监督管理】

一、法制宣传与政策规范

完成第二十九届“世界水日”和第三十四届“中国水周”宣传工作。加强行政执法公示制度、执法全过程记录制度、重大执法决定法制审核制度“三项制度”全面落实,认真落实规范性文件统一登记、统一编号、统一公布“三统一”制度,做好规范性文件备案审查和日常清理工作。完善规范性文件数据库,实现规范性文件信息化管理。确认和规范行政执法主体,对本部门及所属行政执法机关和行政执法人员全面自查,梳理审查行政执法主体、行政执法职权和行政执法人员等基本情况。加强“双随机 一公开”监督管理工作,严格落实行政执法“三项制度”。

二、排查整治

开展临沂市河湖水安全、水污染、水生态、水环境排查整治活动,共梳理排查涉河湖违法违规问题1392处并完成整改。全年日常巡河湖超过1万km,受理群众举报、“行风热线”各级转办等各类涉水事件30余起,查处水事案件29起。

(朱瑞锋)

【水利规划及前期工作】

一、水利规划

蒙河双堠水库、沂河黄山水库、沂沭泗河洪水东调南下提标工程被纳入水利部“十四五”水安全保障规划,沂河、沭河、分沂入沭、邳苍分洪道及新沭河提标工程被纳入《沂沭泗河洪水东调南下提标工程规划》,蒙河双堠水库、沂河黄山水库被列入山东省十大重大水利工程。双堠水库、沭河和分沂入沭水道综合治理工程开展可研报告编制。175个现代水网建设项目纳入

《山东省现代水网建设规划》，估算投资714.51亿元。

二、前期工作

完成河东区汤河上游综合治理等8条中小河流、费县北辛庄闸等6座病险水闸除险加固、兰陵县芙蓉桥橡胶坝等7个雨洪资源利用工程的前期工作。

（朱瑞锋）

【基本建设】

淮河流域重点平原洼地邳苍郯新片区治理、河东区汤河东支治理、祊河左岸防洪堤等工程完成年度建设任务。完成河东汤河闸等6处大中型水闸除险加固工程建设任务，投资4649万元。完成费县巩庄水源工程等12项水利工程年度建设任务，投资9.21亿元。完成岸堤水库、河湾水源、茶山闸、石沟闸、窑上闸、凌山头水库等29个省重点工程的竣工验收及70余个工程阶段验收工作。完成祊河左岸防洪堤一期工程建设，投资2.3亿元。完成河湾向小李官水库及石屯水库补水等4条水系连通工程建设，并竣工验收。完成桃园橡胶坝坝袋更换维修工程。李公河防倒漾闸及管理区域提升改造工程开工。兰山区水系连通及水美乡村纳入全国试点，完成建设任务，投资7.87亿元。

（朱瑞锋）

【水资源管理与保护】

一、水资源管理

完成2285个取水许可证电子化转换。建立和审核临沂市管理范围内全部取水口取用水问题台账，取用水管理专项整治信息系统平台录入初始化及问题认定数5945个。临沂市非农项目整改191项，大型、重点中型灌区整改5项，农村集中供水工程整改23项。完成沂河、沭河、岸堤水库、许家崖水库水量分配工作，先后印发《临沂市水利局关于明确临沂市沂河流域所跨各县区水量分配方案的通知》《关于明确临沂市沭河流域所流经各县区水量分配方案的通知》。开展沂沭河流域重要水源统一调度管理，累计下达调水指令9次，调水量2932万 m^3。编制《临沂市沂沭河流域重要水源统一调度管理制度》，出台《临沂市沂沭河流域重要水源统一调度管理制度实施细则（试行）》。对沂沭河沿岸的斜午、葛沟等10处市级灌区水资源在线监控信息平台进行维修养护。

二、水资源税改革

深化水资源税改革工作，统筹部署推广应用水资源税改革“临沂做法”，投入改革资金2536万元，安装计量监控设备2714套，基本实现非农取用水户在线计量全覆盖，为水资源税科学准确征收提供坚实基础。印发《关于下达2021年农业水价综合改革实施计划的通知》，临沂市农业综合水价改革面积完成102.1万亩。发放县级农业灌溉精准补贴和节水奖励资金153.06万元。

三、水权交易管理

8月，完成临沂市首笔水权交易。12月，莒南县陡山灌区灌溉管理所与莒南县水务发展集团有限公司签订水权交易协议，是山东省首例跨行业水权交易。2021年，临沂市完成水权交易49例，成交总水量587.11万 m^3，成交金额107.36万元。制定印发《临沂市水权交易管理实施办法（暂行）》。

（朱瑞锋）

【水文工作】

一、水文站网

临沂市水文中心现有水文站108处，其中国家基本水文站25处，专用水文站70处，辅助站13处。有水位站31处，雨量站 196 处,陆上水面蒸发站 14 处,墒情站 45 处,泥沙站 9 处,国家地下水监测站 36 处,泉流量站 2 处,省级地下水监测站 41 处,水土保持监测站 9 处,地表水重点水质站 44 处,国家重要饮用水水源地监测站 1 处,河(湖)长制监测站 21 处,河(湖)长制自动监测站 2 处,淮河流域沂沭河水系省界重点水质站 21 处。

二、雨情

2021 年临沂市降水量明显偏多,降水量 1067.9 mm,位列 1956 年有降水资料以来的第 10 位,较历年偏多 30.6%,较 2020 年偏少 10.0%。各县区年降水量较历年偏多 17.7%~60.9%,其中郯城县年降水量(1362.6 mm)与历年相比偏多 60.9%,位列 1956 年有降水资料以来第 1 位。后汛期降水较历年同期偏多。8 月 16 日至 9 月 30 日,临沂市出现 4 次主要降水过程,累计降水量 362.7 mm,较历年同期偏多 129.6%,较 2020 年同期偏多 235.1%,位列 1956 年有降水资料以来的同期第 1 位。

三、水情

受 2021 年台风"烟花"影响,7 月 27—29 日,临沂地区发生强降雨过程,辖区范围内各监测断面均发生不同程度洪水。7 月 29 日 13 时 54 分,临沂站实测最大流量 2070 m^3/s;7 月 29 日 22 时,大官庄闸(新)站最大下泄流量 3150 m^3/s;7 月 29 日 22 时,刘家道口(分)站最大下泄流量 1680 m^3/s。水库蓄水量总体偏多,临沂市 37 座大中型水库年末总蓄水量 14.74 亿 m^3,较历年同期偏多 68.1%,较 2020 年同期偏多 8.9%,较年初蓄水量增加 1.21 亿 m^3。其中,10 月 1 日临沂市 37 座大中型水库总蓄水量 15.96 亿 m^3,位列 1961 年有资料以来的第 1 位。受后汛期降水影响,8 月 16 日至 9 月 30 日临沂市大中型水库蓄水量增加 3.15 亿 m^3。

四、水文预报

2021 年对临沂、大官庄、葛沟等重要控制站进行的主要作业预报有 87 站次,合格率为 100%,优良率达 9.2%。发布洪水预报的测站有 12 处,累计发送洪水预报 87 站次。临沂、大官庄日常化洪水作业预报 82 站次。

(朱瑞锋)

【水利工程运行与管理】

一、小型水库、水闸除险加固

完成 5 座大中型水库安全鉴定审查,指导县区完成 32 座水库和 462 座水闸安全鉴定,到期水库水闸安全鉴定动态清零。列入临沂市民生工程的 41 座小型水库除险加固任务均竣工验收,对列入"十四五"规划的 12 座小型病险水库提前完成除险加固工作。

二、水利工程标准化管理

全面推进水利工程标准化管理,对临沂市 36 座大中型水库、822 座小型水库、24 座大中型水闸、18 座橡胶坝、2 条堤防全面推进标准化管理工作。组织开展 5 次标准化管理专题培训会议,小埠东橡胶坝、费县许家崖水库获得省级水利工程标准化管理示范工程称号。全面推行水利工程运行管理岗位创新,临沂市共获得技术创新一等奖 1 项,工作创新和技术创新二等奖 1 项、三等奖 6 项、优秀奖 5 项,许家崖水库管理中心创新工作室获山东省农林水工会授予的"劳模和创新人才工作室"称号。开展小型水库管理改革示范县创建,组织沂水县申报创建国家级小型水库管理体制改革样板县并通过考核,莒南县、平邑县、蒙阴县、沂水县、兰陵县共计 10 座小型水库通过山东省乡村小型样板水库创建活动,其中平邑县创建经验入选山东省水利厅经验摘编。

（朱瑞锋）

【水旱灾害防御】

汛前，调整临沂市水利工程防指成员，充实水利工程防汛技术支撑专家库 104 人。落实汛期水库、河道、闸坝防汛“三个责任人”制度，共落实河道巡堤查险人员 4782 人，县、乡、村三级山洪预警发布人员 2237 人、转移责任人 3679 名，水利专业抢险队伍 15 支，抢险人员 610 人。修订编制河道防御洪水方案、水库防御洪水方案、水库汛期调度运用计划、超标洪水防御预案、抗旱应急水量调度预案、邳苍分洪道分洪运用预案等各类方案预案 180 个。储备各类防汛物资约 4000 万元。组织各类防汛知识培训 122 次，5600 余人次参加培训。各级开展水旱灾害防御演练 286 次，12000 余人次参加演练。完成 280 处水毁项目修复任务，总投资 5931.29 万元。全年共发布山洪灾害气象预警 10 期，9 个县发布山洪预警 142 次，发送预警短信 4.5 万余条。联合会商专家组开展会商研判 9 次，启动水旱灾害防御Ⅳ级应急响应 2 次。台风“烟花”强降雨期间，40 座骨干河道拦河闸坝、4 座中型水库提前预泄预排。组织开展风险隐患大排查、大整改专项行动，临沂市共派出 208 组次 634 人次，发现风险隐患 270 个并完成整改。

（朱瑞峰）

【河（湖）长制工作】

印发《临沂市河湖长履职实施细则（试行）》《临沂市河湖管护办法（试行）》《临沂市河湖长制监督检查实施方案（试行）》，完善河（湖）长制体系。各级河（湖）长巡查达 40 余万次。开展河湖水安全水污染水生态水环境隐患排查整治专项行动，通过自查、上级抽查、第三方排查等方式，处置各类河湖问题 4000 余处。开展美丽幸福河湖建设，13 条河流成功创建省级美丽幸福河湖。在临沂市开展河道非法采砂专项整治行动，坚决打击河湖非法采砂，持续推进河湖采砂管理长效机制。邀请 1197 名人大代表、270 名政协委员成为河（湖）长制特邀监督员，参与河（湖）长制工作社会监督。调查 2021 年临沂市水利服务业情况，形成《新形势下水利风情园、村、小镇的认定与管理》调研报告，并作为案例在人民日报社主办的《国家治理》周刊刊登。制定印发《临沂市水利风情小镇、园、村申报管理办法（试行）》和《临沂市水利风情小镇、园、村评价标准（试行）》。全年组织评审、命名授牌水利风情园 19 处、水利风情村 46 处、水利风情小镇 13 处，并组织《临沂日报》等媒体开展系列宣传。

（朱瑞锋）

【农村水利建设】

一、农村饮水安全

完成中央资金农村饮水安全维修养护项目，该项目涉及 6 个县，投资 2154 万元，改善 183 万人的农村饮水安全水平。完成农村供水提质工程，该项目涉及 9 个县（区），投资 2904 万元，提升改造 191 个自然村供水水平。开展农村供水大排查大整改及“回头看”活动，排查村庄 9805 个，发现并整改水质、水量、水压不达标、水费收缴不及时等问题 1324 个。实施农村供水提档升级工程，完成投资 9.36 亿元［其中各县（区）筹资 8.86 亿元］，临沂市自来水普及率、规模化供水率、供水保证率分别提升至 99%、93.15%、99.28%。

二、灌区建设

完成会宝岭灌区单位工程和沂南县斜屋灌区项目竣工验收。制定《临沂市农田灌溉水有效利用系数测算分析工作实施方案》,实测农田灌溉水有效利用系数为0.6409。完成涉及12个县区的农业水价综合改革面积104万亩,投资1108万元。

(朱瑞锋)

【库区移民及后期扶持】

开展移民人口核查和直补资金发放工作,组织县区完成2020年度临沂市移民人口自然变化核查工作,核减人口3393人,核减后临沂市水库移民扶持人数为260236人,发放移民直补资金约1.58亿元。委托第三方对临沂市大中型水库移民后期扶持资金项目进行审计。推进实施2021年移民项目,第一批资金15982万元,项目322个;第二批资金3583万元,项目58个。集中资金2105万元,建设完成"美丽移民村"项目11个。规范项目实施管理工作,印发《临沂市水库移民工作监督检查实施办法(试行)》《临沂市大中型水库移民后期扶持项目管理指导意见》。

(朱瑞锋)

【水土保持】

临沂市新增水土流失治理面积235.8 km^2,其中完成国家水土保持重点工程治理小流域8个,涉及沂水、沂南、平邑、费县、蒙阴、兰陵、莒南等7个水土流失重点县,共治理水土流失面积91 km^2,总投资4551万元。开工建设4个省级水土保持重点工程治理小流域,涉及兰山区、费县、沂南县、临沭县等4个县(区),共治理水土流失面积24 km^2,总投资1218万元。组织沂南县、蒙阴县、费县开展沂蒙山区域山水林田湖草沙一体化保护和修复水土保持项目规划,并编制实施方案。集中开展水土保持工程安全生产和运行大排查。沂水县彩虹谷成功创建为国家水土保持科技示范园。完成遥感监测查处违法违规项目949个。完成水系绿化治理河道9条。罗庄区武河湿地成功创建省厅年度水系绿化样板。2021年开展生产建设项目事中事后监督检查3次,共检查在建工程120个,自主验收备案核查项目10个。临沂市水土保持技术服务中心被山东省水利厅评为"水土保持专项整治行动贡献突出单位"。

(朱瑞锋)

【水利风景区建设与管理】

2021年命名市级水利风景区5处。蒙阴金水河被评为第十七批山东省水利风景区。沂水县彩虹谷被评为第十九批国家水利风景区。沂南县竹泉村水利风景区被评为国家水利风景区高质量发展十大典型。

(朱瑞锋)

【水文化建设】

做好先进水文化宣传推广工作,利用水情教育基地、水利博物馆等重要载体,开展各类以水为主题的文化学术活动,主动发出水利声音,讲好沂蒙水故事。做好历史文化遗产保护工作,根据《水利部关于加快推进水文化建设的指导意见》,分批开展水利设施遗迹(遗址)和历史文化遗存挖掘整理和命名保护工作。临沂市已命名4批共125处"重点保护水利工程设施遗迹(遗址)"。

(朱瑞锋)

【队伍建设】

一、领导干部

唐音波　临沂市水利局党组书记、局长(2021年10月起)

张　韬　临沂市水利局党组书记、局长(2021年1月起,2021年10月止)

丰绍明　临沂市水利局党组书记、局长(2021 年 1 月止)
王西昌　临沂市水利局党组成员、副局长、一级调研员
刘汉民　临沂市水利局党组成员、副局长
李剑中　临沂市水利局党组成员、副局长(2021 年 8 月起)
丰绍明　临沂市水利局二级巡视员(2021 年 4 月起)
袁钟蛟　临沂市水利局一级调研员(2021 年 11 月止)
王云鹏　临沂市水利局二级调研员(2021 年 1 月止)
刘建勋　临沂市水利局四级调研员
王　永　临沂市水利局四级调研员
郭　鹏　临沂市水利局四级调研员(2021 年 4 月止)
蔡仲华　临沂市水利工程保障中心主任(正县级)
崔华东　临沂市水利工程保障中心党总支副书记
朱逢春　临沂市水利工程保障中心副主任(三级调研员)
周　扬　临沂市水利工程保障中心副主任
周　荣　临沂市水利工程保障中心副主任
陈砚华　临沂市水利工程保障中心副主任
魏代现　临沂市水利工程保障中心副县级干部
董书宝　临沂市水利工程保障中心三级调研员
常桂峰　临沂市水利工程保障中心副县级干部
丁文金　临沂市岸堤水库管理中心主任(正县级)
高正鹏　临沂市岸堤水库管理中心总支书记(正县级)
董凤军　临沂市岸堤水库管理中心副主任
薄夫林　临沂市岸堤水库管理中心副主任
唐桂密　临沂市岸堤水库管理中心副主任
薛启开　临沂市水利资源开发服务中心主任(副县级)

二、机构设置情况

临沂市水利局机关:内设机构 7 个职能科室,包括办公室(挂政策法规科牌子)、人事科(挂党建工作科牌子)、发展规划与财务审计科(挂科技与对外合作科牌子)、农村水利与水利移民管理科、水利工程建设科(挂监督科牌子)、水资源水保与河湖管理科(挂市节约用水办公室、河(湖)长制工作科牌子)、运行管理与水旱灾害防御科(挂南水北调工程管理科牌子)。行政编制 26 名,设局长 1 名、副局长 3 名,正科级领导职数 8 名(含机关党委专职副书记 1 名),副科级领导职数 3 名,核定机关纪委书记职数 1 名。

下属事业单位:临沂市岸堤水库管理中心、临沂市水利工程保障中心、临沂市水利资源开发服务中心、临沂市水土保持技术服务中心、临沂市水政监察支队。

临沂市岸堤水库管理中心为市水利局所属正县级公益一类事业单位,核定事业编制 74 人。

临沂市水利工程保障中心为市水利局所属正县级公益一类事业单位,核定事业编制 237 人。

临沂市水利资源开发服务中心为市水利局所属副县级公益一类事业单位,核定

事业编制44人。

临沂市水土保持技术服务中心为市水利局所属参照《中华人民共和国公务员法》管理单位,核定事业编制16人。

临沂市水政监察支队为市水利局所属正科级公益一类事业单位,核定事业编制17人。

三、人才队伍建设

临沂市岸堤水库管理中心实有54人,其中专业技术人员32人,管理人员9人。职称情况:正高级工程师3人,高级工程师16人,高级经济师1人,工程师9人,馆员1人,主管药师1人,会计师1人,助理工程师3人,助理会计师1人,技术员1人。

临沂市水利工程保障中心实有223人,其中专业技术人员168人,管理人员33人。职称情况:正高级工程师9人,研究馆员1人,高级工程师41人,高级会计师3人,高级经济师1人,高级统计师1人,副研究馆员2人,工程师70人,会计师4人,经济师8人,馆员1人,统计师1人,助理工程师39人,助理会计师1人,技术员1人。

临沂市水利资源开发服务中心实有43人,其中专业技术人员29人,管理人员5人。职称情况:正高级工程师1人,高级工程师7人,高级讲师1人,高级实习指导教师1人,高级经济师1人,工程师9人,讲师1人,经济师1人,一级实习指导教师2人,助理工程师3人,助理会计师1人,助理经济师2人。

临沂市水政监察支队实有8人,其中专业技术人员4人。职称情况:工程师3人,助理工程师1人。

四、主要荣誉

临沂市水利局被水利部授予“全面推行河长制湖长制工作先进集体”。

临沂市水利局农村水利科被授予“全国农村饮水安全脱贫攻坚先进集体”。

(朱瑞锋)

统计资料

表 1　2021 年沂沭泗流域行政区划范围

序号	省地市	流域面积/万 km^2	县(市、区)		
			县(市)个数	区个数	名称
一	山东省	5.16	32	14	
1	济宁市	1.13	9	2	曲阜市、邹城市、微山县、鱼台县、金乡县、嘉祥县、汶上县、泗水县、梁山县,任城区、兖州区
2	枣庄市	0.46	1	5	滕州市,市中区、薛城区、峄城区、台儿庄区、山亭区
3	菏泽市	1.19	7	2	曹县、成武县、单县、巨野县、郓城县、鄄城县、东明县,牡丹区、定陶区
4	泰安市	0.11	3		(新泰市、宁阳县、东平县)
5	淄博市	0.16	1		(沂源县)
6	临沂市	1.72	9	3	郯城县、兰陵县、沂南县、平邑县、费县、蒙阴县、莒南县、临沭县、(沂水县),兰山区、罗庄区、河东区
7	日照市	0.39	2	2	(莒县、五莲县),岚山区、(东港区)
二	江苏省	2.56	13	11	
8	徐州市	0.87	5	5	邳州市、新沂市、沛县、丰县、(睢宁县),贾汪区、(云龙区、鼓楼区、泉山区、铜山区)
9	连云港市	0.74	3	3	灌南县、东海县、灌云县,海州区、连云区、赣榆区
10	宿迁市	0.46	2	2	沭阳县、(泗阳县),(宿城区、宿豫区)
11	淮安市	0.29	1	1	涟水县,淮阴区
12	盐城市	0.20	2		响水县、(滨海县)
三	河南省	0.18	4	1	
13	开封市	0.09	1		(兰考县)
14	商丘市	0.09	3	1	(虞城县、宁陵县、民权县),(梁园区)
四	安徽省	0.06	2		
15	宿州市	0.06	2		(砀山县、萧县)
	合计	7.96	51	26	

注:括号内的县(市、区)为不完全在沂沭泗流域范围内的县(市、区)。

表 2 2021 年沂沭泗流域内各地市国民经济和社会发展情况

序号	省(市)	人口/万	人口密度/(人/km^2)	粮食种植面积/万 hm^2	GDP/亿元	粮食产量/万 t	主要粮食作物品种
一	山东省						
1	济宁市	833.70	738	71.97	5070.00	486.80	小麦、玉米
2	枣庄市	385.31	838	28.41	1951.57	183.08	小麦、玉米
3	菏泽市	849.05	713	115.62	3866.52	765.88	小麦、玉米
4	泰安市	77.11	701	5.27	424.74	36.45	小麦、玉米
5	淄博市	126.30	789	5.83	1126.73	38.84	小麦、玉米
6	临沂市	1101.83	641	64.50	5465.50	418.00	小麦、玉米
7	日照市	225.32	578	9.52	1610.05	63.41	小麦、玉米
二	江苏省						
8	徐州市	697.71	802	59.31	6273.03	387.78	小麦、水稻
9	连云港市	460.20	622	51.18	3727.92	368.80	水稻、玉米
10	宿迁市	268.79	584	32.43	1999.70	220.25	水稻、小麦
11	淮安市	131.36	453	19.66	1310.10	141.58	水稻、小麦
12	盐城市	75.85	379	11.21	747.73	80.77	水稻、小麦
三	河南省						
13	开封市	66.80	742	7.36	357.13	42.74	小麦、玉米
14	商丘市	64.94	722	9.24	259.25	59.34	小麦、玉米
四	安徽省						
15	宿州市	32.65	544	5.73	132.89	27.80	小麦、水稻
	合计	5396.92		497.24	34322.86	3321.51	

注:数据来源于各地市 2021 年国民经济和社会发展统计公报。

（葛蕴）

表 3　2021 年沂沭泗局水政监察队伍情况统计

指标	计量单位	合计	总队	支队	大队
1. 队伍情况	—				
(1)行政性质	支	0	0	0	0
(2)事业性质	—				
1)事业参公管理	支	23	1	3	19
2)事业全额预算	支	0	0	0	0
3)其他事业	支	0	0	0	0
2. 专职在岗人员情况	人	96	12	11	73
(1)性别结构	—				
1)男性	人	75	6	9	60
2)女性	人	21	6	2	13
(2)年龄结构	—				
1)45 岁以下	人	64	9	7	48
2)45 岁及以上	人	32	3	4	25
(3)文化程度	—				
1)中专及以下	人	6	0	0	6
2)大专	人	21	0	1	20
3)本科及以上	人	69	12	10	47
3. 兼职人员情况	人	332	20	32	280
(1)性别结构	—				
1)男性	人	281	14	29	238
2)女性	人	51	6	3	42
(2)年龄结构	—				
1)45 岁以下	人	182	13	18	151
2)45 岁及以上	人	150	7	14	129
(3)文化程度	—				
1)中专及以下	人	22	0	0	22
2)大专	人	81	0	1	80
3)本科及以上	人	229	20	31	178
其中:基层服务体系	人	0	0	0	0
4. 水政协管员	人	0	0	0	0

（杨耀宁）

表4　2021年沂沭泗局水利建设项目计划投资统计

单位:万元

序号	项目名称	总投资	截至2020年底累计安排投资			2021年计划投资		
			合计	中央投资		合计	中央投资	
				小计	拨款		小计	拨款
合计		147418	59800	59800	59800	32339	32339	32339
一	重大水利工程	145052	59800	59800	59800	32039	32039	32039
1	沂河、沭河上游堤防加固工程	130313	47100	47100	47100	30000	30000	30000
2	南四湖二级坝除险加固工程	14739	12700	12700	12700	2039	2039	2039
二	行业能力建设	2366	0	0	0	300	300	300
1	淮河水利委员会水政监察基础设施建设(三期)	2366	0	0	0	300	300	300

(郭兴　冯勇)

表5　2021年沂沭泗局水利建设项目完成投资统计

单位:万元

序号	项目名称	总投资	截至2020年底累计完成投资		2021年完成投资		
			合计	中央投资	合计	中央投资	
						小计	拨款
合计		147418	58018	58018	32718.45	32718.45	32718.45
一	重大水利工程	145052	58018	58018	32418.45	32418.45	32418.45
1	沂河、沭河上游堤防加固工程	130313	45318	45318	30423	30423	30423
2	南四湖二级坝除险加固工程	14739	12700	12700	1995.45	1995.45	1995.45
二	行业能力建设	2366	0	0	300	300	300
1	淮河水利委员会水政监察基础设施建设(三期)	2366	0	0	300	300	300

(郭兴　冯勇)

表 6　2021 年沂沭泗局水利建设项目完成工程量统计

序号	项目名称	土方/万 m^3		石方/万 m^3		混凝土/万 m^3		金属结构/t	
		至 2020 年底累计完成	本年完成	至 2020 年底累计完成	本年完成	至 2020 年底累计完成	本年完成	至 2020 年底累计完成	本年完成
合计		58	385	1.31	0.43	3.71	1.15	2613	89
一	重大水利工程	58	385	1.31	0.43	3.71	1.15	2613	89
1	沂河、沭河上游堤防加固工程	50	380		0.43		1.15		89
2	南四湖二级坝除险加固工程	8	5	1.31		3.71		2613	
二	行业能力建设								
1	淮河水利委员会水政监察基础设施建设（三期）								

（郭兴　冯勇）

表 7　2021 年沂沭泗流域主要控制站最大流量及最高水位统计

河名	站名	最大流量		最高水位	
		值/(m^3/s)	发生时间	值/m	发生时间
沂河	临沂	2070	2021 年 7 月 29 日 13 时 54 分	60.87	2021 年 9 月 27 日 16 时 30 分
	刘家道口闸	1040	2021 年 7 月 29 日 11 时 30 分	60.04	2021 年 9 月 27 日 17 时 11 分
分沂入沭	彭家道口闸	1620	2021 年 7 月 29 日 22 时 0 分	60.07	2021 年 9 月 27 日 16 时 0 分
沭河	重沟	1890	2021 年 7 月 29 日 11 时 46 分	56.43	2021 年 7 月 29 日 14 时 0 分
新沭河	新沭河闸	2870	2021 年 7 月 29 日 22 时 0 分	52.04	2021 年 7 月 29 日 22 时 0 分
老沭河	胜利堰闸	325	2021 年 6 月 16 日 8 时 0 分	52.35	2021 年 7 月 29 日 22 时 0 分
新沭河	大兴	3720	2021 年 7 月 29 日 23 时 5 分	25.22	2021 年 7 月 28 日 20 时 0 分
老沭河	新安	535	2021 年 7 月 29 日 9 时 20 分	27.65	2021 年 6 月 22 日 7 时 0 分
中运河	运河	3840	2021 年 7 月 29 日 20 时 50 分	24.87	2021 年 7 月 30 日 11 时 0 分
韩庄运河	台儿庄闸	2280	2021 年 7 月 29 日 14 时 0 分	29.39	2021 年 7 月 29 日 12 时 0 分
新沂河	沭阳	5060	2021 年 7 月 29 日 19 时 0 分	10.88	2021 年 7 月 29 日 16 时 50 分
新沭河	石梁河水库	3280	2021 年 7 月 30 日 8 时 0 分	25.11	2021 年 9 月 28 日 20 时 0 分
南四湖	南阳	—	—	34.96	2021 年 9 月 28 日 1 时 0 分
	微山岛	—	—	33.06	2021 年 7 月 31 日 7 时 36 分
骆马湖	洋河滩闸	—	—	23.28	2021 年 8 月 24 日 22 时 0 分

（王秀庆）

表 8　2021 年沂沭泗流域各月份降水量统计

单位:mm

项目	1 月	2 月	3 月	4 月	5 月	6 月	7 月	8 月	9 月	10 月	11 月	12 月	全年	汛期（6—9 月）
降水量	7	52	22	40	46	127	323	239	202	39	37	1	1135	891
多年平均	12	17	25	42	58	100	219	163	78	36	26	13	789	560
距平/%	-41.7	205.9	-12.0	-4.8	-20.7	27.0	47.5	46.6	159.0	8.3	42.3	-92.3	43.9	59.1

（王瑶　周静）

表 9　2021 年沂沭泗流域主要控制站月平均流量统计

单位:m^3/s

河湖名称	站点	月平均流量											
		1 月	2 月	3 月	4 月	5 月	6 月	7 月	8 月	9 月	10 月	11 月	12 月
沂河	临沂	27.8	30.6	30.9	24.3	49.5	53.6	217	143	327	111	69.4	48.2
沭河	重沟	0	2.64	14.2	32.8	21.3	31.3	148	71.5	113	34.9	21.3	15.6
老沭河	新安	1.02	1.17	3.27	20	12.8	30.40	64.7	89.2	111	44.5	20.3	26.9
中运河	运河	-30.5	-10.2	-31.7	-43.6	-48.4	-3.31	559	806	1510	593	160	40.9
新沂河	沭阳					32.70	85.5	1020	1040	1670	496		

（王瑶　周静）

表 10　2021 年沂沭泗流域直管湖泊汛期特征值对照

湖泊名称	6 月 1 日水位/m	6 月 1 日蓄水量/亿 m^3	10 月 1 日水位/m	10 月 1 日蓄水量/亿 m^3	汛期最高水位		汛期最低水位	
					值/m	发生日期	值/m	发生日期
上级湖:南阳	34.56	11.64	34.74	12.48	34.96	9 月 27 日	34.04	6 月 27 日
下级湖:微山岛	31.64	3.68	32.83	10.64	33.06	7 月 31 日	31.55	6 月 13 日
骆马湖:洋河滩闸	22.80	7.82	22.70	7.57	23.28	8 月 24 日	21.71	7 月 2 日

（王瑶　周静）

表 11　2021 年沂沭泗局防汛工程设施水毁修复项目统计

序号	预算单位	项目名称	金额/万元
2021 年应急度汛(防汛工程设施修复)			1344.15
1	沭河河道管理局	沭河右岸莒南东许口段堤防水毁修复	361.42
2	大官庄水利枢纽管理局	大官庄水利枢纽石护水毁修复	325.18
3	沭河河道管理局	沭河重沟水文站水文设备设施水毁修复	56.44
4	嶂山闸管理局	嶂山闸下游右岸护坡应急修复	163.10
5	郯城河道管理局	沂河右岸重坊段塌岸水毁修复	127.07
6	沂沭泗局水文局	沂沭泗水文自动测报系统水毁修复	41.92
7	嶂山闸管理局	嶂山闸拦河索项目	130.52
8	韩庄运河水利管理局	韩庄运河左堤桩号 42+190~42+890 段护坡应急度汛	138.50
2021 年超标洪水防御能力提升项目			360.00
9	灌南河道管理局	新沂河右堤 108+130~110+654 段堤顶沉陷裂缝水毁修复	83.49
10	河东河道管理局	沭河右岸宋家石护水毁修复	276.51
2021 年水毁修复项目(防汛工程设施修复)			913.24
11	嶂山闸管理局	嶂山闸水毁修复	200.98
12	沭河河道管理局	新沭河右岸仓巡会石护水毁修复	244.02
13	灌南河道管理局	新沂河右堤 98+500~99+600 段堤防沉陷水毁修复工程	120
14	灌南河道管理局	新沂河右堤 105+840~107+200 段堤顶沉陷水毁修复工程	150
15	沭阳河道管理局	新沂河左堤 25+500~28+080 段堤顶道路水毁修复	150
16	江风口分洪闸管理局	江风口分洪闸专用输电线路水毁修复	48.24

（王瑶　周静）

表 12　2021 年沂沭泗流域主要闸坝下泄水量统计

单位：亿 m^3

水系	闸坝	汛期下泄水量		全年下泄水量	
		闸门下泄	枢纽下泄/总出湖	闸门下泄	枢纽下泄/总出湖
上级湖	二级坝一闸	4.25	40.51	4.25	53.90
	二级坝二闸	22.34		35.43	
	二级坝三闸	13.92		14.22	
下级湖	韩庄闸	43.2	45.61	58.35	61.13
	老运河闸	2.12		2.49	
	伊家河闸	0.29		0.29	
骆马湖	嶂山闸	84.3	96.53	95.87	117.69
	皂河闸	3.95		8.51	
	刘集地涵	2.03		4.63	
	洋河滩闸	3.39		4.29	
	皂河二站	2.86		4.39	
沂河	刘家道口闸	9.07	20.93	17.43	31.25
	彭家道口闸	11.86		13.82	
沭河	新沭河闸	13.05	15.96	13.58	17.96
	人民胜利堰闸	2.91		4.38	

（王秀庆）

表 13　2021 年沂沭泗局直管水闸工程控制运用情况

工程名称:二级坝第一节制闸						统计年份:2021 年	
序号	调度指令主要内容				调度指令执行情况		实测流量/(m^3/s)
	发布单位	文号	流量/(m^3/s)	要求执行时间	完成指令时间	闸门开启情况	
1	沂沭泗局	沂防调令〔2021〕48 号	600	7 月 28 日 17 时 0 分	7 月 28 日 17 时 13 分	一闸开启 26 孔(7~32 孔),开高 1 m	600
2	沂沭泗局	沂防调令〔2021〕57 号	0	7 月 30 日 10 时 30 分	7 月 30 日 10 时 47 分	全部关闭	0
3	沂沭泗局	沂防调令〔2021〕109 号	500	8 月 30 日 11 时 30 分	8 月 30 日 11 时 40 分	一闸开启 26 孔(7~32 孔),开高 0.8 m	500
4	沂沭泗局	沂防调令〔2021〕125 号	0	9 月 4 日 18 时 30 分	9 月 4 日 18 时 45 分	全部关闭	0
5	沂沭泗局	沂防调令〔2021〕168 号	500	9 月 27 日 11 时 0 分	9 月 27 日 11 时 10 分	一闸开启 32 孔(3~34 孔),开高 1.0 m	500
6	沂沭泗局	沂防调令〔2021〕174 号	0	9 月 29 日 10 时 30 分	9 月 29 日 10 时 53 分	全部关闭	0
本年累计泄量/亿 m^3			4.25				

工程名称:二级坝第二节制闸						统计年份:2021 年	
序号	调度指令主要内容				调度指令执行情况		实测流量/(m^3/s)
	发布单位	文号	流量/(m^3/s)	要求执行时间	完成指令时间	闸门开启情况	
1	沂沭泗局	沂防调令〔2021〕1 号	300	6 月 15 日 12 时 0 分	6 月 15 日 12 时 8 分	二闸开启 26 孔(15~40 孔),开高 0.5 m	300
2	沂沭泗局	沂防调令〔2021〕5 号	800	6 月 16 日 10 时 30 分	6 月 16 日 10 时 34 分	二闸开启 45 孔(6~50 孔),开高 0.8 m	800

续表 13

工程名称:二级坝第二节制闸							统计年份:2021 年	
序号	调度指令主要内容				调度指令执行情况			实测流量/(m³/s)
	发布单位	文号	流量/(m³/s)	要求执行时间	完成指令时间	闸门开启情况		
3	沂沭泗局	沂防调令〔2021〕9 号	0	6 月 17 日 16 时 0 分	6 月 17 日 16 时 10 分	全部关闭		0
4	沂沭泗局	沂防调令〔2021〕11 号	100	7 月 1 日 12 时 0 分	7 月 1 日 12 时 5 分	二闸开启 9 孔(24~32 孔),开高 0.5 m		106
5	沂沭泗局	沂防调令〔2021〕12 号	0	7 月 5 日 14 时 0 分	7 月 5 日 14 时 3 分	全部关闭		0
6	沂沭泗局	沂防调令〔2021〕14 号	300	7 月 15 日 11 时 30 分	7 月 15 日 11 时 39 分	二闸开启 25 孔(15~39 孔),开高 0.5 m		307
7	沂沭泗局	沂防调令〔2021〕32 号	0	7 月 19 日 12 时 0 分	7 月 19 日 12 时 10 分	全部关闭		0
8	沂沭泗局	沂防调令〔2021〕45 号	300	7 月 28 日 8 时 30 分	7 月 28 日 8 时 38 分	二闸开启 25 孔(15~39 孔),开高 0.5 m		271
9	沂沭泗局	沂防调令〔2021〕48 号	700	7 月 28 日 17 时 0 分	7 月 28 日 17 时 13 分	二闸开启 34 孔(9~42 孔),开高 1 m		700
10	沂沭泗局	沂防调令〔2021〕57 号	400	7 月 30 日 10 时 30 分	7 月 30 日 10 时 32 分	二闸开启 53 孔(2~54 孔),开高 3.5 m		400
11	沂沭泗局	沂防调令〔2021〕71 号	200	8 月 3 日 11 时 0 分	8 月 3 日 11 时 10 分	二闸开启 22 孔(17~38 孔),开高 0.5 m		203

续表 13

工程名称:二级坝第二节制闸							统计年份:2021 年
序号	调度指令主要内容				调度指令执行情况		实测流量/(m^3/s)
	发布单位	文号	流量/(m^3/s)	要求执行时间	完成指令时间	闸门开启情况	
12	沂沭泗局	沂防调令〔2021〕82 号	100	8 月 8 日 10 时 0 分	8 月 8 日 10 时 4 分	二闸开启 11 孔(23~33 孔),开高 0.5 m	100
13	沂沭泗局	沂防调令〔2021〕85 号	0	8 月 10 日 10 时 0 分	8 月 10 日 10 时 3 分	全部关闭	0
14	沂沭泗局	沂防调令〔2021〕93 号	500	8 月 23 日 9 时 0 分	8 月 23 日 9 时 15 分	二闸开启 50 孔(1~50 孔),开高 0.5 m	464
15	沂沭泗局	沂防调令〔2021〕101 号	300	8 月 25 日 12 时 0 分	8 月 25 日 12 时 10 分	二闸开启 26 孔(15~40 孔),开高 0.7 m	300
16	沂沭泗局	沂防调令〔2021〕104 号	100	8 月 26 日 11 时 0 分	8 月 26 日 11 时 6 分	二闸开启 11 孔(23~33 孔),开高 0.5 m	110
17	沂沭泗局	沂防调令〔2021〕107 号	500	8 月 29 日 11 时 0 分	8 月 29 日 11 时 15 分	二闸开启 45 孔(6~50 孔),开高 0.5 m	500
18	沂沭泗局	沂防调令〔2021〕115 号	800	8 月 31 日 11 时 0 分	8 月 31 日 11 时 15 分	二闸开启 50 孔(5~54 孔),开高 1.0 m	800
19	沂沭泗局	沂防调令〔2021〕125 号	400	9 月 4 日 18 时 30 分	9 月 4 日 18 时 57 分	二闸开启 50 孔(4~53 孔),开高 1.0 m	400
20	沂沭泗局	沂防调令〔2021〕131 号	500	9 月 5 日 12 时 0 分	9 月 5 日 12 时 6 分	二闸开启 50 孔(4~53 孔),开高 1.0 m	500

续表 13

工程名称:二级坝第二节制闸							**统计年份:2021 年**
序号	调度指令主要内容				调度指令执行情况		实测流量/(m^3/s)
	发布单位	文号	流量/(m^3/s)	要求执行时间	完成指令时间	闸门开启情况	
21	沂沭泗局	沂防调令〔2021〕144 号	300	9 月 10 日 10 时 30 分	9 月 10 日 10 时 40 分	二闸开启 30 孔(14~43 孔),开高 0.5 m	300
22	沂沭泗局	沂防调令〔2021〕148 号	200	9 月 13 日 12 时 0 分	9 月 13 日 12 时 6 分	二闸开启 20 孔(19~38 孔),开高 0.5 m	200
23	沂沭泗局	沂防调令〔2021〕150 号	500	9 月 18 日 14 时 0 分	9 月 18 日 14 时 10 分	二闸开启 34 孔(12~45 孔),开高 0.8 m	500
24	沂沭泗局	沂防调令〔2021〕162 号	800	9 月 25 日 11 时 0 分	9 月 25 日 11 时 15 分	二闸开启 45 孔(6~50 孔),开高 1.0 m	800
25	沂沭泗局	沂防调令〔2021〕163 号	1000	9 月 26 日 11 时 0 分	9 月 26 日 11 时 10 分	二闸开启 55 孔(1~55 孔),开高 1.0 m	1000
26	沂沭泗局	沂防调令〔2021〕181 号	500	9 月 30 日 16 时 0 分	9 月 30 日 16 时 28 分	二闸开启 38 孔(9~46 孔),开高 1.3 m	500
27	沂沭泗局	沂防调令〔2021〕187 号	1000	10 月 6 日 12 时 0 分	10 月 6 日 12 时 20 分	二闸开启 55 孔(1~55 孔),开高 0.8 m	1000
28	沂沭泗局	沂防调令〔2021〕191 号	400	10 月 9 日 12 时 0 分	10 月 9 日 12 时 15 分	二闸开启 37 孔(10~46 孔),开高 0.6 m	400

续表 13

工程名称:二级坝第二节制闸						统计年份:2021 年	
序号	调度指令主要内容				调度指令执行情况		实测流量/(m^3/s)
	发布单位	文号	流量/(m^3/s)	要求执行时间	完成指令时间	闸门开启情况	
29	沂沭泗局	沂防调令〔2021〕194 号	600	10 月 12 日 13 时 0 分	10 月 12 日 13 时 10 分	二闸开启 52 孔(3~54 孔),开高 0.6 m	600
30	沂沭泗局	沂防调令〔2021〕198 号	200	10 月 18 日 14 时 0 分	10 月 18 日 14 时 18 分	二闸开启 22 孔(18~39 孔),开高 0.5 m	200
31	沂沭泗局	沂防调令〔2021〕200 号	0	10 月 19 日 10 时 0 分	10 月 19 日 10 时 10 分	全部关闭	0
32	沂沭泗局	沂防调令〔2021〕202 号	200	10 月 25 日 12 时 0 分	10 月 25 日 12 时 8 分	二闸开启 17 孔(20~36 孔),开高 0.5 m	200
33	沂沭泗局	沂防调令〔2021〕203 号	0	11 月 1 日 16 时 0 分	11 月 1 日 16 时 10 分	全部关闭	0
34	沂沭泗局	沂防调令〔2021〕204 号	200	11 月 17 日 12 时 0 分	11 月 17 日 12 时 10 分	二闸开启 16 孔(20~35 孔),开高 0.5 m	200
35	沂沭泗局	沂防调令〔2021〕206 号	300	11 月 23 日 11 时 0 分	11 月 23 日 11 时 8 分	二闸开启 27 孔(14~40 孔),开高 0.5 m	300
36	沂沭泗局	沂防调令〔2021〕208 号	200	11 月 26 日 11 时 0 分	11 月 26 日 11 时 6 分	二闸开启 18 孔(19~36 孔),开高 0.5 m	200
37	沂沭泗局	沂防调令〔2021〕210 号	0	12 月 1 日 14 时 30 分	12 月 1 日 14 时 36 分	全部关闭	0
本年累计泄量/亿 m^3			35.43				

续表 13

工程名称:二级坝第三节制闸							统计年份:2021 年	
序号	调度指令主要内容				调度指令执行情况			实测流量/(m^3/s)
	发布单位	文号	流量/(m^3/s)	要求执行时间	完成指令时间	闸门开启情况		
1	沂沭泗局	沂防调令〔2021〕2 号	300	6 月 15 日 15 时 0 分	6 月 15 日 15 时 15 分	三闸开启 21 孔(32~52 孔),开高 0.5 m		300
2	沂沭泗局	沂防调令〔2021〕5 号	800	6 月 16 日 10 时 30 分	6 月 16 日 10 时 34 分	三闸开启 45 孔(20~64 孔),开高 0.5 m		800
3	沂沭泗局	沂防调令〔2021〕9 号	0	6 月 17 日 16 时 0 分	6 月 17 日 16 时 10 分	全部关闭		0
4	沂沭泗局	沂防调令〔2021〕23 号	300	7 月 16 日 12 时 0 分	7 月 16 日 12 时 8 分	三闸开启 26 孔(30~55 孔),开高 0.5 m		300
5	沂沭泗局	沂防调令〔2021〕30 号	0	7 月 18 日 10 时 30 分	7 月 18 日 10 时 37 分	全部关闭		0
6	沂沭泗局	沂防调令〔2021〕45 号	300	7 月 28 日 8 时 30 分	7 月 28 日 8 时 36 分	三闸开启 22 孔(32~53 孔),开高 0.5 m		304
7	沂沭泗局	沂防调令〔2021〕48 号	700	7 月 28 日 17 时 0 分	7 月 28 日 17 时 8 分	三闸开启 25 孔(31~55 孔),开高 1 m		700
8	沂沭泗局	沂防调令〔2021〕57 号	400	7 月 30 日 10 时 30 分	7 月 30 日 11 时 10 分	三闸开启 42 孔(22~63 孔),开高 1.5 m		400
9	沂沭泗局	沂防调令〔2021〕63 号	0	7 月 31 日 10 时 30 分	7 月 31 日 10 时 37 分	全部关闭		0
10	沂沭泗局	沂防调令〔2021〕108 号	500	8 月 30 日 8 时 0 分	8 月 30 日 8 时 10 分	三闸开启 40 孔(23~62 孔),开高 0.5 m		500

续表 13

工程名称:二级坝第三节制闸							统计年份:2021 年
序号	调度指令主要内容				调度指令执行情况		实测流量/(m^3/s)
	发布单位	文号	流量/(m^3/s)	要求执行时间	完成指令时间	闸门开启情况	
11	沂沭泗局	沂防调令〔2021〕115 号	800	8 月 31 日 11 时 0 分	8 月 31 日 11 时 13 分	三闸开启 54 孔(16~69 孔),开高 0.8 m	800
12	沂沭泗局	沂防调令〔2021〕125 号	400	9 月 4 日 18 时 30 分	9 月 4 日 18 时 59 分	三闸开启 42 孔(22~63 孔),开高 1.0 m	400
13	沂沭泗局	沂防调令〔2021〕126 号	0	9 月 5 日 11 时 0 分	9 月 5 日 11 时 15 分	全部关闭	0
14	沂沭泗局	沂防调令〔2021〕137 号	500	9 月 7 日 11 时 0 分	9 月 7 日 11 时 15 分	三闸开启 43 孔(23~65 孔),开高 0.5 m	500
15	沂沭泗局	沂防调令〔2021〕144 号	0	9 月 10 日 10 时 30 分	9 月 10 日 10 时 38 分	全部关闭	0
16	沂沭泗局	沂防调令〔2021〕155 号	500	9 月 20 日 12 时 0 分	9 月 20 日 12 时 15 分	三闸开启 38 孔(24~61 孔),开高 0.5 m	500
17	沂沭泗局	沂防调令〔2021〕162 号	800	9 月 25 日 11 时 0 分	9 月 25 日 11 时 15 分	三闸开启 48 孔(19~66 孔),开高 0.8 m	800
18	沂沭泗局	沂防调令〔2021〕163 号	1000	9 月 26 日 11 时 0 分	9 月 26 日 11 时 8 分	三闸开启 60 孔(13~72 孔),开高 0.8 m	1000
19	沂沭泗局	沂防调令〔2021〕177 号	0	9 月 30 日 10 时 0 分	9 月 30 日 10 时 20 分	全部关闭	0
本年累计泄量/亿 m^3			14.22				

续表 13

工程名称：韩庄节制闸					统计年份：2021 年		
序号	调度指令主要内容				调度指令执行情况		实测流量/（m^3/s）
	发布单位	文号	流量/（m^3/s）	要求执行时间	完成指令时间	闸门开启情况	
1	沂沭泗局	沂防调令〔2021〕22 号	300	7 月 16 日 16 时 0 分	7 月 16 日 16 时 10 分	开启 9~23 孔，开高 0.4 m	314
			600	7 月 16 日 18 时 0 分	7 月 16 日 18 时 10 分	开启 8~24 孔，开高 0.8m	618
2	沂沭泗局	沂防调令〔2021〕28 号	800	7 月 17 日 12 时 0 分	7 月 17 日 12 时 15 分	开 8~24 孔，开高 1.2 m	816
3	沂沭泗局	沂防调令〔2021〕33 号	500	7 月 19 日 14 时 0 分	7 月 19 日 14 时 13 分	开 9~24 孔，开高 0.7 m	500
4	沂沭泗局	沂防调令〔2021〕35 号	200	7 月 20 日 14 时 0 分	7 月 20 日 14 时 8 分	开 9~19 孔，开高 0.4 m	200
5	沂沭泗局	沂防调令〔2021〕37 号	0	7 月 21 日 10 时 30 分	7 月 21 日 10 时 38 分	全部关闭	0
6	沂沭泗局	沂防调令〔2021〕46 号	500	7 月 28 日 9 时 30 分	7 月 28 日 9 时 43 分	开 9~24 孔，每孔开高 0.7 m	500
7	沂沭泗局	沂防调令〔2021〕50 号	1500	7 月 28 日 17 时 0 分	7 月 28 日 18 时 8 分	31 孔全开	1410
8	沂沭泗局	沂防调令〔2021〕56 号	800	7 月 29 日 13 时 30 分	7 月 29 日 14 时 20 分	开 8~24 孔，每孔开高 1.2 m	876
9	沂沭泗局	沂防调令〔2021〕58 号	1500	7 月 30 日 11 时 0 分	7 月 30 日 12 时 5 分	31 孔全开	1790
10	沂沭泗局	沂防调令〔2021〕68 号	800	8 月 2 日 11 时 0 分	8 月 2 日 11 时 10 分	开 8~24 孔，每孔开高 1.2 m	800
11	沂沭泗局	沂防调令〔2021〕75 号	500	8 月 5 日 11 时 0 分	8 月 5 日 11 时 8 分	开 9~23 孔，每孔开高 0.7 m	504
12	沂沭泗局	沂防调令〔2021〕79 号	200	8 月 7 日 8 时 0 分	8 月 7 日 8 时 20 分	开 6~7、25~26 孔，每孔开高 1.1 m	296
13	沂沭泗局	沂防调令〔2021〕83 号	100	8 月 8 日 10 时 0 分	8 月 8 日 10 时 5 分	开 6~7、25~26 孔，每孔开高 0.3 m	89.6

续表 13

工程名称:韩庄节制闸							统计年份:2021 年
序号	调度指令主要内容				调度指令执行情况		实测流量/(m^3/s)
	发布单位	文号	流量/(m^3/s)	要求执行时间	完成指令时间	闸门开启情况	
14	沂沭泗局	沂防调令〔2021〕86 号	0	8 月 11 日 11 时 0 分	8 月 11 日 11 时 3 分	全部关闭	0
15	沂沭泗局	沂防调令〔2021〕90 号	100	8 月 21 日 11 时 0 分	8 月 21 日 11 时 6 分	开 13~19 孔,每孔开高 0.3 m	92.6
16	沂沭泗局	沂防调令〔2021〕91 号	200	8 月 22 日 17 时 0 分	8 月 22 日 17 时 6 分	开 11~21 孔,每孔开高 0.4 m	200
17	沂沭泗局	沂防调令〔2021〕94 号	500	8 月 23 日 9 时 0 分	8 月 23 日 9 时 5 分	开 8~24 孔,每孔开高 0.6 m	489
			1000	8 月 23 日 10 时 30 分	8 月 23 日 10 时 52 分	老闸 17 孔,每孔开高 1.0 m; 新闸 14 孔,每孔开高 0.6 m	1000
18	沂沭泗局	沂防调令〔2021〕102 号	300	8 月 25 日 12 时 0 分	8 月 25 日 12 时 24 分	开 9~23 孔,每孔开高 0.4 m	300
19	沂沭泗局	沂防调令〔2021〕106 号	500	8 月 27 日 12 时 0 分	8 月 27 日 12 时 7 分	开 8~24 孔,每孔开高 0.6 m	500
20	沂沭泗局	沂防调令〔2021〕110 号	1500	8 月 30 日 11 时 30 分	8 月 30 日 12 时 34 分	31 孔全开	1500
21	沂沭泗局	沂防调令〔2021〕142 号	1000	9 月 9 日 11 时 0 分	9 月 9 日 11 时 53 分	老闸 17 孔,每孔开高 1.0 m; 新闸 14 孔,每孔开高 0.6 m	1030
22	沂沭泗局	沂防调令〔2021〕145 号	300	9 月 10 日 10 时 30 分	9 月 10 日 10 时 54 分	开 9~23 孔,每孔开高 0.4 m	295
23	沂沭泗局	沂防调令〔2021〕149 号	200	9 月 16 日 12 时 0 分	9 月 16 日 12 时 3 分	开 11~21 孔,每孔开高 0.4 m	200
24	沂沭泗局	沂防调令〔2021〕151 号	500	9 月 18 日 14 时 0 分	9 月 18 日 14 时 7 分	开 8~24 孔,每孔开高 0.6 m	508

续表 13

工程名称:韩庄节制闸							统计年份:2021 年
序号	调度指令主要内容				调度指令执行情况		实测流量/(m^3/s)
	发布单位	文号	流量/(m^3/s)	要求执行时间	完成指令时间	闸门开启情况	
25	沂沭泗局	沂防调令〔2021〕156 号	1000	9 月 20 日 12 时 0 分	9 月 20 日 12 时 12 分	老闸 17 孔,每孔开高 1.0 m;新闸 14 孔,每孔开高 0.6 m	1000
26	沂沭泗局	沂防调令〔2021〕164 号	1800	9 月 26 日 11 时 0 分	9 月 26 日 11 时 53 分	老闸 17 孔,每孔开高 1.8 m;新闸 14 孔,每孔开高 3.4 m	1470
27	沂沭泗局	沂防调令〔2021〕184 号	500	10 月 2 日 12 时 0 分	10 月 2 日 13 时 20 分	开 8~24 孔,每孔开高 0.6 m	496
28	沂沭泗局	沂防调令〔2021〕188 号	1000	10 月 6 日 12 时 0 分	10 月 6 日 12 时 13 分	31 孔全开,老闸开高 1 m,新闸开高 0.6 m	1170
29	沂沭泗局	沂防调令〔2021〕192 号	200	10 月 10 日 12 时 0 分	10 月 10 日 12 时 23 分	开 11~21 孔,每孔开高 0.4 m	188
30	沂沭泗局	沂防调令〔2021〕195 号	600	10 月 12 日 13 时 0 分	10 月 12 日 13 时 10 分	开 8~24 孔,每孔开高 0.8 m	655
31	沂沭泗局	沂防调令〔2021〕199 号	200	10 月 18 日 14 时 0 分	10 月 18 日 14 时 13 分	开 11~21 孔,每孔开高 0.4 m	200
32	沂沭泗局	沂防调令〔2021〕201 号	0	10 月 22 日 10 时 0 分	10 月 22 日 10 时 8 分	全部关闭	0
33	沂沭泗局	沂防调令〔2021〕205 号	200	11 月 17 日 12 时 0 分	11 月 17 日 12 时 8 分	开 11~21 孔,每孔开高 0.4 m	200
34	沂沭泗局	沂防调令〔2021〕207 号	300	11 月 23 日 11 时 0 分	11 月 23 日 11 时 3 分	开 9~23 孔,每孔开高 0.4 m	321
35	沂沭泗局	沂防调令〔2021〕209 号	200	11 月 26 日 11 时 0 分	11 月 26 日 11 时 3 分	开 11~21 孔,每孔开高 0.4 m	234
36	沂沭泗局	沂防调令〔2021〕211 号	0	12 月 3 日 10 时 0 分	12 月 3 日 10 时 7 分	全部关闭	0
本年累计泄量/亿 m^3			58.35				

续表 13

工程名称:老运河节制闸							统计年份:2021 年
序号	调度指令主要内容				调度指令执行情况		实测流量/(m³/s)
	发布单位	文号	流量/(m³/s)	要求执行时间	完成指令时间	闸门开启情况	
1	沂沭泗局	沂防调令〔2021〕123 号	200	9 月 2 日 11 时 0 分	9 月 2 日 11 时 10 分	3 孔全开	228
2	沂沭泗局	沂防调令〔2021〕139 号	0	9 月 8 日 11 时 0 分	9 月 8 日 11 时 10 分	全部关闭	0
3	沂沭泗局	沂防调令〔2021〕164 号	200	9 月 26 日 12 时 0 分	9 月 26 日 12 时 10 分	3 孔全开	184
4	沂沭泗局	沂防调令〔2021〕184 号	0	10 月 2 日 12 时 0 分	10 月 2 日 12 时 10 分	全部关闭	0
本年累计泄量/亿 m³			2.49				

工程名称:伊家河节制闸							统计年份:2021 年
序号	调度指令主要内容				调度指令执行情况		实测流量/(m³/s)
	发布单位	文号	流量/(m³/s)	要求执行时间	完成指令时间	闸门开启情况	
1	沂沭泗局	沂防调令〔2021〕123 号	100	9 月 2 日 12 时 0 分	9 月 2 日 12 时 9 分	3 孔全部开启	109
2	沂沭泗局	沂防调令〔2021〕127 号	0	9 月 5 日 11 时 0 分	9 月 5 日 11 时 8 分	全部关闭	0
本年累计泄量/亿 m³			0.29				

续表 13

工程名称:复新河闸				**统计年份:2021 年**	
序号	调度指令主要内容				备注
	发布单位	文号	要求执行时间	闸门开启情况	
1	南四湖局	南防电传〔2021〕12 号	7 月 15 日 15 时 0 分	开启第 6~23 孔,全部提出水面	共 23 孔
2	南四湖局	南防电传〔2021〕36 号	9 月 26 日 13 时 30 分	关闭	临时调整
			9 月 26 日 14 时 0 分	开启第 6~23 孔,全部提出水面	
3	南四湖局	南防电传〔2021〕37 号	10 月 22 日 10 时 0 分	关闭	
工程名称:苏北堤河闸				**统计年份:2021 年**	
序号	调度指令主要内容				备注
	发布单位	文号	要求执行时间	闸门开启情况	
1	南四湖局	南防电传〔2021〕21 号	7 月 29 日 9 时 25 分	开启 4.75 m	共 1 孔
2	南四湖局	南防电传〔2021〕22 号	7 月 29 日 11 时 40 分	关闭	

续表 13

工程名称:挖工庄河闸				统计年份:2021 年	
序号	调度指令主要内容				备注
	发布单位	文号	要求执行时间	闸门开启情况	
1	南四湖局	南防电传〔2021〕6 号	6 月 14 日 12 时 15 分	开启 2 孔,开高 1.0 m	共 2 孔
2	南四湖局	南防电传〔2021〕7 号	6 月 15 日 18 时 0 分	关闭	
3	南四湖局	南防电传〔2021〕11 号	7 月 1 日 15 时 0 分	开启 2 孔,开高 0.5 m	
4	南四湖局	南防电传〔2021〕14 号	7 月 15 日 11 时 40 分	开启 2 孔,开高 1.0 m	
5	南四湖局	南防电传〔2021〕17 号	7 月 16 日 18 时 0 分	关闭	
6	南四湖局	南防电传〔2021〕18 号	7 月 19 日 16 时 30 分	开启 2 孔,开高 3.5 m	
7	南四湖局	南防电传〔2021〕19 号	7 月 22 日 15 时 30 分	关闭	
8	南四湖局	南防电传〔2021〕23 号	8 月 1 日 8 时 0 分	开启 2 孔,开高 3.5 m	
9	南四湖局	南防电传〔2021〕27 号	8 月 9 日 11 时 0 分	关闭	
10	南四湖局	南防电传〔2021〕29 号	8 月 12 日 16 时 0 分	开启 2 孔,开高 1.0 m	
11	南四湖局	南防电传〔2021〕30 号	8 月 30 日 11 时 40 分	关闭	
12	南四湖局	南防电传〔2021〕39 号	11 月 30 日 15 时 30 分	开启 2 孔,开高 0.5 m	

续表 13

工程名称:大屯闸				统计年份:2021 年	
序号	调度指令主要内容				备注
	发布单位	文号	要求执行时间	闸门开启情况	
1	南四湖局	南防电传〔2021〕5 号	6 月 14 日 11 时 30 分	开启 0.5 m	共 1 孔
2	南四湖局	南防电传〔2021〕8 号	6 月 15 日 18 时 30 分	关闭	
3	南四湖局	南防电传〔2021〕24 号	8 月 1 日 8 时 40 分	开启 1.0 m	
4	南四湖局	南防电传〔2021〕26 号	8 月 9 日 10 时 30 分	关闭	
5	南四湖局	南防电传〔2021〕28 号	8 月 12 日 15 时 0 分	开启 1.0 m	
6	南四湖局	南防电传〔2021〕32 号	8 月 30 日 11 时 0 分	关闭	
7	南四湖局	南防电传〔2021〕38 号	11 月 30 日 14 时 30 分	开启 0.5 m	

工程名称:大王庄闸				统计年份:2021 年	
序号	调度指令主要内容				备注
	发布单位	文号	要求执行时间	闸门开启情况	
1	南四湖局	南防电传〔2021〕1 号	1 月 29 日 15 时 30 分	开启 0.4 m	共 1 孔
2	南四湖局	南防电传〔2021〕2 号	2 月 10 日 11 时 30 分	关闭	
3	南四湖局	南防电传〔2021〕3 号	3 月 2 日 11 时 0 分	开启 0.4 m	
4	南四湖局	南防电传〔2021〕4 号	3 月 29 日 19 时 30 分	关闭	

续表 13

工程名称:大王庄闸				统计年份:2021 年	
序号	调度指令主要内容				备注
	发布单位	文号	要求执行时间	闸门开启情况	
5	南四湖局	南防电传〔2021〕9 号	6 月 23 日 17 时 20 分	开启 0.3 m	
6	南四湖局	南防电传〔2021〕10 号	6 月 24 日 16 时 50 分	开启 0.5 m	
7	南四湖局	南防电传〔2021〕13 号	7 月 15 日 11 时 0 分	开启 1.0 m	
8	南四湖局	南防电传〔2021〕15 号	7 月 16 日 11 时 0 分	开启 2.0 m	
9	南四湖局	南防电传〔2021〕16 号	7 月 16 日 19 时 0 分	关闭	
10	南四湖局	南防电传〔2021〕20 号	7 月 28 日 19 时 30 分	开启 3.0 m	
11	南四湖局	南防电传〔2021〕25 号	8 月 6 日 11 时 0 分	关闭	
12	南四湖局	南防电传〔2021〕30 号	8 月 23 日 10 时 0 分	开启 3.5 m	
13	南四湖局	南防电传〔2021〕31 号	8 月 24 日 10 时 30 分	关闭	
14	南四湖局	南防电传〔2021〕34 号	9 月 5 日 10 时 30 分	开启 2.0 m	
15	南四湖局	南防电传〔2021〕35 号	9 月 6 日 8 时 30 分	关闭	

续表 13

工程名称:刘家道口水利枢纽							统计年份:2021 年	
序号	调度指令编号	调度指令内容	接收时间	水闸	开高/m	孔数	闸门编号	执行时间
1	沂防调令〔2021〕13 号	2021 年 7 月 15 日 9 时开启刘家道口闸,下泄流量 500 m^3/s	2021 年 7 月 15 日 7 时 51 分	刘家道口闸	0.31	12	13~24 孔	9 时 0 分
2	沂防调令〔2021〕20 号	2021 年 7 月 16 日 12 时开启彭家道口闸,下泄流量 300 m^3/s	2021 年 7 月 16 日 10 时 36 分	彭家道口闸	2	4	4、8、12、16 孔	12 时 0 分
3	沂防调令〔2021〕25 号	2021 年 7 月 17 日 11 时关闭彭家道口闸,同时将刘家道口闸下泄流量减小至 200 m^3/s	2021 年 7 月 17 日 10 时 13 分	彭家道口闸、刘家道口闸	彭家道口闸全关,刘家道口闸开高 0.51 m	6	14、16、18、20、22、24 孔	11 时 0 分
4	沂防调令〔2021〕31 号	根据沂河上游来水情况调整刘家道口枢纽流量,下泄流量不超过 100 m^3/s,控制闸前蓄水位不超过 57.5 m	2021 年 7 月 18 日 9 时 53 分	彭家道口闸、刘家道口闸				
5	沂防调令〔2021〕41 号	2021 年 7 月 27 日 19 时开启彭家道口闸,下泄流量 100 m^3/s,同时将刘家道口闸下泄流量调整至 200 m^3/s	2021 年 7 月 27 日 16 时 46 分	彭家道口闸、刘家道口闸	彭家道口闸开高 1 m,刘家道口闸开高 0.29 m	彭家道口闸 4 孔,刘家道口闸 6 孔	彭家道口闸开 4、8、12、16 孔;刘家道口闸开 14、16、18、20、22、24 孔	19 时 0 分

续表 13

工程名称：刘家道口水利枢纽							统计年份：2021 年	
序号	调度指令编号	调度指令内容	接收时间	水闸	开高/m	孔数	闸门编号	执行时间
6	沂防调令〔2021〕42 号	2021 年 7 月 27 日 20 时将彭家道口闸下泄流量加大至 500 m^3/s	2021 年 7 月 27 日 17 时 46 分	彭家道口闸	1.5	19	1~19 孔	19 时 57 分
7	沂防调令〔2021〕51 号	2021 年 7 月 28 日 23 时将彭家道口闸下泄流量加大至 1000 m^3/s	2021 年 7 月 28 日 21 时 48 分	彭家道口闸	4	19	1~19 孔	23 时 0 分
8	沂防调令〔2021〕53 号	2021 年 7 月 29 日 11 时将彭家道口闸下泄流量加大至 2000 m^3/s，同时将刘家道口闸下泄流量加大至 1000 m^3/s	2021 年 7 月 29 日 9 时 52 分	彭家道口闸、刘家道口闸	彭家道口闸开高 6 m，刘家道口闸开高 0.42 m	彭家道口闸 19 孔，刘家道口闸 18 孔	彭家道口闸开 1~19 孔，刘家道口闸开 2~36 偶数孔	11 时 0 分
9	沂防调令〔2021〕55 号	2021 年 7 月 29 日 14 时将刘家道口闸下泄流量调整至 300 m^3/s	2021 年 7 月 29 日 12 时 2 分	刘家道口闸	0.37	6	刘家道口闸开 14、16、18、20、22、24 孔	14 时 0 分
10	沂防调令〔2021〕61 号	2021 年 7 月 30 日 17 时将彭家道口闸下泄流量调整至 1000 m^3/s	2021 年 7 月 30 日 15 时 52 分	彭家道口闸	5	19	1~19 孔	17 时 0 分

续表 13

工程名称:刘家道口水利枢纽							统计年份:2021 年	
序号	调度指令编号	调度指令内容	接收时间	水闸	开高/m	孔数	闸门编号	执行时间
11	沂防调令〔2021〕62 号	2021 年 7 月 31 日 10 时将彭家道口闸下泄流量调整至 100 m^3/s	2021 年 7 月 31 日 9 时 43 分	彭家道口闸	0.7	4	彭家道口闸开 4、8、12、16 孔	10 时 0 分
12	沂防调令〔2021〕65 号	2021 年 7 月 31 日 17 时 30 分将彭家道口闸下泄流量调整至 400 m^3/s,同时将刘家道口闸下泄流量加大至 100 m^3/s	2021 年 7 月 31 日 16 时 59 分	彭家道口闸、刘家道口闸	彭家道口闸开高 1.5 m,刘家道口闸开高 0.41 m	彭家道口闸 9 孔,刘家道口闸 3 孔	彭家道口闸开 2、4、6、8、10、12、14、16、18 孔,刘家道口闸开 2、14、16 孔	17 时 30 分
13	沂防调令〔2021〕70 号	2021 年 8 月 2 日 11 时将彭家道口闸下泄流量调整至 200 m^3/s	2021 年 8 月 2 日 10 时 6 分	彭家道口闸	1.9	4	4、8、12、16 孔	11 时 0 分
14	沂防调令〔2021〕72 号	2021 年 8 月 3 日 12 时关闭彭家道口闸	2021 年 8 月 3 日 10 时 7 分	彭家道口闸	0			12 时 0 分
15	沂防调令〔2021〕80 号	2021 年 8 月 7 日 10 时开启并调节彭家道口闸,控制闸前蓄水位不超过 57.5 m,下泄流量不超过 200 m^3/s	2021 年 8 月 7 日 8 时 56 分	彭家道口闸	0.7	4	4、8、12、16 孔	10 时 0 分

续表 13

工程名称:刘家道口水利枢纽							统计年份:2021 年	
序号	调度指令编号	调度指令内容	接收时间	水闸	开高/m	孔数	闸门编号	执行时间
16	沂防调令〔2021〕87 号	根据沂河上游来水情况调整刘家道口枢纽泄量,控制刘家道口闸和彭家道口闸下泄流量均不超过 100 m^3/s,闸前蓄水位不超过 57.5 m	2021 年 8 月 12 日 9 时 44 分	彭家道口闸、刘家道口闸				
17	沂防调令〔2021〕88 号	2021 年 8 月 21 日 10 时 30 分加大彭家道口闸泄量,控制下泄流量不超过 200 m^3/s,闸前蓄水位不超过 57.5 m	2021 年 8 月 21 日 9 时 38 分	彭家道口闸	0.57	4	4、8、12、16 孔	10 时 30 分
18	沂防调令〔2021〕92 号	2021 年 8 月 22 日 22 时将刘家道口闸下泄流量加大至 500 m^3/s	2021 年 8 月 22 日 20 时 38 分	刘家道口闸	0.49	8	12~26 偶数孔	22 时 0 分
19	沂防调令〔2021〕97 号	2021 年 8 月 23 日 17 时将刘家道口闸下泄流量调整至 200 m^3/s	2021 年 8 月 23 日 15 时 54 分	刘家道口闸	0.44	4	16、18、20、22 孔	17 时 0 分
20	沂防调令〔2021〕98 号	根据沂河上游来水情况调整刘家道口枢纽泄量,控制刘家道口闸和彭家道口闸下泄流量均不超过 100 m^3/s,闸前蓄水位不超过 57.5 m	2021 年 8 月 24 日 9 时 7 分	刘家道口闸	0.1	1	18 孔	9 时 16 分

续表 13

工程名称:刘家道口水利枢纽							统计年份:2021 年	
序号	调度指令编号	调度指令内容	接收时间	水闸	开高/m	孔数	闸门编号	执行时间
21	沂防调令〔2021〕113 号	2021 年 8 月 30 日 19 时将彭家道口闸下泄流量加大至 200 m^3/s	2021 年 8 月 30 日 18 时 1 分	彭家道口闸	1.3	4	4、8、12、16 孔	19 时 0 分
22	沂防调令〔2021〕116 号	2021 年 8 月 31 日 14 时将彭家道口闸下泄流量调整至 100 m^3/s	2021 年 8 月 31 日 13 时 9 分	彭家道口闸	0.65	4	4、8、12、16 孔	14 时 0 分
23	沂防调令〔2021〕118 号	2021 年 8 月 31 日 20 时将刘家道口闸下泄流量加大至 300 m^3/s	2021 年 8 月 31 日 18 时 47 分	刘家道口闸	0.42	6	14、16、18、20、22、24 孔	20 时 0 分
24	沂防调令〔2021〕120 号	根据沂河上游来水情况调整刘家道口枢纽泄量,控制刘家道口闸和彭家道口闸下泄流量均不超过 100 m^3/s,闸前蓄水位不超过 57.5 m	2021 年 9 月 1 日 9 时 28 分	彭家道口闸、刘家道口闸				
25	沂防调令〔2021〕121 号	2021 年 9 月 2 日 10 时将彭家道口闸下泄流量加大至 300 m^3/s	2021 年 9 月 2 日 9 时 38 分	彭家道口闸	1.8	4	4、8、12、16 孔	10 时 0 分

续表 13

工程名称:刘家道口水利枢纽							统计年份:2021 年	
序号	调度指令编号	调度指令内容	接收时间	水闸	开高/m	孔数	闸门编号	执行时间
26	沂防调令〔2021〕129 号	2021 年 9 月 5 日 11 时将彭家道口闸下泄流量加大至 500 m^3/s	2021 年 9 月 5 日 10 时 10 分	彭家道口闸	0.9	19	全开	11 时 0 分
27	沂防调令〔2021〕132 号	2021 年 9 月 5 日 15 时 30 分将彭家道口闸下泄流量加大至 1000 m^3/s	2021 年 9 月 5 日 15 时 0 分	彭家道口闸	1.8	19	全开	15 时 30 分
28	沂防调令〔2021〕133 号	2021 年 9 月 5 日 18 时 30 分将彭家道口闸下泄流量加大至 1500 m^3/s	2021 年 9 月 5 日 17 时 26 分	彭家道口闸	6	19	全开	18 时 30 分
29	沂防调令〔2021〕135 号	2021 年 9 月 6 日 19 时将彭家道口闸下泄流量调整至 800 m^3/s	2021 年 9 月 6 日 17 时 27 分	彭家道口闸	1.9	19	全开	19 时 0 分
30	沂防调令〔2021〕141 号	根据闸前水位及上游来水情况调整彭家道口闸泄量,控制下泄流量不超过 100 m^3/s	2021 年 9 月 8 日 13 时 52 分	彭家道口闸	0.25	1	10	14 时 25 分
31	沂防调令〔2021〕153 号	2021 年 9 月 20 日 10 时 30 分将彭家道口闸下泄流量加大至 300 m^3/s	2021 年 9 月 20 日 10 时 2 分	彭家道口闸	1.3	5	6、8、10、12、14 孔	10 时 30 分

续表 13

工程名称:刘家道口水利枢纽							统计年份:2021 年	
序号	调度指令编号	调度指令内容	接收时间	水闸	开高/m	孔数	闸门编号	执行时间
32	沂防调令〔2021〕159 号	根据闸前水位及上游来水情况调整彭家道口闸泄量,控制下泄流量不超过 100 m^3/s	2021 年 9 月 22 日 9 时 57 分	彭家道口闸				
33	沂防调令〔2021〕166 号	2021 年 9 月 26 日 19 时将刘家道口闸下泄流量加大至 400 m^3/s	2021 年 9 月 26 日 17 时 59 分	刘家道口闸	0.47	6	14、16、18、20、22、24 孔	19 时 0 分
34	沂防调令〔2021〕169 号	2021 年 9 月 27 日 13 时 30 分,将彭家道口闸下泄流量加大至 500 m^3/s	2021 年 9 月 27 日 12 时 49 分	彭家道口闸	1.3	9	2、4、6、8、10、12、14、16、18 孔	13 时 30 分
35	沂防调令〔2021〕170 号	2021 年 9 月 27 日 15 时 30 分将彭家道口闸下泄流量加大至 1000 m^3/s	2021 年 9 月 27 日 14 时 58 分	彭家道口闸	1.4	19	1~19 孔	15 时 30 分
36	沂防调令〔2021〕173 号	2021 年 9 月 28 日 10 时将刘家道口闸下泄流量调整至 100 m^3/s	2021 年 9 月 28 日 9 时 34 分	刘家道口闸	0.47	6	14、16、18、20、22、24 孔	10 时 0 分

续表 13

工程名称:刘家道口水利枢纽							统计年份:2021 年	
序号	调度指令编号	调度指令内容	接收时间	水闸	开高/m	孔数	闸门编号	执行时间
37	沂防调令〔2021〕175 号	2021 年 9 月 29 日 10 时 30 分将彭家道口闸下泄流量调整至 500 m^3/s	2021 年 9 月 29 日 9 时 50 分	彭家道口闸	0.81	19	1~19 孔	10 时 30 分
38	沂防调令〔2021〕179 号	2021 年 9 月 30 日 10 时 30 分将彭家道口闸下泄流量调整至 100 m^3/s	2021 年 9 月 30 日 9 时 54 分	彭家道口闸	0.9	3	8、10、12 孔	10 时 30 分
39	沂防调令〔2021〕185 号	2021 年 10 月 2 日 11 时将刘家道口闸下泄流量加大至 200 m^3/s,同时关闭彭家道口闸	2021 年 10 月 2 日 10 时 2 分	彭家道口闸、刘家道口闸	0.35	4	16、18、20、22 孔	11 时 0 分
40	沂防调令〔2021〕190 号	根据沂河上游来水情况调整刘家道口枢纽泄量,控制刘家道口闸和彭家道口闸下泄流量均不超过 100 m^3/s,闸前蓄水位不超过 59.5 m	2021 年 10 月 9 日 8 时 47 分	彭家道口闸、刘家道口闸				
本年累计泄量/亿 m^3			31.25					

续表 13

工程名称:大官庄水利枢纽							统计年份:2021 年	
序号	调度指令编号	调度指令内容	接收时间	水闸	开高/m	孔数	闸门编号	执行时间
1	沂防调令〔2021〕3 号	2021 年 6 月 15 日 16 时 30 分,开启人民胜利堰闸,下泄流量 100 m^3/s	2021 年 6 月 15 日 13 时 56 分	人民胜利堰闸	1	2	4、5 孔	16 时 35 分
2	沂防调令〔2021〕4 号	2021 年 6 月 15 日 18 时 30 分将人民胜利堰闸下泄流量加大至 300 m^3/s	2021 年 6 月 15 日 17 时 30 分	人民胜利堰闸	0.65	8	1~8 孔	18 时 32 分
3	沂防调令〔2021〕7 号	2021 年 6 月 16 日 19 时将人民胜利堰闸下泄流量调整至 100 m^3/s	2021 年 6 月 16 日 17 时 44 分	人民胜利堰闸	1	2	4、5 孔	19 时 5 分
4	沂防调令〔2021〕8 号	2021 年 6 月 17 日 12 时关闭人民胜利堰闸	2021 年 6 月 17 日 10 时 19 分	人民胜利堰闸	0			12 时 0 分
5	沂防调令〔2021〕15 号	2021 年 7 月 15 日 11 时 30 分开启人民胜利堰闸,下泄流量 100 m^3/s	2021 年 7 月 15 日 9 时 39 分	人民胜利堰闸	0.98	2	4、5 孔	11 时 30 分
6	沂防调令〔2021〕17 号	2021 年 7 月 15 日 18 时将人民胜利堰闸下泄流量加大至 200 m^3/s	2021 年 7 月 15 日 16 时 30 分	人民胜利堰闸	0.96	4	2、4、5、7 孔	18 时 0 分

续表 13

工程名称:大官庄水利枢纽							统计年份:2021 年	
序号	调度指令编号	调度指令内容	接收时间	水闸	开高/m	孔数	闸门编号	执行时间
7	沂防调令〔2021〕18 号	2021 年 7 月 15 日 19 时 30 分将人民胜利堰闸下泄流量加大至 300 m^3/s	2021 年 7 月 15 日 18 时 30 分	人民胜利堰闸	0.7	8	1~8 孔	19 时 30 分
8	沂防调令〔2021〕21 号	2021 年 7 月 16 日 16 时开启新沭河闸,下泄流量 300 m^3/s	2021 年 7 月 16 日 10 时 36 分	新沭河闸	0.7	6	5、7、9、10、12、14 孔	16 时 0 分
9	沂防调令〔2021〕24 号	2021 年 7 月 16 日 17 时将新沭河闸下泄流量加大至 500 m^3/s,同时关闭人民胜利堰闸	2021 年 7 月 16 日 15 时 37 分	新沭河闸、人民胜利堰闸	人民胜利堰闸全关,新沭河闸开高 0.97 m	10	3、5、6、7、9、10、12、13、14、16 孔	17 时 0 分
10	沂防调令〔2021〕26 号	2021 年 7 月 17 日 11 时关闭新沭河闸	2021 年 7 月 17 日 10 时 13 分	新沭河闸	0			11 时 0 分
11	沂防调令〔2021〕40 号	2021 年 7 月 27 日 18 时开启新沭河闸,下泄流量 400 m^3/s	2021 年 7 月 27 日 15 时 23 分	新沭河闸	1.15	6	5、7、9、10、12、14 孔	18 时 0 分
12	沂防调令〔2021〕43 号	2021 年 7 月 27 日 20 时将新沭河闸下泄流量加大至 800 m^3/s	2021 年 7 月 27 日 17 时 46 分	新沭河闸	1.55	10	3、5、6、7、9、10、12、13、14、16	20 时 7 分

续表 13

工程名称:大官庄水利枢纽							统计年份:2021 年	
序号	调度指令编号	调度指令内容	接收时间	水闸	开高/m	孔数	闸门编号	执行时间
13	沂防调令〔2021〕52 号	2021 年 7 月 28 日 23 时按下泄流量 2000 m^3/s 调整新沭河闸闸门开度	2021 年 7 月 28 日 21 时 48 分	新沭河闸	2	18	1~18 孔	23 时 0 分
14	沂防调令〔2021〕54 号	2021 年 7 月 29 日 11 时将新沭河闸下泄流量加大至 4000 m^3/s	2021 年 7 月 29 日 9 时 48 分	新沭河闸	3.25	18	1~18 孔	11 时 0 分
15	沂防调令〔2021〕60 号	2021 年 7 月 30 日 17 时将新沭河闸下泄流量调整至 1500 m^3/s	2021 年 7 月 30 日 15 时 52 分	新沭河闸	1.47	18	1~18 孔	17 时 0 分
16	沂防调令〔2021〕66 号	2021 年 7 月 31 日 17 时 30 分将新沭河闸下泄流量调整至 600 m^3/s	2021 年 7 月 31 日 16 时 59 分	新沭河闸	1.2	10	3、5、6、7、9、10、12、13、14、16 孔	17 时 30 分
17	沂防调令〔2021〕69 号	2021 年 8 月 2 日 11 时将新沭河闸下泄流量调整至 200 m^3/s	2021 年 8 月 2 日 10 时 6 分	新沭河闸	0.85	6	5、7、9、10、12、14 孔	11 时 0 分
18	沂防调令〔2021〕73 号	2021 年 8 月 3 日 17 时关闭新沭河闸	2021 年 8 月 3 日 15 时 13 分	新沭河闸	0			17 时 0 分
19	沂防调令〔2021〕81 号	2021 年 8 月 7 日 10 时开启人民胜利堰闸,下泄流量 100 m^3/s	2021 年 8 月 7 日 8 时 56 分	人民胜利堰闸	1	2	4、5 孔	10 时 0 分

续表 13

工程名称:大官庄水利枢纽							统计年份:2021 年	
序号	调度指令编号	调度指令内容	接收时间	水闸	开高/m	孔数	闸门编号	执行时间
20	沂防调令〔2021〕84 号	根据沭河上游来水及分沂入沭来水情况调整人民胜利堰闸下泄流量,控制闸前蓄水位不超过 51.5 m,下泄流量不超过 200 m^3/s	2021 年 8 月 9 日 9 时 28 分	人民胜利堰闸				
21	沂防调令〔2021〕89 号	2021 年 8 月 21 日 11 时开启新沭河闸,下泄流量 200 m^3/s	2021 年 8 月 21 日 9 时 31 分	新沭河闸	1.47	2	7、12 孔	11 时 0 分
22	沂防调令〔2021〕99 号	2021 年 8 月 24 日 9 时 30 分关闭人民胜利堰闸,根据沭河上游来水及分沂入沭来水情况调整新沭河泄洪闸下泄流量,控制闸前蓄水位不超过 51.5 m,下泄流量不超过 100 m^3/s	2021 年 8 月 24 日 9 时 7 分	人民胜利堰闸、新沭河闸	人民胜利堰闸全关,新沭河闸开高 0.75 m	2	7、12 孔	9 时 30 分
23	沂防调令〔2021〕112 号	2021 年 8 月 30 日 12 时 30 分开启新沭河闸,下泄流量 200 m^3/s	2021 年 8 月 30 日 10 时 44 分	新沭河闸	0.4	6	5、7、9、10、12、14 孔	12 时 30 分
24	沂防调令〔2021〕114 号	2021 年 8 月 30 日 21 时将新沭河闸下泄流量加大至 500 m^3/s	2021 年 8 月 30 日 18 时 1 分	新沭河闸	0.64	10	3、5、6、7、9、10、12、13、14、16 孔	21 时 0 分

续表 13

工程名称:大官庄水利枢纽							统计年份:2021 年	
序号	调度指令编号	调度指令内容	接收时间	水闸	开高/m	孔数	闸门编号	执行时间
25	沂防调令〔2021〕117 号	2021 年 8 月 31 日 14 时将新沭河闸下泄流量调整至 200 m^3/s	2021 年 8 月 31 日 13 时 9 分	新沭河闸	0.5	6	5、7、9、10、12、14 孔	14 时 0 分
26	沂防调令〔2021〕119 号	2021 年 9 月 1 日 10 时关闭新沭河闸	2021 年 9 月 1 日 9 时 28 分	新沭河闸	0			10 时 0 分
27	沂防调令〔2021〕122 号	2021 年 9 月 2 日 11 时 30 分开启新沭河闸,下泄流量 400 m^3/s	2021 年 9 月 2 日 9 时 45 分	新沭河闸	0.84	6	5、7、9、10、12、14 孔	11 时 39 分
28	沂防调令〔2021〕130 号	2021 年 9 月 5 日 12 时将新沭河闸下泄流量加大至 800 m^3/s	2021 年 9 月 5 日 10 时 10 分	新沭河闸	1.22	10	3、5、6、7、9、10、12、13、14、16 孔	12 时 0 分
29	沂防调令〔2021〕134 号	2021 年 9 月 5 日 18 时 30 分将新沭河闸下泄流量加大至 2000 m^3/s	2021 年 9 月 5 日 17 时 32 分	新沭河闸	1.6	18	1~18 孔	18 时 30 分
30	沂防调令〔2021〕136 号	2021 年 9 月 6 日 19 时将新沭河闸下泄流量调整至 1000 m^3/s	2021 年 9 月 6 日 17 时 27 分	新沭河闸	1.12	18	1~18 孔	19 时 0 分
31	沂防调令〔2021〕138 号	2021 年 9 月 8 日 9 时关闭新沭河闸	2021 年 9 月 8 日 8 时 48 分	新沭河闸	0			9 时 0 分

续表 13

工程名称:大官庄水利枢纽							统计年份:2021 年	
序号	调度指令编号	调度指令内容	接收时间	水闸	开高/m	孔数	闸门编号	执行时间
32	沂防调令〔2021〕147 号	2021 年 9 月 11 日 12 时开启人民胜利堰闸,根据沭河上游来水及分沂入沭来水情况,控制闸前蓄水位不超过 51.5 m,下泄流量不超过 100 m^3/s	2021 年 9 月 11 日 9 时 8 分	人民胜利堰闸	0.85	2	4、5 孔	12 时 0 分
33	沂防调令〔2021〕154 号	2021 年 9 月 20 日 12 时开启新沭河闸,下泄流量 300 m^3/s	2021 年 9 月 20 日 10 时 2 分	新沭河闸	0.46	6	5、7、9、10、12、14 孔	12 时 0 分
34	沂防调令〔2021〕158 号	2021 年 9 月 20 日 18 时 30 分将新沭河闸下泄流量加大至 600 m^3/s	2021 年 9 月 20 日 17 时 45 分	新沭河闸	0.77	10	3、5、6、7、9、10、12、13、14、16 孔	18 时 30 分
35	沂防调令〔2021〕160 号	2021 年 9 月 22 日 16 时关闭新沭河闸	2021 年 9 月 22 日 14 时 36 分	新沭河闸	0			16 时 0 分
36	沂防调令〔2021〕167 号	2021 年 9 月 26 日 19 时开启新沭河闸,下泄流量 100 m^3/s,20 时加大至 300 m^3/s	2021 年 9 月 26 日 17 时 59 分	新沭河闸	0.68	2	7、12 孔	19 时 0 分

续表 13

工程名称:大官庄水利枢纽							统计年份:2021 年	
序号	调度指令编号	调度指令内容	接收时间	水闸	开高/m	孔数	闸门编号	执行时间
37	沂防调令〔2021〕171 号	2021 年 9 月 27 日 16 时 30 分将新沭河闸下泄流量加大至 800 m^3/s	2021 年 9 月 27 日 15 时 7 分	新沭河闸	1.74	10	3、5、6、7、9、10、12、13、14、16 孔	16 时 30 分
38	沂防调令〔2021〕172 号	2021 年 9 月 27 日 18 时将新沭河闸下泄流量加大至 1200 m^3/s	2021 年 9 月 27 日 16 时 29 分	新沭河闸	1.07	18	1~18 孔	18 时 0 分
39	沂防调令〔2021〕176 号	2021 年 9 月 29 日 12 时将新沭河闸下泄流量调整至 500 m^3/s	2021 年 9 月 29 日 9 时 50 分	新沭河闸	1.37	10	3、5、6、7、9、10、12、13、14、16 孔	12 时 0 分
40	沂防调令〔2021〕180 号	2021 年 9 月 30 日 10 时 30 分关闭新沭河闸	2021 年 9 月 30 日 9 时 54 分	新沭河闸	0			10 时 30 分
41	沂防调令〔2021〕186 号	根据上游来水情况,调整人民胜利堰闸下泄流量,控制下泄流量不超过 100 m^3/s,闸前蓄水位不超过 51.5 m	2021 年 10 月 2 日 10 时 2 分	人民胜利堰闸				
本年累计泄量/亿 m^3			17.96					

续表 13

工程名称：嶂山闸						统计年份：2021 年				
序号	调度指令主要内容					调度指令执行情况				水文站流量核实情况/(m^3/s)
	收文单位	文号	接收时间	命令调整流量至/(m^3/s)	要求执行时间	计划启闭使用闸孔及对应开高/m	完成指令时间	向上级反馈指令执行结果时间	实际启闭使用闸孔及对应开高/m	
1	骆马湖局	沂防电传〔2021〕6 号	6 月 16 日 9 时 34 分	300	6 月 16 日 13 时 0 分	14~23 孔 0.30	6 月 16 日 13 时 4 分	6 月 16 日 13 时 5 分	14~23 孔 0.30	294
2	骆马湖局	沂防电传〔2021〕10 号	6 月 19 日 19 时 27 分	关闸	6 月 19 日 22 时 0 分	全关	6 月 19 日 22 时 4 分	6 月 19 日 22 时 5 分	全关	0
3	骆马湖局	沂防电传〔2021〕16 号	7 月 15 日 10 时 49 分	500	7 月 15 日 17 时 0 分	12~25 孔 0.40	7 月 15 日 17 时 6 分	7 月 15 日 17 时 7 分	12~25 孔 0.40	516
4	骆马湖局	沂防电传〔2021〕19 号	7 月 16 日 10 时 35 分	1500	7 月 16 日 12 时 0 分	1~36 孔 0.45	7 月 16 日 12 时 11 分	7 月 16 日 12 时 11 分	1~36 孔 0.45	1510
5	骆马湖局	沂防电传〔2021〕27 号	7 月 17 日 10 时 9 分	2000	7 月 17 日 12 时 0 分	1~36 孔 0.60	7 月 17 日 12 时 13 分	7 月 17 日 12 时 14 分	1~36 孔 0.60	1580
6	骆马湖局	沂防电传〔2021〕29 号	7 月 17 日 18 时 58 分	3000	7 月 18 日 8 时 0 分	1~36 孔 1.00	7 月 18 日 8 时 14 分	7 月 18 日 8 时 14 分	1~36 孔 1.00	3120
7	骆马湖局	沂防电传〔2021〕34 号	7 月 19 日 16 时 46 分	1000	7 月 19 日 19 时 0 分	10~27 孔 0.60	7 月 19 日 19 时 15 分	7 月 19 日 19 时 15 分	10~27 孔 0.60	954

续表 13

工程名称:嶂山闸						统计年份:2021 年				
序号	调度指令主要内容					调度指令执行情况				水文站流量核实情况/(m^3/s)
	收文单位	文号	接收时间	命令调整流量至/(m^3/s)	要求执行时间	计划启闭使用闸孔及对应开高/m	完成指令时间	向上级反馈指令执行结果时间	实际启闭使用闸孔及对应开高/m	
8	骆马湖局	沂防电传〔2021〕36 号	7 月 20 日 11 时 21 分	500	7 月 20 日 16 时 0 分	12~25 孔 0.40	7 月 20 日 16 时 6 分	7 月 20 日 16 时 7 分	12~25 孔 0.40	516
9	骆马湖局	沂防电传〔2021〕38 号	7 月 21 日 10 时 18 分	关闸	7 月 21 日 15 时 0 分	全关	7 月 21 日 15 时 6 分	7 月 21 日 15 时 6 分	全关	0
10	骆马湖局	沂防电传〔2021〕39 号	7 月 27 日 15 时 15 分	500	7 月 27 日 18 时 0 分	12~25 孔 0.40	7 月 27 日 18 时 7 分	7 月 27 日 18 时 7 分	12~25 孔 0.40	517
11	骆马湖局	沂防电传〔2021〕44 号	7 月 27 日 17 时 41 分	1500	7 月 27 日 20 时 0 分	1~36 孔 0.45	7 月 27 日 20 时 11 分	7 月 27 日 20 时 12 分	1~36 孔 0.45	1480
12	骆马湖局	沂防电传〔2021〕47 号	7 月 28 日 7 时 20 分	2500	7 月 28 日 8 时 30 分	1~36 孔 0.80	7 月 28 日 8 时 44 分	7 月 28 日 8 时 45 分	1~36 孔 0.80	2410
13	骆马湖局	沂防电传〔2021〕49 号	7 月 28 日 15 时 13 分	3500	7 月 28 日 17 时 0 分	1~36 孔 1.25	7 月 28 日 17 时 20 分	7 月 28 日 17 时 20 分	1~36 孔 1.25	3500
14	骆马湖局	沂防电传〔2021〕59 号	7 月 30 日 15 时 42 分	4000	7 月 30 日 16 时 30 分	1~36 孔 1.40	7 月 30 日 16 时 44 分	7 月 30 日 16 时 44 分	1~36 孔 1.40	4070

续表 13

<table>
<tr><td colspan="5">工程名称:嶂山闸</td><td colspan="6">统计年份:2021 年</td></tr>
<tr><td rowspan="2">序号</td><td colspan="5">调度指令主要内容</td><td colspan="4">调度指令执行情况</td><td rowspan="2">水文站流量核实情况/(m³/s)</td></tr>
<tr><td>收文单位</td><td>文号</td><td>接收时间</td><td>命令调整流量至/(m³/s)</td><td>要求执行时间</td><td>计划启闭使用闸孔及对应开高/m</td><td>完成指令时间</td><td>向上级反馈指令执行结果时间</td><td>实际启闭使用闸孔及对应开高/m</td></tr>
<tr><td>15</td><td>骆马湖局</td><td>沂防电传〔2021〕64 号</td><td>7 月 31 日
10 时 5 分</td><td>4500</td><td>7 月 31 日
11 时 30 分</td><td>1~36 孔
1.60</td><td>7 月 31 日
11 时 41 分</td><td>7 月 31 日
11 时 42 分</td><td>1~36 孔
1.60</td><td>4570</td></tr>
<tr><td rowspan="2">16</td><td rowspan="2">骆马湖局</td><td rowspan="2">沂防电传〔2021〕67 号</td><td rowspan="2">8 月 1 日
15 时 16 分</td><td>3000</td><td>8 月 1 日
19 时 0 分</td><td>1~36 孔
1.00</td><td>8 月 1 日
19 时 12 分</td><td>8 月 1 日
19 时 13 分</td><td>1~36 孔
1.00</td><td>2970</td></tr>
<tr><td>1500</td><td>8 月 1 日
22 时 0 分</td><td>1~36 孔
0.45</td><td>8 月 1 日
22 时 12 分</td><td>8 月 1 日
22 时 13 分</td><td>1~36 孔
0.45</td><td>1460</td></tr>
<tr><td>17</td><td>骆马湖局</td><td>沂防电传〔2021〕74 号</td><td>8 月 3 日
17 时 34 分</td><td>2000</td><td>8 月 3 日
19 时 0 分</td><td>1~36 孔
0.60</td><td>8 月 3 日
19 时 10 分</td><td>8 月 3 日
19 时 11 分</td><td>1~36 孔
0.60</td><td>1960</td></tr>
<tr><td>18</td><td>骆马湖局</td><td>沂防电传〔2021〕76 号</td><td>8 月 5 日
17 时 6 分</td><td>1000</td><td>8 月 5 日
20 时 0 分</td><td>10~27 孔
0.60</td><td>8 月 5 日
20 时 7 分</td><td>8 月 5 日
20 时 8 分</td><td>10~27 孔
0.60</td><td>952</td></tr>
<tr><td>19</td><td>骆马湖局</td><td>沂防电传〔2021〕77 号</td><td>8 月 6 日
15 时 15 分</td><td>700</td><td>8 月 6 日
17 时 0 分</td><td>13~24 孔
0.65</td><td>8 月 6 日
17 时 7 分</td><td>8 月 6 日
17 时 7 分</td><td>13~24 孔
0.65</td><td>677</td></tr>
<tr><td>20</td><td>骆马湖局</td><td>沂防电传〔2021〕78 号</td><td>8 月 7 日
6 时 35 分</td><td>关闸</td><td>8 月 7 日
8 时 0 分</td><td>全关</td><td>8 月 7 日
8 时 5 分</td><td>8 月 7 日
8 时 5 分</td><td>全关</td><td>0</td></tr>
<tr><td>21</td><td>骆马湖局</td><td>沂防电传〔2021〕95 号</td><td>8 月 23 日
8 时 0 分</td><td>500</td><td>8 月 23 日
11 时 0 分</td><td>13~24 孔
0.50</td><td>8 月 23 日
11 时 5 分</td><td>8 月 23 日
11 时 5 分</td><td>13~24 孔
0.50</td><td>500</td></tr>
</table>

续表 13

工程名称：嶂山闸						统计年份：2021 年				
序号	调度指令主要内容					调度指令执行情况				水文站流量核实情况/(m^3/s)
	收文单位	文号	接收时间	命令调整流量至/(m^3/s)	要求执行时间	计划启闭使用闸孔及对应开高/m	完成指令时间	向上级反馈指令执行结果时间	实际启闭使用闸孔及对应开高/m	
22	骆马湖局	沂防电传〔2021〕96 号	8 月 23 日 10 时 34 分	2000	8 月 23 日 12 时 0 分	1~36 孔 0. 60	8 月 23 日 12 时 21 分	8 月 23 日 12 时 22 分	1~36 孔 0. 60	2000
23	骆马湖局	沂防电传〔2021〕100 号	8 月 24 日 9 时 49 分	3000	8 月 24 日 12 时 0 分	1~36 孔 0. 95	8 月 24 日 12 时 15 分	8 月 24 日 12 时 16 分	1~36 孔 0. 95	2990
24	骆马湖局	沂防电传〔2021〕103 号	8 月 25 日 10 时 21 分	2500	8 月 25 日 12 时 0 分	1~36 孔 0. 75	8 月 25 日 12 时 14 分	8 月 25 日 12 时 14 分	1~36 孔 0. 75	2500
25	骆马湖局	沂防电传〔2021〕105 号	8 月 26 日 9 时 50 分	1000	8 月 26 日 12 时 0 分	10~27 孔 0. 60	8 月 26 日 12 时 13 分	8 月 26 日 12 时 14 分	10~27 孔 0. 60	1000
26	骆马湖局	沂防电传〔2021〕111 号	8 月 30 日 10 时 28 分	2500	8 月 30 日 12 时 0 分	1~36 孔 0. 80	8 月 30 日 12 时 19 分	8 月 30 日 12 时 20 分	1~36 孔 0. 80	2500
27	骆马湖局	沂防电传〔2021〕124 号	9 月 3 日 17 时 28 分	2800	9 月 3 日 19 时 0 分	1~36 孔 0. 92	9 月 3 日 19 时 11 分	9 月 3 日 19 时 12 分	1~36 孔 0. 92	2800
28	骆马湖局	沂防电传〔2021〕128 号	9 月 5 日 10 时 28 分	3500	9 月 5 日 11 时 30 分	1~36 孔 1. 20	9 月 5 日 11 时 41 分	9 月 5 日 11 时 42 分	1~36 孔 1. 20	3500
29	骆马湖局	沂防电传〔2021〕140 号	9 月 8 日 9 时 50 分	2000	9 月 8 日 12 时 0 分	1~36 孔 0. 65	9 月 8 日 12 时 14 分	9 月 8 日 12 时 15 分	1~36 孔 0. 65	2000

续表 13

工程名称:嶂山闸						统计年份:2021 年				
序号	调度指令主要内容					调度指令执行情况				水文站流量核实情况/(m^3/s)
	收文单位	文号	接收时间	命令调整流量至/(m^3/s)	要求执行时间	计划启闭使用闸孔及对应开高/m	完成指令时间	向上级反馈指令执行结果时间	实际启闭使用闸孔及对应开高/m	
30	骆马湖局	沂防电传〔2021〕143 号	9 月 9 日 10 时 6 分	1500	9 月 9 日 11 时 0 分	6~31 孔 0.65	9 月 9 日 11 时 4 分	9 月 9 日 11 时 5 分	6~31 孔 0.65	1500
31	骆马湖局	沂防电传〔2021〕146 号	9 月 10 日 9 时 50 分	关闸	9 月 10 日 14 时 0 分	全关	9 月 10 日 14 时 10 分	9 月 10 日 14 时 11 分	全关	0
32	骆马湖局	沂防电传〔2021〕152 号	9 月 18 日 11 时 30 分	500	9 月 18 日 14 时 0 分	13~24 孔 0.45	9 月 18 日 14 时 5 分	9 月 18 日 14 时 6 分	13~24 孔 0.45	512
33	骆马湖局	沂防电传〔2021〕157 号	9 月 20 日 10 时 5 分	1500	9 月 20 日 12 时 0 分	1~36 孔 0.45	9 月 20 日 12 时 8 分	9 月 20 日 12 时 9 分	1~36 孔 0.45	1500
34	骆马湖局	沂防电传〔2021〕161 号	9 月 24 日 9 时 45 分	1000	9 月 24 日 11 时 0 分	7~30 孔 0.45	9 月 24 日 11 时 3 分	9 月 24 日 11 时 4 分	7~30 孔 0.45	1000
35	骆马湖局	沂防电传〔2021〕165 号	9 月 26 日 10 时 20 分	2500	9 月 26 日 14 时 0 分	1~36 孔 0.80	9 月 26 日 14 时 15 分	9 月 26 日 14 时 16 分	1~36 孔 0.80	2500
36	骆马湖局	沂防电传〔2021〕178 号	9 月 30 日 9 时 50 分	1500	9 月 30 日 11 时 0 分	1~36 孔 0.45	9 月 30 日 11 时 14 分	9 月 30 日 11 时 15 分	1~36 孔 0.45	1500

续表 13

工程名称:嶂山闸						统计年份:2021 年				
序号	调度指令主要内容					调度指令执行情况				水文站流量核实情况/(m^3/s)
	收文单位	文号	接收时间	命令调整流量至/(m^3/s)	要求执行时间	计划启闭使用闸孔及对应开高/m	完成指令时间	向上级反馈指令执行结果时间	实际启闭使用闸孔及对应开高/m	
37	骆马湖局	沂防电传〔2021〕182 号	10 月 1 日 10 时 5 分	800	10 月 1 日 11 时 0 分	9~28 孔 0.45	10 月 1 日 11 时 3 分	10 月 1 日 11 时 4 分	9~28 孔 0.45	800
38	骆马湖局	沂防电传〔2021〕183 号	10 月 2 日 9 时 25 分	500	10 月 2 日 10 时 0 分	13~24 孔 0.45	10 月 2 日 10 时 2 分	10 月 2 日 10 时 3 分	13~24 孔 0.45	500
39	骆马湖局	沂防电传〔2021〕189 号	10 月 6 日 9 时 48 分	1000	10 月 6 日 12 时 0 分	7~30 孔 0.45	10 月 6 日 12 时 7 分	10 月 6 日 12 时 8 分	7~30 孔 0.45	1000
40	骆马湖局	沂防电传〔2021〕193 号	10 月 10 日 9 时 52 分	500	10 月 10 日 12 时 0 分	13~24 孔 0.45	10 月 10 日 12 时 2 分	10 月 10 日 12 时 3 分	13~24 孔 0.45	500
41	骆马湖局	沂防电传〔2021〕196 号	10 月 15 日 9 时 3 分	1000	10 月 15 日 10 时 30 分	7~30 孔 0.45	10 月 15 日 10 时 35 分	10 月 15 日 10 时 36 分	7~30 孔 0.45	1000
42	骆马湖局	沂防电传〔2021〕197 号	10 月 18 日 9 时 3 分	关闸	10 月 18 日 10 时 0 分	全关	10 月 18 日 10 时 7 分	10 月 18 日 10 时 8 分	全关	0
本年累计泄量/亿 m^3				95.87						

续表 13

工程名称:宿迁闸						统计年份:2021 年				
序号	调度指令主要内容					调度指令执行情况				水文站流量核实情况/(m^3/s)
	发布单位	文号	接收时间	命令调整闸门开启高度/m	要求执行时间	计划启闭使用闸孔及对应开高	完成指令时间	向上级反馈指令执行结果时间	实际启闭使用闸孔及对应开高/m	
1	骆马湖局	骆局非汛调〔2021〕1 号	1 月 22 日 14 时	0.2	1 月 22 日 17 时	6 孔闸门开高全部调整为 0.2 m	1 月 22 日 17 时 0 分	1 月 22 日 17 时 45 分	1~6 孔 0.2	15
2	骆马湖局	骆局非汛调〔2021〕2 号	5 月 17 日 14 时	4.0	5 月 17 日 15 时	6 孔闸门全部提出水面	5 月 17 日 15 时 0 分	5 月 17 日 15 时 19 分	1~6 孔 4.0	22.7
3	骆马湖局	骆局非汛调〔2021〕3 号	10 月 19 日 15 时	0.8	10 月 19 日 17 时	6 孔闸门开高全部调整为 0.8 m	10 月 19 日 16 时 50 分	10 月 19 日 17 时 1 分	1~6 孔 0.8	140
4	骆马湖局	骆局非汛调〔2021〕4 号	10 月 24 日 9 时	0.45	10 月 24 日 11 时	6 孔闸门开高全部调整为 0.45 m	10 月 24 日 10 时 55 分	10 月 24 日 11 时 5 分	1~6 孔 0.45	80
5	骆马湖局	骆局非汛调〔2021〕5 号	10 月 28 日 10 时	0.6	10 月 28 日 11 时 30 分	6 孔闸门开高全部调整为 0.6 m	10 月 28 日 11 时 20 分	10 月 28 日 11 时 30 分	1~6 孔 0.6	100
6	骆马湖局	骆局非汛调〔2021〕6 号	11 月 15 日 15 时	0.3	11 月 15 日 17 时	6 孔闸门开高全部调整为 0.3 m	11 月 15 日 16 时 54 分	11 月 15 日 17 时 5 分	1~6 孔 0.3	40
7	骆马湖局	骆局非汛调〔2021〕7 号	11 月 17 日 12 时	1.4	11 月 17 日 14 时	6 孔闸门开高全部调整为 1.4 m	11 月 17 日 14 时 0 分	10 月 17 日 14 时 15 分	1~6 孔 1.4	200

续表 13

工程名称:宿迁闸						统计年份:2021 年				
序号	调度指令主要内容					调度指令执行情况				水文站流量核实情况/(m^3/s)
	发布单位	文号	接收时间	命令调整闸门开启高度/m	要求执行时间	计划启闭使用闸孔及对应开高	完成指令时间	向上级反馈指令执行结果时间	实际启闭使用闸孔及对应开高/m	
8	骆马湖局	骆局非汛调〔2021〕8 号	11 月 18 日 15 时	1.8	11 月 18 日 17 时	6 孔闸门开高全部调整为 1.8 m	11 月 18 日 17 时 0 分	11 月 18 日 17 时 15 分	1~6 孔 1.8	260
9	骆马湖局	骆局非汛调〔2021〕9 号	11 月 23 日 10 时	2.5	11 月 23 日 12 时	6 孔闸门开高全部调整为 2.5 m	11 月 23 日 12 时 0 分	11 月 23 日 12 时 6 分	1~6 孔 2.5	320
10	骆马湖局	骆局非汛调〔2021〕10 号	11 月 29 日 11 时	1.5	11 月 29 日 13 时	6 孔闸门开高全部调整为 1.5 m	11 月 29 日 13 时 0 分	11 月 29 日 13 时 25 分	1~6 孔 1.5	190
11	骆马湖局	骆局非汛调〔2021〕11 号	12 月 1 日 16 时	0.3	12 月 1 日 18 时	6 孔闸门开高全部调整为 0.3 m	12 月 1 日 17 时 45 分	12 月 1 日 18 时 0 分	1~6 孔 0.3	50
本年累计泄量/亿 m^3				22.42						

（李晓青　宋锡元　石少忠　何　俊）

表 14　2021 年沂沭泗流域内南水北调东线一期工程概况

序号	工程名称	工程地点	竣工日期	梯级	装机总台数	备用机组台数	机组型号	装机容量/kW	设计净扬程/m	设计流量(含备机)/(m^3/s)
1	八里湾站	泰安市东平县	2013 年 5 月	13	4	1	3150ZLQ33. 4-4. 78 型立式液压全调节轴流泵	11200	4. 78	100
2	邓楼站	济宁市梁山县	2013 年 5 月	12	4	1	3150ZLQ33. 5-3. 57 型机械全调节立式轴流泵	8960	3. 57	100
3	长沟站	济宁市任城区	2013 年 5 月	11	4	1	3150ZLQ33. 5-3. 86 型立式全调节轴流泵	8960	3. 86	100
4	二级坝站	济宁市微山县	2013 年 3 月	10	5	1	3000HSTM 后置式灯泡贯流泵	8250	3. 21	125
5	韩庄站	枣庄市峄城区	2013 年 10 月	9	5	1	170GZ-4. 5 型后置式灯泡贯流泵	9000	4. 15	125
6	万年闸站	枣庄市峄城区	2009 年 9 月	8	5	1	3150ZLQ-5. 5 立式全调节轴流泵	14000	5. 5	125
7	台儿庄站	枣庄市台儿庄区	2010 年 6 月	7	5	1	2950ZLQ32-5. 2 型立式轴流泵	12000	4. 53	125
8	蔺家坝站	徐州市铜山区	2009 年 3 月	9	4	1	2850ZGQ25-2. 4 灯泡贯流泵	5000	2. 4	75
9	解台站	徐州市贾汪区	2008 年 6 月	8	5	1	2900ZLQ32-6 型立式轴流泵	14000	5. 84	125
10	刘山站	徐州市邳州市	2009 年 3 月	7	5	1	2900ZLQ32-6 型立式轴流泵	14000	5. 73	125
11	邳州站	徐州市邳州市	2014 年 5 月	6	4	1	3150ZGQ-100-30/3. 74 竖井式贯流泵	7800	3. 1	100
12	皂河二站	宿迁市宿豫区	2013 年 12 月	6	3	0	2700ZLQ25-4. 7 立式轴流泵配	6000	4. 7	75
13	刘老涧二站	宿迁市宿豫区	2011 年 1 月	5	4	1	3000ZLQ29. 4-3. 7 立式全调节轴流泵	8000	3. 7	80
14	泗阳站	宿迁市泗阳县	2013 年 12 月	4	6	1	3100ZLQ33-6. 3 立式全调节轴流泵	18000	6. 3	164

（葛蕴）

大事记

2021 年大事记

1 月

5 日　沂沭泗局召开 2020 年目标管理考核工作会议。沂沭泗局局长刘玉年主持会议并讲话。沂沭泗局副局长阚善光、郑胡根、郑雪峰、王念彪，纪检组组长翟伟锋出席会议。局机关各处室、直属各单位主要负责人等参加会议。

• 徐州市委书记、市级总河长周铁根调研微山湖水环境治理保护工作。徐州市委常委、秘书长王强，副市长赵兴友、王维峰等参加活动。周铁根一行先后到徐钢集团、彭钢集团、珍珠泉引河、马山引河、利国镇西李村等现场察看并召开座谈会。

6 日　济宁市被命名为第十批（2020 年度）国家节水型城市。

7 日　徐州市《打破省际行政壁垒创新治水“五联”机制——苏鲁边界共建共享生态美丽微山湖的实践探索》成功入选《全面推行河长制湖长制典型案例汇编》。

8 日　连云港市水利局组织支部书记抓基层党建工作述职评议会议。

9 日　连云港市水利局举办全市水利工程建设安全监督管理教学培训。

11 日　宿迁市水利局召开水利工作务虚会。

• 济宁市副市长任庆虎到梁山县调研引黄西线、林长制等工作。

12 日　徐州市河长办赴济宁市，就加强南四湖水环境治理保护工作与济宁市河长办开展对接交流。

14 日　沂沭泗局局长刘玉年在徐州主持召开会议，专题听取中水淮河规划设计研究有限公司关于沂沭泗河洪水东调南下提标工程规划编制情况的汇报，并对进一步加快规划编制进程、完善规划编制内容提出指导性意见。沂沭泗局副局长阚善光、郑胡根，中水淮河规划设计研究有限公司董事长周虹、总经理伍宛生出席会议。沂沭泗局办公室、水政安监处、基建处、水管处、水文局，中水淮河规划设计研究有限公司相关负责人参加会议。

• 徐州市水务局党委组织召开 2020 年度基层党组织述职评议考核会议。

• 枣庄市河湖管理工作会议召开，部署河（湖）长制、水利工程运行管理、水旱灾害防御、“山水林田”会战相关工作，研究交流 2021 年工作思路。

14—15 日　沂沭泗局一级巡视员陈光临率队赴沂河、沭河上游堤防加固工程就移民征迁工作进行现场督导检查。临沂市副市长郑连胜、日照市副市长徐淑利陪同检查，沂沭泗局基建处、财务处、抢险队和现场各参建单位参加督查检查。

15—18 日　沂沭泗局党组召开民主

生活会前征求意见座谈会,面对面听取干部职工、离退休老同志代表等对局党组领导班子的意见建议。淮委党组成员、沂沭泗局党组书记刘玉年,党组成员阚善光、郑雪峰分别主持召开座谈会;其他班子成员结合谈心谈话等以不同形式征求意见建议;办公室、人事处、机关党委、工会负责人等参加座谈听取意见建议。

18日 连云港市水利局成立连云港市水旱灾害风险普查领导小组及办公室。

19日 淮委党组成员、沂沭泗局党组书记刘玉年主持召开局党组2020年度民主生活会专题学习研讨。沂沭泗局党组成员阚善光、郑雪峰、王念彪、翟伟锋,一级巡视员陈光临参加学习研讨;办公室、人事处、直属机关党委主要负责人,纪检组副组长参加学习研讨。

●宿迁市水利局、人社局举行合作协议签约仪式,进一步拓展合作领域,挖掘合作深度,营造"共享、共建、共进"的良好氛围。

21日 济宁市副市长任庆虎到兖州区调研洸府河治理进展情况,市城乡水务局主要负责人陪同调研。

22日 枣庄市城乡水务局领导班子召开2020年度民主生活会,市委民主生活会督导组成员列席指导。

25日 江苏省水利厅在徐州市主持召开郑集河输水扩大工程郑集东站增容改造工程机组启动验收会议。验收委员会通过查看工程现场,查阅工程资料,听取工程建设、第三方检测报告,质量、安全监督报告及技术预验收工作报告,经充分讨论形成《郑集河输水扩大工程郑集东站增容改造工程机组启动验收鉴定书》,同意郑集河输水扩大工程郑集东站增容改造工程通过机组启动验收。

26日 日照市水利局党组召开2020年度民主生活会,日照市纪委监委第七派驻组出席会议。

27日 山东省水利工作视频会议召开,省水利厅领导班子成员、各处室主要负责人在主会场参加会议,各市水利(水务)局领导班子成员及科室负责人在分会场参加会议。日照、临沂、聊城、滨州4个市先后作典型发言。

29日 连云港市水利局组织开展"迎新春·战疫情·强活力"线上徒步竞赛活动。

●宿迁市水利局召开2020年度述职述廉大会,市纪委监委派驻第十五纪检监察组到会指导。

●枣庄市召开水利"十四五"规划编制梳理工作会议。

2月

1日 沂沭泗局召开2021年工作会议,沂沭泗局局长刘玉年出席会议并作工作报告,副局长阚善光出席会议并作会议总结,副局长郑胡根传达2021年全国水利工作会议精神、2021年淮委工作会议精神,副局长郑雪峰通报2020年沂沭泗局获得主要荣誉情况,副局长王念彪主持会议,纪检组组长翟伟锋、一级巡视员陈光临出席会议。沂沭泗局副总工,局机关各处室、纪检组、直属各单位副处级以上干部及离退休职工代表等参会。

●徐州市城镇污水处理提质增效工作组对2020年度全市5县(市)6区污水处理提质增效"333"行动工作以及达标区建设完成情况进行核查督导。

●连云港市委宣传部、市水利局联合评选出10名"最美水利人",并向"最美水利人"颁发荣誉证书。

•连云港市水利局对2020年度水利工程基本建设项目法人考核结果进行通报。

•济宁市城乡水务局到泗水县华村镇百家旺、北庄村调研走访慰问困难群众,到驻地企业金利康面粉公司调研,并为基层党员宣讲十九届五中全会精神。

2日　淮委党组成员、沂沭泗局党组书记刘玉年主持召开沂沭泗局党组理论学习中心组集中学习研讨会。沂沭泗局党组成员阚善光、郑胡根、郑雪峰、王念彪、翟伟锋,一级巡视员陈光临参加学习;办公室、人事处、机关党委主要负责人,纪检组副组长参加学习。

•济宁市今冬明春重点水利工程现场推进会在鱼台县召开,副市长任庆虎出席会议并讲话。会议组织参观嘉祥县金屯镇付庄沟清淤工程,金乡县霄云镇吕庄村路边沟及干沟治理工程、霄云镇谢集排灌站改建工程,鱼台县鱼城镇易涝区治理工程、华村灌区改造工程建设现场。

3日　沂沭泗局纪检组召开2021年第一次纪检工作专题会议,党组成员、纪检组组长翟伟锋出席会议并讲话。沂沭泗局、直属各单位纪检干部参加会议。

•徐州市水务局召开全市水务系统工作会议。

4日　江苏省水利厅督查组对连云港市玉带河闸拆建工程开展安全生产督查。

•连云港市水利局获2020年度“机关党建工作先进单位”。

5日　徐州市副市长、副总河长王维峰赴铜山区利国镇、柳泉镇调研南四湖鱼塘退养工作进展情况,徐州市水务局、河长办主要负责人等陪同调研。

•宿迁市水利局党组召开2020年度民主生活会,市委第三督导组列席指导。

•日照市水利局组织2020年述职考核会议。

6日　连云港市水利局举办迎新春文体活动,并开展困难职工慰问工作。

7日　沂沭泗局党组召开2020年度民主生活会。淮委党组成员、沂沭泗局党组书记刘玉年主持会议,沂沭泗局党组成员阚善光、郑胡根、郑雪峰、王念彪、翟伟锋参加会议,一级巡视员陈光临列席会议,淮委第三督导组到会督导并作点评,局办公室、人事处、直属机关党委主要负责人,纪检组副组长列席会议。

•淮委党组成员,沂沭泗局党组书记、局长刘玉年带领局领导班子分组走访慰问部分离退休干部职工,送去党组织和全体职工的亲切关怀和节日问候。局领导班子还分别通过其他不同方式慰问在外地居住的老同志,办公室、人事处、工会相关负责人参加慰问。

•徐州市市长、市级总河长庄兆林专题调研南四湖水环境整治工作,副市长赵兴友、王维峰参加调研。庄兆林先后来到墓山中沟、东亚钢铁、珍珠泉引河、徐钢集团,实地查看水环境治理、河道管护等工作进展情况,就微山湖“四乱”问题整治和“散乱污”企业整治等提出具体要求,并召开座谈会。

8日　淮委党组成员、沂沭泗局党组书记刘玉年督导财务处党支部2020年度民主生活会,沂沭泗局督导四组到会督导。

•沂沭泗局党组成员阚善光督导沂沭河局党委2020年度民主生活会,沂沭泗局督导一组到会督导。

•沂沭泗局党组成员郑胡根督导南四湖局党委2020年度民主生活会,沂沭泗局督导二组到会督导。

•沂沭泗局党组成员王念彪督导淮工

集团党委 2020 年度民主生活会。

●连云港市水利局组织开展全市水利工程汛前检查工作。

9 日　沂沭泗局党组成员郑雪峰、翟伟锋督导骆马湖局党委 2020 年度民主生活会，沂沭泗局督导组到会督导。

18 日　宿迁市水利局被评为 2020 年度高质量发展综合考核市级机关第一等次，被授予高质量发展综合考核优秀单位奖牌，荣获 2020 年度“重大贡献奖”2 个、“创新创优奖”1 个。

19 日　沂沭泗局局长刘玉年专题调研微山湖水环境整治工作，徐州市河长办负责人陪同活动。

●枣庄市召开蟠龙河工作推进会议暨蟠龙河 2021 年度水利工程建设动员会议。

20 日　沂沭泗局局长刘玉年主持召开会议，专题听取沂沭泗局水利管理工作汇报，部署 2021 年水利管理重点工作；副局长阚善光、郑胡根参加会议；办公室、水政安监处负责人，水管处全体职工参加会议。

●徐州市水务局获得 2020 年度市级机关单位综合考核第一等次，并荣获 2020 年度“徐州市全面建成小康社会文明建设先进集体”和“徐州市全面建成小康社会民生保障先进集体”荣誉称号，市水利工程建设中心荣获 2020 年度“徐州市全面建成小康社会文明建设先进集体”荣誉称号。

22 日　徐州市副市长王维峰调研市区奎河综合整治工程，先后来到东方润园东门、建国路回龙窝、袁桥闸、泰奎大沟调蓄池和三官庙桥等处，实地查看盾构始发井、建国路回龙窝段开盖、绿化和河道景观等工程进展情况，市水务局主要负责人等陪同调研。

18—23 日　日照市水利局进行“岗位大练兵”活动。

22—23 日　山东省水利厅节水办到枣庄开展自然资源资产审计问题整改情况调研，枣庄市城乡水务局负责人陪同调研。

24 日　山东省水利厅副厅长刘鲁生、省水利厅运行管理处负责人等对枣庄市水利工程标准化管理和运行管理岗位创新工作进行现场调研，枣庄市副市长周宗安、市政府副秘书长韩惊涛，市城乡水务局主要负责人等陪同，实地查看岩马水库、马河水库溢洪闸启闭机房和防汛物资仓库等重点部位，现场听取岩马水库、马河水库管理服务中心标准化及运行管理情况介绍。

25 日　徐州市水务局申报的“‘党建+’引领水务事业高质量发展”项目被表彰为优秀基层党建“书记项目”；徐州市委组织部、市委宣传部通报 2019—2020 年度全市党委（党组）理论学习中心组示范点评选结果，中共徐州市水务局委员会理论学习中心组入选示范点名单。

24—26 日　沂沭泗局组织对全局 2020 年度直管工程观测成果进行集中评审，这是 2018 年以来组织的第 4 次集中评审。

26 日　在徐州市打造全国营商环境样板城市三年行动计划推进大会上，徐州市水务局报送的“率先出台水土保持区域评估大纲有效减轻企业负担”获评徐州市营商环境工作优秀案例。

●济宁市冬春易涝区治理工程建设现场推进会在金乡县召开，会议组织实地观摩嘉祥、鱼台、金乡 3 个县的 8 个乡镇易涝区工程建设现场，安排部署建设任务。市政府副市长任庆虎出席会议并讲话，市城乡水务局主要负责人主持会议。

27 日　济宁市城乡水务工作暨提升

干部执行力会议召开，传达学习全国、全省水利工作和全市提升干部执行力动员会议精神，安排部署全市水务重点工作和提升干部执行力工作。市城乡水务局、市水利事业发展中心班子成员出席会议。

3 月

1 日　连云港市水利局"'清润·小水滴'志愿服务品牌"荣获第六届连云港市精神文明建设十大工作品牌称号、"与雷锋车同行"志愿服务示范站称号。

2 日　沂沭泗局召开水利工程标准化管理工作推进会，研究部署推进水利工程标准化管理工作，沂沭泗局副局长郑胡根出席会议并讲话，水管处负责人、各直属局分管负责人、水管科以及各试点单位负责人参加会议。

3 日　徐州市政府召开市区供水提质增量工程实施必要性研究报告论证会议，与会代表和专家听取报告编制单位的汇报，就市区供水现状、存在问题及未来需求进行讨论。徐州市政府办公室副主任赵永强主持会议，市水务局负责人及会议特邀专家参加会议。

• 山东省治淮工程建管局组织技术咨询服务单位对沿运洼地工程建设进行水保和环保技术咨询服务并召开技术交底会议。

5 日　徐州市水务局机关党委被表彰为 2020 年度徐州市机关党建信息工作优秀单位。

• 江苏省水利工程建设局局长蔡勇一行来宿迁市调研重点水利工程建设情况，宿迁市水利局主要负责人，宿豫区政府负责人及水利部门负责人陪同调研。

8 日　沂沭泗局召开 2021 年党风廉政建设工作会议，淮委党组成员、沂沭泗局党组书记刘玉年出席会议并讲话，党组成员阚善光通报 2020 年度沂沭泗局党组民主生活会情况，党组成员郑胡根传达淮委 2021 年党风廉政建设工作会议精神，党组成员郑雪峰主持会议，党组成员翟伟锋围绕沂沭泗局 2020 年党风廉政建设工作情况和 2021 年重点任务作工作报告，一级巡视员陈光临出席会议。

• 沂沭泗局党组召开巡视整改"三对标、一规划"专项行动动员部署会议，淮委党组成员、沂沭泗局党组书记刘玉年参加会议并讲话，党组成员阚善光主持会议，党组成员郑雪峰宣读《沂沭泗局党组"三对标、一规划"专项行动工作安排》，党组成员郑胡根、翟伟锋，一级巡视员陈光临出席会议。

• 枣庄市城乡水务局召开 2021 年度党风廉政建设工作会议。

10 日　沂沭泗局局长刘玉年会见山东省临沂市常务副市长侯晓滨一行。双方就临沂市水利事业发展、河湖生态环境等相关事宜进行沟通交流。沂沭泗局副局长阚善光、郑胡根参加会见，临沂市住房和城乡建设局、临沂市水利勘测设计院等单位负责人陪同来访，沂沭泗局办公室、水政安监处、水管处、沂沭河局等部门单位负责人参加会见。

• 徐州市委副书记、副总河长徐大勇率队赴铜山区利国镇调研污水治理、农村河道管护、南四湖"四乱"问题整治与池塘退养等工作，市委副秘书长杨加法，市水务局、河长办负责人等陪同活动。

• 江苏省洪泽湖管委会办公室常务副主任、省水利厅副厅长韩全林调研指导宿迁市洪泽湖治理保护及防汛准备工作。宿迁市洪泽湖管理委员会、市水利局主要负责人，泗洪县政府相关负责人陪同。

●日照市水利局召开水利工作会议、党风廉政建设工作会议暨全市水利改革创新亮点工作经验交流会议。

8—11日　江苏省水利厅组织稽察工作组对赣榆区淮河流域及沂沭泗地区2019年旱涝灾后应急治理(赣榆区境内)工程实施情况进行稽察。

11日　枣庄市城乡水务局召开水利工程标准化管理工作动员暨培训视频会议。

12日　沂沭泗局召开党史学习教育动员部署暨2021年党的工作会议。淮委党组成员、沂沭泗局党组书记刘玉年参加会议并讲话,沂沭泗局党组成员阚善光主持会议,党组成员郑胡根宣读《关于表彰水利部第一届"水利先锋党支部"和淮委第一届"水利先锋党支部"的通报》,党组成员郑雪峰宣读《中共沂沭泗局党组开展党史学习教育实施方案》,党组成员王念彪、翟伟锋,一级巡视员陈光临出席会议。

●沂沭泗局党组理论学习中心组开展学习研讨,集中学习习近平总书记在党史学习教育动员大会上的重要讲话精神和"三对标、一规划"专项行动"政治对标"专题学习内容。淮委党组成员、沂沭泗局党组书记刘玉年主持并讲话,党组成员阚善光、郑胡根、郑雪峰、王念彪、翟伟锋,一级巡视员陈光临参加学习,办公室、人事处、机关党委主要负责人,纪检组副组长参加学习。

●徐州市水务局负责人带领相关处室、单位和供水企业负责人走进FM93徐州新闻综合广播《行风热线》直播室,通过节目与市民交流对水的认知、加深对水的了解、倾听对水的诉求、解决相关涉水疑难。

●连云港市副市长吴海云赴玉带河闸拆建工程现场视察工程建设情况。

●连云港市组织机关和市管处志愿者参加东盐河植树活动。

11—14日　江苏省水利厅组织稽察工作组对东海县青湖闸拆除重建工程实施情况进行稽察。

14—16日　沂沭泗局对直属重点工程建设进行调研,副局长郑胡根、纪检组组长翟伟锋参加调研,基建处负责人陪同调研。

16日　宿迁市水利局召开党史学习教育动员会议。

●济宁市城乡水务局、市水利事业发展中心召开2021年度党风廉政建设暨作风建设工作会议。

17日　枣庄市城乡水务局召开党史学习教育动员会议。

●济宁市政府新闻办组织召开"深入贯彻新发展理念推进水资源集约安全利用"新闻发布会,向公众介绍"深入贯彻新发展理念推进水资源集约安全利用"工作有关情况,并回答记者提问。市城乡水务局负责人参加发布会。

18日　淮委党组成员、沂沭泗局党组书记刘玉年主持召开局党组中心组扩大研讨交流会议,围绕"三对标、一规划"专项行动"政治对标"专题开展集中学习研讨;党组成员阚善光、郑胡根、郑雪峰、王念彪、翟伟锋,一级巡视员陈光临出席会议;局机关处室主要负责人、纪检组副组长、直属各单位主要负责人参加学习研讨。

●徐州市水务局举行"节水中国 你我同行"暨"世界水日·中国水周"新闻发布会,通报即将开展的相关活动安排,并就水资源管理及活动组织等方面回答记者提问。

●江苏省水利厅农发中心调研连云港

市农村生态河道建设工作。

• 枣庄市城乡水务局主要负责人现场调研蟠龙河综合整治项目。

19 日　连云港市市长方伟调研石梁河水库综合整治情况，先后深入王埠、刘金示范点，沿着环湖大道察看工程进展情况，实地察看东海县羽山水库和羽山生态修复现场，听取水库管理及山体生态修复工作情况汇报。

• 枣庄市委副书记、市长张宏伟到蟠龙河帮包联系点调研，现场督促解决项目建设中的困难，市政府秘书长孙永参加活动。

22 日　徐州市水务局联合团市委、徐州工程学院、徐州市教育局共同举办 2021 年徐州市“世界水日 · 中国水周”暨“节水中国 你我同行”主题宣传联合行动启动仪式。徐州市政府办公室副主任赵永强，市水务局、团市委、徐州工程学院负责人等出席活动。全市水务系统干部职工和各大中专院校学生共同参加活动。

• 日照市水利局在东港区马陵水库举行日照市纪念第 29 届“世界水日”、第 34 届“中国水周”启动仪式，开展“清清河流志愿服务活动”。日照市人大常委会副主任孙运锋，市政协副主席王坤英，市水利局、市行政审批服务局、市城市管理局、市水文局、市水务集团主要负责人，东港区政府相关负责人等参加。

23 日　生态环境部副部长翟青率领调研组深入二级坝水利枢纽等地实地调研南四湖流域保护治理工作。

• 徐州市人大常委会法工委主任董瑞启来到市水务局就《徐州市河道管理条例》开展立法调研。调研组先后到奎河姚庄闸、铜山区运料河、杨洼水库、崔贺庄水库等地，通过实地察看、现场询问、听取汇报等形式了解河湖管理现状、主要经验做法、存在问题等，市水务局负责人陪同调研。

22—24 日　连云港市水利局组织志愿者参加“中国水周”“世界水日”节水普法宣传活动。

24 日　徐州市水务局走进徐州新闻综合广播《给你说法》节目，通过节目向市民介绍水务普法工作，宣传涉水法律法规、倾听民众有关诉求、解答涉水法务疑难。

• 连云港市水利局党组召开党史学习教育动员会，组织党史学习教育读书班一期。

9—25 日　沂沭泗局组织对河东局、沭阳局、蔺家坝局等 10 个基层局开展 2020 年度水利工程管理考核。

25 日　徐州市水务局团委荣获 2020 年度徐州市共青团工作综合考核优秀。

• 山东省水利厅上线《问政山东》节目，济宁市城乡水务局主要负责人参加录制。

26 日　宿迁市水利局协同江苏省骆运水利工程管理处、江苏省水文水资源勘测局宿迁分局、南水北调江苏水源公司宿迁分公司开展“水利开放日”活动，邀请人大代表、政协委员走进水利、关心水利，为宿迁水利高质量发展建言献策。

22—28 日　沂沭泗局组织开展“节水中国 你我同行”系列宣传活动。此次活动采取线上、线下相结合的方式，在“节水中国”网站共计发布宣传活动 33 个。

29 日　宿迁市水利局召开新提拔调整干部任前谈话会。

• 祊河左岸防洪堤工程举行开工仪式，临沂市副市长郑连胜出席开工仪式。

30 日　济宁市引黄西线工程项目开工仪式在梁山县举行，副市长任庆虎出席仪式，市城乡水务局相关负责人参加活动。

• 中共日照市委机构编制委员会办公室批复成立日照市河湖管理保护中心。

• 日照市人大常委会副主任孙运锋调研《中华人民共和国水法》贯彻落实情况。

4 月

1 日 徐州市水务局召开《江苏省农村水利条例》宣贯会议。

• 连云港市水利局组织对市属水利施工项目开展全面安全隐患排查检查。

• 东盐河样板段（东盐河河滨公园）一期工程通过验收投入使用。

• 江苏省水利厅召开 2021 年南水北调工作视频会议。

2 日 沂沭泗局召开审计工作座谈会，副局长王念彪出席会议并讲话。

5 日 连云港市水利局组织机关党员到东海安峰山烈士陵园开展主题党日活动。

7 日 山东省安全生产大排查督导组检查日照市水利系统安全生产大排查情况。

8 日 最高人民检察院决定对南四湖流域生态环境受损问题立案，并成立专案组启动公益诉讼检察程序。最高人民检察院副检察长张雪樵担任专案组组长。

• 山东省第五生态环境保护督察组召开督察济宁市工作动员会。

8—9 日 淮委主任刘冬顺赴沂沭泗流域开展防汛检查及沂沭泗河洪水东调南下提标工程前期工作调研，沂沭泗局局长刘玉年、淮委副主任杨锋、沂沭泗局副局长郑胡根陪同调研。临沂市委书记王安德、市长孟庆斌、副市长郑连胜；日照市市长李在武；连云港市委书记项雪龙、市长方伟，市委常委、秘书长黄远征，副市长吴海云参加调研。淮委规计处、防御处，沂沭泗局办公室、水管处、南四湖局、沂沭河局以及工程沿线地方政府、水行政主管部门等派员参加检查调研。

• 江苏省人大来徐州市调研《江苏省水库管理条例》修订工作，徐州市人大、市水务局、自然资源和规划部门有关负责同志陪同调研。调研组实地查看铜山区崔贺庄水库、大龙湖水库，详细了解水库管理现状，听取市水务局关于修改《江苏省水库管理条例》议案有关情况的汇报，并座谈讨论。

9 日 淮委主任刘冬顺、沂沭泗局局长刘玉年、淮委副主任杨锋、沂沭泗局副局长郑胡根赴日照市莒县调研沭河上游堤防加固工程建设情况，赴临沂市沂水县调研沂河上游堤防加固工程建设工作，并到青峰岭水库巡湖。日照市委副书记、市长李在武，临沂市委副书记、市长孟庆斌陪同调研。

• 宿迁市水利局举办全市水利系统党史学习教育暨防汛工作培训会。

• 枣庄市人民政府组织召开山东省庄里水库工程移民安置竣工初验会议。经初验委员会综合评定，认为移民搬迁和专业项目复建工作任务已经全面完成，移民资金使用管理合规、移民档案管理资料收集齐全，满足庄里水库工程竣工移民安置验收的要求，通过初验报告。

10 日 沂沭泗局召开党组理论学习中心组扩大研讨交流会议，围绕“思路对标”专题开展集中学习研讨。淮委党组成员、沂沭泗局党组书记刘玉年主持会议并讲话；沂沭泗局党组成员阚善光、郑胡根、郑雪峰、王念彪、翟伟锋，一级巡视员陈光临出席会议；副总工、局机关处室主要负责人，纪检组副组长、直属各单位主要负责人参加学习研讨。

12 日　淮委河湖处对徐州市南四湖水环境治理保护工作进行现场调研，徐州市副市长王维峰等陪同。

12—13 日　财政部资产管理司二级巡视员（副司级）项贤春、水利部财务司二级巡视员俞欣一行来沂沭泗局，就水利公共基础设施资产管理情况开展专题调研。淮委副主任伍海平出席调研座谈会；沂沭泗局副局长王念彪陪同调研；淮委财务处有关负责人，沂沭泗局财务处、水管处有关人员，骆马湖局主要负责人等参加调研。

13 日　沂沭泗局召开视频会议，安排部署 2021 年沂沭泗局水旱灾害防御、河湖管理、安全生产重点工作任务。沂沭泗局局长刘玉年出席会议并作重要讲话；副局长阚善光、郑胡根、郑雪峰、王念彪，纪检组组长翟伟锋，一级巡视员陈光临出席会议；副总工、局机关处室主要负责人，纪检组副组长，直属各单位主要负责人参会。

● 宿迁市委常委、组织部部长、中运河市级河长高飞带领市水利局、自然资源与规划局相关负责人调研中运河治理保护工作，宿迁市河长办、市水利局主要负责人陪同调研。

● 济宁市人民政府办公室印发《济宁市水文管理办法》（济政办发〔2021〕1 号）。

14 日　淮委党组成员、沂沭泗局党组书记刘玉年主持召开沂沭泗局“三对标、一规划”专项行动工作推进会，党组成员郑雪峰、翟伟锋出席会议，局机关处室主要负责人、纪检组副组长参加会议，各直属局分别在徐州、临沂、宿迁参会。

● 连云港市水利局举办市水利行业“讲好党史故事，激发奋进动能”红色故事宣讲比赛，19 名选手参赛，产生一等奖 1 名，二等奖 2 名，三等奖 3 名。

12—16 日　山东省水利厅组织召开山东省庄里水库工程移民安置终验会议。山东省庄里水库工程通过移民安置竣工终验。

15—16 日　山东省水利厅副厅级干部赵振林及专家来枣庄市监督检查大中型水库移民后期扶持工作，检查山亭区移民培训基地、店子镇店子村美丽移民村、庄里水库移民安置点及滕州市东郭镇武楼村美丽移民村项目、龙阳镇史村道路硬化等移民后期扶持项目现场，查阅相关资料，听取有关汇报，进行座谈交流。枣庄市政府副市长周宗安，市城乡水务局及滕州市、山亭区政府相关负责人先后陪同检查。

16 日　徐州市水务局开展水库闸站运行管理调研暨“我为群众办实事”实践活动，牵头领办、督促“关于对徐州市水库管理和保护的提案”落实情况。

14—17 日　徐州市水务局在淮安举办党支部书记政治能力提升专题培训班，局属党组织书记共计 45 人参加培训。

17 日　宿迁市水利局开展以“学习党史的重要意义”为主要内容的党史学习教育专题研讨，局理论学习中心组成员参加会议。

19 日　淮委党组成员、沂沭泗局党组书记刘玉年主持召开沂沭泗局党组理论学习中心组新民主主义革命时期历史专题学习研讨会，沂沭泗局党组成员阚善光、郑雪峰、王念彪、翟伟锋参加学习，办公室、人事处、机关党委主要负责人参加学习。

● 徐州市委书记周铁根调研运料河水质相关情况。

● 徐州市召开市区排水防涝工作会议，分析研判排水防涝形势，安排部署下一步重点工作任务，副市长王维峰出席会议并讲话,市政府办公室副主任赵永强主持会议。

• 枣庄市召开河(湖)长制工作现场推进会议,副市长、市河长办主任周宗安出席并讲话。与会人员实地察看山亭区西集镇十字河南支美丽河湖和滕州市东郭镇白果河水库整改后现场,观看部分小型水库运行管理突出问题影像资料,听取滕州市政府、薛城区周营镇政府的交流发言。

19—20 日 山东省水利厅一级巡视员张建德到日照市检查水利安全生产工作。

21 日 徐州市 2020 年度地下水井封井验收工作全部完成,共验收封井 306 眼,封填封存取水能力约 3500 万 m^3。

19—22 日 沂沭泗局派出 3 个汛前检查组对南四湖片、沂沭河片、骆马湖片开展防汛检查。沂沭泗局副局长、总工郑胡根参加对骆马湖片的检查。副总工,局防办有关人员,各直属局、基层局相关负责人等参加检查。

21—22 日 山东省副省长曾赞荣来临沂市调研水利工程建设和美丽乡村建设工作。山东省政府副秘书长张积军,临沂市委书记王安德,市委副书记、市长孟庆斌,市委副书记、兰陵县委书记任刚分别陪同。

22 日 沂沭泗局党组成员郑雪峰带领局机关处室、驻徐事业单位党支部青年党员代表前往淮海战役烈士纪念塔开展“缅怀先烈英魂,赓续红色血脉”党史学习教育主题党日活动。

• 连云港市水利局与河海大学联合举办“连云港市水利系统领导干部综合能力提升培训班”。

19—23 日 连云港市水利局在江苏省防汛抢险培训中心举办 2021 年全市防汛应急抢险专业培训班。

21—23 日 淮委纪检组对沂沭泗局落实中央八项规定精神制度建设和执行情况专项检查反馈意见整改落实情况开展“回头看”。沂沭泗局纪检组组长翟伟锋参加检查。淮委检查组成员,沂沭泗局纪检组、财务处、后勤中心负责人,骆马湖局、南四湖局分管纪检工作负责人及淮工集团有关人员参加检查。

23 日 沂沭泗局选送《筑梦沂沭泗》《月光下的中国》等 10 个作品参加淮委举办的“庆建党百年、读诗歌百篇”诗歌朗诵会。

• 徐州市水务局组织召开党史学习教育宣讲报告会。

• 连云港市委书记项雪龙深入海州区、东海县开展巡河工作,查看鲁兰河治理、星光湖运行管理及国省考断面水质、石梁河水库环库路东海县王埠段和刘金段,了解海州区河长制工作落实情况,石梁河水库无序采砂、“两违三乱”、养殖网箱整治、长效管护计划开展及水库生态修复工程建设推进情况。

25 日 滨州市水利局到枣庄市岩马水库考察交流水利工程标准化管理和岗位创新工作开展情况,枣庄市城乡水务局负责人等陪同考察。

• 山东省淮河流域重点平原洼地沿运片邳苍郯新片区治理工程水利部稽察反馈会议召开。稽察组组长马涪良、李世新出席会议,山东省水利厅一级巡视员王祖利、临沂市副市长郑连胜、临沂市水利局主要负责人等参加会议。

26 日 江苏省水利厅党组成员、省南调办副主任郑在洲带领沂沭泗联防检查组赴徐州市检查防汛工作,实地查看沂河庄安段险工处理、房亭河牌坊段消险处理情况，听取徐州市防办关于防汛备汛工作情况的汇报。徐州市防指负责人参加活动。

26—27 日 江苏省水利工程建设局对东海县龙门翻水站拆建工程开展安全生产“飞行检查”。

26—28 日 淮委副主任谢兴广一行到沂沭泗局检查调研水行政执法工作，沂沭泗局副局长阚善光陪同调研。淮委政法处，沂沭泗局水政安监处、各直属局、相关基层局主要负责人参加检查调研。

27—28 日 山东省水土保持工作会议在日照市五莲县召开，山东省水利厅一级巡视员张建德出席会议。水利厅相关处负责人，各市水利（水务）局分管负责人和水保科室主要负责人参加会议。27 日下午，观摩五莲县弘丰水保林、白鹭牧场、九五农场。28 日上午，召开会议，日照市副市长郑德庆出席会议。

28 日 沂沭泗局在徐州组织召开 2021 年绿化工作会，副局长阚善光出席会议并讲话。办公室、水政安监处、水管处、财务处主要负责人，纪检组副组长，发展中心、淮工集团主要负责人，直属局、基层局相关负责人参加会议。

• 徐州市副市长王维峰带队开展“五一”节前安全检查，强调要扎实做好供水、排水和宗教场所安全生产工作，全力保障节日期间安全稳定。徐州市政府办公室副主任赵永强、市水务局相关负责人等陪同活动。

• 淮委二级巡视员徐英三率检查组到枣庄市岩马水库检查水库汛前准备工作开展情况。山东省水利厅二级巡视员高希星、枣庄市城乡水务局负责人等陪同检查。

29 日 沂沭泗局组织开展“学党史 守初心 绽韶华”主题党日活动暨青年理论学习成果交流展示会。淮委党组成员、沂沭泗局党组书记刘玉年参加会议并讲话；沂沭泗局党组成员郑雪峰主持会议；党组成员阚善光、翟伟锋，一级巡视员陈光临出席会议；副总工，局机关处室、纪检组、驻徐事业单位全体职工，各直属局、淮工集团副处级以上干部，青年职工代表参加会议。

• 济宁市城乡水务局主要负责人实地督导县市区农村供水工程大排查工作。

30 日 沂沭泗局召开 2021 年党建重点工作推进会议。沂沭泗局党组成员郑雪峰、翟伟锋出席会议并讲话；局机关处室、纪检组、驻徐事业单位主要负责人、党建工作联络员，各直属局、淮工集团负责人、党办主任参加会议。

• 徐州市委常委、统战部部长、市级河长毕于瑞赴沂河、新沂河调研河长制工作，先后查看沂河东堤灾后应急治理工程现场、沂河毛林大桥国考断面等，详细询问断面水质达标等情况。沂沭泗局副局长阚善光、徐州市河长办负责人等陪同活动。

• 国务院办公厅表彰日照市为河（湖）长制工作督查激励市，奖励资金 2000 万元。

3—4 月 沂沭泗局组织对浙江省小水电清理整改与安全管理情况和江苏省、安徽省防洪工程设施水毁修复情况进行监督检查，圆满完成两项监督检查工作。此外，沂沭泗局还组成 5 个督查组，开展小型水库安全运行、水库调度与汛限水位执行、山洪灾害防御、堤防工程险工险段、水闸工程安全运行等 5 项水利督查工作，督查范围涉及江苏、安徽、山东 3 省 12 市。

5 月

1 日 连云港市临洪水利工程管理处程虹同志被评为连云港市“五一”巾帼标兵。

2日　中共中央政治局委员、国务院副总理胡春华赴二级坝水利枢纽考察调研南四湖保护治理工作。胡春华在南四湖二级坝泵站现场听取南水北调东线一期工程建设运行情况和后续工程前期工作情况汇报，自二级坝水利枢纽乘船考察南四湖保护和治理工作。水利部部长李国英、淮委主任刘冬顺、沂沭泗局局长刘玉年陪同考察。

●水利部党组书记、部长李国英调研南四湖二级坝水利枢纽工程，强调要全面总结东线一期工程建设运行实践，积极加快后续工程前期工作进度。山东省水利厅厅长刘中会、沂沭泗局局长刘玉年、副局长阚善光陪同调研。

6日　党史学习教育宿迁市委宣讲团走进宿迁市水利局作宣讲报告。

7日　徐州市委党史学习教育第七巡回指导组采取听汇报、开座谈会等方式，检查指导徐州市水务局党史学习教育工作开展情况。局党委党史学习教育领导小组办公室相关成员参加会议。

●连云港市市长、市级总河长方伟专题督查河长制湾长制推进工作，先后深入西盐河盐河桥南侧西岸广场和鲁兰河富安桥段，实地察看河流水质、沿岸环境整治等情况，详细听取国省考断面水质达标、雨污分流进展、城市污水处理能力提升以及水污染防治等工作情况汇报。在连云新城临洪河口湿地修复工程现场，方伟实地察看工程进展情况。在西墅沙滩，方伟听取沙滩整治修复、湾长制工作及美丽海湾保护与建设情况汇报，要求坚持陆海联动，强化协同配合，科学处理保护和开发的关系，不断完善海洋生态保护体系。

●宿迁市水利局开展党组中心组党史专题学习（扩大）研讨会议，市委党史学习教育第二巡回指导组、市科协办、司法局相关同志列席指导本次学习会。

●济宁市城乡水务局召开水旱灾害防御工作专题会议。

8日　淮委党组成员、沂沭泗局党组书记刘玉年主持召开局党组中心组“社会主义革命和建设时期历史”专题学习研讨会。沂沭泗局党组成员阚善光、郑胡根、王念彪、翟伟锋，一级巡视员陈光临参加会议；办公室、人事处、机关党委主要负责人，纪检组副组长参加学习。

●徐州市下水道四班班长张耀文荣获徐州市五一劳动奖章，市水利工程质量监督站和市饮用水水源地水利工程管理中心荣获徐州市五一劳动奖状，市排水管网养护管理处运行监管科荣获徐州市工人先锋号。

10日　由徐州市委宣传部、徐州报业传媒集团主办，“学习强国”徐州通信站、中国徐州网、徐州市水务局承办的“学习强国”进基层大型活动第24站、党史知识竞赛走进机关首站来到徐州市水务局。活动包括下水道四班主题宣传片展播、党史知识竞赛、观众现场互动抢答、歌舞表演等环节。在党史知识竞赛中，徐州市市区河道管理处代表队获得第一名。

10—12日　枣庄市城乡水务局组织开展思想作风建设“大转变、大落实、大提升”活动。

12日　徐州市水务局团委获得“徐州市五四红旗团委”称号。

●连云港市水利局组织走千村访万户志愿服务活动。

12—13日　山东省水利厅在济宁市开展“八七”分水方案调整方案制定调研。

13日　徐州市政府召开全市防汛防旱工作会议，市委常委、常务副市长王剑锋出席会议并讲话，副市长王维峰主持会议。各县(市)区政府分管负责人、市防指成员单位负责人参加会议。

● 江苏省水利工程建设局对连云港市武障河闸扩建工程度汛及安全生产工作开展“飞行检查”。

● 连云港市防指公布连云港市 2021 年度重点河库堤防塘坝责任人名单。

14 日　徐州市政府召开全市节水工作会议。

● 枣庄市城乡水务系统安全生产大排查大整治及驻点监管工作推进会议召开。

15 日　连云港市水利局“清润”党建品牌作为市级机关代表，在全市基层党建工作重点任务推进会上现场交流。

18 日　沂沭泗局人事处劳资科、骆马湖局沭阳局颜集管理所 2 个集体荣获 2021 年淮委工人先锋号。淮委副主任谢兴广出席授牌仪式，并召开座谈会。沂沭泗局一级巡视员、淮河工会副主席陈光临参加授牌仪式。

● 连云港市防指指挥、市委常委、常务副市长胡建军赴新沭河、石梁河水库督查防汛工作开展情况。

17—19 日　淮委副主任杨卫忠率队检查沂沭泗局直管工程备汛工作。沂沭泗局副局长阚善光、郑胡根，纪检组组长翟伟锋陪同检查。淮委防御处、纪检组，沂沭泗局防办、纪检组，骆马湖局及相关基层局主要负责人参加检查。

19 日　连云港市举办安全风险分级管控和隐患排查治理双重预防机制专题培训。

● 连云港市副市长吴海云赴玉带河闸、乌龙河自排涵洞、新沭河公兴港闸段等现场检查防汛工作。

● 宿迁市洪泽湖管理委员会召开 2021 年全体成员会议，宿迁市副市长林小异出席会议。

20 日　沂沭泗局召开 2021 年水旱灾害防御工作视频会议，分析研判 2021 年沂沭泗流域水旱灾害防御形势和直管工程风险隐患，对水旱灾害防御工作进行再部署。沂沭泗局局长刘玉年出席会议并讲话，副局长阚善光主持会议，副局长郑胡根作 2021 年水旱灾害防御工作报告，副局长王念彪、纪检组组长翟伟锋出席会议。沂沭泗局水旱灾害防御领导小组成员，办公室、防办、水文局、抢险队、直属局、基层局有关人员参加会议。

21 日　淮委党组成员、沂沭泗局党组书记刘玉年主持召开局党组中心组集中学习研讨会。沂沭泗局党组成员阚善光、郑胡根、王念彪、翟伟锋，一级巡视员陈光临参加会议；办公室、人事处、机关党委主要负责人，纪检组副组长参加学习。

23 日　连云港市水利局被江苏省委省政府表彰为“全省防汛抗洪工作先进集体”，5 名同志被表彰为“全省防汛抗洪工作先进个人”。

25 日　连云港市防指组织召开全市防汛抗旱工作电视电话会议，市防指指挥、市委常委、常务副市长胡建军出席会议，市防指常务副指挥、副市长吴海云主持会议。

26 日　连云港市市长方伟专题调研防汛工作，先后来到乌龙河自排涵洞、新沭河沭北闸、新沭河蒋庄漫水闸，实地察看重点水利设施项目建设推进情况，听取全市防汛抗旱准备情况汇报，并与基层一线的水利工作者交流汛情研判等情况。

● 中共济宁市委下发《关于济宁仲裁委员会办公室等 12 个单位党组设置调整及职务变更的通知》(济委〔2021〕128 号)，撤销市水利事业发展中心党组，市水利事业发展中心机关党委调整为市水利事业发展中心党委。济宁市城乡水务局党组书记、局长，市水利事业发展中心党组书记、主任刘继慧职务调整为市城乡水务局党组书记、局长，市水利事业发展中心党委书记、主任。

27 日　沂沭泗局以“习近平法治思想与法治政府建设”为主题举办2021年度第一期领导干部学法用法讲座（总第十六期）。沂沭泗局局长刘玉年、副局长阚善光参加讲座。

• 宿迁市防汛防旱指挥部组织开展2021年度防汛抢险演练活动。宿迁市防指指挥、市委常委、常务副市长史志军，市防指常务副指挥、副市长林小异，市防指副指挥、宿迁军分区副司令员董刚现场观摩演练。

28 日　徐州市政府组织召开《徐州市市区供水规划（2021—2035年）》审查会议，会议由市政府办公室副主任赵永强主持，市水务局、发改委、财政局、资规局、生态环境局、城管局、交通局、卫健委、国资委、重点办等部门的代表及特邀专家参加会议。

• 连云港市市长方伟赴排淡河流域检查生态廊道建设及断面水质达标工作。

• 连云港市防汛抗旱指挥部办公室召开全市防汛备汛工作汇报会。

• 日照市莒县水利局被表彰为全国全面推行河长制湖长制先进集体。

• 临沂市副市长郑连胜到祊河左岸防洪堤一期工程现场督导。

29 日　连云港市水利局开展“传承红色基因·筑梦七彩童年”主题活动。

30 日　连云港市水利局参加“颂歌献给党”连云港市庆祝中国共产党成立100周年歌咏比赛，荣获乙组一等奖。

24—30 日　连云港市水利局组成稽察工作组，对连云港市鲁兰河治理工程（东海县境内）、东海县竹墩闸除险加固工程、东海县范埠闸除险加固工程实施情况进行稽察。

22 日、31 日　沂河沭河上游堤防加固工程项目法人抢险队（建管局）组织全体参建单位分别于沭河莒县吕庄、沂河沂水县港埠口新建堤防段开展防汛抢险综合演练。

31 日　连云港市玉带河闸拆建工程通过水下工程阶段验收。

• 枣庄市委副书记、市长张宏伟再次到帮包联系点蟠龙河综合整治现场调研，听取工程进展情况汇报。

6 月

1 日　枣庄市举办河（湖）长制培训班，枣庄市副市长、市河长办主任周宗安出席并讲话。

3 日　徐州市水务局参赛作品《红船，光耀青史——为中国共产党百年华诞而歌》在徐州市级机关“百年恰是风华正茂，砥砺前行永续初心”致敬红色经典朗读活动中荣获二等奖。

• 临沂市政协副主席、农工党临沂市委主委任兴业带领调研组一行到蒙阴县、平邑县开展“深化农村供水管理体制改革构建农村饮水安全长效机制”视察活动。临沂市政府副秘书长刘朝文、市水利局主要负责人等参加活动。

4 日　徐州市政府第64次常务会议审议研究并通过《徐州市“十四五”水务发展规划》，市长庄兆林主持会议并讲话。

• 连云港市水利局召开基层单位“一把手”讲安全暨“安全生产月”活动动员会。

6日 济宁市召开河长制湖长制工作会议，市委副书记、市长于永生安排部署河长制湖长制重点工作，市政府党组成员王宏伟通报有关情况，市城乡水务局主要负责人作表态发言。

•淮委副主任杨锋到双堠水库规划现场调研。临沂市副市长郑连胜，淮委规划计划处、市水利局主要负责人等参加调研。

7日 宿迁市水利局举办理论学习中心组(扩大)党史学习教育专题读书班。

•日照市召开水利工程防汛工作会议，副市长徐淑利出席会议并讲话。

8日 沂沭泗局依托济南泉城安全体验培训中心开展应急体验式演练系列活动第三期，内容包括现场安全生产知识学习、事故伤害体验、应急逃生和救护实际操作等。

•江苏省副省长、省级河长惠建林来连云港巡查沂河、新沂河、分淮入沂河长制工作，并组织召开座谈会，研究部署“三河”生态保护和防汛备汛工作，推进幸福河湖建设。惠建林实地查看新沂河灌云潮河段、叮当河涵洞段等治理现场，听取连云港市、灌云县两级河(湖)长和省有关部门负责同志的工作汇报。连云港市副市长魏爱春参加活动。

10日 沂沭泗局举办离退休支部党员大会暨“光荣在党50年”纪念章颁发仪式。淮委党组成员、沂沭泗局党组书记刘玉年和沂沭泗局党组成员阚善光出席会议，为10名党龄满50周年的老党员颁发纪念章，并向他们致以衷心的祝贺和诚挚的问候。

•淮委党组成员、沂沭泗局党组书记刘玉年和沂沭泗局党组成员阚善光走访慰问机关6名离退休老党员和生活困难党员，为他们送去组织的关怀和温暖。

11日 南四湖专案组组长、最高检副检察长张雪樵出席最高人民检察院召开的南四湖流域生态环境受损公益诉讼专案工作推进会。

•徐州市区奎河综合整治工程“奎河一号”盾构机始发仪式在上段3标袁桥闸处隆重举行。徐州市水务局、中煤三建市政工程公司主要负责人等出席仪式。

•济宁市召开全市防汛工作情况专题会。

13日 二级坝一闸交通桥正式通车运行。

15日 沂沭泗局局长刘玉年主持召开防汛会商会，综合分析研判当前雨水工情，安排部署汛期首轮强降雨防御应对措施；副局长郑胡根出席会议；副总工，防办、水文局有关人员参加会商。

•12时 沂沭泗局开启二级坝二闸，15时开启二级坝三闸，下泄流量均为300 m^3/s。这是二级坝枢纽2021年汛期首次开闸泄洪。

•济宁市委常委任庆虎实地查看金乡易涝区治理情况，市城乡水务局主要负责人陪同。

16日 沂沭泗局党组召开理论学习中心组(扩大)安全生产专题学习会，专题学习习近平总书记关于安全生产重要论述精神。淮委党组成员、沂沭泗局党组书记刘玉年出席会议并讲话，党组成员阚善光主持会议，党组成员郑胡根、郑雪峰、王念彪、翟伟锋参加学习，副总工、局机关各处室主要负责人、纪检组副组长、直属各单位主要负责人等参加学习。

•13时 沂沭泗局开启嶂山闸泄洪，下泄流量300 m^3/s。这是嶂山闸2021年汛期首次开闸泄洪。

•连云港市水利局在市政务服务中心

开展“6·16安全咨询日”及“学党史、守初心、担责任、保安全——水利安全万人签名”活动。

16—17日 沂沭泗局局长刘玉年带队赴骆马湖局嶂山闸和沂河、沭河上游堤防加固工程开展安全生产监督检查，水政安监处、基建处、水管处、骆马湖局、沂沭河局和沂河、沭河上游堤防加固工程建设局主要负责人和相关人员陪同检查。

17日 沂沭泗局组织召开推进会议，对沂沭泗直管河湖存量问题清理整治行动以及清理整治涉河建设项目遗留问题专项行动进行再推进、再部署，副局长郑胡根参加会议，水管处、南四湖局、沂沭河局、骆马湖局相关负责人及有关人员参加会议。

●连云港市水利局在市水利科技档案馆举办消防培训及演练活动。包括消防安全讲座、心脏复苏讲解示范、高楼火场逃生演练以及现场灭火演练。

16—18日 淮委水资源节约与保护处检查沂沭泗局节水型单位建设工作，沂沭泗局水资源处、南四湖局、沂沭河局、骆马湖局相关负责人陪同检查。

19日 济宁市防汛抗旱工作会议召开，市委书记、市人大常委会主任林红玉出席会议并讲话，市委副书记、市长于永生主持，市城乡水务局主要负责人参加会议。

21日 淮委党组成员、沂沭泗局党组书记刘玉年以“从党史中汲取智慧力量 奋力谱写沂沭泗水利管理事业发展新篇章”为题讲授党史学习教育专题党课。党组成员阚善光主持会议。沂沭泗局党组成员郑胡根、王念彪、翟伟锋，一级巡视员陈光临参加会议。沂沭泗局二级巡视员，副总工，局机关处室主要负责人，纪检组副组长，直属各单位主要负责人及分管党务工作负责人、党办主任，局机关处室、事业单位全体党员参加学习。

22日 中央纪委国家监委驻水利部纪检监察组副组长张运生一行赴沂沭泗局，调研了解党的十九大以来淮委系统落实中央八项规定精神纠治“四风”树新风、中央巡视整改等情况。沂沭泗局领导班子成员，局机关有关部门、直属有关单位主要负责人，局纪检组全体人员等参加座谈会。

●江苏省水利厅副厅长高圣明调研灌云农村水利工作。同日，省水利工程建设局对赣榆区境内2020年灾后应急治理工程新沭河险工处理工程安全生产及安全度汛工作开展“飞行检查”。

23日 沂沭泗局局长刘玉年赴南四湖片区督导检查直管工程防汛工作，对直管工程度汛安全进行再检查、再强调、再落实，局防办、南四湖局及相关基层局人员参加检查。

22—24日 2021年度山东省水旱灾害防御专题培训班暨现场演练在济宁市举行，水利部防御司督察专员万海斌出席培训班开班式，山东省水利厅副厅长马承新出席开班式并作动员讲话，济宁市委副书记、市长于永生观摩水旱灾害防御演练，副市长王宏伟在培训开班式上致辞，省水利厅二级巡视员高希星主持开班式。

21—25日 江苏省复核组对徐州市“两违”整治情况开展现场抽查复核工作，实地查看徐州市抽查的200项“两违”问题，听取“两违”整治工作汇报，通过现场查看，复核组表示徐州市“两违”问题整治到位，同意通过省级复核工作。

23—25日 沂沭泗局党组成员、纪检组组长翟伟锋率队检查淮工集团安徽地区淮干王临段濛河分洪道拓浚工程和蚌埠五河高速公路淮河防洪影响处理工程安全生产工作。

24—25 日　水利部河湖保护中心主任蒋牧宸一行来徐州市调研大运河保护和南水北调东线工程。江苏省水利厅副厅长韩全林、徐州市委副书记徐大勇、沂沭泗局副局长郑胡根等陪同活动。调研组查看经济开发区污水处理厂、丰县大沙河湿地,随后乘船查看南四湖微山湖、大运河湖西航道,通过听取汇报、现场问询等方式,了解京杭大运河、南水北调东线工程交叉河湖水环境治理、水域岸线整治、水质保护以及河(湖)长制实施情况,并就如何推进水域岸线保护与利用等方面进行探讨交流。

● 连云港市水利局组成稽察工作组对新沭河下段疏浚清障工程进行稽察。

25 日　徐州市市长庄兆林专题调度市区防汛备汛工作情况,副市长王维峰、市水务局主要负责人等参加活动。庄兆林先后来到云龙区民富路排涝泵站、地铁 1 号线医科大学站排水点、云龙湖水库、新城区雨水管网清淤排查工程,了解重点部位排涝准备和相关工程实施进展情况,要求加快工程进度,提升质量水平,切实做好防汛备汛各项工作。

● 连云港市防办组织开展全市 2021 年度县乡级防汛抗旱指挥长培训。

26 日　济宁市委副书记、市长、市总河长于永生到南四湖巡湖。

28 日　枣庄市召开总河长会议,市委书记、市人大常委会主任、市总河长陈平主持会议并讲话;市委副书记、市长、市总河长张宏伟,市委副书记、峄城区委书记、市副总河长于玉,市委常委孙起生、朱国伟,市人大常委会副主任程涛,副市长宋丙干、刘吉忠、邵士官、左文、李守江,市政协副主席艾百灵,市政府党组成员、秘书长孙永出席。

● 枣庄市委副书记、市长张宏伟现场调研何庄、黑峪、袁寨山水库及宏图河、凤鸣湖东支等工程。

● 济宁市防指组织召开南四湖湖西堤、湖东堤采煤沉陷段安全度汛工作会议,研究落实山东省防办关于做好南四湖安全度汛工作的有关要求,安排部署南四湖湖西堤、湖东堤采煤沉陷段的安全度汛工作。南四湖西大堤联防指挥部指挥长、济宁市副市长张胜明,常务副指挥长、沂沭泗局副局长阚善光出席会议并讲话。沂沭泗局防办、南四湖局,济宁市城乡水务局、自然资源与规划局、应急局、能源局,山东能源集团有限公司、上海大屯能源股份有限公司,微山县政府、太白湖新区管委会等单位和部门有关负责人参加会议。

28—29 日　淮委党组成员、沂沭泗局党组书记刘玉年,沂沭泗局党组成员阚善光、郑雪峰、翟伟锋一行来到山东省临沂市沂蒙革命老区,开展党史现场学习教育,重温入党誓词,回顾中国共产党的光辉历史,赓续红色血脉,汲取奋进力量。沂沭泗局办公室、人事处、机关党委主要负责人,纪检组副组长,沂沭河局主要负责人等参加活动。

29 日　连云港市水利局选送的《那些人儿》节目在“百年心向党、建功新时代”连云港市级机关庆祝建党 100 周年文艺竞演中荣获一等奖。

● 宿迁市水利局举行“永远跟党走 奋进新征程”合唱比赛。

29—30 日　济宁市副市长王宏伟到淮委汇报环湖大道东线等洪评工作,济宁市城乡水务局负责人陪同。

30 日　沂沭泗局召开庆祝中国共产党成立 100 周年暨“两优一先”表彰大会,对全局 50 名优秀共产党员、15 名优秀党务工作者和 15 个先进基层党组织予以表彰。

30 日—7 月 1 日　连云港市水利局组织稽察工作组对蒋庄闸消能修复及闸下中泓疏浚工程进行稽察。

7 月

1 日　徐州市水务局组织 600 余名党员干部集中收听收看庆祝中国共产党成立 100 周年大会。

• 连云港市水利局开展庆祝中国共产党成立 100 周年系列纪念活动。

• 枣庄市城乡水务局组织全体干部职工集中观看中国共产党成立 100 周年大会。

• 山东省水利厅二级巡视员高希星带领调研组到邳苍分洪道开展调研，临沂市副市长郑连胜、市水利局主要负责人等参加调研。

2 日　枣庄市召开农村供水工程运行管理座谈会。

3 日　沂沭泗局全面完成 2021 年水行政执法监督自查阶段工作。

5 日　江苏省委常委、常务副省长、省级河长樊金龙来连云港巡查沭河、新沭河河长制工作。樊金龙一行实地查看新沭河、石梁河水库等工程现场，并组织召开座谈会，听取徐州市、连云港市级河（湖）长和省有关部门负责同志的工作汇报。连云港市委书记、市级总河长项雪龙，组织部部长，统战部部长，沭河、新沭河市级河长卢刚，连云港市委秘书长、市级河长黄远征参加会议。

• 宿迁市水利局召开上半年总结会暨党风廉政和作风建设会议。

6 日　徐州市副市长王维峰检查新城区防汛排水工作，部署做好强降雨防范应对任务，市水务局主要负责人陪同检查。王维峰一行实地查看新城区云台路、泰岳路、清风路、新元大道排水整治工程，听取工程方案和实施情况汇报。

• 济宁市委副书记、市长、市总河长于永生到黄河梁山段开展河长制湖长制巡查，并检查防汛工作，市城乡水务局负责人陪同活动。

7 日　水利部南水北调工程管理司副司长袁其田到宿迁调研《南水北调工程供用水管理条例》执行情况，江苏省水利厅、宿迁市相关负责人陪同调研。

8 日　徐州市召开污水提质增效达标区建设现场观摩推进会。

• 宿迁市水利局地下水权交易改革获得全市作风建设“优秀范例”表彰。

7—9 日　沂沭泗局副局长阚善光、郑胡根分别带队，代水利部赴山东省青岛市、烟台市督导检查水利工程安全隐患排查行动开展情况。

9 日　临沂市召开总河（湖）长和防汛工作会议，市委副书记、市长任刚出席并讲话，副市长郑连胜出席。

10 日　临沂市委副书记、市长、市总河（湖）长任刚带队开展巡河巡湖工作，副市长、市河长制办公室主任郑连胜，市政府秘书长解红日、副秘书长郭景军，市水利局等有关单位主要负责人参加巡河巡湖。

12 日　淮委党组成员、沂沭泗局党组书记刘玉年主持召开“三对标、一规划”专项行动总结会议暨沂沭泗局 2021 年第一次局务会议。沂沭泗局党组成员阚善光、郑雪峰、王念彪、翟伟锋出席会议；二级巡视员、副总工、机关各处室主要负责人、纪检组副组长、直属各单位主要负责人等参加会议。

13 日　沂沭泗局副局长郑胡根主持召开专题会商会议，传达国家防总全体会议精神，会商分析流域天气发展趋势，安排部署沂沭泗流域近期强降雨防范工作，局防办、水文局、抢险队有关人员参加会议。

• 临沂市副市长李登全到岸堤水库检查指导防汛工作，市政府副秘书长韩继江、市水利局主要负责人等参加检查。

14 日 沂沭泗局局长刘玉年主持召开防汛会商会，分析研判当前雨情、水情和防汛形势，进一步安排部署流域暴雨洪水防御相关工作。沂沭泗局副局长郑胡根参加会商，副总工和防办、纪检组、水文局负责人参加会商。

• **18 时** 沂沭泗局启动水旱灾害防御Ⅳ级应急响应。

• 临沂市副市长、市河长制办公室主任郑连胜到温凉河及许家崖水库开展巡河巡湖并检查指导防汛工作，市水利局主要负责人等参加。

15 日 沂沭泗局局长刘玉年主持召开防汛会商会，加密分析研判最新雨水工情和防汛形势，加强直管工程调度，安排部署防范应对工作；副局长阚善光、郑胡根、郑雪峰参加会商；副总工，办公室、防办、水文局主要负责人和有关人员参加会商。

• **15 日 8 时—16 日 8 时** 下级湖大部分地区、邳苍南部、中运河及其以南地区、骆马湖周边等地降暴雨，局部降大暴雨，沂沭河中下游、上级湖湖西局部、新沂河南北等地区降中到大雨，局部降暴雨，流域其他地区降小雨或无雨。16 日上午，沂沭泗局副局长郑胡根主持召开防汛会商会，分析研判雨水工情和防汛形势，根据前一天降雨和预测预报情况，有针对性地安排直管控制性工程调度，局防办、水文局有关人员参加会商。

• **15 日 9 时起** 沂沭泗局先后调度开启刘家道口闸、二级坝二闸、人民胜利堰闸、嶂山闸泄洪。

• 日照市东港区被表彰为第四批节水型社会建设达标区。

16 日 17 时 下级湖微山岛站水位 32.51 m，超过汛限水位。沂沭泗局于 16 时提前调度开启韩庄节制闸泄洪。

• 徐州市委副书记徐大勇、副市长王维峰分别赴市防汛防旱指挥部指挥中心，实地了解全市雨情、水情及强降水防御开展情况，指导全市防汛工作。市水务局、气象局主要负责人等陪同。

• 江苏省骆马湖联防指挥部指挥、省水利厅党组成员、南水北调办公室副主任郑在洲一行来连云港督查指导沂沭泗防汛工作。

• 济宁市城乡水务局党组成员袁文亮赴黄河水利委员会对接引黄指标工作。

• 临沂市委书记、市总河（湖）长王安德到蒙阴县开展巡河巡湖、检查防汛工作。

15—17 日 连云港市水利局组织全市重点水利施工企业主要负责人、分管安全生产负责人参加新修订的安全生产法培训。

17 日 沂沭泗局局长刘玉年主持召开防汛会商会，分析当前水雨情形势，安排直管控制性工程调度，确保本轮洪水平稳下泄。沂沭泗局副局长郑胡根参加会商，副总工，防办、水文局主要负责人和有关人员参加会商。

• 沂沭泗局局长刘玉年会见来访的江苏省水利厅厅长陈杰一行，双方就沂沭泗流域当前防汛、流域治理、河湖管理等工作进行座谈交流。沂沭泗局副局长郑胡根参加会见。江苏省水利厅二级巡视员黄海田、有关业务部门负责人、徐州市水利局主要负责人，沂沭泗局基建处、防办、水文局主要负责人等参加座谈。

·8 时—18 日 8 时 沂沭泗流域平均降水量为 5.2 mm，其中新沂河以南地区降大到暴雨，韩庄运河、中运河以南地区降中到大雨，流域其他大部地区降小雨或无雨。18 日上午，沂沭泗局局长刘玉年主持召开防汛会商会，进一步安排部署直管河湖退水阶段工作。沂沭泗局副局长郑胡根参加会商。局防办、水文局主要负责人和有关人员参加会商。

·江苏省水利厅厅长陈杰带队来徐州调研指导水利工作并召开专题座谈会。江苏省水利厅二级巡视员黄海田、徐州市副市长王维峰，丰县人民政府、市水务局相关人员等出席会议。座谈会上，陈杰重点听取徐州市防汛工作和丰县水利帮促工作情况汇报。

·连云港市防指 11 时启动新沂河防汛Ⅳ级应急响应。

16—18 日 水利部水旱灾害防御司督查专员（正司级）王翔率水利部工作组检查指导沂沭泗局水旱灾害防御工作。淮委副主任杨卫忠、沂沭泗局副局长阚善光参加检查。淮委水旱灾害防御处、沂沭泗局办公室、防办，南四湖局、沂沭河局负责人和有关人员参加检查。

18 日 “奎河力行号”在徐州市区奎河综合整治工程（苏堤路—袁桥闸）施工 1 标段顺利始发。

·连云港市委书记、市级总河长方伟前往海州、灌云实地调研督导防汛工作。

19 日 沂沭泗局开展 2021 年沂沭泗“1957 型”全流域大洪水调度专项预演，沂沭泗局局长刘玉年担任预演总指挥，副局长郑胡根主持预演；副局长郑雪峰、王念彪，纪检组组长翟伟锋参加预演，沂沭泗局水旱灾害防御领导小组全体成员等参加预演。

·济宁市委书记、市人大常委会主任林红玉调研曲阜防山镇污水处理站设施情况，市城乡水务局主要负责人陪同调研。

20 日 沂沭泗局 10 时终止水旱灾害防御Ⅳ级应急响应。

·连云港市防指 10 时结束新沂河防汛Ⅳ级应急响应。

·徐州市贾汪区通过水利部组织开展的第四批县域节水型社会达标建设复核工作，完成国家级县域节水型社会创建工作。

9—21 日 水利部监督司重大水利工程稽察组进驻沂河、沭河上游堤防加固工程开展稽察工作。

20—21 日 江苏省水利厅副厅长高圣明赴徐州市开展农村供水检查调研，先后查看铜山区赵疃林场张庄村和丁泉村供水入户工程、单集镇供水服务站及詹湖村供水入户工程和扶贫建设情况，以及邳州市第二地表水厂、土山供水营业部及居民小区入户情况。

21 日 徐州市委常委、常务副市长、市防指指挥王剑锋到市防汛指挥中心检查指导防汛工作，市政府办、水务局、应急局、气象局有关负责人员陪同检查。

20—22 日 沂沭泗局局长刘玉年赴骆马湖片督导检查防汛工作，局防办、骆马湖局及相关基层局人员参加检查。

22 日 沂沭泗局党组举办学习贯彻习近平总书记“七一”重要讲话精神专题读书班，淮委党组成员、沂沭泗局党组书记刘玉年参加学习并讲话。沂沭泗局党组成员郑雪峰主持会议，党组成员郑胡根、王念彪、翟伟锋参加学习；二级巡视员，副总工，局机关处室、纪检组处级以上领导干部，直属各单位领导班子成员，青年理论学习小组组长参加学习。

·枣庄市委常委、军分区司令员王普

照采取“四不两直”方式到岩马水库调研水库防汛工作。

• 华能国际电力股份有限公司济宁电厂与华能济宁运河发电有限公司工业取水权交易在中国水权交易所顺利成交，是山东省第一例取水权交易。

• 日照市政协党组副书记、副主席黄秀芹到岚山区、东港区就日照市“构筑乡村水生态，助力脱贫攻坚与乡村振兴有效衔接”进行对口协商，并对市水利局为民办实事项目落地落实情况进行调研。

• 临沂市政府在兰陵县开展邳苍分洪道运用预案演练，山东省委督导组组长沈国涛观摩演练。

19—23 日　淮委二级巡视员徐英三率水利部监督组来沂沭泗局开展水行政执法监督检查工作，沂沭泗局副局长阚善光陪同检查。

22—23 日　连云港市水利局配合江苏省水利厅完成市通榆河管理处水利安全生产标准化二级单位延期复核工作。

• 山东省安全生产专项督导枣庄市中心组到枣庄市城乡水务局检查安全生产工作开展情况，枣庄市城乡水务局主要负责人等参加检查活动。

23 日　沂沭泗局党组成员郑胡根以“增强对中国共产党为什么‘能’的理解”为题，为水管处党支部全体党员讲专题党课。

• 沂沭泗局党组成员翟伟锋以“深入学习习近平总书记‘七一’重要讲话精神，推动沂沭泗局纪检工作高质量发展”为题，为纪检组党支部全体党员、骆马湖局纪委相关人员、沭阳局党支部全体党员讲授专题党课。

24 日　山东省委副书记、省长李干杰率检查组到沂沭河调研督导防汛工作，先后到大官庄水利枢纽、江风口分洪闸、邳苍分洪道等进行现场督导，听取沂沭河防汛工作情况的汇报，详细了解防洪工程现状、洪水调度安排、枢纽工程调度运用、分洪准备、隐患排查整治等情况。临沂市委书记王安德，市委副书记、市长任刚，沂沭泗局局长刘玉年，沂沭河局主要负责人等陪同检查。

15—25 日　连云港市水利局对全市开展 2020—2021 年度水利建设质量考核。

25 日　连云港市防指 19 时启动全市防台风Ⅳ级应急响应。

26 日　沂沭泗局局长刘玉年主持召开防汛会商会，分析 2021 年台风“烟花”最新动态，研判未来几天沂沭泗降水预测情况，超前安排部署强降雨防御工作；副局长阚善光、郑胡根，纪检组组长翟伟锋参加会商；副总工，防办、水文局主要负责人和有关人员参加会商。

• **10 时**　沂沭泗局启动水旱灾害防御Ⅳ级应急响应。

• **12 时**　徐州市启动全市防台风Ⅲ级应急响应。

• 连云港市防办组织传达贯彻国务院会议精神暨“烟花”台风防御视频会议，市委常委、常务副市长胡建军和副市长吴海云参会。

• 江苏省防台风督查指导组第二组来连云港指导台风防御工作。

• 宿迁市委副书记、市长陈忠伟调研防汛工作。

27 日　沂沭泗局局长刘玉年主持召开防汛会商会，进一步学习习近平总书记关于防汛救灾工作重要指示精神及李克强总理在抗洪抢险救灾和防汛工作视频会议上的讲话精神，传达中共中央组织部《关于在防汛救灾中发挥基层党组织战斗堡垒作用和广大党员先锋模范作用的通知》要求,并根据当前台风动向和天气变化趋势,分析水雨情形势,进一步安排部署台风暴雨防范工作。沂沭泗局副局长郑胡根参加会商,防办、水文局主要负责人和有关人员参加会商。

• **15 时** 徐州市防指提升全市防台风应急响应至Ⅱ级。

• 连云港市防办组织参加江苏省防汛防台工作调度视频会议,市委常委、常务副市长胡建军和副市长吴海云参会。

• **19 时** 连云港市防指提升全市防台风应急响应至Ⅲ级。

• 枣庄市安委会安全生产第一巡查组到枣庄市城乡水务局开展 2021 年度第一次安全生产巡查工作并召开巡查工作汇报会。

• 临沂市政府副市长、市水利工程防汛抗旱指挥部指挥郑连胜到市水利工程防汛抗旱指挥部办公室,就做好台风“烟花”防御工作进行部署安排,市政府副秘书长、市水利工程防指副指挥刘朝文参加。

28 日 江苏省副省长潘贤掌带队检查督导嶂山闸防台防汛工作,听取骆马湖局关于沂沭泗地区整体水雨情分析,防洪形势和工程调度,受台风“烟花”影响骆马湖区域防汛形势,流域骨干河道行洪现状,以及骆马湖局防台防汛应对措施等情况的汇报。宿迁市委副书记、市长、市防汛防旱指挥部总指挥陈忠伟,江苏省水利厅党组成员、省南水北调办副主任郑在洲,沂沭泗局副局长阚善光陪同检查。

• 淮委主任刘冬顺主持召开会商会,与沂沭泗局视频连线,进一步部署台风“烟花”防御工作。沂沭泗局局长刘玉年,副局长阚善光、郑胡根参加视频连线会商。

• **11 时** 沂沭泗局提升水旱灾害防御应急响应至Ⅲ级,并派出 3 个工作组,由包片局领导带队赶赴一线指导防汛抗洪。

• **20 时** 沂沭泗局与江苏省防指视频连线,就台风“烟花”暴雨洪水相关防御情况进行沟通,江苏省委常委、常务副省长、省防指常务副指挥樊金龙主持会商。沂沭泗局局长刘玉年,副局长郑胡根,纪检组组长翟伟锋参加会商;办公室、水管处、水文局主要负责人和有关人员参加视频会商。

• 连云港市防办组织沿海相关县区和单位参加江苏省海上防台工作部署会及江苏省抗御台风“烟花”视频调度会议,副市长吴海云参加会议。

• **19 时** 连云港市防指启动新沂河防汛Ⅳ级应急响应。

• 水利部督导检查组采取“四不两直”方式到枣庄市岩马水库督导检查水库防汛调度落实和汛限水位执行情况。

29 日 国家防总工作组、沂沭泗局水旱灾害防御工作组赶赴防汛一线,协助指导南四湖局台风“烟花”暴雨洪水防御工作。

• 沂沭泗局与山东省防指视频连线,就韩庄运河区域洪水相关防御情况进行沟通,山东省委常委、常务副省长王书坚主持会商,沂沭泗局副局长郑胡根参加会商。沂沭泗局办公室、水管处、水文局主要负责人和有关人员参加视频会商。

• **11 时** 中运河运河站水位 24.51 m,超警戒水位 0.01 m。沂沭泗局要求南四湖局、骆马湖局进一步加强巡查防守工作。

• **12 时起** 徐州市结束防台风Ⅱ级应急响应。

• **20 时 50 分** 中运河运河站实测流量 3840 m^3/s,为有实测资料以来最大流量,相应水位 24.77 m,超警戒水位 0.27 m。

●9 时连云港市防指提升新沂河防汛应急响应至Ⅲ级;12 时,结束连云港市防台风Ⅲ级应急响应;15 时,启动连云港市防汛Ⅲ级应急响应。

●连云港市防办组织参加淮沂沭泗汛情视频调度会议,副市长吴海云参加会议。

●连云港市防办组织召开全市防汛抗洪调度视频会议,副市长吴海云主持会议。

●江苏省防汛工作组新沭河组王业英一行来连云港市指导新沭河洪水防御工作。

●江苏省防汛工作组新沂河工作组钱邦永一行来连云港市指导新沂河洪水防御工作。

●枣庄市委副书记、市长张宏伟主持召开防台风视频调度会并到有关区现场督导,分析研判万年闸、台儿庄节制闸等重点部位防汛形势,对台风"烟花"防范应对工作进行再安排、再部署。

30 日 沂沭泗局党组成员阚善光以"学习习近平总书记'七一'重要讲话精神内涵,抓好各项工作的贯彻落实"为主题,为办公室、水政安监处、发展中心党支部党员干部讲授专题党课。

●江苏省骆马湖联防指挥部指挥、省水利厅党组成员、南水北调办公室副主任郑在洲一行来连云港指导沂沭泗地区洪水防御工作。

31 日 14 时 30 分 连云港市防指结束连云港市防汛Ⅲ级应急响应,维持连云港市新沂河防汛Ⅲ级应急响应。

●**21 时** 中运河运河站水位 24.48 m,降至警戒水位以下,累计超警运行 58 h。

4—7 月 根据水利部、淮委的统一部署,沂沭泗局派出检查组代水利部对安徽、江苏两省宿州市、泰州市等 9 市 26 县(区)的水闸工程、堤防工程险工险段和小型水库安全运行情况开展监督检查,完成督查任务。

6—7 月 沂沭泗局领导分别带领由局相关处室(单位)组成的 6 个检查组,通过查看工程现场、查阅安全生产资料和开展座谈的方式,对水利工程运行、在建工程施工安全管理、直管河湖水域岸线涉河建设项目度汛安全管理等重点领域和水利部、淮委、沂沭泗局安全生产工作部署落实情况,安全生产专项整治三年行动,水利安全生产标准化建设复核等重点工作开展情况进行监督检查。

8 月

1 日 13 时 徐州市防指调整徐州市中运河地区防汛应急响应至Ⅳ级。

2 日 9 时 55 分 新沂河沭阳站水位 9.49 m,降至警戒水位以下,共超警运行 108 h。

●**12 时** 沂沭泗局终止水旱灾害防御Ⅲ级应急响应。

●**18 时** 连云港市防指结束连云港市新沂河防汛Ⅲ级应急响应。

3 日 10 时 徐州市防指结束中运河地区防汛Ⅳ级应急响应。

5 日 枣庄市农村供水工程运行管理工作现场观摩会议召开。现场观摩薛城区陶庄镇供水有限公司、峄城区吴林街道办事处农村供水站等农村供水工程运行典型,4 个区(市)交流先进做法。枣庄市副市长左文出席会议并讲话,市城乡水务局主要负责人参加会议。

6 日 淮委主任刘冬顺主持召开水旱灾害防御专题会商会议,与沂沭泗局视频连线,传达贯彻水利部防汛工作部署要求,部署当前水旱灾害防御工作。沂沭泗局局长刘玉年，副局长阚善光、郑胡根，纪检组组长翟伟锋以视频方式参加会议；副总工，办公室、基建处、防办、水文局、抢险队有关人员参加会议。

● 沂沭泗局副局长阚善光带队检查二级坝第二节制闸交通桥、韩庄节制闸交通桥安全生产隐患整改情况；副总工，水政安监处、基建处、南四湖局主要负责人和相关人员参加检查。

● 宿迁市水利局到淮西片区，实地查看淮泗挡洪闸、淮柴河闸枢纽以及淮泗河、六塘河、淮沭河、大涧河等。

12 日　沂沭泗局组织召开水利工程标准化管理工作推进视频会，水管处、各直属局及试点单位相关人员参加视频会议。

13 日　沂沭泗局召开"一把手"集体谈话会议。沂沭泗局局长刘玉年出席会议并讲话，副局长郑雪峰主持会议，纪检组组长翟伟锋出席会议，局机关处室主要负责人、纪检组副组长、直属单位主要负责人参加会议。

● 徐州市委书记庄兆林，市委副书记、代市长王剑锋签发 2021 年第 1 号市总河长令，部署在全市组织开展美丽幸福河湖建设，实现"河安湖晏、水清岸绿、鱼翔浅底、文昌人和"的幸福河湖面貌。

17 日　沂沭泗局局长刘玉年主持召开沂沭泗局应对疫情工作领导小组（扩大）会议，副局长阚善光、纪检组组长翟伟锋出席会议，纪检组、局应对疫情防控工作领导小组成员、各直属局应对疫情防控工作领导小组成员、驻徐企事业单位有关负责人参加会议。

18 日　徐州市政府印发《徐州市"十四五"水务发展规划》《徐州市市区供水规划（2021—2035）》。

● 连云港市水利局临洪管理处代表水利局荣获"百年风华"全省党员教育全媒体作品创作大赛三等奖。

● 济宁市副市长王宏伟到沂沭泗局协调环湖大道洪评等工作。

19 日　沂沭泗局召开新任处级领导干部集体廉政谈话会议，教育引导新任领导干部强化政治担当，增强廉洁从政意识，筑牢拒腐防变的思想防线。沂沭泗局副局长郑雪锋、纪检组组长翟伟锋出席会议；人事处、机关党委主要负责人，纪检组副组长，局机关、直属单位新任处级、新任科级领导干部参加会议。

20 日　沂沭泗局局长刘玉年主持召开防汛会商会，分析研判未来几天沂沭泗降水预测预报情况，超前安排部署近期暴雨洪水防御工作。沂沭泗局副局长郑胡根参加会商；副总工，防办、水文局主要负责人和有关人员参加会商。

● 山东诺好佳食品有限公司成功向山东润德康食品有限公司购买 2 年共 10000 m^3 的水资源使用权，临沂市首笔水权交易成功完成。标志着沂水县水权水市场建设走在全省全市前列，为下一步水资源使用权交易提供"沂水样板"。

23 日　最高人民检察院第八检察厅召开南四湖专案第二次推进会，南四湖专案组组长、最高检副检察长张雪樵出席会议。

● 沂沭泗局局长刘玉年主持召开防汛会商会，进一步部署洪水防御工作，重点强化当前直管工程调度。沂沭泗局副局长郑胡根、纪检组组长翟伟锋参加会商。根据会商意见，调度开启二级坝二闸、嶂山闸，梯级加大韩庄闸泄量，南四湖及骆马湖水位得到有效控制。沂沭泗局副总工，防办、水文局主要负责人和有关人员参加会商。

• 徐州市委副书记徐大勇带队深入重点部位、重点地段，就市区防汛排涝工作进行调研。徐大勇一行先后来到民富大道东泵站、城东大道三八河桥、经一路、中山路、下水道四班，实地查看河水水位、排水环境，详细了解防汛设备运转、排水管网畅通、易涝区域积水排水等相关情况，并看望排水养护一线职工。

•《连云港市水利局抓组织绩效落实促个人绩效提升》被中组部公务员绩效管理试点工作情况交流第四期简报刊发。

• 济宁市城乡水务局荣获国家第一批“节约型机关”称号。

24 日　山东省副省长、省副总河长李猛，临沂市委书记王安德巡河巡湖并督导防汛工作。

• **17 时**　连云港市防指启动新沂河防汛Ⅳ级应急响应。

25 日　徐州市水务局召开“两在两同”建新功行动工作部署会议。

• 宿迁市委党史学习教育第二巡回指导组到宿迁市水利局开展“我为群众办实事”中期评估工作。

26 日　连云港市防指 19 时 30 分结束新沂河防汛Ⅳ级应急响应。

• 济宁市城乡水务局召开全市水务系统农村饮水安全工作会议。

31 日　沂沭泗局副局长郑胡根主持召开会商会，学习贯彻李克强总理等国务院领导关于做好秋汛防御工作重要指示批示精神，落实水利部、淮委关于做好近期降雨防范工作的通知要求，进一步安排部署直管工程当前和秋汛防御工作，局防办、水文局主要负责人和有关人员参加会商。

• 徐州市政协主席王安顺带队到市水务局挂钩帮扶村詹湖村视察防返贫工作，副市长王维峰陪同活动。

• 济宁市委书记、市人大常委会主任林红玉到汶上调研，市城乡水务局主要负责人陪同活动。

9 月

1 日　中国共产党徐州市水务局第一次代表大会召开。会议选举产生市水务局党委书记、局长杨勇，市排水管网养护管理处下水道四班班长张耀文为徐州市第十三次党代会代表。

• 连云港市水利局召开全市水利工程建设质量提升座谈会。

• 宿迁市水利学会召开第三次会员代表大会。

• 济宁市政府副市长王宏伟到邹城检查农村饮水安全和水库度汛工作，市城乡水务局负责人陪同活动。

3—4 日　中央第二生态环境保护督察组组长朱之鑫带队调研二级坝水利枢纽工程及台儿庄泵站，察看南水北调东线工程调度运行和水质保障情况、微山湖湿地保护工作。山东省副省长曾赞荣、南四湖局相关同志陪同调研。

4—5 日　沂沭泗局副局长郑胡根多次主持专题会商会，贯彻落实水利部、淮委关于强降雨防范工作的通知要求，分析研判雨水工情和防汛形势，科学加强直管工程调度，进一步安排部署洪水防御工作。会商综合研判当前汛情、直管工程运行情况和未来天气趋势，统筹考虑地方防汛抗洪排涝等方面需要，对直管工程部署联合调度。

5 日 5 时　新沂河沭阳站超过警戒水位。

• **11 时**　沂沭泗局启动水旱灾害防御Ⅳ级应急响应。

• **12 时**　中运河运河站水位 24. 51

m,超过警戒水位 0.01 m。新沂河沭阳站水位 9.72 m,超警戒水位 0.22 m。

●**10 时** 连云港市防指启动新沂河防汛Ⅳ级应急响应。

6 日 淮委党组成员、沂沭泗局党组书记刘玉年主持召开沂沭泗局党组理论学习中心组学习会;党组成员阚善光、郑胡根、郑雪峰、王念彪参加学习并作交流发言,办公室、人事处、机关党委主要负责人,纪检组副组长参加学习。

1—7 日 江苏省水利厅农发中心来连云港市开展全市重点塘坝核查工作。

7 日 3 时 中运河运河站水位 24.48 m,降至警戒水位以下,共超警时长 39 h。

8 日 17 时 新沂河沭阳站水位 9.46 m,降至警戒水位以下,共超警运行 84 h。

●**18 时** 沂沭泗局终止水旱灾害防御Ⅳ级应急响应。

8—9 日 临沂市水利局组织专家对岸堤水库除险加固工程进行竣工验收。

9 日 9 时 30 分 连云港市防指结束新沂河防汛Ⅳ级应急响应。

10 日 连云港市水旱灾害风险普查工作领导小组办公室组织召开全市水旱灾害风险普查工作部署暨培训会。

11 日 连云港市水利局参加第四届全国公益净滩行动,获得净滩行动先进单位。

12 日 济宁市召开全市河长制湖长制工作视频会议,副市长、市副总河长王宏伟出席会议并讲话,市城乡水务局主要负责人主持会议。

13 日 连云港市水利局组织参加江苏省防御第 14 号台风“灿都”视频会议,市委常委、常务副市长胡建军参加会议。

●**16 时** 连云港市防指启动防台风Ⅳ级应急响应。

15 日 江苏省水利厅来徐州市开展最严格水资源管理制度考核工作培训。

●**10 时** 连云港市防指结束防台风Ⅳ级应急响应。

●山东省农林水工会主席张志刚、省水利厅运管处主要负责人等来枣庄市岩马水库调研岩马水库创新工作室、岗位创新实践基地等现场,了解创新工作开展、推广应用情况,枣庄市城乡水务局负责人等陪同调研。

●济宁市城乡水务局到运河水厂调研。

15—16 日 2021 年淮河流域推进河(湖)长制工作暨河(湖)长制工作沟通协商会议在日照市召开。水利部河湖管理司二级巡视员荆茂涛,淮委主任刘冬顺、副主任伍海平,山东省水利厅厅长刘中会,淮河流域五省一市(山东、江苏、安徽、河南、湖北、青岛)水利厅(局)分管负责人等参加会议。日照市委副书记、市长李在武,副市长徐淑利参加。

●济宁市城乡水务局参加 2021 年淮河流域推进河(湖)长制工作暨河(湖)长制沟通协商会议。

●山东省水利厅组织有关专家到临沂市开展河流生态水量(流量)调度管理调研工作。

16 日 山东省水资源税远程在线监控管理改革工作视频会在临沂市水利局召开。山东省财政厅党组成员、副厅长袁培全出席并主持会议;省水利厅二级巡视员周垂田,省税务局一级巡视员傅廷民,市财政局、水利局、税务局主要负责人等参加会议。

14—17 日 沂沭泗局副局长阚善光带队代水利部对宁夏回族自治区水行政执法工作进行监督检查。淮委政策法规处、沂沭泗局水政安监处相关人员参加监督检查，宁夏回族自治区水利厅及相关单位负责人员陪同监督检查。

16—17 日　由淮委主办、沂沭泗局承办的 2021 年全国河道修防工职业技能竞赛淮委赛区预赛在沂沭河局刘家道口局开赛。来自南四湖局、沂沭河局、骆马湖局和淮工集团的 12 名选手参加比赛。沂沭泗局副局长郑雪峰看望参赛选手和工作人员，并为获奖选手颁奖。

● 江苏省水利厅来徐州调研水利工程遗产和水利风景区工作，徐州市水务局负责人陪同活动。

17 日　徐州市举行《徐州市河湖管理条例》新闻发布会。

● 宿迁市水利局召开干部会议，宣布宿迁市委关于市水利局主要负责同志调整的决定，叶兴成任市水利局党组书记。

● 济宁市城乡水务局召开《济宁市河长湖长履职实施意见》政策解读新闻发布会。

18 日　沂沭泗局局长刘玉年主持召开防汛会商会，分析水雨情形势，安排部署近期强降雨防范工作。沂沭泗局防办、水文局负责人和有关人员参加会商。

● 山东省黄河流域生态保护和高质量发展现场推进会举行，枣庄市分会场设在薛城区蟠龙河综合整治项目建设现场。枣庄市委书记、市人大常委会主任陈平，市政协主席孙欣亮，市委常委、秘书长朱国伟，市人大常委会副主任程涛，副市长李守江，市政协副主席付廷安等出席枣庄分会场开工仪式。

21 日　江苏省水利厅督查组对东海县埝河闸拆建工程、石梁河水库管理处进行安全生产专项整治督查。

22 日　徐州市丰县湖西片区整体帮促工作联席会议在江苏省水利厅召开，丰县获得全省脱贫攻坚奖。“十三五”期间，湖西片区累计完成帮扶项目 333 个、投资 76.79 亿元，占规划任务的 131.6%。

23 日　沂沭泗局举办水闸、堤防危险源辨识与风险评价培训班。

24 日　沂沭泗局召开“我为群众办实事”实践活动推进会。淮委党组成员、沂沭泗局党组书记刘玉年出席会议并讲话，沂沭泗局党组成员阚善光、郑雪峰、翟伟锋参加会议。

● 江苏省水利厅党组书记、厅长陈杰来连云港市调研石梁河水库生态修复、乡村振兴和水库移民后扶等工作。连云港市委书记方伟、市长马士光参加相关活动，副市长吴海云、省水利厅二级巡视员季红飞、市水利局主要负责人等陪同调研。

26 日　江苏省水利厅建设局调研连云港市水利重点工程建设情况。

● 宿迁市水利局召开专题会议，传达学习贯彻中国共产党宿迁市第六次代表大会精神，研究部署具体落实举措。

● 江苏省洪泽湖管委会办公室常务副主任、省水利厅副厅长韩全林到宿迁调研洪泽湖治理保护工作。

26—29 日　沂沭泗局在红旗渠干部学院举办青年理想信念教育培训班，沂沭泗局党组成员郑雪峰参加培训，直属机关党委负责人、各直属局负责人、青年代表参加培训。

29 日　山东省水利厅在济宁市举办全省水利工程标准化管理现场观摩培训班。济宁市城乡水务局介绍标准化管理工作经验做法，市水利事业发展中心泗河分中心介绍堤防标准化管理手册编制和使用情况，并进行交流探讨。

28—30 日　沂沭泗局组织开展 2021

年新职工入局教育,沂沭泗局局长刘玉年出席培训,纪检组组长翟伟锋主持座谈,同新职工进行交流。新职工所在部门单位主要负责人参加座谈会,2021 年新录聘的 59 名职工参加入局教育培训。

29—30 日 连云港市灌云县灌西保滩及护坡修复工程通过竣工验收。灌云县五灌河挡潮闸加固改造工程通过竣工验收。

10 月

2 日 14 时 山东省防汛抗旱指挥部启用八里湾船闸、邓楼船闸廊道,经柳长河和梁济运河向南四湖分泄东平湖洪水。东平湖洪水利用引调水工程分泄入南四湖为近年来首次。

6 日 受黄河流域东平湖洪水分泄入沂沭泗水系影响,沂沭泗局组织防汛会商会。

7 日 济宁市召开防汛工作视频调度会议,贯彻落实山东省视频会议精神,安排部署防汛工作,市委书记、市人大常委会主任林红玉出席会议并讲话,市委常委、秘书长董波出席,副市长王宏伟主持会议,市城乡水务局主要负责人汇报防汛工作情况。

9 日 宿迁市水利局会同市住建局共同召开骆马湖周边相关规划汇报会。中水淮河设计院、上海市政院等就沂沭泗河洪水东调南下提标工程规划、骆马湖大控制三角区生态建设工程实施方案、中心城市水厂及水源地规划等内容进行汇报。

• 济宁市政府副市长王宏伟检查黄河防汛工作,市城乡水务负责人陪同活动。

10 日 江苏省建设局对连云港市灌云县同兴闸、灌南县武障河闸拆建工程等水利工程建设质量进行现场考核。

10—11 日 江苏省水利厅组织专家对黄河风景管理处省一级水管单位进行复核。黄河风景管理处本次复核综合得分为 929.4 分,通过省一级水管单位复核验收。

11 日 临沂市人大常委会副主任冯安对全市农村饮水安全工作进行专项视察,市政府副秘书长刘丽敏、市水利局主要负责人等陪同视察。

12 日 沂沭泗局在江苏徐州召开沂沭泗水系统一管理 40 周年座谈会。淮委主任刘冬顺、江苏省水利厅副厅长张劲松、山东省水利厅二级巡视员徐希进出席会议并讲话。沂沭泗局局长刘玉年在会上致辞。沂沭泗局副局长阚善光主持会议。淮委办公室、人事处主要负责人,江苏省水利厅水旱灾害防御调度指挥中心、徐州市水务局负责人,山东省水利厅有关人员,沂沭泗局领导班子成员郑胡根、郑雪峰、王念彪、翟伟锋,一级巡视员陈光临出席会议。沂沭泗局二级巡视员,副总工,局机关处室主要负责人,纪检组副组长,直属各单位、各基层局主要负责人,以及部分职工代表参加座谈会。

12—13 日 江苏省副省长、通榆河省级河长马欣来连云港市开展通榆河巡河活动。马欣一行首先检查连云港市通榆河月牙岛段河长制工作和河湖治理保护现场,深入通榆河灌北泵站,实地查看泵站运行管理情况,听取通榆河北延送水工程运行管理和通榆河灌南段河长制工作情况汇报,重点了解通榆河河长制落实、“两违三乱”治理和生态修复、水量水质监测等情况。连云港市领导方伟、马士光、黄远征、林小异、吴海云分别陪同。

13 日 山东省水利厅一级巡视员张建德到枣庄市山亭区调研水行政许可和水土保持工作,现场查看 2021 年国家水土保持重点工程枣庄市山亭区九子屿小流域和山亭区市民中心审批服务大厅,并听取枣庄市城乡水务局、行政审批服务局及山亭区有关部门的情况介绍。枣庄市城乡水务局主要负责人等陪同调研。

14 日　江苏省水利工程建设局工务处党支部与宿迁市洪泽湖周边滞洪区近期建设工程联合党支部开展结对共建活动。省水利厅党组成员、省水利工程建设局局长蔡勇,宿迁市水利局主要负责人参加共建活动。

15 日　沂沭泗局举办沂沭泗局党组中心组(扩大)学习会暨“弘扬淮海战役精神,凝聚磅礴奋进力量”主题党日活动。淮委党组成员、沂沭泗局党组书记刘玉年主持学习会并讲话。沂沭泗局党组成员郑雪峰、王念彪、翟伟锋参加会议;局机关处室、纪检组和驻徐事业单位全体党员,淮工集团领导班子成员、党办主任参加会议。

17 日　国家防总副总指挥、水利部部长李国英在山东省检查指导秋汛防御工作。山东省委副书记、代省长周乃翔一同在梁山县朱丁庄控导工程检查指导。山东省副省长李猛,济宁市委书记、市人大常委会主任林红玉,市委副书记、市长于永生等参加有关活动。

16—18 日　连云港市赣榆区八条路水库管理所,市通榆河北延送水工程管理处善北套闸管理所,市临洪管理处三洋港挡潮闸、大浦抽水站管理所通过江苏省水利厅组织的省级水管单位复核。

19 日　沂沭泗局党组书记、局长刘玉年深入南四湖局基层单位开展调研,并在基层联系点韩庄枢纽局党支部讲授专题党课。

19—20 日　连云港市灌云县潮河湾以及徐圩新区云湖水利风景区通过江苏省水利厅组织的省级水利风景区复核。

● 中国南水北调集团有限公司党组书记、董事长蒋旭光在济宁市调研南水北调有关工作,市城乡水务局主要负责人陪同调研。

20 日　江苏省水利厅二级巡视员季红飞来连云港市开展非防汛抗旱期引水机制专题调研。

● 枣庄市委书记陈平调研西城区水系水环境治理工程。

● 枣庄市政府新闻办举行“砥砺六十年　奋进新时代”主题系列新闻发布会枣庄市城乡水务局专场。

20—21 日　济宁市城乡水务局赴淮委协调环湖大道东线南四湖“三改二”航道弃土等有关事项。

21 日　徐州市副市长王维峰带队调研市区污水浓度提升工作。

20—22 日　淮委纪检组组长郑维立赴沂沭泗局,调研基层单位全面从严治党工作。

● 水利部南水北调规划设计管理局副局长姚建文来徐州调研地下水压采情况,江苏省水利厅党组成员、南水北调办副主任郑在洲等人参加。

21—22 日　沂沭泗局举办水利工程双重预防机制建设培训班。

● 连云港市水利局组成稽察工作组,对连云港市鲁兰河治理工程(海州区境内)施工 2 标实施情况进行稽察。

22 日　沂沭泗局召开 2021 年水资源管理工作会议,副局长王念彪出席会议并讲话,水资源处、直属局、基层局负责人参加会议。

● 宿迁市水利局召开“三推动一促进”活动推进会。

23 日　沂沭泗局驻徐单位及 3 个直属局的近 200 名运动员参加淮委第十五届

职工运动会。沂沭泗局局长刘玉年、副局长郑雪峰、纪检组组长翟伟锋出席开幕式并参加比赛。

25—26日 水利部水利水电规划设计总院在北京召开沂沭泗河洪水东调南下提标工程规划复核会议，经认真讨论，审查通过沂沭泗河洪水东调南下提标工程规划。淮委副主任杨锋出席会议，淮委规计处、沂沭泗局、中水淮河公司负责人及有关技术人员参加会议。

26日 枣庄市蟠龙河综合整治项目指挥部指挥长、市政府副市长周宗安到蟠龙河综合整治项目进行现场调研，市城乡水务局主要负责人陪同调研。

26—27日 江苏省水利厅副厅长王冬生带队调研徐州市新沂、睢宁、铜山水库移民后期扶持建设管理工作。调研组先后查看"十三五"期间新沂市双塘镇高塘村小寨沟、大沙河综合整治工程、阿湖水库库区环境提升工程，睢宁县顾庄戴楼、"八一"村移民集中居住区及铜山区伊庄镇"美丽库区 幸福家园"项目和洪山村闸口广场等水库移民后期扶持项目现场。

27日 沂沭泗局以"《行政处罚法》修改前沿问题解读"为主题举办2021年度第二期领导干部学法用法讲座（总第十七期）。

25—28日 江苏省水利厅稽查组对连云港市鲁兰河治理工程（海州区段）项目进行专项稽查。

26—28日 水利部对临沂市入围2021年度国家水利风景区高质量发展典型案例建议名单的景区——沂南县竹泉国家水利风景区开展现场复核。山东省防汛抗旱物资储备中心副主任耿敏，临沂市水利局主要负责人等陪同。

28日 骆马湖二湾生态法治基地揭牌仪式在新沂市窑湾镇二湾村举行。淮委副主任谢兴广、沂沭泗局副局长阚善光出席揭牌仪式。

• 国家发改委投资司副司长刘世虎一行赴徐州市开展城市内涝治理督导工作，江苏省发改委副主任王显东、住建厅城建处副处长王华成等陪同，徐州市副市长王维峰、政府副秘书长范泉辉、发改委主任王浩、水务局主要负责人等陪同。

26—29日 江苏省水利厅派出工作组对连云港市2020年度省级水利工程维修养护经费进行督查评估。

27—29日 沂沭泗局举办2021年预算管理培训班，沂沭泗局副局长王念彪出席培训并作开班讲话。

28—29日 水利部组织相关专家对徐州丰县华山闸创建国家级水利工程管理单位进行考核验收。

29日 宿迁市人民政府印发《宿迁市河湖管理范围内建设项目管理办法》，12月1日起将正式施行。

30日 南四湖二级坝除险加固工程土坝加固单位工程通过验收。至此，该工程5个单位工程已全部通过验收。

11月

2日 江苏省水利厅、山东省水利厅分别发来感谢信，高度赞扬沂沭泗局2021年为夺取防汛抗洪胜利所做的各项工作并表示衷心的感谢。

• 连云港市灌云县叮当河管理所通过江苏省三级水管单位复核。

• 济宁市人民政府办公室印发《关于切实加强水库除险加固和运行管护工作的实施方案》。

3—4日 连云港市东海县羽山水库管理所，赣榆区朱堵一级翻水站、古城翻水站管理所通过江苏省三级水管单位考核。

2—5 日 沂沭泗局党组织书记培训班在盐城市委党校举办。淮委党组成员、沂沭泗局党组书记刘玉年，沂沭泗局党组成员郑雪峰参加培训。沂沭泗局机关处室、纪检组、驻徐事业单位党支部书记，各直属局及淮工集团党委书记、分管党务工作负责人、党办主任等参加培训。

4—5 日 连云港市水利局举办新修订的安全生产法宣贯讲座及全市水利施工等企业新修订的安全生产法培训班。

5 日 连云港市水利局在“讲好百年党史，传承红色基因——永远跟党走”连云港市红色故事宣讲大赛中荣获二等奖。

● 宿迁市水利局组织开展“学党史、开新局”专题交流研讨。

6 日 济宁市城乡水务局召开市城乡水务局党组理论学习中心组学习研讨会，市委党史学习教育巡回指导组市直二组到会巡听指导。

8 日 宿迁市纪委监委和宿迁市水利局党组联合举办“好家风 好人生”家风课堂，宿迁市水利局领导班子全体成员及各自家人共同参加活动。

● 山东省“四进”工作组驻枣庄中心组到蟠龙河综合整治项目进行现场调研，先后查看山家林橡胶坝、匡山头闸工程建设情况，了解蟠龙河综合整治项目规划、立项、工程建设、资金支付、农民工工资保障情况及存在问题，对蟠龙河综合整治项目建设给予高度评价。枣庄市城乡水务局主要负责人陪同调研。

● 济宁市召开冬春重点水利暨高标准农田建设工作推进会议，副市长王宏伟出席会议并讲话，市政府副秘书长卞延军主持会议，市城乡水务局主要负责人等参加会议。

9 日 沂沭泗局副局长郑胡根赴下级湖局、二级坝局和蔺家坝局调研指导工作，查看工程现场，与基层局职工开展座谈交流，听取意见建议。

9—10 日 由中国农林水利气象工会淮河委员会举办的 2021 年淮委无人机应用技能竞赛在蚌埠举行。沂沭泗局共 21 名职工参赛，荣获一等奖 1 项、二等奖 1 项、三等奖 5 项。

10 日 山东省节水高校建设评估验收组到枣庄市开展节水高校评估工作。

11 日 济宁市委办公室、市政府办公室发来表扬信，对市城乡水务局防秋汛工作进行表扬。

12 日 徐州市副市长王维峰调研市区奎河综合整治工程，市政府副秘书长赵永强、市水务局主要负责人陪同调研。

● 山东省水利厅节约用水办公室对枣庄市进行节约用水监督检查。

● 济宁市城乡水务局召开全市“十四五”农村供水保障工作视频会，落实全省视频会议精神，谋划济宁市“十四五”农村供水工作。

15 日 枣庄市蟠龙河综合整治项目指挥部组织召开蟠龙河三期水利工程迁占动员会议，市指挥部指挥长、副市长周宗安出席会议并作迁占动员讲话。

16 日 临沂市人民政府新闻办公室召开“脱贫攻坚的生动实践”主题系列新闻发布会，市水利局相关负责人介绍临沂市饮水安全脱贫攻坚工作开展情况，并回答记者提问。

15—17 日 沂沭泗局防汛机动抢险队在山东省微山县召开南四湖二级坝除险加固工程水土保持设施竣工验收和竣工环境保护验收会议。验收工作组查看工程现场，听取工作汇报，查阅相关档案资料，经过讨论认为南四湖二级坝除险加固工程具备水土保持设施和环境保护验收条件,同意通过验收。

18 日 枣庄市召开西城区水系水环境治理工程现场推进会议,枣庄市市委书记、市人大常委会主任陈平出席会议并讲话。

15—19 日 连云港市东海县引淮入石芝麻翻水站管理所通过江苏省二级水管单位考核。连云港市通榆河北延送水工程管理处太平庄闸管理所,市临洪管理处临洪西站、临洪闸管理所通过江苏省一级水管单位考核。

16—19 日 淮委监督处来沂沭泗局开展安全风险分级管控专项督查,沂沭泗局副局长阚善光带领局水政安监处相关人员参加督查。

18—19 日 淮委党组成员、沂沭泗局党组书记刘玉年检查调研骆马湖局“我为群众办实事”开展情况。

19 日 枣庄市副市长、市级河长李守江到台儿庄区开展河湖巡查调研活动,在台儿庄区燕井桥、北洛截水沟听取省级美丽幸福示范河湖创建、北洛截水沟水毁、治理规划、河长制工作落实等情况。

22 日 为进一步促进铜萧(江苏铜山区、安徽萧县)省界河道故黄河、闸河、灌沟河管护持续向好,确保边界和谐稳定,落实《跨省界河流共联共治合作协议》,江苏省徐州市铜山区河长办与安徽省萧县河长办经协商,在铜萧两地建立“五联机制”,合力强化省际边界区域河湖治理管护力度,两地河长办在铜山区签订同管共治协议。

22—23 日 山东省水利厅组织专家组对枣庄市直管和申请省级水利工程标准化管理示范的胜利渠 5 座水闸、滕州市户主水库标准化管理进行评价验收。经专家组评议,胜利渠贾口枢纽东、西闸和户主水库标准化管理,达到“省级示范工程”标准。

23 日 徐州市水利学会 2021 年暴雨洪水专题研讨会在沂沭泗局召开。

24 日 沂沭泗局举办行政执法典型案例第七期河道垃圾清理整治专题研讨会,副局长阚善光出席研讨会。

●徐州市副市长王维峰带队采取“四不两直”的方式,暗访提质增效达标区建设工作,先后查看泉山区韩山民惠园、火花闸,云龙区三八河、和平壹号小区雨污分流改造,新城区肖庄河南支沟水质情况,了解达标区建设及管网情况,分析污水入河原因,明确下步整治措施。徐州市政府副秘书长赵永强,市水务局主要负责人,市提质增效工作组相关人员等陪同检查。

●连云港市水利局召开水利工程建设领域根治欠薪冬季专项行动部署会议。

25 日 徐州市水务局、徐州首创水务公司举行新闻发布会,就冬季供水安全保障工作有关情况进行发布。

●济宁市政府新闻办组织召开新闻发布会,解读《关于切实加强水库除险加固和运行管护工作的实施方案》有关情况,并回答记者提问。

25—26 日 江苏省河长办副主任、省住建厅副厅长陈浩东对徐州市河(湖)长制工作开展情况进行督查。徐州市副总河长、河长办主任、副市长王维峰,市河长办常务副主任、市政府副秘书长赵永强,市水务局、财政局、生态环境局、农业农村局、住建局负责人等参加活动。

●江苏省防指中心来连云港市开展汛后检查工作。

●连云港市东海县郭马水库、山东水

库、双湖水库、高马水库、黑豆涧水库、黑牛王水库、山西头水库、恰恰北水库以及曲阳水库共计 9 座小水库通过省级小型水库规范化管理考核。

26 日　沂沭泗局召开党组中心组学习贯彻党的十九届六中全会精神扩大研讨会。淮委党组成员、沂沭泗局党组书记刘玉年出席会议并讲话。沂沭泗局党组成员阚善光、郑雪峰、王念彪参加会议并作交流发言；一级巡视员陈光临参加会议；二级巡视员，副总工，局机关处室、纪检组、直属单位负责人等参加会议。

• 山东省调水中心对枣庄市西伽河、城郭河美丽幸福示范河湖创建项目进行验收。

29 日　连云港市灌云县东门闸管理所通过江苏省三级水管单位考核。

• 山东省发改委总工程师孙涛带队调研全省重点水利工程双堠水库（拟建）工程前期规划情况，临沂市水利局主要负责人等陪同调研。

30 日　沂沭泗局协调水政监察船设计单位、建造单位、监理单位和船检单位，通过视频会议的方式举行淮委水政监察基础设施建设（三期）水政监察船建造开工会议，会议分别在江苏省徐州市、南京市和浙江省嘉兴市设立会场。沂沭泗局副局长阚善光在江苏省徐州市会场出席会议。沂沭泗局水政安监处、财务处、基建处、审计处主要负责人及南四湖局相关负责人在江苏省徐州市会场参加会议，勘察设计单位相关人员在江苏省南京市会场参加会议，船舶建造单位、监理单位以及船检单位的相关人员在浙江省嘉兴市会场参加会议。

• 连云港市东海县安峰山水库管理所通过江苏省三级水管单位复核。

• 连云港市水利局完成为民办实事项目——连宿高速公路生产建设项目水土保持方案审批工作。

• 宿迁市水利局召开省第十四次党代会精神传达学习会。宿迁市水利局领导班子，局机关各处室、局属各单位主要负责人参加会议。

12 月

1 日　江苏省水利厅副厅长朱海生到连云港市玉带河闸拆建工程调研。

• 山东省副省长曾赞荣调研洙赵新河嘉祥段河长制等工作。济宁市委副书记、市长、市总河长于永生，副市长王宏伟，市城乡水务局主要负责人陪同调研。

2—3 日　连云港市赣榆区草场、五四、尖岭、大树以及大赤涧 5 座小型水库通过省级小型水库规范化管理考核。

3 日　沂沭泗局在山东省莒南县召开推进沂河、沭河上游堤防加固工程建设现场会。沂沭泗局、莒南县人民政府、沂沭河局、项目法人及现场机构，沂水县、沂南县、莒县和莒南县指挥部，沂河局、沭河局、莒南县石莲子镇以及设计、监理、施工等单位的代表参加会议。

• 连云港市水利局完成水利工程市级文明工地评定工作。

• 山东省农林水工会主席张志刚为枣庄市岩马水库授予“山东省农林水牧气象系统示范性劳模和工匠人才创新工作室”。

3—4 日　中国水利工程协会组织专家组对沂沭泗局南四湖局上级湖局创建国家级水利工程管理单位进行考核验收。

4 日　枣庄市山亭区城河上游段（前梁桥—滕山边界段）治理、山城橡胶坝除险加固等 6 项重点水利工程通过竣工验收。

6日　枣庄市召开水利水行政许可依法行政培训班。

8—9日　连云港市东海县前贤水库、北涧水库、高埝水库、塔桥水库、朱州水库及开发区朝阳水库共计6座小水库通过市水利局组织的省级小型水库规范化管理复核。

6—13日　江苏省水利厅农发中心来连云港市进行乡村振兴(生态河道覆盖率)考核。

13日　徐州市委副书记、代市长王剑锋深入徐州市区奎河综合整治工程(苏堤路—袁桥闸)建设现场,调研项目建设情况。

13—14日　沂沭泗局副局长王念彪、山东省水利厅副厅级干部王金建一行赴枣庄市调研调水管理工作,枣庄市城乡水务局、南四湖局主要负责人等陪同调研。

14日　沂沭泗局以"《法治政府建设实施纲要(2021—2025年)》解读"为主题举办党组中心组(扩大)学习会暨2021年度第三期领导干部学法用法讲座(总第十八期)。淮委党组成员、沂沭泗局党组书记刘玉年,沂沭泗局党组成员阚善光、郑胡根、郑雪峰参加学习。

• 徐州市委副书记、代市长王剑锋率队现场调研涉水生态环境保护工作。

• 宿迁市水利局召开党组理论学习中心组(扩大)学习会。

15日　沂沭泗局在徐州组织召开办公室系统工作会议,副局长阚善光出席会议并讲话;局机关处室、纪检组、直属各单位负责人,有关综合政务工作人员参加会议。

• 宿迁市政府办公室正式印发《宿迁市"十四五"水利发展规划》。

16日　徐州市召开全市河湖管理工作会议,副市长王维峰出席会议并讲话,市政府副秘书长赵永强主持会议,市水务局主要负责人通报全市河湖管理有关情况。

• 连云港市灌云县枯沟河治理工程通过竣工验收。

17日　徐州市水务系统举办学习贯彻党的十九届六中全会精神宣讲报告会。

• 济宁市委书记、市人大常委会主任林红玉,副市长王宏伟赴南水北调东线总公司(北京)汇报工作,推动建立选派干部双向交流挂职机制。济宁市城乡水务局主要负责人陪同活动。

18日　沂沭泗局"淮工杯"乒乓球团体邀请赛在徐州举行。

• 连云港市临洪管理处临洪东站管理所通过市水利局组织的水利工程精细化管理评价验收,成为连云港市首家水利工程精细化管理单位。

19日　徐州市水务局组成骆马湖419项圈圩整治工作验收组,对新沂市进行现场验收并召开验收会议。

20—21日　连云港市水利局配合江苏省水利厅完成连云港市市区水工程管理处水利安全生产标准化二级单位延期复核工作。

21日　沂沭泗局举办学习贯彻党的十九届六中全会精神专题读书班,淮委党组成员、沂沭泗局党组书记刘玉年参加学习并作专题宣讲。沂沭泗局党组成员郑雪峰主持会议,党组成员阚善光、郑胡根、王念彪参加学习;二级巡视员,副总工,局机关处室、纪检组处级以上领导干部,驻徐事业单位、淮工集团主要负责人,局机关、驻徐事业单位青年理论学习小组组长等参加学习。

• 淮河流域及沂沭泗地区2019年旱涝灾后应急治理工程(赣榆区境内)通过

竣工验收。

22日　沂沭泗局召开人事工作会议暨人才工作座谈会，沂沭泗局副局长郑雪峰出席会议并讲话，人事处、直属各单位负责人、业务骨干等参加会议。

●沂沭泗局首家水利工程标准化管理单位——江风口局通过淮委验收，淮委副主任伍海平出席验收会议并讲话，沂沭泗局副局长郑雪峰参加验收会议。

●徐州市水务局团委被徐州团市委授予“青年大学习”先进单位称号。

●山东省庄里水库工程竣工验收会议召开。验收委员会同意山东省庄里水库工程通过竣工验收并交付使用。

●济宁市泗水县、日照市五莲县被评为“国家水土保持示范县”。

15—23日　沂沭泗局开展安全生产专项整治三年行动2021年集中攻坚工作完成情况督导检查。

22—23日　淮河工会为沂沭洄局职工书屋、沂沭泗公司劳模和工匠人才创新工作室授牌。沂沭泗局副局长郑雪峰、淮河工会副主席王世民出席授牌仪式。

●江苏省水利厅副厅长、省河长办常务副主任张劲松赴丰县、新沂市开展河(湖)长制工作专项督查。徐州市副总河长、河长办主任、副市长王维峰，市河长办常务副主任、市政府副秘书长赵永强，市河长办、水务局、新沂市人民政府负责人等陪同活动。

21—24日　沂沭泗局副局长阚善光带队到规划可采区最为集中的沂沭河局检查调研采砂管理工作。

24日　连云港市水利局完成玉带河(南极南路-通灌南路)景观提升工程河道管理范围内建设项目工程建设方案审批考核任务。

24—25日　连云港市通榆河北延送水工程管理处善北套闸管理所、市区水工程管理处烧香河北闸管理所、石梁河水库管理处通过水利工程精细化管理评价验收，连云港市首批水利工程精细化管理试点单位全部通过评价验收。

27日　徐州市水务局召开全市突出生态环境问题整改推进暨省突出生态环境问题专项督查迎检部署会。

28—29日　连云港市赣榆区三八、红领巾、马旦头以及大庄1号共计4座小水库通过省级小型水库规范化管理复核。

29—30日　济宁市城乡水务局赴淮委参加济宁环湖大道东线工程(太白湖新区段)涉河建设方案及防洪评价报告评审会。

30日　徐州市水务系统举办学习贯彻江苏省第十四次党代会精神宣讲报告会。

●枣庄市政府新闻办举行山东省庄里水库工程建设新闻发布会，公开宣布山东省庄里水库工程通过竣工验收并交付使用。

(史秀东)

附　录

重要制度

水利部出台的规范性文件目录

1.《水利部关于水利安全生产标准化达标动态管理的实施意见》(水监督〔2021〕143号)。

2.《水利部关于强化取水口取水监测计量的意见》(水资管〔2021〕188号)。

3.《水利部关于印发大中型水库汛期调度运用规定(试行)的通知》(水防〔2021〕189号)。

4.《水利部关于印发水利工程建设项目档案管理规定的通知》(水办〔2021〕200号)。

5.《水利部关于印发加强水利行业监督工作的指导意见的通知》(水监督〔2021〕222号)。

6.《水利部关于印发河湖管理范围内建设项目各流域管理机构审查权限的通知》(水河湖〔2021〕237号)。

7.《水利部办公厅印发〈关于健全小型水库除险加固和运行管护机制的意见〉的通知》(办运管〔2021〕263号)。

8.《水利部关于印发〈小型病险水库除险加固项目管理办法〉和〈小型水库雨水情测报和大坝安全监测设施建设与运行管理办法〉的通知》(水运管〔2021〕313号)。

9.《水利部关于印发水资源调度管理办法的通知》(水调管〔2021〕314号)。

10.《公民节约用水行为规范》(中华人民共和国水利部公告2021年第15号)。

11.《水利部关于印发〈水利部生产安全事故应急预案〉的通知》(水监督〔2021〕391号)。

12.《水利部关于印发水利安全生产监督管理办法(试行)的通知》(水监督〔2021〕412号)。

淮委出台的规范性文件目录

1.《水利部淮河水利委员会关于印发〈淮委应对重大突发水污染事件工作实施办法〉的通知》(淮委节保〔2021〕42号)。

2.《水利部淮河水利委员会关于印发〈淮委水利监督管理办法(试行)〉〈淮委水利督查队伍管理办法(试行)〉的通知》(淮委监督〔2021〕76号)。

3.《水利部淮河水利委员会关于印发〈淮委直管堤防工程险工险段动态管理暂行办法〉的通知》(淮委建管〔2021〕128号)。

4.《水利部淮河水利委员会关于修订印发〈淮委安全生产监督检查办法(试

行)〉的通知》(淮委监督〔2021〕139号)。

5.《水利部淮河水利委员会关于印发〈淮委直管水利工程标准化管理验收暂行办法〉的通知》(淮委建管〔2021〕167号)。

江苏省出台的规范性文件目录

1.《江苏省水利厅关于印发〈江苏省加强行蓄滞洪区管理与生态建设实施意见〉的通知》(苏水规〔2021〕2号)。

2.《江苏省水利厅关于印发〈江苏省河道管理范围内建设项目监督管理实施办法(试行)〉的通知》(苏水规〔2021〕3号)。

3.《江苏省水利厅关于印发〈江苏省水权交易管理办法(试行)〉的通知》(苏水规〔2021〕4号)。

4.《江苏省水利厅关于印发〈江苏省取水许可实施细则(试行)〉的通知》(苏水规〔2021〕5号)。

5.《江苏省水利厅关于印发〈江苏省生产建设项目水土保持管理办法〉的通知》(苏水规〔2021〕8号)。

6.《江苏省幸福河湖评价办法(试行)》(苏河长办〔2021〕13号)。

山东省出台的规范性文件目录

1.《山东省水利厅关于印发〈山东省水行政处罚裁量基准〉的通知》(鲁水规字〔2021〕1号)。

2.《山东省水利厅关于印发〈山东省区域用水总量监测办法〉的通知》(鲁水规字〔2021〕2号)。

3.《山东省水利厅关于印发〈山东省水利厅行政许可技术服务管理办法(试行)〉的通知》(鲁水规字〔2021〕5号)。

4.《山东省水利厅关于印发〈山东省水利工程建设管理办法〉的通知》(鲁水规字〔2021〕6号)。

5.《山东省水利厅关于印发〈山东省水权交易管理办法〉的通知》(鲁水规字〔2021〕13号)。

6.《山东省河长制办公室关于印发〈山东省2021年度河湖长制工作要点〉〈山东省河湖长制年度工作综合评价管理办法〉〈山东省2021年度河湖长制工作综合评价指标〉的通知》(鲁河长办字〔2021〕8号)。

7.《山东省河长制办公室关于建立健全跨地区河湖长制联动工作机制的指导意见》(鲁河长办函字〔2021〕22号)。

沂沭泗局出台的规范性文件目录

1.《沂沭泗局关于印发〈沂沭泗水利管理局安全生产管理办法〉的通知》(沂局水政安〔2021〕8号)。

2.《沂沭泗局关于印发〈沂沭泗局(本级)行政执法公示制度执法全过程记录制度重大执法决定法制审核制度实施办法〉的通知》(沂局水政安〔2021〕145号)。

3.《沂沭泗局关于印发〈沂沭泗水利管理局直管河道管理范围内建设项目事中事后监督管理办法〉的通知》(沂局水管〔2021〕153号)。

4.《沂沭泗局关于修订印发〈沂沭泗水利管理局安全生产监督检查办法〉的通知》(沂局水政安〔2021〕316号)。

(葛蕴)

重要文章

牢记治水初心　践行统管使命
奋力开创沂沭泗水利管理高质量发展新局面

——写在沂沭泗水系统一管理40周年之际

淮委党组书记、主任　刘冬顺

沂沭泗水系是淮河流域的重要组成部分，原本尾闾通畅，曾是隋唐大运河的核心区域，留下了“汴水流，泗水流，流到瓜州古渡头”的千古吟诵。1194年黄河夺泗、夺淮，造成沂沭泗水系紊乱，灾害频繁。中华人民共和国成立后，在中国共产党的领导下，苏鲁两省相互配合，修建了新沭河和新沂河，初步改变了洪水横流的局面。1981年10月7日，为进一步保障沂沭泗地区的安定团结和生产发展，国务院印发《国务院批转水利部关于对南四湖和沂沭河水利工程进行统一管理的请示的通知》，批准在治淮委员会领导下成立沂沭泗水利管理局，统一管理沂沭泗地区的主要河道、湖泊和枢纽，翻开了沂沭泗水利管理事业崭新的一页。

一、全面总结沂沭泗水系统一管理40年取得的宝贵经验

四十年砥砺耕耘，四十年春华秋实。40年来，沂沭泗水利管理始终遵循中央治水兴水方略，在水利部的坚强领导下，在各级党委、政府和有关部门的大力支持下，始终秉持“统一管理、团结治水”的工作方针，紧紧围绕治淮大局，深深扎根苏鲁大地，励精图治、开拓创新，在水事纠纷调处、水旱灾害防御、水资源管理、河湖保护治理、工程建设管理等方面开展了卓有成效的工作，取得了令人瞩目的成绩，积累了弥足珍贵的经验。

（一）坚持党的领导是统一管理的根本保证

党和国家高度重视沂沭泗水系治理，始终把人民群众的生命财产安全放在第一位，大力解决涉及人民群众切身利益的水问题。国务院历次治淮会议，均将沂沭泗水系的保护治理作为治淮事业中至关重要的大事来谋划部署。2020年，习近平总书记亲临淮河，对人水和谐、行蓄洪区调整建设、现代化防洪救灾体系建设等作出重要指示，为新阶段沂沭泗水系保护治理提供了根本遵循。温家宝、胡春华等党和国家领导人也曾多次亲临骆马湖、南四湖视察，对沂沭泗水系统一管理作出指示。统一管理以来，沂沭泗水利事业始终在党的领导下砥砺前行。实践证明，只有坚持中国共产党的领导，才能彻底解决沂沭泗水系水旱灾害频繁的问题，才能真正实现沂沭泗水系统一管理，才能有效有序处置各类水事矛盾纠纷，为地区岁岁安澜、经济社会发展和人民幸福安康提供强有力的保障。

（二）坚持团结治水是统一管理的重要遵循

沂沭泗水利管理局与各方精诚合作，加强统筹协调，不断完善流域管理与区域管理相结合的管理体制机制，妥善处理好全局和局部、近期与长远的关系，协同推进沂沭泗水系工程建设、防汛抗旱、水资源调度、河湖管理等工作。沂沭泗水利管理局在实践中探索出“水事纠纷联处、防汛安全联保、水资源联调、非法采砂联打、河湖四乱联治”的“五联”工作机制，将苏鲁省际边界矛盾化解在基层、消灭在萌芽，人民的获得感、幸福感、安全感不断增强，得到了国务院领导的充分肯定。苏鲁两省各级政府及相关部门充分发扬团结治水的优良传统，顾全大局、互谅互让，为促进边界水事和谐凝聚起强大力量，共同谱写了沂沭泗水系保护治理的时代篇章。

（三）坚持统一规划是统一管理的坚实基础

治淮规划把东调南下工程作为处理沂沭泗河洪水的战略性工程，通过河道扩大和建闸控制等方式，使沂沭河上游大部分洪水通过新沭河直接东调入海，腾出骆马湖部分蓄洪和新沂河部分泄洪能力接纳南四湖和邳苍地区南下洪水。20 世纪 80 年代对东调南下规划作了进一步分析、补充和完善。2003 年，编制了沂沭泗洪水东调南下续建工程总体建设规划。进入新时代，沂沭泗河洪水东调南下提标工程规划绘制了沂沭泗水系治理的新蓝图。沂沭泗水利管理局在不同时期也分别编制了《“十四五”沂沭泗水利管理事业改革发展总体工作计划》等一系列水利管理发展规划计划。各个时期统一规划工作，不仅为沂沭泗河的保护治理奠定了坚实基础，也保障了南水北调东线、大运河文化保护传承利用等国家重大项目的实施，有力地服务了国家经济社会发展大局。

（四）坚持系统治理是统一管理的有效保障

通过东调南下一期工程、续建工程实施、病险闸除险加固，建成了东调关键工程刘家道口水利枢纽、人民胜利堰闸等，整治了洪水南下、入海主要通道韩庄运河、中运河和新沂河，提升了南四湖、骆马湖等湖泊调蓄洪能力，沂沭泗水系中下游河道总体防洪标准提高到 50 年一遇，基本形成了主要河湖相通互联、控制性工程合理调蓄、拦分滞排功能兼备的防洪工程体系。韩庄闸、新沭河闸、嶂山闸等控制性工程的隐患得以消除，水闸自动化、信息化水平全面提高，基础管理设施条件大幅提升。

（五）坚持科学调度是统一管理的关键所在

按照“两个坚持”“三个转变”，依法科学调度水利工程，充分发挥骨干工程统一调度的独特优势，采取“拦、蓄、泄、分、行、排”等综合措施，安全防御了 1990 年、1991 年、1993 年、2003 年、2005 年、2012 年、2018 年、2019 年、2020 年、2021 年等多个年份的十余次暴雨洪水。结合两省蓄水用水的愿望、需求和域内河湖实际情况，充分利用雨洪资源，汛末合理控制南四湖、骆马湖水位，供水保障能力大幅增强。2001 年以来多次实施“引沂济淮”，跨水系向淮河下游地区调送水量 30 多亿 m^3，为淮河下游地区经济社会发展提供了水资源保障。坚持服务大局、统筹兼顾，积极协调地方政府化解跨省跨市调水难题，及时调配了数十亿抗旱保苗的“友谊水”，有效解决了受水地区生态、抗旱、航运等用水需求，实现了水资源利用整体效益的最大化。

（六）坚持与时俱进是统一管理的正确路径

统管之初，响应“加强经营管理，讲究经济效益”的国家水利工作方针，加强工程管理，有效发挥水利工程效益，实现了多年河湖安澜。20 世纪 90 年代，沂沭泗水系治理明显加快，沂沭泗河洪水东调南下一期工程顺利实施，基本建立起适应沂沭泗水系特点的管理体制和运行机制。步入21世纪，水管体制改革全面完成，防汛抗旱减灾体系日益完善，工程面貌和管理水平实现较大跨跃。进入新时代，坚定践行“节水优先、空间均衡、系统治理、两手发力”治水思路，统筹推进水灾害防治、水资源管理、水生态保护，解决了许多长期想解决而没有解决的水问题。沂沭泗水利管理始终与时代同步伐，不断优化调整治水思路和主要任务，革故鼎新、攻坚克难，以治水成效有力支撑了流域经济社会发展。

沂沭泗水系统一管理40年来，创造了卓越的成就，赢得了辉煌的荣誉。40年筑安澜之基，基本理顺了紊乱的水系，防洪减灾体系不断完善。40年守为民之心，科学精细调度直管工程，水旱灾害防御取得全面胜利。40年固履责之本，建立了职能清晰的管理体制和管理科学的运行机制，工程管理水平迈上新台阶。40年执攻坚之锐，依法治水管水，维护良好水事秩序，直管河湖面貌明显改善。40年顺发展之势，基本形成了流域管理与区域管理有效协同的管理体制机制，管理能力和水平不断提升。沂沭泗水利管理局获得“全国防汛抗洪先进集体”“全国取水许可管理工作先进单位”等荣誉，南四湖局被评为“全国调处水事纠纷创建平安边界先进集体”，多个基层单位荣获国家级水管单位和国家水利风景区称号，18家单位荣获省部级文明单位，19家单位通过水利部安全生产标准化达标验收，24家单位通过水利档案工作规范化管理达标验收，6名干部职工享受国务院政府特殊津贴，全国及省部级劳模11人，全国技术能手、水利行业技术能手20余人。这些成绩的取得是党中央关心关怀的结果，是水利部党组坚强领导的结果，是一代代沂沭泗人薪火相传、不懈追求的结果，镌刻了沂沭泗水利管理继往开来，接续奋斗的前进轨迹。

二、深刻认识新阶段沂沭泗水利管理事业高质量发展的历史使命

当前，我国已开启全面建设社会主义现代化国家的新征程，向第二个百年奋斗目标进军。对标新发展理念和新发展格局，我们必须充分认识沂沭泗水利管理事业高质量发展的重大责任、重要机遇和实践要求，为经济社会高质量发展提供坚实水安全支撑和保障。

第一，推动水利高质量发展的主题为新阶段沂沭泗水利管理指明了前进方向。我国发展进入了全面建设社会主义现代化国家的新阶段。人民群众对水产品、水公共服务在需要结构、层次类别、功能价值上提出了更高要求。水利部党组确定了新阶段水利工作的主题为推动高质量发展，这为我们做好今后一个时期的工作指明了方向。与人民群众对水利的新需求、新期待相比，沂沭泗水利管理在水旱灾害防御、直管河湖保护、水利管理能力建设等方面发展不平衡、不充分问题依然存在。这就要求我们把发展质量问题摆在更为突出的位置，全面提高水安全、水资源、水生态、水环境治理和管理能力，实现从“有没有”到“好不好”的发展，更好支撑经济社会发展，更好满足人民日益增长的美好生活需要。

第二，沂沭泗地区经济社会发展新格局对沂沭泗水利管理提出了新的要求。一方面，淮河生态经济带发展、大运河文化保护传承利用、南水北调后续工程高质量发展等战略规划深入推进，徐州、宿迁、临沂、济宁等城市对于推动全面绿色转型形成高度共识,域内地区经济实力、科技实力持续跃升,新发展格局正在加快构建,对水利发展布局产生了重大影响,对沂沭泗水利管理工作提出了更高要求。另一方面,沂沭泗地区水资源对转变经济发展方式的倒逼机制尚未真正形成,一些地方过度开发利用河湖资源,超出水资源、水环境和水生态承载能力,一定程度上造成水资源短缺、水生态损害、水环境污染的新问题,与水旱灾害老问题相互交织,给沂沭泗水利管理提出了新挑战。这就要求我们准确识变、科学应变、主动求变,完整准确全面贯彻新发展理念,有机衔接国家发展战略、深度对接地方发展规划,着力在解难题、破瓶颈、补短板、强弱项上做文章、下真功,努力实现沂沭泗水利事业更高质量、更有效率、更加公平、更可持续、更为安全的发展。

第三,沂沭泗水系治理取得的巨大成就为沂沭泗水利管理高质量发展奠定了坚实基础。新中国治水从治淮拉开序幕,而治淮则肇始于沂沭泗水系治理。中华人民共和国成立前,中国共产党就领导百万鲁苏人民战天斗地、改造山河、牵洪入海。经过 70 多年的治理,特别是统管 40 年的接续奋斗,沂沭泗防洪基本形成了主要河湖相通互联、控制性工程合理调蓄、拦分滞排功能兼备的防洪工程体系,防洪标准从过去 10 年一遇达到整体上 50 年一遇,具备了由点向网、由分散向系统转变的工程基础;沂沭泗管理建立了完备的制度体系和有效的沟通机制,在水旱灾害防御、水资源管理、河湖保护治理、工程建设管理等方面开展了积极探索和实践,在推进流域管理与区域管理有机结合、协同配合方面积累了丰富的成功经验,具备了从粗放式管理向精细化、规范化、法治化管理转变的制度基础;沂沭泗水利信息化水平持续提升,遥感遥测信息管理系统等非工程措施相继投入使用,初步建成沂沭泗水利“一张图”,具备了由传统向数字化、网络化、智能化转变的初步基础。沂沭泗水利管理事业发展已经站到了新的起点,要把发展的着力点转向提升发展质量,推动沂沭泗水利管理向形态更高级、基础更牢固、保障更有力、功能更优化的阶段演进。

三、全力推动沂沭泗水利管理事业高质量发展

四十载成就斐然,再跨越任重道远。站在新的历史起点上,我们要进一步增强进取意识、机遇意识、责任意识,把握发展机遇,精准施策发力,不断开创沂沭泗水利管理高质量发展新局面。

(一)提高政治站位,始终牢记初心使命

沂沭泗水系发生的沧桑巨变,植根于中国共产党领导下的治水实践,融汇于苏鲁两省人民团结治水的历史进程,得益于统一管理的英明决策。沂沭泗水利管理工作要牢记水利行业为人民造福的历史使命,以实实在在的治水成效贯彻落实好党中央、国务院关于统一管理的决策部署。新发展阶段,沂沭泗水利管理工作要提高政治站位,心怀国之大者,以习近平总书记关于治水的重要指示批示精神作为水利管理的重要行动指南,不断提高把握新发展阶段、贯彻新发展理念、构建新发展格局的政治能力、战略眼光、专业水平,敢于担当、善于作为,把党中央决策部署和水利部的要求贯彻落实好,为地区经济社会高质量发展提供有力的水安全保障。

(二)完善防洪工程体系,提高水旱灾害防御能力

深入贯彻落实国家“十四五”规划和 2035 年远景目标纲要关于“加强水利基础

设施建设，提升水资源优化配置和水旱灾害防御能力”的要求，全面提高沂沭泗防洪除涝减灾能力。按照“两个坚持、三个转变”防灾减灾新理念，适应沂沭泗洪水新特点，根据经济社会发展总体布局和区域发展功能定位，分级分类完善防洪标准，强化“四预”措施。紧抓国家新一轮水利建设机遇，加快推进沂沭泗河洪水东调南下提标工程，逐步将沂沭泗骨干河湖中下游防洪标准提高到100年一遇。积极推进病险闸除险加固，消除安全隐患，保障沂沭泗地区人民群众生命财产安全。

（三）抓住国家水网建设机遇，推动水资源优化配置

抓住国家水网建设的有利时机，积极主动参与到南水北调东线后续工程建设中，加强国家重大水资源配置工程与区域重要水资源配置工程的互联互通，进一步优化沂沭泗地区水资源配置与调度，从根本上解决沂沭泗水资源空间分布不均的问题。坚持把水资源作为最大的刚性约束，合理分水、管住用水、科学调水，建立健全水资源节约政策制度，大力推进水资源节约集约利用。充分发挥直管工程、水资源统一调度等优势，持续优化水量分配方案，精细化实施年度水量调度管理，切实加强河湖生态流量（水位）保障工作。建立水资源监测预警机制，完善全过程用水监管体系，提高用水监管能力，推动用水方式由粗放向节约集约转变。继续做好南水北调东线一期工程调水期间的水资源监管巡查，保障供水安全，服务国家重大战略。

（四）严格河湖执法监管，促进复苏河湖生态环境

树立尊重自然、顺应自然、保护自然的生态文明理念，坚持系统治理，维护河湖健康生命，实现河湖功能永续利用，实现人水和谐共生。完善水域岸线管理保护规划，加强直管河湖水域岸线保护和开发利用管理，强化规划对水利建设和涉水事务社会管理的法规性作用。充分利用河（湖）长制平台，进一步加强水利工程、河湖岸线、水资源等重点领域水事监督管理，深化巩固河湖“清四乱”专项整治行动成果，坚决做到存量全面整治，增量零容忍遏制。建立河湖管护长效机制，进一步深化“五联”工作机制，提高执法队伍专业化水平，维护河湖正常水事秩序，调整人的行为、纠正人的错误行为，促进恢复河湖水域岸线生态功能。

（五）加强工程运行管理，全面提升直管工程面貌

沂沭泗直管工程是沂沭泗地区重要的防洪屏障，是沂沭泗地区洪水调控和水资源调蓄配置的关键。全面实施工程标准化管理，是当前和今后一个时期工程管理的主题主线，要充分认识水利工程标准化管理工作开展的必要性和紧迫性，通过开展标准化管理，进一步完善管理体系、提升管理能力、体现管理成效。继续大力开展直管工程国家级水管单位和国家水利风景区创建，全面提高直管工程管理水平和工程面貌，逐步实现“闸是风景区、堤是风景线”全覆盖。不断创新工程管理思路，提升管理技术水平，加大科技应用和总结提炼，拓展管理创新能力。深入挖掘水文化底蕴，丰富水利工程文化元素和内涵，传承弘扬治水实践中形成的灿烂文化。

（六）推进智慧水利建设，驱动沂沭泗水利管理现代化

习近平总书记视察淮河时强调，全面建设社会主义现代化，抗御自然灾害能力也要现代化。要抓住机遇，积极探索数字孪生的构建与实施路径，推进以“智慧”沂

沭泗为重点的综合管理能力体系建设。加快站网基础设施提档升级，大幅提升监测感知自动化水平，实现水量、水位、工程运行、人类涉水活动等监测要素的全覆盖。全面提升数据获取能力和信息处理服务智能化，构建水旱灾害防御、水资源管理、河湖监管、水工程管理等水利智能业务应用体系，支撑精准化决策，以水利数字化、网络化、智能化驱动沂沭泗水利现代化。

岁序更替，华章日新。在中国共产党成立100周年伟大成就的荣光里，在新发展阶段水利改革的伟大历程中，沂沭泗水系统一管理开启了新的征途。沂沭泗水利管理将以习近平新时代中国特色社会主义思想为指导，积极践行“节水优先、空间均衡、系统治理、两手发力”的治水思路，乘风破浪，坚毅前行，为实现让沂沭泗河成为人民满意的“幸福河”而不懈奋斗！

（原文刊于《治淮》2021年第10期）

承百年薪火　谱统管华章

——沂沭泗水系统一管理40年成效与展望

淮委党组成员，沂沭泗局党组书记、局长　刘玉年

2021年是中国共产党百年华诞，也是沂沭泗水系统一管理40周年。40年来，我们始终贯彻党中央治水方略，初心不改、逐梦安澜，谱写了沂沭泗水系治理的绚丽篇章。

沂沭泗水系位于淮河流域东北部，主要由沂河、沭河、泗(运)河三大水系组成，地跨苏鲁豫皖4省15个地(市)，流域面积约8万km^2。沂沭泗河原本水流通畅，沂、沭入泗，泗水入淮。1194年，黄河决口，侵泗夺淮逾660年，淤废了淮河下游及沂沭泗的干流河道，致使沂沭泗水系紊乱、水无归宿，肆虐的洪水给这里的人民带来了深重的灾难。

根治水患，岁岁安澜，流域人民千百年来的梦想，直到在中国共产党的领导下，才一步步地成为现实。早在中华人民共和国成立前，解放战争的硝烟未尽，鲁南苏北解放区的“导沭整沂”和“导沂整沭”工程就拉开了治淮的序幕。尤其在毛主席“一定要把淮河修好”的伟大号召下，在水利部、淮委的坚强领导下，苏鲁两省人民胼手胝足，掀起了沂沭泗河道治理新高潮，先后建设了人民胜利堰、新沭河、新沂河等一大批水利工程，打通了沂沭泗河洪水东流入海的主要通道。

由于地理、历史的原因，沂沭泗水系复杂难治。全国政协原副主席、中国工程院院士钱正英同志曾为《沂沭泗河道志》作序写道：“其河道变化的复杂情况，不但在全国、恐怕在世界上也是少有的……”与此同时，沂沭泗地区也是全国省际边界水事矛盾纠纷最为复杂的地区之一，曾因争夺湖田湖产发生械斗数百起，引起党中央国务院高度关注。

为促进沂沭泗地区的安定团结和生产发展，1981年10月，经国务院批准，成立治淮委员会领导下的沂沭泗水利工程管理局（1992年更名为沂沭泗水利管理局），负责流域内主要河道、湖泊、控制性工程及水资源的统一管理和调度运用。统一管理南四湖、骆马湖两座大型湖泊，

沂河、沭河、泗(运)河等 961 km 河道,湖西大堤、新沂河大堤等 1729 km 堤防,二级坝枢纽、刘家道口枢纽、嶂山闸等 26 座控制性水闸,由此翻开了沂沭泗水利发展史上的崭新一页。

大河铺长卷,时代挥椽笔。党和国家统揽全局,流域各方勠力同心,沂沭泗水利人矢志奋斗,沂沭泗水系统一管理步伐坚实地走过了 40 年历程。

40 年初心如磐,我们始终坚持团结治水、合力兴水,流域人民幸福感不断增强。沂沭泗局与苏鲁两省地方政府精诚合作,充分发挥团结治水的优良传统,协同推进水利工程建设、水旱灾害防御、水资源调配等工作,深化流域管理与区域管理协作机制,凝聚了河湖保护治理的强大合力。坚持以人民为中心的发展思想,建立南四湖、邳苍郯新地区等省际边界水事纠纷多元预防和调处化解机制,在实践中探索建立了"水事纠纷联处、防汛安全联保、水资源联调、非法采砂联打、河湖四乱联治"的"五联"工作机制,苏鲁省际边界百年恩怨化和谐,得到了国务院领导的充分肯定,南四湖局被中央综治办、水利部授予"全国调处水事纠纷创建平安边界先进集体"荣誉称号。沂沭泗省际边界结束了纷争不断的历史,流域呈现出经济繁荣发展、社会安定和谐、人民富庶安康的美好景象。

40 年凝心聚力,我们始终坚持统一规划、系统治理,防汛抗旱减灾体系日益完善。统管以来,紧紧抓住治淮机遇,持续推动实施沂沭泗河洪水东调南下工程,先后完成东调南下一期及续建工程建设,建成刘家道口枢纽、沂沭邳、韩中骆等一大批水利工程,开工建设南四湖二级坝除险加固工程和沂河、沭河上游堤防加固工程。大力实施病险工程除险加固,先后完成了彭家道口分洪闸、嶂山闸等 20 座控制性工程除险加固,累计完成投资约 5.8 亿元,工程险工和隐患得以治理。通过系统治理,基本理顺了紊乱的水系,流域主要河湖实现互联互通,中下游骨干河道防洪标准从 10 年一遇,提高到 50 年一遇,"拦、分、蓄、滞、泄"防洪抗旱减灾工程体系日益完善,夯实了从容应对水旱灾害风险的坚实基础。

40 年风雨兼程,我们始终坚持人民至上、科学调度,沂沭泗河湖安澜得以实现。遵循"两个坚持""三个转变",发挥流域主要防洪工程统一管理、统一调度的优势,充分考虑苏鲁两省防洪排涝利益需求,紧紧依托东调南下工程体系科学研判、精准调度,合理安排洪水出路,安全防御了流域 1990 年、1991 年、1993 年、1997 年、1998 年、2003 年、2005 年、2012 年、2018 年、2019 年等多个年份的十余次台风暴雨洪水,最大限度地减轻了人民生命财产损失。成功防御 2020 年 8 月沂沭河 1960 年以来、2021 年中运河有实测记录以来最大洪水,实现了"无人员伤亡、无重大险情"的双零目标。沂沭泗局各级单位多次获得国家防总"抗洪先进集体""山东省抗击台风抢险救灾先进集体""江苏省防汛抗洪工作先进集体"等荣誉称号,赢得了苏鲁两省地方各级政府和人民群众的高度赞誉。

40 年使命在肩,我们始终坚持统筹兼顾、服务民生,水资源保障能力持续提升。积极服务国家重大战略,全力保障南水北调东线供水安全,为一泓清水北上保驾护航。沂河、沭河水量分配方案获批,水资源统一配置取得实质性进展。有效统筹协调流域抗旱,1989 年成功协调江苏徐州支援山东济宁、枣庄抗旱用水，协调山东省为石梁河水库补水3亿多 m^3。完成2002年南四湖应急生态补水、2014年南四湖生态应急调水监管，促进了南四湖生态系统的自然恢复。江、淮、沂沭泗水资源调配体系基本形成，2001年、2004年、2005年、2013年、2019年5次实施“引沂济淮”，跨水系向淮河下游地区调水30多亿 m^3，保障周边地区抗旱、航运用水。利用水系互通、工程互联的有利条件，充分利用雨洪资源，最大限度增加直管湖泊汛末蓄水，2010—2020年南四湖和骆马湖汛末蓄水量超150亿 m^3，有力支撑了流域经济社会发展。

40年励精图治，我们始终坚持依法治水、严格管护，河湖生态保护成效斐然。1989年水利部开展水利执法体系建设以来，我们不断加强执法队伍建设，提高依法行政水平，1996年形成了体系完整、层次分明的水政监察队伍。坚持严格依法查处水事违法行为，强化涉河建设项目监管，水域岸线空间管控与保护步入规范化、制度化、法治化轨道。2006年建立省际边界河湖打击非法采砂联合机制，开展“飓风2011”“猎鹰2015”等大规模违法采砂联合集中整治行动，2015年推动出台“三部两省”文件，南水北调东线输水干线骆马湖至南四湖段实现全面禁采，沂沭河采砂由乱到治，实现精细化管理。河(湖)长制“有名”“有实”“有能”“有效”，直管河湖全部纳入以地方党政领导负责制为核心的河湖管理与保护责任体系。推动清理整治5200余个河湖“四乱”问题，刘香庄码头群、澜公馆、凡客酒吧街等一大批历史遗留河湖顽瘴痼疾得到彻底整治。直管河湖和水利工程划界工作全面完成，水生态水环境明显改善，河湖面貌发生历史性变化。沂河被评为首届最美家乡河，沂河临沂段通过国家级示范河湖验收。韩庄运河台儿庄段、沭河莒县段通过美丽示范河湖省级验收。

40年砥砺奋进，我们始终坚持强基固本、守正创新，水利工程管理阔步前行。沂沭泗流域骨干水利工程大都建成于20世纪六七十年代，限于当时的历史条件，普遍存在缺陷，且老化失修、效能衰减。统管之初，以开展“优胜红旗闸”“五化堤防”等创建活动为抓手，积极推行工程目标管理，工程管理水平得到提升。2005年开始实施水管体制改革，实现了管养分离，畅通了维修养护经费渠道，结束了维修养护经费严重不足的历史，工程面貌大为改观。2014年以来不断深化水利改革，以水利工程管理考核为抓手，开展“两个创建”活动，灌南局、刘家道口局等5家单位先后通过国家级水管单位考核验收，骆马湖、嶂山等2处水利风景区荣获“国家水利风景区”称号。19家单位通过水利部安全生产标准化达标验收，24家单位通过水利档案工作规范化管理达标验收，水利管理水平迈上新的台阶。

40年奋楫扬帆，我们始终坚持开拓进取、攻坚克难，水利信息化建设取得长足发展。从20世纪80年代军政电报信息传输到90年代“一点多址”微波系统，再到目前建成覆盖全局的大容量数据通信骨干网络，逐步形成了信息采集、传输、存储、应用一体化系统，初步建成沂沭泗局水利“一张图”，为水旱灾害防御、水资源管理、水行政执法、工程管理、采砂监管等业务应用提供网络和技术支持。防汛会商系统、洪水调度决策支持系统、重点工程监控及自动控制系统、遥感遥测信息管理系统等非工程措施相继投入使用，水文自动测报遍布主要河湖,水资源实时在线监控,卫星遥测遥感尽现河湖状况,智慧水利迈出坚实步伐。

40年薪火相传,我们始终坚持党建引领、立根铸魂,为沂沭泗水利事业注入磅礴力量。以政治建设为统领,持续深化干部职工思想理论武装,先后开展了整党、"三讲"教育、先进性教育活动、学习实践科学发展观活动、群众路线教育实践活动、"三严三实"专题教育、"两学一做"学习教育等,"不忘初心、牢记使命"主题教育得到中央督导组充分肯定,党史学习教育赓续共产党人精神血脉。坚持党建与业务工作深度融合,"四强"支部建设取得实效,"一支一项"开花结果,灌南局荣获水利部第一届水利先锋党支部。18家单位荣获省部级文明单位,精神文明建设成果丰硕。干部人才队伍建设卓有成效,先后派出19批28人次技术骨干参加援藏、援疆及扶贫工作,6名干部职工享受国务院政府特殊津贴,全国及省部级劳模11人,全国技术能手、水利行业技术能手20余人……一项项荣誉记载着沂沭泗人开拓进取、勇往直前的光辉历程。

经过40年的持续治理,沂沭泗地区彻底改变了过去"大雨大灾、小雨小灾、无雨旱灾、水旱灾害频繁"的历史,沂沭泗水利管理事业取得显著成效。如今的沂沭泗流域,河湖面貌焕然一新,绿荫掩长堤、清波映水闸,河畅、水清、岸绿、景美、人和的新画卷徐徐展开。同时,我们也清醒认识到,沂沭泗地区水资源、水生态、水环境的新问题,与水旱灾害老问题相互交织,治水主要矛盾发生变化,防洪减灾体系仍不能适应经济社会发展需要、河湖管理任重道远、水资源刚性约束薄弱、水生态水环境问题仍然存在、信息化水平明显滞后、单位发展后劲亟待增强,沂沭泗水利管理面临着新的挑战。

岁序更替,华章日新。沂沭泗水利管理事业在砥砺奋进中走过四十年峥嵘岁月,在阔步前行中迎来新的发展阶段。回顾过去,累累硕果弥足珍贵,展望未来,崭新征程催人奋进。沂沭泗水利管理将以习近平新时代中国特色社会主义思想为指引,向着"安全、美丽、智慧、和谐"目标团结奋进。

我们将着力建设"安全"沂沭泗,全面提升水安全保障能力。进一步提升流域防洪体系。从流域整体着眼,把握洪水发生和演进规律,提升流域防洪工程体系,推进实施沂沭泗河洪水东调南下提标工程,持续实施病险工程除险加固,逐步提高沂沭泗流域整体防洪标准。强化"四预"措施,依法科学精细调度水工程,全面提升水旱灾害防御能力,全力实现"人员不伤亡、水库不垮坝、重要堤防不决口、重要基础设施不受冲击"的目标。进一步优化水资源配置格局。抓住国家水网建设的机遇,以河、湖、库工程为框架,协力推进沂沭泗水系连通,配合推动南水北调后续工程规划与建设,全面提升水资源保障水平。科学论证、稳妥实施南四湖、骆马湖汛限水位的动态控制和汛末蓄水位的适当抬高,完善沂沭河干流拦蓄工程体系,科学开发利用雨洪资源,促进流域水资源综合利用效益最大化。进一步促进水资源节约集约利用。抓好直管河湖水量分配和实施工作,夯实水资源供给基础。深入开展取用水专项整治行动,依法整治取用水突出问题。充分发挥市场机制和价格杠杆作用,推动形成节水型生产方式、生活方式、消费模式。

我们将着力建设"美丽"沂沭泗,加强

河湖生态保护治理。加大河湖管理保护力度，重点在改善环境上下功夫。严格直管河湖水域岸线等水生态空间管控，积极推进直管河湖岸线保护利用规划审批与执行，强化对水事活动的监督管理。推进"清四乱"常态化规范化，清理整治河湖存量问题，巩固采砂管理成果，坚决防止问题反弹回潮，在美丽河湖建设方面取得可观可感成效。深入开展"建设项目遗留问题专项整治行动"，逐步建立起项目建设规范有序、有进有退的长效管理机制。全面巩固直管河湖和水利工程管理范围划界成果，推动条件成熟的直管河湖段确权。全面推行水利工程标准化管理，重点在提升面貌上下功夫。进一步完善水利工程运行维护管理机制，不断提高工程养护水平。健全水利工程标准化管理体系，2022 年底全面实现水利工程标准化管理。以"两个创建"为抓手，不断提高工程管理水平，着力提升直管工程面貌，实现"闸是风景区，堤是风景线"。协同推进流域生态文明建设，重点在保护复苏上下功夫。助力大运河文化保护传承、淮河生态经济带、江苏省"美丽江苏建设"、山东省"南四湖生态保护和高质量发展"等重大规划实施，协同加强南四湖、骆马湖等河湖的生态保护，积极配合实施退圩还湖工程，统筹规划、稳步推进直管工程美化绿化，深入挖掘文化内涵，合力建设高颜值的沂沭泗河生态廊道。

我们将着力建设"智慧"沂沭泗，驱动流域保护治理现代化。按照"需求牵引、应用至上、数字赋能、提升能力"的要求，全面推进水利信息化建设，积极探索数字孪生路径，加快构建具有预报、预警、预演、预案功能的智慧水利体系。优化沂沭泗流域水文测报站网布局，提高视频监控的覆盖程度，完善空天地一体化遥感监测体系，构建河流湖泊、水利工程、涉水活动等监测要素全覆盖的监测感知体系。建设直管工程信息汇聚中心，完善数据管理体系，推进各类信息化资源整合共享，最大程度发挥水利信息化资源的效率。围绕沂沭泗水利管理工作重点，构建水旱灾害防御、水资源管理、河湖监管、水工程监管、政务管理等智能应用体系，提升沂沭泗流域水利业务的智能分析与科学决策支撑能力，为沂沭泗水利管理现代化注入智慧新动能。

我们将着力建设"和谐"沂沭泗，服务经济社会高质量发展。健全完善河(湖)长制框架下的流域、区域联管共治机制，助力直管河(湖)长制由"有名有责"到"有能有效"。推进常态化联合执法，强化配合协调，形成涉水事务监管合力，实现水行政执法更加规范有力、水事违法行为管控及时有效、直管河湖水事秩序稳定和谐。充分发挥流域管理机构的优势和作用，加强部门间、区域间涉水事务统筹协调，持续深入研究和创新与地方开展合作的方式与举措，在推动建立高效的流域协调和执行机制、实现流域管理与区域管理有机结合方面贡献团结治水的沂沭泗智慧。

40 年栉风沐雨，40 年春华秋实。40 年治水管水实践雄辩地证明，党中央、国务院关于沂沭泗水系统一管理的决策是非常英明和十分正确的，沂沭泗水系统一管理取得的辉煌成就，是中国共产党领导下治水管水的生动实践，是社会主义制度优越性在水利事业中的充分彰显，是贯彻党中央国务院治水方略的丰硕成果，是"按水系进行统一管理"的又一成功范例，是苏鲁两省人民顾全大局、团结治水的光辉典范,是一代代沂沭泗水利人辛勤耕耘、披荆斩棘的结果。

站在新的起点上,沂沭泗水利管理事业将坚定践行习近平新时代中国特色社会主义思想,深入贯彻"节水优先、空间均衡、系统治理、两手发力"治水思路,认真落实水利部和淮委党组的决策部署,围绕"安全、美丽、智慧、和谐"目标,大力推动新阶段水利高质量发展,奋力续写新时代沂沭泗水利管理的华美篇章!

(原文刊于《治淮》2021年第10期)

重要工作

沂沭泗水系统一管理40周年十件大事

一、沂沭泗局成立

1981年10月,国务院批转水利部关于对南四湖和沂沭河水利工程进行统一管理的请示,批准成立在治淮委员会领导下的沂沭泗水利工程管理局,对沂沭泗水系的主要河道、湖泊、枢纽实行统一管理和调度运用。1992年12月,更名为"沂沭泗水利管理局"。统一管理以来,在工程建设与管理、水旱灾害防御、水资源管理、水行政执法、水事纠纷调处等方面取得了卓越的成效,发挥了流域管理不可替代的作用。

二、沂沭泗河洪水东调南下工程全面完成

该工程是统筹解决沂沭泗地区防洪问题的系统性工程,1971年11月开工建设,1980年停缓建。1993年10月,国务院批准沂沭泗河洪水东调南下工程全面复工建设,2011年11月东调南下续建工程全面竣工验收,完成投资109亿元。沂沭泗流域主要河湖实现互联互通,中下游骨干河道防洪标准达到50年一遇,"拦、分、蓄、滞、泄"防洪抗旱减灾工程体系基本完善,为战胜历年洪水奠定了坚实基础。

三、防洪减灾成效显著

安全防御了流域1990年、1991年、1993年、2003年、2005年、2012年、2018年、2019年等多个年份的十余次洪水,最大限度地减轻了人民生命财产损失。1990年,沂沭泗局被国家防总授予"抗洪先进集体"称号。成功抵御2020年8月沂沭河1960年以来、2021年中运河有实测记录以来最大洪水,实现了"无人员伤亡、无重大险情"的目标,赢得了苏鲁两省地方各级政府和人民群众的高度赞誉。

四、国务院领导视察沂沭泗水利管理工作

2000年、2002年时任国务院副总理温家宝,2021年国务院副总理胡春华曾亲临骆马湖、南四湖,视察沂沭泗水利管理工作,对沂沭泗水系统一管理作出指示,为沂沭泗水利改革发展指明了方向,注入了强大动力,提供了科学指南。

五、河(湖)长制"有实""有效"

2016年12月河长制实施以来,直管河湖全部纳入以地方党政领导负责制为核心的河湖管理与保护责任体系,推动清理整治直管河湖5200余个"四乱"问题,刘香庄码头群、澜公馆、凡客酒吧街等一大批历史遗留河湖顽瘴痼疾得到彻底整治,河湖面貌发生历史性变化。沂河被评为首届最美家乡河,沂河临沂段通过国家级示范河湖验收。韩庄运河台儿庄段、沭河莒县段通过美丽示范河湖省级验收。

六、水生态环境不断改善

2002 年南四湖遭遇百年不遇干旱，几近干涸，生态濒危，水利部紧急实施南四湖应急生态补水，历时 86 d，从长江调水 1.1 亿 m^3，沂沭泗局负责完成了调水监管任务，得到了水利部、淮委的高度赞誉。2014 年通过南水北调东线（一期）工程向南四湖应急调水 0.8 亿 m^3，促进了南四湖生态系统的自然恢复，沂沭泗局调水监管工作得到了水利部和苏鲁两省的充分肯定。

七、水管体制改革全面完成

2004 年 12 月水管体制改革在 7 个水管单位进行试点，2006 年 1 月全面展开并通过验收，改革后，政、事、企关系初步理顺，实现了"管养分离"，维修养护经费得到保障，人员经费有了较大幅度提高，工程面貌显著改善，管理水平进一步提高。2014 年，根据《水利部关于深化水利改革的指导意见》，进一步深化水利工程管理体制改革，从 2018 年开始，用三年时间完成了直管水利工程维修养护市场化采购，直管工程维修养护全部走向了专业化、市场化道路。

八、水资源保障能力不断增强

1996 年，沂沭泗局被水利部授予"全国取水许可管理工作先进单位"。2001 年、2004 年、2005 年、2013 年、2019 年 5 次实施"引沂济淮"，跨水系向淮河下游地区调水 30 多亿 m^3，为周边地区抗旱、航运等用水提供有力保障。充分利用雨洪资源，最大限度增加直管湖泊汛末蓄水，累计为流域经济社会发展提供了 450 亿 m^3 水资源支持。

九、病险闸除险加固全面完成

1998—2016 年通过水利基金项目和"治淮其他项目"对彭家道口分洪闸、嶂山闸和二级坝等 20 座控制性工程进行除险加固，累计投资约 5.8 亿元，工程险工和隐患得以治理，工程安全运行的可靠性显著增强。

十、党建和精神文明建设成果丰硕

先后开展了整党、"三讲"教育、先进性教育活动、学习实践科学发展观活动、群众路线教育实践活动、"三严三实"专题教育、"两学一做"学习教育等。2019 年 11 月，"不忘初心、牢记使命"主题教育得到中央第十一巡回督导组组长宋秀岩的充分肯定。党史学习教育深入开展。2020 年，灌南局荣获水利部第一届水利先锋党支部。截至目前，全局共有 18 家单位荣获省部级文明单位，精神文明建设硕果累累。

（*赵颜颜*）

沂沭泗局档案工作规范化管理达标创建综述

根据水利部办公厅《关于印发〈水利档案工作规范化管理综合评估办法〉的通知》（办档〔2013〕56 号）和淮委办公室《转发关于加强和改进新形势下水利档案工作实施意见的通知》（办档〔2016〕19 号）的要求，2016 年，沂沭泗局正式启动档案工作规范化管理达标创建工作。经过全局上下共同努力，2017—2019 年，沂沭泗局成功创建水利档案工作规范化二级管理单位，3 个直属局、19 个基层水管单位、枣庄安澜公司成功创建三级管理单位，达标创建目标任务圆满完成。同时，通过达标创建工作，进一步提升了全局干部职工的档案工作意识，在全局营造了关心档案工作的浓厚氛围。

一、坚持以上率下、高位推动

沂沭泗局党组高度重视档案工作规范化管理达标创建，局主要领导对此作出批示，高位推动；分管领导专题部署，重点督办。2016年10月，沂沭泗局制定了《沂沭泗局档案工作规范化管理达标实施方案》（沂局办〔2016〕202号），对全局系统档案工作规范化管理明确目标要求，规划实施步骤。连续3年在局工作会议报告中明确提出要积极推进档案管理达标考核，全面完成年度目标任务。在近年公用经费异常紧张的情况下，仍安排专用经费用于购置档案管护设备，完善库房设施，有效保障了档案安全。

成立了档案工作规范化管理领导小组，局分管领导亲自挂帅，将达标创建工作列入议事日程，重要工作亲自部署、重点任务亲自督办、重大问题亲自协调解决，统筹推动达标创建工作。局领导对档案工作的高度重视和强力支持为我局做好档案管理工作，全面推进档案工作规范化管理提供了坚强保障。

二、坚持顶层规划、一体推进

沂沭泗局将达标创建工作作为新形势下做好水利档案工作、提升全局档案管理能力的重要抓手，在达标创建工作启动之初，对全局达标创建工作进行统一规划，制定了任务图，划定了时间表，明确了"沂沭泗局机关在2017年底前达到水利档案工作规范化管理二级标准，各直属局在2018年底前达到三级标准，各基层局在3年内达到三级标准"的创建目标。自2020年起，将档案工作达标情况作为各基层局水利管理考核档案考评的主要依据，彻底改变过去长期以来沂沭泗局系统内档案管理标准和评价体系不统一的状况，进一步加强和改进沂沭泗局对基层单位档案管理的监督和指导。

创建过程中，通过组织专家授课、集中宣讲、座谈交流、调查研究等方式，组织相关人员认真学习《评估办法》，在弄懂悟透的基础上全面梳理目前档案工作开展情况，重点查找档案工作中存在的问题和薄弱环节。针对查找出的问题，督促制订整改计划和方案，切实采取措施抓好整改落实，稳步推进档案管理达标工作。通过达标工作的开展，全面提高全体干部职工的档案意识，理顺档案工作机制，建立和健全档案规章制度，夯实档案工作基础，实现水利档案工作规范化管理达标和促进档案管理整体水平提高的双重目标。

三、坚持通力协作、同向发力

各创建单位按照达标创建三年目标任务，紧紧围绕水利档案"三大体系"建设，从加强档案工作体制机制建设、健全档案管理规章制度、完善档案管理基础硬件设施、提高立卷归档工作质量、推进档案信息化建设等方面入手，做了大量工作，档案工作实现人员从无到有、数量从少到多，管理从分散到集中统一的转变，逐步走上规范化、制度化的轨道，档案管理质量和水平与以前相比有了质的提升。

一是进一步理顺档案工作体制机制，明确档案工作分管领导、管理部门和工作人员岗位职责，坚持以责促行，以实促效，不断强化档案集中统一管理。健全完善档案组织体系，形成以档案业务部门为中心、专兼职档案员为主体，横向到边、纵向到底的档案工作管理网络，为达标创建工作的顺利开展提供了组织保证。

二是进一步加强档案管理工作制度建设。制定档案管理办法，明确了档案工作的基本原则、要求和程序，明确了有关归档单位、档案部门和人员责任；制定了科技、电子、声像、实物档案管理规定、会计档案管理办法实施细则和机关归档文件整理细则，建立健全了档案保管、借阅、统计、保密、鉴定、销毁等内部管理制度，并将各项制度上墙明示。积极推动档案"同步管理"制度落地落实，切实实行档案工作与项目及相关管理工作的"同布置、同检查、同考核、同验收"，为达标创建工作提供了坚实的制度保障。

三是进一步切实提升档案管理能力。按照档案管理"三室分开"要求，各创建单位积极开展档案管理用房升级改造，通过改造旧用房、拓展新用房，购置密集架、防磁柜等各类档案装具及杀虫剂、灭鼠剂、除湿机、温湿度记录仪、空调、防盗门窗、灭火系统等档案保护防护设备，档案管理用房面积和承载能力实现"双提升"，档案管理水平显著提升。

四是进一步规范档案业务工作。贯彻落实归档制度。印发沂沭泗局归档工作要点，明确归档类别、时限、范围与要求，规范归档审核流程与权限，督促各立档单位按时保质保量完成归档任务。认真执行《归档文件整理规则》(DA/T 22—2015)、《科学技术档案案卷构成的一般要求》(GB/T 11822—2008)等规范性标准，提升各门类档案归档质量。严格落实档案库房"十防""八不准"要求，完善库房用电、防水防火、七氟丙烷气体灭火系统等设备设施，强化防虫灭鼠措施，进一步提升库房管理能力。制定档案鉴定工作实施方案，稳妥开展档案鉴定。组织开展档案宣传展览，制作专题展板，建立荣誉档案陈列室，设立网上荣誉档案空间，进一步扩大档案影响力。

五是进一步增强档案利用实效。不断改善档案利用软硬件环境，在保证档案实体及信息安全的前提下，通过多种方式满足利用需求，积极发挥档案价值。建立健全了室藏档案目录体系，编制了全宗指南、案卷目录等多种检索工具，为便捷利用档案创造了较好条件。完善档案利用登记制度，以用户为导向，开展档案咨询服务，根据利用效果反馈登记情况，不断提高利用水平，较好地发挥了单位档案资料信息中心作用。

六是积极推进档案信息化建设。按照档案"增量电子化、存量数字化"要求，各创建单位配备升级了档案管理信息系统，通过信息著录、数据迁移等方式，建立了较为完善的档案目录数据库，初步实现了档案的计算机管理，有力提高了档案检全率、检准率。通过安排专人扫描或购买外包服务方式，完成23252卷113703件室藏档案的数字化加工，初步建立了档案资源数据库，部分档案资源实现了计算机全文利用，档案信息保障服务能力显著增强。

2017年9月下旬，淮委组织专家组对沂沭泗局档案工作规范化管理进行正式评估。沂沭泗局以93.5分通过评估，并被授予"全国水利档案工作规范化管理二级单位"称号。

在各创建单位的共同努力下，截至2019年底，3个直属局、19个基层局、枣庄安澜水利工程有限公司等23家单位通过评估，成功创建"全国水利档案工作规范化管理三级单位"，达标创建目标圆满完成，见表1。

(吴龙)

表 1　沂沭泗局档案工作规范化管理达标情况统计

序号	单位	评估时间	得分	准委意见文号
1	沂沭泗局	2017 年 9 月 21 日	93.5	办档〔2017〕114 号
2	南四湖局韩庄枢纽局	2017 年 12 月 6 日	93.5	办档〔2017〕139 号
3	南四湖局二级坝局	2017 年 12 月 7 日	92.4	办档〔2017〕139 号
4	南四湖局上级湖局	2017 年 12 月 8 日	93.6	办档〔2017〕139 号
5	南四湖局下级湖局	2017 年 12 月 9 日	92.2	办档〔2017〕139 号
6	沂沭河局河东局	2018 年 7 月 25 日	93	办档〔2018〕111 号
7	沂沭河局郯城局	2018 年 7 月 26 日	92.2	办档〔2018〕110 号
8	南四湖局	2018 年 12 月 18 日	94	办档〔2018〕187 号
9	南四湖局蔺家坝局	2018 年 12 月 19 日	92.7	办档〔2018〕188 号
10	南四湖韩庄运河局	2018 年 12 月 20 日	93.8	办档〔2018〕189 号
11	枣庄安澜水利工程有限公司	2018 年 12 月 21 日	90.2	办档〔2018〕190 号
12	骆马湖局	2019 年 3 月 9 日	93.5	办档〔2019〕39 号
13	沂沭河局刘家道口局	2019 年 3 月 19 日	94.2	办档〔2019〕53 号
14	沂沭河局大官庄局	2019 年 3 月 20 日	93.2	办档〔2019〕52 号
15	沂沭河局沂河局	2019 年 11 月 1 日	93.5	办档〔2019〕176 号
16	沂沭河局	2019 年 10 月 31 日	94.1	办档〔2019〕177 号
17	沂沭河局沭河局	2019 年 10 月 30 日	93.3	办档〔2019〕178 号
18	沂沭河局江风口局	2019 年 10 月 29 日	93.8	办档〔2019〕179 号
19	骆马湖局邳州局	2019 年 11 月 25 日	92.3	办档〔2019〕195 号
20	骆马湖局新沂局	2019 年 11 月 26 日	93.6	办档〔2019〕194 号
21	骆马湖局灌南局	2019 年 11 月 26 日	93.5	办档〔2019〕193 号
22	骆马湖局沭阳局	2019 年 11 月 27 日	91	办档〔2019〕198 号
23	骆马湖局嶂山局	2019 年 11 月 28 日	93.7	办档〔2019〕197 号
24	骆马湖局宿迁局	2019 年 11 月 28 日	93.8	办档〔2019〕196 号

淮委水政监察基础设施建设项目(一期)综述

根据水利部《全国水政监察队伍执法能力建设规划(2013—2020)》,淮委编制《淮河水利委员会水政监察基础设施项目可行性研究报告(2013—2017)》上报水利部。2014年5月,水利部以《水利部关于淮河水利委员会水政监察基础设施建设项目可行性研究报告(一期)的批复》(水规计〔2014〕150号)批复。2014年6月,淮委通过《关于淮河水利委员会水政监察基础设施建设项目初步设计报告(一期)的批复》(淮委规计〔2014〕137号)批复项目初步设计,核定工程总投资1720万元,沂沭泗局作为项目法人,负责工程建设管理。

一、建设内容

项目的主要建设内容为骆马湖晓店执法码头和水政执法监控工程两部分。水政执法监控工程包括执法巡查系统和重点区域实时监控系统。

二、建设管理组织体系

(一)项目主管部门

淮河水利委员会。

(二)项目法人

沂沭泗水利管理局。

(三)现场建设管理机构

根据建设需要,分别设立了骆马湖晓店执法码头现场建设管理机构和水政执法监控工程现场建设管理机构。

1. 晓店执法码头建设管理

沂沭泗局以《沂沭泗局转发关于淮河水利委员会水政监察基础设施建设项目初步设计报告(一期)的批复》(沂局水政安〔2014〕121号)明确由骆马湖水利管理局组建骆马湖晓店执法码头工程现场建设管理机构,承担项目具体建设管理工作。

现场建设管理机构:骆马湖水利管理局。

质量监督部门:水利部水利工程建设质量与安全监督总站淮河流域分站。

监理单位:上海德惠水利工程有限公司。

设计单位:中水淮河规划设计研究有限公司。

施工单位:淮河工程有限公司。

运行管理单位:宿迁水利枢纽管理局。

2. 水政执法监控工程建设管理

沂沭泗局以《沂沭泗局关于做好淮河水利委员会水政监察基础设施建设项目(一期)水政执法监控工程建设管理工作的通知》(沂局水政安〔2015〕90号),明确由沂沭泗水利管理局水文局(信息中心)为水政执法监控工程现场建设管理机构。

现场建设管理机构:沂沭泗水利管理局水文局(信息中心)。

质量监督部门:水利部水利工程建设质量与安全监督总站淮河流域分站。

监理单位:苏州市易通信息工程咨询监理有限公司。

设计单位:中水淮河规划设计研究有限公司。

施工单位:普天信息技术有限公司。

运行管理单位:沂沭泗局本级、各直属局、各基层局。

三、建设过程

(一)晓店执法码头建设

2014年6月23日,工程施工单位淮河工程有限公司进场,成立项目经理部,全面负责工程施工。6月23日机械、人员进场,6月25日开工,9月7日完成航道工程施工,12月10日完成港池工程施工,12月

14日完成交通工程和安装工程施工,12月15日完成160 m^2管护房工程施工。

(二)水政执法监控工程

普天信息技术有限公司为工程施工单位。水政执法监控工程分为两个标段。项目Ⅰ标段开工日期为2015年10月10日,完工日期为2017年7月31日;Ⅱ标段开工日期为2016年9月8日,完工日期为2017年9月20日;变更部分完工日期为2017年12月18日。

Ⅰ标段主要建设内容为:单兵设备44套、车载设备23套、视频监控点21个、视频管理服务器7台、视频工作站9台、视频终端16台、流媒体转发服务器1台、多媒体调度台1台、视频矩阵1台、液晶电视1台、远程视频客户端4台、执法巡查管理系统1套、重点区域视频监视系统1套。

Ⅱ标段主要建设内容为:建设13个视频监控点、8台接入交换机、2台视频工作站、6台视频终端、24套GPS系统、11台服务器、19台防火墙和入侵检测,开发了水政执法监督管理系统软件等。

变更建设内容:配置8套集成多功能水政监察移动执法装备箱、视频监视显示系统、完成沂河局和郯城局机房改造,增加摄像头、防火墙、防病毒模块和交换机备件。

项目施工分布在沂沭泗局机关、3个直属局及19个基层局。34个视频监控点主要分布在南四湖湖西大堤和二级坝、沂沭河干流重点监控区域和4个采砂区、骆马湖周边。

(李东云)

淮委水政监察基础设施建设项目(二期)综述

根据水利部《全国水政监察队伍执法能力建设规划(2013—2020)》,淮委以《关于报送淮委水政监察基础设施建设项目(二期)可行性研究报告的请示》(淮委规计〔2017〕156号)向水利部报送了可研报告。2017年11月,水利部以《水利部关于淮委水政监察基础设施建设(二期)可行性研究报告的批复》(水规计〔2017〕386号)批复了本项目可研报告,核定工程静态总投资899万元,总投资为899万元。2017年12月,沂沭泗水利管理局水文局(信息中心)报送《关于报送〈淮委水政监察基础设施建设(二期)初步设计报告〉的请示》(水文〔2017〕21号),沂沭泗水利管理局以《沂沭泗局关于报送〈淮委水政监察基础设施建设(二期)初步设计报告〉的请示》(沂局基建〔2017〕242号)上报淮委。2017年12月,淮委以《水利部淮河水利委员会关于淮委水政监察基础设施建设(二期)初步设计的批复》(淮委规计〔2017〕250号)同意该初步设计,批复经费899万元。

一、建设内容

项目的主要建设内容为建设卫星遥感遥测监控工程,采集和处理沂沭泗局直管河湖0.5 m分辨率的航空遥感影像,总面积约为4500 km^2,建设遥感遥测数据采集系统和信息管理系统;续建执法巡查监控工程,购置执法巡查单兵装备70套,布设重点区域实时监控点7处。

二、建设管理组织体制

项目主管部门:淮河水利委员会沂沭泗水利管理局。

项目法人:沂沭泗水利管理局水文局(信息中心)。

监理单位:苏州市软件评测中心有限公司。

设计公司:河南黄河水文勘测设计院。

施工单位：河南黄河信息技术公司。

质量和安全监督机构：水利部水利工程建设质量与安全监督总站淮河流域分站。

运行管理单位：沂沭泗局本级、沂沭泗局水文局（信息中心）、各直属局、各基层局。

三、建设过程

项目于2018年4月开工，2019年11月完工，具体实施过程如下。

2018年4月，项目启动，2018年9月，完成遥感影像采集和航摄设备进厂。2019年3月，统计信息位置校正及数据整理入库。2019年9月，遥感遥测信息管理系统试运行。

2019年3月完成遥感遥测信息管理系统GIS软件平台、水政数据录入设备和手持GNSS设备的到货验收；5月完成服务器、数据存储系统、彩色激光图像输出设备、数据库管理软件等到货验收，并在沂沭泗局安装部署服务器、数据存储系统、GIS平台、数据库管理软件；7月下旬完成70套移动执法智能终端设备采购，并开展设备配发工作；9月完成配套设备流量卡的办理工作。

2018年11月，完成遥感遥测信息管理系统搭建，同月完成遥感遥测信息管理系统软件需求规格说明书的审查。2019年4月完成遥感遥测信息管理系统详细设计报告的审查。2019年4—9月，陆续开展各子系统的开发建设和系统内部集成工作。2019年9月完成系统的内部集成测试，系统部署安装在建设单位机房服务器。2019年9月，系统试运行版上线，项目合同约定工程量全部完成实施。

2018年5月，执法巡查监控工程续建开始施工，2019年11月完成所有视频监控点的现场施工工程。

（李东云）

沂沭泗局水利安全生产标准化创建工作综述

2017—2021年，沂沭泗局符合水利安全生产标准化建设达标要求的15家水管单位、4家水利施工企业和1家水利工程建设项目法人全部建设达标（见表2），初步构建完善了安全生产管理长效机制。

表2　沂沭泗局安全生产标准化达标单位统计

序号	单位	等级	通过时间
1	淮工集团	一级	2016年12月
2	沂沭河公司	二级	2018年
3	南四湖局韩庄运河局	一级	2019年1月
4	骆马湖局嶂山局	一级	2019年1月
5	骆马湖局宿迁局	二级	2019年1月
6	沂沭河局大官庄局	一级	2019年1月

续表 2

序号	单位	等级	通过时间
7	沂沭河局刘家道口局	一级	2019 年 1 月
8	宿迁瑞龙公司	三级	2019 年 9 月
9	枣庄安澜公司	二级	2019 年 12 月
10	沂沭河局河东局	一级	2020 年 2 月
11	沂沭河局江风口局	一级	2020 年 2 月
12	骆马湖局邳州局	二级	2020 年 2 月
13	骆马湖局新沂局	二级	2020 年 2 月
14	骆马湖局灌南局	二级	2020 年 2 月
15	骆马湖局沭阳局	二级	2020 年 2 月
16	沂沭河局郯城局	二级	2020 年 2 月
17	沂沭河局沭河局	二级	2020 年 2 月
18	沂沭河局沂河局	一级	2020 年 9 月
19	南四湖局下级湖局	二级	2020 年 12 月

一、水利安全生产标准化建设要求

水利行业于 2011 年启动安全生产标准化建设工作，根据我国有关法律法规、标准规范要求和水利行业特点，借鉴国内外先进的安全生产管理理念，以安全管理、隐患排查治理、安全技术和宣传培训为基础，出台了水利行业标准化建设实施方案、达标评审管理暂行办法、标准化达标评审标准等建设要求，形成了具有全覆盖的系统性、安全风险关口前移的预防性、从目标到结果的全过程控制性和 PDCA 循环的持续改进特点的水利安全生产标准化建设体系。2017 年，水利部要求部属水利生产经营单位要于 2017 年底前全部启动安全生产标准化创建工作，2018 年完成标准化自评，2019 年抓好巩固完善和提高，2020 年全部实现标准化达标。

二、沂沭泗局水利工程管理单位安全生产标准化建设实践

2017 年，沂沭泗局制定《沂沭泗局水利安全生产标准化建设工作的实施方案》，确定水利工程管理单位作为沂沭泗局安全生产标准化建设重点和年度工作安排。

（一）部署推动标准化建设工作

沂沭泗局党组在局年度工作会议上对全局水利工程管理单位安全生产标准化建设工作进行专门安排部署，明确标准化建设工作的时间表和任务图。沂沭泗局定期组织召开标准化建设工作推进会，加快建

设进程；对已完成标准化建设达标工作的单位在年度工作会上进行集体授牌，营造全面开展标准化创建的良好氛围；多次前往开展标准化建设工作的单位监督检查，帮助解决建设过程中遇到的困难。

(二)建立完善标准化建设责任体系

各创建单位根据本单位安全生产条件和安全管理状况，明确建设任务分工和时间节点。成立以局长为组长、分管业务副局长为副组长、各部门主要负责人为成员的标准化建设领导小组，建立完善标准化建设责任体系。形成单位主要负责人全面负责，分管领导具体推进，各创建单位提高标准化建设的主动性和自觉性，全员参与建设的标准化建设工作模式。

(三)“请进来”，提升安全生产标准化建设能力

创建伊始邀请水利安全生产专家针对水利安全生产标准化工作的背景、意义、目标、要求进行专题培训，有效提高沂沭泗局各水利工程管理单位安全生产标准化创建的积极性。标准化建设过程中，邀请水利安全生产标准化建设专家对标准化评审内容、标准化建设要求和流程等开展专题培训28次，培训人员900余人次。培训突出问题导向，立足安全生产实际，有效提高了各水利工程管理单位安全生产标准化建设能力。在标准化现场评审前，邀请水利安全生产标准化建设专家对沂沭泗局水利工程管理单位安全生产标准化建设进行现场指导达15次，查找标准化建设工作中存在的不足和问题。

(四)“走出去”，组织开展标准化建设考察学习

沂沭泗局组织各标准化建设单位安全生产业务骨干420人次到江都水利工程管理处、太湖流域管理局苏州管理局等10多个水利工程水利安全生产标准化一级单位考察学习。通过查看标准化建设工程现场、查阅安全生产标准化建设档案资料、交流座谈等方式，发现了标准化建设工作过程中自身存在的不足，充分借鉴了完成标准化创建单位的先进经验做法。

(五)精准帮扶，完成标准化建设工作

从2017年开展水利安全生产标准化创建工作以来，2018年和2019年分别有5家和11家单位完成安全生产标准化建设工作。按照水利部2020年部直属单位全部完成水利安全生产标准化创建工作的要求，沂沭泗局将符合标准化建设达标条件但还未完成标准化建设的南四湖局下级湖局和沂沭河局沂河局作为标准化建设达标重点单位。在年初局工作会议上对下级湖局和沂河局标准化创建工作进行专门部署，列入全局年度重点工作计划；加强对下级湖局和沂河局标准化建设工作的指导帮助；坚持问题导向，针对梳理出的下级湖局挖工庄东闸拆除重建工程进度缓慢，沂河局穿堤涵闸工程未按要求进行安全鉴定和注册登记等重点问题，精准施策，完成整改。截至2020年，沂沭泗局符合水利安全生产标准化建设达标要求的15家水利工程管理单位、4家水利施工企业全部建设达标。

(六)突出重点，完成项目法人标准化建设

随着南四湖二级坝除险加固工程，沂河、沭河上游堤防加固工程进入施工高峰期，加上新冠疫情等因素叠加影响，沂沭泗局水利工程建设领域安全生产工作形势较为严峻，沂沭泗局根据水利工程建设进度提前谋划部署，多部门联动，及时成立以沂河、沭河上游堤防加固工程建设管理局局长为组长的安全生产标准化建设领导小

组，制订切实可行的工作计划和建设目标，明确建设任务分工和时间节点，聘请专业评审咨询机构和相关专家进行现场培训指导，加快建设进程。沂河沭河上游堤防加固工程建设管理局被授予项目法人安全生产标准化一级单位，实现沂沭泗局首个项目法人安全生产标准化建设。

三、总结水利安全生产标准化建设成效，打造安全生产"12345 沂沭泗样本"

（一）抓牢"一条主线"，夯实安全生产责任体系

沂沭泗局将落实安全生产责任作为标准化创建工作的核心工作。根据安全生产责任分工，沂沭泗局印发《沂沭泗局安全生产主体责任清单》《沂沭泗局安全生产监管责任清单》。《沂沭泗局安全生产主体责任清单》明确各部门、单位安全生产主体责任，督促责任主体"知责于心、担责于身、履责于行"，形成安全生产综合监管和专业监管合力，为"尽职照单免责、失职照单追责"提供依据。

（二）紧牵"两个牛鼻子"，隐患排查和治理成效显著

紧牵隐患排查和治理两个牛鼻子，坚持"闭环归零"的工作原则，严格实行隐患排查治理清单管理和台账管理制度，强化督导检查，推动事故隐患排查治理实效。

领导带队检查，责任落实"零缺位"。落实"党政同责、一岗双责、齐抓共管、失职追责"和"三管三必须"要求，沂沭泗局局领导自 2015 年起连年带队深入直属局、基层一线、施工现场开展安全生产检查，推动安全生产责任落实。

实行清单管理，隐患排查"零死角"。结合管理工程实际，制定推行水闸和堤防工程两套隐患排查清单，全覆盖水闸、堤防、办公院区、食堂、宿舍、码头等各重点区域，消防、用电、危化品等各专业领域，工程运行、维修养护、车船出行等各关键环节。

落实闭环管理，隐患治理"零放过"。采取隐患登记、验收销号制度，形成一本隐患台账，详细记录隐患名称、治理责任、整改时限、整改方案等隐患排查治理全过程信息，实现闭环管理。

倒查回访，已治隐患"零反弹"。在隐患闭环管理基础上，年末开展隐患排查治理"回头看"活动，紧盯重点领域和关键环节，对照隐患台账抽查隐患治理效果，巩固隐患治理成效。

（三）构建"三位一体"管理模式，拓展安全生产管理机制

沂沭泗局发挥安全风险分级管控、隐患排查治理、安全生产标准化对保障安全生产的独特优势和合力作用。安全风险分级管控发挥源头治理作用，全面辨识、科学管控危险源，为防范事故预留缓冲空间。隐患排查治理是风险管控失效下的承接保障，是防范生产事故发生的最后一道安全屏障。安全生产标准化是从综合面上强化安全管理，推动安全管理从制度化向体系化转变。沂沭泗局将安全风险分级管控、隐患排查治理、安全生产标准化三者有机融合，发挥各自对稳定安全生产形势的优势，形成"三位一体"管理模式。

（四）自创"四手连弹"工作法，科学高效完成安全生产标准化建设

为提高建设规范性和科学性，沂沭泗局在实践中总结出"四手联弹"建设工作法。

以完善顶层设计为"先手"。在部署体系建设任务之初，沂沭泗局依据政策分析自身工作实际情况，制定实施方案，指导基层单位开展体系建设。建设过程中，沂沭泗局参与安全生产标准化建设工作，及

时梳理存在问题，并研究提出解决方案，协助基层单位破除建设瓶颈。

以邀请专家培训为“推手”。邀请具有丰富实践经验的专家开展专题教育培训，厘清建设涉及的安全生产基本概念和相互关系，掌握体系建设程序步骤，筑牢体系建设理论基础，解决体系建设专业性强的难题。

以实行试点先行为“抓手”。坚持“点上试验、以点带面、积累经验、全面推开”的原则，集中力量打造试点单位，形成一整套可借鉴、可推广、可复制的建设经验和工作成果。

以搭建交流平台为“助手”。采取互联网交流群、不定期组织现场会等方式，搭建沟通交流平台，分析建设过程中的重点问题、总结共性问题、解决难点问题。

（五）聚焦“五大重点领域”，有的放矢落实安全管理

沂沭泗局结合水利安全生产标准化建设工作，聚焦水利工程建设，水利工程运行，危险化学品管理，水文监测，院区、机房运行、车辆交通、仓库管理等五大安全管理重点领域。水利工程建设领域重点管理非法转包、违法分包，盲目赶工期、抢进度，高边坡、深基坑、脚手架、围堰等重大危险源管控，水闸除险加固建设等方面。水利工程运行领域重点管理水闸、河道堤防安全管理责任不落实，风险管控和隐患排查治理不落实，安全监测、应急处置措施不健全，不按规定高程蓄水、不严格执行调度方案等方面。危险化学品领域重点管理存储、使用、运输各环节的安全监管，应急制度不落实，有条件交给专业单位管理但未交其管理，多年积存不用的危化品未消除等方面。水文监测领域重点管理水文测船定期检查、维修不到位，消防救生设备、堵漏器材配备不到位，涉水作业安全防护和救生器具穿戴不齐，应急监测未落实安全措施，组织体系和规章制度不健全，事故应急救援预案不完善等方面。院区、机房运行、车辆交通、仓库等领域重点场所消防责任不落实，消防管理不到位，电器线路老化、敷设不规范，房屋结构有缺陷，驾驶员安全教育培训不到位，通信铁塔管护不到位等方面。

（卞文飞）

沂沭泗局“七五”法治宣传教育工作综述

“七五”普法是指中央宣传部、司法部关于在公民中开展法治宣传教育的第七个五年规划（2016—2020 年）。“七五”普法期间，沂沭泗局以依法行政为统领，强化法治思维，加强执法监督，以“提高运用法治思维和法治方式的能力”为重点，紧抓“领导干部、法律专业人员和水政监察人员”3 个重点普法对象，不断改进宣传方式和宣传内容，探索建立了“321”普法品牌，形成体系化普法模式，不断提升执法人员的法治观念和依法办事的能力，营造依法治水管水的良好法治环境，取得良好的宣传效果。

一、强化领导，制定方案，全面有序部署“七五”普法工作

沂沭泗局高度重视“七五”普法工作，及时安排、高位部署。单位负责人履行第一责任人职责，担任沂沭泗局“七五”法治宣传教育工作领导小组组长，研究部署普法依法治理工作，参加法治宣传教育活动，安排部署局党组中心组法律知识专题学习，把关审核学习材料，在法治宣传教育工作中率先垂范，保障“七五”普法工作有效开展。印发《沂沭泗局“七五”法治宣传教育实施方案》(办水政安〔2017〕40号),对“七五”普法期间的法治宣传教育对象和主要任务进行分解,在全面普法的基础上,明确年度普法重点。

二、围绕中心,服务大局,认真谋划“321”普法模式

沂沭泗局结合单位实际,在“全方位、多层次、精准化”上下功夫,实行“因材施教”“因人施教”,针对不同对象的不同学习教育需求,探索建立了“321”普法模式,即针对领导干部每年举办3期学法用法专题讲座、针对法律专业人员每年举办2期典型案例研讨会、针对水政监察人员每年举办1期专业素质提升培训班。通过“领导干部普法讲座”“典型案例分析研讨”“专业素质提升培训”构建起覆盖全面的法治宣传教育体系,围绕水行政执法工作实际和水利行业发展新形势开展法治宣传教育工作,提升领导干部依法行政和水政监察人员依法执法的能力和水平。沂沭泗局水政与安全监督处荣获全国“七五”普法中期先进集体。

三、突出重点,系统宣传,精心打造“321”普法品牌

(一)3期讲座聚焦法治宣传教育着重点,坚持把领导干部带头学法、模范守法作为树立法治意识的关键

为了提高领导干部的法治意识,从2016年开始,沂沭泗局每年举办3期领导干部学法用法专题讲座,截至2021年共举办了18期。讲座以单位遇到的实际问题或面临的新形势为主题,邀请国家行政学院、最高人民法院、江苏省委党校、江苏省高级人民法院、水利部发展研究中心、河海大学、安徽大学等专家、教授授课,内容包括“十九大法治精神解读”“‘非法采砂入刑’司法解释解读”“河长制制度建设及保障机制”“公益诉讼制度解析”“宪法相关知识解读”“法治中国进程中的公权与私权关系解读”“《中华人民共和国民法典》相关知识解读”“行政诉讼的证据规则”“依法执政与依宪执政”等,累计1200余人次参加学习。通过举办领导干部学法用法专题讲座,开阔了领导干部视野,丰富法律知识,有效提高领导干部的法治意识和法律素养。

(二)2期典型案例聚焦管理问题关键点,坚持问题导向,树立典型案例以案释法效应

为了提升专业法律人员的法律素养,从2017年开始,沂沭泗局以问题为导向,以单位内部发生的典型案件为分析对象,就行政征收与经营性收费、水行政处罚、水行政许可及监管、行政强制执行、水费计收、河道溺亡事件预防等典型案例,先后组织召开6期典型案例研讨会,邀请法律顾问参会指导,累计200余人次参与案例研讨。通过开展以案释法工作,剖析问题,总结经验,解决疑惑,并形成会议纪要,发挥典型案例在基层单位执法过程中的指导作用。同时,通过对典型案例适用法律情况、履行法定程序情况、自由裁量权使用情况以及文书制作情况的深入剖析,对与会人员起到普法宣教的作用。

(三)1期专业素质培训聚焦执法普法侧重点,坚持“谁执法、谁普法”制度化、规范化、常态化

自2017年起,沂沭泗局借助南京地区的教育资源优势,举办了3期水政监察人员专业素质提升培训班。培训班邀请水利部、江苏省监察委、江苏省高级人民法院、江苏省检察院、江苏省委党校、南京大学、河海大学等多个领域的专家授课;课程设置多样,涵盖了执法案例分析、复议应诉案例剖析等

专业知识课程，突发事件中的媒体沟通、水政执法工作摄影等实务性课程，十九大精神解读、国家监察体制改革等时政内容课程；在培训形式上更加多元，注重课堂讲授与观摩实践相结合，组织开展先进执法基地观摩学习、执法实践能力军事化训练、无人机操控培训，注重教学形式多样化。3 期培训共邀请 18 位专家学者，开展 21 次专题授课和 3 次执法能力培训，248 名骨干水政监察人员轮训一遍，实现骨干水政监察人员培训"全覆盖"，水政监察人员综合能力从思想到行动、从理论到实践得到提升。

四、适应变化，丰富内容，努力拓展"321"普法新形式

在开展法治宣传教育的过程中，沂沭泗局以"321"普法模式为基础，延伸出一系列法治宣传教育新形式，不断拓宽"321"普法模式的外延，丰富"321"普法模式的内容。

（一）以典型案例研讨会为基础，拓展成立"法律工作室"

自 2017 年起，沂沭泗局积极倡导推动建立"法律工作室"，拓展典型案例研讨的范畴，打造法律问题研究探讨新平台，并在骆马湖局、南四湖局相继挂牌成立。通过对法律问题集中研讨、沟通交流，有助于及时解决执法难题，规范执法程序，减少法律风险，扎实推进水行政执法工作，适应"强监管"工作需要。

（二）通过集中观摩学习，拓展打造具有沂沭泗局特色的法治宣传教育阵地

打造融合法治教育、普法宣传、警示教育于一体的多功能法治宣传教育基地：打造新沂局和刘家道口局作为水法规宣传教育联系点，发挥水行政执法与宣传教育基地的双重作用，实现执法与普法相结合；联合法院建设骆马湖生态司法保护基地，作为义务劳动地和生态保护宣传地，着力开展环境保护普法宣传；在南四湖非法采砂犯罪地点建立警示教育基地，开展警示教育，引导民众知法守法。

（三）通过执法动漫学习，拓展开展"线上宣传教育"

在水政监察人员综合素质提升培训过程中，开展水行政执法动漫视频教学。在"沂沭泗水利"微信公众号等新媒体平台，推送沂沭泗局水政执法人员自制的《水中取"宝"后》《守护》《生态文明入宪，美丽河湖呈现》《让幸福河湖更好造福流域人民》和《清除河湖沉疴宿疾，打造河畅湖美家园》等微视频及法律法规知识，积极开展"线上宣传"，既宣传非法采砂等违法行为的危害及后果，又宣传生态文明理念和法律法规知识，拓展了法治宣传教育方式。

五、营造规范和谐、知法守法的水法治环境，"321"普法模式取得明显成效

（一）领导干部法治意识进一步增强

通过开展"321"普法教育活动，特别是举办领导干部学法用法专题讲座，沂沭泗局各级单位、各级领导干部，累计 1200 余人次参加培训学习，法治意识和法律素养持续增强，形成遇事找法、办事依法、解决问题靠法的良好氛围。在河湖"清四乱"工作中，针对地方政府提出的"授权执法问题"和"委托执法问题"，沂沭泗局及时组织研讨，深入研究法律规定，及时答复地方政府诉求，注重依法依规化解分歧。

（二）水政监察人员执法水平进一步提高

通过开展"321"普法教育活动，特别是 3 期"水政监察人员专业素质提升培训班"轮训，水政监察人员的执法能力和执法水平进一步提升，并通过河湖执法专项行动和陈年积案"清零"工作得到实践检验。其中，水利部淮委挂牌督办的4起典型案件得以有效解决，纳入水利部陈年积案“清零”台账的85件陈年积案按时圆满“清零”，同时积极配合公安部门查处新沂河方某非法采砂案、南四湖“孟氏三兄弟”非法采砂案等刑事犯罪案件。2016年以来，全局累计查处各类水事违法案件600余件。

（三）法律专业人员的法律素养进一步提升

近年来，为提升水行政执法专业化水平，沂沭泗局注重法律专业毕业生的招录，共有法律专业职工40余人。通过开展“321”普法教育活动，特别是参加典型案例研讨会，聆听法律顾问等专家的专业解读，及时将法律理论知识转化为执法实践需要，法律专业人员的法律素养进一步提升，快速成长为水行政执法骨干，在执法实践中发挥了重要作用。

（四）社会公众守法意识进一步提升

沂沭泗流域涉及苏鲁豫皖4省15地（市）77个县（区），位置特殊、水系复杂，特别是南四湖地处苏鲁省际边界，是我国没有明确勘定省界的区域之一，历史上因防洪、争水、抢地、采砂等导致省际边界水事纠纷不断，是水事违法行为多发区域。近年来，通过开展“321”普法教育活动，注重通过视频化宣传方式和口语化表达方式开展普法宣传，让普法内容更加直观、立体、易于接受，公众守法意识进一步提升。“七五”普法期间，沂沭泗局直管范围内水事违法案件从2017年的241件减少至2021年的31件，水事违法案件数量大幅度减少，公众守法意识进一步提升，水法治环境明显改善。

（五）河湖管理秩序进一步改善

通过开展“321”普法教育活动，发挥宣传教育基地的作用，选取“清四乱”和陈年积案“清零”工作中典型案例进行宣传教育，取得良好效果。

（韦东海　杨耀宁）

国家水资源监控能力建设
（沂沭泗局2016—2018年实施项目）

2012年9月，水利部、财政部联合印发《国家水资源监控能力建设项目实施方案（2012—2014年）》（水资源〔2012〕411号）（简称《实施方案》），部署开展国家水资源监控能力建设。《实施方案》明确国家水资源监控能力建设按照“三年基本建成，五年基本完善”的总体部署，分两个阶段开展实施。第一阶段为2012—2014年，基本建立国家水资源管理系统，初步形成与实行最严格水资源管理制度相适应的水资源监控能力；第二阶段为2015—2017年，建立基本完善的国家水资源监控体系和管理系统。

2014年底，中央事权项目建设由水利部水资源司会同部项目办、各流域机构等部门，将二期项目编报进入2016—2018年三年滚动财政预算项目规划，自2016年起开展水利部和流域层面二期项目建设。按照《国家水资源监控能力建设项目淮河流域技术方案（2016—2018年）》确定的建设目标，沂沭泗直管区国家水资源监控能力建设项目（沂沭泗局2016—2018年实施项目）（简称二期项目）从2016年开始启动，至2018年底完成全部建设任务。二期项目总投资983.25万元，其中2016年实施297.50万元，2017年实施318.75万元，2018年实施367.00万元。项目由沂沭泗局机关组织实施，2019年12月24日通过淮委初验，建设形成固定资产884.884万元(其中 21 处流量监测站的设备资产总价为 828.304 万元,已全部调拨到相关直属、基层单位)。通过项目的实施,初步建立了沂沭泗水资源监控体系,开发了沂沭泗水资源信息服务系统,提高了流域水资源管理能力和信息化水平。

一、沂沭泗水资源监控体系

(一)南四湖周边重要河流监控(19 条)

二期项目在南四湖周边布设 19 个监控站点,其中湖西 17 条、湖东 2 条。在复新河节制闸、梁济运河(后营测站)、郑集河、大沙河闸、杨官屯河、洙赵新河、姚楼河等 7 处建设流量在线监测站,采用 ADCP 二线能坡法测流;在老万福河、蔡河、东鱼河、惠河、新万福河、洙水河、潘庄引河、老运河(胜利渠渠首)、鹿口河、龙拱河、沿河、西支河等 12 处建设流量在线监测站,采用雷达波法测流。

(二)控制性水闸监控体系(2 处)

沂沭泗流域管理范围内现有 26 座直管水闸,大多数没有流量监测设施,二期项目选取宿迁闸、大官庄水利枢纽北引水闸(金牛电站)2 处水闸进行水量在线监测站建设,采用 ADCP 二线能坡法测流。

沂沭泗水资源监控体系建设内容见表 3。

表 3　沂沭泗水资源监控体系建设内容一览

序号	项目类别	建设对象	流量监测方法	实施年度
1	南四湖周边重要河流监控(19 条)	复新河闸	ADCP 二线能坡法	2016
2		梁济运河(后营测站)	ADCP 二线能坡法	
3		老万福河	雷达波(非接触式)	
4		蔡河	雷达波(非接触式)	
5		东鱼河	雷达波(非接触式)	
6		惠河	雷达波(非接触式)	2017
7		新万福河	雷达波(非接触式)	
8		洙水河	雷达波(非接触式)	
9		潘庄引河	雷达波(非接触式)	
10		老运河(胜利渠渠首)	雷达波(非接触式)	
11		鹿口河	雷达波(非接触式)	
12		龙拱河	雷达波(非接触式)	

续表3

序号	项目类别	建设对象	流量监测方法	实施年度
13	南四湖周边重要河流监控（19条）	大沙河	ADCP二线能坡法	2018
14		杨官屯河	ADCP二线能坡法	
15		姚楼河	ADCP二线能坡法	
16		洙赵新河	ADCP二线能坡法	
17		郑集河	ADCP二线能坡法	
18		沿河	雷达波（非接触式）	
19		西支河	雷达波（非接触式）	
20	控制性水闸监控体系（2处）	宿迁闸	ADCP二线能坡法	2016
21		大官庄水利枢纽北引水闸（金牛电站）	ADCP二线能坡法	

二、沂沭泗水资源信息服务系统

在淮委水资源应用系统（水资源业务管理系统、信息服务系统、应急管理系统、调配决策系统四大子系统）和模块（信息服务、业务管理、实时调度、应急管理、规划配置、年调度、月调度、远程调度、决策会商等9个模块）的框架下，定制了沂沭泗局水资源管理信息应用系统模块，直接监测南四湖周边重要河流、直管重要闸坝、重点取用水户，全面掌握直管范围内取用水的水位、流量数据，提升沂沭泗流域水资源管理信息化水平。

（李素）

沂沭泗局直管河湖管理范围和水利工程管理与保护范围划定工作综述

按照水利部安排部署，2017—2021年沂沭泗局完成直管河湖管理范围和水利工程管理与保护范围划定工作。

一、前期调查

2014年9月，按照水利部办公厅《关于开展河湖及水利工程划界确权情况调查工作的通知》（办建管〔2014〕186号），沂沭泗局委托中水淮河公司作为调查工作技术支撑单位，组织各级管理单位开展基本情况调查工作，形成《沂沭泗直管河湖及水利工程划界确权情况调查报告》于2015年2月上报淮委。

2015年3月，按照水利部《河湖管理范围和水利工程管理与保护范围划定工作实施方案编制大纲》（办建管〔2015〕59号，简称《编制大纲》）要求，沂沭泗局组织水管处、财务处、各直属局以及中水淮河公司相关人员召开划界确权工作布置会。各基层管理单位根据《编制大纲》编制实施方案，沂沭泗局汇总实施方案上报淮委。

按照水利部"先划界、后确权,先试点、后全面推开""工作计划与财务规划相结合,试点与全面开展相结合,前期准备与正式实施相结合"的要求,结合水利部《中央直管河湖及水利工程划界确权实施方案》的要求,沂沭泗局计划5年(2017—2021年)完成全部直管河湖管理范围和直管工程管理与保护范围划定工作,项目内容包括地籍测绘、界桩制作安装、标志牌制作安装、围栏制作安装、招标代理服务等5项。

二、组织实施

根据水利部、淮委划界工作部署,沂沭泗局结合直管河湖、工程管理实际,按照分级负责原则,以直属局、基层局为项目具体实施单位,2017—2021年共划分23个项目实施单元,共同完成沂沭泗局直管河湖管理范围和水利工程管理与保护范围划定。5年累计下达项目经费2962.24万元,全部为中央财政资金。其中,2017年710万元,2018年700万元,2019年800万元,2020年615.66万元,2021年136.58万元。各项目实施单元分别编制当年直管河湖管理范围和水利工程管理与保护范围划定工作实施方案,明确目标任务、划定标准、操作程序、实施安排等。

按照《水利部办公厅关于加快河湖管理范围划定工作的函》(水明发〔2019〕184号)划界由地方政府公告的部署安排,印发《沂沭泗局办公室关于加快推进直管河湖管理范围和水利工程管理与保护范围划界工作的通知》(办水管〔2019〕66号),对划定成果政府公告工作的具体目标、时间节点、责任人等进行具体安排。沂沭泗局多次与江鲁两省河长办、水利厅及有关市县政府座谈协商划界范围及政府公告工作;各直属局、基层局加强与市县沟通对接,累计召开协调会120余次,保障划定成果公告按时完成。协调推动南四湖无堤段管理范围划定由淮委公告,标志着管理范围划定工作的全面完成,明晰河湖管理范围、堤闸等水工程管理与保护范围以及土地使用权属。

按照水利部推进河湖管理范围划定成果上图的要求以及江鲁两省水利厅商请提供相应辖区划界成果数据的诉求,分别完成水利部以及江苏省、山东省部分划界电子成果数据上图。部分管理单位还通过沟通协调将划界成果纳入当地自然资源部门、规划部门的数据库,维护自身合法权利。

三、工作成果

沂沭泗局共完成直管范围961 km河道、2座湖泊、1729 km堤防、27座控制性枢纽闸站划界任务,涉及岸线划界长度2233 km,测绘面积34.2万亩,埋设界桩35208根,安装标志牌861块,埋设围栏6.22 km(见表4)。

苏鲁两省7个地市27个县区政府全部完成公告,共发布政府公告34份,淮委公告1份(见表5)。

(胡涛　季鹏)

表 4　中央直属水利工程确权划界项目（沂沭泗水利管理局）实施情况汇总统计（2017—2021）

序号	年度	项目实施单位	河段或工程名称	类别	实施内容	经费/万元		测绘面积/亩	埋设界桩/根	安装标示牌/块	埋设围栏/m
						小计	合计				
1	2017	南四湖水利管理局	南四湖湖西大堤（蔺家坝局）	河道（湖泊）	测绘、界桩、标示牌	360.36	710.00	4420.87	238	28	
			蔺家坝闸	水闸	测绘、界桩、标示牌			561.00	50	2	
			韩庄运河	河道	测绘、界桩、标示牌			750.00	112	4	
			伊家河	河道	测绘、界桩、标示牌			450.00	120	4	
			韩庄枢纽	水闸	测绘、界桩、标示牌			670.25	226	14	
			南四湖湖西大堤（上级湖局）	河道（湖泊）	测绘、界桩、标示牌			7000.00	1100	42	
			南四湖湖东堤	河道（湖泊）	测绘、界桩、标示牌			2516.00	650	12	
			复新河节制闸	水闸	测绘、界桩、标示牌			500.00	18	4	
2		沂沭河水利管理局	大官庄枢纽	水闸	测绘、界桩、标示牌	154.10		2370.00	95	9	
			刘家道口枢纽	水闸	测绘、界桩、标示牌			2192.44	62	5	
			沂河（刘家道口局）	河道	测绘、界桩、标示牌			2151.78	536	8	
			分沂入沭水道（刘家道口局）	河道	测绘、界桩、标示牌			3895.74	138	6	
			江风口分洪闸	水闸	测绘、界桩、标示牌			705.00	30	6	
			分沂入沭水道（沭河局）	河道	测绘、界桩、标示牌			7355.27	317	9	
			黄庄穿涵	水闸	测绘、界桩、标示牌			159.20	33	4	
3		骆马湖水利管理局	新沂河（灌南段）	河道	测绘、界桩、标示牌	195.54		15889.00	1118	20	
			嶂山闸	水闸	测绘、界桩、标示牌			1032.45	65	8	

续表4

序号	年度	项目实施单位	河段或工程名称	类别	实施内容	经费/万元		测绘面积/亩	埋设界桩/根	安装标示牌/块	埋设围栏/m
						小计	合计				
4	2018	二级坝水利枢纽管理局	二级坝枢纽	水闸	测绘、界桩、标示牌	50.30	700.00	11200.00	210	11	
5		韩庄运河水利管理局	韩庄运河（韩庄运河局）	河道	测绘、界桩、标示牌	149.63		6100.00	760	30	
			伊家河（韩庄运河局）	河道	测绘、界桩、标示牌			3200.00	1360	24	
6		新沂河道管理局	中运河（新沂局）	河道	测绘、界桩、标示牌	166.40		1448.70	284	5	
			沂河（新沂局）	河道	测绘、界桩、标示牌			7266.70	1044	16	
			新沂河（新沂局）	河道	测绘、界桩、标示牌			2694.20	296	6	
7		宿迁水利枢纽管理局	中运河（宿迁局）	河道	测绘、界桩、标示牌	86.12		30285.00	486	12	
			新沂河（宿迁局）	河道	测绘、界桩、标示牌			14100.00	102	14	
			宿迁闸	水闸	测绘、界桩、标示牌			420.00	104	2	
8		沭阳河道管理局	新沂河（沭阳局）	河道	测绘、界桩、标示牌	247.55		19317.50	2013	49	
			沭河（沭阳局）	河道	测绘、界桩、标示牌			162.50	33	1	

续表 4

序号	年度	项目实施单位	河段或工程名称	类别	实施内容	经费/万元 小计	经费/万元 合计	测绘面积/亩	埋设界桩/根	安装标示牌/块	埋设围栏/m
9	2019	下级湖水利管理局	南四湖湖西大堤(下级湖局)	河道(湖泊)	测绘、界桩、标示牌	164.25	800.00	11800.00	1124.00	35.00	
			挖工庄东闸、挖工庄西闸、苏北堤河闸、大王庄闸、大屯	水闸	测绘、界桩、标示牌			81.00	36.00	18.00	
10		郯城河道管理局	沂河(郯城局)	河道	测绘、界桩、标示牌	264.05		21016.00	1892	33	
			老沭河(郯城局)	河道	测绘、界桩、标示牌			33713.00	1605	36	
			邳苍分洪道(郯城局)	河道	测绘、界桩、标示牌			19625.00	927	17	
11		沂河河道管理局	邳苍分洪道(沂河局)	河道	测绘、界桩、标示牌	50.08		1958.60	685	16	
12		新沂河道管理局	沭河(新沂局)	河道	测绘、界桩、标示牌	191.45		6898.50	870	28	
			骆马湖(新沂局)	河道	测绘、界桩、标示牌			8696.40	728	15	
13		河东河道管理局	汤河	河道	测绘、界桩、标示牌	130.17		641.03	244	4	
			沂河(河东局)	河道	测绘、界桩、标示牌			5060.01	674	21	
			沭河(河东局)	河道	测绘、界桩、标示牌			3603.99	800	19	
14	2020	南四湖水利管理局	南四湖无堤段	河道(湖泊)	测绘	35.07	615.66	495.4 km			
15		沂河河道管理局	沂河(沂河局)	河道	测绘、界桩、标示牌	179.87		11396.66	2731.00	60.00	
			祊河	河道	测绘、界桩、标示牌			5097.82	1318.00	26.00	

续表 4

序号	年度	项目实施单位	河段或工程名称	类别	实施内容	经费/万元		测绘面积/亩	埋设界桩/根	安装标示牌/块	埋设围栏/m
						小计	合计				
16	2020	沭河河道管理局	沭河(沭河局)	河道	测绘、界桩	176.19	615.66	7812.15	3972.00		
			新沭河	河道	测绘、界桩			1862.67	383.00		
			老沭河(沭河局)	河道	测绘、界桩			160.31	168.00		
			总干排	河道	测绘、界桩			762.38	184.00		
17		骆马湖水利管理局	骆马湖无堤段	河道(湖泊)	测绘、界桩、标示牌	27.80		27000.00	15	6	
18		邳州河道管理局	中运河(邳州局)	河道	测绘、界桩、标示牌	196.73		11710.00	1790	39	
			沂河(邳州局)	河道	测绘、界桩、标示牌			5400.00	851	17	
			邳苍分洪道(邳州局)	河道	测绘、界桩、标示牌			9200.00	1510	30	
19	2021	南四湖水利管理局	南四湖无堤段	河道(湖泊)	界桩、标示牌	39.25	136.58		700.00	10.00	
20		沂河河道管理局	沂河(沂河局)	河道	界桩、标示牌	22.53			401.00	6.00	
21		沭河河道管理局	沭河(沭河局)	河道	标示牌	26.60				70.00	
			黄庄穿涵	水闸	围栏						1400.00
22		大官庄水利枢纽管理局	大官庄枢纽	水闸	围栏	45.20					4520.00
23		江风口分洪闸管理局	江风口分洪闸	水闸	围栏	3.00					300.00
总计						2962.24		342309.12	35208.00	861.00	6220.00

表 5　沂沭泗水利管理局直管河湖管理范围和水利工程管理与保护范围划定政府公告统计

序号	管理单位	涉及工程(河湖)		划界公告文件	公告区县	公告时间
		河道(湖泊)堤防	水闸			
1	沂河局	沂河		沂水县人民政府关于河道及水利工程确权划界工作的公告	沂水县人民政府	2019. 06. 25
2		沂河		沂南县人民政府关于河湖及水利工程确权划界工作的公告(沂政发〔2019〕5 号)	沂南县人民政府	2019. 08. 05
3		沂河		兰山区人民政府关于河湖及水利工程管理范围与保护范围划界工作的公告	兰山区人民政府	2019. 08. 06
4		沂河、邳苍分洪道		罗庄区人民政府关于河道及水利工程管理范围与保护范围划界工作的公告	罗庄区人民政府	2019. 10. 15
5		祊河		费县人民政府关于费县河流及水利工程管理和保护范围划界工作的公告	费县人民政府	2019. 10. 30
6	沭河局	沭河		莒县人民政府关于沭河河湖及水利工程管理范围与保护范围划界工作的公告	莒县人民政府	2019. 11. 05
7		沭河		莒县人民政府关于划定沭河等 2 条河流管理范围的公告	莒县人民政府	2018. 06. 29
8		沭河		莒南县人民政府关于河库管理和保护范围划界工作的公告	莒南县人民政府	2019. 10. 30
9		沭河、老沭河、新沭河、分沂入沭水道、总干排		临沭县人民政府关于沭河、新沭河等河道和大官庄水利枢纽管理范围与保护范围划界工作的公告	临沭县人民政府	2019. 10. 29
10		沭河、老沭河、新沭河、分沂入沭水道、总干排		临沭县人民政府关于河湖及水利工程管理范围与保护范围划界工作的公告	临沭县人民政府	2019. 09. 30
11		沭河、分沂入沭水道		临沂经济技术开发区管理委员会关于河道及水利工程管理范围与保护范围划界工作的公告	临沂经济技术开发区管理委员会	2019. 10. 22

续表 5

序号	管理单位	涉及工程(河湖)		划界公告文件	公告区县	公告时间
		河道(湖泊)堤防	水闸			
12	郯城局	沂河、老沭河、邳苍分洪道		郯城县人民政府关于河湖及水利工程管理范围与保护范围划界工作的公告	郯城县人民政府	2019. 10. 17
13		沂河、邳苍分洪道		兰陵县人民政府关于河湖及水利工程划界确权工作的公告	兰陵县人民政府	2019. 09. 25
14	河东局	沂河、沭河		河东区人民政府关于河东区沂河、沭河水利工程管理范围与保护范围划界工作的公告	河东区人民政府	2019. 11. 01
15		沂河、沭河		临沂经济技术开发区管理委员会关于河道及水利工程管理范围与保护范围划界工作的公告	临沂经济技术开发区管理委员会	2019. 10. 22
16		汤河回水段		河东区人民政府关于河湖及水利工程管理范围与保护范围划界工作的公告	河东区人民政府	2019. 05. 31
17	大官庄局		大官庄水利枢纽	临沭县人民政府关于沭河、新沭河等河道和大官庄水利枢纽管理范围与保护范围划界工作的公告	临沭县人民政府	2019. 10. 29
18	刘家道口局		刘家道口水利枢纽	罗庄区人民政府关于河道及水利工程管理范围与保护范围划界工作的公告	罗庄区人民政府	2019. 10. 15
19			刘家道口水利枢纽	郯城县人民政府关于河湖及水利工程管理范围与保护范围划界工作的公告	郯城县人民政府	2019. 10. 17
20			刘家道口水利枢纽	临沂经济技术开发区管理委员会关于河道及水利工程管理范围与保护范围划界工作的公告	临沂经济技术开发区管理委员会	2019. 10. 22

续表 5

序号	管理单位	涉及工程(河湖)		划界公告文件	公告区县	公告时间
		河道(湖泊)堤防	水闸			
21	江风口局		江风口分洪闸	郯城县人民政府关于河湖及水利工程管理范围与保护范围划界工作的公告	郯城县人民政府	2019.10.17
22	沭阳局	新沂河、沭河、柴沂河		沭阳县人民政府关于新沂河、沭河、柴沂河管理范围与水利工程管理与保护范围的公告(沭政发〔2019〕34号)	沭阳县人民政府	2019.11.04
23	灌南局	新沂河		灌南县人民政府关于新沂河管理范围和水利工程管理与保护范围的公告(2019年第3号)	灌南县人民政府	2019.11.12
24	灌南局	新沂河		灌云县人民政府关于新沂河管理范围和水利工程管理与保护范围的公告	灌云县人民政府	2019.12.27
25	嶂山局		嶂山闸	关于沂河、沭河、新沂河、中运河、嶂山闸管理与保护范围划定工作的公告(新政通〔2019〕21号)	新沂市人民政府	2019.12.06
26	嶂山局		嶂山闸	宿豫区人民政府关于嶂山闸管理与保护范围划定工作的公告(宿豫政发〔2019〕109号)	宿迁市宿豫区人民政府	2019.11.04

续表 5

序号	管理单位	涉及工程(河湖)		划界公告文件	公告区县	公告时间
		河道(湖泊)堤防	水闸			
27	宿迁局	新沂河		宿豫区人民政府关于新沂河(宿豫区境内)管理范围划定情况的公告(宿豫政发〔2019〕104号)	宿迁市宿豫区人民政府	2019.10.12
28	宿迁局	中运河	宿迁闸	宿豫区人民政府关于宿豫区境内中运河、宿迁闸等河道管理范围和水利工程管理范围与保护范围划界工作的公告	宿迁市宿豫区人民政府	2019.12.19
29	宿迁局	中运河	宿迁闸	宿城区人民政府关于宿城区境内中运河、宿迁闸等河道管理范围和水利工程管理范围与保护范围划界工作的公告	宿城区人民政府	2019.11.21
30	宿迁局	骆马湖		宿迁市水利局关于宿迁市部分河湖和水利工程管理与保护范围的公告(宿水发〔2019〕53号)	宿迁市水利局	2019.11.14
31	新沂局	沂河、沭河、新沂河、中运河		关于沂河、沭河、新沂河、中运河、嶂山闸管理与保护范围划定工作的公告(新政通〔2019〕21号)	新沂市人民政府	2019.12.06
32	新沂局	骆马湖		关于骆马湖保护范围划定工作的公告(新政通〔2019〕22号)	新沂市人民政府	2019.12.06
33	邳州局	中运河、沂河、邳苍分洪道、伊家河		邳州市人民政府关于中运河、沂河、邳苍分洪道、伊家河流域性河道管理范围和水利工程管理与保护范围的公告(邳政通〔2019〕14号)	邳州市人民政府	2019.11.29

续表 5

序号	管理单位	涉及工程(河湖)		划界公告文件	公告区县	公告时间
		河道(湖泊)堤防	水闸			
34	韩庄运河局	韩庄运河、伊家河		台儿庄区人民政府关于河湖管理和保护范围划定工作的公告	台儿庄区人民政府	2019. 08. 06
35		伊家河		铜山区人民政府关于南四湖、伊家河管理范围和水利工程管理范围与保护范围的公告	徐州市铜山区人民政府	2019. 12. 04
36	韩庄枢纽局	刘桥干渠	老运河节制闸、胜利渠首闸	峄城区人民政府关于区级河湖管理和保护范围划定工作的公告	峄城区人民政府	2019. 11. 29
37	上级湖局	南四湖湖东堤		关于济宁市河湖及水利工程管理范围和保护范围划定情况的公告	济宁市人民政府	2018. 12. 01
38		南四湖		南四湖管理范围和保护范围公告	济宁市人民政府	2019. 11. 25
39		南四湖湖西大堤		关于南四湖鱼台段湖西堤管理范围和保护范围划定情况的公告	鱼台县水利局	2019. 04. 18
40		南四湖湖西大堤	复新河闸	关于南四湖管理范围和湖西大堤、复新河闸工程管理与保护范围划定情况的公告	鱼台县水务局	2019. 10. 30
41		南四湖湖东堤		关于济宁市任城区河湖及水利工程管理范围和保护范围划定情况的公告	任城区水务局	2019. 05. 27
42		南四湖		关于南四湖(任城区)水利工程管理范围和保护范围的公告	任城区水务局	2019. 11. 13

续表 5

序号	管理单位	涉及工程(河湖)		划界公告文件	公告区县	公告时间
		河道(湖泊)堤防	水闸			
43	蔺家坝局	南四湖	蔺家坝节制闸	铜山区人民政府关于南四湖、伊家河管理范围和水利工程管理范围与保护范围的公告	徐州市铜山区人民政府	2019.12.04
44	下级湖局	南四湖湖西大堤	苏北堤河闸	关于南四湖水利管理局直管河(湖)管理范围和水利工程管理范围与保护范围划界工作的公告(沛政发〔2019〕125号)	沛县人民政府	2019.10.24
45	二级坝局		二级坝枢纽	关于南四湖水利管理局直管河(湖)管理范围和水利工程管理范围与保护范围划界工作的公告(沛政发〔2019〕125号)	沛县人民政府	2019.10.24
46		南四湖、韩庄运河、伊家河、刘桥干渠	二级坝枢纽、韩庄枢纽、大屯闸、挖工庄东闸、挖工庄西闸	关于南四湖、韩庄运河、伊家河等河湖管理范围和水利工程管理范围与保护范围的公告	微山县人民政府	2019.11.25
47		南四湖		滕州市人民政府关于南四湖河湖管理范围划定的公告	滕州市人民政府	2019.12.18
48		南四湖无堤段		水利部淮河水利委员会关于南四湖无堤段管理范围划定成果的公告	水利部淮河水利委员会	2020.09.24

沂沭泗局水利工程管理考核工作综述

2005年起，沂沭泗局连年组织开展水利工程管理考核工作，17年来，查找水利管理工作中的薄弱环节，指导和帮助基层水管单位整改完善，提高工程管理水平、改善工程面貌。

一、制度建设

为推进水利工程管理规范化、法制化、现代化建设，提高水利工程管理水平，确保水利工程运行安全和发挥效益，2003年水利部颁布《水利工程管理考核办法》（试行）及其考核标准（水建管〔2003〕208号），并分别于2008年、2016年、2019年进行修订。沂沭泗局2005—2009年采取水利部标准进行考核，重点考核水利工程的管理工作，包括组织管理、安全管理、运行管理和经济管理4类。通过5年的考核，沂沭泗局基本查找到水利工程管理工作中的不足和薄弱环节，研究和探讨有关改进措施，促进水利工程管理规范化，但在考核过程中发现部颁标准存在考核指标不够细、考核内容及其权重和分值设置与沂沭泗局工程管理实际不相匹配等问题。

为加强沂沭泗局直管水利工程管理，科学评价工程管理水平，保障工程安全，发挥工程效益，促使各有关单位进一步树立比学赶超、争先创优的工作意识，不断提高工程管理水平，2010年沂沭泗局根据水利部水利工程管理考核标准，结合水利工程管理考核工作起步阶段的经验和工程实际，编制《沂沭泗局水利工程管理考核办法》《沂沭泗局河道工程管理考核标准》《沂沭泗局水闸工程管理考核标准》，使考核工作制度化、规范化，更贴近直管工程实际，并于当年进行了试考核。2011年初，沂沭泗局根据考核办法试用情况，再次进行修改，并印发施行《沂沭泗局水利工程管理考核办法（试行）及其考核标准》（沂局水管〔2011〕7号）。其后，根据部颁标准修改情况、考核情况和各级管理单位反馈意见，并考虑新形势、新要求及机构职责变化，分别于2014年、2018年、2019年进行修改完善。

二、组织开展

考核前，制定水利工程管理考核工作方案和工作手册，落实考核方案、考核组成员、考核时间、考核顺序、考核路线等有关事项。召开考核工作会议，分别召开工程管理考核布置会、准备会，一般由沂沭泗局副总工主持会议，局水管处、办公室、水政安监处、水资源处、财务处、人事处、机关党委和发展中心有关人员参会。会议对考核方案、考核分工、资料准备、后勤保障等工作进行安排部署，并明确考核工作组人员名单。

考核中，考核组成员通过实地查看直管水利工程现场，听取自检情况汇报、查阅档案资料，质询工作人员等方式，对照考核标准及平时检查情况，逐项进行赋分和现场点评，帮助基层局查找存在问题、分析成因，并反馈考核意见，提出整改要求和措施。同时，考核组成员和工作人员严肃工作纪律，严格落实中央八项规定有关要求，合理使用公务车辆，主动缴纳餐费。

考核后，考核组及时梳理汇总反馈意见，核定考核得分，并印发公布。对各单位考核成绩进行系统分析，梳理管理工作亮点及发现的问题，撰写本年度考核总结报告，报送沂沭泗局局领导审阅。注重跟踪检查，持续推进考核发现问题整改落实。

三、考核成效

水利工程管理考核是对基层水管单位

全面工作的综合性评价，是水利工程管理水平提升的重要抓手。随着工程管理考核工作的持续开展，各基层局在组织管理、安全管理、运行管理、经济管理等方面更加规范，管理水平逐年提升。

党的建设工作水平显著提升，基层党支部创建各具特色的党建品牌；水旱灾害防御取得全面胜利，尤其是2021年，沂沭泗水系遭遇台风“烟花”暴雨洪水和历史罕见秋汛，出现9轮较大降雨和洪水过程，经受住沂沭泗水系1953年以来最大洪水考验，保障流域人民生命财产安全；直管工程面貌大幅提升，各基层局开展工程维修养护，遏制工程老化、退化，持续改善工程面貌，1729 km堤顶道路全线畅通，河道堤防防守重点得到有效治理，护堤护岸林木存量200余万棵，水闸闸区绿化50余万 m^2，社会效益及生态效益逐步凸显；工程管理水平持续提升，各基层局严格执行各项规章制度，开展工程检查，发现问题及时处理和上报，并以国家级水管单位创建、工程标准化管理为抓手，不断提升水利管理规范化水平，先后完成灌南河道管理局等6家国家级水管单位创建，骆马湖嶂山水利风景区、沂河刘家道口水利风景区2家国家水利风景区创建；维修养护管理进一步加强，19个基层局全面完成水利工程维修养护市场化试点工作各项任务，优化完善管理工作流程，加强项目实施过程质量监管，确保维修养护项目实施质量；河湖管理工作成效显著，直管工程管理与保护范围划界全部完成，河湖“清四乱”工作进入常态化，河湖面貌极大改善，美丽幸福示范河湖不断涌现（见表6）。

（邱蕾蕾　马佳佳）

表 6 2005—2021 年水利工程管理考核成绩统计

序号	单位名称		2005 年		2006 年		2007 年		2008 年		2009 年		2010 年	
			河道	水闸	河道	水闸	河道	水闸	河道	水闸	河道	水闸	河道	水闸
1	南四湖局	上级湖水利管理局	664.97		773.24		834.10				873.13	931.44		949.00
2		下级湖水利管理局	676.67		729.87		814.50		812.89		865.33		894.00	
3		二级坝水利枢纽管理局		775.61		810.45		886.20				878.78		894.70
4		韩庄水利枢纽管理局		753.69		838.75		909.10		877.11		895.56		914.00
5		蔺家坝水利枢纽管理局	764.87	801.32	800.11	836.32	852.10	881.60			876.89	867.89	914.30	910.10
6		韩庄运河水利管理局	781.59		776.69		834.20				888.22		881.00	
7	沂沭河局	沂河水利管理局	760.89		789.34		849.60						871.60	
8		沭河水利管理局	743.98		756.25		844.50					902.67	881.00	
9		大官庄水利枢纽管理局		784.61		863.55		932.90		913.11		916.13		934.00
10		江风口分洪闸管理局				910.30		929.80						
11		郯城河道管理局	756.00		802.06		861.90		871.67		882.56		908.30	
12		河东河道管理局	773.68		797.46		848.30						877.00	
13		刘家道口水利枢纽管理局			883.90	931.00	885.40	929.20			877.50	891.50		929.00
14	骆马湖局	邳州河道管理局	750.95		743.49		839.80				903.56		891.11	
15		新沂河道管理局	751.78		679.62		826.10		883.11		890.11		905.22	
16		沭阳河道管理局	764.65		756.77		245.80				889.56		924.44	
17		灌南河道管理局	751.64		815.61		252.20				906.44		921.67	
18		宿迁水利枢纽管理局	705.74		781.36		852.40		899.22	928.89	888.67	931.44	897.67	936.00
19		嶂山闸管理局		801.48								908.89		923.00

续表 6

序号	单位名称		2011 年	2012 年	2013 年	2014 年	2015 年	2016 年	2017 年	2018 年	2019 年	2020 年	2021 年
1	南四湖局	上级湖水利管理局	877.00	883.90	881.50	887.10	891.35	924.67	938.43	926.3	938	927.25	
2		下级湖水利管理局	826.00	832.40	868.00	842.00	866.40	915.90	928.22	903.31		928.19	873.5
3		二级坝水利枢纽管理局	860.00	892.90	888.00	896.31	909.00	932.00	937.56	929.05		944.14	910.5
4		韩庄水利枢纽管理局	893.00	912.90	912.00	917.75	905.55	922.75	935.56	931.29	924		
5		蔺家坝水利枢纽管理局	864.00	878.10	903.00	880.75	904.42	932.95	937.48	913.01		938.31	916.4
6		韩庄运河水利管理局	807.00	845.30	847.00	862.00	894.75	916.00	927.50	915.71	926		
7	沂沭河局	沂河水利管理局	843.00	866.00	882.00	845.20	870.80	915.60	916.60	915.35		918.73	910.5
8		沭河水利管理局	865.00	858.75	885.80	870.92	867.62	916.96	915.68	924.92		912.5	931.8
9		大官庄水利枢纽管理局	924.00	935.70	914.00	920.90	916.35	933.90	942.85	929.3	937		
10		江风口分洪闸管理局	901.00	922.40	905.00	898.67	921.10	932.85	929.95	938.7			
11		郯城河道管理局	869.00	874.60	872.00	879.60	875.60	912.00	923.00	929.93	928		
12		河东河道管理局	846.00	845.40	880.00	847.10	877.60	894.50	919.80	919.5		926.42	926.5
13		刘家道口水利枢纽管理局	900.00			938.81	938.21	944.91		947.48			939.1
14	骆马湖局	邳州河道管理局	856.00	848.50	828.00	844.70	876.90	885.00	902.33	926.29		923.55	870.5
15		新沂河道管理局	858.00	832.70	844.00	826.50	855.80	909.00	913.55	916.36	922		860
16		沭阳河道管理局	866.00	866.40	900.00	872.00	880.40	904.44	924.20	915.27	922	933.48	873.5
17		灌南河道管理局				923.22		924.28	960.00				
18		宿迁水利枢纽管理局	863.00	871.36	859.80	850.23	876.89	900.28	915.93	925.2	930		
19		嶂山闸管理局	894.00	939.30		944.00	948.70	953.70	951.00			956.92	

注：2010 年前分开考核，无权重系数。2011 年沂沭泗局考核办法正式出台后，各局按照管理范围内堤防水闸权重赋分，并换算总分。2019 年在直属局全面考核复核的基础上，对大官庄局等 8 家单位开展了沂沭泗局级水管单位验收并通过，对国家级、沂沭泗局级水管单位采取抽考方式，因此部分单位年度考核无赋分。

沂沭泗局国家级水管单位、国家水利风景区创建综述

一、创建成果

2011—2021年，骆马湖局灌南局、沂沭河局刘家道口局、骆马湖局嶂山局、沂沭河局江风口局、沂沭河局大官庄局、南四湖局上级湖局等6家基层水管单位先后通过国家级水管单位考核验收（见表7）。骆马湖局嶂山局、沂沭河局刘家道口局成功创建国家级水利风景区（见表8）。

表7　国家级水管单位

序号	单位名称	验收成绩	验收通过时间	水利部发文	主要参与人
1	骆马湖局灌南局	939分	2011年12月3日	关于骆马湖水利管理局灌南河道管理局等3家单位通过水利部水利工程管理考核验收的通报（办水管〔2012〕78号）	卞华宏（灌南局局长） 孙祥明（灌南局副局长）
2	沂沭河局刘家道口局	河道934分 水闸950分	2012年10月30日	水利部关于黄河水利委员会高青黄河河务局和淮河水利委员会刘家道口水利枢纽管理局通过水利部工程管理考核验收的通报（水建管〔2012〕488号）	徐书峰（刘家道口局局长） 董超（刘家道口局副局长）
3	骆马湖局嶂山局	947.8分	2013年11月19日	水利部办公厅关于批准天津市海河二道闸管理所等4家单位水利工程管理考核通过水利部验收的通报（办建管〔2013〕249号）	张宇亮（嶂山局局长） 陆鹏飞（嶂山局副局长）
4	沂沭河局江风口局	943.4分	2019年12月1日	水利部办公厅关于2019年度水利工程管理考核通过水利部验收和复核的水管单位的通报（办运管〔2019〕254号）	董超（江风口局局长） 公静（江风口局副局长）
5	沂沭河局大官庄局	956.6分	2020年11月30日	水利部办公厅关于批准水利部小浪底水利枢纽管理中心等13家水管单位水利工程管理考核通过水利部验收的通报（办运管〔2020〕279号）	王金柱（大官庄局局长） 单府（大官庄局副局长）

续表 7

序号	单位名称	验收成绩	验收通过时间	水利部发文	主要参与人
6	南四湖局上级湖局	河道 924 分 水闸 945 分	2021 年 12 月 4 日	水利部办公厅关于批准北京市凉水河管理处等 14 家水管单位水利工程管理考核通过水利部验收的通报(办运管〔2021〕384 号)	袁卫东(上级湖局局长) 孙魏魏(上级湖局副局长)

表 8　国家水利风景区

序号	单位名称	验收通过时间	水利部发文	主要参与人
1	沂沭河局刘家道口局	2013 年 5 月	水利部关于公布第十三批国家水利风景区的通知(水综合〔2013〕394 号)	徐书峰(刘家道口局局长) 董超(刘家道口局副局长)
2	骆马湖局嶂山局	2016 年 8 月 31 日	水利部关于公布第十六批国家水利风景区的通知(水综合〔2016〕306 号)	张宇亮(嶂山局局长) 徐晓(嶂山局副局长)

二、取得成效

(一)工程面貌不断改善

通过开展国家级水管单位创建,全面查找管理工作的薄弱环节,有效遏制工程老化、退化,有力促进工程日常管理规范化、制度化。水利工程面貌不断改善,“闸是风景区,堤是风景线”进一步显现。

(二)管理现代化进程成效明显

大部分基层水管单位积极引进现代技术,研发先进管理平台,办公自动化系统、水情信息系统、工程管理系统、档案管理系统、财务管理系统等得到普遍应用,护堤护岸林管理系统、河道采砂远程监视系统、闸坝监控监视系统等逐步完善,积极编制闸区管理和发展规划并逐步组织实施。

(三)内部管理逐步规范

经过多年探索和不断改进,水利工程运行、观测、检查、监测等管理职责更加明确,程序更加规范,基层水管单位管理基础性工作、制度化建设等得到明显加强,日常管理、水行政管理、档案管理、财务管理,护堤护岸林管理等工作逐步规范。

(四)职工精神面貌昂扬向上

职工干事创业的积极性和责任意识不断增强,负责、创新、争先的良好氛围逐步形成,精神文明建设取得丰硕成果。

(邱蕾蕾　马佳佳)

索 引

说明：

1. 本索引采用内容分析法编制，除“其他”均按汉语拼音音序排序。

2. 索引词后的数字表示内容所在的页码，数字后的字母 a、b 分别表示该页的左栏、右栏。

3. 本年鉴的“大事记”未作索引。

Y